工商管理经典译丛 BUSINESS ADMINISTRATION CLASSICS

ENTREPRENEURSHIP
SUCCESSFULLY LAUNCHING NEW VENTURES
SIXTH EDITION

创业学
成功创建新企业

第6版

[美] 布鲁斯·巴林杰（Bruce R. Barringer）
杜安·爱尔兰（R. Duane Ireland） 著

杜 颖 译

中国人民大学出版社
·北京·

工商管理经典译丛

出版说明

随着中国改革开放的深入发展，中国经济高速增长，为中国企业带来了勃勃生机，也为中国管理人才提供了成长和一显身手的广阔天地。时代呼唤能够在国际市场上搏击的中国企业家，时代呼唤谙熟国际市场规则的职业经理人。中国的工商管理教育事业也迎来了快速发展的良机。中国人民大学出版社正是为了适应这样一种时代的需要，从1997年开始就组织策划"工商管理经典译丛"，这是国内第一套与国际管理教育全面接轨的引进版工商管理类丛书，该套丛书凝聚着100多位管理学专家学者的心血，一经推出，立即受到了国内管理学界和企业界读者们的一致好评和普遍欢迎，并持续畅销数年。全国人民代表大会常务委员会副委员长、国家自然科学基金会管理科学部主任成思危先生，以及全国MBA教育指导委员会的专家们，都对这套丛书给予了很高的评价，认为这套译丛为中国工商管理教育事业做了开创性的工作，为国内管理专业教学首次系统地引进了优秀的范本，并为广大管理专业教师提高教材甄选和编写水平发挥了很大的作用。其中《人力资源管理》（第六版）获第十二届"中国图书奖"；《管理学》（第四版）获全国优秀畅销书奖。

进入21世纪后，随着经济全球化和信息化的发展，国际MBA教育在课程体系上进行了重大的改革，从20世纪80年代以行为科学为基础，注重营销管理、运营管理、财务管理到战略管理等方面的研究，到开始重视沟通、创业、公共关系和商业伦理等人文类内容，并且增加了基于网络的电子商务、技术管理、业务流程重组和统计学等技术类内容。另外，管理教育的国际化趋势也越来越明显，主要表现在师资的国际化、生源的国际化和教材的国际化方面。近年来，随着我国MBA和工商管理教育事业的快速发展，国内管理类引进版图书的品种越来越多，出版和更新的周期也在明显加快。为此，我们这套"工商管理经典译丛"也适时更新版本，增加新的内容，同时还将陆续推出新的系列和配套参考书，以顺应国际管理教育发展的大趋势。

本译丛选入的书目，都是世界著名的权威出版机构畅销全球的工商管理图书，被世界各国和地区的著名大学商学院和管理学院所普遍选用，是国际工商管理教育界最具影响力的教学用书。本丛书的作者，皆为管理学界享有盛誉的著名教授，他们的这些著作，经过了世界各地数千所大学和管理学院教学实践的检验，被证明是论述精辟、视野开阔、资料丰富、通俗易懂，又具有生动性、启发性和可操作性的经典之作。本译丛的译者，大多是国内各著名大学的优秀中青年学术骨干，他们不仅在长期的教学研究和社会实践中积累了丰富的经验，而且具有较高的翻译水平。

本丛书的引进和运作过程，从市场调研与选题策划、每本书的推荐与论证、对译者翻译水平的考察与甄选、翻译规程与交稿要求的制定、对翻译质量的严格把关和控制，到版式、封面和插图的设计等各方面，都坚持高水平和高标准的原则，力图奉献给读者一套译文准确、文字流畅、从内容到形式都保持原著风格的工商管理精品图书。

本丛书参考了国际上通行的 MBA 和工商管理专业核心课程的设置，充分兼顾了我国管理各专业现行通开课与专业课程设置，以及企业管理培训的要求，故适应面较广，既可用于管理各专业不同层次的教学参考，又可供各类管理人员培训和自学使用。

为了本丛书的出版，我们成立了由中国人民大学、北京大学、中国社会科学院等单位专家学者组成的编辑委员会，这些专家学者给了我们强有力的支持，使本丛书得以在管理学界和企业界产生较大的影响。许多我国留美学者和国内管理学界著名专家教授，参与了原著的推荐、论证和翻译工作，原我社编辑闻洁女士在这套书的总体策划中付出了很多心血。在此，谨向他们致以崇高的敬意并表示衷心的感谢。

愿这套丛书为我国 MBA 和工商管理教育事业的发展，为中国企业管理水平的不断提升继续做出应有的贡献。

中国人民大学出版社

推荐序

巴林杰和爱尔兰两位教授的《创业学——成功创建新企业》自面世以来在创业管理领域一直很有影响力，也是多年来我为北京大学光华管理学院的本科生和 MBA 学生讲授创业管理和创业企业成长课程的重要参考书。有机会应中国人民大学出版社之邀为该书第 6 版的中文版写推荐序，我倍感荣幸，同时也很高兴能够借机和大家分享使用这本书的点滴体会。与同类教学用书相比，该书不仅强调创业学的基础理论知识，也重视运用实际案例与示例展示创业者的行动策略与创业企业的实践过程，可谓内容系统，特色鲜明。在众多的亮点之中，我个人感受最深的有以下三个。

第一，指导实践。两位作者都是在学术上造诣很深的研究型学者，但是该书却没有任何重理论的倾向，而是在学术文献的研究证据与创业实践的操作方法之间保持了很好的平衡和有机的结合。具体而言，该书在清晰地阐明学术研究提出的概念、观点和理论框架的同时，也提供了很多系统性的实用工具指导创业的尝试与探索，如“创业型企业的法宝”专栏的创业者工具与技巧、“错在何处？”专栏的常见创业者错误、该书专有的商业模式模板以及丰富的练习和案例。

第二，结构合理。众所周知，创业管理类教材的一个挑战是内容的组织具有挑战性，原因是创业活动所涉及的因素众多，很难取舍平衡。既要内容全面又要结构合理似乎是一个不可能实现的目标。尽管很多教材都强调自己是按照创业实践的步骤与过程来组织内容，但是正如创业实践所反映的和学术研究所指出的那样，创业过程其实很难按照一个线性的流程依次展开。因此，创业学教材的内容组织既不能拘泥于概念中的创业实践过程，又不能没有一个清晰的逻辑路径。应该说，该书的两位作者在应对这一挑战时做了比较好的尝试。该书在结构上分为创业决策、创意开发、创业实践与企业成长四个部分。这一方面符合进展顺利的创业项目的实践线索，另一方面也符合进展不顺利的创业项目的思维路线。换言之，虽然创业过程没有清晰的线性路径，但是创业者的思维方式可以具有清晰的逻辑循环，即按照上述四个步骤依次审视并循环评估自己创业项目的各个环节与改进方向。

第三，使用灵活。该书的内容及其结构非常便于教师根据课程需要进行取舍和剪裁。以我自己的体会为例，讲授创业管理和创业企业成长这两门课就可以采用不同的方式来参考该书的内容。在讲授创业管理时，我重点参考该书的前三个部分（即创业决策、创意开发和创业实践），而把第四部分企业成长的内容压缩为一章来简要介绍；在讲授创业企业成长时，我会把第四部分的内容作为教学的重点，而把前三个部分作为背景进行压缩，当然，这是基于学生学习过创业管理课程的情况进行的调整，如果这两门课程的内容合在一起讲授则另当别论。总之，该书清晰的结构和严密的逻辑为教师的个性化应用提供了很大的便利。

随着我国“双创”浪潮的兴起与发展，创业管理类课程受到广泛的关注，相关的教学参考书的选择空间比前些年大了很多。在业已出现的国内外众多的有价值的教材中，该书内容全面、结构合理、逻辑清晰以及理论与实践平衡，亮点众多，值得大力推荐。

张一弛

北京大学光华管理学院

前 言

新版简介

《创业学——成功创建新企业（第 6 版）》进行了全面修订。每一章都有所修改，目的是向读者介绍创业学的基础知识，并通过案例展示当前创业者和创业型企业正在采取的行动。我们从学术文献和创业者的实践经验中获取洞见，为阐述创业学提供参考。同时也吸纳了一些创业者和商务人士的观点，以便通过具体示例展示创业者和创业型企业所采取的行动。这些创业者和创业型企业实践以及商务人士提供的见解来源广泛，包括播客、博客、报纸、公司网站和大众商业刊物，如《华尔街日报》（*The Wall Street Journal*）和《财富》（*Fortune*）杂志等。正如稍后将详加解释的那样，我们也借鉴了许多学术文献，以确保展示的内容是研究人员从成功创业者和有效创业型企业处获取的最新、最准确的知识。

解决教学挑战

对于那些想要创办自己企业的人来说，创业的诱惑在于创造出有可能改善人们生活的产品或服务的能力。创业者不仅希望从投资于企业的金钱、时间和精力中获利，往往也想帮助购买他们产品或服务的个人以及他们经营所在的社区作出改变。为此，创业者需要遵循一套流程以实现自己的梦想并取得成功。

正如本书秉持的观点，我们的立场始终是：想要成功，创业者必须遵循一系列特定的活动。我们将这一系列活动称为“创业流程”，本书正是围绕这些活动编写的。该流程包括四个相互关联的步骤：（1）决定成为创业者；（2）开发成功的商业创意；（3）将创意转化为创业型企业；（4）管理和发展创业型企业。虽然创业不易，但是我们坚信，遵循本书中介绍的创业流程，创业者能够在产品和服务上发现机会并开发出独特的创意，从而通过自身努力，增加成功创办并运营企业的可能性。

遵循这些特定的流程，怀揣梦想的创业者更有可能获得投资红利，并在满足各种群体（包括客户、创业型企业的工作人员以及企业经营所在的当地社区）的需求时，获得极大的满足感。我们将通过以下内容来清晰、简洁地说明创业流程，并为读者进行生动的展示。

创业流程 我们通过 15 章的内容对创业流程中的四个主要步骤进行说明。学习这些流程有助于了解创业学及其实践操作，为创办并进一步成功发展新企业提供支持。一旦开始创业，创业者们应该不断重新审视和研究该流程的各个部分，以确保创业行动朝着高成功率的方向前进。

合作制胜 对创业型企业而言，若要取得成功，与其他企业的合作变得越来越重要。此专栏向学生展示了创业型企业与他人合作以提高成功率的多种方式。有时，创业型企业会与同等规模的公司合作，在另一些情况下，它们会与大型组织机构合作。本书 15 章中均设有此专栏，意在说明协作关系给创业型企业带来的益处。每个专栏末尾都有与该专栏内容相关的问题，帮助学生对专栏的内容进行批判性思考，并促成课堂讨论。

创业型企业的法宝 每一章均设置有“创业型企业的法宝”专栏。此专栏介绍了能够帮助企业取得成功的创业实践，并向学生展示了创业者在领导创业型企业时使用的工具和技巧。实际上，此专栏介绍了创业学实务。阅读完 15 个“创业型企业的法宝”专栏后，学生将学到一系列实用方法，可用来帮助创业者改善企业的运营状况。每个专栏末尾都有相应的问题，以促进学生之间进行讨论，或者作为随堂测验或考试的试题。

错在何处？ 创业型企业难免犯错误。此专栏向学生描述创业者或他们所领导的企业“错在何处”。阅读此专栏，可了解到创业者应避免哪些行为。每个专栏末尾的问题都可作为讨论的话题，并以此为基础让学生描述可以采取哪些行动来避免犯错。

巴林杰/爱尔兰商业模板 作者巴林杰和爱尔兰专门为本书开发的商业模板是一个设计精良的工具，可以帮助学生对创立中的企业或既有企业所使用的商业模式有充分思考和清晰认识。本书第 4 章对该模板的各个部分进行了详细说明。若你想要为创业型企业开发商业模式，可以轻松地复制和使用该模板。此外，如果学生需要根据课程要求为创业型企业提供创意，也可以布置作业让他们完成该模板。第 4 章案例中使用了巴林杰/爱尔兰商业模板进行商业模式展示，能够让学生学到“鲜活”的商业模式，并加深他们对如何使用该模板的理解。

可行性分析 学生和创业者通常都会发现，很难确定他们关于某产品或服务的创意是否可以作为创业型企业的基础。第 3 章详细介绍了创业者为完成可行性分析应该采取的步骤。表 3-1 列出了这些步骤。同时，第 3 章还提供了另外两项工具，以加深他们对如何开展可行性分析的理解。附录 3-1 展示了在评估产品或服务可行性时所采用的采访技巧，以及应问和不应问的问题示例。附录 3-2 提供了一个名为“初步筛选”的工具。学生和创业者可以使用该工具对创业型企业的相关创意进行可行性分析。相关的互联网资源，可以在填写“初步筛选”模板时提供有用的资源。总而言之，学生可以使用这两个附录中介绍的工具和信息，对他们的创意进行可行性评估，以确定这些创意能否作为创业基础。

章末复习题和应用题 每章的末尾都有两组问题。通过回答这些问题，可以检查学生是否理解了该章介绍的概念、工具和技巧。为了更加全面地掌握相关知识，还可通过章末的应用题来激发课堂讨论，或者在学生阐述特定章节的概念、工具和技巧是如何为创业者或新创公司所用时，对其展现的能力进行评估。

如果你是风险投资者 每章末尾都有两个此类专栏，要求学生扮演风险投资者的角色。每个“如果你是风险投资者”专栏都对创业型企业背后的创意进行了描述。面对给定企业及其产品或服务，学生要决定他们还需要哪些信息来确定是否会投资该企业。第6章的“如果你是风险投资者6.2”中讨论了Ava公司，该公司开发了一款智能手机应用程序，通过手机接收语音并将其转换为文本。这使得那些有听力障碍的人可以在小组中进行对话。通过本书中包含的总共30个“如果你是风险投资者”专栏，学生有很多机会对创业型企业提供的各种产品和服务的商业潜力进行细致评估。

章末案例 每章末尾都有一个与本章核心主题相关的案例。在面对现实中的企业时，这些案例让学生有机会对特定章节的概念、工具和技巧在企业中的多种运用方式进行评估。有些案例会要求学生对那些未能如愿取得成功的企业进行评估；另一些则会对创业型企业的成功经验进行描述，并要求学生们判断：该企业的定位能否在今后带来更多的成功。以第6章案例为例，该案例表明，d. light公司的商业计划对其成功至关重要，并且很有可能成为该企业未来取得持续成功的基础。但是，该企业也面临着挑战，其中一些挑战以问题的形式出现，学生可通过回答问题对d. light的未来趋势进行全面考量。

培养就业技能

无论是否想成为创业者，学生为了在当今瞬息万变的就业市场中脱颖而出，都应培养自身的就业技能，从而迈向职业成功。本书着重为那些渴望成为创业者以及通过不同途径寻求商业成功的学生培养就业技能。我们主要从以下方面培养其技能：

商业道德与社会责任 本书中始终贯穿着企业承担社会责任的行为和寻求社会问题解决途径的示例。例如，“如果你是风险投资者7.1”专栏中关于GiveForward公司的故事。该企业创建了一个众筹平台，人们可以为那些面临健康危机的个人提供财务支持和鼓励，支付他们医疗费用中的自费部分。我们不仅对企业是否有必要将坚定的道德文化作为运营基础进行了讨论，还描述了创业型企业和所有其他类型企业应如何开展道德培训。此外，在强化每一章的核心主题，例如组建有效的工作团队（第9章）以及企业产品或服务营销决策（第11章）时，教师也可以让学生讨论与之相关的道德问题。

批判性思维 批判性思维是学生个人能力的基础，可以帮助他们发现机会，开发出符合特定客户群体需求的产品或服务。本书中的15个章末案例向学生介绍了创业者为服务客户而开发的一系列产品和服务。每个案例中，创业者都必须以批判性思维为基础，决定如何进行创业。例如，在第1章案例中，朱莉·赖斯（Julie Rice）和伊丽莎白·卡特勒（Elizabeth Cutler）决定创造出一种有别于传统的健身活动和体验。在考虑了各种选择后，她们开发了一种以客户为本的有氧运动体验。在她们看来，SoulCycle为客户提供的健身体验是新潮且有趣的。

协作技巧 毫无疑问，企业若要在当今的商业环境中取得竞争优势，与他人（包括企业内外部）协作的能力至关重要。“合作制胜”专栏中的内容，能够帮助学生从更深层次理解如何通过协作增加提升企业绩效的可能性。在第8章的专栏中，学生将会学到创业型企业如何通过有组织的抱团来帮助个体小企业获得团体采购带来的收益。

数据解读技能 对当今商务人士而言，解读业务相关数据的含义是一项重要技能。第3章附录中的可行性分析模板能够帮助学生掌握数据解读方法，并以此确定某个商业创意是否可行，以及是否值得投资。巴林杰/爱尔兰商业模板也可生成数据，帮助学生分析，以形成创业型企业的商业模式。第10章对如何解读财务数据进行了讨论，明确了创业型企业应以何种方式取得开办企业和/或继续运营所需的资金。创业者与所有商务人士解读财务数据的方式是共通的。

目 录

CONTENTS

CONTENTS

CONTENTS

第 1 篇

决定成为创业者

第1章 创业学概论

学习目标

学完本章，你应该能够：

1. 描述创业、公司创业，以及创业型企业的特征。
2. 对人们决定成为创业者的三个主要原因进行讨论。
3. 认识成功创业者的四个主要特征。
4. 解释关于创业者的五个常见误区。
5. 描述三种类型的初创企业。
6. 讨论创业和创业型企业给社会经济带来的积极影响。
7. 介绍创业流程。
8. 认识到学习创业和创业流程能够如何为你的职业生涯带来好处。

本书第1章围绕着成功创办新企业展开，给出了创业的定义，并对为何有些人决定成为创业者进行了讨论。本章还进一步介绍了成功创业者的特征、创业者的常见误区、不同类型的初创企业，以及美国和其他国家/地区创业者的人口结构正在发生的变化。继而，阐述了创业的重要性，包括创业型企业对社会经济的影响，以及对大型商业组织的重要性。本章末尾还介绍了创业流程。我们相信该流程是成功创办和运营初创企业的基石，也是本书内容的展示框架。

引 言

世界各地都对创业有着极大兴趣。虽然这么说有点大胆，但确有证据支持该论断，其中部分证据就来自“全球创业观察”（Global Entrepreneurship Monitor，GEM）项目。

GEM是几所国际大学和全球中小企业创业联合会（International Council for Small Business）共同进行的研究项目，它对包括美国在内的112个国家和地区的创业情况展开了追踪。GEM尤其关注早期创业活动指数（total early stage entrepreneurial activity，TEA），其中包括刚刚创办的企业和存续不足3年半的企业。表1-1列出了GEM研究中部分国家的早期创业活动指数。虽然创业活动发生率最高的是低收入国家（那里好的就业机会不多），但高收入国家的表现也可圈可点，例如德国（4.7%）、英国（6.9%）和美国（11.9%）。对美国来说，11.9%意味着几乎每8.5个美国成年人中就有1人正在主动创业或者已经是某个成立不足3年半的企业的所有者/管理者。[1]

表1-1 早期创业活动指数（18～64岁）

国家	创办新企业的人口百分比
阿根廷	17.7%
巴西	21.0%
智利	25.9%
中国	12.8%
芬兰	6.6%
德国	4.7%
菲律宾	17.2%
西班牙	5.7%
英国	6.9%
美国	11.9%

资料来源：Based on D. Kelley，S. Singer，and M. Herrington，*Global Entrepreneurship Monitor 2015/2016 Global Report*（Babson，Universidad del Desarrollo，Universiti Tun Abdul Razak，Tecnologico de Monterrey，and International Council for Small Business，2015/2016）.

GEM还对受访者的创业动机进行了研究，以确定他们究竟是为了抓住机会而创办新企业，还是出于赚钱的需要。在GEM的研究中，大部分来自世界各国的受访者都是被机会所吸引而投入创业大军，并非因生活所需。实际上，在德国和美国等具有高创新倾向的国家中，为抓住机会而创业的人数大大超过了因生活所需而创业的人数，其比例为3.4：1.0。[2]

媒体上经常出现的批评创业的理由之一是：大多数新企业都失败了。这不是真相。经常有统计称“10家企业中有9家在其成立后的几年内倒闭了”[3]，这也纯属夸大其词。根据美国劳工统计局（Bureau of Labor Statistics）的数据，超过半数的企业在成立5年后仍然存续。[4]即便是10年后，仍有超过1/3的企业存续，而其中一部分企业消失是因为它们已经取得了成功，被另一家企业收购或兼并了。虽然总体而言，这些数字令人振奋，但企业的失败率仍表明创办和运营企业的动机不足；实际上，创业动机必须与扎实的经营理念、良好的财务管理和有效的执行相结合，以便最大限度地获取成功。本书将讨论多个创业型企业案例，并区分导致企业成功和不成功的因素。

许多人将创业视为一条具有吸引力的职业道路。想想你周围的朋友和熟人。在你认识的人当中，很可能有一两个想要成为创业者或者计划在未来的某个时间点成为创业者。有关创业的书籍数量也表明，创业已越来越受欢迎。以亚马逊网站（Amazon.com）为例，现有超过58 510本有关创业学的书籍，以及超过80 686本有关中小企业的书籍；而3年前，有关创业学的书籍数量仅为36 900本。

什么是创业？它为何重要？

创业者（entrepreneur）一词源于法语单词“entre”（意为“之间”）和“prendre”（意为“拿取”）。这个词最初是用来形容在买卖双方之间承担风险或任务（比如，开始新的风险投资）的人。[5]创业者不同于创造者。后者发明了新事物，前者把所有必需的资源整合在一起，这些资源包括金钱、人员、商业模式、策略和承担风险的能力等，从而将发明创造转化为切实可行的买卖。[6]

创业（entrepreneurship）可定义为：在不考虑当前控制的资源的情况下，个人为了开发未来的商品和服务寻求机会的过程。[7]另一些人则赋予了它更简单的定义：创业就是将创意转化为生意的艺术。从本质上讲，创业者的行为能够帮助他们发现机会并将有益的创意付诸实践。[8]无论个人还是团队，通过创业行为来完成目标任务，通常都需要创造力、动力和承担风险的意愿。

本书将创业的重点放在了创业者或创业团队开办新企业的背景下。但是，运营中的企业也不乏创业精神。通常，强调创业精神的成熟企业都具有积极进取、勇于创新、敢于冒险的特质。例如，谷歌（Google）就是大家公认的创业型企业。谷歌联合创始人之一拉里·佩奇（Larry Page）是谷歌创业文化的核心。佩奇具有说服和激发他人想象力的能力，他激励谷歌员工开发出一款又一款创新产品。想一想谷歌创新产品的普及度，你和你认识的人是否经常使用谷歌搜索引擎、谷歌邮箱（Gmail）、谷歌地图（Google Maps）、谷歌地球（Google Earth）或谷歌家居（Google Home）。谷歌如今仍在致力于一系列具有深远意义的创新产品研发，例如用于安卓系统的虚拟现实平台和自动驾驶汽车等。同样，如果研究脸书（Facebook）或多宝箱（Dropbox）的行为，你也很快会发现它们成长和成功的秘诀。这种成长和成功揭示了两家企业在多个层面上的创业历程。此外，许多在纳斯达克（NASDAQ，美国最大的股票交易市场，有近 3 100 家上市公司）交易的公司，例如苹果（Apple）、Zynga、脸书和安进（Amgen），通常都被认为是创业型企业。

如前所述，成熟企业也可以进行创业。从这个意义上讲，以创业为导向的成熟企业在实践中的行为，就是**公司创业**（corporate entrepreneurship）。[9]所有企业都落在“高度保守”到“高度创业”之间的连续区间内。企业在该区间内的具体位置取决于其**创业强度**（entrepreneurial intensity）。[10]正如我们之前所提到的，创业型企业通常都是积极主动的创新者，不畏惧计划中的风险。相比之下，保守型企业则更多采取“拭目以待”的姿态，创新程度较低，尽量规避风险。

对个人或企业而言，体现创业重要性的最令人信服的指标之一，就是他们为创业所付出的努力。具有较高创业强度的企业会定期裁撤冗余机构。例如，英国大型综合企业维珍集团（Virgin Group）就一直努力保持精简的组织结构并向员工灌输一种创业精神。维珍是英国最负盛名的品牌之一，其业务范围涉及航空、音乐等诸多领域。

人们为何要成为创业者？

人们成为创业者并创办自有企业的三个主要原因是：成为自己的老板、追求自己的创意以及追求财务回报。

成为自己的老板

成为自己的老板是创业的首要原因，也是最常被提及的原因。但这并不意味着创业者是难以合作或不愿接受权威的。相反，许多创业者想要成为自己的老板是因为他们长期以来渴望拥有自己的企业或者他们在传统工作中郁郁不得志。VeryWendy 是一家提供定制化社交邀请的公司，其创始人温迪·德费迪斯（Wendy DeFeudis）就代表了那些在常规工作中郁郁不得志的创业者。

一些创业者从传统工作过渡到自有企业的过程较为缓慢，这可以表现为以兼职方式开始经营自己的企业。尽管这种方式并非所有情况下都切实可行，但兼职创业确实可以帮助个人获得宝贵的经验，将赚到的钱积累起来，并在决定辞职之前确定自己是否真正喜欢这项事业。一些餐饮或财务规划类企业，需要花费时间建立客户名单。有些创业者会在其客户名单足够长、利润足以支持全职业务时，作出离职安排。[11]

追求自己的创意

人们创办自有企业的第二个原因是追求自己的创意。[12]有些人天生机敏，当他们产生新产品或服务的创意时，就渴望看到这些创意变成现实。在内部进行公司创业的成熟企业，通常会有一个将其创意公之于众的机制。但是，成熟企业往往拒绝创新。在此情况下，员工空有好的创意却无法付诸实践。[13]基于满腔热情和使命感，有些员工选择离开雇用他们的企业，通过创业来开发自己的创意。

这一连串事件也可能发生在非公司环境中。例如，有些人在兴趣爱好、休闲活动或仅仅是日常生活中，发现了尚未进入市场的产品或服务需求。如果该创意足以支持一项业务，他们会投入大量时间和精力将创意转化为兼职或全职事业。在第 2 章和第 3 章中，我们将重点介绍创业者应如何激发创意以及如何确定创意是否意味着可行的商机。

许多创业者在看到自己的创意流行起来并创造了积极成果时，会感到极大的满足。图钉（Thumbtack）的创始人马考·扎帕考斯塔（Marco Zappacosta）就是一个例子。图钉是一个可以帮助人们快速找到本地服务提供商的在线平台，例如找到摄影师、油漆工和钢琴老师等。2009 年创立图钉时，扎帕考斯塔敏锐地发觉，在美国到处都是努力寻找新客户的本地服务提供商，而大众也在试图寻找可信赖的服务提供商。

自成立以来，图钉已经帮助数百万人与本地服务提供商建立了联系，每年通过该平台实现的交易额超 10 亿美元。[14]

追求财务回报

最后，人们创办自有企业也是为了追求财务回报。但是这个动机相较于前两个动机而言往往是次要的，并且通常不像炒作的那么容易。事实上，一般创业者赚的钱并不会比承担同等责任的传统工作从业者多。创业所带来的金钱诱惑是其成长的潜力。诸如亚马逊的杰夫·贝索斯（Jeff Bezos）、脸书的马克·扎克伯格（Mark Zuckerberg）以及谷歌的拉里·佩奇和谢尔盖·布林（Sergey Brin）等人，都从他们创立的企业中赚取了数十亿美元。金钱可使万众一心。盈利并提高公司价值是人们团结一致的坚定目标。但金钱很少成为创办一家创业型企业的主要动机。部分创业者甚至表示，如果失去了企业的控制权，那么创业所带来的财务回报可能是苦乐参半的。

成功创业者的特征

创业者的行为方式千差万别，但成功创业者拥有一些共同的行为特征。如图 1－1 所示，那些创办新企业和在创业型企业中任职的人都具有一些特质。

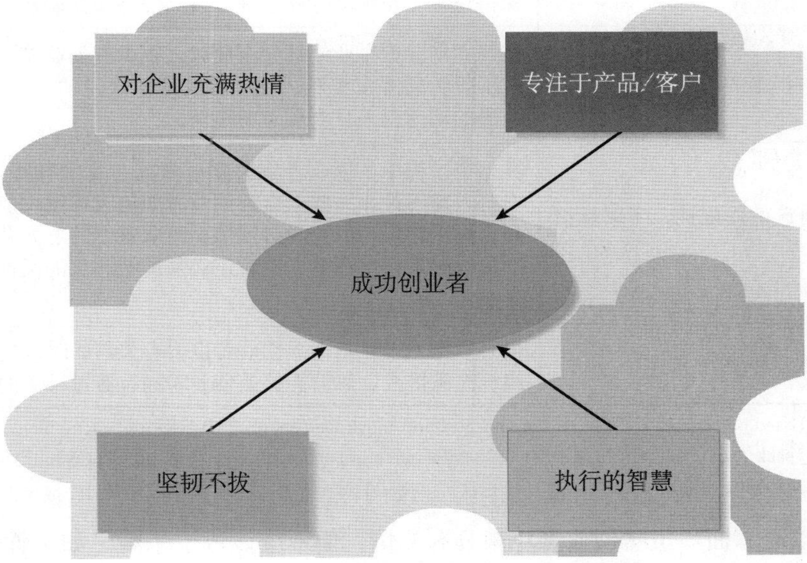

图 1－1　成功创业者的四个主要特征

对企业充满热情

无论在新创企业还是成熟企业中，成功创业者共有的第一大特征是，他们**对企业充满热情**（passion for their business）。通常，正是对创意的满腔热情使得企业延续并度过困难时期。

许多社会企业（social enterprise）的主要动力就是改变人们的生活，这些企业通常是由那些放弃了大好前途去追求社会目标的人创建的。约翰·伍德（John Wood）就是这样。他创立了“阅读空间”（Room to Read），并写下了《离开微软改变世界》（*Leaving Microsoft to Change the World*）一书。伍德满腔热情地想帮助发展中国家的儿童，这使他在离开微软之前就兑现了少量微软股票用于购买书籍和修建学校。

伍德最终离开了微软，开始全职投入“阅读空间”。自 2000 年成立以来，面向世界各地的发展中国家和地区，“阅读空间”已帮助了 1 070 万儿童，出版了 1 295 本图书，并向青少年读者提供了 1 800 万本书。[15]

热情对于营利性和非营利性创业型组织而言都特别重要。尽管会有回报，但无论是创业还是建立营利性公司或社会企业都需要一个过程。表 1－2 列出热情之所以重要的五个主要原因。每个原因都反映了热情所激发的个人特质。无论缺少哪一特质，都会使创办并维持成功的创业型组织更加困难。

表 1－2　在创办成功的创业型组织时，热情之所以重要的五个主要原因

原因	解释
学习和借鉴能力	创始人不是全知全能的。他们需要热情和动力以征求反馈，作出必要的改变，并向前迈进。所需的改变并不总是那么明显，热情能够使寻觅答案的过程更加令人振奋和有趣。
长期努力工作的意愿	创业者的工作时间通常比从事传统工作的人更长。如果要长期保持这种工作强度，就必须对自己的工作充满热情。
战胜挫折和被拒绝的能力	在建立创业型企业或社会企业时，很少有创业者不曾遭遇挫折或不曾听到潜在客户、投资者或其他人说“不”。此时，继续前进的动力就来自对创意的热情。
针对组织和自己的局限性，听取反馈的能力	在整个过程中，创业者将遇到很多人，其中有些人心存善意，有些人却不是。一些人会为创业者如何改进组织以及如何完善自己提供建议。创业者必须乐于听取善意的意见并在其确有帮助的情况下作出改变。同时还必须屏蔽恶意的反馈，不要受其影响。
困难时期的恒心和毅力	恒心和毅力来自热情。创业者也会有失落的时候。建立创业型组织充满挑战，热情能够使创业者拥有渡过难关的动力。

资料来源：Based on A. Sack，“Why Is Passion So Important to a Startup?” A Sack of Seattle blog，https://asack.typepad.com/a_sack_of_seattle/2010/03/why-is-passion-so-important-to-a-startup.html（posted March 16，2010，accessed May 22，2011）.

请注意以下方面：虽然创业者应该具有热情，但不应该过于乐观。如果你相信热情就是所需的一切，并且一切皆有可能，那就大错特错了。对商业创意充满热情很重要，但理解其潜在缺陷和风险同样重要。此外，创业者应当了解，只有当热情与技能相一致，并且锁定的领域代表了合法商机时，才能最大限度地发挥商业创意的作用。

为了说明热情的重要性，以及决定企业成功与否的其他关键因素，每章都设置了一个“错在何处？”专栏。本章的专栏展示了 Prim 的洗衣、取衣、配送服务之所以最终走向失败，部分原因就是其创始人未能对他们的商业创意保持热情。

错在何处？　Prim：缺乏热情和决心如何扼杀了一家企业

Prim 的创意在洗衣行业掀起了一阵波澜。在美国，越来越多人通过洗衣服务清洗和整理衣物。但这些服务的问题在于太麻烦。多数情况下，顾客不得不将他们要洗的衣物打包，放置在洗衣服务点，过后再来取。在一天中最繁忙的时间里，许多服务点都要排队，导致驾车者不得不在放置或领取他们的衣物时长时间等待。

Prim 于 2013 年中创立。在同年早些时候，它加入了著名的 Y Combinator 企业加速器计划。Prim 洗衣服务的运作方式是：顾客将其要洗的衣物打包装袋，然后在网上选择一个取送时间。首袋价格25美元，每增加一袋，加收15美元。衣物袋将由第三方取送服务机构所招募的司机取走。（在Prim最初运营的城市中，其取送服务合作机构为Rickshaw。）送洗的衣物将在洗好并折叠好后，于当天晚些时候或第二天早些时候送回。顾客与取送司机之间没有任何现金交易。一切费用都通过Prim网站进行支付。Prim在媒体上获得了良好的口碑，且早期发展势头良好。即使在其关停时，每天仍要处理40位客户的上千磅衣物，并且其业务仍在不断增长。那么，到底是哪里出错了？

Prim犯了两个错误。第一个是，当Prim收到衣物后，它就从一个创新的颠覆者变成了一家因循守旧的公司。它会将衣物带至洗衣服务点，并利用其洗衣和叠衣服务。Prim与多家洗衣店初步达成了批量折扣，但这些折扣都是口头约定，并未形成书面文件。让Prim没有想到的是，它们之间的合作关系会变得越来越糟糕。虽然洗衣店最初接受了与Prim的合作，但它们自己也有取送服务，后来，它们认为是Prim挖走了它们的客户。Prim在短期内就与3家洗衣店闹翻了。

Prim的第二个问题是其创始人缺乏热情和决心。与本地洗衣店相互合作是一种十分脆弱的商业模式。面对这一现实，Prim的创始人吴茵茵（Yin Yin Wu）和曹旭文（Xuwen Cao）必须作出决策。他们是应该建立自己的洗衣服务设施，还是租赁他人的洗衣服务设施？如果建立自己的配套设施，需要花费数十万美元，并为大量洗衣和叠衣服务配备员工，这种顾虑让其望而却步。而更让其难以为继的是，Prim每进入一个新市场都需要重复此步骤。经过两个月的深思熟虑，两位创始人最终否定了这一想法。虽然他们估计通过建立自有的洗衣服务设施，可以在5～10年内实现盈利，营业收入为1 000万～1 500万美元，但这并不是他们所追求的方向。两人在大学学的都是计算机，没有洗衣行业的直接经验。在一篇发表于CNNMoney的文章中，Y Combinator合伙人加里·谭（Garry Tan）分析了吴茵茵和曹旭文关闭Prim的原因，他说：“他们实际上不想洗衣服，他们想成为一个中介。”

思考题

1. 为什么热情是创业成功的关键？Prim的创始人显然对建立公司充满热情，但对特定的洗衣行业不感兴趣。这种组合会出现什么问题？

2. 后来，洗衣店认为是Prim攫取了它们的生意并且不愿再与之合作，如果Prim的联合创始人要避免这种情况并实现更好的预期，应该怎么做？

3. Prim并没有自己聘用司机为客户取送衣物，而是依靠第三方服务机构。这种做法是否会限制Prim在其他市场的增长？

4. Prim的发起地旧金山市还有多个创业型洗衣店，其中包括LaundryLocker（顾客可将衣物放置在公共储物柜中等待清洗）、Sfwash（根据衣物重量收费并提供取送服务）和Sudzee（提供特殊的可上锁的洗衣袋）。请花些时间研究LaundryLocker（https://laundrylocker.com）、Sfwash（https://sfwash.com）和Sudzee（https://sudzee.com），选出你认为最有潜力的服务方式并说明理由。请将其服务方式与Prim的做法进行比较。

资料来源：J. P. Mangalindan, “Prim: Anatomy of a Folded Startup,” CNNMoney, available at https://tech.fortune.com/2014/01/22-prim-anatomy-of-a-folded-startup (posted January 22, 2014, accessed March 14, 2014); J. Constine, “Prim Laundry Startup Throws in the Towel,” TechCrunch, available at https://techcrunch.com/2014/01/06/prim-laundry-shuts-down (posted January 6, 2014, accessed March 14, 2014).

专注于产品/客户

专注于产品/客户（product/customer focus）是成功创业者的第二个特征。虽然管理、市场营销、财务等方面都很重要，但如果企业没有满足客户需求的优质产品，那么这些职能都派不上用场。

WhitePages. com 的创始人亚历克斯·阿尔加德（Alex Algard）就肯定了这一理念。WhitePages. com 创立于 1997 年，旨在取代电话查号台，为消费者提供免费、准确、快速的在线服务。它可以帮助消费者快速找到北美范围内相关、准确的联系信息，是最受消费者信赖且最全面的资源之一。

专注于产品/客户同样需要努力发现机会并将创意转化为现实。例如，20 世纪 80 年代初，当史蒂夫·乔布斯（Steven Jobs）和其他几名苹果员工一起参观施乐（Xerox）研究中心时，产生了苹果 Macintosh 的创意。在看到可以显示图标和下拉菜单的计算机时，尤其是看到用户还可以通过一个叫作"鼠标"的小型带轮设备在计算机桌面进行导航，他们大吃一惊。乔布斯决定用这些创新技术来制造第一台用户友好型计算机 Macintosh。在 Macintosh 团队开发新产品的两年半时间内，他们始终热切地专注于产品/客户，从而打造了一台易学、有趣且满足广大潜在受众需求的高质量计算机。[16] 苹果的早期历史，特别是其致力于打造高质量产品的态度，多次被搬上银幕，其中就包括《硅谷传奇》（2005 年）和《乔布斯》（2013 年）。

美国国家公共电台（NPR）精心制作的每周播客《如何创业》（*How I Built This*）也提供了许多专注于产品/市场的案例。每期节目都对一家知名企业的创始人进行了深入采访，并对该企业如何创立以及如何赢得客户作出完整概述。其嘉宾包括爱彼迎（Airbnb）的联合创始人乔·杰比亚（Joe Gebbie）、Angie's List 的创始人安吉·希克斯（Angie Hicks）、德美乐嘉（Dermalogica）的创始人简·沃万德（Jane Wurwand）和巴塔哥尼亚（Patagonia）的创始人伊冯·乔伊纳德（Yvon Chouinard）等人。[17]

坚韧不拔

因为创业者通常都在尝试新事物，所以存在失败的可能。不仅如此，在一定程度上，开展新业务就如同科学家在实验室中做实验。以化学家为例，通常在找到能够实现特定目标的最佳组合之前，他们必须尝试多种化学物质的不同组合。同样的道理，若要成功地开展新业务，可能也需要一定程度的试验。在此过程中，挫折和失败是难免的。此时，创业者承受挫折和失败的能力就是一块试金石。

Yelp 是一个很受欢迎的在线点评网站，其联合创始人杰瑞·斯托普尔曼（Jerry Stoppelman）和罗素·西蒙斯（Russel Simmons）的例子说明，有时候，开办一家成功的企业确实需要一定的决心和毅力。Yelp 成立于 2004 年，它最初的创意来源于人们在寻找新餐厅、牙医或管道工时，通常会询问朋友的建议。Yelp 的出现使人们可以向其列表中的朋友发送邮件询问建议。发出的消息中包含一个链接，收到消息的朋友可以轻松地通过该链接作出回应。但这个商业计划失败了。人们开始抱怨，他们从朋友那里收到太多的电子邮件，却常常无法得到有用的建议。这种打击本来会扼杀 Yelp，但斯托普尔曼和西蒙斯展现了坚韧不拔的精神，从而拯救了这家企业。奇妙的是，Yelp 商业计划中成功的一面——用户能够撰写自己的评论——似乎是斯托普尔曼和西蒙斯的事后“补丁”。人们似乎不喜欢对朋友的请求作出回应，而喜欢在不被问及的情况下主动分享自己喜欢的餐厅或发廊的信息。2005 年，Yelp 重新调整并修订了其商业计划。新计划放弃了“向朋友发送邮件”的主意，转而把重心放在提供一个平台让人们主动写下对本地企业的评论。如今，Yelp 已成为互联网上最受欢迎的点评网站之一。

另外一点也很重要，创业者需要坚韧不拔的精神来克服个人和专业障碍。其中一个例子就是 Grace & Lace 的创始人瑞克·希南特（Rick Hinnant）和梅丽莎·希南特（Melissa Hinnant）。Grace & Lace 是一家专门制作女士蕾丝护腿的公司。2010 年，悲剧降临在这对夫妇身上，他们失去了一个未出生的孩子。梅丽莎在住院期间，想用钩针给她未能出生的孩子编织一条毯子，这促她燃起了缝制衣服的欲望。2011 年秋，她制作了她的第一双蕾丝护腿。无论她走到哪，都有人询问她在哪里买的。这一经历造就了 Grace & Lace，该公司现已成为一家成熟的女装公司。[18] 2013 年，Grace & Lace 登上了《创智赢家》（*Shark Tank*）节目，并受到了芭芭拉·柯克兰（Barbara Corcoran）的青睐。

执行的智慧

成功创业者的重要特征之一就是能够将实实在在的创意变成可行的业务。这种能力通常被认为是**执行的智慧**（execution intelligence）。[19] 许多情况下，执行的智慧是决定初创企业能否成功的因素。

有效地执行商业创意意味着开发商业模式、组建新的企业团队、筹集资金、建立合作伙伴关系、管理财务、领导和激励员工等等。此外，还需要将思想、创造力和想象力转化为行动和可衡量的结果。对许多创业者而言，最艰难的时期往往是他们创办企业后不久。

为说明什么才是可靠的执行，让我们一起看一下 Bouqs 公司的例子。它是一个线上鲜花配送服务平台。Bouqs 是由杰森·塔比斯（Jason Tabis）和蒙图法尔（J. P. Montufar）于 2012 年共同创立的。它的创立很大程度上源于他们对线上鲜花订购和配送行业的现状不满。当时，美国销售的鲜花中，约 90%来自哥伦比亚或厄瓜多尔，需要经过层层分销商和批发商才能到达最终消费者手中。此外，多数线上订单都是由本地花店来供货，它们可能没有客户所需的品种。塔比斯和蒙图法尔正是通过执行的智慧创造了优势。他们不再利用传统的分销渠道，而是与哥伦比亚、厄瓜多尔、智利以及遍及美国和加拿大的花卉种植者建立直接联系。通过 Bouqs 网站订购的鲜花，均当天采摘，并直接从农场发货，鲜花到达客户手中只需 2～4 天，而不是原来的 10～14 天。相比于竞争对手，到货时间大大缩短，客户拿到的花卉也更新鲜、更具吸引力。同时，他们还对在线鲜花订购服务的其他方面作了改进。网站所展示的都是精心挑选的产品，避免了客户无从选择，并且所有展示的花卉都有现货。定价是透明的，所有产品的价格均为 40 美元，包括产品本身和运费，没有任何附加费用。除此之外，Bouqs 只接受可持续的生态友好型农场所供应的鲜花。[20] 其结果就是：Bouqs 成为一家快速发展的按订单采摘的线上鲜花配送服务企业，其面向的不仅仅是个人消费者，还有企业客户。自 2012 年以来，该企业已筹集了超过 1 900 万美元的资金。[21]

公司早期若想学习执行的智慧，加入初创企业孵化器和加速器计划是一种方法。我们在每一章中都设置了“创业型企业的法宝”专栏，以举例说明的方式展示那些管理良好的创业型企业是如何利用工具或技巧来提高其业绩的。在本章的“创业型企业的法宝”专栏中，我们讨论了参与初创企业孵化器和加速器计划所带来的好处。

创业型企业的法宝 初创企业孵化器和加速器：获得导师、合作伙伴、投资者和其他关键创业资源的明智方式

在美国，初创企业孵化器和加速器计划的数量仍在持续增长。孵化器是指那些为初创企业提供共享的运营空间的组织。它们由大学、市政府、县政府或非营利性组织出资赞助。孵化器也为初创企业提供了网络机会、导师和共享设备。它通常不要求取得参与者的股权，也不提供种子资金。它在20世纪80年代非常流行，至今仍有许多领域将其作为创业生态系统的重要组成部分。

加速器则是一个较新的概念。它以营利性组织为主，这些组织通过提供少量种子资金的方式，换取那些参与其计划的公司的少量股权。大多数加速器计划都会与初创企业站在同一战线上，并针对初创企业开展一个为期10～15周的强化项目。加速器通常会向参与者提供免费的办公场所、免费的Wi-Fi和主机托管等服务以及每周与导师会面的机会，并且指导初创企业进行有效的融资推介。然后，加速器计划通常会通过举办“演示日”(Demo Day）的方式，使各个参与者均有机会向众多投资者、导师和记者介绍他们的商业创意。较成功的加速器计划可以在演示日吸引超过200个投资者到场。无论孵化器还是加速器计划，它们提供的指导机会都是初创企业所能获得的最大好处。它们也使得创业者有大量的机会接触到潜在的联合创始人、商业合作伙伴和投资者。

Y Combinator和TechStars是最著名的两个加速器计划。Y Combinator位于硅谷，它对所接纳的每个初创企业都提供12万美元的资金，以换取该企业7%的股权。其参与者每年要接受两三个月的培训。Y Combinator并不提供办公场所，而是在计划中包含“办公时间”。在此期间，创业者可与Y Combinator的合作伙伴进行单独会晤或小组讨论，并寻求他们的建议。此外，创始人还要参加每周的晚宴，并与来自硅谷生态系统的顶级嘉宾进行交流。Y Combinator的座右铭是“做人们想要的东西”（Make Something People Want)。TechStars与Y Combinator有诸多相似之处。它是一个为期三个月的计划，提供18 000美元的资金，以换取企业6%的股权。它发源于科罗拉多州博尔德，现已发展出26个加速器计划，并扩展至多个城市和不同主题。TechStars在亚特兰大、芝加哥、博尔德、纽约、伦敦、西雅图等城市均设有办事处。其重点关注的主题涵盖了Alexa（语音技术)、物联网、音乐和零售等不同领域。

加入Y Combinator和TechStars的竞争十分激烈，同时美国各城市中也出现了越来越多的初创企业孵化器和加速器。它们通常都愿意接纳那些努力工作的创业者以及他们富有前景的商业创意。许多计划关注特定的行业或领域，如食品、医疗设备、软件、移动产品或技术等。为了说明初创企业孵化器和加速器的流行程度，下面列举了五个美国城市中的初创企业孵化器和加速器。你也可以通过与当地创业者或投资者的交流，或简单的谷歌搜索，来了解所在地区的初创企业孵化器和加速器。

Capital Innovators是一个位于圣路易斯的初创企业加速器。它为科技初创企业提供5万美元的种子资金、办公场所、每周一次的商务交流活动以及后续融资机会。

Excelerator Labs是一个位于芝加哥的暑期强化加速器。它会在每年春季挑选10家公

司参与为期13周的暑期强化项目。该计划的独特之处在于，它吸引了来自美国各地的导师，与参与者进行一对一的合作。

Capital Factory是得克萨斯州奥斯汀的一个初创企业孵化器/加速器，它提供联合办公场地，并为怀揣理想的创业者举办聚会和其他活动。其加速计划为创业者提供了指导机会，并使他们能够与投资者取得联系。2015年，有超过5万个创业者、项目和设计师参与了Capital Factory的计划和活动。

EnterpriseWorks是伊利诺伊大学（University of Illinois）研究园的组成部分。作为初创企业孵化器，它为大学实验室中兴起的早期科技企业进行商业化研究提供了支持。它汇集了各种各样的活动，其客户包括致力于化学科学、生物技术、软件开发和材料科学等领域的初创企业。

Food-X是总部位于纽约的商业加速器，致力于开展与食品相关的业务。其为期三个月的计划可以为初创企业提供高达5万美元的种子资金、与其他食品创业者分享的联合办公场所，以及与世界级食品公司、投资者和新闻媒体沟通交流的机会。每周，参与者都会与3～5名专家导师会面，以便对他们的食品企业进行检验和加速。

思考题

1. 如果你要创办一家新企业，你认为参加商业孵化器或加速器计划是否有益？如果有，你认为主要好处是什么？

2. 举例说明你所就读的大学、所居住的城镇或附近城市中的初创企业孵化器或加速器计划。描述该计划。它与本专栏中提到的哪个计划最相似？

3. 如果你有一个极具前景的商业创意，你在大学期间应该做些什么来增加毕业后加入知名初创企业孵化器或加速器计划的机会？

4. 列出初创企业孵化器或加速器计划中参与者可能接触的导师类型。

创业者的常见误区

什么样的人是创业者？什么驱使他们创办企业开发自己的创意？对于这些问题，通常存在很多误解。有些误解来自媒体对非典型创业者的报道，例如，一对大学生情侣为他们的小生意赢得了风险投资，从而使之发展成了一家价值数百万美元的大公司。这类文章很少说明：这只是例外而不是常态，他们的成功也是通过认真执行了正确的计划才实现的，这些计划本身就包含了切实可行的商业创意。没错，我们在各章中学习的许多成功案例，都是创业者在各个方面认真执行创业流程的结果。下面就让我们一起看看关于创业者最常见的误区和现实。

误区1：创业者是天生的，不可造就

该误区基于一个错误观念：有些人生来就具有成为创业者的天赋。但是，研究人员在对创业者心理学和社会学进行了数百项研究后，达成了共识，即创业者生来与他人并无区

别。这一证据可以解读为：没有人“天生”就是创业者，并且每个人都有可能成为创业者。一个人是否会成为创业者取决于他所处的环境、生活经历和个人选择。[22]但是，如表1-3所示，创业者往往也具有一些人格特质。这些特质会随着时间发展，从个人所处的社会环境中演变而来。例如，研究表明，从事个体经营的父母所抚养的孩子更有可能成为创业者。[23]在目睹父亲或母亲独立工作的场景后，他们更有可能被独立的事业所吸引。[24]同样，相比于不认识创业者或缺乏创业榜样的人而言，那些与创业者有私交的人，创办新企业的可能性要高出一倍以上。[25]认识创业者能够带来积极影响，对其他创业者的直接观察能够减少与创业流程相关的模糊性和不确定性。

表1-3 创业者的共同特质和特征

适度风险承担者	乐观的性格
具有说服力	乐于交际
倡导者	有明确的目标
资源汇集者/利用者	善于发现机会
具有创造力	自信
有主见	有决断性
坚韧不拔	精力充沛
能够接受分歧	有强烈的职业道德
有远见	长时间专注于某事

误区2：创业者是赌徒

关于创业者的第二个误区是：他们是赌徒，承担着巨大风险。事实上，创业者与大多数人一样，往往是**适度风险承担者**（moderate risk taker）。[26]2015年哈特福德《小企业成功案例研究》（*Small Business Success Study*）对此给予了肯定，共有79%的受访者认为他们自己属于保守型而不是风险偏好型。[27]“创业者是赌徒”的认知有两个来源。首先，创业者的工作通常缺乏结构性，与管理者或普通雇员相比，他们所面临的不确定性更大。[28]例如，创业者创办了一家社交网络咨询服务平台，其工作稳定性肯定不如国家政府机关的工作人员。其次，许多创业者非常渴望成功并常常会设定具有挑战性的目标，这种行为有时等同于冒险。

误区3：创业者所追求的主要是金钱

如果认为创业者无须追求经济利益，那就太天真了。但是，如前所述，金钱很少成为创业者创办新企业并为此不断付出努力的主要原因。广受好评的Roomba扫地机器人的制造商iRobot的创始人兼首席执行官科林·安格尔（Colin Angle）认为，金钱在初创企业中的重要性和作用应当被正确看待。一些创业者甚至警告说，对金钱的追求可能会导致创业者分心。

误区4：创业者必须年轻且精力充沛

创业活动发生在各个年龄段的比例基本相同。虽然精力充沛很重要，但投资者通常会以创业者（或者创业团队）的实力作为决定其是否进行投资的首要标准。[29]实际上，风险投资者通常持有这样一种观点：他们宁愿投资于一个拥有平庸商业创意的强大创业者，也不愿投资于一个拥有强大商业创意的平庸创业者。在投资者眼中，能够使创业者变得“强大”的，是他们在相关商业领域的经验、有助于企业的技术和能力、可靠的声誉、以往的成功记录，以及对商业创意的热情。这五个因素中的前四个，年长的创业者都优于年轻的创业者。

误区 5：创业者喜欢被聚光灯包围

有些创业者确实高调，但是，绝大多数创业者并没有引起公众的注意。实际上，许多创业者因为从事专利产品或服务的开发，而避免走入大众视野。在纳斯达克上市的 3 100 家公司中，有许多是由创业者创办的，并且在这些创业者中，有许多人仍在积极参与企业运作。但是你能说出他们中多少人的名字呢？三四个？我们大多数人都会想到亚马逊的杰夫·贝索斯、脸书的马克·扎克伯格，也许还有谷歌的拉里·佩奇和谢尔盖·布林，或者特斯拉（Tesla）和 SpaceX 的埃隆·马斯克（Elon Musk）。无论是否寻求关注，这些创业者都经常出现在新闻里。但是我们当中很少有人能够说出网飞（Netflix）、YouTube 或 DIRECTV 的创始人，即便我们经常使用这些企业提供的服务。这些创业者与其他多数创业者一样，要么避开了公众的视线，要么被大众媒体所忽略。他们打破了这一误区：创业者比社会中的其他群体更喜欢被聚光灯包围。

初创企业的类型

如图 1－2 所示，初创企业有三种类型：薪资替代型企业、生活方式企业和创业型企业。

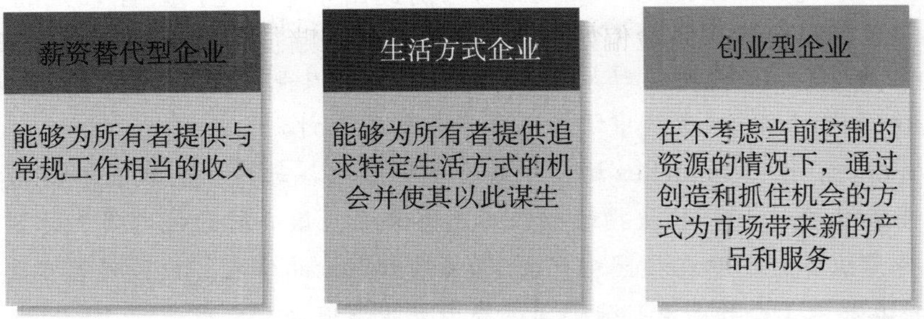

图 1－2　初创企业的类型

薪资替代型企业（salary-substitute firm）通常是小企业，为其所有者创造的收入与他们受雇于他人所取得的收入基本持平。干洗店、便利店、餐馆、会计师事务所、零售店和美发店等都是薪资替代型企业。绝大多数小企业都属于这一类别。薪资替代型企业为客户提供的是常见的、容易取得的、非特别创新的产品或服务。

生活方式企业（lifestyle firm）为所有者提供了追求特定生活方式的机会，并使他们以此赚钱谋生。生活方式企业的所有者包括私人教练、高尔夫和网球专业人士、民宿所有者以及导游等。这类企业既没有创新能力，也不会快速增长。通常，生活方式企业会推广某个特定的运动、兴趣爱好或休闲项目，并可能只需雇用所有者本人或极少数的员工。

创业型企业（entrepreneurial firm）则会给市场带来新产品和服务。如前所述，创业的实质就是创造价值，并将价值传递给客户。此处的**价值**（value）指的是意义、重要性和实用性。创业型企业将通过创造并抓住机会的方式为市场带来新的产品和服务。多宝箱、脸书和优步（Uber）都是知名且极为成功的创业型企业。在发现机会后，领导此类公司的创业者将创造出富有意义的产品和服务，这些产品和服务对客户来说很重要，并且能够为客户提供一种他们无法通过其他方式取得的实用价值。

本书中，我们不断探索的创业型企业的特征之一就是它与其他企业和组织合作的能力，通常创业型企业可以因此得到发展并实现全部潜能。本书每一章的“合作制胜”专栏都阐述了创业型企业如何利用合作关系来增大其成功概率。本章的“合作制胜”专栏讨论了企业如何通过校园大使和校园代表计划与大学生合作并实现业务推广。

合作制胜　通过校园大使和校园代表计划与大学生合作

设立校园大使或校园代表已经成为初创企业扩展其业务的一种新颖方式。多数校园大使和校园代表计划都介于实习和正式工作之间。这些计划各不相同。有些会招募学生，通过各种活动、项目和社交媒体为其品牌在校园内做推广。有些则会要求学生创建一些内容，例如视频、文章以及照片等，展示在校园中使用公司产品的情况。学生通常会发现，这些计划能够为其简历增添色彩，使其取得更多工作经验、赚取额外收入，甚至迈入一家优秀的公司。招募校园大使或校园代表的公司通常都会寻找具有下述特质的学生：(1) 具有乐观的个性；(2) 能够进行有效沟通；(3) 对产品有深入了解和热爱；(4) 掌握了有效的营销技巧；(5) 能够提供有见地的反馈和建议。以下举例说明了三个校园大使或校园代表计划，以及它们的运作方式。

苹果：苹果校园代表将直接与公司的校园代表团队合作，以量身定制的方法为苹果产品在当地校园中的推广设计方案。其活动包括规划和举办苹果产品讨论会，制作、分发传单和其他促销材料，以及开展竞赛和活动以凸显苹果软硬件的创造性使用。苹果校园代表每小时的薪酬为 10～11 美元，每周工作不超过 15 个小时。可以通过网站 www.apple.com/education/campusreps 在线申请加入苹果校园代表计划。

Flex Watches：Flex Watches 运动手表有多种颜色，每种颜色代表不同的社会或慈善事业。每块手表售价的 10%将被捐给相应的慈善事业。该公司的校园代表计划旨在寻找富有活力和社会意识并且愿意在校园中代表 Flex Watches 的学生。校园代表需要负责向学生推广该公司产品和慈善合作关系，他们通过努力可获得现金奖励或 Flex Watches 产品。校园代表必须是社交媒体的活跃用户，可登录 https://flexwatches.com/campusreps 进行申请。

Her Campus Media：Her Campus Media 位居大学女生在线社区榜首。它招募大学女生在当地校园中开设分会。当地分会将与校园通讯员签约，由她们创建、编辑并上传内容至其分会的网站。这些内容主要关于大学女生感兴趣的六个方面：造型、美容、健康、爱情、生活和事业。各地通讯员与该公司的全国团队合作，在校园中组织“Her Campus”活动。Her Campus 主要针对那些对新闻、公关、营销或创业感兴趣的大学女生。有关建立分会的详细信息可访问 www.hercampus.com/start-your-own-my-campus-chapter。

还有许多公司也拥有颇具盛名的校园大使或校园代表计划，例如奇波雷（Chipotle）、维多利亚的秘密（Victoria's Secret）、哥伦比亚广播公司（CBS）体育台、Adobe、亚马逊、Rent the Runway、Prezi 和魔爪能量饮料（Monster Energy Drink）等等。

思考题

1. 作为大学经历的一部分，你认为参加校园大使或校园代表计划是否能从中受益？为什么？

2. 参加校园大使或校园代表计划能否以某种方式帮助你为将来创业做好准备？

3. 为什么诸如苹果、Flex Watches、Her Campus Media 等公司都愿意赞助校园大使或校园代表计划？这些公司如何从中获利？

4. 哪些类型的初创企业能够从提供校园大使计划中获取最多利益？

接下来，我们将对当今创业者的一些新特征进行讨论。你可能会惊讶地发现，那些选择成为创业者的个人类型是你意想不到的！在研究这些特征时，试想你认识的人当中是否有非常符合这些特征的人。你认为他们当中会有人选择成为创业者吗？

创业者人口结构变化

在过去 10 年里，美国乃至世界各地创业型企业的人口构成都发生了变化。[30]在美国的 2 790 万家企业中，由女性、少数族裔和老年人拥有的企业数量持续增长。这对美国经济的创业领域而言，是一种可喜的发展。值得注意的是千禧一代，虽然这些人（年龄为 18～34 岁）对成为创业者表现出了浓厚的兴趣，但他们当中真正选择了创业道路的人所占比例却出乎意料地低。当然，这种趋势也有很多例外，其中就包括本书各章节中提到的年轻创业者。

女性创业者

虽然与女性相比，男性开办企业的可能性仍然更高，但是女性拥有的企业数量在不断增加。根据美国运通 OPEN 的委托研究结果，截至 2016 年，美国女性拥有的企业数量达到了 1 130 万家。更为引人注目的是，这些企业雇用了近 900 万名员工，年销售额超 1.6 万亿美元。2007—2016 年间，女性拥有的企业数量增长了 45%，而同期全美企业数量仅增长了 9%。因此，在过去九年里，女性拥有的企业数量的增速是全美平均水平的 5 倍。

美国女性企业所有者的百分比从 2007 年的 29%增加到现在的 38%。在 1 130 万家女性拥有的企业中，少数族裔所有者占到 44%。自 2002 年以来，这一比例急剧上升。如今，女性拥有的企业之中，包括非裔美国人拥有的 190 万家企业，亚裔美国人拥有的企业占 8.1%，拉丁裔美国人拥有的企业占 16.5%。

女性拥有企业数量最多的 10 个州是加利福尼亚州、得克萨斯州、佛罗里达州、纽约州、佐治亚州、伊利诺伊州、密歇根州、俄亥俄州、北卡罗来纳州和宾夕法尼亚州。女性拥有的企业遍布美国经济的各个领域。其中有四个领域尤为突出，每 10 家女性拥有的企业中约有 6 家属于这四个领域（61%），它们是：其他服务（如美发、美甲、宠物护理等）、医疗保健和社会救助（如儿童日托和家庭保健服务等）、专业/科学/技术服务（如律师、会计师和建筑师等），以及行政服务和废物管理服务（如办公室后勤和旅行社等）。[31]

支持和倡导女性自有企业的团体数量也在持续增加。如美国女性企业所有者协会

(National Association of Women Business Owners，www. nawbo. org)，它为女性创业者提供了一个可以分享她们的故事、相互支持和鼓励的论坛。[32]

少数族裔创业者

在美国，少数族裔创业者数量急剧增加。美国少数族裔商业发展局（Minority Business Development Agency，www. mbda. gov）提供了最全面的统计数据报告。少数族裔创业者的最新数据公布于 2012 年，女性创业者的最新数据公布于 2016 年。根据这些数据，美国共有 800 万家少数族裔自有企业，自 2007 年以来增长了 38%。少数族裔自有企业的平均总收入为 58 119 美元，比 2007 年略有下降。少数族裔自有企业的经营领域为：医疗保健和社会救助（13%）、行政服务和废物管理及兑换（12%）、专业/科学/技术服务（10%）、建造（9%）、零售（8%）、运输与零售配送（7%）、房地产和租赁（5%）、其他（37%，包括所有剩余行业）。[33]

与女性创业者的情况类似，促进少数族裔创业者数量增长的重要因素之一，是提供支持和帮助的组织数量不断增加。其中包括拉丁商业协会（Latin Business Association）、黑人商业协会（Black Business Association）、美洲印第安人企业发展国家中心（The National Center for American Indian Enterprise Development）、亚洲商业协会（Asian Business Association）以及隶属于美国商务部（U. S. Department of Commerce）的少数族裔商业发展局等。

老年创业者

老年人创办了很多企业，并且数量仍在增长。根据美国小企业管理局（SBA）援助办公室（Office of Advocacy）提供的数据，62 岁以上的个人开办企业的比例从 1988 年的 4.2%增加到 2015 年的 5.4%。[34]SBA 指出，老年创业者数量的增长对美国经济健康是有利的。毫无疑问，这种增长模式也受到了许多老年人的欢迎，他们希望将创办新企业作为自己新职业生涯的基础。

老年创业者数量的增长得益于诸多因素，包括公司规模缩小、老年职工对个人成就感日益增长的需求，以及老年人越来越担心他们需要赚取更多收入以支付将来的医疗保健服务和其他费用等。许多 60 岁以上的老年人拥有丰富的商业经验、可利用的财务资源，以及良好的活力和健康状况，这使得他们在许多行业都成为创业的理想人选。此外，预期寿命的增长不仅意味着美国人可以活得更久，也意味着他们可以活得更健康，并且相比于前几代人而言，可以更长久地从事某项工作或进行创业。

千禧一代创业者

千禧一代对创业的渴望很强烈。根据本特利大学（Bentley University）的一项调查，有 66%的千禧一代渴望创办自己的企业，37%希望为自己工作，25%希望拥有一家公司。虽然这些数据很令人鼓舞，但并未反映出千禧一代创业者的实际发展方向。以 2013 年为例，美国 30 岁以下的企业所有者仅占全部企业的 3.6%。[35]安永（EY）和经济创新团体

(EIG) 于 2016 年进行的一项研究对制约年轻人成为创业者的因素给出了解答。研究结果肯定了本特利大学在调查中发现的矛盾。绝大多数（78%）的千禧一代认为创业者是成功的，并且他们当中有超过一半的人考虑创办自己的企业。他们走上创业道路的最大障碍是缺少资金、缺乏创业意愿、害怕失败，以及缺乏与创业流程相关的知识。[36]其他因素可能还包括公司职务的吸引力、学生债务、缺乏储蓄和风险规避等。[37]

千禧一代在工作中得到了许多鼓励，尤其当他们将创业作为一项职业考虑时。美国有超过 2 300 所大学提供至少一门本科生或研究生阶段的创业学课程。尽管大部分创业学教育都在商学院内部进行，但许多其他学院或院系也提供了创业学课程，其中就包括工程、农业、法律、酒店管理和护理等。除此之外，许多组织举办的活动也鼓励大学生成为创业者。这些组织包括：由学生运营的风投基金——“宿舍基金”（Dorm Room Fund），它主要投资于学生发起的初创企业；“创业周末”（Startup Weekend），它可以帮助学生在 54 小时内组建团队并创办企业。表 1-4 中列出了一小部分此类组织。那些非大专以上学历或未接受大学教育的千禧一代，如果想走上创业道路，也有许多资源可供使用。例如，遍布美国各地的 SBA 小企业发展中心（SBDC）就为怀揣理想的创业者提供帮助。SBDC 顾问会向各个年龄段的人群提供鼓励和建议，以及各种免费的商业咨询和培训服务。

表 1-4　帮助大学生了解更多创业学知识并/或推进其商业创意的组织

组织名称	描述	网站
3 天创业（3-Day Startup）	提供一个 3 天的计划，帮助学生创办公司并打造创业能力	http://3daystartup.org
高校创业者组织（Collegiate Entrepreneurs' Organization, CEO）	一流的创业关系网，在 240 多个大学校园中设有分会	www.c-e-o.org
CollabFinder	这是一个网络平台，全国各地的学生都可使用该平台创建初创企业和其他项目。例如，商科学生可以使用该平台寻找能够就某个商业创意与其进行协作的工程专业学生	www.collabFinder.com
高校创业（College Startup）	一个独立的初创企业新闻网站，专门报道大学校园内的创业人员、公司和活动	www.collegestartup.org
宿舍基金	这是一个由学生运营的风投基金，主要投资于学生发起的初创企业。它得到了首轮资本公司（First Round Capital）的支持	http://dormroomfund.com
创业者组织（Entrepreneurs' Organization）	由 9 500 多位企业所有者组成的全球商务网络；其活动包括每年一度的“全球学生企业家奖”（Global Student Entrepreneur Award）	www.gsea.org
创业周末	一个 54 小时的活动，在此期间，开发人员、营销人员、产品经理和创业爱好者齐聚一堂，分享创意、组成团队、打造产品，并创办企业	http://startupweekend.org
VentureWell	一个非营利性组织，对教师和学生创新者进行资助和培训，以创建新企业	www.venturewell.org

创业和创业型企业带来的积极影响

1934年，奥地利经济学家约瑟夫·熊彼特（Joseph Schumpeter）从专业的角度阐述了创业对经济和社会的重要性。在《经济发展理论》（*The Theory of Economic Development*）一书中熊彼特指出，创业者开发出的新产品和技术使得当前产品和技术逐渐被淘汰。熊彼特将此过程称为**创造性破坏**（creative destruction）。因为新产品和技术往往比其替代的产品和技术更好，而且消费者的需求会随着产品和技术的改进而增加，所以创造性破坏会激发经济活动，新产品和技术还可能全面提高社会生产力。[38]

初创企业对现有产品的改进，可以最有效地启动创造性破坏的过程。践行这一艺术的小企业通常被称为“创新者”或“变革推动者”。创造性破坏不仅限于新产品和技术，也可以包括新的定价策略（例如眼镜行业的Warby Parker）、新的分销渠道（例如图书行业的电子书）或新的零售形式（例如家具行业的宜家（IKEA）和食品杂货业的全食超市（Whole Foods Market））。

现在，让我们更深入地研究创业的重要性。

创业型企业带来的经济影响

创业行为能够对经济实力和稳定性产生重大影响的原因有两个。

创新。创新（innovation）是创造新事物的过程，也是创业流程的核心。[39]根据SBA援助办公室提供的数据，小型创新企业每个员工的平均专利数量是大型创新企业的16倍。从专利活动的角度来看，小企业在某些行业的创新能力特别突出。例如，小企业在智能电网和太阳能领域的专利中占到32%以上，在电池和燃料电池专利中占到15%。[40]

创造就业机会。根据SBA的数据，小企业为美国创造了大量新增工作岗位。例如，2014年，员工数量少于500人的企业在总共大概300万个私营部门工作岗位中，提供了约200万个就业机会。近期美国经济复苏时所创造的1 100万个工作岗位中，也有超过700万个是由小企业创造的。小企业之所以能够创造就业机会，其关键因素是它们能够明智且有效地利用资本资源。[41]

考夫曼基金会（Kauffman Foundation）最近的一项研究肯定了这些数据，并提供了更多见地。该研究表明，企业规模与就业的关系不及企业年限与就业的关系紧密。成立不到一年的公司在过去30年中平均每年创造150万个就业机会。新兴公司和年轻公司也可以通过向市场注入竞争力并刺激创新的方式来增强经济活力。[42]

创业型企业对社会的影响

创业型企业的创新会对社会产生巨大影响。想一想那些可以使生活更轻松、提高工作效率、改善健康状况并带来娱乐的新产品和服务。以安进为例，作为一家在生物技术行业领先的创业型企业，它生产了许多能够大大改善人们生活的药物，比如 NEUPOGEN® 可以降低正在接受化疗的癌症患者受到感染的概率。除改善医疗保健之外，我们也受益于其他新产品和服务带来的好处，包括智能手机、社交网络、互联网购物、隔夜达包裹和数码摄影等。对当代人来说，所有这些产品都是新的，但我们已经难以想象没有它们的世界。

但是，创新确实会产生道德和伦理问题。因此，社会上必然会出现争议。例如，条形码扫描技术和互联网能够使公司更容易跟踪客户的购买行为，引起了人们对隐私泄露的担忧。同样，生物工程可以帮助延长许多食品的保质期，但一些研究人员和消费者也对生物工程产品对长期健康的影响提出了质疑。

创业型企业对大企业的影响

除对经济和社会产生影响外，创业型企业也会对大企业的效益产生积极影响。例如，有些创业型企业是原始设备制造商，它们生产的零部件对大企业制造和销售的产品而言是不可或缺的。因此，许多激动人心的新产品，如智能手机、数码相机和改良的处方药，都不仅仅是三星（Samsung）、苹果、强生（Johnson & Johnson）这些耳熟能详的大公司独自努力的结果。它们的出现离不开创业型企业提供的尖端组件和作出的研发努力。

有证据表明，许多创业型企业都是围绕提高大企业的效率或效益而建立了整套生产产品和提供服务的商业模式。例如，越来越多的美国企业参与到国外市场的竞争中。它们通常需要聘请翻译人员来帮助自己与外国同行交流。有时，成立创业型企业就是为了响应大企业的需求。初创企业 SpeakLike 就是这样。该公司创建了一种在线服务方式，可以为两个或多个使用不同语言的人提供实时翻译服务。服务费用大大低于聘请人工翻译的花费。SpeakLike 的客户中有很大一部分是大企业。与此相似，Box 也是一家创业型的初创企业，它可以帮助客户将数据文件存储在云端。如今，大多数《财富》500 强公司都已经成为 Box 的订购用户。

创业流程

我们在本书中探讨的创业流程包括四个步骤：

步骤 1：决定成为创业者；

步骤 2：开发成功的商业创意；

步骤 3：将创意转化为创业型企业；

步骤 4：管理和发展创业型企业。

图 1－3 模拟了你在阅读本书时将学到的创业流程。这一流程正是我们在编写本书内容时所依据的指南和框架。“决定成为创业者”和“开发成功的商业创意”之间的双向箭头表明，开发创意的机会有时能够促使一个人成为创业者。以下将对创业流程的四个主要步骤和各步骤的组成部分进行介绍。

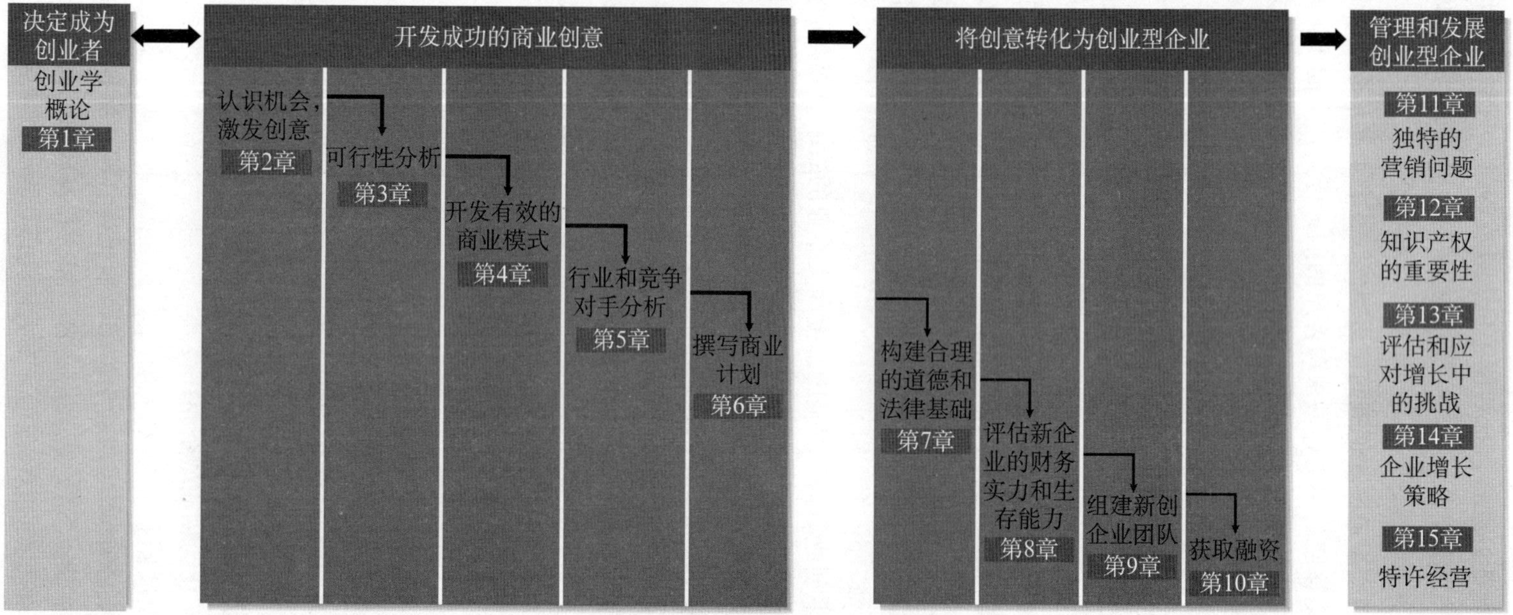

图 1-3 创业流程基本模型

决定成为创业者（第1章）

如前所述，人们成为创业者，是为了成为自己的老板、追求自己的创意，以及追求财务回报。[43]通常，某个**触发事件**（triggering event）会促使某个人成为创业者。例如，某人失去工作并决定开办自己的企业，或者某人刚继承一笔遗产，并且这是他平生第一次拥有资金创办自己的公司。生活中的问题也可能促使一个人走上创业道路。例如，一名女性可能会等到她最小的孩子上学后，才决定创办自己的企业。

开发成功的商业创意（第2～6章）

许多新企业的失败，并不是因为创业者不够努力，而是因为它们没有真正开始的机会。“开发成功的商业创意”包括认识机会、可行性分析、开发有效的商业模式、行业分析，以及撰写商业计划。第2章以科学的眼光看待创业者认识机会的方式，描述了一般情况下该流程的展开方式。第3章着眼于可行性分析：确定一个创意是否代表了切实可行的商机。第4章讨论了有效商业模式的开发这一重要主题。一家企业的**商业模式**（business model）就是为其利益相关者创造、传递、获取价值的计划或方法。创业型企业如果想要成功，就必须对创造、传递、获取价值的相关问题有一个清晰的认识。第5章关注的是行业和竞争对手分析。了解企业参与竞争的行业，对创业者能否取得成功至关重要。第6章介绍了如何撰写商业计划。**商业计划**（business plan）是一份以简洁的方式描述商业活动各个方面的书面文件。通常想要筹集资金或吸引高质量的商业合作伙伴，都必须有一份书面的商业计划。有些创业者缺乏耐心且不愿花时间撰写商业计划。[44]这种做法往往是错误的。撰写商业计划可以迫使创业者对商业活动的各个方面仔细考量，还可以帮助新企业建立一套可用于指导其早期商业运营的得力措施。

将创意转化为创业型企业（第7～10章）

将创意变为现实的第一步就是为企业构建合理的道德和法律基础，包括选择适当的企业所有权形式。我们将在第7章中讨论这些问题。第8章对如何评估新企业的财务实力和生存能力这一重要话题进行了研究。这一章中还包含如何制作和分析历史财务报表和备考财务报表这一重要信息。第9章重点介绍如何组建新创企业团队。第10章强调了融资的重要性以及如何确定企业的融资选择。

管理和发展创业型企业（第11～15章）

在当今激烈的竞争环境中，所有企业都必须得到正确的管理和发展，才能立于不败之地。这是创业流程的最后一个步骤。

第11章重点介绍了创业型企业所面临的独特的营销问题，包括选择合适的目标市场，打造品牌和4P——产品（product）、价格（price）、促销（promotion）、渠道（place，或分销（distribution））。第12章探讨了知识产权在创业型企业的成长中所扮演的重要角色。

相比于公司的有形资产，“专有技术”的价值愈加凸显。此外，我们还将讨论如何通过知识产权法规（如专利、商标、版权和商业秘密）来保护商业创意。

第 13 章的主题是评估和应对增长中的挑战。我们将对成功的成长型企业的特征和行为进行研究。在第 14 章中将学习增长策略，从新产品开发到兼并与收购。第 15 章是本书的最后一章，重点介绍特许经营。并非所有的特许经营组织都是创业型企业，但是在创业背景下，特许经营发挥着越来越重要的作用。完成这 15 章的学习后，你就会了解创业流程的所有组成部分，该流程对于创业的成功至关重要。

职业技能开发

本章介绍了创业现象，描述了创业流程，创业者可以遵循该流程走上成功之路。作为读者，你们当中的一些人可能无法想象自己成为创业者，另一些人可能会在将来的某个时间开始创业，还有一些人会因这 15 章中所讨论的创业故事受到激励，现在就想尽快创办一家创业型企业。针对这三类读者，本书介绍了一些就业技能，这些技能对于个人能否在组织架构中取得成功十分重要。以下将作详细介绍。

商业道德和社会责任。从联合国到公司董事会，各种信息来源均表明，人们对商业道德的需求和责任在不断增强。社会责任方面也存在同样的情况，越来越多的人希望一个组织能够对自己的行为给利益相关者造成的影响承担应有的责任。第 7 章充分讨论了强有力的道德文化对创业型企业的绩效所产生的重要影响。该章的阅读材料将说明如何建立道德文化，以及如何促使员工形成短期和长期的道德行为。无论你选择为营利性或非营利性组织工作，还是自己创业，都可以用到这些方法。

批判性思维。如第 2 章所述，进行批判性思考，将有助于发现潜在机会，并确定任何现有机会能否成为切实可行的创业基础。认识机会本质上是一个以目标为导向的过程，通过该过程可以明确具体的机会，以帮助个人或组织实现价值追求。尽管如此，价值追求也并非每次都能实现。为解决此问题，我们在每章中都设置了“错在何处?”专栏。该专栏主要介绍创业者在追求创业成功的过程中所采用的无效措施。每个专栏末尾都会设置一组问题，需要你批判性地思考，创业者应当怎么做才能避免犯错。

协作。每章中都有“合作制胜”专栏。在该专栏中，我们介绍了创业者如何与其他个人或组织合作以实现某些目标。在每个案例中，你都会发现，相比于独立工作而言，处于合作关系中的人有时可以通过共同协作完成更多的工作。

解读数据。在本书中，尤其在第 5 章中，我们将学习如何获取数据和理解数据。通过学习第 5 章，你将了解企业如何收集竞争对手的数据，以及后续如何使用这些数据来确定应采取的行动，以超越对手。

复习题

1. 你认为创业浪潮会继续在世界各地蔓延吗？还是创业的吸引力会随着时间而消退？
2. GEM 的研究为创业学提供了哪些重要观点？
3. 关于创业失败率的证据都有哪些？
4. 什么是创业？

5. 一个刚开了一家餐馆的创业者，与一个刚成为大型连锁餐馆旗下某餐厅总经理的人，有什么不同？

6. 追求高水平公司创业的企业具有哪三个主要特征？

7. 人们成为创业者的三个主要原因是什么？

8. 在人们成为创业者的三个主要原因中，哪个是最常见的？为什么？

9. 为什么热情是成功创业者的重要特征？

10. 应当怎样将热情完全融入创业流程当中？

11. 为什么专注于产品/客户是成功创业者的重要特征？

12. 为什么坚韧不拔会成为创业者的重要特征？

13. 关于创业者的五个常见误区分别是什么？

14. 有什么证据可以驳斥“创业者是天生的，不可造就”这一误区？

15. 创业流程的四个鲜明的部分分别是什么？各部分之间的关系怎样？

16. 你认为大多数创业者对待风险的态度是怎样的？

17. 与年轻创业者相比，年长的创业者有哪些有利因素？

18. 约瑟夫·熊彼特所说的“创造性破坏”是什么意思？

19. 一般而言，创业会对世界各地的经济和社会产生什么样的影响？

应用题

1. 假如你是商学院的院长，你想安排更多的创业学课程。但令人惊讶的是，一些教授反对提供此类课程，因为他们认为创业是一项技能，只能通过经验习得。为开展创业学教学，请使用本章中的材料阐述你的观点。

2. 假如你有一个朋友正在考虑创办一家珠宝销售企业，但在此前数年间，他只为自己的朋友制作过珠宝。他得知你正在攻读创业学学位，就来与你商量。你的朋友说：“我担心成立这家企业后，我可能缺乏相应的技能来有效地开展业务。”根据你在本章中学到的有关“执行的智慧”的知识，你会提供什么建议来帮助你的朋友成功且长久地运营该企业？

如果你是风险投资者 1.1

Shyp 公司

网站：www.shyp.com　脸书：Shyp　推特：@shyp

商业创意：创建一种快递服务，以最实惠的方式为个人和企业取货、包装和运送物品。

推介：谁会喜欢寄快递？你必须准备一个盒子，把要寄的物品包装好，开车到邮局或美国联合包裹运送服务公司（UPS），排队等待，支付收款机上显示的任何价款。如果你是一家要把产品寄给客户的企业，那么情况就更糟了。对许多线上卖家而言，快递是他们最大的成本类别和最头疼的麻烦。随着线上销售的持续增长，毫无疑问，企业将面临越来越多的快递问题。

但这些问题都将成为历史。Shyp 开发了一项快递服务，可以免去所有麻烦。下面就介绍一下它的服务方式。客户首先访问它的移动端应用程序，然后输入包裹的寄件和收件地址，并上传一张待寄包裹的照片。Shyp 的目标是，20 分钟内快递员上门取件。就像公司宣传语所说的那样："从此往后，交给我们吧。" Shyp 会把物品放入盒子，贴上标签，以最经济实惠的方式寄出。这些方式可以是利用美国邮政署（USPS）、UPS、联邦快递（FedEx）或当地的承运人。Shyp 完成所有这些工作，只需在你的运费上加收 5 美元。不同于优步和来福车（Lyft），Shyp 的所有雇员都仅仅是"雇员"，而不是独立承包商，并且他们均享有健康保险等福利。通过绕开独立承包商，Shyp 营造了一种健康的文化氛围，避免了有关承包商和雇员的争论。

Shyp 通过两种方式赚钱。第一种就是收取 5 美元的取件费。第二种是因为其发货量大，可以与承运人协商较大幅度的折扣，从而赚取零售运费（向客户收取的费用）和实际运费之间的差额。

Shyp 既服务于个人客户，也服务于企业客户。它很早就注意到，客户会使用其服务退货给线上零售商。所以，它发起了一项名为"Shyp 退货"的服务，用来处理退还给线上卖家的货物，并与亚马逊、塔吉特（Target）、Bonobos 等电商公司建立了合作伙伴关系。如今，这些公司的客户可以在 Shyp 运营的社区中使用 Shyp 进行退货，而无需自己退货。Shyp 与 eBay 有着类似的制度。Shyp 也为小企业提供了便利，实际上，在其运营的社区中，它已成为许多线上零售商的快递部门，省去了这些企业与快递相关的麻烦。Shyp 商业模式的优点在于，它从两个方面让客户取得了实际且有意义的好处。明确点说，就是 Shyp 节省了客户的时间和金钱。

目前，Shyp 已服务洛杉矶、纽约、旧金山和芝加哥等城市，并计划向其他城市发展。

1. 根据本章介绍的内容，在作出投资决策之前，你会向该公司的创始人提出哪些问题？什么样的答案能够让你满意？

2. 如果你只能根据推介内容和公司网站提供的信息作出决策，你是否会投资该公司？为什么？

如果你是风险投资者 1.2

Vital Vio 公司

网站：www.vitalvio.com　脸书：Vital Vio　推特：@vitalvio

商业创意：设计、制造、销售能够在高风险环境中（如医疗场所、飞机、健身房、餐馆、办公楼和公共厕所等）杀灭细菌和其他微生物的 LED 灯。

推介：人们每天都会在高感染风险的环境中待上很长时间。根据亚特兰大疾病控制中心（Centers for Disease Control in Atlanta）的数据，在医院或疗养院等医疗场所中，每 25 名患者中就有一人遭受细菌感染。这是一个严重的问题。MRSA（耐甲氧西林金黄色葡萄球菌）是医院中常见的细菌，它对抗生素具有耐药性。仅在美国，每年就有 99 000 人死于医院感染。

我们当中的大多数人还会经常出入其他高风险环境，如飞机、教学楼、餐馆、健身房和公共厕所等。举个例子，MRSA 可以在飞机座椅口袋的布料上存活长达 168 个小时，大肠杆菌可以在橡胶扶手上存活长达 96 个小时。研究表明，健身房的器械把手上同样带有大量细菌。飞机清洁人员和其他清洁人员都知道这些风险，并尽其所能对最有可能传播病菌的地方定期消毒。但人们仍然会被感染，并导致严重的并发症。

Vital Vio 公司设计、制造并正在销售的照明系统以一种新方式解决了这些问题。它的 LED 灯能够发出精确的白光光谱。这一技术正在申请专利，它可以杀死有害细菌而不会对人或动物造成不良影响。医院和其他场所已经在使用紫外线对表面进行消毒，但是紫外线对人体来说并不安全。Vital Vio 出售的顶灯可以改装到现有照明系统中或装在橱柜灯下方。安装完成后，就可以随时对房间的每个角落消毒，消毒的速度取决于距离。Vital Vio 系统可以通过操作光源，被动地杀灭特定细菌，如 MRSA、大肠杆菌和沙门氏菌等。传统消毒方式，例如使用清洁产品或纸巾对台面进行人工擦拭，可能有效，但无法不间断地使用。Vital Vio 的 LED 的优点是，只要开着灯，消毒就会持续进行。

Vital Vio 通过生产其专有的 LED 灯来参与特定的市场竞争，并将其技术授权给了其他领域的竞争厂商。

1. 根据本章介绍的内容，在作出投资决策之前，你会向该公司的创始人提出哪些问题？什么样的答案能够让你满意？

2. 如果你只能根据推介内容和公司网站提供的信息作出决策，你是否会投资该公司？为什么？

案例

SoulCycle：经典的创业故事

网站：www.soulcycle.com　脸书：SoulCycle　推特：@soulcycle

简介

请想象一下以下场景：你度过了充满压力的一天，脑子一片混乱，一个工作上的问题仍在等待你解决。此时你的手机嗡嗡作响，提醒你下午 4 点的 SoulCycle 锻炼时间到了。你驱车前往附近的 SoulCycle 工作室。当你走进去时，前台的年轻女士跟你打招呼并亲切地叫出了你的名字。她递给你一瓶水（她记得你喜欢 Dasani 瓶装水）。你将自己的苹果手机放进包中，因为 SoulCycle 不允许使用手机。你走进工作室，选择了一辆动感单车。微暗的房间里有着香薰蜡烛释放的柔光。动感单车课程开始了。你和其他 30 个骑手一起加快了步伐。音乐使你放松。你选择下午 4 点的课是因为你喜欢这个教练——杰西卡（Jessica）。她知道怎样让你收放自如。你开始考虑工作上的问题，一时忘了自己正在锻炼。突然一个不曾有过的解决方案跃入你的脑海。通过最后的冲刺，杰西卡在 45 分钟的课程结束前将你带回了现实。在离开工作室时，你认为你刚刚所做的事情有益于你的身心。此时，你不仅不感到疲惫，还神清气爽。

这就是朱莉·赖斯和伊丽莎白·卡特勒创办的 SoulCycle 带给人们的体验。

盲目约会

20 世纪 90 年代，朱莉·赖斯在洛杉矶担任明星经纪人。她开始接触室内自行车，这对她而言是一种缓解压力的方式。同样，这也是她在洛杉矶地区的社交渠道，人们围绕着运动展开交际。健身中心和工作室都想将运动打造成一种体验。21 世纪初，赖斯移居纽约。她试图找到一家符合她期望的健身中心，但一直无果。在纽约，健身中心就是健身中心。人们会通过其他方式进行社交和寻求体验。

赖斯最后找了家室内自行车中心。2006 年，一位教练将她介绍给了伊丽莎白·卡特勒。卡特勒也是一位“纽约移民”，她完全能够体会赖斯对纽约健身中心的失望。她们将自己的第一次会面称为“盲目约会”。通过这次会面，她们发现了她们共同寻找的东西——一家不仅能够提供好的锻炼机会，也能向人们提供互相结识的机会以及一点社区感的健身中心。两人一见如故，开始谈论起创办一家自己的健身中心。根据赖斯的回忆，初次会面之后，她还来不及关上出租车门，就收到了卡特勒的信息：“我去找房子，你去找毛巾。”

第一家 SoulCycle 工作室

几天后，卡特勒在克雷格列表（Craigslist）上发现了可能。那是一家位于曼哈顿上西区的旧舞蹈工作室。它被合理地分隔成了几个区域，并允许转租。赖斯和卡特勒想，如果她们的创意无法实现，至少还能将房子租给其他人。她们租下了这个场所，并决定开设一家动感单车工作室。动感单车是一种高强度的室内自行车运动。她们的钱不多，所以把宜家橱柜当作前台桌子使用。工作室位于大楼后侧大厅，因此客户必须穿过很长的走廊才能找到工作室。签完租赁合同后，她们才发现自己犯了一个大错——无法在大楼正面设置标牌。她们决定将工作室命名为 SoulCycle（灵魂单车）。

关于价格，赖斯和卡特勒讨论了很久。她们决定对 45 分钟的动感单车课程收费 28 美元（现在是 34 美元）。她们还决定按课时收费——无需会员卡。她们认为，人们很看重自己支付的费用，如果有人为动感单车课程提前支付了 28 美元，那么他就很可能出现在课堂上。并且，她们还认为自己想要提供的体验类型值得每节课 28 美元的花费。

为赢得她们的第一批客户，赖斯和卡特勒挨家挨户走访了街坊邻居，并努力利用个人社交圈。她们还向能够接触到的许多纽约健康和美容编辑赠送了小礼物。同时，她们还确定了自己的“秘制酱料”（如何让人们谈论 SoulCycle）——她们所给予的体验。当时，除了瑜伽和普拉提工作室，纽约就再也找不出其他健身精品馆了，在一些主流健身中心，动感单车往往只是它们的众多课程之一。SoulCycle 成了纽约市第一家动感单车精品馆，赖斯和卡特勒决定漂亮地干一场。

SoulCycle 体验

教练。SoulCycle 体验始于教练。每次动感单车课程都由一位教练带领，他骑着一辆面向参与者的自行车。教练既要掌握节奏，也要教导和鼓励学员。SoulCycle 开业时，动感单车教练要么是兼职的，要么在多家健身中心工作来维持收入。赖斯和卡特勒决定作出改变，她们雇用了全职教练。因此，她们得到了最优秀的教练，并且她们的客户也能够始终如一。在为教练提供全职工作（其中包括健康保险）的同时，她们也为这些最优秀的教练提供了以动感单车为事业的机会。这大大增加了 SoulCycle 留住这些优秀教练的机会。

音乐。音乐是 SoulCycle 体验的重要组成部分。每位教练都会为每节课制定一个音乐列表，在 45 分钟的体验中播放音乐。音乐是根据课程的强度选择的。任何两堂课都不会一模一样，并且不同的教练喜欢不同的音乐风格。每个月，SoulCycle 都会公布当月工作室中播放的“最佳”音乐列表，但不会公布个人播放列表——这就意味着你必须参与到课程中才能听到音乐。

氛围。它的氛围很独特。工作室里光线柔和，大部分的光来自香薰蜡烛。动感单车课程不允许携带智能手机。这一创意所提供的体验是：在喧哗且人多的环境中，同时感到安静和私密。SoulCycle 体验也有利于结交新朋友。许多人都有相似的日程安排，或喜欢同一个教练，因此他们会经常在 SoulCycle 课程中碰面。这往往会发展出 SoulCycle 之外的友谊。SoulCycle 的第一个工作室就带给人们这种体验。记得那条“很长的走廊”吗？这种长走廊的一个意想不到的好处就是，它创造了互动的机会——在参与或完成课程的人经过走廊时，他们会互相问好，或一起走过走廊并相互结识。SoulCycle 在其他工作室中多次重复了这一设计元素。

SoulCycle 既有先进的技术，也有原始的一面。两者都是有意为之。它的动感单车和音响系统都是最新的。同时，工作室中没有钟表，没有排名（有些动感单车工作室根据谁骑得最努力来对骑手进行排名），也没有游戏机制。人们可以佩戴 Fitbit 手环和其他设备进行自我监控。但对 SoulCycle 而言，体验越单纯越好。

SoulCycle 氛围中的所有内容都旨在加强公司想提供的这种体验。它希望人们在得到良好锻炼的同时，也能够在音乐、柔和的光线、歌词、教练的亲切感、友谊如此种种当中，找到喜悦和满足。这正是公司所打造的“秘制酱料”。

培训。赖斯和卡特勒知道，要发展 SoulCycle，她们必须完善 SoulCycle 体验，并使这种体验可重复且可传授。所以，她们从第一天起就十分重视培训。新教练需要参加一个为期八周的培训计划。他们每天上午 9 点到下午 5 点都要在学校学习，并且每周还要完成 5～6 次额外的骑行任务。前台员工会与客户进行最直接的互动，因此他们需要进入 SoulCycle 接待学校学习。接待学校会重点介绍品牌历史、什么是客户服务、如何与同事进行有效沟通等。SoulCycle 培训理念中不变的一点是：无论级别高低，每一名新加入的员工都必须在 SoulCycle 工作室的前台工作一段时间。在赖斯和卡特勒看来，对新员工而言，前台是体验和学习 SoulCycle 文化的最佳场所。

成长岁月

第一家 SoulCycle 工作室取得了成功。在开业六个月内，它就开始盈利，并且出现了等待名单。赖斯和卡特勒预计最初几个月中，每节课会有约 75 名参与者，结果实际参与人数为 200～300 人。强大的 SoulCycle 体验为其产品开辟出了一个市场。

第二家 SoulCycle 工作室开在纽约市特里贝克地区。起初，人们不得不早早来到 SoulCycle 课堂，并将自己名字加入等待名单中。为了让事情变得更容易，SoulCycle 开发了纽约健身精品馆中第一个在线预约系统。该系统很快流行起来，许多课程上线几分钟就已经满员。SoulCycle 于 2006 年开设第一家工作室时，就开始出售品牌服装。2010 年，它加入了电商行列。如今，SoulCycle 每年发布 12 个自有品牌系列。每个单品售价约 40 美元，裤子和运动衫最高可达 85 美元以上。许多 SoulCycle 发烧友都拥有多套 SoulCycle 服装。

SoulCycle 早期主要在纽约地区发展。在那里，它的工作室数量稳步上升。2011 年，公司决定扩展至加利福尼亚。当时，赖斯和卡特勒将 SoulCycle 卖给了 Equinox 健身会所。两位联合创始人认为，为了应对预期出现的快速增长，她们需要引入经验丰富的管理人员。赖斯和卡特勒留了下来，并将 SoulCycle 作为 Equinox 旗下的品牌进行管理。

现状和挑战

SoulCycle 如今在美国已有 85 个工作室，每周约有 20 000 人参与骑行，其中，最年长的 85 岁，最年轻的 12 岁。公司雇用了 1 500 名员工，2014 年报告的销售额超 1.12 亿美元。

持续的成功也给 SoulCycle 带来了许多挑战。现在，Peleton（www.peleton.com）这类公司所生产的高质量动感单车，可以让人们在家中通过丰富的多媒体连接，体验动感单车课程。若有需要，可以随时调出课程。这就意味着课程已存档，用户可以随时参与最喜欢的教练所教授的课程，而不必在特定时间出现在工作室。许多 SoulCycle 模仿者也应运而生。目前，SoulCycle 每节 45 分钟的课程售价 34 美元，而模仿者的价格则低于此。

讨论题

1. 朱莉·赖斯和伊丽莎白·卡特勒身上具有本章介绍的成功创业者的哪几种特征？你认为这些特征在 SoulCycle 的成功之路上发挥了多大作用？

2. SoulCycle 的基本产品——45 分钟的动感单车课程——是如何为客户的生活“增加价值”的？

3. 在 1～10 分之间，为 SoulCycle 的执行智慧打分。请列出至少 5 个你认为 SoulCycle 在此方面表现得特别出色之处。请对你的评分依据作出说明。

4. 讨论 Peleton 给 SoulCycle 带来的挑战。如果需要向 SoulCycle 提出建议以应对 Peleton 的威胁，你会告诉该公司怎么做？

资料来源：SoulCycle Homepage，www. soulcycle. com（accessed January 25，2017）；J. Rice and E. Cutler. “A Fireside Chat with SoulCycle Co-Founders Elizabeth Cutler and Julie Rice，” Pando Daily Podcast，https://pando. com/e-vents/soulcycle/(posted March 11，2015，accessed January 25，2017)；N. Hong. “How I Built It：Cycling Chain Soul-Cycle Spins Into Fast Lane，” *The Wall Street Journal*，Sept 18，2013；C. Wischhover. “How SoulCycle is Growing Its Cult Appeal With Apparel，” Fashionista，June 25，2013.

注 释

第 2 篇

开发成功的商业创意

第2章 认识机会，激发创意

学习目标

学完本章，你应该能够：

1. 说明机会和创意之间的差异。
2. 描述一般情况下创业者发现机会的三种方法。
3. 讨论什么样的个人特征可以帮助创业者发现商机。
4. 识别并描述创业者可用来激发创意的技巧。

本章中，我们将对如何理解机会和创意之间的差异进行探讨。虽然创意十分有趣，并能够带给我们无限可能，但并非所有创意都能成为创业者所追求的机会。除了描述机会和创意的差异之外，本章还讨论了创业者发现机会的方法以及可能产生机会的外部环境因素或条件。同时，正如你们将要看到的，似乎那些善于发现可行商机的人具有某些特定的特征。

机会和创意之间的差异

本质上，创业者所做的就是认识机会并将其转化为成功的企业。[1]**机会**（opportunity）是指一系列有利条件的组合，它会创造出对新产品、服务和业务的需求。大多数创业型企业都始于下述两种情况之一。一是因为受到了外部刺激。在此情况下，创业者决定创办企业，寻找和发现机会，并开始一项业务。杰夫·贝索斯创立亚马逊时就是这种情况。1994年，贝索斯辞去了一家纽约投资公司的职务，放弃了收入颇丰的工作。他前往西雅图，寻找诱人的商机，创办了一家电子商务公司。二是受到了内部刺激。在此情况下，创业者发现了问题或**机会缺口**（opportunity gap），并通过创办企业来解决问题或填补他们所发现的缺口。以仿生学公司 Wiivv 为例，它利用三维成像技术来解决客户鞋子不合脚的问题，并按照客户的意愿提供产品和服务。

无论创业者在上述哪一种情况下创办新企业，发现新机会都绝非易事。认识产品、服务或业务机会，并非只是寻找现有事物的不同版本，而是一个困难的发现过程。在此过程中，创业者常犯的一个错误就是，选择一个他们喜爱或热衷的现有产品或服务，然后围绕稍微改进后的版本建立新业务。虽然这种方法似乎有一定道理，但其实不然。发现机会的关键在于发现人们需要且愿意购买的产品或服务，而不是创业者想要制造和销售的产品或服务。

如图2-1所示，机会有四个基本特征：(1) 具有吸引力；(2) 适时；(3) 持久；(4) 旨在通过产品、服务或业务为买受人或最终用户创造或增加价值。创业者想要抓住机会，就必须打开**机会窗口**（window of opportunity）。"机会窗口"是一个隐喻，指的是企业能够切实进入某个新市场的时间段。一旦建立了某个新产品市场，它的机会窗口就会开启。随着市场增长，企业会在市场中占有一席之地并努力实现盈利。在某个时点，市场成熟了，机会窗口也就随之关闭。互联网搜索引擎就是这种情况。出现于1995年的雅虎（Yahoo）是最早的搜索引擎。随着Lycos、Excite和其他搜索引擎的加入，这一市场迅速增长。谷歌于1998年进入该市场，拥有先进的搜索技术。从那时起，搜索引擎市场就已趋于成熟，机会窗口逐渐难以寻觅。如今，一家新的初创搜索引擎企业想取得成功会非常困难，除非它与现有竞争对手相比具有压倒性的优势，或者以一种堪称典范的方式瞄准了某个利基市场。微软（Microsoft）的搜索引擎必应（Bing）在与谷歌的正面交锋中付出了巨大努力，才占有20.9%的市场份额（谷歌为63.9%）。[2]

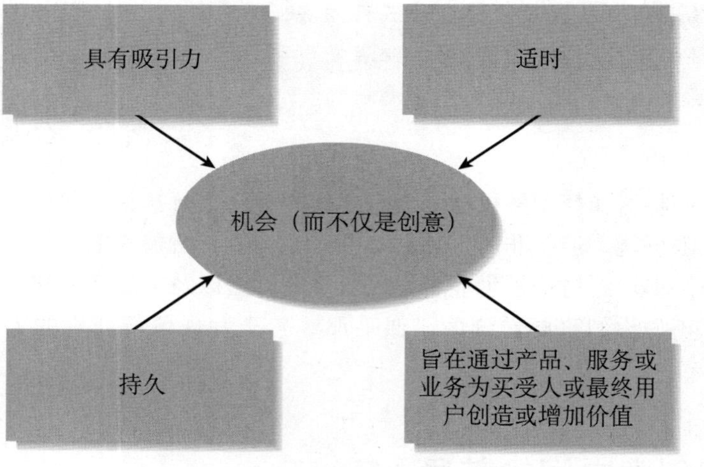

图2-1 机会的四个基本特征

了解机会和创意之间的差异十分重要。**创意**（idea）是一种思想、印象或概念。它不一定符合机会的标准。理解这一点是个关键，因为许多创业型企业未能取得成功的原因并非是创业者不够努力，而是该企业未能找到真正的创业机会。在你为某个商业创意而兴奋不已之前，尤为重要的是要了解该创意能否满足某项需求并且符合机会的标准。

发现机会的三种方法

新企业在寻求机会时，创业者可采用三种方法（见图2-2）。一旦创业者理解了每种方法的重要性，他寻找到自己合意的机会或创意的可能性就会提高。在后文中，我们将分别对这三种方法进行讨论。

图 2-2　发现机会的三种方法

观察趋势

发现机会的第一种方法是观察趋势并研究这些趋势如何为创业者提供他们所追求的机会。我们所关注的趋势主要有经济因素、社会趋势、技术进步，以及政治和法规变化。作为创业者或潜在创业者，有必要对这些领域的变化保持关注。

身处各种趋势当中，若要察觉新的商业创意，需要谨记两点。第一，区别趋势和潮流。新业务通常没有能够使其快速发展的资源，从而无法抓住一时的潮流。第二，即使我们对每种趋势作了逐一介绍，但它们是相互关联的，在构思新的商业创意时，需要同时考虑各种趋势。例如，智能手机之所以如此普遍，就得益于它同时汇集了多种趋势，其中包括移动人口的增长（社会趋势）、电子产品持续小型化（技术进步），以及它通过网上银行和比较购物来帮助用户更好地管理资金的能力（经济因素）。如果这些趋势中有任何一项不存在，智能手机不会像现在这样流行，我们也不会对其将来的持续发展抱有更多希望。

图 2-3 总结了上面提到的各种环境因素与机会缺口之间的关系。接下来，让我们看看创业者应如何看待这些因素，以帮助他们发现业务、产品和服务的机会缺口。

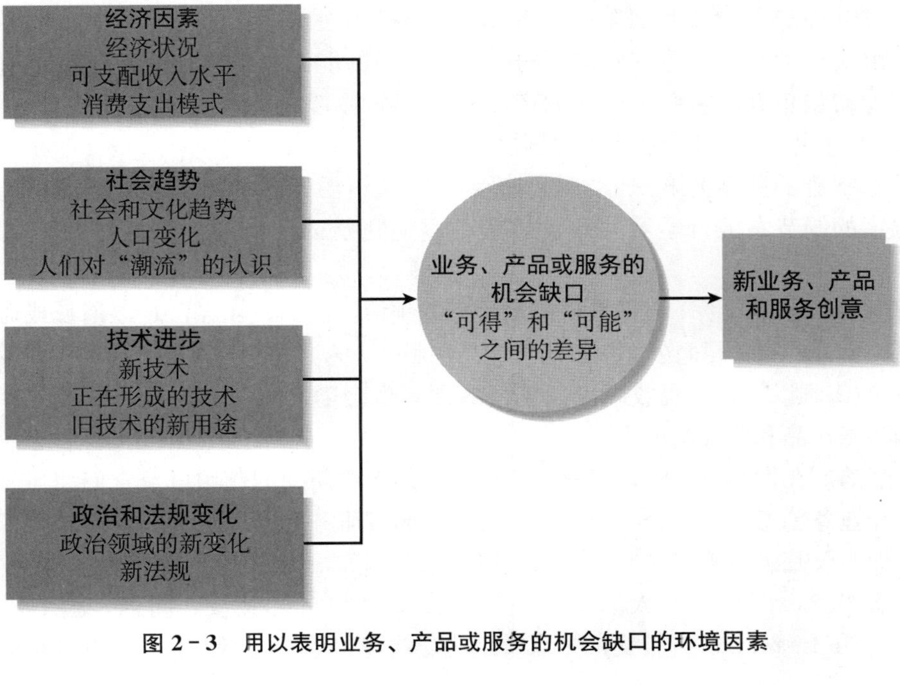

图 2-3　用以表明业务、产品或服务的机会缺口的环境因素

经济因素。有许多经济因素都可以帮助人们确定新商业创意所适用的领域和应当避免的领域。这些因素包括消费支出的升降、新建住宅数量的增减、国际贸易景气程度、利率涨跌和稳定程度等各种主题。在撰写本章时（2017 年春季），个人收入在增加，新建住宅数量有所上升，国际贸易趋于平稳，利率逐步上涨。

当个人收入增加时，消费者有更多钱可以花，并愿意购买一些可以改善生活的非必需产品和服务。这对于那些提供非必需产品或服务的初创企业来说是个好兆头。例如，第 1 章案例中提到的 SoulCycle。它在时尚的都市工作室中提供动感单车课程，每节课收费 34 美元。当个人收入增加且经济势头强劲时，SoulCycle 更有可能在这样的价位上吸引新成员。相反，当个人收入下降时，人们可用于花费的金钱更少，也更不愿意花钱，而是选择攒钱。在这种环境下，那些为消费者和企业节约资金的初创企业就获得了商机。其中一个例子就是 GasBuddy，这是一家帮助消费者和企业节省燃油费用的公司。让我们暂停阅读一会儿，登录 GasBuddy 网站（www. gasbuddy. com），看看它如何运作。另一个提供类似省钱服务的例子是 YouNeedaBudget，它是一个可以帮助用户减少债务并管理支出的应用程序。无论是 GasBuddy 还是 YouNeedaBudget 都可能会在个人收入不升反降时赢得更多用户。

另一个可纳入考量的重要经济因素是谁有钱可花，以及花在哪儿了。例如，女性参加工作的人数增长，以及与她们相关的可支配收入增长，在很大程度上导致了过去几年内针对职业女性开设的线上零售和精品服装店的数量增长。同样，在美国，少数族裔购买力增强，也导致了民族餐馆和民族超市呈上升势头。婴儿潮一代是另一个值得探究的群体。这些人生于 1946—1964 年之间，目前已有许多人退休，今后几年将有更多人退休。在美国，约有 7 600 万人被划归为婴儿潮一代；如今，他们当中每天约有 10 000 人退休。据预计，这些人会将他们资产中的很大一部分重新投向有助其退休生活的产品和服务上，这一趋势将持续在多个领域催生新的业务。这在很大程度上归因于婴儿潮一代比前几代人拥有更高的可支配收入。婴儿潮一代大量支出的领域包括医疗保健、旅行和快速消费品等。PillPack 公司是本章“如果你是风险投资者 2. 1”专栏的主角，它的产品能够帮助婴儿潮一代有效地解决他们在处方药方面遇到的困难。高昂的能源成本和社会责任需求也催生了越来越多的初创企业，它们所开发的产品和服务能够帮助企业和消费者提高能源效率。成立于 2010 年并于 2014 年被谷歌收购的初创企业 Nest Labs（www. nest. com）就是一个例子。它制造了世界上第一台学习型恒温器。该恒温器既可家用，也可商用。它会从用户对温度的调节中进行学习并自动编程，以使建筑内的舒适度和能源效率达到最优状态。[3]

了解经济趋势还有助于我们发现应当避免的领域。例如，在经济难以增长或可能衰退的情况下，创办一家公司向公立学校出售产品或服务，未必是个好主意。由于（国家、州和/或当地）经济难以增长，税收减少，学校的预算也会随之减少。继而，削减预算将会降低学校购买新产品和服务的能力。

社会趋势。在发现机会时，了解社会因素在趋势中所起的作用以及它们如何影响新产品、服务和业务创意，是十分必要的。通常，产品或服务之所以存在，更多是为了满足社会需求，而不仅是满足该产品所填补的表层需求。例如，快餐店的数量激增，主要不是因为人们喜欢快餐，而是因为人们太忙了，常常没时间自己做饭。同样，脸书、色拉布（Snapchat）和 Instagram 等社交网站之所以广受欢迎，也不是因为它们可以发布信息和照片，而是因为它们可以让人们彼此联系和交流，这是人类的本能趋向。

社会趋势的变化会改变人们的行为方式和企业的行事准则，以及他们对优先事项的安排。这些变化会影响产品和服务的构建和售卖方式。以下列举了当前正在影响个人行为和优先事项的部分社会趋势。

- 人口老龄化；
- 人口多样性增加；
- 千禧一代进入职场；
- 移动设备的使用量增长；
- 对于健康的关注程度与日俱增；
- 强调清洁能源，如风能、太阳能、生物燃料等；
- 人口不断从小城镇和农村地区迁移到城市；
- 个性化需求（人们需要根据自己的品位和需求定制产品和服务）。

这些趋势中的任何一项都能够推动新的商业创意。例如，人口不断从小城镇和农村地区迁移到城市，使得城市更加拥挤。Zipcar 之类的汽车共享服务企业和 Zagster 之类的自行车共享服务企业，都可以在一定程度上应对该问题。同样，人口老龄化也为视力保健、家庭护理甚至老年约会服务等业务创造了商机。其中一个例子就是 Glaukos，该公司正在开发一种治疗青光眼（与年龄有关的眼疾）的方法。

移动设备的普及是一种社会趋势，它为全球创业者带来了商机。2016 年，全球有超过 21 亿人拥有手机。预计到 2020 年，将增至 28.7 亿人。其中，苹果手机和装有安卓系统的智能手机所占的比重越来越大。[4] 智能手机的普及将在全世界催生出新业务。有时，各种社会趋势的融合也能够创造出尤为亮眼的商业创意。例如，乔纳森·施瓦茨（Jonathan Schwartz）一直想方设法更好地照料包括他父母和姻亲在内的 5 名老人，因而创办了医疗保健领域的初创企业 CareZone。CareZone 是一款适用于智能手机、平板电脑或计算机的应用程序，它使所有参与或接受护理的人都可以在安全的线上环境中分享和存储信息。CareZone 的潜能得到了两大社会趋势的支撑：人口老龄化，以及智能手机应用程序和其他联网设备的使用量增长。

另一个非常明显的社会趋势是人们对脸书、推特和领英（LinkedIn）等社交网站的兴趣与日俱增。2016 年，78% 的美国居民注册了社交媒体，比前一年增长 5%。据估计，2016 年全球社交媒体用户数量达 19.6 亿人，到 2018 年将增至 25 亿人。[5] 除了向人们提供新的交流和互动方式之外，社交网络也成了一些企业赖以生存的平台。例如，热门的在线游戏 FarmVille 和 Scramble 的制作者星佳，正是通过脸书的应用程序小插件，使这些基于浏览器的游戏风靡全球。同样，创业者也会为了建立一个能够满足特定领域需求的社交网络而创办企业。

技术进步。技术进步常常与经济和社会变革相结合，共同创造机会。例如，人们越来越关注健康的同时，也越来越注重技术的运用。Fitbit Charge 2 和 Jawbone Up 等可穿戴设备，可以通过监测运动和睡眠，帮助人们保持健康的生活方式。实际上，根据 Statista 提供的数据，2018 年全球可穿戴设备市场预计达到 190 亿美元，是 2013 年的 10 倍多。[6] 这一市场包括多种用途的可穿戴设备。例如，Valedo 腰背训练器就是一个可以通过传感器检测用户下背部疼痛的可穿戴设备。根据传感器所收集的数据，该设备会建议用户以游戏形式完成一定程度的锻炼以减轻疼痛。[7]

技术进步还能够帮助人们更好或更便捷地完成日常任务。例如，OpenTable.com网站允许用户在线预订餐馆，目前已覆盖了美国大部分地区。如果你计划前往旧金山，则可以访问OpenTable.com，选择你所要到访的城市区域，查看该区域的描述、评论、客户评分，在多数情况下，你还可以查看餐馆的菜单。然后，你可以预订该餐馆，生成一份地图以及去往该餐馆的路径。OpenTable.com总是能够帮助人们完成这些基本任务：寻找餐馆、比较价格和菜单、向熟悉这些待选餐馆的人征求建议，以及获取去往餐馆的路径。OpenTable.com所做的，就是帮助人们更方便快捷地完成这些任务。

技术进步的另一面就是，一旦创造了技术，通常就会涌现出能够利用该技术的产品。例如，苹果手机、平板电脑和类似设备的出现，反过来催生了整个兼容设备产业。以高端移动配件公司Rokit Boost为例，其主要产品为智能手机外壳、耳机、便携式USB充电器和蓝牙音箱等。如果没有智能手机行业的兴起，Rokit Boost将不会存在。同样，越来越多的初创企业都致力于开发智能手机应用程序。其中一个例子就是"如果你是风险投资者10.2"专栏的主角——Lumo Bodytech公司。该公司开发了一款智能手机应用程序，用于分析用户的跑步姿势并提供个性化的指导，以帮助用户提高其跑步水平。

政治和法规变化。政治和法规上的变化也为商业创意提供了依据。例如，新法通常会促生一些能够利用其规范的初创企业。2010年，美国最初通过《平价医疗法案》(Affordable Care Act，ACA）时，就出现了这种情况。一系列的新规定鼓励医生和医院转换至电子记录，以减轻卫生和公共服务部门的数据处理负担（涉及医院质量和疗养院患者满意度等主题），从而为创业者创办与电子病历相关的初创企业，开发相关应用程序以帮助患者监测药物治疗，以及设立同类公司提供了机会。[8]2017年1月20日入主白宫的新政府提出对ACA进行修改，同样也为创业者提供了新机会。

有时，整个行业的命运都取决于政府法规是否支持该行业的发展。例如，有些初创企业准备使无人机商业化。无人机可以有多种家庭用途，比如帮助农民确定农作物的最佳施肥量、将药物运送至偏远地区，以及帮助电影制作人进行高空拍摄等。但从2016年6月起，美国联邦航空局（FAA）只允许在某些特定条件下使用无人机，比如在操作者的视线范围内、最大重量不超过55磅、仅在白天操作，以及最大离地高度不超过400英尺等。而包括CyPhy Works（"如果你是风险投资者8.1"专栏的主角）在内的多家公司，都正在开发更高级的应用，例如利用无人机在住宅区内投递包裹等。无人机初创企业都在等待FAA制订更为宽松的规定和标准，以扩展无人机的用途。无人机技术若想实现包裹投递等具有潜力和经济吸引力的目标，也需要有长远的发展。

政治变革也会带来新的业务和产品机会。例如，全球政治动荡和恐怖主义的威胁使许多企业更加注重安全。这些公司需要新产品和服务来保护它们的实物资产和知识产权，并保护它们的客户和员工。Evolv就是这一领域的初创企业之一。Evolv成立于2013年，总部位于马萨诸塞州沃尔瑟姆，它汇集了各学科的专家，发现、发明和应用新技术，以应对当前与恐怖主义有关的威胁。该公司开发的Evolv Mosaiq结合了传感器、人工智能和人类智慧，是一个安全平台，也是目前世界上最先进的潜在威胁检测系统。[9]

表2-1展示了另外一些示例，旨在说明环境因素变化为机会及其后续利用提供了肥沃土壤。

表 2-1 环境因素变化为新业务和产品提供机会的示例

发生变化的环境因素	诞生的新业务、产品和服务机会	诞生的公司
经济因素		
个人收入增加	科技产品、旅游服务、有机食品	Jawbone、Hipmunk、全食超市
拥有可支配收入的婴儿潮一代进入退休年龄	居家护理、健康保健应用程序、针对老年人的金融服务、针对老年人的旅游相关服务	Honor、Guardian Medical Monitoring、Betterment、Senior Travel Services
社会趋势		
追求不同的、更美味的和更健康的食品	健康餐厅、民族特色包装食品、精酿啤酒、功能性饮料	Froozer、Beyond Meat、Hint（瓶装水）、Popchips
最新医学研究对超重的危害发出警告，人们更加热衷于健身	健身中心、普拉提和瑜伽馆、健身应用程序、减肥计划和应用程序	SoulCycle、24 Hour Fitness、YogaView（位于芝加哥）、Peloton、Noom
技术进步		
智能手机	智能手机操作系统、智能手机应用程序、智能手机配件	安卓、Instagram、色拉布、Rokit Boost、iSkin
可穿戴技术	可穿戴健身设备、可穿戴生活方式设备（如谷歌眼镜）以及可穿戴科技装置	苹果手表、Spectacles、Oculus Rift、Recon Jet
政治和法规变化		
美国国家环境保护局（EPA）和美国职业安全与健康管理局（OSHA）标准提高	咨询公司、用于监测合规性的软件	MobileEpiphany、SWAC、ESS Group、Air Quality Consultants
《平价医疗法案》	电子病历、新的基础护理模式、能够更有效地提供护理的应用程序和技术	CareCloud、VillageMD、Aledade、Ginger. io、Dispatch

解决问题

发现机会的第二种方法是认识问题并找出解决问题的方法。通过观察人们在日常生活中遇到的困难，或者通过更简单的办法，如直觉、机缘或运气，我们可以认识到许多问题，其中就包括大量尚未解决的问题。

通过此类观察，那些在生活中遇到问题，然后意识到该问题的解决方法代表了商机的人创办了许多公司。例如，1991 年，杰伊·索伦森（Jay Sorensen）在送女儿去学校的途中去了一家免下车咖啡店，由于装咖啡的纸杯太烫，他把咖啡洒在了自己腿上。这一经历促使索伦森发明了隔热杯套，并成立了一家公司从事其销售。该公司——Java Jacket 成立以来，已经售出了超过 40 亿个杯套。无独有偶，在看到无数女性穿了一整晚高跟鞋而赤脚走回家的情形之后，纽约大学金融专业的学生凯蒂·谢伊（Katie Shea）和苏西·莱维特（Susie Levitt）创立了一家名为 CitySlips 的公司，专门制造轻便且舒适的鞋子。她们发明了一种平底鞋，可以折叠至口袋大小放入小巧的拉链袋中，轻松地装入大多数女士的手提包。在女士穿上这种鞋子后，拉链袋可以展开成一个手提袋，用来携带高跟鞋。两人于 2009 年出售了 CitySlips；如今，她们的产品在 500 多家门店中均有销售。[10]

技术进步会帮助那些无法按照原有用途使用该技术的人解决麻烦。例如，许多老年人认为传统手机很难用：按键太小、文字难以阅读，在吵闹的房间里经常听不清对方讲什么。为解决这些问题，GreatCall 公司生产了一系列针对老年用户的手机。举例来说，Jitterbug Flip 是一款简单易用的手机，而 Jitterbug Smart 是该企业于 2017 年生产的最大的智能手机。两款手机都拥有可以轻松拨打电话的大键盘、能够清晰传递声音的高效扬声器、易于阅读的文字，以及简单的文本消息收发功能。另一家成立于澳大利亚的公司 Kisa 则开发了一款专门为儿童设计的手机。该手机设计简单，儿童可以使用它拨打最多 10 个预设的电话号码。手机背面配有 SOS 按钮，并可以包含医疗或联系信息。大而明亮的显示屏可以进行多种方式的自定义，包括显示儿童可呼叫的人的姓名和照片等。例如，屏幕上可能显示妈妈、爸爸、奶奶、爷爷、莎拉姨妈、杰森叔叔等方框。儿童所要做的就是按一下方框拨打电话。该手机足够轻便，不会对儿童随身携带造成负担，并且足够耐用，摔个一两次后仍可使用。[11]

认识一些与新兴趋势相关的问题，有助于我们收集商业创意。例如，传统的低热量碳酸饮料（如无糖百事可乐、健怡可乐）销量下降，主要是因为人们越来越担心人工甜味剂的摄入。这一趋势为 Sparkling Ice 和 Spindrift Soda 这类好喝而且都是用天然成分制成的碳酸饮料初创企业带来了商机。同样，智能手机的普及可以使人们更好地保持联系，但是当人们在一段时间内无法给手机充电时，就会出现问题。许多公司已经通过创新的方式解决了这一问题。其中一个例子就是售价 70 美元的 Eton BoostTurbin 2000。该装置重量不到 4 盎司，配备了一个 2 000 毫安的电池和一个摇柄，足以为常规的智能手机充满电。该装置本身也可以通过 USB 端口或摇柄充电。售价 155 美元的 HiNation HiLight 体积稍大，但拥有更多电量，并具有多种功能。它的电池可以为苹果手机充电至少三次。该装置本身可以使用太阳能在 10 小时内充满电。

有时，人们会发现问题很明显，但由于某些原因，无人以合理的方式解决这些问题。这时，你只需要一点聪明才智，就可以创立新企业。例如，珍妮·弗拉德利吉欧（Jeannine Fradelizio）喜欢参加娱乐活动。由于她居住在北加州的葡萄酒乡附近，她所参加的聚会中总是会提供优质葡萄酒。弗拉德利吉欧注意到，当人们放下酒杯后，通常就忘了哪只酒杯是自己的，因此他们不得不放弃这杯酒或错拿别人的酒。最开始为了解决这个问题，她从抽屉里拿了一只记号笔，在各个酒杯上写下人们的名字。人们很喜欢这个主意，这使弗拉德利吉欧意识到她正在开发一个商业创意。她需要一种无毒、无味且不会干扰葡萄酒香味的记号笔。此外，它需要迅速干燥，不易被蹭掉，但又要容易洗净。她得到了一位化学家的帮助。一年后即 2011 年，酒杯笔诞生了。如今，酒杯笔在美国和其他一些国家的酿酒厂、厨具商店和其他零售处均有售卖。2015 年的销售额已突破 150 万美元。[12]

表 2-2 中包含了另外一些示例，展示了人们如何通过开办企业来解决问题。

表 2-2 为解决问题而创立的企业

创业者/创业公司	年份	问题	解决方案	诞生的企业
安妮·哈索尔（Annie Halsall）和萨拉·莫斯科普夫（Sara Maskopf）	2015	在不熟悉的地方，家长很难知道哪些零售地点和餐馆允许婴儿推车进入	创建一个类似于“Yelp”的在线平台，让家长对是否“方便带儿童进入”进行评分	Winnie（www.winnie.com）
大卫·张（David Zhang）和克莱蒙·佩罗（Clement Perrot）	2014	用智能手机拍照后，无法立刻生成真实的照片与朋友分享	为智能手机设计一个拍立得手机壳，可以在几秒钟内打印出精美的照片	Prynt（www.pryntcases.com）
停车熊猫（Parking Panda）	2011	在城市中（特别是在参加音乐会或大型体育赛事时）难以找到停车位	创建一个基于网络的平台，让用户在城市中查找和预订停车位	停车熊猫（www.parkingpanda.com）
谢文·谢克（Sherwin Sheik）	2011	对于想要留在家中的老年人而言，很难找到可靠的看护人员，并且大多数专业看护服务收费不菲	打造一个在线平台，使各个家庭能够轻松地找到并雇用符合其特定需求和预算的看护人员	CareLinx（www.carelinx.com）
陈佩里（Perry Chen）、扬西·斯特里克勒（Yancey Strickler）和查尔斯·阿德勒（Charles Adler）	2009	没有能够方便地投资于创意项目（独立电影、唱片专辑或食品相关项目等）的平台	创建一个基于网络的“众筹”平台，帮助艺术家、音乐家以及参与其他创意项目的人向公众筹集资金	Kickstarter

为了解决一系列社会问题，包括贫困、饥饿，以及取水、用电困难等，一种新型创业型企业应运而生，它就是社会企业。这些企业可以是营利性公司，也可以是非营利性组织。本章“创业型企业的法宝”专栏介绍了社会企业，并展示了三家社会企业的范例。如你所见，这些企业的创始人都是30岁以下的年轻人。

创业型企业的法宝　通过社会企业来解决问题

社会企业是指那些努力解决社会问题并提供社会商品的企业。社会商品（social good）是指造福于社会的产品或服务。干净的空气、清洁的水源、文化普及和获得医疗保健的机会都属于社会商品。社会企业可以是营利性组织，也可以是非营利性组织。许多年轻人都被社会企业所吸引，因为他们渴望并决心为改善他人生活而努力。以下是三个社会企业的例子，它们都是由30岁以下的年轻人创立的。每个案例中，企业的主要动力都在于给特定群体或社会整体施加积极影响。

消除饥饿

2009年，加州大学洛杉矶分校（UCLA）的一些学生走进食堂，用饭卡购买三明治，然后分发给镇上无家可归的流浪者。仅仅一周之内，他们就捐赠了300顿饭。几个月后，这些学生开始与UCLA餐饮服务机构（Dining Service）合作，允许学生将饭卡中未使用的资金捐赠出来，用以向社区成员提供餐食。2010 年，由 25 岁的雷切尔·苏迈克（Rachel Sumekh）牵头设立的“消除饥饿”（Swipe Out Hunger）成为一家非营利性社会企业，并开始向全美扩张。如今，“消除饥饿”在 23 个校园设有分会，并已经为面临饥饿问题的人提供了 130 万份餐点。每个校园分会都由 8～25 名学生组成领导团队，并在当地校园中开展“消除饥饿”项目。

“消除饥饿”各校园分会的运营方式不尽相同，但它们都有共同的目标：帮助消除校园和周边社区的饥饿现象。多数情况下，学生们通过刷餐卡进行捐赠，捐赠的款项（由学校）转换为美元或食物，然后赠给有需要的学生或社区成员。令人遗憾的是，每七名大学生中就有一人无法得到食物保障，而每年却有数千张餐卡未加以使用。

Soko

Soko 是一家营利性社会企业，它所运营的线上平台给撒哈拉沙漠以南的非洲国家的手工艺人提供了与世界各地零售商和消费者接触的机会。该平台名为“Soko 作坊”（Shop-Soko），由 27 岁的凯瑟琳·玛胡古（Catherine Mahugu）开发，并已经筹集了 140 万美元资助款。发展中国家有许多手工艺人，他们能够制作精美的首饰和其他产品，却因为缺乏进入世界市场的途径而苦苦挣扎。创建 Soko 就是为了解决这一问题。Soko 让那些在其平台上注册的手工艺人可以使用智能手机拍照、上传和出售他们的产品。然后 Soko 会将这些产品展示在其网站上并放置在零售商店中。Soko 平台可以使供需双方相互匹配，当商品售出时，手工艺人就可以通过智能手机取得报酬。

Soko 作坊极为成功，它与数百名手工艺人建立了联系。平均而言，与 Soko 合作的手工艺人收入增加了 5 倍。Soko 也与 400 多家零售商建立了联系，其中包括诺德斯特龙（Nordstrom）和 Anthropolgie。Soko 还拥有来自 35 个国家的成千上万的在线客户。

推动变革

约丁·莱克森（Jordyn Lexon）在赖克斯岛为那里的年轻人教了三年英语。这个岛是纽约市的服刑机构所在地。美国只有两个州将 16 岁的被捕者视为成年人，纽约州就是其中之一。莱克森发现，与那些被送去收容教育的年轻人相比，这些作为成年人关押的年轻人更可能在被释放后面临严峻的挑战。他们在就业和受教育的机会上也面临巨大障碍。在刑事司法系统中被当作成年人对待的 24 岁以下的年轻人当中，有 70%会再次犯罪。29 岁的莱克森意识到，她必须做点什么来阻止这种监禁—释放—再监禁的恶性循环。

为解决这一问题，莱克森创建了“推动变革”（Drive for Change）。这是一个非营利性组织，它在纽约市拥有并管理着一批快餐车。该项目雇用那些曾被正式关押的年轻人作为员工，向他们提供培训，并教给他们一些在食品行业里可变通的技能。同时，该项目还向这些年轻人提供了接受指导和受教育的机会，让他们可以进一步开发自己的技能和自我价值感。参与者可获得一年的补助金，并且在准备食物和管理餐车的过程中轮流扮演不同角色。

思考题

1. 请参阅图 2-1。在机会的基本特征方面，社会企业和营利性组织之间是否存在差异？如有，是什么差异？

2. 对于本专栏中介绍的社会企业而言，不断变化的环境因素在促使社会企业解决现有问题方面发挥了什么作用？

3. 社会企业通常不能像营利性组织那样支付较高的薪水，那么社会企业应如何吸引优秀的员工？

4. 你是否愿意为社会企业工作？如果是，为什么？本专栏介绍的社会企业当中哪个最让你感兴趣？请作出解释。

资料来源：Swipe Out Hunger Homepage，www.swipeouthunder.org（accessed February 1，2017）；Soko Homepage，www.shopsoko.com（accessed February 1，2017）；Drive for Change Homepage，drivechangenyc.org（accessed February 1，2017）.

在市场中寻找缺口

市场缺口是商机的第三个来源。消费者常常无法在某个特定地点——甚至整个市场上——得到他需要或想要的产品。这个问题很大程度上归咎于大型零售商，如沃尔玛（Walmart）和开市客（Costco）。它们主要展开价格竞争，并针对主流消费者提供最受欢迎的商品。尽管这些做法可以使大型零售商实现规模经济，但在市场上留下了缺口。这就是服装精品店、专卖店和电子商务网站存在的原因。这些企业愿意售卖那些销量不高的商品（这些商品的销量不足以让沃尔玛和开市客销售）。

市场中的产品缺口代表了潜在的商机。例如，蒂丝·瑟维罗（Tish Cirovolo）意识到，市场上没有专门为女性设计的吉他。为填补这一缺口，她创立了黛西摇滚吉他公司（Daisy Rock Guitar），只为女性制作吉他。黛西摇滚吉他极具风格，采用女性化的色彩，并融合了独特的设计以适应女性娇小的手掌和身形。同样，位于得克萨斯州休斯敦的Southpaw吉他公司只为左手弹奏者设计和制作吉他。另一家初创企业Toptal（“如果你是风险投资者9.1”专栏的主角）则处于完全不同的行业当中。Toptal借助其平台填补了在线招聘行业的缺口。它通过严格的筛选，帮助公司找到那些愿意依合同开展工作的顶尖软件工程开发人员和设计师。

表2-3中列举了另外一些为填补市场缺口而创立的企业。

表2-3 为填补市场缺口而创立的企业

市场缺口	产生的新商机	诞生的企业
没有24小时开业的健身中心	为那些在非常规工作时间工作的人提供24小时健身中心	Anytime Fitness、24 Hour Fitness、Snap Fitness
缺乏致力于儿童智力开发的玩具和玩具商店	销售益智玩具的玩具商店、玩具制造商和网站，并将玩具和智能手机应用程序相结合	奇幻工房（Wonder Workshop）、Little Bits、Osmos Genius Kit、Ubolly
工程行业的女性从业者过少	教女孩编程的营利性和非营利性组织，使学龄女孩加入工程相关项目的课后计划，激发年轻女孩对工程学感兴趣的互动书籍和游戏	Girls Who Code、Engineering for Kids、GoldieBlox、Roominate
向特殊身形的人出售时尚服饰的服装店太少	向特殊身形的人出售时尚服饰的精品店和零售商店，销售大码服装、孕妇装、过高或过矮的人的服装等	Casual Male XL、Fashions to Figure、Motherhood Maternity

通常当人们找不到所需的产品或服务并发现其他人同样因此感到沮丧时，就会发现市场中的缺口。洛娜·凯特勒（Lorna Ketler）和巴勃·威尔金斯（Barb Wilkins）就遇到了这种情况。她们因为无法找到时尚、有型、合身的“大码”服装而失望。为此，她们创立了Bodacious，一家出售有趣、时尚且合身的“大码”服装的商店。凯特勒和威尔金斯的经历表明，通过与特定客户群体产生共鸣来填补相应的缺口，商业创意可以发挥出不可抗拒的魅力。

除了发现亟须解决的问题，创业者有时也会偶然或碰巧注意到市场中的缺口。以Simple Gum天然口香糖为例。2012年，卡隆·普罗尚（Caron Proschan）与好友一起吃完了绿色蔬菜汁和沙拉组成的午餐，她把手伸进口袋拿出了一片口香糖。当她看着口香糖时，她意识到这与刚吃的健康午餐形成了鲜明对比。她开始寻找一种健康的口香糖，但一无所获。她没有退却，决定自己创造一种口香糖。她试图找到合适的配方，并找人来为她制作这种“健康口香糖”，但都失败了。她最终靠自己的努力开发了一款满意的口香糖，Simple Gum诞生了。如今，美国各地约有1 200家商店在销售该商品，并且这款口香糖一直是亚马逊网站口香糖类别最畅销的商品。[13]

无论机会来源于环境因素、解决问题，还是在市场中寻找缺口，创业者都必须在追求商机时始终牢记：机会最终都必须被塑造成一家成功企业。本章的“错在何处?”专栏介绍了Everpix。这家公司的创始人因找不到良好的存储和整理照片的服务而感到失望，继而开始了他的创业生涯。但遗憾的是，正如你将在专栏中看到的，创始人在机会上花费了过多时间，让该企业付出了代价。

错在何处? 用优秀的产品来解决问题，公司却倒闭了

2009年，皮埃尔-奥利维尔·拉图尔（Pierre-Olivier Latour）与朋友一起到亚洲旅行。他因为难以存储和整理拍摄的所有照片而感到沮丧。回到美国后，他把自己懊恼的感觉告诉了朋友——法国工程师凯文·奎纳森（Kevin Quennesson）。奎纳森对照片有另一种挫败感，他指出他拍的照片越多，回头再看照片的可能性就越小。奎纳森将此视为一种悖论：人们越频繁地记录生活，就越不可能享受所创造的事物。

拉图尔和奎纳森分享了彼此的挫败感，并将此视为一个问题：市场上没有好的解决方案，以某种方式存储和整理照片并且鼓励人们回头欣赏这些照片。两人决定开办一家企业，打造一种存储和整理照片的服务模式，以解决该问题。2011年6月，他们遇到了在旧金山从事互动和视觉设计工作的韦恩·范（Wayne Fan），并邀请他作为联合创始人加入创业团队。接下来几个月的时间，三个人都在打造这个被他们称为Everpix的服务模式。该服务可以从用户的桌面或联机服务设备中查找和上传照片，然后进行整理，并突出显示最佳照片。服务快捷，设计简洁，易于使用。

Everpix从天使投资人那里筹集了共计180万美元资金，并继续投入其产品。Everpix 1.0，即其产品的第一个版本，于2013年3月推出。如果连接了Everpix应用程序，就可以免费查看去年或更早的照片。如果支付每月4.99美元或每年49美元的费用，则可以无限存储照片。它有一个很酷的功能，称为“闪回”（flashback），可以向用户发送电子邮件，展示前几年的同一天拍摄的照片。它的整体服务获得了好评，似乎用户也十分喜爱它。在总计1 000多个评分当中，Everpix应用程序拿到了4.5星的平均评分（以1～5星

打分）。看起来，这一具有吸引力并相当可靠的产品正沿着创始人所设定的方向为人们解决问题。然而，2013 年夏，Everpix 却关门大吉。那么，哪里出了错？

简而言之，Everpix 的创始人花费了过多时间和精力来完善他们的服务，而缺乏对企业的塑造。该服务不是病毒式的，这意味着 Everpix 的订购用户很难与朋友分享照片并鼓励其他人成为 Everpix 的会员。Everpix 团队意识到这一问题后，尝试了多种方式使该服务更具“病毒性”。其中一个主意是：要求订阅用户的朋友必须创建一个账户才可以下载该订阅用户分享的照片。但这个主意被否决了，因为该团队引以为傲的正是避免了这种自私自利的设计形式。它在广告和促销上也几乎没有投入。筹集到的 180 万美元全部被用于打造服务。因此，当其他照片应用程序吸引了数百万用户时，Everpix 的注册用户仍不到 19 000 人。

在关门前几周，Everpix 的创始人仍在努力地筹措资金。由于与天使投资和风险投资领域关系良好，他们安排了许多会议。他们的产品质量和组建的团队质量一直广受赞誉，但他们的企业却是问题所在。让投资者感到不安的原因部分在于新创建的应用程序数量庞大，消费者很容易在各应用程序之间切换。此外，Everpix 的许多竞争对手都开始提供免费服务，而 Everpix 的商业模式却依赖于付费订阅。他们被一个接一个的投资者拒绝了，向潜在收购方发出邀请也都没有结果。最终，Everpix 资金枯竭，无以为继。

思考题

1. 结合本章的内容，列出本专栏的三个“要点”。如果你打算创办企业以解决问题，你可以从本专栏中学到什么或尝试避免怎样的举措？

2. 寻求解决问题的机会和创建企业之间有多大程度的差异？为何 Everpix 没能让这两个目标都实现？

3. 根据本专栏的内容，Everpix 在广告和促销上几乎没有投入。你认为这一决策在 Everpix 的失败中有多大影响？

4. 风险投资人通常被指责只打全垒——换句话说，他们不会投资于一垒、二垒、三垒上的企业。他们只想全垒打。事后来看，你认为 Everpix 是否有潜力打造出一垒、二垒或三垒上的企业，或者一个全垒打企业？请解释你的答案。

资料来源：C. Newton，“Out of the Picture：Why the World's Best Photo Startup is Going Out of Business.” The Verge，available at https://www.theverge.com/2013/11/5/5039216/everpix-life-and-death-inside-the-worlds-best-photo-startup (posted November 5，2013，accessed March 19，2014)；The Sublog，“Everpix，Snapchat，and The Startup Life，” November 7，2013，available at http://subimage.com/blog/2013/11/07/everpix-snapchat-and-the-startup-lie/#.Uym15qMo670 (posted November 7，2013，accessed March 19，2014).

创业者的个人特征

迈克尔·戴尔（Michael Dell）为何会萌发出“定制”电脑这个创意？宝开游戏（PopCap Games）的创始人戴夫·罗伯茨（Dave Roberts）如何发现“休闲”电子游戏市场的巨大潜力？

研究人员发现了一些特征可以使某些人比其他人更善于发现机会。我们已经对机会给出了定义：创造新产品、服务或业务需求的一系列有利条件。**发现机会**（opportunity recognition）则指的是：感知潜在的可获利的新业务、新产品或新服务的过程。也就是说，只有发现机会后，才能追逐机会。现在，让我们看看那些善于发现机会的人所共有的一些特征。

先前行业经验

许多研究表明，先前在某行业中的经验可以帮助创业者发现商机。例如，既是一名创业者也是一名教师的迈克尔·格拉瑟（Michael Glauser）曾说过，经验是初创企业想要成功必须满足的五个条件之一（另外四个条件是真正的需求、充足的资源、有购买力的客户和良好的商业模式）。当然，在某行业中工作是了解该特定行业特征的最主要方法。

行业经验对初创企业取得成功十分重要。关于这一点有多种解释。通过在行业内工作，个人可能发现一个服务水平较低的利基市场。也有可能在某个特定领域工作时，个人在该行业中建立了一个社交联系网络，从而洞察到各种机会。[14]

尽管在大多数情况下，先前行业经验很重要，但值得注意的是，也有少数证据表明，行业外的人有时可以用新的眼光看待该行业，因此，他们会以一种创新的方式进入该行业，而这对于有先前行业经验的人来说可能十分困难。维珍集团的创始人理查德·布兰森（Richard Branson）在被问及创业者是否需要在创办企业之前了解其所在行业时，就在博客中表达了这一观点。

还有一些人在没有先前行业经验的情况下也成功地创办了企业。例如，优步的创始人特拉维斯·卡兰尼克（Travis Kalanick）、加勒特·坎普（Garrett Camp）和奥斯卡·萨拉扎（Oscar Salazar）在运输行业没有任何经验。同样，特斯拉的创始人埃隆·马斯克之前也没有任何汽车行业的经验。因此，我们可以得出结论：先前行业经验可能是有益的，但对于初创企业的成功而言并非必需。实际上，当创业者的思维固定在行业中的"传统"做法上时，反而可能对创业者不利。

认知因素

发现机会可能是一种先天技能，也可能是一个认知过程。[15]有些人认为，创业者有"第六感"，他们能够看到他人错失的良机。这种第六感称为**创业警觉性**（entrepreneurial alertness），它被正式定义为无需进行刻意搜索即可注意到某些事物的能力。[16]多数创业者都认为他们有这种能力，比他人更加"警觉"。在很大程度上，警觉性是一种可习得的技能，你对某个领域了解得越多，相较于其他人，就越有可能察觉到该领域的机会。例如，与律师相比，计算机工程师对计算机行业内的需求和机会很可能具有更高的警觉性。

关于创业警觉性的研究结论不一。有些研究人员认为，警觉性不仅是指注意到某些事物，还涉及更有目的性的付出。例如，有学者认为，机会发现者（即创业者）与非发现者之间的主要区别在于他们对市场的相对评价不同。[17]换而言之，创业者在判断市场规模和推断可能造成的影响等方面可以做得比其他人更好。

社交网络

个人社交网络的深度和广度会对其发现机会的能力产生影响。[18]与不善社交的人相比，那些建立广泛社会和专业关系网的人将接触到更多的机会和创意。这些接触可能就是新业务的开始。长期研究一致表明，40%～50%的创业者是通过社交关系获得创意的。[19]一项相关研究比较了**独自创业者**（solo entrepreneur，自己发现商业创意）和**关系创业者**（network entrepreneur，通过社交关系发现创意）之间的差异。研究人员发现，关系创业者比独自创业者发现机会的概率要高得多，但他们较少认为自己特别具有警觉性或创造力。[20]

强纽带关系和弱纽带关系的不同影响也揭示了发现机会时社交网络所起的重要作用。与他人的关系被称为"纽带"。我们都有纽带。**强纽带关系**（strong-tie relationship）的特点是频繁互动，如同事、朋友和配偶之间。**弱纽带关系**（weak-tie relationship）的特点是不常互动，如泛泛之交。根据该领域的研究，创业者更有可能通过弱纽带关系而不是强纽带关系来获取商业创意，因为强纽带关系通常产生于志趣相投的人之间，很可能只会加强个人已有的见解和想法。[21]而形成于熟人之间的弱纽带关系则不一定产生于志趣相投的人之间，因此一个人对另一个人说的话可能就会激发出一个全新的创意。例如，一个电工向一个餐厅老板解释他是如何解决业务问题的。在听完解决方案后，餐厅老板可能会说："我的公司或行业中的任何人都不可能告诉我这种解决方案。对我来说，这是一种全新的见解，或许有助于解决我的问题。"

创造力

创造力（creativity）是激发新颖或实用创意的过程。"发现机会"至少可部分归结于一个创造过程。通过各种事例，我们不难发现在许多产品、服务和业务的形成过程中都涉及创造力。公司内部的创业团队越来越多地成为企业创造力的来源。[22]

如图2-4所示，对个人而言，创造过程可分为五个阶段。[23]让我们研究一下这些阶段与发现机会的过程之间有何关联。图中各方框表示创造过程所经历的五个阶段；垂直箭头表示，如果某人（如创业者）在任何阶段"卡住"了或者没有足够的信息或洞察来继续下面的步骤，那么他最好选择回到准备阶段，获取更多的知识或经验，而后再继续前进。

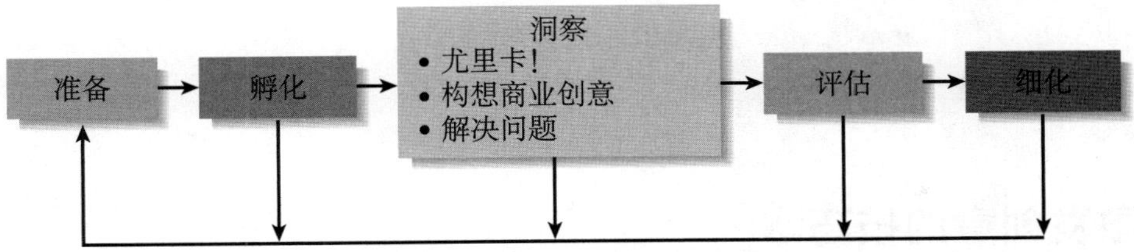

图2-4 创造过程的五个阶段

准备。准备是指创业者将背景、经验和知识引入发现机会的流程当中。就如同运动员为了取得好成绩必须训练一栏，创业者也需要经验来发现机会。长期研究表明，多达50%～90%的初创企业的创意来源于个人先前工作经验。

孵化。孵化是思考创意或思考问题的阶段，这是一个“开动脑筋”的阶段。孵化有时是一种有意识的活动，有时则是无意识的，会在人们从事另一项活动时发生。一位作家将这种现象称为“思想在意识之下翻腾”。

洞察。洞察是在我们看到问题的解决方案或产生某个创意时突现的领悟。这有时被称为“尤里卡”（eureka，意为“我发现了”）体验。在商业环境中，这就是创业者发现机会的时刻。有时，这种体验可以向前推动该流程；有时，它会促使个人回到准备阶段。例如，创业者可能会认识到某个机会的潜力，但认为在寻求该机会之前需要更多的知识和思考。

评估。评估是对创意进行审查和可行性分析的创造阶段。许多创业者错误地跳过这一步骤，在未确保其可行性之前就试图实施他们的创意。评估是创造过程中特别具有挑战性的阶段，因为它需要创业者坦率地看待其创意的可行性。我们将在第3章中讨论如何评估新商业创意的可行性。

细化。细化是将创造性的创意转化为最终形态的阶段：确定细节，并将创意转化为有价值的事物，如新产品、服务或商业理念等。对于新企业而言，这是撰写商业计划的时点。

图2-5展示了发现机会的过程。如图所示，对环境因素的了解程度与创业者的个人特征之间存在关联，因为这两个方面在发现机会的过程中是相互依存的。例如，具有良好社交网络的创业者可能比社交情况不佳的创业者更容易认识到新兴技术趋势。或者，对诸如数字化等新兴技术趋势的认识，可以促使创业者参加更多会议或研讨会，以进一步了解该主题，扩大社交网络。

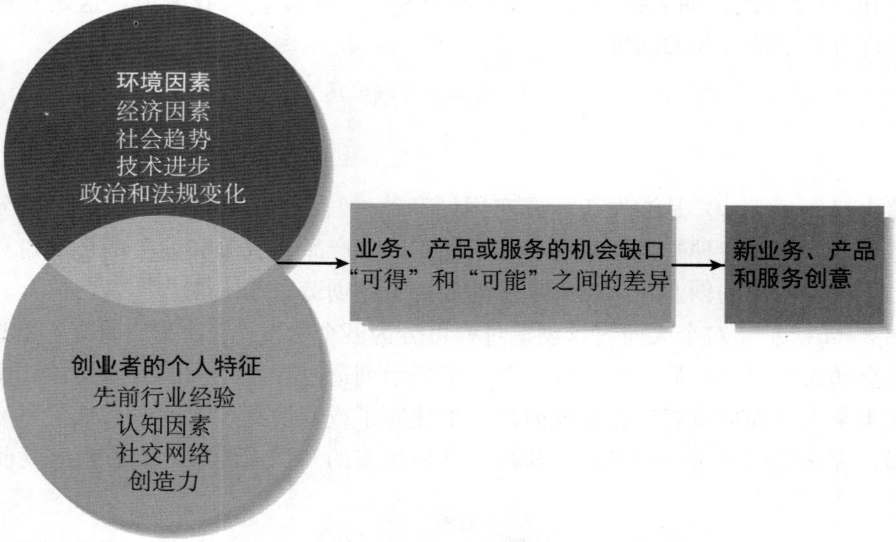

图2-5 发现机会的过程

激发创意的技巧

一般而言，创业者的创意多于机会，因为通常需要许多创意才能找到利用机会的最佳方法。[24]我们可使用多种技巧来激发和推动关于产品、服务和业务的新创意。以下就是其中几种技巧。

头脑风暴

激发新商业创意的一种常见方法就是**头脑风暴**（brainstorming）。一般而言，头脑风暴只是简单地激发多个有关特定主题的创意的过程。其方法可以是一个人拿着便笺本坐下来，写下有趣的商业创意，也可以是有多人参加并由主持人进行引导的正式头脑风暴会议。

在正式的头脑风暴会议中，小组负责人会要求参与者分享他们的创意。在一个人分享完创意后，另一个人会对此作出回应，而后又有另一个人对前一个人的回应作出自己的回应，如此循环往复。通常，会议中将使用活动挂图或电子白板来记录所有的创意。一次富有成果的会议是不受拘束并充满活力的。这种会议不会用于分析或决策——在头脑风暴会议期间产生的创意需要进行过滤和分析，但这是后话了。

我们在表 2-4 中列出了开展正式头脑风暴会议应严格遵循的四条规则。如你所见，头脑风暴会议的首要规则就是：不允许进行批评，包括窃笑、抬眉毛或露出表示怀疑的表情等。批评会阻碍创造力和思想的自由流动。

表 2-4　正式头脑风暴会议的规则

1. 不允许进行批评，包括窃笑、抬眉毛或露出表示怀疑的表情等。批评会阻碍创造力和思想的自由流动。
2. 鼓励人们随心所欲、自由地表达思想，不受规则的束缚；想法越多越好。即便是疯狂或古怪的想法也可能带来好的创意或问题解决方案。
3. 会议进程较快，不允许放慢节奏。抓住创意的本质比花时间工整地记录创意更为重要。
4. 鼓励跳跃式发展。这意味着可以将一个创意作为快速跳至其他创意的一种手段。

专门用于激发新商业创意的头脑风暴会议通常不会表现得那么正式。例如，在推出广受欢迎的祛痘产品高伦雅芙（Proactiv）时，作为公司创始人之一的凯蒂·罗丹（Katie Rodan）博士在家中举行了一场晚宴，并与客人们展开了头脑风暴会议。这些客人包括企业高管、市场研究人员、美国食品药品监督管理局（FDA）监管律师和其他人员。罗丹称赞这群人帮助她和她的联合创始人集思广益，产生了许多有助于塑造高伦雅芙的创意，并推动了公司的创业进程。[25]

在头脑风暴的过程中，有些人会构建出自己的思维导图，并组织自己的想法。**思维导图**（mind map）是一种图表，可用于直观地组织信息。[26]它分层显示了整体当中各部分之间的关系，而它的所有内容都是围绕图表中心的概念创建的。从中心向外伸展出许多分支，反映了中心创意所延伸出的新的相关创意。每个分支上还可以创建具有更多细节的子分支。想象一下 Coolest（www.coolest.com）的创建者在其最初的头脑风暴过程中使用思维导图的情景。Coolest 制造的 Coolest Cooler 冰箱是世界上第一台带有内置搅拌器、蓝牙音箱、系带（用于在冰箱顶部放置物品）、LED 灯、超大轮胎（在沙滩上很好用）、内置 USB 充电器和内置存储器的便携移动冰箱。在打造思维导图时，Coolest 的创始人将“新型创意冰箱”放在了图表中心，并用各分支描述该冰箱应当具备的各项功能。每个分支还有多个子分支用来细化这些功能。最终，有些功能被接受，有些被淘汰。其他分支还涉及成本、营销、制造等主题。这可以说明，思维导图对 Coolest 团队直观地组织创意并更好地理解它们之间的相互关系提供了帮助。许多联机工具，如 Bubble.us、MindMode

和 Mindomo 等，都可以帮助你创建思维导图。

个人的想象力是头脑风暴的唯一限制因素。在头脑风暴的课堂教学中，要求学生完成**缺陷报告**（bug report）是一种常用的技巧。为编写缺陷报告，学生需要从他们的日常生活中找出 50～75 个存在“缺陷”的情况或“事物”。要求学生认识到大量存在缺陷的情况或事物，有助于减少他们局限于具有明显缺陷的事物的可能性（如校园停车场、食堂的饭菜和不爱干净的室友等）。还可以鼓励学生进行焦点小组讨论，通过集体头脑风暴的方式将一些情况纳入“缺陷”列表中。

焦点小组

焦点小组（focus group）是指 5～10 人因所讨论的问题聚集在一起。焦点小组有多种用途，包括激发新商业创意等。

焦点小组通常由一群熟悉某个主题的人组成，他们聚集在一起解答问题并通过小组讨论中“交换意见”的方式让事情变得明朗。焦点小组最好在头脑风暴之后使用，此时已经形成了企业的总体思路（例如成人休闲电子游戏等），但这些创意仍需要进一步完善。焦点小组通常都由受过训练的主持人来主持。主持人的主要目标是保持小组“聚焦”并展开热烈讨论。焦点小组会议的效果很大程度上取决于主持人提问和跟进讨论的能力。例如，一家在当地销售咖啡的零售店（试想一下你和朋友经常光顾的咖啡店）可能会让7～10 位常客组成焦点小组，并问他们：“我们的咖啡店有什么让你不喜之处?”顾客可能会说：“你们销售 1 磅装的精品研磨咖啡，让人们在家冲泡，这很好。但我经常几天就喝完了。有时我要一周后才会到店里购买另一袋这种咖啡。如果你们能销售 3 磅装或 5 磅装的产品，我也能喝到更多的咖啡，因为那样我不会频繁地断饮。我可以同时买上两三袋 1 磅装的咖啡，但那有点贵。如果你们能给大分量的产品一些折扣，我会愿意购买 3 磅装或 5 磅装的产品。”主持人可能会接着询问：“如果我们推出 3 磅装或 5 磅装的咖啡，你们当中有多少人愿意购买?”如果有 5 个人举手，那就意味着这家咖啡店可能发现了一个有关新产品线的创意。

Napkin Labs 是一项相对较新的服务，它可以帮助公司将脸书和其他网站上的关注者引入一个更为紧密的结构化在线社区中，并且将此类社区打造成焦点小组。例如，Modify 是一家定制手表公司。此类手表的表盘、表带和滑盖都可以替换，并且有两种尺寸。Modify 利用 Napkin Labs 获取人们的意见，了解他们想要的新颜色和新设计，以及他们希望这些手表在哪里出售。每个“实验室”（lab）都会提出一个问题，例如“我们的手表应该在哪出售”。参与者之间可以展开对话。每位参与者都知道其他人说了什么并且可以对他们的评论作出回应。Modify 的创始人艾伦·施瓦茨（Aaron Schwartz）表示，有一个实验室对于将公司的手表放在冲浪用品商店中出售表现出了极大的兴趣。其他在线公司，如 UserVoice 和 Get Satisfaction 等，也在用类似的方式帮助企业与用户建立联系。[27]

图书馆和互联网研究

激发新商业创意的第三种方法就是进行图书馆和互联网研究。人们通常会选择一个创意，然后开始对这个创意进行研究。这种方法过于直接。通常，当创意的一般概念，如开发成人休闲电子游戏，与广泛的图书馆和互联网研究相结合时，就会形成最佳创意，而图书馆和互联网研究可能会让你深入了解何种类型的休闲游戏才是你的最佳选择。

在激发商业创意时，人们通常都未能充分利用图书馆提供的信息。利用图书馆的最佳方式是与参考馆员（reference librarian）讨论你感兴趣的一般领域，他们可以指出有用的资源，如特定的行业杂志、行业期刊和行业报告等。你只需浏览若干期有关某个主题的行业期刊，就可以激发出新的创意。大学图书馆和大型公共图书馆也能够提供非常强大的搜索引擎和数据库，但你可能需要花费数百甚至数千美元才能获得访问权限。其中一个例子就是 IBISWorld（www. ibisworld. com），该公司针对所有主要行业及行业内的子类别发布市场研究。

互联网研究也很重要。如果你暂无头绪，只需简单地在谷歌或必应中输入“新商业创意”。通过此操作，你可以查看报纸和杂志中有关“最热”和“最新”商业创意的文章链接。虽然这些类型的文章内容较为笼统，但如果你正在尝试从无到有激发新的商业创意，这将是一个开始。如果你脑海中已经有具体的创意，那就可以用到一种实用技巧：使用你感兴趣的话题给谷歌“电子邮件提醒”（e-mail alert）设置关键词。谷歌电子邮件提醒会基于你设置的话题的最新谷歌搜索结果（包括新闻通讯、新闻报道、博客文章等），通过电子邮件向你发送更新。这种技巧是免费的，你可以每天获得有关特定话题的新闻报道和博客文章。另一种方法是在推特上关注那些你感兴趣的行业中的商业领袖和专家。若要在推特上找到你感兴趣的人，最佳方法是在搜索栏中输入“#”号后加关键词。例如，如果你对太阳能感兴趣，在搜索栏中输入“# 太阳能”，则显示的所有结果都会是曾经针对太阳能这个话题发推文的人或公司。

一旦创业者有了创意，就开始了将创意转化为盈利企业的挑战过程。本书随后各章将对这一过程进行介绍。正如接下来“合作制胜”专栏中所说的，获得导师的指导是创业者提高创业流程成功率的一种方法。该专栏提供了三个步骤，用于寻找导师并说服其接受这种指导/被指导的关系。

合作制胜　想让人帮你把商业创意转化为盈利公司？找一个导师吧

将商业创意转化为盈利公司并不容易。创业者如果想增加把创意转化为机会和公司的可能性，找到一个导师并利用其提供的指导，不失为一个好方法。**导师**（mentor）是一个比你更有经验并且愿意向你提供咨询和建议的人。通常，他在你的市场或业务中具有某方面经验。尽管有许多书籍和网站都可以就如何创办企业向你提供建议，但没有什么比得上拥有一位经验丰富的人站在你的角度解答疑问、提供支持并帮助你渡过难关。

那么，应当如何寻找导师并说服其接受这种指导/被指导的关系呢？这一过程分为三个步骤。

第 1 步：找到潜在导师

第一种方法，考虑一下你认识的人——教授、企业所有者、私人教师等，找出你认为可能对你有所帮助的人。许多初次创业的人会感到惊讶，因为有为数众多的人渴望分享他们的专业知识并建立指导关系。第二种方法，如果你正在上大学或刚大学毕业，你可以在校友中寻找合适的人选。通常由学校赞助的推介会或商业计划竞赛都会邀请校友担任评委，你可以通过这种方式与他们建立联系。另一种方式是使用领英。在领英的搜索栏中输入你的大学名称以及你所寻求的帮助类型。例如，如果你是俄克拉何马州立大学的学生，并且正在为筹款寻求帮助，你可以输入“俄克拉何马州立大学 CFO”。其搜索结果将会列出所有从俄克拉何马州立大学毕业并将自己标识为 CFO（首席财务官）的个人领英资料。然后，你就可以通过领英内部的私人电子邮件服务与其建立联系。大多数人都对自己的大学时代有着美好回忆，并且很乐意与他们母校的学生建立联系。

第三种方法是在网站或杂志文章中搜索，并参加社交活动，这可能会提醒你某个人或许正是你想找的人。例如，1 Million Cups 是一项由考夫曼基金会（Kauffman Foundation）赞助的社交活动，它在美国 111 个城市每周举行一次聚会。你可以访问 1 Million Cups 的网站（www.1millioncups.com）并找到离你最近的地点。每个星期三上午，都有一两家早期初创企业的创业者向同行、教育工作者和顾问等各类受众介绍他们的公司。这是一个建立联系的好地方。

第 2 步：进行初步联系

与潜在的导师接触需要一些技巧。你所追寻的导师通常是位领导者并且业务繁忙，因此与他们接触的方式很重要。大多数人通过电子邮件取得联系。如果你也这样做，那么以下是通过电子邮件与潜在导师联系的一些经验法则：

- 在标题中输入你的想法。找一些能够与收件人产生共鸣的话题。例如，如果你是圣母大学（Notre Dame）的学生，正试图联系一位校友，你可以输入“圣母大学学生就如何联系天使投资人寻求快速建议”。
- 电子邮件应简单明了。人们通常不会阅读较长的电子邮件消息。
- 告诉对方你为何特地与他联系，避免让对方觉得你的邮件是群发的。
- 准确地概述你的身份、想要完成的工作，以及你能够提供的酬劳（如有可能）。有时，你所能提供的所有酬劳就是你的衷心感谢。如果是那样，请务必将你的谢意传达。
- 提出具体的要求。不要这样说：“我正在寻找一位经验丰富的创业者指导我完成创业过程。”在大多数情况下，这就要求得太多了，尤其是在刚开始接触时。相反，你要提一些具体的要求。例如，如果你要开办一家食品公司，所要联系的人正在全食超市销售产品，那么你可以向他寻求让全食超市上架你的产品的建议。

第 3 步：管理你与导师的关系

请耐心一点。你与导师的良好关系需要慢慢培养。你们的早期互动可能简单扼要，随着时间推移，你们对话的长度和内容都会不断增加。另外，请让你的导师觉得你是一个容易合作的人。如果导师的最佳交流时间是下午 6:00 到 6:30，此时他刚下班，正在回家的路上，那么你也应当选择这个时间。还有，请记住人们更倾向于与恭敬、礼貌、谦逊、有趣的人保持关系。

在取得进展时，请务必告知你的导师。如果导师的建议为你的企业带来了积极结果，请让导师知道他们的建议取得了回报。脸皮厚一点，让导师知道即使你犯了错误或你的做法完全不对，他们也可以毫无顾忌地指出。另外，不必担心向你的导师提出尖锐的问题，比如“如果你是我，你会怎么做？”或“你认为我最需要改进的地方是什么？”

最后，如果你与导师之间关系初见成效，请保护好这种关系。尊重他们的时间，表示感谢，并且不要在未经他们允许的情况下向其他人推荐他们。另外，请用各种方式回馈他们，即便是偶尔简单地向导师发送他们感兴趣的题材的文章链接。

思考题

1. 对于正在接受教育的你而言，你的企业（如果你正在创业），以及在你的整个生命中，你认为在哪方面可以从导师那里受益最多？你对于与导师的关系有什么期望？

2. 列出你的校园和周边社区中能够与潜在导师建立联系的机会。在与潜在导师联系的机会当中，哪些对你而言是最佳选择？

3. 访问领英并输入你的大学名称和你所感兴趣的职能领域（营销、金融、创业、工程等等）。浏览结果，你是否注意到某个可以与之建立联系的人？

4. 你认为拥有一个导师可以在多大程度上改变创业成败？你的人生中是否有过导师？如有，请简要介绍导师是如何帮助你的。

资料来源：S. Shellenbarger. "Cold Call Your Future Mentor," *The Wall Street Journal*, October 19, 2016, D1; R. DiResta, B. Forrest, and R. Vinyard. *The Hardware Startup*, Cambridge, England: O'Reilly, 2015.

其他技巧

企业还可以使用各种其他技巧来激发创意。有些公司设立了**客户顾问委员会**（customer advisory board），定期召开会议，讨论那些可能引导他们走向新创意的需求、欲望和问题。另一些公司开展各种形式的人类学研究，例如**日常生活研究**（day-in-the-life research）等。Intuit 就开展了日常生活研究，定期派遣测评人员去往用户家中或企业办公场所，查看其产品的运作情况并为新产品创意寻求灵感。Intuit 将该技巧用于其主要产品：Turbotax（税务筹划和纳税申报服务）、Mint（帮助客户进行日常财务管理）、Quickbooks（公司能够利用它来跟踪销售和费用并收取款项）以及 Proconnect（专业税务软件）。

复习题

1. 什么是产品机会缺口？

2. 创业者应如何识别产品机会缺口？

3. 什么是机会？

4. 机会的特征是什么？为什么每个特征都很重要？

5. 哪四种环境因素在创造商机时所起的作用最大？就每类环境因素各举一例，并说明它可能帮助我们创造何种类型的商机。

6. 创业者如何通过"解决问题"来创造商机？

7. 为何在市场中寻找缺口可以创造商机？

8. "发现机会"是何含义？

9. 发现商机时，先前行业经验如何帮助创业者取得优势？

10. 什么是创业警觉性？为什么它对创业者而言很重要？

11. 发现商机时，广泛的社交网络如何帮助创业者取得优势？

12. 弱纽带关系和强纽带关系之间有什么区别？什么样的纽带最有可能帮助创业者发现创意？为什么？

13. 什么是创造力？

14. 创造力对于发现机会有何帮助？

15. 对个人而言，创造过程分为哪五个阶段？
16. 机会和创意之间有何差异？为什么这些差异对创业者而言很重要？
17. 为什么在头脑风暴中“不批评”是首要规则？
18. 焦点小组如何激发新的商业创意？
19. 日常生活研究的目的是什么？

应用题

1. 贾斯汀·科班（Justin Coban）计划给父亲写一封电子邮件寻求贷款。贷款是为了创立一家公司，销售适用于轻工生产设备的环保清洁用品。贾斯汀在过去两年中一直利用业余时间开发这款产品。他想让父亲相信这个创意代表了一个诱人的商机。贾斯汀在电子邮件中应该怎样介绍和阐明他想创办的这家公司？

2. 除本章讨论和表2-2中列出的初创企业之外，指出另外三家为解决问题而创立的初创企业。简要描述这三家初创企业所解决的问题以及它们解决问题的方式。

3. 如本章所述，在行业中的“先前经验”可以帮助创业者发现商机。此处的“帮助”概念可以延伸至生活中各个方面的先前经验——无论是运动、音乐还是志愿者活动。你在哪些领域有丰富的先前经验？这种先前经验对你创业有何影响？

4. 想象一下，你受雇于可穿戴活动追踪设备公司 Fitbit，在校园内展开焦点小组讨论，了解 Fitbit 应如何增强与大学生之间的关联性并尽可能发挥该产品的实用价值。你将如何设立焦点小组？你会把焦点小组讨论的主要问题集中在哪些方面？

如果你是风险投资者 2.1

PillPack 公司

网站：www.pillpack.com　脸书：PillPack　推特：@PillPack

商业创意：创建一个线上药房。与传统药房相比，它可以通过以下方式为人们查找和获取药物提供方便：（1）同步所有处方，随时补充药物；（2）用邮件准确地向每位客户寄送他们14天内需要服用的药物；（3）对每位客户的药物进行分类，装入一系列塑料包装袋中，客户只需要按包装袋标签所示的日期和时间准确服药即可。

推介：约10.6%的美国人（即3 000万人）每天需要服用5种以上处方药。因为处方未同步，他们当中许多人每月都要多次前往药房买药。而在他们回到家后，还要将药物按照每日剂量分装。这对于老年患者来说很困难，因为他们可能需要在每天的不同时间服用不同药物。对于手抖或视力下降的患者来说，这也很困难，他们很难将药物分类装入药盒。

PillPack 是一个线上药房。它所开发的系统可以为这些问题提供解决方案。首先，公司会同步所有客户的处方，以便同时补充药物。其次，每两周，这些处方药都会通过一个小巧、妥善包装、防拆封的小盒子寄送到患者手中。最后，盒子内是一个可回收的塑料分发器，即药包，药包侧面印着图像和文字用以说明里面的每种药物。药包内是卷在一起的成串的塑料包装袋，每个包装袋中都装有特定的处方药、非处方药和客户应当服用的维生素，并标记了日期和时间。每个包装袋都可以轻易撕下来。无需再次分类，无需其他药盒，也不用去药房排队等待。PillPack 应用了设计思维原则（有关这些原则的描述，请参阅 https://designthinking.ideo.com/?p=409)，使订购和服用药物尽可能简单且不易出错。

PillPack 的目标市场是那些每天服用 5 种以上处方药的人群。它的构思者帕克（T. J. Parker）曾在他父亲开设的家族药房工作。他经常给客户送药，并看到客户家中一堆装有药片的瓶瓶罐罐和贴在冰箱门上的表格（帮助他们对药物进行分类并记住按时服药），这使他确信一定会有更好的方法。2012 年，从麻省医药与健康科学学院（Massachusetts College of Pharmacy and Health Sciences）毕业后，帕克就开始了他创办 PillPack 的历程。

PillPack 于 2014 年初正式成立，是一家向 49 个州提供全方位服务的药房。它的服务是免费的，客户一般只需支付和平常一样的自费部分。注册 PillPack 后，个人就可以访问 PillPack 网站，输入他们正在服用的所有药物名称以及他们当前购买药物的药房，剩下的就交给 PillPack 了。

1. 根据本章介绍的内容，在作出投资决策之前，你会向该公司的创始人提出哪些问题？什么样的答案能够让你满意？

2. 如果你只能根据推介内容和公司网站提供的信息作出决策，你是否会投资该公司？为什么？

如果你是风险投资者 2.2

Feetz 公司

网站：www.feetz.com　脸书：Feetz Shoes　推特：@FeetzShoes

商业创意：让每个人都能穿上量身定做的鞋子。

推介：许多人在买鞋时都会遇上麻烦。每 5 个美国人当中就有一人存在脚形问题，难以买到现成的鞋子。每 3 个人当中就有一人想通过定制的方式反映其个性和风格。还有一些人则是挑剔的购物者，他们试穿鞋子时要么感觉不合适，要么不喜欢它的款式和颜色。

Feetz 可以解决这些问题。在创立 Feetz 后，露西·比尔德（Lucy Beard）开始了她长达两年的征途，让每个人都穿上量身定做的鞋子成为现实。在咨询了全球各地的行业专家后，Feetz 配备了飞狼（Airwolf）3D 打印机来制作鞋子，设计了一款软件以确保产品能够完美贴合脚部，并使用了环保材料。其产物就是恰到好处的鞋子——这也是购鞋者的首要目标。

以下是 Feetz 的运作方式。它从一款智能手机应用程序开始，该应用程序能够构建客户脚部的虚拟图像。客户需要根据指示以白纸作为背景拍摄 3 张脚部照片。这款应用程序将测量客户的脚部尺寸并记录足弓的形状和高度，然后将这些数据以及客户的身高和体重发送到 Feetz 软件中，以便为鞋子选择合适的材料。鞋底是根据客户的体重确定的。最后将这些信息输入 Feetz 的 3D 打印机中，生成最终产品。Feetz 可以在大约 7 日内将定制鞋交付给客户。虽然 Feetz 如今已经在按照这种方式生产鞋子，但他们希望未来五年内，能够让购买者在当地的 3D 打印机上打印出公司设计的产品，这将最大限度减少制造时间和运输成本。为此，打印机中需要储存 Feetz 开发的材料。Feetz 还与设计师合作，扩大了鞋子的可选范围。Feetz 的鞋子经久耐用，每双鞋都至少可以行走 500 英里，鞋子磨损后，客户可以将其寄回 Feetz，而 Feetz 会回收利用旧鞋并给客户寄一双新鞋。Feetz 的鞋子是在该公司位于圣迭戈的3D打印制造工厂生产的，该工厂是业内首创，每月可完成数千笔订单。

Feetz目前在线上销售。它的鞋子被称为“尺寸由我”(SizeMe)的鞋子。Feetz的目标是将其专有的生产工艺授权给鞋类品牌和零售商。2016年6月，Feetz宣布与领先的鞋类零售商DSW公司达成合作关系。通过此次合作，DSW的客户可以购买到量身定做的鞋子，而其价格远低于常规定制鞋。对于零售商来说，其优势在于不需要库存——可以根据需求打印鞋子。随着Feetz不断扩展其合作关系网，它相信按需生产的经济型量身定做鞋终将在鞋类市场中掀起波澜。

1. 根据本章介绍的内容，在作出投资决策之前，你会向该公司的创始人提出哪些问题？什么样的答案能够让你满意？

2. 如果你只能根据推介内容和公司网站提供的信息作出决策，你是否会投资该公司？为什么？

案例

Rover.com：别笑，这是一个了不起的商业创意

网站：www.rover.com 脸书：Rover.com 推特：@RoverDotCom

简介

26岁的吉尔(Jill)是一家科技公司的销售代表。她和她的金毛犬雷克斯(Rex)住在一栋两居室的联排住宅中。吉尔每个月大约出差两次，当她离开家时，她有三种选择来照看雷克斯。第1种选择——请邻居帮忙照看，但这要看运气，她还没有找到可以随时托付雷克斯的人；第2种选择——将雷克斯带去她父母家，但是他们住的地方距她家大约有一小时路程；第3种选择——将雷克斯带到离她住的地方较近的两个犬舍之一，这些犬舍是常规犬舍，狗狗们大部分时间窝在笼子里，一个月前，雷克斯从犬舍回来时，被另一只狗传染，开始咳嗽。

吉尔很爱雷克斯，从未想过要放弃它，但每次她出差时，如何照看雷克斯就成了一个问题。

一次糟糕的犬舍经历引发的商业创意

很多人都遇到了与吉尔类似的情况。他们要么无法在出行时给狗狗一个合适的安排，要么在为一趟激动人心的旅行打包行李时，看到狗狗悲伤的眼神心有不舍。格雷格·戈特斯曼(Greg Gottesman)在他的黄色拉布拉多犬有过一次糟糕的传统犬舍经历后，产生了Rover.com的创意——该服务能够在狗主人和狗狗看护人及遛狗人之间建立联系。为了知道这个创意是否可行，戈特斯曼在2011年西雅图的“创业周末”活动中介绍了该项目。“创业周末”在美国各地均有举办，任何人都可为其商业创意作推介，并获得同行的反馈。戈特斯曼的创意获得了最高奖项。六个月后，他创立了Rover.com。

尽管戈特斯曼的推介相当成功，但进行一些研究将更有助于验证这一商业创意。美国有超过5 400万个家庭养狗。宠物美容和寄养服务每年创造约57亿美元的市场。而更振奋人心的是，这个市场可能比现在看到的大得多，因为目前只有8%的狗主人会在出行时将狗送到犬舍照看。所以，92%的狗主人都和上文描述的吉尔一样，在计划出行时，为了给狗狗找到一个安置地而焦头烂额。此外，调查显示，大多数美国人将他们的宠物视为家庭

成员。实际上，养狗的人更多地将自己视为宠物“父母”而不是“主人”。总体而言，过去10年中，美国在宠物食品和产品上的年支出增长了约40%。还有另外一个因素起了至关重要的作用，即由爱彼迎、优步和来福车等公司率先发起的点对点经济（peer-to-peer economy）的兴起，表明人们愿意通过线上平台与其他人建立联系以满足需求。在考虑了所有这些因素后，戈特斯曼更加确信人们会花钱购买这项服务，让有狗狗需要照看的人与愿意照看狗狗的人建立联系。事实证明，戈特斯曼的直觉是正确的。2016年，Rover.com通过在狗主人和狗狗看护人之间建立联系，赚取了超过1亿美元。它在10 000个美国社区中有65 000名狗狗看护人，每8秒钟就有一人预订它的服务。并且正如戈特斯曼所设想的那样，Rover的客户当中有2/3来自那些过去只能请求家人、朋友和邻居照看宠物的人。

Rover的运作方式

Rover通过其网站和应用程序提供服务。如果你是狗主人，只需按照网站的提示操作，确认你的位置并选择你的狗狗需要照看的日期。你可以指定在你家中还是看护者家中照看狗狗。然后，你就可以看到该地区取得认证的狗狗看护人资料。这些资料包括价格（每晚）、照片、评论、证书以及对该看护人的完整描述。评论特别有用。例如，一位Rover.com的客户写了一篇关于俄克拉何马州斯蒂尔沃特市的看护人艾拉（Ella）的评论：“几次都是艾拉照顾我那些难伺候的狗狗，她做得非常好。我的狗狗都是从救助机构领养的，所以它们对陌生人很警惕。艾拉非常乐意花时间让我的狗狗和她相处得更好，从而提供最好的照看。如果你想要找一个非常有个人魅力并且有爱心的狗狗看护人/遛狗人，我一定会推荐艾拉。”Rover看护人每晚收费在10美元到150美元之间（艾拉收费40美元）。在Rover最大的市场——旧金山，有500多名看护人在该网站上注册。

Rover还提供上门探访、狗狗日托和遛狗等服务。上门探访服务包括30次看护人到狗主人家中探访，帮助狗主人给狗狗喂食并和狗狗一起玩耍。客户需要对每次探访支付费用（通常在15美元左右）。该服务特别适合那些想要养狗但又难以提供基本看护的老年人。狗狗日托是指你可以在上班或白天家中无人时将狗狗送到看护人家中照看。这种服务可以是一次性的，也可以按照固定的时间表进行，例如星期一至星期五上午7:30到下午5:30等。看护狗主人会照顾狗狗并确保它有足够的活动时间。遛狗服务与上门探访类似。看护人将到访狗主人家中，带狗出去遛30分钟。通常，每次到访的费用为15美元。Rover于2011年创办时，只提供宠物夜间看护服务。额外增加的这些服务不仅为Rover带来了好处，也让它的65 000名看护人从中受益。这为他们提供了额外收入，并促使他们当中一些人放弃了常规工作，专门以Rover为生。

如果你想成为Rover看护人，需跟随网站的引导完成申请流程。你必须创建自己的资料并取得Rover的认证。公司会有一个仔细的审查过程，只有约20%的申请人能够取得认证。Rover负责向客户收费，并收取15%的佣金。顶级Rover看护人每月可赚取数千美元。Rover看护人也可以根据需要选择工作量。看护人的资料中包含一个日历，狗主人可以看到该看护人的空闲时间。Rover还向狗主人和狗狗看护人提供其他保障。例如，通过Rover预订的每次看护服务都包括了兽医急诊、财产损失和责任险等保险。

让事情变得有趣

Rover也为狗主人和狗狗看护人带来了乐趣。例如，2013年，公司推出了Rover Reel，它可以向Rover客户免费提供狗狗与Rover看护人在一起时的视频。看护人要做的就是在照看狗狗时拍五张以上的照片，然后将图片发给Rover支持团队。该团队会将其制作成视频相册并配上背景和音乐发给狗主人。这个主意很妙，而且这些视频可以在线上分享。Rover 的最新发明是 Rover Cards，如今它已经成为其移动应用程序的一部分。Rover Cards 可以让看护人与狗主人共享实时信息，例如 GPS 定位的遛狗地图、照片和其他消息等。

Rover 还鼓励狗主人在试用某个看护人之前举行一个“见面会”。它建议狗主人（牵着他的狗狗）与狗狗看护人在建立试用关系之前，先在双方商定的时间和地点见个面。双方可以通过 Rover 网站安排见面会。

未来的挑战和增长计划

Rover 的潜力备受关注。如今，它已有多个直接竞争对手，包括 Jogs for Dogs 和 DogVacay。Rover 计划扩展国际业务。它在不同国家（包括澳大利亚、巴西和英国等）推出了一些类似服务。尽管 Rover 服务于 10 000 个社区，但它的大部分业务仍集中在大城市。该公司的另一个愿望就是能够在郊区和小城镇扩展业务。

迄今为止，Rover 已经筹集了 9 090 万美元资金。其最新一轮融资是 2016 年 9 月进行的 4 000 万美元的 E 轮融资。公司计划于 2018 年进行首次公开募股。从 2015 年到 2016 年，公司规模扩大了一倍，如今已有 175 名员工。

讨论题

1. 在美国，哪些环境因素为 Rover. com 的业务发展提供了支持？

2. Rover. com 可以如何利用焦点小组来更好地了解其当前和潜在客户及其需求？

3. 在本章中，我们学到了真正的商机是具有吸引力的、及时的、持久的，并旨在通过产品或服务为买受人创造价值。Rover 的服务在多大程度上满足这些标准？

资料来源：Rover Homepage，www. rover. com（accessed February 7，2017）；B. Romano，“Rover Raises $40M in Race to Control Dog Services Marketplace,” Xconomy，http://www. xconomy. com/seattle/2016/10/03/rover-raises-40m-in-race-to-control-dog-services-marketplace/（posted October 2，2016，accessed February 7，2017）；T. Soper. “Rover Raises $40M as Dog-Sitting Platform Eyes IPO and Aims for Profitability,” Geekwire，http://www. geekwire. com/2016/rover-raises-40m-dog-sitting-platform-eyes-ipo-aims-profitability/（posted on October 3，2016，accessed February 7，2017）.

注 释

第3章　可行性分析

学习目标

学完本章，你应该能够：

1. 解释什么是可行性分析及其重要性。
2. 描述产品/服务可行性分析，解释其目的，并讨论在该领域中，开办新企业时应当考虑的两个主要问题。
3. 描述行业/目标市场可行性分析，解释其目的，并讨论完成此分析时应当考虑的两个主要问题。
4. 描述组织机构可行性分析，解释其目的，并讨论完成此分析时应当考虑的两个主要问题。
5. 描述财务可行性分析，解释其重要性，并讨论完成此分析时应当考虑的最关键问题。
6. 描述可行性分析模板，并解释为何对创业者而言使用该模板十分重要。

可行性分析概述

可行性分析（feasibility analysis）是确定商业创意是否可行的过程（见图 3-1）。如图所示，如果某个商业创意在可行性分析的四个组成部分中有一个或多个不达标，我们可能需要放弃或重新考虑这个商业创意。许多创业者在发现某个商业创意后，为了呈现该创意并获取支持，迫不及待地直接开发商业模式（见第 4 章），这是错误的。因为这通常会省略或者没有时间进行一个重要步骤——对商业创意的可行性进行测评。

在完成可行性分析时，必须转变思维方式，不再将商业创意视为一个主意，而是将其视为一项业务。可行性分析是对潜在业务的评估，而不仅是对产品或服务创意的评估。图 3-1 所示的步骤实际上是通过商业创意，将思想的探究完全从计划和销售过程当中分离出

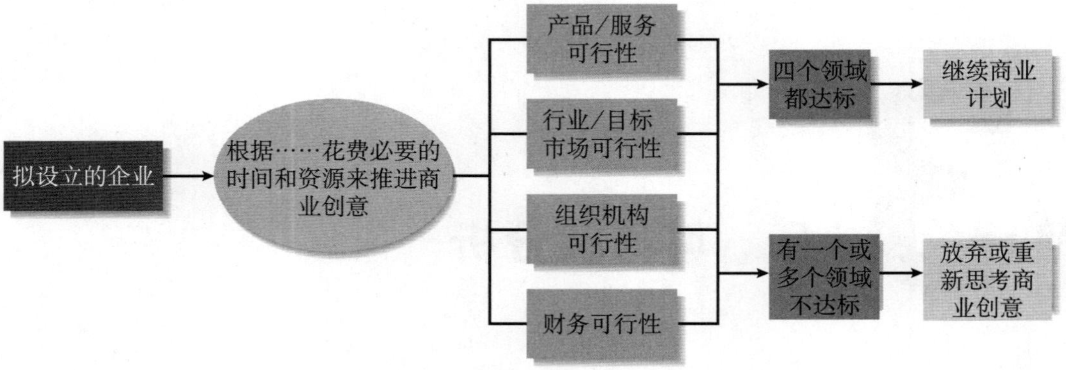

图 3-1　在开发成功的商业创意时可行性分析所起的作用

来。可行性分析本质上是一种探究，意在对拟设立的企业的优势进行评判。商业计划（见第6章）则更侧重于计划和销售。颇受好评的畅销书《新商业道路测评》（*The New Business Road Test*）的作者约翰·马林斯（John W. Mullins）认为，完成这整个过程之所以重要，是因为它可以避免人们陷入"我的机会无可挑剔"的模式。在马林斯看来，在开发商业模式和制订书面商业计划之前，如果未能对商业创意的实质进行探究，就有可能使创业者对那些与潜在业务相关的固有风险视而不见，从而导致他们对计划过于乐观。[1]

本章通过对四个关键领域即产品/服务可行性、行业/目标市场可行性、组织机构可行性和财务可行性的说明，介绍了开展可行性分析的方法。本章的两个附录提供了补充材料。附录3-1提供了开展可行性分析时可采用的采访技巧以及有效和无效的问题示例。附录3-2包含了一个名为"初步筛选"的工具，可以作为可行性分析的模板。

表3-1概述了本章介绍的可行性分析方法。完成可行性分析既需要一手资料研究，也需要二手资料研究。**一手资料研究**（primary research）是通过一人或多人收集信息来完成分析的研究，通常包括与潜在客户交谈、从行业专家处获取反馈、开展焦点小组讨论和进行调查等。**二手资料研究**（secondary research）是对已经收集到的数据进行研究。这些数据通常包括行业研究、人口普查局数据、分析师预测以及其他通过图书馆和互联网研究收集的相关信息。互联网资源对展开二手资料研究很有帮助。

表 3-1　可行性分析

第1部分：产品/服务可行性
A. 产品/服务期待性
B. 产品/服务需求
第2部分：行业/目标市场可行性
A. 行业吸引力
B. 目标市场吸引力
第3部分：组织机构可行性
A. 管理能力
B. 资源充足性
第4部分：财务可行性
A. 所需的启动资金总额
B. 同类企业的财务业绩
C. 拟设立企业的总体财务吸引力
总体评价

这里需要强调的是，利用可行性分析对具体的创意进行测评时，也能够通过反馈和分析为该创意提供足够的修改、更替和变化机会。可行性分析的核心目标就是对创意进行测评，其方式有：从潜在客户处获得反馈、与行业专家交谈、研究行业趋势、全面考虑财务状况以及通过其他方式进行审查。这些类型的活动不仅有助于确定一个创意是否可行，也有助于形成和塑造创意。有时，创意会被证明是不可行的。虽然这种结果令人遗憾，但是如果一个创意无法成就一项业务，那么早知道比晚知道更好。

现在，让我们将注意力转向可行性分析的四个领域。即将讨论的第一个领域是产品/服务可行性。

产品/服务可行性分析

产品/服务可行性分析（product/service feasibility analysis）是对即将推出的产品或服务的总体吸引力进行评估。尽管在开办新企业时要考虑许多重要事项，但如果产品或服务本身没有卖点，则做什么都于事无补。产品/服务可行性分析由两部分组成：产品/服务期待性和产品/服务需求。

产品/服务期待性

产品/服务可行性的第一部分是确定即将推出的产品或服务是否具有期待性并能够成为市场的一项需求。你应该问自己和他人以下问题以确定产品或服务是否具备基本的吸引力：

- 它是否合理？是否有意义？客户是否真的会购买？
- 它是否利用了环境因素？是否解决了问题？或是否填补了市场缺口？
- 现在是不是将该产品或服务引入市场的好时机？
- 该产品或服务的基本设计或概念是否存在致命缺陷？

回答这些问题的最好方法就是“走出办公室”，与潜在客户交谈，更重要的是，倾听他们的声音。附录 3-1 提供了一些开展可行性分析时可采用的采访技巧以及有效和无效的问题示例。对潜在客户进行采访是“精益创业”（Lean Startup）活动的基本信条。为从潜在客户处征求反馈和建议，概念测试是一个特别有用的工具。

概念测试。概念测试（concept test）是指向潜在客户和行业专家初步介绍产品或服务创意——又称**概念描述**（concept statement）——以征求他们的反馈意见。它通常是一页纸，包括以下内容：

- 产品或服务的描述。这部分内容详细介绍了产品或服务的功能。现阶段，你手上可能没有样品，但你可以向参与者展示草图或粗略的模型。
- 预期的目标市场。这部分列出了预期会购买该产品或服务的消费者或企业。
- 产品或服务带来的好处。这部分介绍了产品或服务带来的好处，并说明了该产品或服务如何为客户增加价值或解决问题。
- 对产品或服务相对于竞争对手的定位进行说明。公司的定位决定了其产品或服务在竞争市场中的应对方式。
- 为公司的管理团队作一个简短的介绍。

在概念测试开发完成后，至少应让25人参加测试，这些测试者应当熟悉该企业所要进入的行业并可以提供有意义的反馈。避免让家人和朋友参加测试，因为这些人总是倾向于提供积极的反馈。相反，我们应该将测试页分发给那些能够提供坦率且有意义的反馈和建议的人。潜在客户可以提供最丰富的有价值的反馈。

图3-2展示了一个虚构公司——新创健身饮料公司（New Venture Fitness Drinks）的概念描述。新创健身饮料公司针对体育爱好者出售一系列营养丰富的健身饮料。该企业的策略是在大型运动场馆附近的小型店铺（类似于饮品店）进行销售。重要的是，我们应当确保概念描述相对简短（不超过一页），从而增加人们阅读的概率。概念描述之后可以进行简短的购买意向调查。通过调查收集的信息应制成表格并仔细研读。描述时可以使用反复改进的方式，强化产品或服务创意。例如，你可以先向一组潜在客户展示该描述，接收他们的反馈，稍稍调整创意，然后向第二组潜在客户展示，进一步调整创意，依此类推。其目标是在你的产品或服务所提供的好处与潜在客户的需求和期望之间找到**产品/市场契合点**（product/market fit）。

新创健身饮料公司新商业概念

产品

新创健身饮料公司将向运动后口渴的体育爱好者出售好喝、营养丰富且纯天然的健身饮料。我们将通过小型店面（600平方英尺）进行销售，其店面规模与市场上流行的饮品店差不多。这些饮料是由世界著名的营养学家威廉·彼得斯（William Peters）博士和运动医学专家米歇尔·史密斯（Michelle Smith）博士专门为新创健身饮料公司及其客户调配的。

目标市场

运营的前三年，新创健身饮料公司计划开设3～4家店，均位于大型运动场馆附近。这些运动场馆包括足球场和垒球场等。体育爱好者是该产品的目标市场。

为何选择新创健身饮料?

运动饮料行业持续增长。新创健身饮料公司将推出激动人心的新型运动饮料，每罐16盎司的饮料售价在1.50～2.50美元之间。同时，店里还会销售能量棒和其他运动点心。每家店里都会有舒适的桌椅（室内和室外都有），体育爱好者可以在比赛结束后来这里聚会。这里将充满欢乐、愉快和积极的气氛。

特色——独此一家

作为特色，店内将录制一些在附近的体育场馆内举行的体育赛事，并在店里重复播放比赛精彩片段。这些精彩片段将剪辑成30分钟的影片连续播放。这一特色能够使体育爱好者——无论是踢足球的孩子还是参加垒球联赛的成年人，在店内停留并观看自己和队友的表现。

管理团队

新创健身饮料公司是由杰克·佩蒂（Jack Petty）和佩吉·威尔斯（Peggy Wills）联合发起并领导的。杰克在一家全国连锁餐厅有16年的工作经验；佩吉是一名注册会计师，曾在四大会计师事务所工作7年。

图3-2 新创健身饮料公司的概念描述

如果在创办企业之前未与潜在客户进行交谈，就会产生问题：仅凭直觉或二手资料研究，很难知道产品是否足够令人期待。新企业失败的一个常见原因是企业的产品市场不够大。马特·库珀（Matt Cooper）就遇到了这种情况。他是Soggy Bottom独木舟和皮划艇出租公司的合伙人。这是他的第一家初创企业，但库珀将其形容为一场“彻底的灾难”。

有些创业者没有形成正式的概念描述，而仅仅通过将他们的创意告诉潜在客户或开展焦点小组讨论来征集反馈并进行初步产品/服务可行性分析。最理想的组合是双管齐下——既把概念描述分发给至少 25 人以获取他们有益的反馈，又与尽可能多的潜在用户和行业专家口头交换意见。同时，有越来越多的在线工具可以帮助创业者以快速、实惠的方式联系潜在客户，并完成可行性分析过程中的其他步骤。比如，"增长黑客"（Growth Hackers）这样的论坛可获取商业创意反馈并教导创业者如何赢得第一批客户；Shapeways 可以提供将产品创意的计算机辅助设计（CAD）图转换成创业者所需的实物原型的 3D 打印服务。表 3 - 2 列举了一些在线工具的例子。

表 3 - 2 可用于完成可行性分析的在线工具

工具	描述	网址
3D 打印服务		
i. materialise	可以让你通过 3D 打印服务将创意转化为实物，还可提供一个平台用于分享并销售你设计的产品。	http://i. materalise. com
Shapeways	提供一个平台，可将创意转化为实物用作产品原型或通过 Shapeways 社区进行销售。	www. shapeways. com
A/B 分割测试		
3 Minute Optimizer	为科技和非科技初创企业提供简单有效的 A/B 测试。提供 A/B 测试和转化跟踪。	www. 3minuteoptimizer. com
Optimizely	强大的 A/B 测试平台，可以帮助你对网页进行微调，优化转化率并实现你的目标。	www. optimizely. com
商业创意反馈		
增长黑客	就如何赢得第一批客户等获取商业创意反馈的论坛。	www. growthhackers. com
Meetup	提供线下小组会议信息的在线门户。Meetup 允许用户查找并加入他们感兴趣的小组。成为"Meetup 小组"成员是一种获取商业创意反馈的绝佳方法。	www. meetup. com
Reddit	对几乎任何话题进行在线讨论的好地方。在 Reddit 发起讨论很容易，你可以获取有关商业创意的反馈。	www. reddit
Unassumer	帮助你快速了解客户的真正需求，从而致力于提供最好的产品。	www. unassumer. com
着陆页		
LaunchRock	帮助你在几分钟内创建"即将推出"着陆页，并收集潜在的产品早期用户的电子邮件地址和其他有用的分析资料。	www. launchrock. com

续表

工具	描述	网址
Ubounce	允许你创建简单的着陆页并进行 A/B 分割测试，无需开发人员参与或有编程技能。	www. ubounce. com
WuFoo	使你能够轻松创建可嵌入你的网站或着陆页中的表单。通常在着陆页使用电子邮件注册表单。	www. wufoo. com
市场研究		
AskYourTargetMarket	允许你针对特定目标市场设计并展开调查。	www. aytm. com
CrowdPicker	允许你向潜在客户群体询问哪个标志、标语、公司名、包装设计等最适合你的初创企业。	www. crowdpicker. com
谷歌趋势（Google Trends）	允许你输入搜索词（如跑步或游泳等），并查看该词语在谷歌搜索中处于上升还是下降趋势。	www. google. com/trends
脸书广告（Facebook Ads）	允许你开展脸书广告活动，以评估特定目标市场对新产品创意的反应。活动可以很简单，例如"填写此表格并成为我们第一批公开测试人员"。	www. facebook. com/ads
谷歌关键词（Google AdWords）	允许你开展关键词活动，该活动通常会把潜在客户引导至着陆页，以评估新产品或服务创意的需求。	www. google. com/adwords
在线白板		
RealTimeBoard	允许你在计算机上创建白板（可擦写）并与团队成员实时协作。	http://realtimewhiteboard. com
Ziteboard	可缩放的在线白板，非常适合团队协作。	www. ziteboard. com
原型制作服务		
Proto Labs	根据 CAD 图制作原型。	www. protolabs. com
ThomasNet	ThomasNet 本身不提供原型制作服务，它是一个平台，可以帮助你在当地寻找原型制作服务。	www. thomasnet. com
问答网站		
Bright Journey	有关初创企业的任何疑问的问答网站。	www. brightjourney. com
Stack Overflow	面向程序员的问答网站。	www. stackoverflow. com
Quora	该平台允许你就任何商业相关问题提问并从 Quora 社区获取答案。	www. quora. com

续表

工具	描述	网址
调查		
谷歌消费者调查（Google Consumer Surveys）	以一种简单、快速、实惠的方式创建在线调查问卷。	www. google. com/consumersur-veys
Survey. io	一个客户开发平台，帮助初创企业了解客户对其产品喜欢和不喜欢的地方。	www. survey. io
调查猴子（Survey Monkey）	以一种大众化且很实惠的方式创建和分发在线调查问卷。	www. surveymonkey. com
网站可用性测试		
Usertesting	该公司通过广泛的测试人员审查你的网站并在使用过程中提供音频评论。	www. usertesting. com
Verify	快速收集并分析用户关于画面或样板的反馈，可反映出人们点击的内容、记忆的内容以及他们的感受。	www. verifyapp. com

产品/服务需求

产品/服务可行性分析的第二部分是确定产品或服务是否有需求。三种常用的方法是：(1) 与潜在客户面对面交谈；(2) 利用在线工具，如谷歌关键词和着陆页，对需求进行评估；(3) 图书馆、互联网及探查研究。

与潜在客户面对面交谈。想要知道你的产品或服务是否为人们所期望和需要，唯一的方法是与他们交谈。奇怪的是，人们通常不会这么做。一项针对 120 名企业创始人的研究表明，他们当中超过一半的人是在完全没有获得潜在买家反馈的情况下开发了自己的产品。[2]事后看来，他们中的大多数人认为这种做法是错误的。研究者引用了其中一位参与者的话："与五位客户交谈，会比你（在计算机上）进行数小时的市场研究，了解到更多东西。"这么做是为了评估客户对你想要出售的产品的一般概念的反应。创业者通常会惊讶地发现，在与实际客户交谈时，他们认为能够解决大问题的产品创意却被冷漠以待。

有时，你不得不停下来仔细思考到底谁是潜在客户。例如，在医疗保健领域，"客户"通常不是指那些使用药物或从治疗中受益的患者。相反，实际用户，或支付账单的实体，通常是保险公司、医院、医疗保险或医疗补助项目等。你还应该与行业中尽可能多的相关参与者进行交谈。有时，这会涉及各色人等，但是我们确有必要对一个创意的初步可行性进行充分审查并获得全面反馈。例如，假如你正在考虑推出一种创新性的新型家庭保健服务。该服务能够在老年人进入辅助生活机构或疗养院之前，让他们在家中居住更长时间，帮助他们记住按时服药，并提供其他健康监护服务。表 3-3 列出了你在产品/服务可行性分析中可能想要交谈的人员的类别。虽然这份清单很长，但是可以想象，你将从这些人员那里获得有关你商业创意的丰富洞见。

表 3-3 作为新型家庭保健服务的产品/服务可行性分析的一部分，可交谈的人员的类别

可交谈的人员的类别：
1. 该服务的潜在用户
2. 该服务潜在用户的家庭成员
3. 医生
4. 护士
5. 健康保险公司
6. 医疗保险和医疗补助人员
7. 制药公司
8. 辅助生活机构和疗养院的所有者/经营者
9. 医院和医生办公室管理员
10. 家庭保健行业中其他公司的创始人

为某个产品或服务创意寻找合适的人进行交谈或获取他们对概念描述的反馈，其中一种方法就是联系行业协会或参加行业展会。例如，如果你的产品创意在数字媒体领域，你就可以致电数字媒体协会（Digital Media Association，这是一个主要致力于在线音频和视频行业的全国性行业协会）并获取那些居住在你所在区域的成员名单。参加你感兴趣的行业展会，也会让你与许多可能会有帮助的业内人士建立直接联系。在线调查也有助于快速与许多人建立联系。"调查猴子"和"谷歌消费者调查"等使得我们越来越容易对特定的目标市场进行调查，并以实惠的价格获取详细的分析资料。

利用在线工具对需求进行评估。评估产品需求的另一种常见方法是使用在线工具，如调查服务、问答网站以及在线营销研究等。调查不是收集初始数据，而是以最有效的方式验证你从面对面谈话中获取的信息。以表 3-3 为例，如果你已经就想要推出的家庭保健服务采访了许多人，并且在此期间不断改进创意，这使你觉得已经接近产品/市场契合点了，那么你就可以通过在线调查吸引更多受众来验证创意。但请注意避免**证实偏差**（confirmation bias)，它会让你倾向于寻找能够证明先入之见的信息。确保你提出的问题可以得到多种回应。"调查猴子"和"谷歌消费者调查"是出色的在线调查平台。许多刊物和在线资源对如何创建有效的在线调查均有介绍。如果以一种毫无头绪或杂乱无章的方式进行调查的话，还不如不开展调查。

有多个问答网站可用于获取与产品/服务需求相关的反馈。虽然由此获取的结论在本质上较为粗糙，但这仍不失为一个好方法。Quora 是一个出色的问答网站。假设你考虑在芝加哥推出送餐服务。你不会在 Quora 上发布商业计划并征求反馈，但你可以提出诸如"芝加哥最好的送餐服务是什么?"或"芝加哥需要更好的送餐服务吗?"之类的问题。Quora 拥有足够的流量，因此你将会得到回应，从这些回应中你可能会深入了解芝加哥的送餐服务需求以及谁是你最强劲的竞争对手。另一个十分有用的问答网站是 Bright Journey。在这个网站上，你可以提出任何与初创企业相关的问题，并且多数都会收到答复。

市场研究也可以在线进行。例如，"谷歌趋势"可以让你输入搜索词（如滑雪或跑步等)，以查看该词语在谷歌搜索中呈上升还是下降趋势。举个例子，2017 年春撰写本章时，我们在谷歌趋势的搜索栏中输入"跑步"一词。"跑步"的搜索趋势呈持续上升轨迹。尽管该结果可能无法告知那些拥有"跑步"相关创意的人任何针对其具体创意的潜在需求信息，但它确实肯定了人们对"跑步"的兴趣仍很浓厚。在评估产品或服务创意需求时，有一种更为精准的方法，就是将"谷歌关键词"和"着陆页"相结合。其作用方式如下。

假设你为滑雪爱好者开发了一款新式太阳镜，并想要对其潜在需求进行评估。其中一种方法就是在谷歌搜索页上购买关键词，如“单板滑雪”和“太阳镜”之类。你可以通过谷歌关键词工具来购买关键词。一旦购买，当有人搜索“单板滑雪”或“太阳镜”时，就会在搜索结果的顶部或右侧显示你准备好的广告链接。链接下会显示诸如“为滑雪爱好者准备的创新型太阳镜”等文字。如果有人点击该链接，他就会被带到在线营销人员称为“着陆页”的地方。**着陆页**（landing page）是单个页面，通常提供直接销售的文案，如“点击此处购买夏威夷度假计划”。你可以通过 LaunchRock（见表 3-2）等公司以实惠的价格制作着陆页，并展示新款太阳镜的艺术形象，作出简要说明，然后使用类似于“即将推出——请输入您的电子邮箱地址以获取最新消息”等表达方式。你的广告的出现频率取决于你通过谷歌自动关键词竞拍所购买的关键词。谷歌将向你提供该广告的点击人数和进一步关注并提供电子邮箱地址的人数等分析资料。你也可以获取他们提供的电子邮箱地址。

使用谷歌关键词的好处在于，点击广告的人都在搜索“单板滑雪”或“太阳镜”，否则他们不会看到广告。因此，你所取得的回应来自一群自动筛选后的潜在买家。这么做的首要目的是让人们对你的产品产生兴趣。如果三天内，有 10 000 人点击了广告，并有 4 000 人向你提供了电子邮箱地址，那么这可能表明人们对你的产品非常感兴趣。如果只有 500 人点击了广告，并且只有 50 人留下了他们的电子邮箱地址，则是一个不那么肯定的答复。严格来说，多少点击量代表人们对你的产品创意作出了积极回应是一种主观判断。一般情况下，使用关键词和着陆页做推广并非评估需求的唯一方法。如前所述，你仍然需要与潜在客户面对面交流。但使用关键词和着陆页做推广是一种实用且通常出乎意料的经济实惠的方式，可以在评估新产品或服务创意的需求时获取其他关键数据。

图书馆、互联网及探查研究。评估产品或服务创意需求的第三种方法是进行图书馆、互联网和探查研究。虽然与潜在客户交谈十分重要，但收集与行业相关的二手数据也很有帮助。例如，奇幻工房生产的益智玩具可以教孩子们如何编程。这听起来像个好主意。但如前几节所提到的，“听起来像个好主意”是不够的。我们需要来自潜在客户的反馈以及与行业相关的数据进行确认。行业相关数据有助于我们回答以下类型的问题：玩具行业的发展轨迹如何？行业专家认为父母在为孩子购买玩具时考虑的首要因素是什么？在广阔的玩具行业中是否存在一个“益智玩具”细分市场？如果有，该细分市场是在增长还是在萎缩？是否有行业协会能够向益智玩具制造商提供有关益智玩具市场需求的统计数据？

这里的关键是，你既需要研究特定产品或服务的既有资料，也需要获取它们的一手资料，以对其潜在需求作出评估。你的大学图书馆会是一个很好的起点，而互联网可以向你提供不可限量的资源。例如，大多数大学图书馆都可以免费获取 IBISWorld，它提供了数百个行业的最新行业报告。其中就包括玩具行业的数份报告，这些报告经常更新，比如标题为《美国玩具、玩偶和游戏制造业》的报告。想要了解玩具行业的相关趋势，该报告会是一个很好的起点。更为普遍的互联网研究通常也能够提供帮助。在谷歌或必应搜索栏中输入要查询的内容，如“益智玩具市场需求”，通常就会出现有用的文章和行业报告。

简单的探查研究对于了解产品或服务创意的潜在需求也很重要。“探查”指的是侦探或调查员到处搜罗他们所能获取的一切信息或线索。别不好意思。你可以询问人们对你的产品或服务创意有什么看法。如果你的创意是出售益智玩具，请花一周的时间在日托中心做志愿者，并观察儿童是如何与玩具互动的。与一家玩具店的老板共进午餐，并讨论你的创意。花时间逛逛玩具店，并观察什么类型的玩具最受关注。如果你确定要创办企业，那么单纯依靠直觉和粗略的信息来判断你的产品或服务市场则风险过高。请在合理的时间内尽量收集更多信息。

如果你的商业创意涉及实物产品，则在完成以上步骤之后还应该构建产品原型并对潜在客户作出测评。本章的“创业型企业的法宝”专栏就介绍了制作原型的过程。如该专栏中所述，其最终目标是创建客户所需的产品版本，而不是你设定的希望客户购买的版本。

创业型企业的法宝 制作原型：如何打造客户所需

原型（prototype）是为了对概念或流程进行测评而构建的产品早期样本、模型或版本。我们需要向潜在用户展示产品的样本或模型，然后利用他们的反馈改进产品。如果你所生产的是硬件产品（如 Owlet 婴儿监护仪），那么在形成最终设计之前，可以对你的原型进行多次改进。“早点撞墙早回头”（fail early and often）常用于描述这种反复改进原型的过程。但这句话并不意味着广义上的失败，它更多是指小细节上的改进。这是一种理念，建议人们在开发产品时对潜在客户进行多次测评。每次测评都可以让你舍弃潜在客户对产品不喜欢的部分，基于他们喜欢的部分继续打造产品。例如，Owlet 通过观察客户得知，在他们哄婴儿入睡后，他们喜欢带着 Owlet 婴儿监护仪的底座从一个房间移动到另一房间，以便随时监护婴儿。这告诉 Owlet：不能将底座安装在墙上。

随着测评的继续进行（可以让潜在客户接触和试用不断改进的产品原型），产品变得越来越好。这一过程不断推进，你的产品原型可能从纸质原型发展到塑料原型、金属原型，再到与最终设计相似的原型。戴维·莱恩斯（Dave Lyons）是一位经验丰富的产品设计师，他用生动的语言说出了制作原型带来的价值：“尽快从各个方面将设计中的‘小捣蛋鬼’驱逐出去。”

以下示例介绍了正常情况下的原型制作过程。

新型烤面包机的设计

大多数人的厨房里都有一台烤面包机。想象一下，你发明了一款新型烤面包机，它看起来像一部大号智能手机，打开侧面开关，放置于底座上。你将面包送入顶部，它们会被拉进装置内，在经过完美烘烤后，落到下面的托盘中。装置的正面有一个旋钮，你可以用它调节烘烤程度。该装置的优点在于造型优美，且仅占用很小的台面空间。在你看来，它对于小型公寓、移动房屋、露营者、企业休息室或任何需要烤面包机但台面空间有限的地方来说，都是理想的选择。在本示例中，我们将重点介绍该装置外壳而不是其内部电子元件的原型制作过程。

制作原型的步骤

制作原型的正确步骤根据你所发明装置的类型而有所不同。本示例展示了烤面包机在制作原型时是如何演化的。

第 1 步：草图。对该装置进行简单构图，带有一两段描述，说明其工作方式。将图纸展示给 20 个人，获取他们的反馈。有时，你需要画出多幅产品草图，分别反映不同的设计创意，再询问人们对每种设计的喜爱程度，以此提供帮助。询问那些看到图纸的人，他们是否愿意购买一次只能烤一片吐司的烤面包机。

第 2 步：实体模型。接下来，根据你从草图中获得的反馈，打造一个便宜的装置模型。这个模型可以由纸板、黏土、泡沫或木头制成。模型应当在高度、宽度、重量、颜色和其他性质上反映出你所期望的装置外观。然后对你的假设进行测评，看看那些拥有小厨房的家庭是否会被该装置所吸引。找出那些厨房中台面空间有限的家庭，询问他们是否可以让你进入他们家中。让他们假装该模型就是他们的烤面包机，观察他们将其放置在厨房或餐具室的哪个位置。再观察他们现有的烤面包机放在哪里以及它是否占用了太多空间。让参与者将模型放在厨房中一星期。观察他们是否会将其移至别处。让参与者记录烤面包机一次只烤一片吐司就足够的次数，也记录一次只烤一片吐司不太方便的次数。在这周结束后进行一次调查，获取参与者的反馈。你可能会有许多发现。例如，你可能会发现该装置过高，不方便摆放。你还可能发现用于调节面包烘烤程度的旋钮很难轻松调节。

第 3 步：CAD 图。在你得到了那些最基本问题的答案并对设计进行打磨后，就可以根据产品各个组件以及它们的组合方式制作 CAD 图。你可以将这项任务外包给经验丰富的 CAD 设计师，也可以投资一款便宜的入门级 CAD 程序，方便你自己完成制图。如果你自己制作设计图，你所能做的将会比经验丰富的 CAD 设计师少得多。与模型相比，CAD 文件可用于制作更为复杂的装置原型。3D 打印机可以制作出它的塑料零部件。水刀和激光切割机可用于制作其钣金部件。钣金部件经折叠或压制就构成最终形态。我们需要将这款成形度更高的原型展示给一组新的潜在客户以获取他们的反馈，并且重复第 2 步中所述的步骤。一旦确定最终设计，就可以制作更精密的 CAD 图，为制造该装置做准备。

结论。制作原型是一个不断改进的过程。每一轮的反馈都是为下一轮的改进提供信息。关键在于良好的用户反馈。理想的情况下，产品的最终版本是根据客户的要求打造的，而不是你最初设定并希望有人购买的版本。

思考题

1. 开始时，向潜在客户展示大致的原型（例如第 1 步和第 2 步生成的原型）而不是充分开发的原型，其好处在哪？

2. 列出本专栏中新型烤面包机的发明者可能通过制作原型的过程学到的东西。

3. 在上述制作原型的过程中，为什么有必要进入那些可能使用该装置的人们家中？在实验室无法获得类似信息吗？

4. 做一些互联网研究，了解“精益创业”活动。制作原型在哪些方面是精益创业方法的重要组成部分？

资料来源：R. DiResta，B. Forest，and R. Vinyard，*The Hardware Startup*（Sebastopol，CA：O'Reilly Media，Inc.，2015）；G. Douglas，“How to Build It：Lean Prototyping Techniques for Hardware，” Edited by T. Eisenman. *Managing Startups*（Sebastopol，CA：O'Reilly Media，Inc.，2013，7－14）.

行业/目标市场可行性分析

行业/目标市场可行性（industry/target market feasibility）是就拟推出的产品或服务对行业和目标市场的总体吸引力进行评估。企业所在的行业和它的目标市场之间有着明显不同，弄清楚不同之处十分重要。**行业**（industry）是指一系列提供类似产品或服务的企业，例如提供计算机、儿童玩具、飞机或社交网络等服务的企业。而**目标市场**（target market）是企业在行业中追求或意图吸引的部分。多数企业，当然也包括创业型初创企业，通常都不会尝试为整个行业提供服务。相反，它们会选择或开发特定的目标市场，并尝试为客户提供优质服务。例如，奇幻工房并没有试图针对整个儿童玩具行业，它的目标市场是那些愿意购买高价益智玩具来教孩子编程的父母群体。

行业/目标市场可行性分析由两个部分组成：行业吸引力和目标市场吸引力。

行业吸引力

各个行业的总体吸引力有所不同。[3]一般情况下，最具吸引力的行业都具有表 3-4 所示的特征。前三个因素尤为重要。年轻、处于生命周期早期且分散的行业，相比于老旧、处于生命周期晚期和相对集中的行业而言，更容易接受新进入者。同时，你也会选择一个在结构上更具吸引力的行业——意味着初创企业能够进入该行业（在各个目标市场中）并能够展开有效竞争。有些行业的特点是进入门槛很高，或者存在一两个主要参与者，从而将潜在的新进入者拒之门外。

表 3-4 具有吸引力的行业特征

- 年轻而非老旧
- 处于生命周期早期而非晚期
- 分散而非集中
- 正在增长而非萎缩
- 销售客户“必需”而非“想要”的产品或服务
- 不密集
- 有较高而非较低的营业利润率
- 不会高度依赖于某个处于历史低价位的关键原料（如汽油或面粉）来保持盈利

其他因素也很重要。例如，环境和商业趋势在多大程度上朝着有利于而非不利于该行业发展的方向变化，对该行业的长期健康及其催生新目标市场或利基市场的能力来说至关重要。不断变化的经济因素和社会趋势会对行业现状提供帮助还是造成冲击？利润率会增加还是减少？创新会加速还是减弱？投入成本会上升还是下降？该行业的主要产品会打开新市场，还是竞争行业会迫使现有市场关闭？你无法考虑到行业的方方面面，但你应该知道你选择进入的行业对初创企业来说是好是坏。

你可以在 IBISWorld、英敏特（Mintel）、BizMiner 和其他类似的收费数据库发布的行业报告中获取解答上述问题的信息。这些数据库通常都能够通过大学图书馆或大型图书馆的网站进行免费访问。附录 3-2 所提供的可行性分析模板“初步筛选”中包括一个部分，旨在提醒你在对商业创意进行研究的可行性分析阶段，针对行业吸引力最需要关注的几个重点问题。

前述常规知识也存在一些例外。尽管符合表 3-4 所列特征的行业通常是初创企业的最佳选择，但一些创新程度不高的老旧行业也存在突破的机会。眼镜行业的 Warby Parker、床垫行业的 Casper、个人交通行业的优步以及客户服务行业的 ZenDesk 等就抓住了此类机会。

目标市场吸引力

上文指出，目标市场是较大市场中的细分市场，代表了拥有类似需求的较小的客户群体。[4]大多数初创企业，至少在它们刚开始时，没有足够的资源参与广阔市场的角逐。不过，通过专注于较小的目标市场，企业通常可以避免与行业领导者正面竞争，并且能够致力于为特定市场提供优质服务。在大多数情况下，让一家初创企业将一个完全原创的产品创意引入一个全新的市场也是不现实的。通常，率先进入某个领域的花费颇大。多数成功的初创企业要么是将新产品引入现有市场（如奇幻工房将新玩具引入现有玩具市场），要么是为现有产品开辟新市场（如 Etrainer 引入了基于网络的实时健身指导，它对于私人教练提供的现有产品来说是一个新市场）。

在寻找具有吸引力的目标市场时，我们所面临的挑战是：找到一个足够大的市场来开展即将推出的业务，但这个市场又要足够小才能避免吸引更大的竞争对手（至少在该创业型企业能够成功启动之前）。Tommy John 是一家男士内衣制造商，该公司的目标市场就符合这些条件。Tommy John 于 2008 年开始生产定制男士内衣，如今它的产品已扩展至男士内裤、袜子和其他服饰。内衣在“Second Skin”品牌下出售，其理念是：这些内衣非常合身，穿着时感觉就像“第二层皮肤”。Tommy John 最初只通过一家零售商进行销售，但最终说服了尼曼（Neiman Marcus）出售其内衣。如今，Tommy John 内衣在全美尼曼商店均有销售，并且正逐步进入其他零售商店。尽管 Tommy John 的业务面向全球男士内衣市场，但它为自己开拓了一个专门的目标市场或利基市场，并且发展势头强劲。其成功的关键因素之一是它始终专注于明确定义的目标市场。该公司最常被问及的问题是：“你们何时开始生产女士内衣?”迄今为止，Tommy John 一直对此表示拒绝，它宁愿继续专注于“Second Skin”系列的男士内衣。[5]

虽然我们一般很容易找到有益的信息用以评估整个行业的吸引力，但要在行业中辨别小型目标市场的吸引力较为困难，尤其是当该初创企业是该目标市场的先驱者时。在这种情况下，我们通常需要收集并综合来自多个行业和市场的信息，以做出明智的判断。例如，假设你正在为滑雪爱好者开发一款创新型太阳镜，就像前述示例中所描述的那样。对于此类产品，我们应该对哪个市场进行评估？显然，我们需要对多个市场的组合进行研究，包括太阳镜市场和滑雪市场。重要的是，我们不仅要知道太阳镜的销售状况如何，还要知道滑雪配件市场（以及参与滑雪运动的人数）是呈上升还是下降趋势。如果太阳镜市场呈上升趋势，但滑雪配件市场急剧萎缩，则相比于两个市场都呈上升趋势的情况，你所追求的目标市场的吸引力就没有那么强了。

组织机构可行性分析

开展**组织机构可行性分析**（organizational feasibility analysis）是为了确定拟设立的企业是否具有成功创办所需的足够的管理技术、组织能力和资源等。[6]为此，需要考虑两个主要问题：管理能力和资源充足性。

管理能力

拟设立企业时，应当对其初始管理团队的能力进行评估，无论该团队是单个创业者还是更大的团队。[7]这就要求创业者在自我评估时做到诚实和坦诚。该领域中最重要的两个因素是：单个创业者或管理团队对商业创意的热情，以及对企业将要参与的市场的了解程度。[8]企业在这些领域的实力尚无其他事物可以替代。[9]

其他因素也会对管理能力造成影响。如果管理者具有广泛的专业网络和社交网络，那么他的优势在于：能够通过同事和朋友的帮助，弥补他在经验或知识上的缺口。此外，潜在的新企业也应该对它能够组建的新创企业团队的类型有所了解。

新创企业团队（new-venture team）是由创始人、主要员工和顾问组成的团队，他们会在创业初期对新企业进行管理或提供管理上的帮助。如果新企业的创始人找到了几个将在企业创立后加入的人，并且这些人的能力突出，那么这种认知将有助于提高潜在企业的组织机构可行性评分。如果新企业确信会有能力突出的人愿意加入其董事会或顾问委员会，也会产生同样的效果。

许多潜在企业的创始人在评估管理能力时会发现，如果有一个或多个合作伙伴帮助他们创办企业，则可能对他们有所裨益。本章的“合作制胜”专栏为寻找合适的业务合作伙伴提供了小窍门。在可行性分析阶段，另一类可接触的人就是潜在导师（如第2章“合作制胜”专栏所讨论的那样）。一位好导师将会为你提供有用的建议并帮助你应对挑战。

合作制胜　寻找合适的业务合作伙伴

许多潜在企业的创始人在进行组织机构可行性分析时都清楚地意识到：他们需要一个或多个合作伙伴来帮助他们创办企业。例如，你可能是一位计算机程序员，有一个关于烹饪网站的好点子，但没有任何营销或销售经验。在这种情况下，你可能需要寻找一位有营销和销售经验的合作伙伴，才能成功创办和运营该企业。在寻找业务合作伙伴时有五个关键准则。请务必做出正确的选择，因为挑错合作伙伴会给你带来很多麻烦和商业挑战。

1. 了解你所需的技能和经验。对你给企业带来的技能和经验以及尚未填补的缺口作出诚实的评估，挑选可以填补该缺口的人。例如，如果你是一位经验丰富的计算机程序员，那么你可能不会想与另一位经验丰富的计算机程序员合作。挑选能够为企业带来其他能力的人员，如营销或财务人员等。

2. 确保你们的个性和工作习惯相容。虽然你的伙伴没必要跟你一模一样，但你们确实需要舒服的合作。例如，为了按时完成项目，你希望每天工作16小时，而你的合作伙伴只愿每天工作8小时，并尝试让项目延期。工作风格上的差异会不可避免地引起冲突。如果你喜欢在会见客户时穿正装、打领带，而你的合作伙伴认为穿蓝色牛仔裤就可以了，那么你们之间就可能会出现明显的分歧。

3. 确保你和合作伙伴有共同的目标与追求。请确保你和合作伙伴都正朝着同一个目标前进。例如，你的目标是创建一家价值数十亿美元的公司，但你的合作伙伴只想把公司的销售额提至1 000万美元，然后卖出公司。这显然会带来问题。

4. 找对地方。如果你心中还未有人选，那么你必须知道去哪里寻找潜在合作伙伴。

一般的社交活动，如商业联谊会等，往往难以帮你找到合作伙伴。如果你要找工程师，请与工程行业协会联系以获得线索或者参加工程行业展会。专业人士的社交网络，如领英等，也可以帮你建立有效的联系。多数城市都会举办初创企业社交活动。有些专门设计的网站和活动也帮助人们认识彼此并一起创办公司。例如，创业周末（http://startupweekend.org）、Founder2Be（www.Founder2be.com）和 CoFoundersLab（www.cofounderslab.com）等。

5. 请个律师。当你找到潜在合作伙伴并确信前面讨论的四个准则都已得到满足时，就应该请个律师坐下来帮你们俩（或多个人）敲定细节。你们需要确定每个合伙人对企业的出资、企业的股权分配方案、企业的所有权形式、每个合伙人在公司中的角色等等。重点是你们聘请的律师不能只对某一特定合伙人（即使是你）表衷心，他要做到不偏不倚，让每个人都心悦诚服。

思考题

1. 想想你的个性和工作习惯。你认为哪种类型的人（在个性和工作习惯方面）能够与你合作愉快，哪种类型的人会经常与你发生冲突？

2. 你认为与密友建立业务伙伴关系是好还是坏？你如何判断一位好友能否成为良好的业务合作伙伴？

3. 除了本专栏中提到的建议之外，请另外提供一些可帮助我们寻找业务合作伙伴的场所（线上或线下）。

4. 花点时间浏览领英。你会如何利用领英来帮助你寻找业务合作伙伴？

资源充足性

组织机构可行性分析的第二个领域是确定拟设立的企业是否具有或有能力获取足够的资源用以向前推进。组织机构可行性分析的重点在于非财务资源。其目的是：确定最重要的非财务资源并评估其可用性。以一家初创企业为例，该企业需要具备专业技能的员工。如果该企业创办时所在的社区没有企业所需技能人员的劳动力储备，就会出现严重的资源不足问题。

另一个关键的资源充足性问题是：企业在关键领域获得知识产权保护的能力。该问题并不适用于所有初创企业；但是，对于那些发明了新产品或者为了给产品生产方式或服务交付方式增加价值而引进新业务流程的企业而言，这一点至关重要。初创企业可以进行一项快速测评，看看其产品或业务流程的创意是否已经被申请专利。谷歌专利（Google Patents，www.google.com/patents）是一种易于掌握的专利搜索方式。尽管它不能代替专利代理人，但这种方法可以让初创企业快速评估是否已经有人在特定产品或业务流程的创意上先声夺人。若要快速进行商标搜索，Trademarkia（www.trademarkia.com）是一个绝佳的资源。我们将在第 12 章中讨论包括专利和商标在内的所有形式的知识产权。有些潜在业务也会受到法规的影响，必须加以调查和甄辨。例如，到目前为止，已有多个辖区在法律上禁止优步运营，因为它的运营方式违反了当地法规。

为了对资源充足性进行测评，企业应当列出 6～12 个最关键的推动其商业创意发展的非财务资源，并确定这些资源是否可用。表 3－5 列出了一些对许多初创企业的成功至关重要的非财务资源类型。

表 3－5 对许多初创企业的成功至关重要的非财务资源类型

- 经济实惠的办公空间
- 实验室空间、制造空间或开展服务业务的空间
- 合约制造商或服务提供商
- （现在和将来的）关键管理人员
- （现在和将来的）关键辅助人员
- 企业运营所需的关键设备（计算机、机械、送货车辆等）
- 企业在关键领域获得知识产权保护的能力
- （创办企业时可能需要）当地政府和州政府的支持
- 建立良好业务伙伴关系的能力

财务可行性分析

财务可行性分析（financial feasibility analysis）是全面可行性分析的最后一个组成部分。在可行性分析中，通常进行初步财务评估就已足够；实际上，一般不宜对此过于严格，因为企业会发生各种变化，在早期就花费大量时间作出详细的财务预测是不切实际的。

在此阶段，需要考虑的最重要的问题是：所需的启动资金总额、同类企业的财务业绩以及拟设立企业的总体财务吸引力。

如果拟设立的新企业跳过了可行性分析阶段，则它必须制作完整的备考（或预计）财务报表，以证明该企业在成立后的第 1～3 年内的财务可行性。我们将在第 8 章中就如何制备这些报表提供具体的指导。

所需的启动资金总额

第一个关注点是企业为了开展其首次销售所需的资金总额。我们应当制作一个实际预算表，列出企业启动和运营所需的所有预期资本购置和运营支出。在确定总数后，应当对资金的来源作出说明。请避免使用“我计划邀请投资者加入”或“我将借款”等不精确的语句进行说明。尽管你最终可能确实会为你的企业引入投资者或出借人，但你需要对你的初始资金来源作出更详尽的说明。我们将在第 10 章中对融资进行详细的介绍。

如果资金来源于朋友和家人，或者通过其他方式筹集（如信用卡或房屋抵押贷款等），你还应当制订合理的偿还计划。重要的是你需要表明将以何种方式支付和偿还新企业的启动成本。许多新企业看起来似乎充满希望，但无法筹集到启动资金或永远无法收回初始成本。在对启动支出进行估算时，最好高估而不是低估所涉及的成本。墨菲定律在初创企业的世界中相当奏效——事情总会出错！在启动阶段，很少有初创企业不产生意料之外的费用。

有一些发布在网络上的工作表可以帮助创业者确定其企业的启动成本。通过 SCORE

（www. score. org）和美国小企业管理局（www. sba. gov）都可获取启动成本工作表。

同类企业的财务业绩

财务可行性分析的第二个组成部分是通过将拟设立的初创企业与同类型的既有企业进行比较来估测其潜在财务业绩。显然，这么做只能得到近似结果，而非精确的数字。有好几种方法可以完成该任务，但都需要进行一些探查。

首先，网络上存在大量的档案数据，其中包括数千家企业的详细财务报告。通过Hoovers或类似资源获取上市企业的数据是最为容易的方法。但是，这些企业通常规模过大，无法与拟设立的新企业进行有意义的比较。真正的挑战在于找出那些规模较小且更具可比性的企业的财务业绩。IBISWorld、BizMiner和FindTheCompany提供了其所跟踪的行业中企业平均销售额和利润率的数据。ReferenceUSA提供了许多私有企业的收入估算，但是订阅其服务的图书馆较少。（这一资源在大型城市图书馆中较为常见。）在支出方面，BizStats. com是一个非常有用的网站，创业者可以按照行业类别（并未涵盖所有行业）输入其企业的预期收入，然后就会收到一份模拟损益表，上面显示了同类别下美国企业的平均利润率和支出百分比。IBISWorld通常还会提供主要项目的平均支出（占销售额的百分比）图表，如工资、租金、办公和行政支出，以及在其关注的行业中企业的公用事业支出等。另一个有助于估算企业销售额和净利润的资源是BizMiner（www. bizminer. com）。BizMiner可提供它所关注的行业中企业的平均销售额和利润率的打印资料，与类似报告相比，BizMiner可提供更多细节。它是一个收费网站，但是可以通过订阅其服务的大学图书馆免费访问。[10]

我们还可以使用其他方法获取小型企业的财务数据。如果某个初创企业的创业者发现其业务与某个已成立的企业相似，并且它们不太可能成为直接竞争对手，那么他完全可以请该企业的所有者或管理者分享他们的销售和收入数据。即使该企业的所有者或管理者只愿意笼统地告知相关信息（例如，我们的年销售额在300万美元左右，我们的净利润约为9%），也总比没有好。在互联网、ProQuest和LexisNexis上进行简单的学术搜索也很有帮助。如果你对运动服装行业感兴趣，只需输入“运动服装行业销售额”和“运动服装行业利润率”，就可以从搜索结果中找到一些提及销售额和利润率的关于运动服装公司的链接。

简单的观察和搜集工作是获取同类企业销售数据的最后一种方法。例如，如果你打算开一家新的饮品店，那么可以通过估算同一区域内光顾同类饮品店的人数以及他们每次光顾的平均购买量来判断预期销售额。要做到这点，最基本的方法是经常光顾这些饮品店，并计算一天当中不同时间进出饮品店的顾客数量。

拟设立企业的总体财务吸引力

在对拟设立企业的财务吸引力进行评估时，有许多其他相关因素。正如前面所讨论的，这些评估主要基于新企业的预计销售额和回报率（或利润率）。在可行性分析阶段，预计回报率是一种主观判断。更为精确的估值可以通过制作备考（或预计）财务报表计算得出，这些报表包括1～3年备考现金流量表、损益表和资产负债表（随附相关财务比率）

等。只要时间和条件允许，就可以开展此项工作，但是我们通常会在新企业发展的商业计划阶段而不是可行性分析阶段完成这项工作。

为获得正确的认识，应当在判断初创企业预计回报率时考虑以下因素，进而对该企业是否具有财务可行性作出评估：

- 投入的资本数额；
- 创办企业所承担的风险；
- 已投入资金的其他现有选择；
- 创业者时间和精力的其他现有选择。

虽然表面上看起来充满希望，但有些机会可能会造成企业在财务上得不偿失。例如，对于一个创业者团队来说，向一个资本密集型的风险型初创企业投资 1 000 万美元，但获取的回报相对于创业者投入的资本而言较低（例如 3%左右），则该投资就不具有经济价值。回报是否可观还取决于个人的其他选择。例如，一个年薪 15 万美元的人想要离职创办新企业的话，会比年薪 5 万的人要求更高的回报率。[11]

表 3-6 列出了在评估新企业总体财务吸引力时应当考虑的其他因素。

表 3-6 财务可行性

- 在明确定义的利基市场中，前 5～7 年的销售额快速稳定增长
- 经常性收入的比例较高——这意味着企业一旦赢得客户，客户将提供经常性的收入来源
- 在合理确定程度的基础上，预测收入和支出的能力
- 用于融资和维持增长的自有资金
- 可让投资者将股权转换为现金的退出机会（如收购或首次公开募股）

总而言之，以某个刚引入市场即失败的产品为例，可以充分说明可行性分析的重要性。本章的"错在何处?"专栏就通过科瑞格的案例进行了说明，它推出的家用汽水机在面世 9 个月后便退出了市场。

错在何处? 科瑞格家用汽水机的可行性如何?

科瑞格绿山公司（Keurig Green Mountain，以下简称"科瑞格"）是一家特色咖啡公司。它采购、制造和销售多个品牌的咖啡、热可可、茶和其他饮料胶囊，并用于其科瑞格咖啡机。科瑞格咖啡机非常受欢迎。想喝咖啡的人只需要购买绿山胶囊，然后把胶囊放入插槽中，按下 8 盎司水量按钮，再将杯子放在咖啡出口，就大功告成了。

2015 年，科瑞格决定推出家用汽水机 Kold。当时的创意是：创造一种类似于科瑞格咖啡机的制作汽水的产品。Kold 可以让人们在家中快速制作一份汽水。科瑞格对 Kold 寄予厚望。公司甚至认为其销量会超过咖啡机，而科瑞格咖啡机在美国家庭中的占比约为 17%。

结果，Kold 却惨遭失败。首次亮相 9 个月后，它就退出了市场。错在何处？好几个地方都不对劲，这使人们不禁要问：在发售这款机器之前，究竟做了什么样的可行性分析？请考虑以下事实，它们皆是原因。

1. 太贵了。该机器首次亮相的价格为 369 美元。相比之下，SodaStream 最便宜的型号也可以让人们在家制作单份汽水，而售价仅为 79 美元。Kold 每生产 8 盎司汽水约花费 50 美分。与此相比较，12 罐装的品牌汽水，如可口可乐（Coke）、胡椒博士（Dr. Pep-

per）或百事可乐（Pepsi Cola），在沃尔玛和其他折扣商店的售价通常在4.5美元左右，即每份12盎司的饮料只需要37.5美分。

2. 太大、太吵、太笨重、不方便。Kold一经推出，买家就抱怨它太大了，占用太多的台面空间。如果你有兴趣，请访问谷歌图片（Google Images）并输入“Keurig Kold”自行判断。它的声音很大，而且必须插电工作，这就意味着除非有供电设备，否则人们无法带着它去野餐或在室外烧烤时使用。

3. 胶囊只有一种容量。Kold可以把一次性糖浆胶囊制成一份8盎司的汽水，无法增加饮料量。大多数罐装汽水都是12盎司的，饭店或便利店中的冷饮柜通常会提供更大的容量。

4. 汽水的消费量在减少。Kold推出之时，美国人正因为营养和健康等原因减少汽水的消费量。

5. 谁会在家“制作”汽水？Kold要求人们改变自己的行为习惯——即使产品的其他各方面都很完美，也很难做到这一点。人们习惯于在家制作咖啡，科瑞格咖啡机为人们的这一习惯提供了一种更为便捷有效的方式。但人们从未在家制作过汽水，Kold面临的挑战不仅是制造汽水，而且要向人们兜售在家制作汽水的主意。

尽管科瑞格是一家大型公司，但Kold的失败为初创企业和年轻企业上了重要的一课。对公司而言，在产品上市之前（而不是之后），确定该产品或业务的可行性至关重要。而这一点并非总能够在产品可行性分析中加以考虑。我们在本章中讨论的可行性分析的所有四个阶段都非常重要。

思考题

1. 导致Kold失败的五个事实中，你认为哪个是最具破坏性的？请解释你的答案。

2. 请描述Kold在首次亮相之前应该如何进行可行性分析。如果科瑞格采纳了你的建议，你认为它是否还会生产出同样的产品？你认为产品会有什么不同？

3. 为什么改变人们的行为习惯如此困难？你要怎样才能让人们相信在自己家中制作汽水是一个好主意？

4. 写一篇200字的文章，介绍初创企业从Kold的失败中可以吸取哪些有关可行性分析的教训。

资料来源：H. Peterson. “Why Keurig's At-Home Soda Machine Was Always Going to Fail?” Slate. com，available at http://www.slate.com/blogs/business_insider/2016/06/07/keurig_s_kold_an_at_home_soda_machine_was_doomed_to_fail.html（posted June 7，2016，accessed February 10，2017）；A. Steele. “The One Simple Reason That Keurig Kold Failed：No One Makes Soda at Home，” Zacks，https://www.zacks.com/stock/news/219798/the-one-simple-reason-that-keurig-kold-failed-no-one-makes-soda-at-home（posted June 7，2016，accessed February 10，2017）.

可行性分析模板

创业型企业可以使用附录3-2“初步筛选”来完成可行性分析。之所以称为“初步筛选”，是因为可行性分析是创业者（或创业者团队）为确定商业创意可行性所进行的初始筛查。如果商业创意在此阶段得到认可，那么下一步就是完成商业计划。

“初步筛选”工作表简单明了，易于填写。它反映了本章介绍的四个可行性分析领域，并强调了每个领域中最关键的要点。在该工作表最后的“总体潜力”部分，我们可以对商业创意提出建议并进行修改，以提高其潜力和可行性。例如，一家企业开始时可能计划生产自己的产品，但是在完成“初步筛选”后却发现，如果建立自己的制造工厂，无论是从需要筹集的资金数额上还是从企业取得盈亏平衡的时间长度上来讲，企业所需的启动资本都是令人望而却步的。因此，在第5部分的5个项目里，“初始资本投资”和“盈亏平衡时间”两项可能被评为“低潜力”。但是，这不一定意味着终点。在“提升潜力的建议”一栏中，企业的创始人可能会写道：“考虑将自行生产产品改为承包或外包方式。”“初步筛选”工作表的价值就在于它可以让创始人关注此类问题并迫使他们考虑其他替代方案。如果这个建议切合实际并且更有利于实施，那么因为商业概念的变化，在修改后的“初步筛选”表中，前述两个因素“初始资本投资”和“盈亏平衡时间”就有可能被评为“高潜力”，而不再是“低潜力”。在可行性分析阶段，应当始终将商业创意视为可随时变更的项目。为同一个商业创意填写多份“初步筛选”表，并不会带来多少损失；然而，如果一个初创企业在撰写商业计划的过程中发现其业务不具有可行性，或者在大多数症结未得到解决的情况下开展了实际业务，那么其遭受的损失将严重得多。

尽管在进行“初步筛选”时需要做一些研究和分析，但这并不是一个漫长的过程，也不是无的放矢。正如本章所强调的，最好的创意是根据事实和有益的信息分析而来的，并非依靠猜测和推断。

在为你的商业创意进行“初步筛选”时，你必须完全坦诚。没有任何一家企业可以在所有项目上都得到“高潜力”的评价。在完成工作表后，没有明确的方法可用于判断某个创意是否可行。与可行性分析本身一样，“初步筛选”旨在传达商业创意可行性的总体印象或感觉。

复习题

1. 正确的可行性分析所针对的是四个怎样的领域？
2. 什么是产品/服务可行性分析？
3. 一手资料研究和二手资料研究有何不同？
4. 什么是概念描述？
5. 创业者在对拟推出的产品或服务进行分析时，可使用哪些方法来评估潜在的产品或服务需求？
6. 在产品/服务可行性分析的背景下，什么是探查研究？
7. 什么是行业/目标市场可行性分析？
8. 对新企业而言，一个具有吸引力的行业拥有哪些属性或特征？
9. 什么是目标市场？
10. 为什么大多数初创企业都将重点放在较小的目标市场上，而不是从需求较大的大型市场开始？
11. 在较大的行业中，有哪些方法可以确定一个小型目标市场的吸引力？
12. 什么是组织机构可行性分析？
13. 在进行组织机构可行性分析时，需要考虑的两个主要问题是什么？
14. 什么是新创企业团队？

15. 什么是财务可行性分析?

16. 财务可行性分析的三个独立的组成部分是什么?

17. 通过与已成立的同类企业进行比较，初创企业可使用哪些技巧来估算其潜在财务业绩?

18. 从总体财务表现来看，哪些因素会使潜在的初创企业充满吸引力?

19. “初步筛选”分析的目的是什么?

应用题

1. 你的朋友杰克逊·里德（Jackson Reed）刚给你讲了一个有趣的故事。他在父母家中过周末。他父亲看到了杰克逊这学期学习的创业学课程的教科书。他浏览了这本书，并花了些时间研究可行性分析章节。然后，他对杰克逊说：“在你成长的过程中，我创办并出售了三家成功的企业，但一次都没有做过可行性分析。你认为这本书的作者对此有何看法?”你会建议杰克逊怎样回答他父亲的问题?

2. 如果你是本章前述新创健身饮料公司的概念描述的受访者，你会对该公司的产品创意可行性作出何种反馈?

3. 对 Tyto Care（“如果你是风险投资者 3.1”专栏中的企业）参与竞争的行业展开行业吸引力评估。

4. 基思·安布罗斯（Keith Ambrose）是一名理疗师，他正在考虑创办一家企业，为遭受运动相关伤害的人提供居家治疗服务。基思住在俄亥俄州哥伦布市。他不知道哥伦布市的规模是否足以支持他想要推出的业务，也不知道人们是否愿意为了在自己家中接受运动相关伤害的治疗而支付额外费用。为了解到更多有关其拟推出业务的潜在目标市场信息，他打算开展一手资料研究和二手资料研究，你有何建议?

5. 对拟设立的新企业而言，有哪些危险信号表明其总体财务吸引力不佳? 哪些危险信号表明拟设立的企业实际上不可行?

如果你是风险投资者 3.1

Tyto Care 公司

网站：www.tytocare.com　脸书：Tyto Care　推特：@TytoCare

商业创意：开发一款家用医疗设备，能够使患者在不离开家的情况下得到全天候的看诊服务。

推介：想象一下，你是一名商务人士，明天要做一场重要的报告。你早早就寝，希望第二天早晨能够精神饱满。早上 6 点钟，你的女儿艾米丽（Emily）醒来时，发烧 39.4 摄氏度。你迅速帮艾米丽穿好衣服，开车送她去诊所。在候诊室，你想的全是细菌——似乎周围的每个人都在咳嗽或打喷嚏。你终于见到了医生，诊断出是艾米丽的耳朵感染引起了发烧。就像上个月一样，这次是另一只耳朵感染了。你很爱你的女儿，并且很欣慰能够为她提供帮助，但当你赶去工作时，已不再精神焕发，而是相当疲惫。

现在，想象另一种情况。在为艾米丽量完体温后，你打开抽屉，拿出 Tyto Care 设备。Tyto Care 是一款手持式医疗设备，大小与垒球差不多，它可以让初级保健医生远程看诊。该设备有一个直观、易用的界面，可以让使用者通过互联网与其就诊的诊所取得联系。它还有几个附件。其中一个附件可作为听诊器使用，它可以捕获并记录患者的呼吸音和心跳；另一个附件带有一个内置摄像头，可以很好地观察患者的扁桃体和耳道。总之，Tyto Care 使医生能够远程检查患者的耳朵、喉咙、皮肤、心脏和肺部。不仅医生可以通过网络界面看到病人，Tyto Care 的附件也会将其记录的所有图像、声音和读数实时发送给医生进行分析。

回到我们的故事——你可以与诊所取得远程联系，而不必把艾米丽送至诊所。在短暂的等待后，医生出现了。在问过几个问题后，医生告诉你如何使用 Tyto Care 对艾米丽的症状进行评估并对耳部感染进行诊断。他会发送一张处方给你的药房，你可以在一小时后到药房领药。你的伴侣将为艾米丽领取她的处方药，并陪她度过这一天。你在休息了几分钟后就换装去上班了。你不但准时到达工作地点，而且奉献了一场出色的报告。

2016 年 11 月，Tyto Care 510（k）数字听诊器获美国食品药品监督管理局批准。它是 Tyto Care 的首款获批设备，如今可用于远程诊断。还有多款设备尚待批准。远程医疗（telehealth）并不是一个新概念，但它的发展却因医生无法完全复制面对面检查而受到了阻碍。在完整引入 Tyto Care 全面远程医疗方案后，这些障碍都将消除。

1. 根据本章介绍的内容，在作出投资决策之前，你会向该公司的创始人提出哪些问题？什么样的答案能够让你满意？

2. 如果你只能根据推介内容和公司网站提供的信息作出决策，你是否会投资该公司？为什么？

如果你是风险投资者 3.2

奇幻工房公司

网站：www.makewonder.com　脸书：Wonder Workshop　推特：@WonderWorkshop

商业创意：创建一对名为达奇（Dash）和达达（Dot）的玩具机器人，教孩子们如何编程。

推介：所有的父母都想帮助孩子开发某种技能，为他们将来的成功做好准备。让我们认识一下达奇和达达——它们是一对有趣且易于使用的交互式机器人，可以让孩子们在游戏的过程中学会编程。达奇是其中个头较大的那个——它有轮子，可以在地板上滑行。达达同样具有交互性，但不会四处移动。它们的设计都相当复杂巧妙。它们有传感器、加速器、麦克风和扬声器等，所有这些都为它们赋予了许多个性和功能。孩子们可以教达奇和达达发出声音、闪烁灯光、四处移动、改变方向、玩游戏、进行冒险等，并从中学习编程。请花一点时间访问奇幻工房的网站，看看达奇和达达长什么样。

以下是它们的运作方式。达奇和达达自带五款免费的应用程序，可通过智能手机或平板电脑进行控制（更多应用程序正在开发中）。这些应用程序——分别叫 Go、Path、Xylo、Blockly 和 Wonder——针对的是不同年龄段的孩子，这使得达奇和达达可以与它们所在的家庭一同成长。Go 适合 5 岁左右的孩子。这款应用程序能够指导目标儿童使用基本的命令激活达奇和达达。孩子们可以使用 Go 让达奇前后移动、左右转头、发出声音（最受欢迎的是大象的声音）、改变颜色、录制声音，以及展示许多其他动作和功能。Blockly 适合 8 岁左右的孩子，它通过教孩子们模块编程来控制达奇和达达做一些有趣且充满创意的事。在计算机编程领域，模块或代码模块指的是一节组合在一起的代码。Blockly 内设多个挑战，例如驾驶学校（教达奇驾驶），孩子们要编写实际的代码才能玩游戏。举个例子，8 岁的孩子要教达奇驾驶，他可能会编写如下一段代码：

何时启动（When Start）；

如果达奇见到达达（If Dash See Dot）；

后退 50 英尺（Backward 50 feet normal）；

右转 90 度（Turn right 90）；

对达奇说：你好（Say Dash Hi）；

灯全红（All lights red）；

转语音（Turn to voice）；

轮停止（Stop wheels）。

这些命令都会显示在应用程序中，其格式与大多数基础编码程序相同。你知道上述代码模块的含义吗？如果一个 8 岁的孩子按照 Blockly 应用程序的指示学习，那么他不仅能够了解这些代码的含义，还能撰写代码，使达奇和达达进行许多活动。Wonder 应用程序甚至能向年龄更大的孩子教授更高级的编程技能。

达奇和达达还可以做很多其他事情，这使它们不仅具有教育意义，也很有趣。其首要目标是在教孩子们基本编程技能的同时，扩展他们的想象力，为将来做好准备。

1. 根据本章介绍的内容，在作出投资决策之前，你会向该公司的创始人提出哪些问题？什么样的答案能够让你满意？

2. 如果你只能根据推介内容和公司网站提供的信息作出决策，你是否会投资该公司？为什么？

案例

"借得其乐"——可行性分析如何塑造出今天的 Rent the Runway

网站：www.renttherunway.com　脸书：RentTheRunway　推特：@RenttheRunway

简介

2007 年，珍妮弗·海曼（Jennifer Hyman）和珍妮弗·弗雷斯（Jennifer Fleiss）相识于哈佛大学商学院。她们志同道合，很快成了朋友。她们都对创业很感兴趣，经常共进午餐，讨论商业创意。在来到哈佛大学之前，海曼曾供职于喜达屋酒店（Starwood Hotel），并取得了在公司内部创业的机会。她开办了一家婚庆企业，推出了首个蜜月礼物登记单。她认为，由于人们步入婚姻的年龄越来越大，他们不再需要瓷器和锅碗瓢盆之类的结婚礼物，那么，为什么不让婚礼的宾客为蜜月旅行做出点贡献呢？弗雷斯曾在摩根士丹利（Morgan Stanley）和雷曼兄弟（Lehman Brothers）担任内部战略顾问，她也曾创立一个为大学申请者提供论文编辑服务的企业。

Rent the Runway 的创意始于 2008 年 11 月，即海曼和弗雷斯在哈佛大学的第二年。海曼的家乡在纽约市，有一次回家途中，她拜访了她的妹妹贝基（Becky）。贝基每年都要花费约 60 000 美元在布鲁明戴尔百货店（Bloomingdales）购物，并且为了参加一场婚礼，她刚刚购买了一件 2 000 美元的玛切萨（Marchesa）红色礼服。海曼在贝基的衣橱里看到了一堆名牌服装。她开始取笑妹妹，问她为什么不穿这些衣服。贝基回答说，这些衣服对她来说已经死了。她穿着它们拍过照，并且把照片放到了脸书上。她认为她需要为参加婚礼注入一些新鲜血液。于是海曼想到，如果像贝基这样的女性能够在出席特殊场合时穿租来的衣服而不是买来的衣服，会怎样？后来，海曼了解到，普通女性平均每年有28次出席某种场合时需要穿特别的衣服。这些场合包括婚礼、年会、约会、联谊会、工作面试、同学聚会、毕业典礼等等。

在这次周末之行结束后，海曼回到了波士顿。她在与弗雷斯共进午餐时介绍了她的创意。弗雷斯表示，这个创意听起来很有趣。关于应该向谁咨询，两人展开了头脑风暴。为了弄清这个创意是否可行，她们认为有必要同时向供应商（名牌服饰的提供者）和消费者（愿意租用服装的女性）求证。

可行性分析

设计师。她们决定从供应商（即女装设计师）开始。有位设计师向她们推荐了著名的时装设计师戴安娜·范弗斯腾（Diane von Furstenberg)。海曼给她发了封电子邮件，介绍自己是一名哈佛大学的学生，有一个商业创意，希望得到她的反馈。海曼收到了范弗斯腾女士同意于第二天见面的答复。海曼和弗雷斯开车前往纽约赴约。Rent the Runway 的最初创意和最终创意有些许不同。开始时，海曼和弗雷斯想要创建一个平台，以零售成本10%的价钱出租顶级设计师的现有库存，而不是自己购入这些库存。在向女性们推介时，可以说："既然能以10%的价格租到名牌服饰，为什么还要买呢?"但范弗斯腾对此创意嗤之以鼻。她说，这可能会毁了她的品牌并对她的零售业务造成冲击。但是，她仍然很慷慨并且耐心地与两位年轻女士讨论了设计师品牌服装行业。对话结束时，海曼和弗雷斯认识到两件以前不知道的事。首先，大多数购买名牌服装的是五六十岁的女性。年轻女性往往偏好低价且有吸引力的服装，对名牌服装敬而远之。其次，设计师时装都集中在纽约、洛杉矶和旧金山等主要大都市。在较小的城市和乡村地区，没有足够的需求来维持设计师品牌商店的运营。了解到这些情况后，海曼和弗雷斯不禁感叹"原来如此"。在设计师时装行业中，存在一个如何获取客户的问题。如果她们能够打开年轻女性市场并打破该行业的地域限制，会怎样呢？范弗斯腾说，如果她们能够使她设计的服装成为年轻女性的需求，她就有可能与她们合作。

2009年夏，海曼和弗雷斯咨询了更多的设计师，如今她们在推介其创意时将更加强调她们能够让年轻女性和不同地区的人接触到名牌女装行业，而不再只是帮女性省钱。海曼和弗雷斯意识到，为了开展业务，她们必须从设计师那里买进这些服装。她们不可能去零售店购买她们的库存——因为那样太贵，而且无法控制供给。相反，她们需要批发采购，并且在采购策划方面与设计师合作。她们与设计师的多次会面都进行得磕磕绊绊，因为设计师们表达了与范弗斯腾相同的担忧。但是，她们总算有所进展，有多位设计师表示在海曼和弗雷斯推出这项业务之后愿意与其签约。

让我们先看看 Rent the Runway 成立后的情况。海曼和弗雷斯仍在进行大量说服工作。许多顶级设计师仍未加入。因此，当她们开始租赁服装时，她们在网站上设置了一个板块，女性可以上传自己穿着 Rent the Runway 服装参加活动的照片。每四名顾客中就有一位会发布自己的照片。于是该网站展现了成千上万名年轻女性的精彩生活。海曼后来在接受采访时说道，她认为是这些照片促成了设计师们心甘情愿地与 Rent the Runway 合作。他们自己看到了这项服务对目标客户群体产生的吸引力。

客户。在征求了设计师的意见之后，下一步就是通过客户确认她们的创意。她们开展了三项测评活动。第一项在哈佛大学进行。她们购买了 100 件衣服，另外又借了 50 件。海曼和弗雷斯总是开玩笑说，这些衣服大多数是按照她们自己的尺寸购买的，所以如果生意失败了，至少她们能有一个多姿多彩的衣柜。她们将这些衣服挂在临时商铺中展示，女性可以租用这些衣服。她们试图模拟这项业务的最终形态，因此她们还向那些租用服装的女性提供封装袋，供她们以邮寄方式归还衣物。

女性可以试穿这些衣服。这个主意为许多问题作了解答——"女性会租用服装吗?""她们会租用哪些设计师的服装?""她们愿意付多少钱?""她们会为哪些场合租用服装?""可以通过邮寄方式归还衣物吗?""租出去的衣服在归还时是否会损坏?"通过测评，她们得到了大量有关这些问题的信息。她们不禁又一次感叹"原来如此"。她们观察顾客试穿衣服前后的变化。她们特别注意到一位试穿汤丽柏琦（Tory Burch）礼服的女士。穿上这件礼服后，她整个人的气质都变了。她看起来更精神也更自信。海曼和弗雷斯认为："这就是我们的事业。我们不仅租赁服装，还为年轻女性带来信心。"这次经历让海曼和弗雷斯重新考虑她们的定位。Rent the Runway 不是要帮女性省钱，而是通过时装为女性创造许多难忘的时刻。

第二项测评在耶鲁大学进行。测评期间，女性可以看到这些服装，但不能试穿。约有 75%的顾客选择租用服装。在第三项测评中，海曼和弗雷斯向1 000～2 000 名朋友、家人及其他认识的人发送 PDF 文件。这些女性可以看到服装照片，但无法查看细节或试穿。虽然租用服装的人数比例明显小得多，但仍取得了强烈反响。海曼和弗雷斯为此感到欢欣鼓舞。

Rent the Runway 成了一家企业

Rent the Runway 成立于 2009 年 11 月 9 日，是一家电子商务公司。海曼和弗雷斯为其初始库存和启动成本筹集了不到 200 万美元的种子资金。最初，该网站仅对受邀请的客户开放。你可以免费获得会员资格，但你必须得到朋友的邀请或推荐后才能加入。两周内，Rent the Runway 就有了 100 000 名会员。能够如此快速地发展会员，有三个关键因素。首先，通过与许多名牌女装设计师及其他业内人士交谈，海曼和弗雷斯在可行性分析过程中就已经受到了不少关注。其次，她们有一个包含 40 000 人的电子邮件名单，其中有朋友、家人、朋友的朋友，以及她们能想到的任何人。在 Rent the Runway 成立后，她们立刻给这些人发邮件，邀请他们加入，并请他们继续邀请自己的朋友加入。最后，她们非常幸运。她们在企业成立的那一天登上了《纽约时报》（*New York Times*）商业版的封面。她们关系网中的某个人将她们推荐给了《纽约时报》，《纽约时报》报道了她们的故事。更多的宣传紧随其后，给她们营造了浩大的声势。

如今，Rent the Runway 虽然不再需要通过邀请加入，但其运作方式与创立时相比并无太大变化。客户可以按照零售价的 10%租用 Rent the Runway 的名牌服饰。在无须额外付费的情况下，每件衣服都有备用尺码以保证合身。你可以根据尺寸、颜色、类别、场合，甚至年龄范围，来挑选服装。

客户租用第二件服装时，费用会更低。Rent the Runway 向客户提供预付费的预填地址包裹，供客户归还衣物。租赁价格中包括该服装的干洗和补货费用。

"倾听"客户的声音

Rent the Runway 成立后并未停止它的"倾听"和"测评"工作。公司早期把主要精力放在了客户反馈和焦点小组讨论上，意在完善其流程和服务。这种做法一直持续到了现在。例如，公司将其客户服务代表称为“客户洞察团队”。该团队会与客户就某件衣服是否合身或某件衣服最适合什么样的配饰进行互动，也会就公司商业模式的创新方式收集相关信息。举个例子，客户洞察团队早期收到了许多关于配饰的问题，比如“哪种项链最适合这件衣服?”或“哪款耳环与这件衣服最配?”等等，因此该公司比预期更早开始在网站上租赁饰品。

经验教训

自 Rent the Runway 成立以来，海曼和弗雷斯接受了许多采访，这也是本案例诸多信息的来源之处。她们经常谈到自己从中得到的几条经验教训。首先，她们觉得两人之间的互补优势为企业的成功增添了助力。海曼富有创造力和远见卓识，而弗雷斯是个执行力很强的人。虽然她们是朋友，但她们并非偶然选择了彼此。她们在大学里共修了几门课，这使她们能够观察彼此的工作作风、应对各种情况的方式和能够相互提升之处。其次，她们认为，即使没有时装行业的经验，也不会对她们的企业造成不利影响。实际上，她们认为正是由于自己经验不足，才能够以崭新的眼光看待这个行业。最后，她们坚信在尝试自己的创意之前必须进行测评和审查。弗雷斯曾针对可行性分析发表过自己的观点。海曼和弗雷斯在创立 Rent the Runway 之前对其进行的审查工作以及该公司现在的管理方式都完全符合这一观点。

未来的机会

尽管在本质上，Rent the Runway 最初的愿景仍未改变，但是该公司也已发生了一些变化。如今，该公司除电子商务之外还开设了数家实体店——分别位于纽约市、华盛顿特区、芝加哥、洛杉矶和拉斯维加斯。

2016 年 3 月，该公司推出了“无限”(Unlimited) 业务，客户可以每月支付 139 美元同时租用 3 件 Rent the Runway 服饰。客户可以根据自己的时间安排使用这些服饰或交换新的服饰。Rent the Runway 也扩大了其产品线。如今，它开始出租包括珠宝和手袋在内的全套配饰，并销售包括内衣、紧身衣、塑身衣和化妆品在内的必需品。截至 2016 年 10 月，Rent the Runway 已拥有 600 多万名会员、975 名员工和 400 多位设计师合作伙伴。

该公司没有进军男装领域的打算，而是计划继续专注于名牌女装行业。2017 年 3 月，联合创始人弗雷斯辞去了她在 Rent the Runway 的执行官职务。她仍是该公司的董事会成员，并计划从事其他早期创业活动。海曼如今自己运营着公司，并正在为公司首次公开募股做最后准备。

讨论题

1. 列出海曼和弗雷斯在创业之前对她们的创意进行审查的方式。Rent the Runway 从最初的创意到企业的成立用了多长时间？这之间所花费的时间让你对海曼和弗雷斯的可行性分析过程有何了解?

2. 如果海曼和弗雷斯未进行可行性分析，那么 Rent the Runway 与如今的公司相比会有多大不同？你认为该企业是否还会像今天一样成功?

3. 从 Rent the Runway 的故事里，找出至少两个“经验教训”部分未提及的“要点”。

4. 拥有商业创意的年轻创业者可以从海曼和弗雷斯的经验中学到什么？

资料来源：Rent the Runway Homepage, www.renttherunway.com (accessed February 8, 2017); N. D'Souza-Wolfe. “Rent-a-Work Wardrobe,” *The Wall Street Journal*, May 21, 2016, D2; Girlboss Radio, “Jenn Hyman, Co-

Founder & CEO of Rent the Runway," available at https://www.girlboss.com/girlboss/2016/5/31/girlboss-radio-jenn-hyman-co-founder-ceo-rent-the-runway (posted April 14, 2016, accessed February 8, 2016); *Inc.* "Best Advice I Ever Got: Jennifer Fleiss," *Inc.*, September 10, 2012; "Open Q & A about Rent the Runway CEO of Rent the Runway Jennifer Hyman," available at https://www.youtube.com/watch?v=xjmSDeK4_x4 Draper TV (posted June 26, 2015, accessed February 8, 2017); Wikipedia, Rent the Runway (accessed February 8, 2017).

附录3-1

开展可行性分析的采访技巧

应当遵循的一般准则

- 谨慎选择你要交谈的人，以确保他能够提供高质量的反馈。
- 切勿问一些你应该知道答案的问题。例如，如果你可以轻松地在公司网站上找到受访者的简历，其中包括他的教育背景，那么你不应该问："你是否拥有大学学位？"
- 切勿问一些"如果……你会……"之类的问题。例如，"如果我们开发了一款可以解决××问题的产品，你会用它吗？""如果能够实现××，你愿意付多少钱？""你愿意额外付1 000美元以获得12个月的质量保证吗？"这些假设的问题很可能产生不准确的数据。
- 一定要准备一份采访稿，但要有足够的灵活性，这样受访者可能会将讨论引到一个意想不到的方向。
- 做好心理准备，你会听到一些你不想听的话。否则，你可能会发现自己在"出售"自己的创意，而不是在征求诚实的反馈。
- 提出开放性的问题。尽量减少答案为"是"或"否"的问题，例如"你喜欢24 Hour Fitness吗？"相反，问一些类似于"你希望在健身中心得到什么？"的问题。
- 结束采访时，询问受访者是否可以推荐其他你应该交谈的人。这是获得更多采访的最有效的方法之一。

示例：无效的可行性分析采访问题

- "你喜欢……（每个人都喜欢的东西，如音乐、美食、好朋友等）？"
- "你是否有……（插入每个人都会遇到的问题）的问题（如足够的时间锻炼或阅读等）？"
- "你是否想减肥、赚更多钱，或有更多闲暇时间？"（谁不想？）
- "你是否愿意为一个可以让员工更加满意的人力资源培训项目付费？"这种问题假设受访者的员工对现状不满意。
- "你的企业所遇到的最大问题是什么？"（让人们发泄。）
- 具有引导性的问题——你所提出的问题不应该让受访者偏向于某个论点。例如："你认为我们的医疗体系有多糟？"相反，你应该问："你对我们的医疗体系有何印象？"
- 有既定观点的问题——你不应该提出诸如"你喜欢在哪里喝啤酒？"之类的问题。这种问题假设受访者喝啤酒，事实上并非每个人都这样。如果这个问题的答案对你来说很重要，最好先问一下："你喝啤酒吗？"

示例：有效的可行性分析采访问题

- "你平时是怎样度过一天的？"（这是一个很好的热身问题，可能会告诉你关于受访者主要痛点的大量信息。）
- "……（插入问题）最难的部分是什么？"

● “你目前如何解决……（插入问题）?”

● “你对于你尝试过的解决方案有何不满之处?”

● “你有哪些未被满足的需求?”

● “一天当中你感觉最难的是什么时候?”

● “你认为针对该问题理想的解决方案是怎样的?”

● “你有多大可能与朋友谈论该产品?”（或者“你会向其他人推荐我们的解决方案吗?”）

● “为什么?”是目前为止你能够提出的最有力的问题，因此请经常这么问。在对方给你答复后问“为什么”，你通常会得到更有启发性的答复并找出问题的核心。

附录 3-2

初步筛选

第 1 部分：商业创意的优势			
圈出每个项目最合适的答案，并记下分数。			
	低潜力（−1）	中潜力（0）	高潜力（+1）
1. 创意在多大程度上： • 利用环境因素 • 解决问题 • 处理了市场上尚未填补的缺口	弱	中	强
2. 进入市场的及时性	不及时	较及时	非常及时
3. 该创意为其买家或最终用户“增加价值”的程度	低	中	高
4. 客户对已有的竞争产品的满意程度	非常满意	中等满意	不是很满意或存在不同看法
5. 该创意需要客户改变其基本做法或行为习惯的程度	需要实质性改变	需要适度改变	不需改变或只需要很少改变
第 2 部分：行业相关问题			
	低潜力（−1）	中潜力（0）	高潜力（+1）
1. 竞争对手的数量	许多	少许	无
2. 行业所处的生命周期	成熟阶段或下降阶段	增长阶段	新兴阶段
3. 行业增长率	很少或无增长	适度增长	强劲增长
4. 行业产品或服务对客户的重要性	“存在不同看法”	“想要”	“必需品”
5. 行业的营业利润率	低	中	高
第 3 部分：目标市场及客户相关问题			
	低潜力（−1）	中潜力（0）	高潜力（+1）
1. 确定拟设立的新企业的目标市场	难以确定	可能可以确定	已确定
2. 为潜在竞争对手设置进入障碍的能力	无法设置	可能可以设置	可以设置
3. 客户的购买力	低	中	高
4. 让客户了解新产品或服务的容易程度	低	中	高
5. 目标市场的发展潜力	低	中	高

第 4 部分：创始人相关问题

	低潜力（−1）	中潜力（C）	高潜力（+1）
1. 创始人的行业经验	无经验	经验一般	经验丰富
2. 创始人拥有的与拟设立的新企业的产品或服务相关的技能	无技能	技能一般	技能娴熟
3. 创始人在相关行业中的专业网络和社交网络范围	无	中等	广泛
4. 拟设立的新企业与创始人的个人目标及追求的一致程度	低	中	高
5. 组建团队共同创办和发展新企业的可能性	不太可能	有可能	非常可能

第 5 部分：财务问题

	低潜力（−1）	中潜力（0）	高潜力（+1）
1. 初始资本投资	高	中	低
2. 收入来源的数量（公司赚钱的方式）	1 个	2～3 个	3 个以上
3. 盈亏平衡时间	2 年以上	1～2 年	1 年以内
4. 同类企业的财务业绩	差	中等	好
5. 通过个人资金或自力更生为初始产品（或服务）开发或初始启动费用进行筹资的能力	弱	中等	强

总体潜力

每个部分都有五个项目。每个部分的得分为−5～+5。分数只是一个指引参考——每个部分的高潜力、中潜力或低潜力都无具体的评分准则。评分使用的是主观判断的方式。

分数（−5～+5）	基于每个部分的商业创意的总体潜力	提升潜力的建议
第 1 部分： 商业创意的优势	高潜力 中潜力 低潜力	
第 2 部分： 行业相关问题	高潜力 中潜力 低潜力	
第 3 部分： 目标市场及客户相关问题	高潜力 中潜力 低潜力	
第 4 部分： 创始人相关问题	高潜力 中潜力 低潜力	
第 5 部分： 财务问题	高潜力 中潜力 低潜力	
总体评估	高潜力 中潜力 低潜力	

结论

简要归纳总体评估的结论：______________________________

注 释

第4章 开发有效的商业模式

学习目标

学完本章，你应该能够：

1. 描述各种商业模式并讨论其重要性。
2. 认识并描述两种一般商业模式——标准商业模式和破坏性商业模式。
3. 介绍巴林杰/爱尔兰商业模板中可供创业者开发其企业商业模式的组成部分。

本章介绍了商业模式的概念。**商业模式**（business model）是企业为其利益相关者创造、传递和获取价值的计划或方法。[1]商业模式是企业短期和长期成功能力的基础，尤其当它第一个向客户推出新产品或服务时。[2]例如，多宝箱拥有一种免费＋增值商业模式。它为客户提供具有一定存储空间的免费账户，然后通过出售容量更大的高级账户来赚钱。多宝箱本可以根据存储容量按月向所有用户收费，但这不是它的商业模式。它的商业模式基于一种信念，即只要通过免费账户向用户提供服务，最终它能够赢得更多付费用户。

确定公司商业模式的正确时机是在商业创意得到初步验证之后、企业完善运营方式细节并向客户提供产品或服务之前。[3]如图 4-1 所示，这一顺序与本书各章十分吻合。第 1 章讨论了成为创业者的决定；第 2～3 章研究了商业创意的初步验证方法；本章介绍了如何确定商业模式；第 5～15 章阐明了实现企业商业模式和发展企业所需考虑的各方面细节。

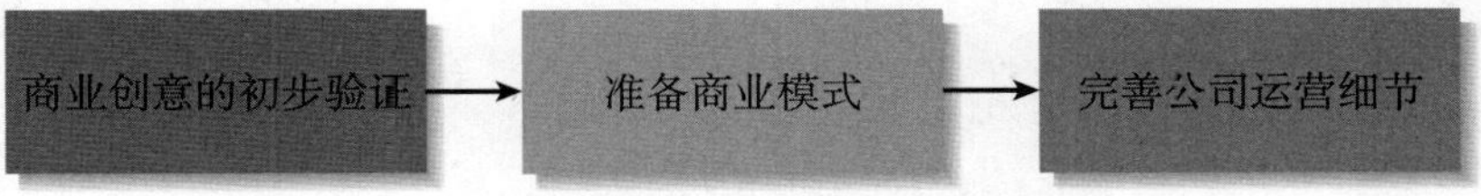

图 4-1　确定公司商业模式的正确时机

本章首先讨论了商业模式及其重要性，然后介绍并讨论了可用于开发商业模式的模板，即巴林杰/爱尔兰商业模板，它包括了构成企业商业模式的 4 大类 12 个项目。你既可以在纸上填写该模板，也可以将它放大，置于墙上。该模板能够使创业者和其他人在进行思考时拥有更好的视觉机理，并且展示了企业商业模式的各个要素。

与可行性分析相似，企业的商业模式不应该是孤立的。企业创始人应当“走出办公室”，与潜在客户交谈，形成企业的商业模式。[4]这是我们在本章中着重强调的开发有效商业模式的一个方面。

商业模式及其重要性

如前所述，企业的商业模式是其为利益相关者创造、传递和获取价值的计划或方法。如图4-2中的巴林杰/爱尔兰商业模板所示，企业的商业模式代表了其业务的核心方面。该模板还展示了各核心方面是如何相互融合并相互支持的。例如，企业商业模式的三个要素是目标市场、差异化基础和关键资产。以IndieU为例，其目标市场是大学生，它通过帮助独立的未签约音乐人与大学及大学生建立联系而实现其差异化，其关键资产包括作为IndieU品牌大使的大学生志愿者。这个例子展现了一个精心设计的商业模式，至少包含了三个要素。每个要素都能够对其他要素提供支持。随着时间的推移，这种商业模式将难以模仿。随着IndieU在当地校园中的志愿者数量增加及品牌的普及，竞争对手就更加难以与之匹敌了。

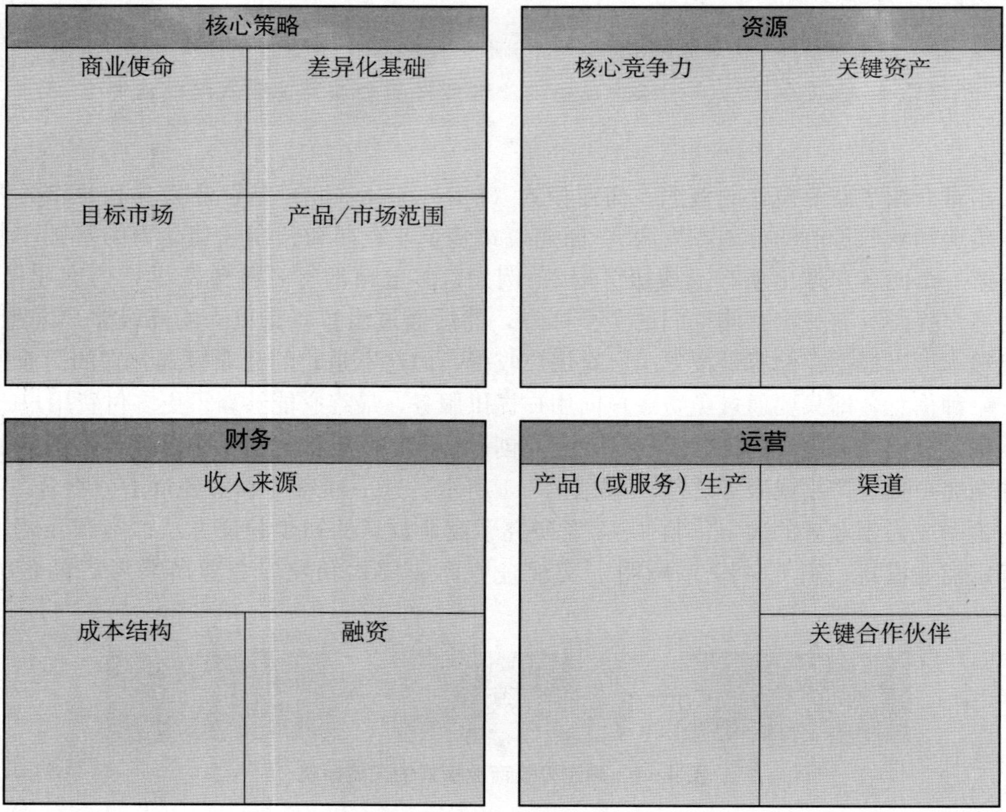

图4-2 巴林杰/爱尔兰商业模板

为了进一步说明什么是商业模式，本章的“创业型企业的法宝”专栏重点介绍了CoachUp。这是一家有趣的公司，它将运动员和教练匹配在一起，目的在于帮助运动员发挥其最大潜力。该专栏展现了CoachUp如何为其利益相关者创造、传递和获取价值。

创业型企业的法宝　CoachUp：公司怎样为其利益相关者创造、传递和获取价值

网站：www. coachup. com　脸书：CoachUp　推特：@CoachUp

CoachUp是一家有趣的公司。它成立于2011年，是一个帮助运动员和私人教练建立联系的在线平台。该公司坚信，私人教练的指导是让运动和生活迈入新境界的秘诀。

CoachUp由乔丹·菲利格尔（Jordan Fliegel）创立，他曾是一名普通的高中篮球运动员，直到他父亲给他请了个私人教练。这位教练名叫格雷格·克里斯托夫（Greg Kristof），是布兰迪斯大学（Brandeis University）篮球队的前任主教练。克里斯托夫的私教课帮助菲利格尔成功入选高中篮球队，随后菲利格尔还继续参加了大学篮球队和海外职业联赛。CoachUp网站能够将所有主要运动项目的运动员与愿意与之合作的教练进行匹配。自该网站成立以来，已有数千名运动员与超过13 000名教练建立了联系。CoachUp会对所有教练进行审核，教练必须拥有相应的执教经验。教练可以在CoachUp上设置自己的价格，因此标价各有不同。一小时课程的平均费用为40～60美元。CoachUp会从通过其网站收取的教练费中提取一定百分比的佣金。其比例取决于教练给运动员授课的次数。教练给运动员授课的次数越多，则教练保留的费用比例就越高。对于活跃的教练，CoachUp只收取教练费5%～10%的佣金；而对于不太活跃的教练，CoachUp收取的佣金比例可达到10%～20%。每位教练还需支付每年9.99美元的会员费。该公司对所有课程均作出了全额退款保证。

CoachUp与全美高中篮球协会（National High School Basketball Association）、积极训练联盟（Positive Coaching Alliance）和体育传承学院（Sports Legacy Institute）均建立了合作伙伴关系。该公司已从天使投资人和风险投资企业处筹集了相关款项。

CoachUp通过其商业模式实现了所有目的。如本章所述，商业模式是企业为其利益相关者创造、传递和获取价值的计划或方法。以下就是CoachUp实现每一个关键要素的方法：

- CoachUp通过向运动员提供与私人教练接触的机会来创造价值。在大多数情况下，运动员本来没有与教练建立联系的方式。有时，教学的目标是帮助运动员建立自信心或加入高中队。而另一些情况下，教学的目标是帮助运动员获得大学的体育奖学金，甚至是加入专业队。大学体育奖学金通常都有数万美元，如果运动员能够加入专业队，则可能获得更多钱。帮助运动员达到目标，教练也能够从中受益，而且通过打造自己的教学方式教练还能获得额外收入。

- CoachUp通过一个易于操作的平台来匹配运动员和教练，进而传递价值。在开始匹配之前，运动员需要填写一份表格，给出自己的训练目标。然后，CoachUp会推荐三位教练，运动员可以浏览所有教练的简历并根据距离、价格和评价结果进行排序，找出最适合自己的教练。每次训练结束后，运动员都可以作出反馈。所有的教练都拥有丰富的教学经验，并且必须通过严格的背景调查才能上岗。CoachUp向运动员收取私教课程费用，并将教练应分得的部分直接存入他们的银行账户。通过CoachUp平台预订的所有课程都有100万美元的责任保险作保障。

● CoachUp在匹配过程中实现的利润能够为其利益相关者获取价值。其核心价值在于私教课程能够帮助运动员提高成绩和生活技能，并为教练带来获益匪浅的体验。通过日复一日成功的私教课程，其核心价值得到了体现，CoachUp也从中获取了无形的价值。

CoachUp商业模式的吸引力在于，随着越来越多的运动员和教练加入该项目，公司的服务需求会在口口相传中得到增长。它还可以继续添加运动项目。CoachUp的商业模式难以模仿。它已成功筹集了940万美元资金，拥有13 000多名教练，并且为成千上万名运动员提供了服务。

思考题

1. 你认为CoachUp的商业模式好不好？如果你可以改变该企业的商业模式，你会提出什么建议？

2. CoachUp的商业模式在多大程度上符合第2章所描述的一个好的商业创意的特征？

3. 阅读本章的“错在何处?”专栏。该专栏重点介绍了点对点商业模式，并指出该模式在某些情况下有效，在另一些情况下则不然。你认为CoachUp的点对点商业模式为何能够取得成功，而其他企业却不行？

4. 对CoachUp做进一步的研究。完成该公司的巴林杰/爱尔兰商业模板。

资料来源：CoachUp Homepage，www.coachup.com（accessed February 11，2017）；CoachUp，Wikipedia，https://en.wikipedia.org/wiki/CoachUp（accessed February 11，2017）.

商业模式的一般分类

商业模式可分为两大类：标准商业模式和破坏性商业模式。[5]接下来，我们将分别对这两种模式作详细的介绍。

标准商业模式

第一大类是标准商业模式。这种模式常见于既有企业，但也可用于创业型企业。**标准商业模式**（standard business model）指的是企业使用既有的计划或方法为利益相关者创造、传递和获取价值。标准或常见的商业模式数量众多。表4-1作了简单列举。除“免费+增值商业模式”外，大多数标准商业模式已经存在了相当一段时间。实际上，线上企业所使用的许多商业模式最初都是由线下企业开发的，它们只是简单地将其转移到了互联网上。例如，亚马逊并没有发明新的商业模式。它采用了西尔斯罗巴克公司（Sears' Roebuck and Company）于数年前率先提出的邮购商业模式，并将其转移到了互联网上。同样，eBay也没有发明拍卖商业模式——这种模式已经存在了许多个世纪。eBay只是将拍卖的形式移到了线上。但是，亚马逊和eBay确实采用一种标准商业模式并以更有意义的方式在其之上打造出了新的创造价值的方式。这在许多成功的初创企业中也很常见。例如，Birchbox采用了订阅商业模式，但在其之上创建了一种新颖的方式。该企业每月向订阅用户提供各种化妆品和护肤品小样，以期促使他们购买正装容量的同一产品。它的成本很低，因为它是通过互联网运营的，并且它分发的许多小样都是由那些想通过Birchbox

将产品带给其特有客户的公司免费提供的。Birchbox 商业模式中的其他要素也对其基本前提给予了支持。Birchbox 商业模式所创造的多方面“价值”在于，它将产品呈现给了那些本不会试用该产品的女性（现在也包括男性）。通过该模式，Birchbox 创建了两个收入来源——订阅服务和在线销售，并且为那些向 Birchbox 提供小样以分发给订阅用户的公司带来了额外销量。

表 4-1　标准商业模式

名称	描述	使用该模式的创业型企业（或企业类型）示例
广告商业模式	帮助广告客户向有高度针对性的目标客户利基市场投放广告的商业模式。	谷歌、脸书、Pinterest
拍卖商业模式	目前是 eBay 的代名词。拍卖商业模式始于公元前 500 年。它意在向个人和企业提供一个以拍卖形式出售物品的平台。	eBay、uBid. com
实体＋点击商业模式	公司将线下（实体）和线上（点击）结合在一起的商业模式。	苹果、巴诺书店（Barnes & Noble）、J. Crew
特许经营商业模式	拥有成功产品或服务的企业（特许人）将其商标和经营方法授权给其他企业（加盟商）的商业模式。	24 Hour Fitness、Panera Bread、iLoveKickboxing. com
免费＋增值商业模式	企业免费提供基础服务并出售高级服务来获利的商业模式。	多宝箱、印象笔记（Evernote）、MailChimp
低成本商业模式	依靠降低成本和为大量客户提供服务来赚钱的一种成熟的商业模式。	西南航空公司（Southwest Airlines）、Warby Parker、开市客
制造/零售商业模式	制造商既生产产品又销售产品（线上、线下或两者兼有）的商业模式。	苹果、Fitbit、特斯拉汽车
点对点商业模式	在这种模式中，企业为提供服务的个人和需要该服务的其他人牵线搭桥。	爱彼迎、优步、跑腿兔（Task Rabbit）
剃刀＋刀片商业模式	该模式会以不同定价策略出售相关商品——一种商品（剃刀）以折扣价出售，而相关商品（刀片）以较高的利润率出售。	游戏机和游戏、手机和通话时间、打印机和墨盒
订阅商业模式	客户按月、按季度或按年支付订阅费以获取产品或服务的商业模式。	Birchbox、Blue Apron、网飞
传统零售商业模式	企业直接将他人提供的产品或服务在原始价格的基础上加价出售给消费者的商业模式。	亚马逊、全食超市、美捷步（Zappos）

重要的是，我们必须知道：没有完美的商业模式。[6] 每种标准商业模式都有其固有的优点和缺点。例如，订阅商业模式的优势在于经常性收入。Birchbox 拥有超过 100 万订阅用户，他们每人每月支付 10 美元（如果按年支付的话，则是每年 99 美元）。因此，如果 Birchbox 能够保证其订阅用户不流失，它每月至少有 1 000 万美元的收入。而订阅商业模式的缺点就在于“流失”。**流失**（churn）指的是某个基于订阅业务的企业每月失去的订阅

用户数量。如果 Birchbox 每月失去 10%的用户，那么它就需要补充 10 万个新用户才能保持平衡。这就是为什么那些基于订阅业务的企业通常都乐于提供高水平的客户服务。它们希望能够保留尽可能多的订阅用户，降低流失率并避免因现有用户更替而产生的费用。

我们还应该注意到，企业的商业模式可以引领它超越自己的界限。例如，IndieU 的商业模式基于其创意：大学生愿意参加音乐相关活动并展示在 IndieU 网站上。想要使这类创意发挥作用，其挑战在于让合作伙伴有足够的参与积极性。在 IndieU 的案例中，学生们之所以愿意参与，是因为他们对音乐充满热情，想要获得相关工作经验，并且希望为自己的简历增色。显然，IndieU 能够为他们提供足够丰富的经验，让他们不虚此行。许多公司愿意让他人参与其业务，并将此作为商业模式的组成部分。其中一个例子就是苹果，尤其是苹果应用商店（Apple App Store）。截至 2017 年 2 月，苹果应用商店中已有 200 万个应用程序，它们是成千上万开发者的杰作。对苹果和开发者而言，这是一个双赢的局面。开发者可以利用平台销售自己的应用程序，而苹果可以分享其带来的收入。诸如此类的积极成果不仅可以增进业务，也可以助其扩展商业模式。

无论初创企业采用了何种商业模式，新公司都不应认为某种特定的商业模式可以在任何情况下打出“全垒打”。[7]从这个意义上讲，第 1～3 章讨论的内容仍然适用。举例来说，这就意味着我们必须对机会的优势进行评估，并且必须对创意的可行性进行验证。本章的“错在何处？”专栏就着重强调了这一点。尽管点对点商业模式最近很热门（爱彼迎和优步都打出了“全垒打”），但仅采用点对点商业模式并不足以保证企业的成功。

错在何处？ 点对点商业模式：并非适用于所有企业

点对点商业模式是近期的大热门。爱彼迎、优步和来福车是点对点商业模式中最成功的三家企业，并且它们仍在增长，市值已达数十亿美元。点对点业务在提供服务的人和另一些需要该服务的人之间起到了牵线搭桥的作用。例如，爱彼迎可以将寻找住处的人（一两天或更长时间）与愿意提供房间出租的人进行匹配；来福车和优步则是将需要搭便车的人与愿意提供搭乘服务的人相互匹配。

尽管点对点商业模式不乏优秀的先例，但有些备受瞩目的点对点企业却失败了。其中就包括 BlackJet——它提供的服务可以帮助私人飞机所有者与想要搭乘私人飞机出行的人相互匹配；Ridejoy——提供拼车服务；Neighborrow. com——人们可以通过该服务列出自己可供出租的家庭用品，如吸尘器、工具、食物搅拌机等。所以，哪里出错了？从表面上看，BlackJet、Ridejoy 和 Neighborrow. com 与爱彼迎、优步和来福车十分相似，它们都是将需要特定服务的人与愿意提供该服务的人进行匹配。让我们来看看这三家创业型企业身上究竟发生了什么。

BlackJet 的基本假设是，一旦加入该服务，任何人都可以在几分钟内预订私人飞机座位，去往自己的目的地。其构想是，BlackJet 将与许多私人飞机所有者签约，他们出行时会告知 BlackJet。如果飞机上有余位，想拼机去同一目的地的 BlackJet 会员就可以预订。对于那些想要拼机的会员，它收取每年 2 500 美元的会员费和每次最高 4 000 美元的搭乘费。事实证明，没有多少人愿意为此服务支付如此高昂的费用。此外，人们并不需要经常搭乘私人飞机，所以 BlackJet 并不是人们出行时的最优先选择。而使 BlackJet 的处境更加艰难的是，它的服务很容易被替代。任何人都可以预订航空公司的头等舱座位，虽然有点奢侈，但无需每年支付会员费。BlackJet 于 2013 年底停止营业，后来恢复了服务，但又于 2016 年中期倒闭。

Ridejoy 是一家拼车服务企业，它专门帮助那些想要拼长途车的人彼此建立联系（例如从洛杉矶到旧金山）。前述的来福车和优步主要运营的是短途拼车。Ridejoy 早期取得了成功。2011 年，即运营的第一年，其用户数量每月增长约 30%，有超过 25 000 名签约司机，完成了约 10 000 单拼车。但是它的投资者并不满足于其增长速度。除此之外，它还需要面对一些提供免费服务的竞争对手，例如大学网站上的拼车论坛。不仅如此，有些拼车人相互认识之后，就不再需要 Ridejoy 了。举个例子，拼车从波特兰到旧金山，Ridejoy 要收取 10%的交易费，车主和拼车人可以不支付这笔费用，而是直接进行现金交易，这样就无需在 Ridejoy 网站或移动应用程序上通过信用卡付款。Ridejoy 于 2013 年夏季关门，它把约半数融资款退还给了投资者。

Neighborrow. com 允许人们列出可供出租的家庭用品，如吸尘器、照相机、工具和电子产品等。其构思在于，如果你每年只使用一两次电锯或高端相机，而你的邻居正巧拥有你所需的物品并愿意以适当的费用出租给你，那么你还有必要自己购买吗？该网站推出后得到了广泛宣传，其中，《今日美国》（*USA Today*）刊登了它的故事，NBC 也在其早间节目《今日秀》（*Today Show*）中进行了报道。成千上万的人注册了该网站，并列出了他们的物品。但问题在于：实际使用该服务的人很少。该公司最终发现：人们不喜欢向邻居借东西。此外，借用诸如电钻之类的物品通常都不是什么紧迫需求，所以人们通常都不会想到："哦，我可以通过 Neighborrow. com 找到我想要的东西。"尽管他们可能阅读了《今日美国》上有关该公司的报道或在电视上看到过它的介绍，但他们很快就忘了这项服务。Neighborrow. com 在运营 5 年后，于 2011 年倒闭。

思考题

1. 在创业之前，BlackJet、Ridejoy 和 Neighborrow. com 如何能够更好地预见那些最终导致它们失败的原因？

2. 关于建立有效的商业模式，其他点对点初创企业能够从 BlackJet、Ridejoy 和 Neighborrow. com 的失败中吸取怎样的教训？

3. 请花些时间研究本专栏中提到的来福车，它是一家采用了点对点商业模式的成功的初创企业。你认为，在 BlackJet、Ridejoy 和 Neighborrow. com 均失败的情况下，为何来福车能取得成功？

4. 你认为对开展点对点业务的初创企业而言，其所在的行业对其成败有何影响？一些行业是否比其他行业更容易接受点对点商业模式的初创企业？请解释你的答案。

资料来源：D. Primack, "Celeb-backed BlackJet Is Grounded. Again," *Fortune*, May 5, 2016; S. E. Needleman and A. Loten, "Startups Want to Be the Next Airbnb, Uber," *The Wall Street Journal*, May 8, 2014, B4; D. Kander, "Lessons from Failure: Borrowing Tools from Your Neighbors," Entrepreneurship. org, available at https://www.entrepreneurship.org/resource-center/lessons-from-failure-borrowing-tools-from-your-neighbors.aspx (accessed February 12, 2017).

破坏性商业模式

第二大类是破坏性商业模式。**破坏性商业模式**（disruptive business model）很少见，这种模式不符合标准商业模式的特征，并且在某个行业中，或在行业内的某个重要利基市场中，其影响力足以对业务开展的方式造成破坏或改变。[8]表 4－2 介绍了四家不同的公司在实践中使用的破坏性商业模式。

表 4－2　四家公司所使用的破坏性商业模式

公司	破坏性商业模式及其描述	其所破坏的标准商业模式
戴尔	**直接面向消费者的计算机销售模式，使消费者可以定制自己的计算机** 引入了一种先是通过电话，后来通过网络购买计算机的观念。消费者可以配置计算机并付款，然后才进行计算机组装。通过 UPS 或联邦快递交付。	组装好的计算机被运送至商店并上架，等待人们的购买。无法定制，因为计算机在客户购买前已经组装完成。
谷歌	**广告关键词项目（在线广告产品）** 引入了一种出现在正常搜索结果右侧或顶部的文字广告，当搜索者点击该广告时，就会进入广告客户的网站或着陆页。这种文字广告的价格低至 1 美元。谷歌最初的客户是那些负担不起雅虎高价服务的小企业。	由雅虎等公司提供的传统横幅广告。公司如果要在互联网上做广告，某些服务至少需支付 10 000 美元的广告购买费用。
Salesforce. com	**客户关系管理（CMR）软件的 SaaS（软件即服务）提供商** 首家将 CRM 软件作为 SaaS 产品提供的公司，最先使小型公司能够负担得起 CRM 费用。通过将 CRM 移至云端，它还使销售人员能够在任何拥有互联网连接的地方访问其 CRM 服务。	安装传统的 CRM 软件，需要支付大额许可费用给希柏系统公司（Siebel Systems）和仁科公司（PeopleSoft）等供应商。
优步	**快速帮助乘车人与愿意提供搭乘服务的私家车车主建立联系** 第一家通过应用程序帮助乘车人与愿意提供搭乘服务的私家车车主建立联系的公司。其优势包括：车辆更干净；避免无法拦到出租车的挫败感；直接通过优步计费，乘客和驾驶员之间无需现金交易；优步知道最近驾驶员的位置，从而减少了接载时间。	本地出租车和城镇汽运服务。

破坏性商业模式有几种类型。第一种称为新市场颠覆。**新市场颠覆**（new market disruption）针对的是一个从未有过的市场。谷歌及其广告关键词（AdWords）项目就是一个例子。广告关键词项目允许广告客户购买谷歌主页上的关键词，当人们使用该关键词时，就会在搜索结果旁（有时在搜索结果顶部）显示相应的文字广告。因此，如果你在谷歌搜索栏中输入“有机零食”一词，你会看到那些销售有机零食的公司有偿投放的广告。广告通常是按照点击数计费的。关键词的成本取决于该词语的受欢迎程度。在广告关键词项目问世之前，在线广告成本对小型企业来说是无法承受的。例如，雅虎曾经要求广告客户至少花费 5 000 美元制作一个吸引眼球的横幅广告，而购买广告的最低门槛为 10 000 美元。广告关键词项目改变了这一切。客户可以自己设置预算，每天的最低花费仅为 1 美元（取决于他们所购买的关键词）。因此，广告关键词项目是一种新市场颠覆型商业模式，它为大量小企业提供了一种在线广告方式。

第二种破坏性商业模式称为**低端市场颠覆**（low-end market disruption）。哈佛大学教授克莱顿·克里斯坦森（Clayton Christensen）在其著作《创新者的窘境》（*The Innovator's Dilemma*）中绘声绘色地介绍了这一类型。[9]当行业中的企业持续改进产品或服务，直到实际产品或服务比其客户需求或期望的还要好很多时，就有可能出现低端市场颠覆。这种"业绩上的供过于求"创造了一个真空环境，为简单且通常是低成本的商业模式提供了生存机会。其例子包括美国西南航空公司和欧洲瑞安航空公司（Ryanair）。美国西南航空创建了一种点对点、低成本、简洁的商业模式，在美联航（United Airlines）和美国航空（American Airlines）等老牌航空公司提供的高端服务当中另辟蹊径。美国西南航空实际上提供的是一种相对于其竞争对手而言被认为质量较差的服务，但它因此得以吸引大量想要安全舒适乘机并愿意以较低票价牺牲部分享受的客户。企业为了更简单、更便宜或更方便地完成日常任务，也可以引入低端市场颠覆型商业模式。如果一家初创企业决定踏上这条路，那么它必须有不可抗拒的优势，并且必须命中要害，才能使颠覆成为现实。优步就是其中一个例子。作为 2009 年成立的初创企业，它帮助需要乘车的人与愿意提供搭乘服务的私家车车主取得联系。优步提供了一系列不可抗拒的功能——可以用发短信的方式或通过应用程序叫车、客户可以跟踪其预订的车辆所在的位置、通过应用程序付款而无需现金交易，并且优步对参与其服务的汽车和驾驶员都有严格的要求。优步不仅提供了一种更便宜且更方便的方式来完成日常任务（搭车），而且命中了要害。[10]出租车行业在多数客户满意度测评中得分较低，因此消费者渴望尝试新事物。不出所料，出租车行业面对这种新型竞争作出的回应是：试图通过提供更干净的车辆和友好的驾驶员等方式来提升其服务。而优步对于那些掌握高技术的人也颇具吸引力，他们发现使用应用程序下单有很多好处，再也不会像以往一样拦不到出租车了。

➡ 巴林杰/爱尔兰商业模板

虽然人们对商业模式的组成部分存在一定分歧，但许多人都认为，成功的商业模式具有一系列共同属性。这些属性通常会通过可视化的框架或模板得到展示，便于人们对各个单独的部分及它们之间的相互关系进行理解。一个广泛使用的框架就是亚历山大·奥斯特瓦德（Alexander Osterwalder）和伊夫·皮尼厄（Yves Pigneur）在他们的书《商业模式新生代》（*Business Model Generation*）中普及的商业模式画布（Business Model Canvas）。[11]商业模式画布由 9 个基本部分组成，展示了企业意图为利益相关者创造、传递和获取价值的逻辑方式。你可以通过简单的谷歌搜索来查看商业模式画布。

图 4－2 展示了本书使用的商业模式框架——巴林杰/爱尔兰商业模板。它包含了 4 个主要类别和 12 个单独的部分，比商业模式画布更全面。这 12 个部分构成了企业的商业模式。创业者或创业者团队的工作就是配置企业的商业模式，创建可行的业务，并为其注入活力。巴林杰/爱尔兰商业模板是一个工具，它可以帮助创业者描述、规划、修改和调整商业模式，直到他们敲定 12 个部分。附录 4－1 包含了一个巴林杰/爱尔兰商业模板的扩展版本，它展开了 12 个部分，其空白处可用于记录创意、擦除、再次记录变化或修改后的创意。你可以随心所欲地复制和使用该模板来帮助你的企业开发商业模式。

下面，我们将讨论企业商业模式中的 4 个类别和 12 个单独的部分。在整个讨论过程中，我们会经常用到图 4-2。

核心策略

商业模式的第一个组成部分是核心策略。**核心策略**（core strategy）介绍了企业计划如何与竞争对手展开竞争。[12]核心策略的要素包括商业使命、差异化基础、目标市场和产品/市场范围。

商业使命。一家企业的**使命**（mission）或**宗旨**（mission statement）描述了其存在的意义及其商业模式所要达成的目标。[13]一个精心编撰并被正确使用的宗旨，能够阐明企业的首要优先事项，并充当其财务和道德指南。从这个意义上来说，企业决策应当围绕其宗旨展开。商业模板中第一个需要填写的方框就是企业使命。如果宗旨写得好，就可以在企业需要对其商业模式的其他要素作出重要决策时，起到持续的参照作用。

根据一般的广义理解，宗旨表明了一家企业计划如何为利益相关者创造价值。例如，星佳的使命是"通过游戏连接世界"。星佳是许多社交游戏的制作者，如 FarmVille 和得克萨斯扑克（Texas HoldEm Poker），人们可以通过网站和社交网络平台（如脸书和谷歌＋）来玩这些游戏。星佳的宗旨为该企业如何配置其商业模式中的其他要素提供了指导。该公司将专注于游戏而不是其他业务，并且聚焦社交游戏，这就意味着这些游戏就是设计用来与其他人一起玩的。星佳商业模式中的其余 11 个部分都应当对这一基本前提提供支持。

制定宗旨时有一套经验法则。企业的宗旨应该：

- 明确其"存在的理由"；
- 描述公司与众不同的原因；
- 充满冒险和挑战，但可以实现；
- 使用代表公司文化和价值观的表述；
- 传递热情并牢牢抓住受众的心；
- 诚实，不要承诺公司"无法做到的事"。

差异化基础。企业必须清楚地阐明自己的产品或服务区别于竞争对手之处。[14]这就类似于有些作者所说的公司的价值主张。公司的**差异化基础**（basis of differentiation）就是促使消费者选择该公司产品而不选择另一家公司产品的原因。[15]正是差异化基础帮助公司解决了问题或满足了客户需求。

在填写巴林杰/爱尔兰商业模板的差异化基础部分时，最好将描述控制在 2～3 个要点。另外，请确保这些要点都是易于掌握和理解的。例如，ZUCA（www.zuca.com）是一种带有滚轮的背包。劳拉·乌达尔（Laura Udall）设计它作为传统背包的替代品，因为她四年级的女儿每天都抱怨背包使她的后背疼痛。ZUCA 有两个明显的差异点：它将背包放在滚轮上，从而缓解了背部疼痛；它足够坚固耐用，大人或小孩都可以坐在上面。公司网站经常会展示儿童将 ZUCA 当作椅子坐在上面的照片，每个人都会想到，这对于等待校车的儿童而言十分方便。这些都是易于掌握和记住的差异点，也是家长们愿意选择 ZUCA 产品而不是其他产品的原因。

在确定企业的差异化基础时，要牢记的另一个重点是：确保你的差异点指的是优势而不是功能。专注于优势的差异点（产品能够做到的事情）比专注于功能的差异点（如产品的技术优点）更让人难以抗拒。例如，当劳拉·乌达尔推出 ZUCA 时，她可以专注于产品功能并列出以下差异点：(1) 像手提箱一样拉着，不用背在背上；(2) 坚固的铝制框架；(3) 有 6 种颜色。虽然这些功能很好，但它们通常无法吸引人们购买产品。对乌达尔而言，更好的方法是专注于产品的优势：(1) 把背包放在滚轮上，可以减轻背部疼痛；(2) 足够坚固耐用，大人或小孩都可以坐在上面；(3) 为孩子们在功能性和“酷酷的”之间找到理想的平衡。这样就可以告诉家长，购买该产品能够在哪些方面改善孩子的生活。

目标市场。确定企业将要参与竞争的目标市场极为重要。[16] 如第 3 章所述，**目标市场**(target market) 是较大市场中的细分市场，代表了拥有类似需求的较小的客户群体。色拉布就是这种情况。该企业的目标客户希望自己发出的信息能够在对方收到后 10 秒钟至 24 小时内自动消失。[17] 大多数新企业刚开始时不会面向广阔的市场，会将其目标市场确定为较大市场中新兴的或服务不足的利基市场。[18]

企业的目标市场应明确反映在商业模板中。IndieU 的目标市场是大学生和未签约的独立音乐人；星佳的目标市场是在线游戏爱好者。只要明确了企业试图吸引的拥有类似想法的客户群，目标市场就可以基于任何相关变量。

认识到企业的预期市场以及最有可能对企业产品或服务作出积极回应的人群，将有助于我们勾画出企业商业模式的所有要素。例如，如果针对的是所有年龄和背景的、热衷于尝试新事物并通过发现来学习的女性，那么该企业就需要拥有一组特定的核心竞争力（我们将在下一部分介绍资源时对核心竞争力进行定义）。企业需要发现并雇用能够建立预期并且能够找到合作伙伴和供应商的员工，这些合作伙伴和供应商则需提供精彩的新产品来吸引所有年龄段的客户。如果巴尔纳（Barna）和博尚（Beauchamp）未将 Birchbox 的目标市场确定为 16～31 岁的女性，并且忽略了“尝试新事物并通过发现来学习”这一特征，为了让该企业的总体商业模式正常运作，就需要一组不同的核心竞争力。同样的理念也适用于整个商业模板。企业选择的目标市场会影响到企业所做的一切，从它收购的关键资产，到其建立合作伙伴关系所需的融资。

产品/市场范围。产品/市场范围是核心策略的第四个要素。公司的**产品/市场范围**(product/market scope) 指的是公司所专注的产品和市场。大多数企业创立时针对的产品和市场范围较窄，但随着公司成长以及财务上的宽裕，企业就会开始寻求相邻产品和市场的机会。如前所述，新企业通常没有足够的资源同时生产多种产品并开拓多个市场。

以在线数据存储公司多宝箱为例，当多宝箱推介其商业创意时，它所面临的挑战是：它正在解决的是一个大多数人都没有意识到的问题。人们可以通过多种方式将文件从一个设备传输至另一个设备，比如使用 U 盘、通过电子邮件把文件发给自己等。多宝箱的解决方案则漂亮得多。通过它的服务，用户可以在自己的每个设备上都创建一个特殊的文件夹，用于在设备间同步和存储数据。多宝箱完全解决了在一个设备（如办公室的计算机）上处理文件但无法在其他设备（如家中的笔记本电脑）上使用该文件的问题。当多宝箱于 2008 年推出时，它只有一个产品——在线数据存储服务。最初，它所追求的市场是硅谷里那些掌握高技术的人。从那时起，多宝箱的市场就开始向着所有计算机和互联网用户扩张；如今，该企业已有 5 亿客户。但是在创立后的前三年，它一直坚持自己的最初产品，不断提高在线数据存储服务的质量，而没有开发新服务。直到 2012 年，多宝箱通过收购 Snapjoy 增加了它的第二条产品线。Snapjoy 提供了一种可以汇总、存档和查看所有相机、智能手机和通用照相设备拍摄的数码照片的服务。2013 年，多宝箱收购了移动设备电子邮件服务提供商 Mailbox 和可以让用户分享生命中所有回忆的数字图库 Carousel，因此增加了它的第三条和第四条产品线。2014 年，该公司又收购了实时协作文本编辑器 Hackpad 和 3D 照片分享应用程序 Bubbli，增加了它的第五条和第六条产品线。2015 年，多宝箱增加了它的第七条产品线，即企业云端存储业务“企业多宝箱”（Dropbox for Business）。2015 年，它宣布关停了 Mailbox 和 Carousel 业务，这表明该企业在不断评估它所选定的每个产品和在每个市场中所能够取得的成效。于是，就产品/市场范围而言，多宝箱的经历如下：

- 创立——单一产品/硅谷里掌握高技术的用户；
- 存续 1～2 年——单一产品/越来越多的硅谷高技术用户以及通过他们的宣传而了解该服务的人；
- 存续 3 年——单一产品/所有计算机和互联网用户；
- 存续 4 年——两种产品/所有计算机和互联网用户；
- 存续 5 年——四种产品/所有计算机和互联网用户；
- 存续 6 年——六种产品/所有计算机和互联网用户；
- 存续 7 年——年初有七种产品，最终减少到五种/所有计算机和互联网用户。

在填写巴林杰/爱尔兰商业模板时，公司应该对其初始产品/市场范围有个清晰的认识，并作出未来 3～5 年的扩张计划。如上述多宝箱案例所示，可使用列出要点的方式。与公司商业模式的其他方面类似，产品/市场范围会影响到商业模式的其他要素。

资源

商业模式的第二个组成部分是资源。**资源**（resource）是企业为生产、销售、分销和维护产品或服务所做的投入。[19] 从基本层面上看，企业必须拥有足够的资源，才能使其商业模式正常运作。[20] 例如，企业可能需要专利（关键资产）来保护其差异化基础。同样，企业可能需要某些领域的专业知识（核心竞争力）来理解其目标市场的需求。在更深层次上，企业最重要的资源，无论是有形的还是无形的，都必须难以模仿且难以替代，才能使公司的商业模式具有长期竞争力。符合此条件的有形资源包括 32.7 万名活跃的优步驾驶员。对竞争对手来说，如果要积累如此大量的驾驶员，需要付出巨大努力。此外，对这 32.7 万名驾驶员所能完成的搭载次数，也没有实际的或可行的替代方法。符合条件的无形资源则包括美捷步在客户服务方面的声誉。美捷步一直以来都因其高水平的客户服务能力而广受好评，这种能力既难以模仿也难以找到替代物。

资源可在一段时间内进行开发和积累。[21] 因此，在填写巴林杰/爱尔兰商业模板时，应将公司现有的资源记录在案，并将公司所追求的资源牢记于心。例如，优步花了不少时间招募了 32.7 万名驾驶员。但在第一次填写商业模板时，该公司可能只有 100 名驾驶员。因此，它在巴林杰/爱尔兰商业模板的“关键资产”部分应正确地注明“100 名驾驶员”（目标是每月增加 5 000 名）或其他确切的数字。

核心竞争力。核心竞争力（core competency）是能够支持企业商业模式并使其与竞争对手相区别的特定因素或能力。[22] 核心竞争力可以有多种形式，如技术知识、有效的流程、与客户之间的信任关系、产品设计方面的专长等等。它还可能包括对商业创意的热情以及较高的员工积极性等其他因素。企业的核心竞争力在很大程度上决定了企业可以做什么。例如，许多销售实物的企业不会自己制造产品，因为制造能力并非一项核心竞争力。相反，它们的核心竞争力可能在产品设计和营销等领域。这里的关键在于，企业如果想要具有竞争力，就必须在某些方面特别出色，并且这些方面必须为其商业模式的所有要素提供支持。例如，网飞特别擅长供应链管理。在网飞主要通过向客户寄送 DVD 来开展业务的那些年，它的供应链管理在其商业模式的发展中起到了至关重要的作用。没有供应链管理这一核心竞争力，网飞的整个商业模式都将无法运作。

大多数初创企业都会在其商业模板中列出 2～3 项核心竞争力。如前所述，如果企业的核心竞争力不仅能够支持该企业的未来发展，而且难以被竞争对手模仿或替代，这一核心竞争力就具有强大的吸引力。很少有初创企业具有多于三个领域的核心竞争力。例如，IndieU 具有三个核心竞争力：

- 帮助独立的未签约音乐人与大学和大学生建立联系；
- 招募和管理志愿者；
- 吸引独立的未签约音乐人将其音乐作品发布在企业网站上。

与网飞的供应链管理案例相似，如果没有这三个核心竞争力，IndieU 的整个商业模式将不堪一击。在 IndieU 的案例中，它的另一个优势是：其核心竞争力在不同程度上都难以被模仿或替代。

关键资产。关键资产（key asset）是指企业所拥有的能够使其商业模式正常运作的资产。[23]这些资产可以是实物的、财务的、知识的或人力的。实物资产包括实体空间、设备、车辆和分销网络等。知识资产包括专利、商标、版权和商业秘密等资源，以及公司的品牌和声誉等。财务资产包括现金、信贷额度和投资者承诺等。人力资产包括公司的创始人、关键雇员和顾问等。

企业重点发展和积累的关键资产各不相同。所有公司都对财务资产有不同程度的需求。全食超市和亚马逊之类的零售商严重依赖实物资产——全食超市的商店，以及亚马逊的仓库和分销网络。像爱彼迎这类公司，则几乎完全依靠知识资产。爱彼迎对客人通过其网站预订的房间没有所有权，它只是提供一个基于技术的平台，帮助需要房间的人与愿意提供房间的人取得联系。因此，爱彼迎的关键资产是一款应用程序、它的品牌，以及它与客户、房产所有人及其运营的社区之间的关系。许多公司严重依赖人力资产。例如，星佳商业模式的成功就在很大程度上取决于其吸引和留住游戏制作者和程序员的能力，这些游戏制作者和程序员拥有丰富的创造力和娴熟的技能，不断构思和开发出具有吸引力和社交魅力的在线游戏。

显然，企业构想的商业模式不同，所需的关键资源也有所不同。在填写巴林杰/爱尔兰商业模板时，企业应列出其所拥有的并能够对其整个商业模式提供支持的 3～4 个关键资产。有时，企业商业模式持续取得成功在很大程度上取决于单个关键资产。例如，星佳一直和脸书有着一项协议，该协议使星佳在脸书平台上享有特权。而该协议已于最近到期，这就削弱了星佳的商业模式并使其失去了未来的一大助力。

财务

商业模式的第三个组成部分着重关注企业的财务状况。这是企业商业模式中唯一介绍其赚钱方式的部分——因此，它非常重要。对大多数企业而言，赚钱方式是其建立商业模式最基本的方面之一。[24]收入来源、成本结构和融资是其财务组成部分中最主要的方面。

收入来源。企业的**收入来源**（revenue stream）描述了其赚钱的方式。[25]有些企业只有单一的收入来源，而另一些企业有多个收入来源。例如，大多数餐馆只有一个收入来源：客户点餐，吃完饭后付款。有些餐馆却有多个收入来源：它们提供常规的餐饮服务，并在柜台出售产品，例如烧烤餐厅出售瓶装烧烤酱。企业的赚钱方式的本质也不相同。有些企业通过一次性的客户付款来赚钱，另一些企业则通过出售订阅服务来取得经常性收入。有些企业在赚钱方式上极具创造力。例如，许多在线游戏提供商都免费提供基本游戏，而从少数购买进阶产品（比如，省时的捷径、特殊武器和其他增强游戏可玩性的功能）的用户那里赚取大部分收入。

表4-3展示了最常见的收入来源。如前所述，许多企业都有不止一个收入来源，以便其能够充分为客户创造价值。例如，Birchbox过去有两个收入来源——订阅服务和在线商店。每月支付10美元，其订阅用户就可以收到4～5个产品小样。如果客户想要购买样品中某一产品的正装容量，就可以在Birchbox在线商店下单。最近，该公司在纽约市苏荷区创办了自己的实体店。这就意味着如今Birchbox已经有了三个收入来源。对该企业来说，这非常有意义。这样想吧——产品小样让订阅用户认识了一些他们无法通过其他途径了解的产品，而这些产品可以通过Birchbox网站购买，现在还能够在Birchbox实体店购买。这些安排对订阅用户和Birchbox都是有益的，订阅用户可以方便地买到他们刚试用过的产品，Birchbox则有了三个收入来源。

表4-3 最常见的收入来源

收入来源	描述
广告	在报纸、杂志、网站上，或通过其他方式，为特定产品或服务做广告而产生的收入。
佣金	通过撮合买卖双方而产生的收入。Etsy和eBay就是以这种方式获取收入的。这些收入通常来自从售价中扣除的一小部分。
下载费用	允许用户下载数字产品（如智能手机应用程序、电子书或软件产品等）而产生的收入。
许可	使用受保护的知识产权（如软件产品）需收费，因此产生的收入。
匹配	将想要临时取得某项资产或能力的人，与拥有并愿意提供该资产或能力的人，进行匹配而产生的收入。这就是点对点网络的运作方式。其示例包括爱彼迎、跑腿兔和优步等。
产品销售	销售实物商品（如零售店或网站上销售的产品）。
出租/租赁	出租或租赁资产（如汽车、复印机或专用机械）而产生的收入。
服务费用	出售服务（如在饭店用餐或汽车维修）。
订阅服务	出售订阅服务（如网飞的DVD或流媒体、Birchbox的生活小样）。

企业收入来源的数量和性质对其商业模式的其他要素有着直接影响。所有营利性企业都需要至少一个收入来源来为其运营提供资金。其他收入来源会使其增值还是减值则取决于该企业的性质及其商业模式的其他要素。如前所述，对Birchbox而言，拥有三个收入来源是合理的。对零售店来说，拥有多个收入来源也是合理的。例如一家自行车店，不仅

销售自行车（收入来源 1），也销售自行车配件（收入来源 2），还提供自行车维修服务（收入来源 3），并赞助当地的自行车比赛（收入来源 4）。相比之下，智能手机应用程序的销售者则可以收取一次性下载费用（收入来源 1），并提供产品升级服务（收入来源 2）。但是销售者可能会突然停止出售在线广告（潜在收入来源 3），因为它担心在线广告会降低用户的游戏体验并导致用户给出较差的评价，最终使下载量减少。

在填写巴林杰/爱尔兰商业模板时，你应当清楚认识到你的收入来源，并最好列出要点。

成本结构。企业的**成本结构**（cost structure）描述了为支持其商业模式所产生的最重要的成本。[26]建立差异化基础、发展核心竞争力、收购或开发关键资产、形成合作伙伴关系等，都需要花费成本。通常，在企业商业模板中，这一部分要达成三重目标：确定该企业是成本驱动型还是价值驱动型、确定企业成本性质以及确定企业的主要成本类别。

开始时，必须确定成本对企业所起的作用。企业可以划分为成本驱动型和价值驱动型。成本驱动型企业致力于尽可能降低成本。其中一个例子就是 Warby Parker。该企业销售的验光眼镜只需 95 美元，比 Pearle Vision 和亮视点（LensCrafters）等零售商店的价格低得多。为此，Warby Parker 的整个商业模式都是在成本控制的基础上建立的。它的眼镜是内部设计、国外制造并通过网络销售的，消除了与传统眼镜制造和零售相关的许多成本。价值驱动型商业模式不再致力于实现比竞争对手更低的成本，而是专注于提供高质量的产品（或体验）和个性化的服务。验光师通常会以 400～800 美元的价格出售验光眼镜。他们提供的附加值是更多样的选择、个性化的挑选和配镜服务，以及在眼镜需要调整或修理时的免费后续服务。

接下来就必须确定企业成本性质。大多数企业都是以固定成本或变动成本为主。**固定成本**（fixed cost）是在商品或服务数量发生变化时仍然保持不变的成本。**变动成本**（variable cost）则会随着生产的商品或提供的服务的数量变化而成比例变化。我们必须明确这一点，因为它会对企业商业模式的其他要素产生影响。例如，开发智能手机应用程序涉及大量固定成本（应用程序的编程和开发）和少量变动成本（每销售一个应用程序所增加的成本）。因此，企业需要大量资金投入前期开发，但在此后持续销售应用程序的过程中，可能不需要那么多的资金投入。与此相反，三明治店之类的企业可能需要少量固定成本和大量变动成本。在企业创立之初，成本可能不高，尤其当它租用店铺时，但是制备和供应三明治所需的人工和原料成本，可能相对于其收取的价格而言占比较高。这种类型的企业只需要较少的前期投入，但可能需要利用其信贷额度才能为后续运营提供足够的资金。商业模式的其他要素也可能会受到影响。例如，固定成本巨大的企业（如航空公司）通常都会对关键资产进行大量投资；基于服务的公司（如 Blue Apron——预制食品送餐服务公司）可能没有关键资产，但有核心竞争力和合作伙伴关系，使其能够采购食材、设计餐点，并将餐点可靠地送达客户。

成本结构的第三个要素是确定企业的主要成本类别。在商业模式阶段，无需制定预算或进行备考财务预测。但是，有必要对企业的主要成本类别有所了解。例如，脸书的主要成本类别是数据中心成本、营销和销售成本、研发成本，以及一般费用和行政管理费用等。这样细分有助于企业了解其主要成本发生在何处，也能使任何查看该企业模板的人认识到公司商业模式所依赖的主要成本项目。

融资。最后，许多商业模式的实现都依赖于一定数量的融资。例如，Birchbox 的商业模式在理论上十分漂亮，但该企业需要投入一定的资金才能启动和运营。大多数企业在获得收入之前就先产生了成本。试想 Faraday 自行车公司这样的企业（“如果你是风险投资者 10.1”专栏的主角），在赚取收入之前，公司必须先设计自己的产品、安排生产、购入库存、获取客户并将产品交付给客户。这一系列常见的行为通常都需要注入前期资金才能够实现。没有资金，整个商业模式都难以维系。

有些创业者能够从个人资源中筹集资金并开展业务。而在其他一些情况下，企业可能需要从第一天起就靠自己的利润来提供资金。但是，如前所述，在大多数情况下，企业需要投入一笔初始资金。这时，商业模板应当指出所需资金的大概数额以及最有可能从何处取得这笔资金。

与成本结构类似，在商业模式阶段，我们不需要作出预测以确定所需资金的具体数额，有大概数字就足够了。我们需要考虑的成本有三大类：资本成本、一次性费用和起步准备金。资本成本包括房地产、建筑物、设备、车辆、家具、固定设施和类似的资本购置。这些成本因不同业务而有所不同。餐馆或零售商店可能需要大量资本成本，而服务型企业可能只需要很少或根本不需要资本成本。一次性费用包括创办企业的法定支出、网站设计、初始库存采购以及类似的一次性支出和费用。所有企业都至少要承担一部分的此类费用。最后，企业必须为起步时的花费做好准备。许多企业都有一个起步期，在加快增长速度并实现盈利之前，企业会呈亏损状态。例如，新健身中心通常需要几个月的时间才能达成其会员目标并实现盈利。因此，必须留出足够的现金以便度过这段时期。

运营

企业商业模板的最后一个组成部分是运营。**运营**（operation）既是企业整体商业模式的重要组成部分，又代表了企业的日常活动。运营的要素有：产品（或服务）生产、渠道和关键合作伙伴。

产品（或服务）生产。该部分重点介绍了企业产品（或服务）的生产方式。如果企业销售实物产品，则可以自行生产或制造、承包给其他制造商，或使用外包服务。这一决定对企业商业模式的各个方面均具有重大影响。如果选择自行生产，则企业需要发展制造方面的核心竞争力，并采购与生产流程相关的关键资产，还需要大量的前期投资。如果企业选择承包给其他制造商或通过外包服务来生产实物产品，则其商业模式的关键在于能否找到合适的承包商或外包服务提供商。这并不容易。初创企业通常难以取信于承包商或外包服务提供商。因此，在巴林杰/爱尔兰商业模板中，仅填写“将由承包商来完成生产”是不够的。虽然没必要写出承包商的确切名称，但至少应当对承包商位于世界哪个地方以及与承包商之间将进行何种安排有大致认识。

如果企业提供的是服务而非实物产品，则应该对其服务的运作方式作出简短的说明。例如，第 2 章案例中的 Rover. com 将那些外出时家中有狗狗需要看护的人与愿意提供狗狗看护服务的人进行匹配。在其商业模板中，就需要简要说明这一服务的运作方式。说明不需要很长，但应切中要点。例如，Rover. com 可以作如下描述：

Rover. com 将通过网站使狗主人和狗狗看护人建立联系。我们将对狗狗看护人进行筛选，确保提供优质的体验。我们将提供全天候的客户服务，以应对任何可能出现的问题。狗狗在接受 Rover. com 看护人照看的过程中如果发生任何医疗费用，都由宠物保险承担。

这份简短的说明提供了大量有关 Rover. com 运作方式以及其商业模式的要素配置方式的信息。这些信息不会出现在商业模板的其他方框中。

渠道。公司的**渠道**（channel）描述了其向客户交付产品或服务的方式。[27] 企业可以直接进行销售，也可以通过中介，还可以将两种方式相结合。

许多企业通过店面或线上方式直接销售产品或服务。例如，Warby Parker 通过其网站和少量公司自有商店销售眼镜。它没有通过分销商和批发商等中介机构进行销售。相比之下，Faraday 自行车公司既直接销售，也通过网站销售，还通过全国各地的自行车商店销售。它利用分销商和批发商使它的自行车进入各地商店的销售名单。有些公司则全部通过中介机构进行销售。例如，有些制造商没有自己的店面，也不通过自己的网站销售，完全依赖于美捷步和亚马逊这类大流量网站来销售其产品。

对销售服务的企业来说也是如此。例如，酒店可以直接通过其网站和电话预订来销售服务，但也会通过旅行社、旅游经营者、航空公司等中介机构来销售其服务（通常是客房）。比如，如果你计划前往佛罗里达州奥兰多旅游，你可以通过 Travelocity、亿客行（Expedia）和许多其他类似的服务来预订机票、租车和预订酒店。在这种情况下，Travelocity 和其他服务提供商就起到了中介的作用。

企业的渠道选择会影响其商业模式的其他方面。Warby Parker 保持着简单的渠道策略，通过其网站和少量自有商店来销售其全部产品。其产品价格很低，必须保有 100%的利润才能维持其商业模式的运作。相比之下，GoPro 通过其网站、亚马逊和百思买（BestBuy. com）等在线商店以及遍布美国和海外的数百家零售商店来销售其相机。它利用批发商和分销商等中介机构来帮助其进入新的零售点。GoPro 具有价值驱动型的成本结构，因此可以与渠道合作伙伴分享部分利润。GoPro 方法的优势在于可以使产品遍布线上商店和零售点。

有些企业会雇用一支销售队伍向潜在客户推销。这一策略花费不菲，但在有些情况下是必需的。例如，如果企业正在销售一款新型医疗设备，该设备需要进行演示，那么部署一支销售队伍可能是唯一现实的选择。

关键合作伙伴。企业商业模式的最后一个要素是关键合作伙伴。特别是初创企业，通常没有足够的资源（或资金）来完成其商业模式正常运作所需的所有任务，因此它们依赖于合作伙伴能够发挥重要作用。在大多数情况下，企业不希望自己来完成所有任务，因为打造产品或提供服务所需执行的大多数任务都不在企业的核心竞争力或专业领域之内。

与供应商之间的关系是许多企业的第一个合作伙伴关系。**供应商**（supplier）是向另一家公司提供零部件或服务的公司。几乎所有的公司都有供应商，它们在其商业模式的正常运作中起着至关重要的作用。过去，企业通常与供应商保持距离，并且几乎将它们视为对手。生产商需要零部件时，通常会与多家供应商协商，以求得最佳价格。如今，企业已逐步摒弃这种做法，开始与供应商建立更深入的合作关系。管理人员越来越注重供应链管理，以便对贯穿产品供应链的所有信息、资金和物料流动进行协调。一个组织如果能够更加有效地管理供应链，其整个商业模式也会更加有效地运作。

紧随供应商之后，企业也会与其他公司合作来保证其商业模式的正常运作。建立合作伙伴关系的好处包括：获取特定资源、分担风险和成本、加快进入市场的速度以及吸取教训。[28]例如，在线游戏公司星佳和历史悠久的桌面游戏制造商孩之宝（Hasbro）之间的合作伙伴关系。2012年，两家公司建立了合作伙伴关系，随之诞生了以星佳为主题的经典孩之宝游戏改编作品。孩之宝现在制作了一款名为FarmVille Hungry Hungry Herd的桌面游戏，该游戏改编自星佳广受欢迎的在线游戏FarmVille。这种合作关系对星佳和孩之宝都有好处。它为星佳提供了新的收入来源和进入“桌面游戏”这一新行业的机会，为孩之宝提供了一款全新的可向客户销售的游戏。[29]合作伙伴关系也有潜在的不利之处。[30]这些不利之处包括失去专有信息、增加管理复杂性以及丧失部分自主决定权。[31]

在填写巴林杰/爱尔兰商业模板时，你应该认识到你与主要供应商以及其他企业的合作伙伴关系。通常，开始时，初创企业的合作伙伴数量很少，但会随着时间逐渐增加。

在企业核心竞争力之外，雇用自由职业者来完成工作，已经成为所有企业都认可的一种合作趋势。自由职业者是在某些领域内具有一定技能（如软件开发或网站设计）的独立承包商。多个网络平台都提供相关服务，这使得人们发现和寻找合格的自由职业者变得越来越容易。本章的“合作制胜”专栏重点介绍了这些平台。

合作制胜 Upwork和Guru：帮助企业与自由职业者建立合作伙伴关系的平台

Upwork网站：www. upwork. com　脸书：upwork　推特：@Upwork

Guru网站：www. guru. com　脸书：Guru. com　推特：@Guru_com

自由职业者是在某些领域内具有一定技能的独立承包商，例如擅长网站设计、搜索引擎优化（SEO）或市场营销。初创企业雇用自由职业者有两个原因。首先，他们能够填补公司在专业上的缺口。例如，企业需要制定社交媒体策略，但缺乏这方面的能力。有些自由职业者是社交媒体专家，他们可以快速有效地帮助企业设计社交媒体策略。其次，企业可以“按需”雇用自由职业者，因此通常比雇用兼职人员花费更少。此外，如果企业为了某个项目雇用自由职业者，但该项目没有成功，那么企业可以决定下次不再雇用同一人，而要解雇兼职或全职员工则难得多。

越来越多基于网页的平台可帮助人们发现和雇用有经验的自由职业者。Upwork（www. upwork. com）和Guru（www. guru. com）是其中最受欢迎的两个平台。这些平台提供的服务允许自由职业者自我标识，也允许那些需要雇用自由职业者的企业浏览其名单并找到合适的人选。例如，Guru按类别列出了自由职业者，其中包括网页、软件与IT、设计、艺术与多媒体、写作与翻译、销售与营销，以及其他多个类别。两个平台都允许自由职业者发布个人资料以反映其专业领域和以往的客户反馈。Upwork的个人资料中包含自由职业者的照片和个人简介、通过Upwork平台安排的工作数量、工作成功率以及过去的工作经验，其中还有以往的客户评论等等。例如，一位名叫珍妮弗（Jennifer F.）的自由职业者已通过Upwork完成了45项工作，拥有97%的工作成功率。她的一位客户写道：“珍妮弗是我们合作过的最好的自由职业者之一。她是社交媒体专业人士，工作高效快捷，并且可以随时回答我们的问题或者参与想法和项目的讨论。”这种类型的反馈能够使将来的客户确信，对于类似的项目，珍妮弗可能是值得一试的人选。珍妮弗每小时收费 25 美元。如果她能够帮助公司设计出影响力较大的社交媒体广告，那这些花费就物有所值了。并且，她只按照完成工作所需的小时数收费。

随着双方的接触越来越多，公司通常会与自由职业者相处融洽，这种关系更像一种合作伙伴关系，而不是保持距离的一种安排。平台会从自由职业者收到的款项中提取一定百分比的费用。Upwork 的自由职业者需根据向每位客户的总收费向平台支付服务费：500 美元以下提取比例为 20%；500～10 000 美元的部分为 10%；10 000 美元以上的部分为 5%。客户则需为每笔款项支付 2.75%的手续费。Guru 的自由职业者需支付 4.95%～9.95%的费用；这一费用会从他们的收入中扣除。Guru 的客户也需要为每笔款项支付 2.5%的手续费。为防止自由职业者拿了钱不办事，平台还设置了保护措施。Upwork 和 Guru 都在扩大其提供服务的专业领域数量，而新的服务提供者也开始进入市场。如今，几乎在任何领域，公司都可以找到合格的自由职业者，以弥补其技能缺口。

思考题

1. 假设你是一家公司的创始人，需要找人来帮助公司设置 QuickBooks。QuickBooks 是一个面向小企业的会计和记账平台。在 Upwork 和 Guru 中搜索 QuickBooks 自由职业者。在综合考虑专业、经验和收费等方面后，选择一个你认为最佳的人选。概述你选择的这个人的关键特质。

2. 雇用自由职业者来实现企业在某些方面的核心竞争力，在多大程度上是合适的或不合适的？

3. 分项列出初创企业雇用自由职业者来完成短期项目的优势。

4. 你认为自由职业者可以通过什么方式成为公司的合作伙伴而不再是独立承包商？

资料来源：Upwork Homepage，www.upwork.com（accessed February 12，2017）；Guru Homepage，www.guru.com（accessed February 12，2017）.

复习题

1. 什么是商业模式？
2. 免费+增值商业模式是如何运作的？
3. 企业开发其商业模式的最佳时间是什么时候？
4. 什么是标准商业模式？什么是破坏性商业模式？
5. 巴林杰/爱尔兰商业模板中的四个主要类别是什么？
6. 作为商业模板的组成部分，企业的核心策略和商业使命是如何相互关联的？
7. 什么是公司的“差异化基础”？这一部分在商业模板中的重要性体现在哪里？
8. 为什么大多数创业型企业最初都选择在较小的目标市场中展开竞争？
9. 什么是公司的产品/市场范围？
10. 为什么企业所拥有的资源是其商业模式的重要组成部分？
11. 什么是核心竞争力？
12. 大多数初创企业有几项核心竞争力？
13. 什么是企业的关键资产？
14. 企业的实物资产和知识资产之间有何差异？

15. 什么是收入来源？为什么它对企业的短期和长期成功都如此重要？

16. 固定成本和变动成本有何不同？

17. 巴林杰/爱尔兰商业模板中运营部分的要素是什么？

18. 谁是关键合作伙伴？为什么它们对创业型企业的成功非常重要？

19. 与其他公司合作可为企业带来哪些常见的优势？

20. 什么样的人是“自由职业者”？为什么对创业型企业而言，与这些人成为合作伙伴具有潜在的吸引力？

应用题

1. 娜奥米·斯蒂芬森（Naomi Stephenson）计划开设一家为智能手机设计和制造配件的公司。她已经知道，一个清晰明确的商业模式有助于“将企业的所有要素融合在一起”。娜奥米不太相信这一说法。如果娜奥米就这一说法询问你的意见，你将给出怎样的详细答复？

2. 花点时间研究一下“如果你是风险投资者 3.2”专栏所介绍的奇幻工房。该公司在进行可行性分析时可以采取哪五项行动来为其商业模式提供特别支持？

3. 你的好友黛布拉·麦加汉（Debra McGahan）告诉你，为了完成她本学期课程当中的一个项目，她需要介绍一家拥有有效商业模式的企业。你立刻想起了你在阅读本章“创业型企业的法宝”专栏时学到的有关 CoachUp 的成功商业模式。向黛布拉描述 CoachUp 的商业模式，并向她介绍这种模式如何能够帮助 CoachUp 为其企业利益相关者创造价值。

4. 哪些例子表明企业所在的地点对其商业模式而言也很重要？

5. 差异化基础是巴林杰/爱尔兰商业模板的组成部分。本章中将这一术语定义为“促使消费者选择该公司产品而不选择另一家公司产品的原因”。苹果公司的差异化基础是什么？

如果你是风险投资者 4.1

DoorDash 公司

网站：www.doordash.com　脸书：DoorDash　推特：@doordash

商业创意：推出一项按需送餐服务，使小企业所有者也可以用经济便捷的方式送出他们的餐点。

推介：DoorDash 提供按需送餐服务。如果发现城市中最受欢迎的餐馆提供外卖服务，DoorDash 就会与该餐馆达成协议，允许 DoorDash 骑手接受该餐馆的外卖订单并与下单人联系。在有些情况下，DoorDash 与餐馆之间的关系很简单，DoorDash 只是充当那些希望送餐到家的人和 DoorDash 骑手（像优步驾驶员一样是独立承包商）之间的中间人。在另一些情况下，DoorDash 会提供额外的运行效率服务和数据分析。DoorDash 已经与全美数千家餐馆建立了这种合作伙伴关系，它们当中有小型的独立咖啡馆，也有塔可钟（Taco Bell）和唐恩都乐（Dunkin' Donuts）之类的连锁餐厅。

对消费者而言，DoorDash 的服务方式如下。消费者访问 DoorDash 的网站或移动应用程序，登录自己的账户或输入当地的邮政编码，就会弹出一个表单显示附近所有提供外卖服务的餐馆（按餐馆类型分别显示，例如美式、泰国菜、意大利菜、寿司等）、每个餐馆的外卖菜单及其价格、估计送餐时间和送餐服务价格等。大多数订单都能够在45分钟内送达。这款应用程序还为每个餐馆设置了一个“愉快”评分。“愉快”评分是从客户的反馈中得出的，可以看出该餐馆总体的订餐体验如何，从食品质量到送达速度，再到价格，各种因素都包含在内。一旦下单，客户就可以通过信用卡付款。骑手（Dasher——DoorDash这样称呼其驾驶员）前往餐馆取单，然后送到客户的地址。骑手可以收小费。

你可能想知道DoorDash是如何赚钱的。有三种方式。第一，每笔订单都有服务费。第二，它会从直接支付给骑手的送餐费中收取一定比例的费用。第三，DoorDash会向接受额外运营效率服务和数据分析的餐馆收取附加费。DoorDash于旧金山推出，现已扩展至多个主要大都市地区，如洛杉矶、波士顿、芝加哥、纽约和其他几个市场。它仍在计划向其他城市扩展。

由于是独立承包商，骑手可以安排自己的日程，根据需要决定自己的工作量。因为有了DoorDash送餐服务，许多餐馆的销售额和新用户数量都出现了增长，运营也得到了改善。DoorDash将自己视为一家物流公司，而不是一个送餐公司，并且将餐馆视为其最初的服务项目。将来，DoorDash还计划推出其他类型的送货上门服务。

1. 根据本章介绍的内容，在作出投资决策之前，你会向该公司的创始人提出哪些问题？什么样的答案能够让你满意？

2. 如果你只能根据推介内容和公司网站提供的信息作出决策，你是否会投资该公司？为什么？

如果你是风险投资者 4.2

Zagster公司

网站：www.zagster.com　脸书：Zagster　推特：@zagster

商业创意：成立一家设计、打造、运营私人自行车共享计划的公司，为各种类型的客户服务，这些客户可以是美国各地的大学、公寓综合区、酒店、住宅区和企业园区等。

推介：自行车共享业务席卷了全球。实际上，根据一项统计，全世界至少有855个城镇有着某种类型的自行车共享计划。自行车共享计划的好处显而易见。它可以减少城市拥堵（减少道路上的车辆），为游客提供一种在城市周边漫游的好方式，减少汽车造成的污染，并缓解停车位不足的难题。大多数此类计划都是由市政府运营并付费的。尽管共享计划的细节各有不同，但在大多数情况下，用户都会在自行车停放站使用信用卡、会员卡或智能手机应用程序取车。通常前30分钟左右不收费。信用卡上的押金可用于确保人们把车还回停放站。停放站遍布整个城镇或校园。其主要目的是，为人们提供自行车出行的便利。

Zagster的目标是将自行车共享范围扩展至城市之外，并将其带入大学校园、公寓综合区、酒店、企业园区和类似场所。该公司目前运营着100多个自行车共享计划，其中包括与耶鲁大学、得州农工大学、杜克大学（Duke University）、快速贷款公司（Quicken Loans）、俄亥俄州克利夫兰、四季酒店（Four Seasons Hotels and Resorts）和通用汽车（General Motors）开展的共享计划。Zagster开发了一种全方位服务的即时交付的自行车共享解决方案。除自行车，该公司还为客户提供维护服务、宣传材料以及管理自行车所需的软件。Zagster会根据安装的自行车数量按月收费。客户可自行决定是向用户收取服务费还是免费提供服务。在大多数情况下，Zagster 的用户取车和还车都在同一地点，无需设置多个停放站，进而降低了成本。该公司的想法是：提供自行车是为了娱乐和运动，并非为了满足人们从 A 点到 B 点的短途出行需要（这是市政计划要考虑的）。每辆自行车都配有一个篮子和一个密码盒。骑手登录后，会收到一个通过短信发送至其智能手机的代码。使用该代码，骑手可以解锁自行车，在使用过程中，骑手也可以随时随地对其上锁（比如在餐馆或咖啡店）。

Zagster 将自行车共享计划作为一项服务，使其商业模式的运作方式与其他自行车共享公司有所不同。由于 Zagster 不需要客户购买设备，所以客户可以试点开展其自行车共享计划，而无需承担太多风险。如果试点失败，客户也不必为如何处置设备而发愁。Zagster 的模式让其能够在大学校园和其他地点迅速扩展其计划，以满足用户的需求。

1. 根据本章介绍的内容，在作出投资决策之前，你会向该公司的创始人提出哪些问题？什么样的答案能够让你满意？

2. 如果你只能根据推介内容和公司网站提供的信息作出决策，你是否会投资该公司？为什么？

案例

Etsy：商业模式的细化

网站：www.etsy.com 脸书：Etsy 推特：@Etsy

简介

Etsy 是一个电子商务网站，专注于手工艺品或复古物品以及工厂制作的独特产品。这些物品的类型广泛，包括珠宝、家具、家庭用品、厨房工具、服装、小摆设和艺术品等。该网站类似于一个开放的手工艺品集市，卖家（主要是小商贩和当地手工艺人）开设 Etsy 商店并将其产品出售给买家。买家则希望能从小型/当地制作商那里买到独特且大多是手工制作的产品。Etsy 成立于 2005 年。截至 2017 年年底，Etsy 已拥有 5 400 万注册用户，包括 1 980 万活跃买家和 170 万活跃卖家。

历史

Etsy 的创意源于一家木工店。拥有古典学学士学位的罗布·卡林（Rob Kalin）避开了传统的就业市场，专注于自己的木工天赋。他打造了一款独特的产品，一台用木头包裹的计算机，但找不到销售市场。因此，他和克里斯·马奎尔（Chris Maguire）、贾里德·塔贝尔（Jared Tarbell）、海姆·肖皮克（Haim Schoppik）共同创立了 Etsy。这是一个在线手工艺品市场，手工艺品爱好者和手工艺人可以在那里与想要购买手工产品的人取得联系。

从一开始，Etsy 就在倡导社区理念。公司将自己视为小商贩和手工艺人的拥护者。它还采取一系列措施提升社区参与度并提高卖家的业务技能。每个星期一晚上，Etsy 都会举办手工艺品之夜活动，邀请 50～80 人来到其位于布鲁克林的办公室制作手工艺品。公司还举办员工手工艺品之夜，让员工也可以磨练自己制作手工艺品的技能。与此同时，卡林也开始与 Etsy 卖家举行网络沟通会，向他们传授增加销量的小技巧。Etsy 做这些都是为了打造社区，但其背后有一个更远大的目标。卡林和其团队都知道 Etsy 能否赚钱取决于网站所达成的交易量。

自2005年成立以来，Etsy一直在稳步成长。如今，它在美国和海外共拥有685名员工，并已将其交易平台扩展至近200个国家和地区。Etsy在其创立后的前10年都是一家私人公司。2015年4月16日，它于纳斯达克上市，股票代码为ETSY。该公司首次公开募股时的估值为18亿美元。2016年，Etsy创造了27亿美元的销售额。

Etsy的运作方式

卖家必须注册并创建Etsy在线商店才能出售商品。创建商店是免费的，但该商店每上架一个商品需花费20美分。商店里的商品价格由卖家决定。Etsy商店的一个例子是AHeirloom，你可以访问https://www.etsy.com/shop/AHeirloom来查看该店铺。AHeirloom出售手工木制产品。它最受欢迎的产品之一是呈现各个州形状的厨房切菜板。本书作者在撰写本案例时，AHeirloom的在售商品有287件，价格从8美元到155美元不等。每次达成交易时，AHeirloom就会收取款项并将商品交给买家。Etsy则按月向AHeirloom和其他卖家收取上架费和佣金。

想要在Etsy上购物，客户可以使用Etsy首页的搜索栏来搜索商品，也可以浏览分类列表，其中包括家居和生活、珠宝、服装、玩具和游戏、工艺用品和工具以及婚礼等类别。Etsy每天还会在首页上介绍一些精选商品。当买家进入Etsy在线商店时，他们可以阅读过去买家的评论并查看卖家的星级（最高是五星）。例如，AHeirloom有超过4 973条评论以及接近五星的评分。

细化商业模式

Etsy成功的关键在于其商业模式。商业模式是企业为其利益相关者创造、传递和获取价值的计划或方法。本案例中展示的巴林杰/爱尔兰商业模板是根据Etsy的近况填写的。以下是对Etsy商业模式中的四个主要类别的细化。特别具有启发性的是该模式的融合方式。在你阅读每个类别的描述时，请注意它是如何影响其他类别以及整个Etsy商业模式的。

核心策略

Etsy有一个远大的使命。它想要“通过打造一个更充实和长久的世界来实现商业的重塑”（见图4-3）。为此，Etsy围绕邻里感建立了自己的业务。它致力于构建一种让卖家和买家都觉得有意义的购物方式。除了这套价值观之外，Etsy还是小商贩和手工艺人的拥护者。这两类人的业务在大规模生产和大型商场的冲击下受损严重。Etsy给他们提供了一个平台，让他们可以面向大量买家销售自己的产品，为他们重振业务提供帮助。

Etsy的差异化基础来自其专注于手工制品的使命、其网站上卖家和买家的数量以及它所创造的社区感。Etsy的网站操作很方便，但这不是Etsy与竞争对手之间的区别，因为许多在线企业的网站都易于操作。让Etsy与众不同的是前文提到过的因素。请注意，Etsy的差异点很可能存在于其核心竞争力和关键资产当中。这一点能够为我们带来启发。从一开始，Etsy就通过基于网页的工具、培训材料和线下活动，成功地帮助卖家提高销售额。它在构建业务时，也在不断鼓励卖家为Etsy增加存在感。每个卖家都有自己的Etsy商店。在卖家为其Etsy商店作推广时，他们也向更多人介绍了Etsy，这是使Etsy如此快速增长的关键因素。

核心策略

商业使命
- 通过打造一个更充实和长久的世界来实现商业的重塑

差异化基础
- 专注于手工制品
- 手工制品的注册买家和卖家数量为世界之最
- 建立与其网站相关的社区感

目标市场
- 买家——来自全球的想要从小型/当地制作商那里购买独特手工产品的客户
- 卖家——想要在线销售商品的小商贩、家庭企业和本地手工艺人

产品/市场范围
- 手工制品
- 符合严格限定条件的制成品
- 买家和卖家均面向全球

资源

核心竞争力
- 为买家及卖家开发和维护一个充满活力的社区
- 为卖家准备工具和培训材料以增强他们的商业技能
- 通过营造口碑来提高企业知名度

关键资产
- 直观且易于操作的网页平台
- 同属于买家和卖家的Etsy社区
- 不断引入高质量的手工产品
- 是一家得到认证的共益企业（B Corporation）

财务

收入来源
- 销售佣金——通过Etsy网站卖出的每件物品收取3.5%的佣金
- 每上架一个物品收取20美分的上架费
- 卖家服务——平台广告、付款手续、网站托管

成本结构
- 成本驱动型企业
- 高固定成本/低变动成本
- 主要成本类别：开发基于网页的平台；人员薪酬和一般行政管理费用；卖家培训活动

融资
- 天使投资和风险资本9 730万美元，首次公开募股2.37亿美元
- 运营取得的资金

运营

产品（或服务）生产
- 通过Etsy安全平台来帮助那些有产品需要出售的小商贩和手工艺人与想要购买手工制品的人建立联系
- Etsy平台由IT专业的内部人员建立和维护

渠道
- Etsy网站
- Etsy批发——一个帮助Etsy卖家与实体商店建立联系的平台
- 临时的节假日店面

关键合作伙伴
- 第三方开发人员
- 当地组织和企业
- 社区和商业联盟

图4-3 Etsy：巴林杰/爱尔兰商业模板

Etsy有两个目标市场——卖家和买家。卖家是手工制品的制作者；买家是因想要一些独特的、有故事的物品而被其网站所吸引的人，他们想要一些能够与他人分享其内涵的物品，他们购买这些物品的原因不同于在沃尔玛或亚马逊购物的原因。这就是Etsy所谓的"实现商业的重塑"。自成立以来，Etsy的产品/市场范围在不断扩大。尽管大部分商品仍是手工制作的，但Etsy已于2013年10月1日宣布其网站也将出售工厂制作的商品。据该公司称，这一举动可以帮助其最成功的卖家扩大业务并让他们留在Etsy，因此是必要的。但是，他们也作出了限制。卖家必须符合一整套的劳动和生态标准。虽然允许出售制成品使其陷入了一系列争议，但Etsy的各项数据仍在步步攀升。

资源

Etsy拥有三项核心竞争力：为卖家准备工具和培训材料以增强他们的商业技能；为买家及卖家开发和维护一个充满活力的社区；通过营造口碑来提高企业知名度。Etsy成功的关键在于它认识到：如果该网站要正常运作，其卖家（被亲昵地称为Etsian）必须取得成功。因此，从一开始，Etsy就致力于开发工具、准备培训材料以及举办线下活动，来帮助

卖家开展业务。例如，Etsy 每年都会赞助一个名为“Etsy 成功讨论会”（Etsy Success Symposium）的活动，它是 Etsy 卖家的一次线上聚会，其目的在于帮助彼此增加销量。Etsy 还制作了很多出版物，包括《Etsy 卖家手册》（*Etsy Seller's Handbook*）和《Etsy 成功简报》（*Etsy Success Newsletter*），旨在帮助 Etsy 新手和资深卖家增加客户量。Etsy 实验室（Etsy Lab）还经常为 Etsy 卖家组织社区活动，促成在线工坊，组建 Etsy 团队，这些卖家团队是围绕着特定地点或手工艺品进行组织的。这些努力使 Etsy 能够打造并维护一个同属于买卖双方的充满活力的社区。

如前所述，Etsy 网站的构建方式可以使其通过营造口碑来提高企业知名度，进而打造其核心竞争力。卖家在推广自己的 Etsy 商店时，也使 Etsy 更广为人知。此外，Etsy 还是社交媒体的领导者。目前，已有 280 万人为它的脸书点赞，270 万人关注了它的推特。易于操作的网站和不断进取的社交媒体形象对 Etsy 的成长起到了重要作用。

就关键资产而言，Etsy 的平台直观易用；它为买卖双方打造的社区仍在持续壮大；它的卖家为其提供源源不断的新产品，使买家流连忘返。通过坚持自己的使命并以其他多种方式吸引人们的关注，Etsy 有意识地采取了一系列措施增加其关键资产。例如，2012 年初，Etsy 成为得到认证的共益企业。共益企业是一种新型公司，它们利用商业的力量解决社会和环境问题。

财务

Etsy 有三个收入来源。其一，在其网站上每上架一个商品收取 20 美分的上架费。虽然 20 美分听起来不多，但网站上已有超过 4 000 万个独特的商品。其二，Etsy 对每件出售的商品收取 3.5%的佣金。其三，公司还通过卖家服务，例如平台广告、付款手续和网站托管（针对那些除了 Etsy 商店外，还在自己的网站出售产品的卖家）等赚取收入。鉴于 Etsy 的核心策略及其资源，这些收入来源的组合对 Etsy 而言十分合理。它所建立的社区越大、参与度越高，它所取得的上架费和佣金就越多。

Etsy 成本结构的基础是成本控制和高固定成本/低变动成本模型。Etsy 的基础设施成本很高，原因在于它必须具备足够的网络容量和数据存储能力才能服务于 5 400 万注册用户、1 980 万活跃买家、170 万卖家和超过 27 亿美元的年销售额。它还拥有 685 名员工，负责管理该网站并维护 Etsy 社区。为了支持其核心策略，Etsy 还设置了一些在大多数企业中没有的职位，如卖家培训主管等。Etsy 的变动成本很低。它的网站上每增加一名新的买家或卖家，对其成本造成的影响极小。

值得注意的是 Etsy 筹集的资金数额——首次公开募股之前融资 9 700 多万美元，通过首次公开募股融资 2.37 亿美元。这些款项主要用于充实公司的基础架构、增加员工、投资于战略扩张以及为卖家培训计划提供资金。

运营

Etsy 网站由 IT 专业的内部人员建立和维护。该网站较为简洁，没有过多的修饰。尽管有些评论家敦促 Etsy 在网站设计和功能方面加以提高，但 Etsy 仍有意保持如今的状态。如前所述，严格来说，Etsy 是一个将买卖双方联系在一起的平台。虽然卖家的 Etsy 商店位于 Etsy 网站上，但所有与销售相关的组织工作均由卖家自行处理，包括管理存货、处理订单、收取款项和运输商品等。这种安排为 Etsy 提供相关功能降低了成本并减轻了责任。

在渠道方面，大部分销售都是由个人买家与 Etsy 卖家通过 Etsy 网站一对一交易完成。2015 年，Etsy 推出了 Etsy 批发（Etsy Wholesale），一个将 Etsy 卖家与实体店联系起来的平台。这个项目可以让零售商在该网站限定的区域内购物，这个区域内都是经 Etsy 筛选的卖家，从而确保了他们处理大额订单的能力。截至2015年年底，已有超过2 500名卖家和6 500家当地精品店注册了该服务。尽管大多数注册者都是小商店，但也有少数像诺德斯特龙和全食超市这样的大型零售商参与其中。对卖家而言，选择加入该项目需要支付一次性100美元的费用，并且需要对通过实体店出售的所有商品支付3.5%的佣金。Etsy 还尝试举办了一些特别的促销活动，如圣诞节期间在纽约市设置临时实体店面以展示 Etsy 卖家制作的产品等。

Etsy 有几个关键合作伙伴或合作团队，可以帮助其改善运营并扩大销售。在运营方面，Etsy 通过发布应用程序接口（API）使第三方开发人员可以创建新的工具来帮助 Etsy 卖家更有效地管理库存并跟踪发货。Etsy 还与许多组织和企业合作，支持手工艺品和自制产品的发展。例如，Etsy 加入了纽约每年举办的创意手工集市（Renegade Craft Fair），该活动旨在展示并支持手工艺人和小商贩的作品。

Etsy 还涉足了许多不同领域，这使它能够更全面地支持小企业和新创企业。例如，2013年，Etsy 宣布与当地社区合作的计划，旨在向居民传授创业技能。这样做实际上是在培养下一代 Etsy 卖家。这些努力都在迎合 Etsy 的使命——“实现商业的重塑”，让尽可能多的人认识 Etsy 及其正在推动的市场。

未来的挑战

Etsy 的主要挑战在于，能否在试图成长的同时，保持其商业模式的完整性。这一挑战已经开始显现其复杂性。例如，许多 Etsy 卖家对公司允许出售制成品的决定有所不满，而如今已有数千名 Etsy 卖家在出售制成品。Etsy 批发能够帮助 Etsy 卖家将自己的商品打入零售商店，但它带来积极结果的同时也带来了挑战。虽然该计划能够增加销量，但在说服大型零售商从其最富于创造力的卖家手中进货时，Etsy 最有力的理由是：这些产品是“自制的”，而 Etsy 在帮助卖家寻求更有效的产品规模化生产途径时，就很可能削弱“自制”品牌这一特征。卖家对手续费上涨颇有怨言，但这可能是 Etsy 为了赚取足够利润以满足股东需求而不得不采取的措施。它最初的上架费是每件商品10美分，现在是20美分。还有些人抱怨 Etsy 缺乏传统营销，并且想看到 Etsy 在增加其网站访问量方面有所行动。让我们试着回想一下，Etsy 的做法正好相反。它依靠卖家对 Etsy 商店的推广，让越来越多卖家的客户认识 Etsy，并从中受益。

Etsy 还面临着日益激烈的竞争。它最大的国内竞争对手有亚马逊、eBay 和克雷格列表。2016年，亚马逊推出了亚马逊手工平台（Amazon Handmade），这是亚马逊为受邀请的手工艺人开设的一家新商店，用于出售他们制作的手工艺品。我们难以知道亚马逊这一动作会对 Etsy 造成有益的还是有害的结果。如果它蚕食了 Etsy 的销量，那么结果是负面的；但如果它增加了人们对自制商品的认识和兴趣，并提高了该行业的国内销量，则结果是有益的。另外，还有些公司在国外创建了与 Etsy 相似的平台，例如德国的 DaWanda 和瑞士的 ezebee.com。如今，这些公司在全球市场上与 Etsy 展开了竞争。

讨论题

1. Etsy 如何为其股东创造、传递和获取价值？
2. Etsy 采用了标准商业模式还是破坏性商业模式？请解释你的答案。
3. 对手工艺品制造者而言，Etsy 的商业模式与 eBay 的商业模式有何不同？
4. 据你判断，Etsy 面临的最严峻的挑战是什么？该挑战在多大程度上威胁着 Etsy 的商业模式？Etsy 应如何应对该挑战？

资料来源：Etsy Homepage，available at www. etsy. com (accessed February 12，2017)；S. Kessler，"Etsy Wants to Bring Its Handmade Wares to a Brick-and-Mortar Chain Store Near You，" *Fast Company*，May 7，2015；P. Armstrong，"What You Don't Know About Etsy (And Its 2017 Strategy)，" *Forbes*，Dec 15，2016；"Etsy，" Wikipedia，www. wikipedia. com (accessed February 12，2017)；"The 'Etsy Economy' and Changing the Way We Shop，" *Entrepreneur*，March 22，2013.

附录 4-1

巴林杰/爱尔兰商业模板

公司名称：________________

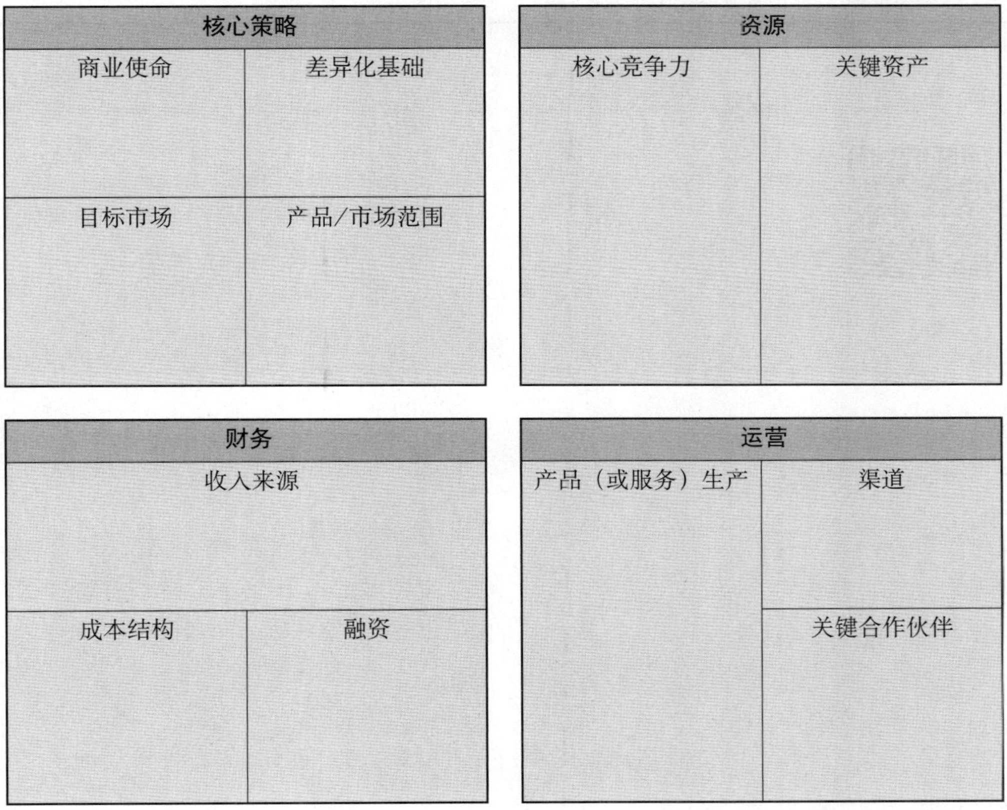

要点	
商业使命	一家企业的使命或宗旨描述了其存在的意义及其商业模式所要达成的目标。
差异化基础	公司的差异化基础是其区别于竞争对手之处，是促使消费者选择该公司产品而不选择另一家公司产品的原因。
目标市场	目标市场是较大市场中的细分市场，代表了拥有类似需求的较小的客户群体。它是企业将要参与竞争的市场。
产品/市场范围	公司的产品/市场范围指的是公司所专注的产品和市场。
核心竞争力	核心竞争力是能够支持企业商业模式并使其与竞争对手相区别的特定因素或能力。

续表

	要点
关键资产	关键资产是指企业所拥有的能够使其商业模式正常运作的资产。这些资产可以是实物的、财务的、知识的或人力的。
收入来源	企业的收入来源描述了其赚钱的方式。有些企业只有单一的收入来源，另一些企业有多个收入来源。
成本结构	企业的成本结构描述了为支持其商业模式所产生的最重要的成本。
融资	该项描述了企业为其商业模式提供资金的方式。
产品（或服务）生产	该部分重点介绍了企业产品（或服务）的生产方式。
渠道	公司的渠道描述了其向客户交付产品或服务的方式。
关键合作伙伴	该项描述了企业商业模式所依赖的关键合作伙伴。

注　释

第5章 行业和竞争对手分析

学习目标

学完本章，你应该能够：

1. 解释行业分析的目的。
2. 认识并讨论决定行业盈利能力的五种竞争力。
3. 解释创业型企业通过成功运用五力模型所创造的价值。
4. 认识五种主要的行业类型及其提供的机会。
5. 解释竞争对手分析的目的和竞争分析表的作用。

马修·拉米雷斯（Matthew Ramirez）能够对教育技术（EdTech）行业作出分析并准确找到 WriteLab 在行业中的定位，是 WriteLab 取得成功的部分原因。本章将介绍行业分析和竞争对手分析。**行业分析**（industry analysis）是一种围绕行业潜力展开的商业研究。**行业**（industry）是一组生产类似产品或服务，如音乐、普拉提和瑜伽馆，以及太阳能电池板等的企业。一旦确定一家新企业参与行业和目标市场的竞争是可行的，就需要进行更深入的分析，以了解与所选行业相关的实际运营情况。这种深入分析可以帮助企业确定它能否进入可行性分析中发现的利基市场或目标市场，并且告诉新企业这些市场的最佳切入点在哪里。

竞争对手分析（competitor analysis）是对企业竞争对手的详细评估。一旦一家企业决定进入某个行业并选择了参与竞争的市场，它就必须对其竞争环境有所了解。我们将对企业如何识别竞争对手以及填写竞争分析表的重要性进行讨论。

行业分析

在开展行业研究时，创业者必须在决定创业之前回答三个问题。首先，该行业是否可进入——换而言之，对新企业来说，进入该行业是否现实？其次，该行业中是否包含成熟的创新市场或服务不足的市场？最后，该行业中是否存在某种定位能够避免整个行业的某些负面特征？对新企业而言，考虑其在公司层面和产品或服务层面的**定位**（position）十分有益。如第4章所述，在公司层面，企业的定位决定了公司相对于竞争对手的位置。例如，Fresh Healthy Vending将自己定位为自动售货机供应商，不同于传统自动售货机所提供的休闲食品和饮料，它专门提供健康食品。该公司的自动控温售货机提供胡萝卜、酸奶、燕麦棒，以及牛奶、果汁和茶等各种饮料。与那些提供薯片、饼干、咸花生、糖果、运动饮料和汽水等主流商品的自动售货机供应商相比，这种定位截然不同。[1]

公元前5世纪左右，中国军事家孙子率先认识到在交锋当中了解竞争格局的重要性，而这就是行业的本质。《孙子兵法》帮助将领做好战争准备，书中的思想直到今日仍被用来帮助管理者为企业做好参与市场竞争的准备。书中的话提醒着创业者：无论多么渴望创业，在熟悉“山林、险阻、沮泽之形”之前，都不能算是做好了充分的准备。也就是说，在了解其计划进入并意图参与竞争的行业之前，创业还言之过早。

我们还需要知道，在年增长率和其他因素上，有些行业就是比其他行业更具吸引力。例如，根据IBISWorld的预测，未来5年电子出版行业的年增长率为3.7%。[2]而同期传统出版行业的年增长率预计为−0.8%。[3]这就意味着，与传统出版行业相比，电子出版行业对公司的增长而言显然更为有利。[4]在其他类型的行业中也普遍存在这种差异。企业层面的因素，包括公司的产品、文化、声誉和其他资源，可以在某种程度上减小这种差异。[5]但学者通过各种研究发现，在企业利润率上，8%～30%的差异直接归因于企业参与竞争的行业。[6]因此，在创业者决定是否追寻某个特定的机会时，行业的总体吸引力应该成为考虑的一部分。在评估行业吸引力时，创业者可以用到两个已有的技巧：研究行业趋势和采用五力模型。

研究行业趋势

研究行业趋势是创业者识别行业吸引力的第一个技巧。创业者需要评估的最重要的两个趋势是环境趋势和商业趋势。

环境趋势。如第2章所述，环境力量或环境因素十分重要。一个行业的实力通常不会因为特定行业中领先企业的管理技能而大幅波动，但会因为环境因素对其出售的产品或服务有利或不利而摇摆不定。

在创业者研究的环境因素中，经济因素、社会趋势、技术进步以及政治和法规变化是最重要的。以那些向老年人出售产品的行业为例，如眼镜行业和助听器行业，这些行业中的公司能够从人口老龄化的社会趋势中受益。相反，对于出售高糖食品的行业而言，例如糖果行业和加糖软饮料行业等，人们对健康和健身的重视将对其造成不小的冲击。有时，多种环境变化同时发生，为行业的未来奠定了基础。这一点表现在IBISWorld对美国健身房、健康产业和健身俱乐部行业的未来所作出的评估中。

IBISWorld有关健身房、健康产业和健身俱乐部行业销售额的简要评估，说明了环境趋势对行业前景的影响程度。该报告的其他部分提到，该行业因给其成员提供了更多有针对性的体验（如瑜伽和普拉提）、较低的会员费以及更灵活的营业时间等而充满了前景。尽管如此，对健身房、健康产业和健身俱乐部行业的未来持乐观评价的原因，在很大程度上仍与环境趋势有关——人们日渐重视健康和健身，且健身人群数量在不断增长。在所有行业中，都有类似的环境力量在发挥作用。

商业趋势。行业还会受到其他重要的非环境趋势的影响。如果某些行业中的企业提升了其将制造或服务职能外包给低成本外国劳动力市场的能力，而其他行业中的企业没能分享这一优势，前者将从中受益。与此相似，如果某些行业中的企业能够将客户采购和服务职能转移到线上，从而节省大量成本，但其他行业中的企业没能抓住这一优势，则前者将从中受益。诸如此类的趋势使某些行业优于其他行业。

对于初创企业来说，紧随行业中的环境趋势和商业趋势十分重要。正如本章“合作制胜”专栏所介绍的，实现此目的的方法之一是参加行业协会、行业展会并登上行业刊物。

合作制胜　成为行业积极分子的三个重要途径：行业协会、行业展会和行业刊物

对于初创企业而言，在其选择进入的行业中成为积极参与者十分重要。积极参与活动可以帮助企业了解该行业、找到商业合作伙伴，并被公认为行业领导者。企业参与行业活动的三个重要途径是行业协会、行业展会和行业刊物。初创企业应考虑将这些途径作为其早期及后续活动的一部分加以利用。

行业协会

行业协会（或行业团体）是由同一行业内的企业组成的组织，其目的在于收集和传播行业信息、提出法律和技术建议、提供与行业相关的培训，以及建立一个表达集体意愿的平台等。除了推进行业相关事务，行业协会通常还向其会员提供各种其他服务。例如，美国钟表匠协会（American Watchmakers-Clockmakers Institute）向其会员提供教育和认证、在线商店、就业中心（含求职布告栏）、在线会员名录，以及其他行业特有的专业和商业服务。[7]

行业协会通常由授薪人员和志愿者委员会管理。我们鼓励忙碌的首席执行官（CEO）和创业者加入行业协会委员会，不仅因为这样可以影响协会的发展方向，还因为在协会中的职务能够提高他们的知名度并形成一个与其他会员紧密联系的平台。这类互动可以帮助企业结成合作伙伴关系并通过其他方式共同协作。

美国现有 7 600 多个行业协会，绝大多数都拥有自己的网站，网站中列出了它们的活动及会员。

行业展会

行业展会（或商展）是为了给行业内的公司创造机会而组织的、用于展示其产品和服务的展览。有些行业展会向公众开放，而另一些行业展会只允许公司代表和新闻媒体参加。美国每年举办超过 10 000 个行业展会。“行业展会新闻网”（Trade Show News Network，www.tsnn.com）等多个在线指南，能够帮助组织者、参观者和营销人员确定最适合参加的行业展会。美国最大的行业展会是每年 1 月在拉斯维加斯举办的消费类电子产品行业展会（Consumer Electronics Trade Show），该展会不向公众开放。2016 年，它有 104 753 名参观者、65 095 名参展人员、7 545 名媒体成员和 247 万平方英尺的展厅。

在展示自己的产品和服务的同时，参展企业还可以研究竞争对手、与媒体见面，并与其他行业参与者交流。公司必须在行业展会上租用展位。参加某些高质量的展会（通常不

超过一周时间）所需的花费高达20 000美元。小公司通常都会共享展位并分摊费用。行业展会提供了建立人脉的绝佳机会，公司可以利用其发展业务、建立新的关系并培养现有关系。实际上，许多期刊和网站上经常有各类文章和“操作”指南，向企业传授方法，教它们如何最大限度地利用展会时间并建立业务关系。

行业刊物

行业期刊通常由行业协会出版，包含了针对某一特定行业的文章和广告。行业刊物中通常不会出现面向一般受众的广告，但可能包含特定行业的招聘启事和分类广告。

有些行业刊物可向公众提供，另一些则受到特别严格的控制——这就意味着你必须是该行业的参与者才能取得该刊物。这种做法可以确保广告商的目标客户能够看到其广告。行业期刊上的许多文章都与行业内的公司有关。在一流行业刊物上拥有一篇好评文章可以大大提高公司的地位和知名度。

除行业刊物外，有些行业还拥有一些既有技术文章也包含大量广告内容的同行评议刊物。这些文章通常是由那些想要在该刊物上做广告的厂商员工共同撰写的。《生物技术：国际生命科学方法杂志》（*BioTechniques：International Journal of Life Sciences Method*）就是这种形式的特定行业同行评议刊物之一。这些刊物在一定程度上模糊了行业刊物和同行评议刊物之间的界限。

尽管行业刊物无法像行业协会和行业展会那样直接提供拓展人脉的机会，但是通过专题介绍和投放广告，公司可以提高知名度并带来多种积极影响。

思考题

1. 选择一个你感兴趣的行业。列出与该行业相关的主要行业协会、行业展会和行业刊物。

2. 创业者应如何评估其在行业协会中自愿担任领导职务所付出的时间和努力是否值得？请建立一套在作出此类决定时可遵循的标准。

3. 花一些时间研究有机行业协会（Organic Trade Association）。列出加入该组织并成为会员后能够得到的拓展人脉的机会。

4. 建立关系网有哪些风险？例如，将企业的竞争方式等信息分享给行业参与者是否存在风险？公司如何在“提供足够的自身信息来吸引潜在合作伙伴”和“泄露过多的专有信息”之间取得适当的平衡？

资料来源：American Watchmakers-Clockmakers Institute Homepage，www.awci.com（accessed February 17，2017）；B. Barringer and J. Harrison，“Walking a Tightrope：Creating Value Through Interorganizational Relationships，” *Journal of Management* 26，no.3，1999：367－403；Organic Trade Association Homepage，www.craftandhobby.org（accessed February 17，2017）.

五力模型

五力模型是一个框架，可以帮助创业者理解行业结构。迈克尔·波特（Michael Porter）开发了这一重要工具，如图5－1所示，该框架由决定行业盈利能力的多个力量组成。[8]这些力量——替代品的威胁、新进入者（即新竞争对手）的威胁、现有企业之间的竞争、供应商的议价能力和购买者的议价能力——决定着特定行业（如餐饮业）或某行业的特定部门（如餐饮业的快速休闲部门）中，相互竞争的企业能够取得的平均回报率。

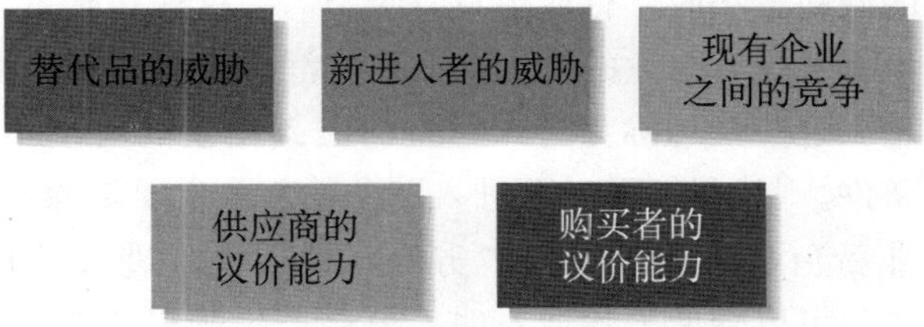

图 5-1 决定行业盈利能力的力量

在波特的五力模型中，每一种力量都会通过对行业盈利能力施加作用来影响行业中企业的平均回报率。公司如果拥有良好的管理，就会在定位时避免或减少这些力量带来的不利影响，从而超越其行业的平均回报率。例如，Casper 床垫一直在寻找方法使其从新竞争对手（如 Yogabed、Tuft & Needle、Leesa 和 Saatva 等）中脱颖而出，以减少与这些企业之间的激烈竞争给其盈利能力带来的潜在负面影响。

波特在其《竞争优势》(*Competitive Advantage*) 一书中指出，行业的盈利能力不仅取决于产品的功能。接下来介绍的五种竞争力，是决定行业盈利能力的重要因素。如前几章所述，IBISWorld 和英敏特等公司制作的行业报告为分析这五种力量对特定行业产生的影响提供了重要信息。这两项资源可通过许多大学图书馆的网站免费获取，它们也是重要的互联网资源。

替代品的威胁

通常，当替代品的威胁较小时，行业更具有吸引力。这就意味着，其他行业的产品或服务无法轻易替代焦点企业所在行业制造和销售的产品或服务。例如，处方药几乎没有替代品，这就是制药行业一直以来都属于高利润行业的原因。相反，如果行业产品存在极其相近的替代品，那么行业的盈利能力就会被压制，因为当产品价格过高时，消费者可以选择不购买该产品。以机票价格为例，如果票价过高，商务人士就会更多地使用 Skype 或谷歌环聊（Google Hangouts）等视频会议方式来替代差旅行程。如果替代品是免费或几乎免费的，这个问题就更为突出。例如，如果邮寄快递的价格过高，人们就会越来越多地将文件附在电子邮件中，而不再通过 UPS 或联邦快递寄送。

替代品对行业盈利能力的压制程度取决于购买者选择替代品的意愿。这就是行业中的企业即使在价格上涨的情况下，也通常向其顾客提供便利设施以降低客户选择替代产品的可能性的原因。以咖啡馆行业为例。星巴克（Starbucks）出售的咖啡相对较贵。消费者可以很容易地在便利店买到一杯较便宜的咖啡，或选择在家冲泡咖啡，而无需在星巴克花费较多的钱。为避免消费者选择这些替代方案，星巴克提供了优质的新鲜咖啡、愉悦的氛围（通常被认为是“星巴克体验”的一部分）和良好的服务。星巴克这样做不仅是为了让它的顾客不要去其他咖啡馆，也是为了让它的顾客不要替换成其他产品。虽然这一策略对星巴克仍然有效，但有时该企业也未能实现预期效果。因此，在保持对质量的承诺并为顾客提供其标榜的独特体验的同时，星巴克也在尝试供应更便宜的咖啡。

新进入者的威胁

通常，当进入者的威胁较小时，行业更具有吸引力。这就意味着，竞争者无法轻易进入该行业并成功复制该行业现有企业的行为来赚取利润。行业中的企业可以通过多种方式来减少新进入者的数量。这些技巧称为进入壁垒。**进入壁垒**（barrier to entry）是一种阻碍新企业进入行业的条件。[9]让我们看一下进入壁垒的六个主要来源：

- **规模经济。**除非新企业愿意接受成本劣势，否则很难进入具有规模经济特征的行业。当大量生产某种产品可以降低平均成本时，就会产生**规模经济**（economies of scale）。例如，英特尔（Intel）拥有庞大的微处理器工厂，可以生产大量计算机芯片，从而降低每个芯片的平均生产成本。对于一个新进入者来说，要在这一领域赶上英特尔的优势是很难的。在某些情况下，规模经济所产生的竞争优势也是可以被超越的。例如，许多小酒厂通过本地酿造的啤酒和本地利基市场的客户支持，成功进入啤酒行业。通过提供本地酿造的优质产品，小酒厂得以成功地与大型且通常是全球性的啤酒制造商（比如，管理着100多个啤酒品牌的安海斯-布希（Anheuser-Busch））所带来的巨大规模经济（可以向消费者提供更低的价格）相抗衡。[10]
- **产品差异化。**当行业（如软饮料行业）中存在着拥有强大品牌的企业时，如果新进入者不在广告上花费大量精力，就难以找到进入该行业的突破口。例如，想象一下与百事公司（PepsiCo，百事品牌所有者）或可口可乐公司（Coca-Cola）正面对抗的代价。产品创新是企业将其产品或服务与竞争对手区分开来的一种方式。苹果公司就是这样一个例子。公司通过定期改进其MacBook系列产品（如MacBook Pro）的性能，并通过出售可增强用户体验的独特配件，来将其自身与其他笔记本电脑区分开来。它这么做不仅是为了留住现有客户和赢得新客户，也是为了阻止竞争对手在笔记本电脑行业中花大力气占领苹果现有的市场份额。
- **资本要求。**如果一个行业需要投入大量资金才能进入，那么这就将成为该行业的另一个进入壁垒。汽车行业就要求大量资本投入。但2003年成立的特斯拉是个例外，它凭借其在电动汽车技术方面的专长和创新，赢得了投资者的信心，从而克服了这一壁垒，并筹集了大量资金。目前的证据表明，该企业可能具有取得长期成功的潜力。2017年初，特斯拉首席执行官埃隆·马斯克预测，公司2017年将生产50万辆汽车，到2020年每年可生产100万辆汽车。[11]这进一步增强了投资者的信心，而2017年春季，特斯拉利用其可用资本开始在阿拉伯联合酋长国销售汽车。总的来说，该企业意图在未来几年内在中东出售大量豪华车。[12]
- **与规模无关的成本优势。**老牌竞争者可能具有新进入者所不具备的与规模无关的成本优势。通常，这些优势来自企业的历史。例如，行业中的现有竞争者可能在过去购买了土地和设备，而这些成本远低于新进入者在进入时为购买相同资产所需支付的费用。
- **进入分销渠道。**新进入者往往难以攻破分销渠道。在拥挤的市场中尤其如此（例如便利店市场）。如果一款新的运动饮料想要在便利店上架，那么它通常必须替换掉一款现有产品。如果WriteLab为提高写作质量而决定开始制作写作指南，它就会发现书店的书架上已经有很多关于提高写作水平的书籍了，而它难以在书架上找到自己的位置。
- **政府和法律壁垒。**在生物技术和软件等知识密集型行业中，专利、商标和版权构成了主要的进入壁垒。其他一些行业，如银行业和广播业，则需要主管部门颁发的许可证。

初创企业开创一个行业或在现有行业中创建新的利基市场时，必须创建自己的进入壁垒以减少新进入者带来的威胁。初创企业往往资金紧张，所以很难创建耗资大的进入壁垒（例如规模经济）。对新企业来说，最大的生存威胁来自那些大型的资金雄厚的企业，尤其是在新企业创建新市场的情况下，大企业可能会介入该市场并复制新企业的行为。理想的进入壁垒是专利、商标或版权，它们可以防止其他企业复制该初创企业的行为。但是有许多情况并不适用专利。这时，有一种进入壁垒称为非传统进入壁垒，这种壁垒特别适用于初创企业。该壁垒包括公司管理团队的实力、先发优势、独特的商业模式或行业新方法等。娜塔丽·埃德尔（Natalie Edell）和 IndieU 推出的商业模式，或 Casper 在床垫行业开创的独特方法都属于这一类。在表 5-1 中，我们列出了初创企业经常采用的非传统进入壁垒。

表 5-1　非传统进入壁垒

进入壁垒	说明	示例
管理团队的实力	如果初创企业组建了一支世界一流的管理团队，则它的潜在竞争对手在进入该初创企业所选择的行业时就可能有所犹豫。	Square
先发优势	如果初创企业开创了一个行业或现有行业中的一个新概念，且该初创企业因此声名大噪，就可能会形成一个难以逾越的进入壁垒。	脸书
管理团队和员工的热情	如果初创企业的主要员工因该企业的独特文化而受到激励，他们对自己正在做的事情充满信心，愿意长时间工作，并希望通过认购股权赚取丰厚的财务回报，那么这种组合对于大型企业来说是难以学习和复制的。比如，一家生物技术公司的员工试图找到一种治疗疾病的方法。	安进
独特的商业模式	如果初创企业能够构建一种独特的商业模式，并建立关系网以确保该商业模式正常运作，则这组优势将创设一个进入壁垒。	IndieU
互联网域名	对某些特定的产品或服务而言，有些互联网域名十分"抢眼"，可以为初创企业提供有益的电子商务机会。例如 www. 1800flowers. com、www. 1800gotjunk. com 和 www. bodybuilding. com。	www. 1800contacts. com
在行业中发明新方法并率先执行该创意	如果初创企业在行业中发明并率先使用了一种新方法，这一因素可能会对潜在模仿者的进入设置壁垒。	Casper

现有企业之间的竞争

在大多数行业中，行业的盈利能力主要取决于行业中已经参与竞争的企业之间的竞争水平。有些行业的竞争非常激烈，以至于价格被推至成本以下。这种情况是全行业的损失。而在其他行业中，竞争不那么激烈，价格竞争也被限制在一定范围内。例如，航空业竞争激烈，其利润率很大程度上取决于燃油价格和消费者需求。相反，专用医疗设备市场的竞争较弱，利润率较高。

行业中现有企业之间的竞争性质和强度取决于四个主要因素。

- **竞争者的数量及平衡。**竞争者的数量越多，就越有可能出现一个或多个竞争者通过降价来赢得客户。降价会在整个行业中引发问题，当行业中的竞争者规模相当且没有明确的市场领导者时，这种情况会出现得愈加频繁。
- **产品之间的差异程度。**不同生产者的产品差异程度会影响行业竞争。例如，纸制品生产者之间倾向于价格竞争，因为它们生产的产品之间没有实质性的差异。
- **行业增速。**在增速较慢的行业中，企业之间的竞争要比增速较快的行业更加激烈。增速较慢的行业中的企业（如保险公司）必须努力争取市场份额，这就可能促使它们降价或提高质量以赢得客户。在电子出版等增速较快的行业中，有足够数量的客户来满足大多数企业的生产能力，因此它们降价的可能性更小。
- **固定成本的水平。**具有较高固定成本的企业相对于具有较低固定成本的企业而言，必须出售更多的产品才能达到盈亏平衡。在达到盈亏平衡后，每出售一件产品就会直接增加企业利润。高固定成本的企业会急于满足产能，这种心态可能会导致它们作出降价的决定。

供应商的议价能力

通常，供应商的议价能力较弱时，行业就更具有吸引力。有时，供应商会通过提高价格或降低所供应零部件的质量来压制行业的盈利能力。如果供应商降低了它们所供应零部件的质量，产成品的质量将受到影响，制造商最终将不得不降低价格。如果与接受供应的行业相比，供应商的实力较行业中的企业更为强大，行业的盈利能力也可能受到损害。[13]例如，开发了奔腾芯片的英特尔在个人电脑行业是一个强大的供应商。由于大多数个人电脑都采用了奔腾芯片，因此英特尔可以向个人电脑制造商索要高价，从而直接影响个人电脑行业的整体盈利能力。供应商有多大的能力向买方施压并压制其所在供应行业的盈利能力，受到几个因素的影响：

- **供应商集中度。**如果只有少数供应商向大量购买者提供关键产品，则供应商将占据优势。制药行业就是这种情况。药品制造商的数量相对较少，而它们要向数量众多的医生及患者出售药物。
- **转换成本。**转换成本是购买者从一个供应商转换或变更至另一个供应商时所花费的固定成本。如果转换成本很高，则购买者转换供应商的可能性较小。例如，供应商通常会向其最大的购买方提供专用软件，以方便他们购买自己的产品。在购买方花时间和精力学习供应商的订购和库存管理系统之后，他们可能就不再愿意花时间和精力去学习另一个供应商的系统了。
- **替代品的吸引力。**如果没有具有吸引力的替代品来替代供应商提供的产品或服务，那么供应商的议价能力就会增强。例如，当微软和英特尔提价时，计算机行业基本上无能为力，因为这些企业的产品只有相对较少的替代品（尽管相比于过去，如今的情况已有所改善）。
- **前向整合的威胁。**如果供应商很有可能进入买方行业，则供应商的议价能力会增强。例如，微软威胁，如果个人电脑制造商对其软件压价太过或试图使用其他软件提供商的操作系统，则微软可能进入个人电脑行业，这就增强了微软作为计算机操作系统供应商的议价能力。

购买者的议价能力

通常，购买者（初创企业的客户）的议价能力较弱时，行业就更具有吸引力。购买者可以要求该行业提供价格优惠或提高质量来压制其盈利能力。例如，汽车行业由少数大型汽车制造商控制，这些制造商从不同行业的数千家供应商处购买产品。这使得汽车制造商可以通过要求供货行业降价来压制它们的盈利能力。同样，如果汽车制造商坚持要求其供应商以同样的价格提供质量更高的零部件，则供应商的盈利能力也将受损。购买者有多大的能力向供应商施压并压制供货行业的盈利能力，受到几个因素的影响，其中包括：

- **购买群体集中度。**如果购买者较为集中，即只有几个大买家，且它们从大量供应商处购买产品，则它们可以施压让供应商降低价格，从而影响供货行业的盈利能力。
- **购买者的成本。**产品对购买者越重要，则购买者对价格越敏感。例如，如果供应商出售的组件占到了购买者产品成本的50%，则购买者会尽全力通过议价取得该组件的最佳价格。
- **供应商产品的标准化程度。**供应商产品与其竞争对手产品的差异程度会影响购买者的议价能力。例如，如果购买者想要从供应商处购买一件标准的或无差异的产品（如，用于制作软饮料的玉米糖浆），那么它可以不断地将各个供应商开出的条件拿来比较，直到它得到价格和服务等方面的最佳组合。
- **后向整合的威胁。**如果购买者很有可能进入供应商的行业，则购买者的议价能力会增强。例如，个人电脑行业威胁，如果计算机显示器的价格过高，它们将自己制造显示器，以此方式压低计算机显示器的价格。

总之，这五种竞争力能够帮助新企业的创始人理解他们即将进入的行业的结构。五力模型还有其他好处。当企业对它即将进入的行业结构和动态不了解时，其任务难度就会加倍。实际上，它们甚至可能因此失败。遗憾的是，SharpScholar在进入教育技术行业时就是这种情况。本章的“错在何处?”专栏介绍了SharpScholar的故事，这个故事明确地提醒人们：深入了解企业将要参与竞争的行业十分重要。

错在何处? SharpScholar：从一家失败的教育技术初创企业中汲取教训

贾瓦德·西迪基（Jawwad Siddiqui）和他的一些朋友共同创立了SharpScholar。西迪基在读大学三年级时，不满于课程教学质量参差不齐的状况。SharpScholar的设计初衷是建立一个能够更好地联系学生和教师的平台。对教师而言，他们可以上传内容、增加互动、吸引学生、收集学生掌握的和遗漏的课程内容数据，并改进他们的教学；对学生而言，该平台充当了私人教师的角色，他们可以学习相关材料，并预习课堂内容。

在其鼎盛时期，有5 000名学生、5家加拿大顶尖大学和12名教授注册了SharpScholar。其服务受到了很多关注。其创始人出现在了《龙穴之创业投资》（Dragons' Den）节目——加拿大版的《创智赢家》上。有人愿意出资10万美元购买该公司15%的股权，但遭到了拒绝。公司赢得了奖项，被著名的孵化器接纳，并与来自可汗学院（Khan Academy)、GoogleX 及其他知名组织的人员展开了互动。然而，仅仅运营两年后，SharpScholar 就关门大吉了。哪里出了错?

西迪基在一篇极具思考性的博客文章中，基于 SharpScholar 的失败为创业者提供了 4 条建议:

与你的“客户”建立直接关系

SharpScholar 为识别其客户付出了许多努力。它的客户究竟是学生、教师、学校行政部门还是政府? 他们被混为一谈。这就意味着，如果一名教师喜欢该产品，他不得不了解学生、预算、学校政策，甚至取得行政部门的批准。这一因素使得 SharpScholar 与教师之间的关系变得复杂。这也导致了企业缺乏有针对性的产品。

教训：教师（和其他人）不喜欢使用那些需要经过层层审批的工具。确保购买产品时不需要经过多层审批。

不要混淆客户、消费者和付款方

在大多数行业中，为产品支付价款的人就是使用该产品的人。但在教育行业中不是这样。使用产品的人（教师或学生）往往不是购买产品的人。教师有时能够得到预算，但并非总是如此。家长和非营利性组织有时会提供帮助，但这具有偶然性。各学区对技术产品的资助政策也大有不同。

教训：如果一个商业模式依赖于购买产品而不是使用产品的人或实体，这种商业模式将更具挑战性。

注意你与客户之间对优先事项的差异

教师和创业者的优先事项并不总是一致的。创业者如果要出售一个技术产品，他会想要完成销售并使该产品进入课堂。教师则会考虑安装时间、需要花费多少精力学会使用该产品并将其作为工具与课程相整合、没有智能手机的学生该怎么办（如果该工具是一个应用程序）等等。

教训：创业者想要销售产品并发展业务，教师想要节省时间。这种差异可以很大，甚至导致一家教育技术初创企业的失败。

人们习惯了免费产品

从脸书到谷歌，再从多宝箱（基础版）到谷歌文档（Google Docs），大量的免费工具充斥着人们的生活，使人们总是期望得到免费服务。此外，许多从消费者和企业那里赚取利润的大企业都在以免费或较大折扣的方式提供该产品的教育版。

教训：教育领域（以及其他领域）中的许多目标客户都期望免费产品。

因此，当你考虑创办一家公司时，请就你将要进入的行业思考以下问题：在作出购买产品的决策之前，需要通过多少层审批? 该产品的购买者和使用者是同一个人吗? 公司与客户之间优先事项的不一致程度是否会导致失败? 最后，客户是否已经习惯了类似的免费产品?

思考题

1. 对于想要进入教育技术行业的创业者而言，SharpScholar 的失败能够带来什么启示?

2. 我们在第 4 章学习了商业模式。你认为 SharpScholar 属于标准商业模式还是破坏性商业模式? SharpScholar 所实行的商业模式可能会在执行上遇到哪些挑战?

3. 如本专栏所述，SharpScholar 对其目标客户没有明确的定义。从本专栏提到的不同客户（可能成为 SharpScholar 目标客户的群体）的角度，对“购买者的议价能力”进行评判。SharpScholar 的哪种潜在客户拥有最大的议价能力? 为什么?

4. SharpScholar 如果要保持竞争力并使其直到今天仍是一家成功的企业，它可以在其业务存续的整个过程中采取哪些措施？

资料来源：J. Siddiqui, "We Shut Down Our Edtech Startup. Here's What We Learned," available at https://www.edsurge.com/news/2016-06-12-we-shut-down-our-edtech-startup-here-s-what-we-learned (posted June 12, 2016, accessed February 13, 2017).

五力模型的价值

除了帮助企业了解其计划进入的行业的动态之外，五力模型还可以在两个方面发挥作用——帮助企业确定是否应当进入某个特定的行业，以及能否在该行业中占据有利位置。让我们一起研究这两个积极方面。

首先，如表 5-2 所示，通过确定每种力量对行业盈利能力的威胁程度，五力模型可用来评估行业吸引力或行业中某个具体定位的吸引力。相比于可行性分析阶段较为仓促的分析，这里对行业吸引力的分析会更加深入。例如，如果一家企业在填写表 5-2 时，发现对行业盈利能力的威胁中有多项都为"高"，则企业可能会重新考虑是否进入该行业或仔细思考它在该行业中应当采取何种定位。例如，在餐饮业中，替代品的威胁、新进入者的威胁以及现有企业之间的竞争程度都很高。对于特定类型的餐厅，如海鲜餐厅，供应商的议价能力也可能很强（与牛肉和鸡肉供应商相比，海鲜供应商的数量相对较少）。因此，一家将要进入餐饮业的企业会发现，仅仅因为行业的性质，就有多个力量与之抗衡。为避免或减少这些威胁，它必须找到有利的定位。本章的章末案例中讨论的帕纳拉面包（Panera Bread）就是这样一家企业。通过对餐饮业的研究，帕纳拉面包发现一些消费者已经厌倦了快餐，但并非总有时间在餐馆坐下用餐。为了填补这一缺口，帕纳拉面包率先开创了一个名为"快速休闲"的餐饮新类别，用相对较快的服务提供高质量的食品。帕纳拉面包因其在餐饮业中的这一独特定位而大获成功。阅读本章案例，你将了解更多有关帕纳拉面包的成功故事。

表 5-2 用五力模型确定行业的吸引力

竞争力	对行业盈利能力的威胁		
	低	中	高
替代品的威胁			
新进入者的威胁			
现有企业之间的竞争			
供应商的议价能力			
购买者的议价能力			

说明：
第 1 步：选择一个行业。
第 2 步：确定每种力量对行业盈利能力的威胁程度（低、中、高）。
第 3 步：使用该表格从总体上了解行业的吸引力。
第 4 步：使用该表格确定与行业盈利能力关系最密切的威胁。

其次，新企业可以使用五力模型来帮助其确认是否应该进入某行业，具体方法就是用图 5-2 所示的模型回答多个关键问题。通过这种方法，新企业可以认识到在特定行业中取得成功需要迈过的门槛。

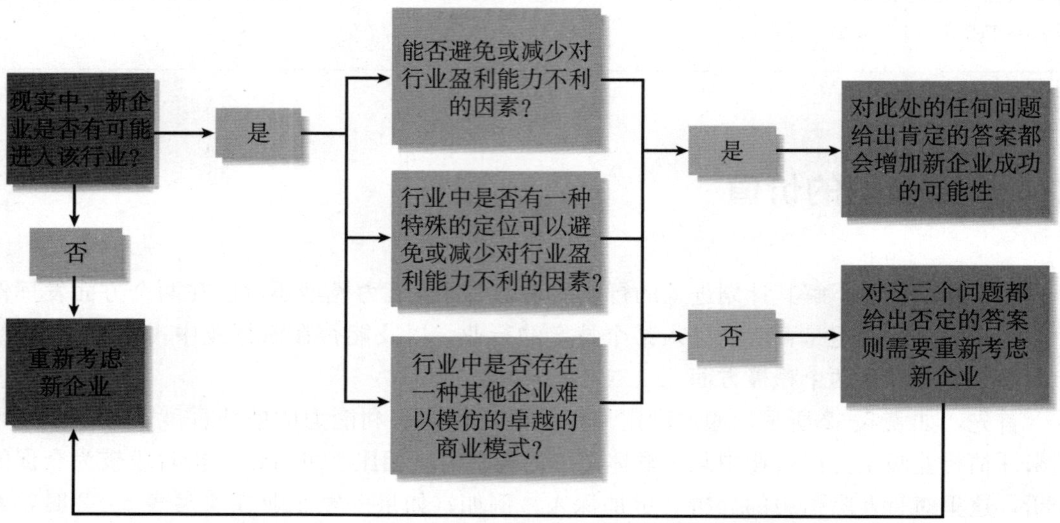

图 5-2 使用五力模型提出问题以确定新企业的成功潜力

问题 1：现实中，新企业是否有可能进入该行业？可以通过表 5-2 查看行业的总体吸引力并评估机会窗口是否已打开来回答这个问题。机会窗口是打开还是关闭，需要创业者自行确定。

问题 2：如果企业确实进入了该行业，能否避免或减少对行业盈利能力不利的因素，从而实现比行业整体更优的业绩？如果新企业进入某行业时，拥有崭新的品牌、创新的理念和世界一流的管理团队，且其表现要比现有企业更加优异，则会增加其取得成功的可能性。谷歌进入互联网搜索引擎行业并取代雅虎成为市场领导者时，就是这种情况。如果新企业向市场推出一款受专利保护的、具有吸引力的产品，且能够在一段时间内防止其他企业复制该产品，其业绩也可以超过现有企业。

问题 3：行业中是否有一种特殊的定位可以避免或减少对行业盈利能力不利的因素？如前所述，这就是帕纳拉面包所具有的优势。

问题 4：行业中是否存在一种其他企业难以模仿的卓越的商业模式？请记住，五力模型展示了行业的现状，而新企业并不需要墨守成规。有时，行业中最大的企业会被自己的策略和合同义务所困，让初创企业有机可乘。例如，当戴尔开始向消费者直接出售计算机时，其最大的竞争对手——惠普、康柏（Compaq）和 IBM，都未能迅速有效地作出回应。它们被困在了通过零售商进行销售的策略当中。如果它们试图模仿戴尔直接向最终用户或客户销售产品，它们就会疏远其最珍贵的合作伙伴——西尔斯罗巴克和百思买等零售商。但是，随着时间推移，戴尔的竞争对手逐渐学会了如何切实有效地向消费者直接销售产品，从而在很大程度上消除了戴尔的历史优势。

回答这些问题的步骤如图 5-2 所示。如果新企业的创始人认为进入某个特定行业是切实可行的，对图 5-2 中的一个或多个问题作出肯定回答则能够增加新企业取得成功的可能性。

行业类型及其提供的机会

除了对前述因素进行研究外，对于一家新企业来说，研究行业类型并确定它所提供的机会也很有帮助。[14]表 5-3 中描述的五个最常见的行业类型是新兴行业、零散行业、成熟行业、衰退行业和全球行业。[15]每种行业都有其独特的机会。

表 5-3 行业结构和机会

行业类型	行业特征	机会	利用这些机会的创业型企业示例
新兴行业	需求或技术有最新变化；尚未制定新的行业标准运作流程	先发优势	• Prynt 即时打印智能手机照片的方法 • Wiivv 的 3D 打印鞋垫 • Owlet 婴儿监护仪监测婴儿心率和呼吸的流程
零散行业	大量的规模大致相当的企业	整合	• 快速休闲餐馆中的奇波雷墨西哥烧烤（Chipotle Mexican Grill） • 废旧物品清理行业中的 1-800-GOT-JUNK? • 女装行业中的 Riffraff
成熟行业	需求增长缓慢，众多回头客，有限的产品创新	流程和售后服务创新	• 花生酱行业中的 Justin's • 狗狗看护行业中的 Rover. com • 自行车共享行业中的 Zagster
衰退行业	行业需求持续下降	领导者、利基市场、收割和舍弃	• 钢铁行业中的纽柯（Nucor） • 航空公司中的捷蓝航空（JetBlue） • 马戏团中的太阳马戏团（Cirque du Soleil）
全球行业	大量国际销售	跨国和全球	• 搭车行业中的优步 • 太阳能照明行业中的 d. light

新兴行业

新兴行业（emerging industry）是尚未制定标准运作流程的新行业。开拓或领导新兴行业的企业往往会获得先发优势。**先发优势**（first-mover advantage）是第一家在新市场上确立重要地位的公司所获得的，有时甚至无法逾越的优势。

因为新兴行业具有高度不确定性的特征，所以其行业提供的任何机会都可能是短暂的。但是，由于进入壁垒通常很低，且没有确定的竞争模式，因此会有许多新企业进入新兴行业。

零散行业

零散行业（fragmented industry）的特征是，行业中有大量规模大致相当的企业。在零散行业中，初创企业的主要机会是通过整合行业来建立行业领导者的地位。实现该目标的最常见的方法是**地域整合策略**（geographic roll-up strategy），即一家企业逐步收购位于不同地域的类似企业。[16]这是汽车维修店和美容沙龙等企业常见的增长方式。它们很难在一个地方创造额外的收入，所以它们通过自然增长或收购类似企业扩张至新的地域。

成熟行业

成熟行业（mature industry）是需求增长缓慢或没有增长、拥有众多回头客（而非新客户）且产品创新受限的行业。有时，创业者将新产品创意引入成熟行业时，会使现有企业惊讶不已，因为它们认为该行业已经没有新的可能了。这就是Casper床垫在一成不变的床垫行业所取得的成就。另一个例子是史蒂夫·迪莫斯（Steve Demos），他是素食产品公司White Wave的创始人。White Wave将一种新产品——“丝乐克豆奶”（Silk Soymilk）——引入了成熟的奶饮料行业。丝乐克豆奶成了美国最畅销的豆奶。豆奶根本不是奶——它是一种基于大豆的饮料，看起来像奶，质地类似。尽管如此，它仍然进入美国大多数超市的乳品区，并将自己定位为健康的乳品替代品。谁会想到乳品行业会出现如此重大的创新？

对初创企业来说，成熟行业的诱人之处在于，如果能有效地引入创新产品或流程，并让该行业重新恢复活力，该行业通常体量较大且可能拥有巨大潜力。对于像Beyond Meat（“如果你是风险投资者6.1”专栏的主角）这样的公司而言，这就是希望。Beyond Meat生产了一种基于植物原料的鸡柳，即“不含鸡肉的鸡柳”，它模仿了肉类食品的外观、味道和质感。该公司的目标客户不是那些对食物小心翼翼的人，而是那些想要吃得更健康、更为主流的市场上的人群。Beyond Meat如今正在研究一种与牛肉饼类似的健康替代品。肉类行业是一个成熟行业。如果Beyond Meat能够将产品有效地引入市场，并成功地使肉类行业重新焕发生机，该企业将拥有巨大的市场潜力。

衰退行业

衰退行业（declining industry）会呈现出需求下降的趋势。通过邮寄方式租借DVD和电子游戏以及印发纸质教科书等，都是行业中呈现衰退状态的相关示例。通常，创业者会避开衰退行业，因为这些行业中的企业难以发现我们在第2章中描述的具有吸引力的机会。但是，有时初创企业的做法恰恰与传统观点相反，并且通过这种做法，它们能够成功地在竞争并不激烈的衰退行业中抢夺一席之地。马戏行业的太阳马戏团就是这么做的。

创业型企业在衰退行业中会采用三种不同的策略。第一个是**领导者策略**（leadership strategy）。在该策略中，企业试图成为行业的主导者。衰退行业中的初创企业极少采用这种策略。第二个是追求**利基市场策略**（niche strategy）。该策略将重点放在行业中的一小部分，这部分可以通过产品或流程创新来鼓励其发展。第三个是**降低成本策略**（cost reduction strategy），该策略通过改进流程来实现低于行业中现有企业的成本。实现较低的成本可以使企业以较低的价格出售其产品或服务，从而在此过程中为消费者创造价值。最初，纽柯是一家小企业，它通过引入“小钢厂”（minimill）的概念彻底改变了钢铁行业，并成功发展壮大。它是追求这一策略并具有创业意识的企业之一。过去，美国大多数钢厂都使用大型高炉生产多样化的产品。但是，这些高炉的规模意味着企业必须生产和销售大量产品才能实现盈利。相反，纽柯当时创新的“小钢厂”，规模较小，产品类别单一。而同样重要的是，小钢厂具有高效能和生产优质钢材的优点。[17]纽柯证明了它的概念，并在美国钢铁行业大幅衰退的情况下，迅速找到了增长市场。

全球行业

全球行业（global industry）是拥有大量国际销售的行业。许多初创企业都选择进入全球行业并从一开始就试图抓住国际和国内市场。全球行业中的企业最常采用的两种策略是多国策略和全球策略。采用**多国策略**（multidomestic strategy）的企业以国家为单位争夺市场份额，并提供不同的产品或服务以满足当地市场的需求。采用**全球策略**（global strategy）的企业在所有外国市场有着相同的做法。如何在两种策略之间进行选择取决于不同市场消费者偏好的相似程度。例如，食品公司通常只能采用多国策略，因为各国对食品的偏好差异很大。如果企业销售的是较为通用的产品（如运动鞋等），则可以通过全球策略取得成功。创业型企业可以成功地使用这两种策略。而取得成功的关键是，在企业意图参与竞争的每个市场中，清楚地理解客户的需求和兴趣。[18]

竞争对手分析

当企业对其计划参与竞争的行业和目标市场有所了解后，下一步就是进行竞争对手分析。竞争对手分析是对企业竞争环境的详细分析，它可以帮助企业理解其主要竞争对手的定位以及企业在一个或多个领域内取得竞争优势的机会。这些都很重要，特别是对新企业而言。[19]用孙子的话来说，就是“知胜”。

首先，我们讨论的是企业应当如何识别自己的主要竞争对手。然后，将介绍如何填写竞争分析表。竞争分析表是一种工具，可以帮助企业整理其收集到的有关主要竞争对手的信息。

识别竞争对手

竞争对手分析的第一步是确定谁是竞争对手。这比人们想象的要困难得多。以1-800-FLOWERS为例，该公司的主要业务是出售花卉。但1-800-FLOWERS不仅仅涉及花卉业务，因为人们常把鲜花作为礼物，该公司也涉及礼品业务。如果该公司将自己视为从事礼品业务，而不仅仅是花卉业务，它需要在更宽广的范围内考虑自身的竞争对手和机会。此外，有些企业出售的产品或服务横跨多个行业。例如，一家为牙医诊所提供计算机软件的公司就同属于计算机软件行业和医疗保健行业。同样，这类公司拥有更多潜在的竞争对手，并需要考虑更多的机会。

图5-3展示了企业将会面对的不同类型的竞争对手。

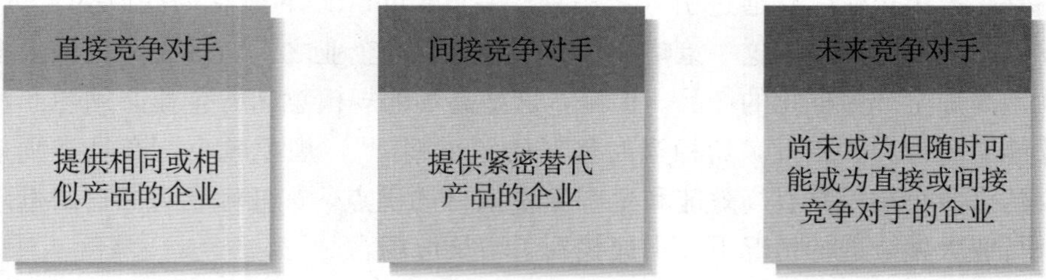

图 5-3　新企业面对的竞争对手类型

以下介绍了与各个竞争对手类型相关的挑战：

- **直接竞争对手。**这些企业所提供的产品或服务与正在进行竞争对手分析的企业基本一致或高度相似。这些竞争对手是最重要的，因为它们与新企业都在追逐相同的客户群体。即使新企业拥有更好的产品，也很难把这些主要竞争对手的忠实拥护者争取过来。
- **间接竞争对手。**相对于正在进行分析的企业而言，这些竞争对手提供的是其产品的紧密替代品。这些企业的产品也很重要，它们与新企业产品所能满足的基本需求一致。例如，当人们告诉可口可乐公司前首席执行官罗伯托·戈伊祖塔（Roberto Goizueta）可口可乐已达到最大的市场份额时，他反驳说，普通人平均每天喝 64 盎司液体，而可口可乐在其中所占的比例不足 2%。
- **未来竞争对手。**这些公司尚未成为直接或间接竞争对手，但它们随时可能扮演这样的角色。企业总担心会有强大的竞争对手进入其市场。例如，试想一下，自亚马逊成立以来，巴诺书店和其他实体书店的世界发生了多么巨大的变化。对于 2011 年申请破产的博德斯书店（Borders）来说，这些变化可能特别具有戏剧性。当年晚些时候，博德斯书店的老对手巴诺书店购买了其剩余资产（主要是其品牌名称）。另外，试想一下智能手机对各种企业的竞争性质造成了怎样的改变，包括那些出售娱乐服务、电话服务的企业等。

对企业而言，识别所有直接和间接竞争对手是不可能的，更不要说未来竞争对手了。但是，识别其中最重要的 5～10 个直接竞争对手以及最重要的 5～10 个间接和未来竞争对手，将使企业在填写竞争分析表时更加轻松。

如果一家企业没有直接竞争对手，那么它不应忘记“现状”可能就是其最难对付的竞争对手。通常，人们不愿改变，并且总是喜欢存钱胜过花钱。[20]产品或服务的效用必须高于成本——这不仅体现在花费上，还体现在转换新产品或学习新事物的难易程度上——才能促使人们购买新产品或服务。[21]

在竞争激烈的行业中，小企业可以通过创造有意义的价值以及与竞争对手形成鲜明差异来保持竞争力并赢得市场份额。在本章“创业型企业的法宝”专栏中，就有三家企业成功地做到了这一点。

创业型企业的法宝　通过创造有意义的价值以及与竞争对手形成差异，在竞争激烈的行业中发展壮大

Raden 网站：www.raden.com　脸书：Raden　推特：@raden

Suja Juice 网站：www.sujajuice.com　脸书：SujaJuice　推特：@SujaJuice

The Muse 网站：www.themuse.com　脸书：The MuSe　推特：@dailymuse

初创企业若要在竞争激烈的行业中表现良好，只需满足两个条件：（1）以合理的价格

为客户创造有意义的价值；(2) 有效地将自己与竞争对手区别开来。实际上，这些因素可以在很大程度上减少波特五力模型中三种力量的影响，从而使其在现有企业的竞争中屹立不倒，阻止替代者的出现，并通过为客户创造价值和提供独一无二的产品或服务来阻拦新进入者进入该市场。

以下是三家企业的示例，它们在其行业中创造了独特的价值，并与竞争对手形成了差异。它们所在的行业竞争非常激烈，但这三家公司仍在不断发展壮大。

Raden 智能行李箱

想一想行李箱行业。你能想到一个将技术、价值和时尚的设计全部整合到一个箱包上的品牌吗？你没想到，Raden 行李箱的创始人乔什·乌达什金（Josh Udashkin）也没想到，因此他花了两年时间创造了其企业产品。Raden 箱包不仅美观、轻巧、牢固，拥有很大的内部空间，而且能为旅程免去许多担忧。为避免智能手机电量耗尽，箱包上集成了一块 7 800 毫安的电池，能够为智能手机充满四次电。为避免箱包超重，符合人体工程学的手柄可称重。为避免你不知道行李箱是否已放上行李传送带，每个 Raden 行李箱都配备了蓝牙，当行李箱位于附近时会作出提示。

行李箱搭配了铝制手柄和四个旋转轮。内部有分隔合理的隔层，两端各有一个布套，用于固定物品，右边还有一个小袋。行李箱通过拉链开合，拉链外有防水襟翼。Raden 行李箱有两种尺寸、七种颜色和两种饰面。它分为 22 英寸的随身行李箱和 28 英寸的托运行李箱。两种尺寸的行李箱都集成了一款智能手机应用程序。该应用程序有三个主要功能：查看行李箱的电量情况（用于给智能手机充电的电池本身必须定期充电）；对行李箱进行称重；追踪行李箱的位置。行李箱上的定位器可以在行李箱非常接近你时发出提醒，这就意味着此时行李传送带上可能很快就会出现你的行李箱。如果行李箱丢失，定位器可以帮你追踪行李箱的位置，一旦全世界任何一个使用 Raden 应用程序的客户检测到了你的行李箱，该应用程序就会向你发出提醒。当越来越多的人开始使用 Raden 应用程序时，这一功能越来越有价值。

Suja Juice

Suja Juice 在纷乱无序的果汁和餐食替代行业展开了竞争。Suja 是一种"冷榨"果汁，使用液压技术从水果和蔬菜中提取果汁。事实证明，冷榨果汁含有更多的营养成分，保质期长达 30 天。冷榨果汁的支持者声称，与巴氏杀菌的果汁相比，冷榨果汁的味道更好且营养更丰富。

Suja 的意思是"悠闲美好的生活"。该公司是由四名圣迭戈当地人创立的——一位终身从事该行业的果汁制作者、一位生食厨师、一位屡获殊荣的餐厅老板，以及一位成功的哈佛大学工商管理硕士（MBA）和社会企业家。他们希望配制出最优质的有机、非转基因果汁，并进行分销。这种果汁要好于目前市面上的任何果汁。2016 年，Suja Juice 被 Inc. 500 评为"增长最快的食品和饮料公司"。早期，该企业的创始人送货上门，如今，美国各地的商店均能买到 Suja Juice 的产品，包括全食超市、大众超市（Publix）、塔吉特等。

Suja Juice 的所有产品均由有机、非转基因的水果和蔬菜制成，并且不含麸质、乳制品、大豆和防腐剂。Suja Juice 有五个产品线：Suja、经典（Classic）、元素（Elements）、益生菌水（Probiotic Waters）和饮用醋（Drinking Vinegars）。无论是果汁，还是 Suja Juice 的其他产品，都有多种口味。其中，果汁包括魔力芒果（Mango Magic）、精华浆果

(Berry Goodness）和迷恋胡萝卜（Carrot Crush）等。许多人用 Suja Juice 的产品进行果汁节食，这是一种独特的短期节食方式。人们在短期内只饮用果汁，然后吃一些健康食品，这样做的目的是让消化道有机会休息。

Suja Juice 的产品既可以单独购买，也可以订购。它的价格不菲，一瓶 16 盎司的产品售价高达 6.66 美元。

The Muse

The Muse 处在竞争激烈的人员招聘和配置行业中。该企业试图解决的问题是：大多数招聘网站都难以激发热情。通常，网站对工作的描述都很直白，列举一些工作所需的技能和教育背景，对公司做循规蹈矩的介绍。很少有网站会提供有关公司文化、工作环境和以往员工经历方面的见解。如果允许人们访问和参观他们希望加入的公司，则可以帮助他们获取此类见解。但有时候，公司和求职者花费了大量时间相互了解，却发现这份工作并不合适。

The Muse 为解决这些问题，向求职者提供了有关公司及其文化和工作环境等较为丰富和详细的信息，供求职者参考。The Muse 的职位发布栏中包括职位描述、公司工作环境的照片以及对现有员工的简短采访。其目的就是让求职者对公司文化和职员类型有更深入的了解。The Muse 的目标并不是让每家公司都看起来像世界上最好的工作场所，而是实事求是地让求职者了解公司，以便他们在决定是否从事某项特定工作时作出明智的判断。你可以访问 www. themuse. com 查看目前正在 The Muse 上开展招聘活动的公司资料。

思考题

1. 本专栏中介绍的三家公司有什么共同属性？这些属性如何帮助公司在竞争激烈的行业中发展壮大？

2. 这里介绍的每家公司都是通过何种方式在其行业中重新定义客户体验的？

3. 你认为在本专栏介绍的三家公司当中，哪一家会对其行业产生最深远的影响？描述你认为可能产生的影响。

4. 找出另外一家在高度竞争的行业中发展壮大的公司。对该公司进行分析，并找出其与竞争对手相区别之处。

资料来源：Raden Homepage，www. raden. com（accessed February 15，2017）；Suja Juice Homepage，www. suja-juice. com（accessed February 15，2017）；The Muse Homepage，www. themuse. com（accessed February 15，2017）；V. Decker，"With $3. 5M in Funding，Raden Is the Latest Smart Luggage Company Aimed at Tech-Savvy Travelers，" *Forbes*，March 29，2016；Wikipedia，Suja Juice，www. wikipedia. com（accessed February 15，2017）.

竞争情报的来源

要填写具有实际意义的竞争分析表，首先，企业必须了解其竞争对手的策略和行为。企业为了解其竞争对手而收集的信息称为**竞争情报**（competitive intelligence）。获取正确的竞争情报通常不是件容易的事。如果竞争对手是一家公开交易的公司，则可以通过其向美国证券交易委员会（Securities and Exchange Commission，SEC）报送的年度报告来了解该企业的业务和财务状况。这些报告是公开信息，可以通过 SEC 网站（www. sec. gov）

取得。如果竞争对手是私有公司，则取得正确的竞争情报较为困难，因为私有公司无须公开其信息。企业可通过多种正当手段取得其竞争对手的信息，表5-4列出了最常用的几种来源。

表5-4 竞争情报的来源

来源	描述/好处
参加会议和行业展会	参加者谈论该行业的最新趋势，并展示他们的最新产品。
购买竞争对手的产品	购买并使用竞争对手的产品可以帮助企业深入了解其优势和劣势。购买过程本身可以提供与竞争对手的待客之道相关的数据。
研究竞争对手的网站和社交媒体页面	许多公司在其网站上发布了大量信息，包括产品信息和公司的最新动态。同样，在公司的脸书和推特等社交媒体页面上也包含大量信息。
设置谷歌电子邮件提醒	谷歌电子邮件提醒能够根据任何你感兴趣的关键字，提供谷歌最新搜索结果，包括新闻通信、新闻报道和博客文章等。你可以使用自己的公司名称或竞争对手的名称来设置电子邮件提醒。
阅读与行业相关的书籍、杂志、网站和博客	这些资源当中包含了许多有关竞争对手信息的文章或专栏。
询问客户是何因素促使他们购买你的产品而不是竞争对手的产品	客户可以就竞争产品优缺点提供大量信息。

填写竞争分析表

如前所述，**竞争分析表**（competitive analysis grid）是一种工具，用于对企业收集的有关其竞争对手的信息进行整理。它可以帮助企业了解其与竞争对手较量的方式，为其追寻的市场提供思路，并且（可能也是最重要的）确定其竞争优势的主要来源。为生存下去，新企业相对于其主要竞争对手而言，必须至少具有一项明显的竞争优势。

表5-5是一个竞争分析表的示例。该表对应的是本章案例中介绍的快速休闲连锁餐厅——帕纳拉面包。不同于整体餐饮业，快速休闲餐饮业的主要竞争因素是价格，选择性，提供优质健康食品的认知，用餐环境，服务速度，提供不含麸质、非转基因的有机食品等，以及社会意识/慈善事业等。这些因素都列在帕纳拉面包竞争分析表的左侧。表头则列出了帕纳拉面包及其四个主要竞争对手。在每个格内，帕纳拉面包都相较于其主要竞争对手给自己作出了评价。这么做的目的是让公司了解在与竞争对手一较高下时应采取何种方式，并展示其具有优势（和处于劣势）的领域。例如，帕纳拉面包对其提供优质健康食品的认知、用餐环境和社会意识/慈善事业等方面，相较于一部分竞争对手给出了较高的评价。那么，它很有可能在广告和促销中使用这些信息。填写竞争分析表的另一个好处是，它可以帮助公司对其产品进行调整。例如，帕纳拉面包在多个标准上相对于其竞争对手给出了“持平”的评价。它可以利用这一认知来寻找一种方式提升自己在其中一项或多项标准中的实力，进而提高其总体竞争力。

表 5-5 帕纳拉面包竞争分析表

名称	帕纳拉面包	McAlister's Deli	奇波雷墨西哥烧烤	熊猫快餐(Panda Express)	Qdoba
价格	持平	持平	持平	优势	持平
选择性	持平	持平	劣势	劣势	劣势
提供优质健康食品的认知	优势	持平	持平	劣势	持平
用餐环境	优势	持平	持平	劣势	劣势
服务速度	持平	持平	优势	优势	优势
提供不含麸质、非转基因的有机食品等	持平	持平	持平	劣势	持平
社会意识/慈善事业	优势	持平	优势	持平	持平

复习题

1. 什么是行业？
2. 什么是行业分析？为什么新企业需要对其可能参与竞争的行业进行分析？
3. 环境趋势有哪四种主要类别？
4. 决定行业盈利能力的五种力量是什么？
5. 替代品的威胁为什么能够压制行业的盈利能力？
6. 新进入者的威胁为什么能够压制行业的盈利能力？
7. 阻碍企业进入市场的壁垒有哪六个主要来源？
8. 现有企业之间的竞争为什么能够压制行业的盈利能力？
9. 在决定供应商的议价能力的性质和强度时，是哪四个主要因素在起作用？
10. 供应商的议价能力为什么能够压制行业的盈利能力？
11. 在决定购买者的议价能力的性质和强度时，是哪四个主要因素在起作用？
12. 购买者的议价能力为什么能够压制行业的盈利能力？
13. 在选择自己即将参与竞争的行业时，有哪些非传统进入壁垒特别适合创业型企业学习？
14. 初创企业如何通过在行业中确立独特的“定位”来避免或减少压制行业盈利能力的五种力量？
15. 零散行业的特征是什么？为什么这些特征对创业者而言很重要？
16. 在零散行业中，新企业主要有哪些机会？
17. 成熟行业的特征是什么？
18. 在成熟行业中，新企业主要有哪些机会？
19. 什么是全球行业？
20. 全球行业中的企业最常采用的是哪两种策略？
21. 竞争对手分析的目的是什么？
22. 直接竞争对手、间接竞争对手和未来竞争对手之间有何区别？

23. “竞争情报”一词的含义是什么?

24. 对企业而言，为什么收集竞争对手的情报很重要?

25. 为了更好地了解竞争对手，哪几种竞争情报来源较适合创业型企业使用?

26. 填写竞争分析表的目的是什么?

应用题

1. 琳达·亨里克斯（Linda Henricks）考虑在家庭保健服务行业创办一家企业。当一位潜在投资者问她是否研究过该行业时，琳达回答说：“随着人口老龄化及寿命增长，家庭保健服务行业充满了潜力，因此没必要进行形式化的分析。”如果琳达对行业分析的重要性仍持目前的态度，她与潜在投资者之间的合作机会将会受到何种限制?

2. “如果你是风险投资者 5.1”专栏介绍了智能手机行业的 Prynt 公司。哪些环境和商业趋势有利于 Prynt 的独特方法和服务?

3. 阅读本章章末有关帕纳拉面包的案例。如果一家企业试图进入餐饮业中的休闲餐饮领域与帕纳拉面包一较高下，那么它需要面对并跨越哪些进入壁垒?

4. 思考并查找有关摩托车行业趋势的相关信息。尤其是在阅读本书时，发现那些可能对摩托车行业产生影响的经济、人口和法规变化。用一两段话描述你在搜索信息时发现的趋势及其对创业型企业的影响。

5. 你的朋友开发了一种新型地面清洁产品。据他介绍，该产品的优势在于，它使用了独特的化学成分，人们只需使用少量清洁液就可以清洁地面，而传统的、成熟的清洁产品则需要更多的用量。你的朋友确信，即使是沃尔玛也愿意向他支付不菲的价格购入并出售他的产品。根据你对购买者的议价能力的了解，向你的朋友提供一种不同的观点，阐述在他试图将自己的产品卖给沃尔玛时，这一商业巨头可能会如何应对。

如果你是风险投资者 5.1

Prynt 公司

网站：www.prynt.co　脸书：iamprynt　推特：@prynt

商业创意：打造一个手机壳，使苹果手机和安卓手机用户可以直接用智能手机打印照片。

推介：你是否曾经想过直接用智能手机打印照片？如果想过，现在可以实现了。Prynt 开发了一款智能手机壳，可以将你的智能手机变成即时相机，并帮你将图片打印出来。它的实现方式如下。给你的智能手机套上 Prynt 手机壳，它可以兼容多款手机。使用 Prynt 应用程序拍摄照片。该应用程序具备了多种附加功能，包括滤镜、文本等，所以你可以美化你的照片，查看满意打印。几秒钟后，手机壳的顶部就会出现一张彩色照片。它还有一个很棒的功能：Prynt 应用程序在拍照时会同时录制一段短视频。它能为你的每一张照片留下相应的记录。这些视频存储在云端并链接到相应的照片。任何使用 Prynt 应用程序的人都可以用他的手机识别照片并解锁视频，从而神奇地让照片展现出生动的一面。所以，如果你使用 Prynt 为你和你最好的朋友丽萨自拍，则可以将照片寄给你妈妈，如果你妈妈手机上装有 Prynt 应用程序，她可以直接识别该照片，并听到你对她说：“嗨，妈妈，这是我和我最好的朋友丽萨。我已经等不及让你见到她了。”你妈妈不需要 Prynt 手机壳，只需要这款应用程序就可以接收你的消息。这太酷了!

Prynt系统不需要无线网络或蓝牙，只要智能手机能够兼容即可。它也不需要油墨；Prynt手机壳使用热敏打印技术来激活ZINK相纸中的成色微粒。这项技术是一大进步。因为不需要墨盒，所以Prynt手机壳的尺寸可以尽可能小。替换用的相纸既可以从Prynt购买，也可以在零售店购买。除了使用智能手机拍摄的照片之外，你还可以打印出社交媒体上的自拍照、Instagram的图片，以及其他来源的照片。因此，如果有人向你发送了一张照片，你可以直接用Prynt手机壳及其应用程序将其打印出来。想象一下拥有Prynt手机壳可以带来的乐趣和便利。不用再去沃尔格林（Walgreens）或CVS打印你智能手机上最喜欢的照片，在与朋友外出游玩时，拍照之后可立即打印，然后和朋友一起欣赏照片。

Prynt手机壳及其应用程序在推出时得到了Kickstarter的青睐，当时有差不多10 000名支持者承诺提供超过100万美元帮助Prynt创业。这样的参与度表明，许多人相信该产品能够取得商业上的成功。

1. 根据本章介绍的内容，在作出投资决策之前，你会向该公司的创始人提出哪些问题？什么样的答案能够让你满意？

2. 如果你只能根据推介内容和公司网站提供的信息作出决策，你是否会投资该公司？为什么？

如果你是风险投资者 5.2

ZUtA Labs公司

网站：www.zutalabs.com　脸书：ZUtA Labs　推特：@ZUtALabs

商业创意：开发并使用一种简单易用的小型移动机器人打印机，它可以在任何地点、任何尺寸的纸张上进行打印。

推介：智能手机、笔记本电脑和平板电脑使人们能够随时随地开展工作，而打印机则不然。以往，人们难以在办公室之外的地方使用打印机——直到现在仍是这样。ZUtA Labs开发了一种打印机，仅比早餐吃的松饼大一些，它使人们无论在何处工作都可以进行打印。

ZUtA Labs打印机约4英寸宽、3英寸高，重量不到1磅。它可以通过应用程序无线连接至智能手机和个人计算机。进行打印时，人们只需打开设备，将其放在纸张的左上角，然后将要打印的内容发送至打印机。该打印机可以在50～60秒内以300dpi的分辨率在一张标准尺寸的纸张上打印。该打印机的万向轮系统可以使它在页面上来回移动。如果需要打印的内容不止一页，打印机会在到达第一页底部时停止工作，等待其被放置在下一页纸顶部后再继续工作。该打印机的充电电池可持续使用约1个小时，足以打印60页纸。给电池充满电需要3个小时。该打印机带有可更换墨盒，可以进行黑白打印。一个墨盒可打印约1 000张纸。

ZUtA Labs打印机时尚小巧，可以装入口袋或手提包。在打印时，它从页面的左端滑动至右端，然后向下移动并从右端回到左端，继续打印下一行。该产品有黑色和白色可供选择。ZUtA Labs打印机解决了远程工作时没有打印机的烦恼。想象你正在一家咖啡店努力完成一项任务或一份报告，你需要一台打印机。以前，你必须回到家中或办公室才可以打印你所创建的内容。现在，ZUtA Labs打印机帮你省去了这些麻烦。它对于远程工作的人来说也是理想的选择，因为他们如果不将传统打印机装箱携带，就会在需要打印机却没有打印机可用时感到沮丧。例如，在行业展会上拥有展位的人、在手工艺品展会或农贸市场上出售产品的人，或因其他任何原因离开办公室工作的人，都是ZUtA Labs打印机的理想客户。

ZUtA Labs于2014年成功开展了Kickstarter宣传活动，用于吸收资金，进行产品开发。该企业起初的目标是40万美元，最终从3 081名支持者处筹集了511 662美元。ZUtA Labs打印机的初始版本仅设计用于纸张打印，但公司意图推出可以在任何表面（包括木材和塑料等）进行打印的升级版本。

1. 根据本章介绍的内容，在作出投资决策之前，你会向该公司的创始人提出哪些问题？什么样的答案能够让你满意？

2. 如果你只能根据推介内容和公司网站提供的信息作出决策，你是否会投资该公司？为什么？

案例

帕纳拉面包：在竞争激烈的行业中占据有利位置

网站：www.panerabread.com　脸书：Panera Bread　推特：@panerabread

简介

如果你用波特的五力模型来分析餐饮业，你将无法得出有利的结论。有三种力量对盈利能力的威胁很大——替代品的威胁、新进入者的威胁以及现有企业之间的竞争。尽管存在着这些威胁，但仍有一家连锁餐厅正在朝着非常积极的方向前进。总部位于圣路易斯的帕纳拉面包是一家专业的连锁面包餐厅，它已从2003年的602家自营店和加盟店，增长至2017年初的2 100家。2016年，全系统内的销售额达到了27亿美元，同比增长6%；并且2017年的销售收入仍呈上升趋势。这些数字反映了该连锁餐厅强劲的表现。那么，帕纳拉面包的秘诀是什么？是什么让这家公司在行业整体陷入困境时仍在不断发展壮大？正如我们将要看到的，帕纳拉面包的成功可以用两个词进行解释：定位和执行。

消费者偏好的变化

帕纳拉面包的历史可追溯至1981年，当时它以Au Bon Pain（法语：美味面包）为名成立公司，拥有三家Au Bon Pain面包餐厅和一家饼干店。该公司一直缓慢增长，直至20世纪90年代中期，它收购了圣路易斯面包公司（Saint Louis Bread Company），这是一家位于圣路易斯地区的拥有20家面包餐厅的连锁企业。大概就在那个时候，这家新合并的公司的所有者发现，人们越来越倾向于寻找“特别”的产品——这些产品不同于一般餐馆中单调的食品。他们还注意到，尽管消费者厌倦了标准化的快餐，但他们并不愿意舍弃快速服务带来的便利。这一趋势使该公司得出一个结论：消费者希望将快餐的便利性与更高质量的体验相结合。换句话说，他们希望在愉悦的环境中快速享用美味佳肴。

快速休闲的出现

由于消费者偏好的变化，餐饮业中出现了一种被称为“快速休闲餐饮”的新类别。该类别抓住了快餐（速度）和休闲餐饮（美食）的优势，向消费者提供他们期望的替代选择，而没有明显的缺点。Au Bon Pain和圣路易斯面包公司的所有者认为，他们可以成为这一新类别中的开拓者，因此，他们对自有餐厅进行重新定位，并将其命名为“帕纳拉面包”。帕纳拉面包的定位可参见图5-4。市场定位图可以用一种可视化的方式展示行业中各公司的定位。帕纳拉面包的定位是一家面包餐厅，在温暖、友好的环境中出售美味、健康的食品。客户在前台点餐，通常不用10分钟，就能在取餐台或餐桌上接收餐点。

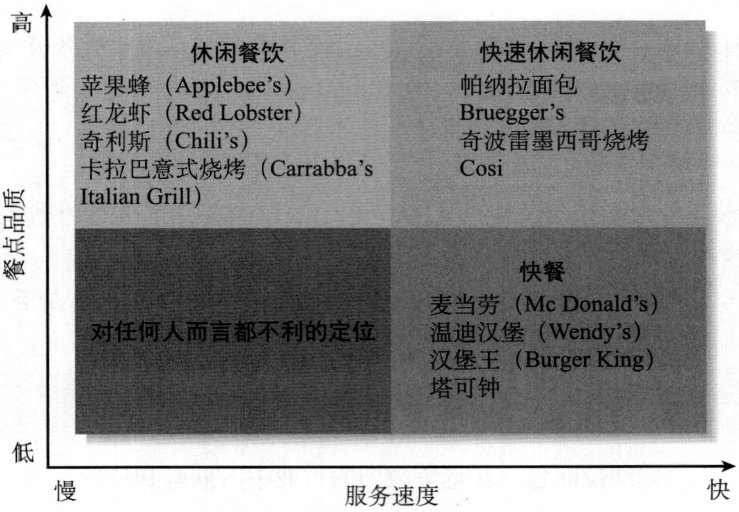

图5-4 各餐饮连锁店的定位策略

帕纳拉的快速休闲版本

为了在快速休闲餐饮类别中确立领导者地位并使其与竞争对手区别开来，帕纳拉面包（Panera的拉丁语义为"面包时间"）为其混合经营策略继续加码——推出了"特色食品"。该公司已经成为美国众所周知的面包专家，提供各种手工面包和其他特色面包，以及百吉饼、酥皮点心、松饼和其他烘焙食品。公司雇用的面包师通常在每天黎明前就烤好了当天的面包和其他烘焙食品。部分地区还参与了一个项目，每天关店后将未售出的烘焙食品捐赠给当地的慈善机构。帕纳拉面包餐厅供应早、中、晚餐，提供手工沙拉、招牌三明治，以及盛在可食用酸面包碗中的营养汤，另外还有冷热咖啡饮料及其他饮品。公司也提供宴会服务。它的餐厅营造出一种亲切轻松的氛围，这增添了它的吸引力。帕纳拉甚至建议了一个新的特色用餐时间，在午餐和晚餐之间，称为"放松时间"。

帕纳拉面包如今已是快速休闲餐饮类别中公认的领导者，它对未来的发展寄予厚望。它将快速休闲服务和特色食品相融合的独特方式也得到越来越多的认可。投资者兼餐厅老板马克·冯瓦登（Mark von Waaden）也表达了这一观点，他在公司迅速增长早期与其签订了协议，并在得克萨斯州休斯敦地区开设了20家帕纳拉面包餐厅。

冯瓦登认为这正是帕纳拉面包优势的本质。它不仅是一家餐厅。通过观察趋势并听取客户意见，帕纳拉面包餐厅的管理者让企业在艰难的行业环境中占据了独特且有利的地位。

现状与挑战

帕纳拉面包在快速休闲餐饮类别中的领导地位及其财务业绩引起了很大关注。该公司拥有超过47 000名员工，每周为830万名顾客提供服务，目前是美国最大的餐饮连锁店之一。它仍在不断创新和发展。2012年，帕纳拉面包开始对其新理念"帕纳拉2.0"（Panera 2.0）进行测试，该理念融合了一系列旨在增强顾客体验的综合技术。2014年，这一理念在部分餐厅推出，并且其数量逐年增加。"帕纳拉2.0"汇集了数字下单、支付和操作等新功能。转型至"帕纳拉2.0"的帕纳拉面包餐厅都设有桌面终端，该公司将其称为

"快速通道"，顾客可以用它下单并支付，无需去柜台。顾客进店后可以使用平板电脑点餐，也可以通过智能手机应用程序下单并支付。

随着越来越多竞争对手加入快速休闲餐饮类别（其中包括奇波雷墨西哥烧烤、McAlister's Deli、熊猫快餐和 Jimmy John's 三明治餐厅等），帕纳拉面包也面临着越来越多的挑战。因此，2015 年，帕纳拉面包改进了其定位，重新认识了品牌使命，即在快速休闲餐饮领域提供令人渴望的健康产品并提升顾客体验。"帕纳拉 2.0"就是其中的一部分。该公司还推出了新菜单，旨在帮助企业建立更高的声望。这些如今已非常流行的产品包括烤火鸡、苹果芝士三明治，以及芝麻菜、鸡肉沙拉等。作为改善客户体验的一部分，2016 年，帕纳拉面包还开始消除其食品中留有的少量防腐剂、甜味剂、人造增味剂和人造色素。

为保持增长，帕纳拉面包也在考虑采取其他措施。该公司正在探索能否在非传统地点开设帕纳拉面包餐厅。它也在探索送餐服务。鉴于其独特的定位，帕纳拉面包将送餐服务视为其进军大众市场的机会。

讨论题

1. 帕纳拉面包是如何在餐饮业中建立其独特的地位的？
2. 帕纳拉面包在餐饮业中的独特定位为企业取得成功做出了哪些贡献？
3. 帕纳拉面包为潜在竞争对手设置了哪些进入壁垒？
4. 帕纳拉面包的竞争优势主要来源于哪里？
5. 帕纳拉面包可以采取哪些合理、合法的竞争分析方式来对那些可能进入快速休闲餐饮类别的竞争对手进行分析？

资料来源：Panera Bread Homepage，www. panerabread. com（accessed February 18，2017）；Panera Bread Annual Report 2015；Panera Bread，Wikipedia，www. wikipedia. com（accessed February 18，2017）；M. Armental，"Panera's Quarterly Results Beat Projections，" *The Wall Street Journal Online*，https://www. wsj. com/articles/paneras-quarterly-results-beat-projections-1486503767，February 7，2017；"Industry by Industry：A Look at the Start，Their Stocks—and Their Latest Picks，" *The Wall Street Journal*，May 12，2003，R8.

注 释

第6章 撰写商业计划

学习目标

学完本章，你应该能够：

1. 解释商业计划的目的。
2. 描述商业计划的阅读者以及他们的期望。
3. 讨论撰写有效商业计划应当遵循的准则。
4. 认识并描述撰写商业计划时推荐采用的大纲。
5. 说明如何有效地向潜在投资者介绍商业计划。

本章讨论了撰写商业计划的重要性。虽然有些新企业只是随性所致，在开展业务时没有享受到正式的规划所带来的好处，但是几乎所有专家都建议创业者制订自己的商业计划。**商业计划**（business plan）是一种书面叙述，其长度通常为25～35页，描述新企业希望完成的目标以及计划如何完成该目标。对大多数新企业来说，商业计划有双重用途，它既可以在企业内部也可以在企业外部使用。在企业内部，该计划可以帮助公司制定“路线图”，在其指导下执行企业的策略和计划。在企业外部，它可以向潜在投资者和其他利益相关者介绍企业正在追寻的商机以及企业追寻商机的方案。[1]

本章开篇讨论了创业者在撰写商业计划时面临的挑战。之后讨论的话题包括撰写商业计划的原因、阅读商业计划的人和他们的期望，以及制订书面商业计划时应当遵循的准则。本章提供了商业计划大纲，并对计划每一部分所需的材料进行了描述，还介绍了向潜在投资者和其他人展示商业计划的策略。

商业计划

如第1章的创业流程基本模型所示，撰写商业计划是“开发成功的商业创意”这一创业流程的最后一项活动。太早撰写商业计划是错误的。商业计划必须有足够的内涵，并且就新企业的优势获取足够的信息，才能让阅读者相信新企业是值得期待并应该得到支持的。在可行性分析阶段，对潜在的新企业优势进行调查时，就可以积累大量此类详细信息。

尽管传统观点认为撰写商业计划很有必要，但仍有较大比例的创业者没有为他们的新企业撰写商业计划。事实上，《2015 年美国富国银行/盖洛普小企业指数报告》（2015 Wells Fargo/Gallup Small Business Index Survey）指出，只有 33%的创业者有正式的商业计划。[2]该数据与 2011 年哈特福德《小企业成功案例研究》的结论相似，该研究发现只有 35%的小企业拥有商业计划。[3]但这些统计数据并不妨碍创业者撰写商业计划。确有足够的证据表明，撰写商业计划是创业者在时间和金钱上的极佳投资。《2015 年美国富国银行/盖洛普小企业指数报告》还指出，拥有商业计划的企业在未来几年内获得的期望比没有商业计划的企业要高得多。与没有商业计划的公司相比，拥有商业计划的企业更有可能在未来 12 个月内员工人数、收入、资本支出，并申请新的信贷额度。[4]

撰写商业计划的原因

图 6 - 1 展示了撰写商业计划的两个主要原因。第一，撰写商业计划能够促使企业创始人对新企业各个方面进行系统性的思考。[5]这并非一项微不足道的工作——通常需要几天或几周的时间才能完善一个商业计划——并且，创始人通常需要在此期间定期会面，以便制订该计划。The Laundress 是一家出售特殊配方洗衣液和其他衣物护理产品的公司，其联合创始人格温·怀汀（Gwen Whiting）和林德赛·维贝尔（Lindsey Wieber）的例子就说明了制订商业计划可能涉及的工作量以及如何展开一项计划周密的新业务。怀汀和维贝尔在康奈尔大学（Cornell University）学习时相识，毕业后，两人决定创立自己的企业。

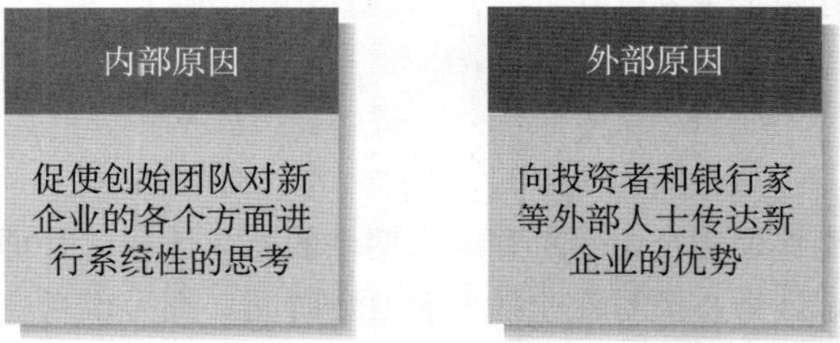

图 6 - 1　撰写商业计划的两个主要原因

怀汀和维贝尔在制订正式商业计划时所付出的辛劳和努力为他们带来了回报，该企业已经成功运营了 13 年。他们的产品通过自己的网站和多家商店销往千家万户。

正如怀汀和维贝尔的经历告诉我们的，撰写商业计划可以促使企业创始人专心研究其业务的各个方面，这一过程很难通过其他方式实现。想象以下场景。两个朋友正在考虑开设一家海鲜餐厅。他们用接下来两个月的时间开展了可行性分析并精心讨论了每一个细节。他们确定了自己的目标市场，制订了初步菜单，绘制了餐厅的效果图，与潜在客户交流，制订营销计划，确定雇员计划及雇用的员工类型，安排场地，决定启动资金的数额，并编制了五年期的备考（预计）财务报表。经过 18 次会谈并与 100 位潜在客户交流，他们制订了一份 30 页的商业计划。该计划对其业务的各个方面作出了说明。无论企业创始人多么认真，如果不撰写商业计划，他们很难找到另一种方式将这种程度的细节一一囊括。如前所述，撰写商业计划能够促使企业创始人对企业的各个方面进行系统性的思考，并制定出可供遵循的具体蓝图。

撰写商业计划的第二个原因是，它可以为公司创建一份自我推销的文件。对于年轻的公司来说，它提供了一种向潜在投资者、供应商、商业合作伙伴、关键职位候选人和其他人展示自己的机制。想象一下，你有足够的资金投资一家新企业。[6]在一次为初创企业举办的会议上，你与多名创业者进行了非正式交谈，并决定进一步了解其中两家新企业。你与第一位创业者联系，想要查看其商业计划的副本。这位创业者有点犹豫，他说他还未制订正式的商业计划，但很想与你一起讨论他的创意。你又联系了第二位创业者，并提出了相同的请求。这位创业者说，她很乐意给你发送一份28页的商业计划以及一份10页的演示文稿。演示文稿对商业计划进行了概述。一两个小时后，演示文稿发送至你的电子邮箱中，还附带了一个说明：商业计划将于第二天早晨发送。你浏览了演示文稿，发现它们清晰明了、要点突出，并且能够很好地概述该商业机会的优势。第二天，商业计划如期送达，也同样令人称赞。

你会投资哪位创业者的企业？在其他条件相同的情况下，答案很明显——第二位创业者。第二位创业者拥有商业计划这一事实，不仅仅向你提供了企业的详细信息，也表明该创业者充分考虑了企业的每个要素，并投入了必要的时间和精力为新企业制订商业计划。拥有一份商业计划也可以让投资者有所反馈。（至少刚开始时）很少有投资者可以腾出时间“聆听”你对新企业的想法。

谁会阅读商业计划？他们的期望是什么？

企业的商业计划有两个主要受众群体。[7]我们将分别进行介绍。

企业员工

一份清晰明了且能够表达企业愿景和未来期许的商业计划对管理团队和普通雇员而言都非常重要。有些专家认为，撰写商业计划会浪费时间，因为市场变化之快使得任何计划都将很快过时。尽管市场确实处于迅速变化之中，但是撰写商业计划的过程可能与商业计划本身一样充满价值。

清晰明了的商业计划还可以帮助企业的普通员工同步协作，以一种一致且有目的的方式推动企业前进。商业计划对年轻企业的职能部门负责人而言特别有用。例如，假设一家快速增长的初创企业新近聘用你担任副总裁。正式的商业计划对企业的各个方面都进行了详细介绍，企业的策略和目标能够帮助确保你所做的工作与企业的总体方向一致。

投资者和其他外部利益相关者

商业计划的第二个受众群体是正在被吸收进企业的外部利益相关者，例如投资者、潜在商业合作伙伴和主要员工等。为了吸引这一群体，商业计划必须务实且不能表现出该企业过度自信。过于乐观的陈述或预测会降低商业计划的可信度，将其包括在商业计划内是不明智的。同时，该计划必须清楚地表明其商业创意的可行性，并且相对于其他低风险投资选择，能够带给潜在投资者更大的财务回报。对潜在的商业合作伙伴、客户和关键人员来说，也是如此。除非新企业表现出了巨大潜力，否则投资者没有理由参与其中。

投资者对正式商业计划的依赖程度各不相同。[8]开始时，许多投资者会要求企业提供商业计划的演示文稿或执行纲要。演示文稿是一套精简的幻灯片，对商业创意进行了描述；执行纲要用一两页纸对整个商业计划进行概述。如果投资者的兴趣被激发了，有时可能会要求企业提供完整的商业计划。虽然这不是必然的，但企业仍有制订商业计划的必要。如果想让投资者作出承诺，在大多数情况下，都需要在尽职调查阶段提供商业计划。[9]尽职调查是指投资者作出试探性的投资承诺后所经历的过程。[10]投资者会根据其深入调查的结果作出承诺，这些调查涉及企业的优势、是否存在法律问题，以及商业计划中的主张是否准确和务实等等。

在向他人展示商业计划之前，企业必须验证其商业创意的可行性并对其竞争环境有充分的了解。如第3章中强调的，经验丰富的投资者、潜在商业合作伙伴和关键员工会根据事实而不是猜测或陈词滥调来评估企业的未来前景。公司在其商业计划中能够提供的最令人信服的事实就是其可行性分析的结论和关于其独特且有竞争力的商业模式的阐述。如果商业计划完全按照创业者对企业未来前景的预测作出，它会显得很空洞。以 Rent the Runway 为例，该企业出租而不是出售名牌服装，它正是凭借早先开展的可行性分析为其商业计划奠定了坚实的基础。第3章的章末案例对 Rent the Runway 进行了介绍。

除了前述特征外，商业计划还应当披露企业在开业之前必须解决的所有资源局限性问题。例如，企业可能需要雇用客服人员才能兑现其在销售产品时作出的质量保证承诺。对一家新企业而言，淡化或隐藏其资源需求是不明智的。新企业寻求投资者的主要原因之一就是获取所需资本，用以聘用关键人员、进一步开发其产品或服务、租赁办公地点或填补其经营中的缺口。投资者对此予以理解，并且经验丰富的投资者通常愿意帮助那些接受其投资的企业填补资源或能力上的缺口。

商业计划撰写准则

撰写商业计划会受到多条重要准则的影响。我们应当牢记，企业的商业计划通常是投资者看到的与企业相关的首个方面。如果该计划不完整或显得草率，投资者很可能推断该企业本身也不完整且过于草率。[11]在将商业计划发送给投资者或任何可能与新企业有所关联的其他人之前，应充分重视商业计划的结构、内容和样式。表6-1列出了商业计划某些方面不足或未达到要求时可能出现的“危险信号”。

表6-1　商业计划中的“危险信号”

危险信号	说明
创始人在风险投资中没有投入自有资金	如果创始人都不愿意投入自有资金，其他人怎么会愿意投资呢？

续表

危险信号	说明
缺乏依据的计划	计划应当建立在有力的证据和可靠的研究之上，而不是凭空猜测或基于创业者的想当然。计划中应当注明一手资料研究和二手资料研究的来源。
将市场范围定义得过于宽泛	如果新企业对市场的定义过于宽泛，则意味着它尚未明确自己真正的目标市场。假如计划中指出，新企业的目标市场是音乐行业，那么这种阐述毫无意义。市场机会应该得到更好的定义。显然，新企业应当瞄准行业中的某个细分市场或特定市场。
过于激进的财务目标	许多投资者直接跳到了计划的这一部分。未经充分论证或不切实际的乐观预测会失去可信度。相反，清晰、合理的论证，配合可靠的研究和判断，能够快速让人信服。
任何领域的疏忽	错别字、资产负债表不平衡或者任何领域的疏忽，都会增加阅读难度。这类错误被视为细节上的疏忽，会损害创业者的可信度。

商业计划的结构

为了给人留下最好的印象，商业计划应当遵循常规结构，比如后文所讲的商业计划大纲。尽管有些创业者想要在他们做的每件事上都表现出创造力，但商业计划通常不宜偏离传统的基本结构。投资者都非常忙，他们希望拿到计划时能够轻松地找到关键信息。如果投资者因为他所需的内容不在其应有的位置或位于一些不同寻常的位置而不得不自行寻找，那么他很可能干脆放弃转而浏览下一个商业计划。[12]

许多软件包采用交互式的菜单形式来帮助创业者撰写商业计划。其中一些程序十分有帮助。[13]但是，创业者应当避免自己的计划看起来像是“组装”起来的样本文件。软件包可能有助于确定文件结构并节省时间，但商业计划中的内容仍应该根据企业的特点量身定制。有些企业聘请咨询师或外部顾问来撰写商业计划。虽然寻求建议或确保计划看起来更加专业并没有错，但咨询师或外部顾问不应当是商业计划的主要作者。除了事实和数据之外，商业计划还需要对新企业未来的可能性表现出兴奋和期待的感觉——这一任务最好由企业的创建者来完成。[14]

商业计划的内容

商业计划应当就新企业的所有重要方面提供清晰明了的信息。它必须足够长才能涵盖充分的信息，但又不能过于冗长以至于阅读者失去阅读兴趣。对大多数商业计划而言，25～35页（一般更接近于25页，而不是35页）就足够了。诸如创业者简历之类的辅助信息可以放在附录当中。

在完成商业计划后，应当对其中的拼写、语法进行检查，并确保没有遗漏任何关键信息。发送给投资者的很多商业计划都遗漏了重要信息，如重要的行业趋势、公司需要融资的数额或者资金的使用方式等。一位投资者甚至告诉本书作者，他曾经收到一份商业计划，上面没有创业者的任何联系方式。这很可惜，因为这位投资者确有兴趣进一步了解该商业创意。[15]

商业计划的样式或形式。商业计划的外观必须得到重视。它应当抢眼，但又不能给人以花费重金打造的印象。那些阅读商业计划的人知道创业者的资源有限，并希望他们采取合理的应对方式。使用具有透明封面和封底的塑料线圈文件夹来装订商业计划，是个不错的选择。在撰写计划时，应避免过度使用文字处理程序中的设计元素，如黑体字、斜体字、不同的字号和颜色、剪贴画等等。过度使用这些工具会使商业计划看起来很业余。[15]

商业计划的撰写者最常问的一个问题是："应该写多长以及多详细？"这个问题的答案取决于你正在撰写的商业计划类型。觉见的商业计划有三种，每种类型在长度和详细程度方面都有不同的要求。三种商业计划类型如图 6-2 所示。

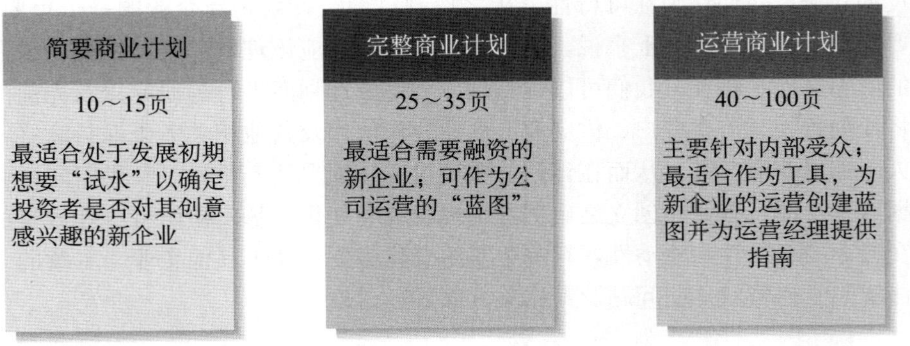

图 6-2　商业计划的类型

- **简要商业计划。简要商业计划**（summary business plan）长度为 10～15 页，最适合那些处于发展初期且尚不具备撰写完整商业计划条件的公司。撰写者可能需要通过融资来开展必要的分析，以撰写完整的商业计划。令人意想不到的是，经验丰富的创业者也会使用简要商业计划，他们可能正在考虑创立新企业，但又不想花时间撰写完整的商业计划。如果多宝箱的联合创始人德鲁·休斯顿（Drew Houston）正在考虑创办一家新企业，他可能会撰写一份简要商业计划，然后发送给选定的投资者，以获取有关其创意的反馈。大多数投资者都知道休斯顿在多宝箱上取得的成功——多宝箱是 2007 年成立的文件免费存储服务商，因此不再需要详细的信息。
- **完整商业计划。完整商业计划**（full business plan）通常有 25～35 页。与简要商业计划相比，这种类型的计划更详细地阐明了公司的运营和规划。为投资者准备的商业计划通常就是这种形式。
- **运营商业计划。**有些已成立的企业会撰写**运营商业计划**（operational business plan），这种计划主要针对内部受众。运营商业计划是公司运营的蓝图，通常为 40～100 页。这类计划显然可以包含大量细节，为运营经理提供指南。

如果投资者只要求你提供商业计划的演示文稿或执行纲要而非完整的计划，请不要惊慌——这种情况很常见。如果投资者感兴趣，他们会要求你提供更多的信息。即使最开始时无须提供完整的商业计划，大多数投资者仍然认为撰写完整商业计划的过程十分重要。

向投资者或其他利益相关者发送商业计划时应附上一封自荐信。自荐信中应当对创业者作简要的介绍并明确说明为何将该商业计划发送给特定的接收人。如第 10 章所述，如果一家新企业正在寻求融资机会，那么在获取投资者列表后，将其计划盲目地发送给列表上的每一个人将会是一个糟糕的策略。相反，每个收到该计划副本的人都应该经过精心挑选，以确定他们是否有可能成为投资者候选人。

认识到计划中可能发生变化的因素。撰写商业计划的最后一个准则是认识到计划会随着其撰写的进程和业务的发展而变化。在创业者致力于制订计划并开始接收他人反馈时，总会出现新的见解。这一过程贯穿公司的整个生命周期，它使创业者对新的见解和创意保持警醒和开放的态度。

由于商业计划常常在撰写过程中发生变化，因此出现了一种新的思想流派，他们反对撰写商业计划，并提倡在正式规划之上通过客户反馈，以试验和试错的方式收集信息。[17]这种做法与“精益创业”活动相关，它促成了许多出色的创意，特别是在确定商业创意和执行该创意的商业模式之前，它能够直接从潜在客户处征求反馈意见。但在本书中，我们采取相反的立场。我们认为在可行性分析之后制订商业计划是新企业的一个重要出发点，具有重要作用。从这个意义上来说，制订商业计划的人应该理解，它并不是一份搁置在办公桌上的静态文件。相反，我们可以预料到，为完成计划而进行的研究以及先前的可行性分析都将使创始人与潜在客户、供应商、商业合作伙伴及其他相关人士保持联络，并从这些关键人士那里获取反馈，从而在计划的撰写过程中对其进行修改。[18]我们同样可以预料到，根据后续反馈，企业在创立之后也将出现发展和变化。基于初始可行性分析的质量以及其所在行业的新颖性和波动性，有些企业的变化程度会高于其他企业。本章的“创业型企业的法宝”专栏将对这些问题及其相关方面进行讨论。

创业型企业的法宝　“收放自如”的秘诀

Songkick 网站：www.songkick.com　脸书：Songkick　推特：@songkick

GrubHub 网站：www.grubhub.com　脸书：GrubHub　推特：@Grubhub

Instagram 网站：www.instagram.com　脸书：Instagram　推特：@instagram

企业所有者面临的挑战之一是：企业创立并开始接收客户反馈之后，应该在何种程度上坚持其原有的商业计划。基本上，企业都需要对其商业计划进行一些更改。但是，商业计划的演变程度会因其创始人的设想而有所不同。有时，一个极佳的商业计划因创始人作出了改变而草草收场。有时，商业计划确实需要进行重大调整。而在另外一些情况下，企业需要彻底摒弃原计划，然后重新开始。以下各企业的经历有所不同，我们来简要介绍。

Songkick——无需改变

Songkick 是由皮特·史密斯（Pete Smith）、米歇尔·尤（Michelle You）和伊恩·霍加斯（Ian Hogarth）于2007年成立的公司。该公司要解决的问题是：音乐爱好者因为不知道自己喜欢的乐队正在自己所在的地区而错过了欣赏其表演的机会。常参加音乐会的人往往通过订阅场地电子邮件提醒、查看乐队网站和浏览常规音乐会新闻来避免出现此类问题。这是一种笨拙的方法，并且不能确保音乐迷不错过他们想看的音乐会。为了解决这个问题，Songkick 编制了一个包含大量售票机构、场地网站和当地报纸的索引，为即将到来的音乐会创建了一个最全面的数据库。它的目标是了解每个地方举办的每场音乐会——无论是独立乐队在当地夜总会的表演，还是碧昂斯在麦迪逊广场花园的演出。用户可以关注自己喜欢的表演者，如果有表演者公布其在该用户所在地区进行巡演的日期，Songkick 就会对该用户发出个性化的音乐会提醒。Songkick 通过在其网站上出售音乐会门票来赚取收入。虽然这些年来，Songkick 扩大了其服务范围，但其商业计划仍保持不变。如今，它有数百万订阅用户，并且在全世界的同类业务中保持领先。

GrubHub——需要少许改变

GrubHub成立于2004年，最初它只是个简单的餐厅列表网站。其创意是：打造一个网站，列出所有可以送餐至特定用户家中或办公室地址的餐馆。最初，其商业计划建立于“免费+增值”定价模式之上。GrubHub免费列出各家餐馆，然后通过向那些想在其网站上占据特定版位的餐馆收取订阅费来赚钱。它认为那些占据特定版位的餐馆能够从现有客户处得到更多订单，并且更有可能被新客户“发现”。过了段时间，GrubHub的创始人意识到，餐馆对他们的工作表示欢迎，但为可能发生也可能不发生的销售预先付费感到不快。它的客户很清楚，他们只想在GrubHub用户下单时向GrubHub支付费用。这些洞察促使GrubHub修改了其商业计划。公司从订阅模式（向餐馆收取占据特定版位的费用）转变为交易模式（对每笔订单收取佣金）。在作出更改后，要求加入GrubHub网站的餐厅数量出现了大幅增长。

Instagram——需要重大改变

过去的Instagram和现在的Instagram几乎不是一回事。在Instagram引领今天的照片共享风潮之前，其联合创始人凯文·斯特罗姆（Kevin Systrom）和麦克·克雷格（Mike Krieger）经营着一家名为Burbn的签到服务企业，该企业类似于Foursquare，提供一种基于位置的服务。用户可以进行位置签到，赚取点数与朋友一起出去玩，并在应用程序内共享图片。斯特罗姆和克雷格花了一年多的时间打造Burbn。这款应用程序全部完成，并得到了关注，他们因此获得了50万美元的融资。唯一的问题是——斯特罗姆和克雷格不喜欢它。他们觉得这款应用程序杂乱无章且功能过多。他们也担心其竞争力，因为已经存在两个类似的服务平台——Foursquare和Gowalla。而他们必须与Foursquare和Gowalla争夺市场份额。这使得他们退后一步，开始重新考虑。他们得出了一个结论：最好的办法是选择一个功能并将其发挥到极致。因此，他们将Burbn简化为他们所喜爱并且认为最能够发挥其价值的一组功能。这就是照片共享、评论及类似功能。Instagram就此诞生了。Instagram现在是一个极为流行的在线照片共享、视频共享和社交服务提供商，它允许用户拍摄照片和视频并使用数字滤镜。2012年，脸书以大约10亿美元的价格收购了Instagram。截至2016年12月，Instagram已经拥有6亿活跃用户。

思考题

1. Songkick自2007年成立以来，经历了互联网变迁，你认为该公司为什么能够在坚持其原有商业计划的情况下取得成功？

2. 如果GrubHub没有改变其商业计划，会发生什么？

3. 对有些初创企业而言，为什么即使有证据表明其现有商业计划无效，它们也难以作出改变？

4. 阅读第5章章末和本章章末的“如果你是风险投资者”专栏，它们分别介绍了Prynt和ZUtA Labs以及Beyond Meat和Ava。根据专栏和各公司网站上提供的信息，你认为哪家公司最容易保留其原有商业计划？哪家公司最困难？请对你的选择作出解释。

资料来源：Songkick Homepage，www.songkick.com（accessed February 21，2017）；GrubHub Homepage，www.grubhub.com（accessed February 21，2017）；Instagram Homepage，https://instagram（accessed February 21，2017）；B. Barringer and R. D. Ireland，*Entrepreneurship：Successfully Launching New Ventures*，5th edition（Upper Saddle River，NJ：Pearson，2016）.

商业计划大纲

表6-2是一个完整商业计划的推荐大纲。根据业务性质及创业者的个性，具体的商业计划可能会有所不同。大多数商业计划并未包括表6-2中介绍的所有内容；为了完整起见，我们将其全部列出。

表6-2 商业计划大纲

封面	六、营销计划
目录	总体营销策略
一、执行纲要	产品、价格、促销和分销
二、行业分析	销售流程（或周期）
行业规模、增长率和销售预测	销售策略
行业结构	七、设计和开发计划
参与者的性质	开发情况和任务
关键成功因素	挑战与风险
行业趋势	预计开发成本
长期展望	专有权利（专利、商标、版权、许可、品牌名称）
三、公司介绍	八、运营计划
公司历史	运营基本方式
宗旨	营业地点
产品和服务	设施和设备
现状	九、管理团队和公司结构
法律地位和所有权	管理团队（包括技能简介）
关键合作伙伴（如果有）	董事会
四、市场分析	顾问委员会
市场细分和目标市场选择	公司结构
消费者行为	十、总体时间表
竞争对手分析	十一、财务预测
年销售额和市场份额预测	资金来源与运用表
五、企业经济效益	假设前提
收入驱动因素和利润率	备考损益表
固定成本和变动成本	备考资产负债表
经营杠杆及其影响	备考现金流量表
启动成本	比率分析
盈亏平衡表及其计算	附录

探索商业计划的各个部分

封面和目录。封面应当包括公司的名称、地址和电话号码，日期，首席创业者的联系方式，以及公司网址（如果有）。另外，还可以包括公司的脸书、推特和Instagram名称等。联系方式应当包括电子邮件地址、智能手机号码和座机号码（如果有）。这些信息应当位于页面顶部中央。因为自荐信和商业计划可能分开呈递，所以最好在这两个文件当中都包含这些联系信息。封面底部应该有一行文字，提醒阅读者该计划的保密性质。如果公司已有独特的商标，则应当将其放置在页面中心附近。封面之后应该有一个目录。目录中应该列出该商业计划的各个部分和页码以及附录。

执行纲要。执行纲要（executive summary）是对整个商业计划的简短概述；它为忙碌的阅读者提供了其需要了解的有关新企业独特性质的所有信息。[19]如前所述，在许多情况下，投资者会首先要求创业者提供企业商业计划的演示文稿或执行纲要，只有在演示文稿或执行纲要具有足够说服力的情况下，他们才会要求提供完整商业计划的副本。因此，可以肯定的是，执行纲要是商业计划中最重要的部分。[20]在撰写执行纲要时最关键的一点是要记住，它不是商业计划的引言或序言；相反，它是商业计划本身的摘要。

执行纲要不应超过单倍行距的两个页面。其最简洁的形式是按照章节提供商业计划的概述。主题出现的顺序应当与商业计划相一致。另外，应当准备两份相同的执行纲要——一份作为商业计划的一部分，另一份作为独立的文档。如果投资者在决定是否阅读完整的计划之前要求创业者提供执行纲要，那么创业者就可以使用这份独立的文档来满足其要求。

虽然执行纲要位于商业计划的开头，但应该最后撰写。商业计划在撰写过程中会不断改进，因此我们无法在一开始就面面俱到。此外，如果你首先撰写执行纲要，就存在一种风险，即你可能会试图按照执行纲要撰写商业计划，而不再独立思考计划中的每个要件。[21]

行业分析。我们在商业计划的正文部分应当首先对企业意图参与竞争的行业进行描述。该描述应当包括与该行业各种特征相关的数据和信息，如规模、增长率和销售预测等。重要的是，我们应当完全将关注点放在企业所在的行业上，而不是同时关注行业和目标市场。在选择目标市场之前，企业应该对其所在行业有充分的了解——包括该行业中充满前景的领域和该行业的弱点。

行业结构指的是该行业的集中或零散程度。[22]相较于被少数大企业主导的行业而言，零散行业更容易接受新进入者。在商业计划中，你还应当向阅读者提供一种认识，让他们了解该行业的参与者。其中需要传达的特征包括：该行业的主要参与者是创新型的还是保守型的以及对环境变化的反应快慢等。你需要为阅读者构建一个场景，让他们看出你的企业将如何适应该行业并填补其缺口。同样必须让阅读者理解并向他们传达的是企业在行业中取得成功的关键因素。大多数行业都有6～10个关键因素，所有参与者都必须在这些关键因素上有所建树，这是他们在竞争中取得成功的基础。而大多数参与者都试图通过两三个领域的出色表现与其他参与者形成区别。关键成功因素通常就是企业竞争分析表（如第5章所述）左列的竞争因素。

我们还应当介绍行业趋势，包括环境趋势和商业趋势。最重要的环境趋势是经济因素、社会趋势、技术进步，以及政治和法规变化。商业趋势包括诸如行业利润率的增减、投入成本的升降等。在行业分析的结尾处，创业者还应该就自己对该行业的长期展望作出简要说明。

公司介绍。该部分从对公司的一般描述开始。乍一看该部分的重要性不及其他部分，但其实不然，因为它向阅读者证明了你知道如何将创意转化为企业。

公司历史部分应当精简，但也应当说明公司创意的由来及其背后的推动力。如果公司的创意是有感而发的，请讲出它的故事。例如，LuminAid是一家太阳能照明公司，它的创立者是哥伦比亚大学（Columbia University）的两名学生——安德莉亚·斯雷什塔

（Andrea Sreshta）和安娜·斯道克（Anna Stork）。斯雷什塔和斯道克的产品是一款可充气的塑料袋子，只有一个小枕头那么大，中部有一个方形小袋，小袋里装有太阳能电池板、三个LED灯和一个可充电电池。充气后，袋子里的LED灯会亮起来，并且可以在阳光下轻松充电。因为它是可充气的，所以在放气后很容易收纳和携带。这使它具备了一个优势，特别是在发生灾害的情况下。一个能装8个手电筒的盒子可以装50个这样的袋子。斯雷什塔和斯道克设计这款灯具的动机就来自她们对2010年海地地震受害者的关心。亲身经历告诉她们：一场灾难是如何对数百万人的生活产生消极影响的。使许多灾民饱受煎熬的一个原因就是缺乏照明设施。该公司的目标是让LuminAid照明灯成为常见的救灾物资之一。[23]

斯雷什塔和斯道克的故事是有感而发的，任何人都可以与之产生共鸣。这个故事甚至可以让人们停下来思考："这是一个很棒的创意。这正是那些从地震等自然灾害中恢复过来的人们所需要的解决方案。"

宗旨（mission statement）明确了公司存在的原因及其渴望达成的目标。[24]如果一个精心描写的宗旨得到了正确使用，那么它可以明确公司选择的路径，用以作为其财务和道德指南，并充当决策的基石。有些企业的商业计划中还包含了标语。**标语**（tagline）是企业计划用来增强其市场地位的短语。例如，Shyp的标语是"从此往后，交给我们吧"。Shyp是"如果你是风险投资者1.1"专栏的主角。它是一家快递服务公司，以最实惠的方式为个人和企业取货、包装和运送物品。

产品和服务部分应当包含你对产品或服务的说明。其中应当对产品或服务的独特性进行描述，并解释你计划将其定位于市场中的哪个位置。产品或服务**定位**（position）是其相对于其竞争对手的位置。例如，假设你计划开设一家饮品店，那么你就应当对你的饮品店不同于其他饮品店之处作出说明，并且在提供的产品和吸引的客户等方面对其市场定位进行描述。从这一部分开始对你的可行性分析结果进行报告是较为理想的。如果你在概念测试，购买意向调查以及图书馆、互联网和探查研究中取得了有意义的结果，也应当在此报告。

现状部分应当展示出公司的发展情况。以里程碑的形式进行思考，可以为进一步讨论相关内容构建一个良好的框架。**里程碑**（milestone）是指引人注目的或重大的事件。如果你选择并注册了公司名称、完成了可行性分析、开发了商业模式，并成立了法人实体，那么你已经实现了数个重要的里程碑。法律地位和所有权部分应当指明企业的所有者及其所有权的分布情况。在可确定的情况下，你还应当指明当前企业的所有权形式（即有限责任公司、S型公司等）。我们将在第7章中全面讨论企业所有权的不同形式。

市场分析。市场分析明显不同于行业分析。行业分析侧重于企业意图参与竞争的行业（例如，玩具行业、健身行业、男装行业等），而**市场分析**（market analysis）则将行业分为多个部分，并专注于该企业试图吸引的细分市场（或目标市场）。如第3章所述，大多数初创企业都致力于为行业内的特定目标市场提供服务。

通常，市场分析要做的第一件事是：对企业将要进入的行业进行细分，然后确认其所关注的特定目标市场。这可以通过**市场细分**（market segmentation）来实现。市场细分是一个将市场划分为不同部分的过程，它可通过多种方式进行，例如根据地理位置（城市、州、国家/地区）、人口统计变量（年龄、性别、收入）、心理变量（个性、生活方式、价值观）等等。有时，企业会从多个维度来进行市场细分，以便该企业深入挖掘其认为自己具有独特优势的特定细分市场。例如，专门为老年人提供手机服务的 GreatCall 在其市场分析中可能就采用了按照年龄和所求利益对手机市场进行细分的方式。有些初创企业正是通过行业细分的新方式来创造价值的。例如，在蒂丝·瑟维罗创立专门为女性制作吉他的黛西摇滚吉他公司之前，从未有人按照性别对吉他行业进行划分。黛西摇滚吉他公司的竞争优势在于，它制作的吉他更适合女性娇小的手掌和身形。

市场分析中还必须包含一个部分，直接对企业目标市场中的消费者行为进行研究。初创企业对其目标市场中的消费者了解越多，就越能够使其产品或服务适应消费者需求。例如，许多初创企业发现很难向公立学校出售产品，因为购买决策通常由委员会作出（延长了决策过程），且购买经费需要经过多层主管机关的审批。在第 5 章的“错在何处?”专栏中，我们对这一问题的复杂性进行了描述，该专栏介绍的 SharpScholar 是一家在教育技术领域创业失败的企业。在市场分析中，还应当包括**竞争对手分析**（competitor analysis)，第 5 章对如何完成竞争对手分析作了详尽的说明。

市场分析的最后一个部分是对企业的年销售额和市场份额进行预测。新企业有四种基本方法来预测其初始销售额。请尽量使用两种以上的方法来完成此任务。最重要的是，必须根据合理的假设作出预测，并使结果看起来既切合实际又可以实现。表 6－3 展示了创业者可以用来预测其销售额的四种方法。

表 6－3　预测新企业初始销售额的四种方法

方法	说明
使用乘法	此类别中有两种做法。计划在全国范围内销售产品的初创企业通常采用自上而下的做法。这就需要估计该产品的用户总数、客户支付的平均价格，以及企业将获得的市场百分比。计划在本地进行销售的初创企业则通常更多地采用自下而上的做法。该做法需要企业尽可能确定预期客户数量和平均每位客户花费的金额。
寻找可比较的企业	寻找一家可比较的企业并取得其年销售额预测。例如，如果你打算开设一家女装专卖店，请尝试找到一家与你的店相似的专卖店（但不在你的经营区域内)，然后致电店主，找到与他交流业务的机会。一旦你们建立联系，你就可以向他询问其企业年销售额的预测。
联系行业协会	与你所在行业的主要行业协会联系，并询问它们是否拥有类似企业的销售数据。如果行业协会没有对类似企业的年销售数据进行记录，询问它们是否有其他经验法则或度量标准可以帮助新公司来预测销售额。例如，许多行业协会会为其行业中的企业收集“每平方英尺平均销售额”或“每位员工平均销售额”等统计数据。
进行互联网搜索	互联网搜索通常可以反映杂志、报纸以及博客中有关你所在行业的企业情况。有时，这些文章会谈及类似的早期企业的销售经历。如果你知道某企业可以与你的企业进行比较，那么以该企业作为搜索目标。幸运的话，你可能找到一篇文章写道：“某某企业成立后前三年每年的总收入为 25 万美元。”如果这些数据的来源可靠，且该企业与你的企业具有可比性，那么你就找到了有用的信息。

企业经济效益。该部分始于企业的财务分析，而后通过财务预测进一步充实。它解决了一些基本逻辑问题，即企业如何赚取利润以及要出售多少产品或服务才能达到“盈亏平衡”并开始获利。

创业者应当确定主要的收入驱动因素，即企业的赚钱方式。如果企业出售单一产品而没有开展其他业务，那么它就只有一个收入驱动因素；如果企业出售产品并提供服务保障，那么它就有两个收入驱动因素；依此类推。我们应当确定每个收入驱动因素的整体毛利率大小。收入驱动因素的毛利率是指销售价格减去商品销售成本或变动成本。**商品销售成本**（costs of goods sold）指的是该收入驱动因素所需的材料和直接人工成本。因此，如果一个产品的售价为100美元，其商品销售成本为40美元（人工和材料），则其毛利为60美元。这60美元也称**边际收益**（contribution margin），即每增加一单位产品的销售能够收回企业固定成本并产生利润的数额。如果你的企业有多个收入驱动因素，则应计算每个因素的边际收益。如果你在既定的收入驱动因素类别中有多款产品，则可计算每种产品的边际收益并取平均值。（例如，如果你开了一家办公用品商店，那么你在“打印机”这一收入驱动因素下，可能有许多不同的打印机产品。）此外，你还可以根据每一收入驱动因素的预期销售百分比，给每个收入驱动因素的边际收益赋予相应的权重，并计算其加权平均边际收益。

接下来应该是对企业固定成本和变动成本的分析。前面已经得出了每个收入驱动因素的变动成本（或商品销售成本）。此处只要增加有关企业固定成本的预测。企业的**变动成本**（variable cost）会因销量而有所不同，而其**固定成本**（fixed cost）则是无论公司是否出售产品都会产生的成本。下一步需要讨论公司的经营杠杆。企业的**经营杠杆**（operating leverage）分析的是其固定成本和变动成本的比例。在固定成本相较于变动成本比例高的公司中，经营杠杆最高。相反，在固定成本相较于变动成本比例低的公司中，经营杠杆最低。企业应当对其预计的经营杠杆可能带来的影响进行讨论。例如，经营杠杆高的企业需要更长的时间才能达到盈亏平衡；但是，一旦达到盈亏平衡，它的收入就可以形成更高的收益。

企业应当对其一次性启动成本进行预测并将其填入表中。这些成本包括法定费用、营业执照和许可证办理费、网站设计、企业徽标设计以及类似的一次性费用。正常运营费用不包括在内。

该部分的最后还应当作一个盈亏平衡分析，即分析企业必须销售多少数量的产品才能够实现盈亏平衡并开始赚取利润。在第8章中，我们将对如何进行盈亏平衡分析进行介绍。

本章的“错在何处?”专栏提供了一个生动的案例，说明了企业经济效益与预期不符时会发生什么。该专栏重点介绍了Move Loot，这是一家拥有雄心壮志并发展迅速的初创企业，旨在让二手家具买卖过程无缝衔接并充满乐趣。该企业最终失败了，很大程度上是因为其经济效益不理想。

错在何处? Move Loot从企业经济效益中得到了什么教训

珍妮·莫里尔（Jenny Morrill）、比尔·博比特（Bill Bobbitt）、瑞安·史密斯（Ryan Smith）和什鲁蒂·沙（Shruti Shah）共同创立了Move Loot。他们参加了硅谷著名的Y Combinator加速计划。其商业创意是让买卖二手家具的过程变得顺畅且充满乐趣。不同于在克雷格列表上刊登广告并指望买家具的人用现金付款并自己开着卡车把家具拉走，Move Loot的解决方案是：从卖家手中取得家具，对其进行专业拍照，然后制作广告，保管家具，并在完成销售后将其运送至买家手中。Move Loot 会从销售款中抽取 50%作为佣金。美国二手家具市场每年的销售额高达 30 亿美元。

Move Loot 于 2013 年 10 月在旧金山成立，它的筹备时间很短。早期，Move Loot 以每周 25%的增长率突飞猛进。但遗憾的是，2016 年中期，Move Loot 倒闭了。尽管该公司创始人没有对 Move Loot 倒闭的原因进行说明，但我们可以从企业经济效益的角度窥见其潜在问题。

Move Loot 有两个收入驱动因素——从每个售出物品中抽取 50%佣金，以及对低于 500 美元的物品加收运费。从费用方面考虑，Move Loot 必须进行足够的营销，以吸引人们通过其服务出售并购买二手家具。与所有“双方”市场一样，除非双方都有足够的参与量，否则这种服务将不能发挥效用。一旦 Move Loot 找到了一个想要通过其服务出售二手家具的客户，它需要完成以下工作来赚取佣金：

1. 派司机、卡车和工作人员来到客户家。
2. 收取家具并将其运送至存放地。
3. 给家具拍照，撰写描述文字，并将其放在网站上出售。
4. 查看该家具的报价。如果买家不喜欢该价格，他可以讨价还价。
5. 保管该家具直至售出。
6. 卖出后收取钱款。
7. 将家具运送至新客户家。
8. 向家具的原所有者支付价款。

为赚取二手家具佣金，需要做很多工作。最重要的是，与家具店不同，如果家具没有售出，Move Loot 不能打折销售——因为这些家具属于客户。客户的家具必须在 60 天内出售。如果家具没有售出，客户可以付费将家具赎回、捐给慈善机构或要求延长时间。Move Loot 的固定成本和变动成本都很高。它的固定成本包括卡车、管理系统、存放场地，以及为二手家具拍照所需的相机和网站运营所需的服务器等设备的费用。在倒闭前，它已经扩展到了旧金山以外的多个城市。它的变动成本包括卡车司机、调度员、家具搬运工、仓储人员、销售管理人员费用，以及存放场地的运营成本等。总而言之，这些是一个线上二手家具店的开销。Move Loot 很可能陷入了这样一种境况：利润空间狭小、固定成本高昂、变动成本不菲，且部分库存难以得到迅速处理。这种组合让企业难以为继。简单说，就是“企业的经济效益”不好。

在倒闭前的几个月里，Move Loot 多次改进了其商业模式。2015 年 11 月，它扩大了市场范围，以便其他商店（如当地的旧货店）可以在 Move Loot 网站上发布物品。2016 年 3 月，它又变成另外一种模式，允许任何人将照片上传至网站，而 Move Loot 只负责收取和运送家具。但这些举措都未能拯救该公司。

Move Loot 的故事告诉我们：基本的“企业经济效益”是初创企业商业计划的重要组成部分。

思考题

1. 二手家具在 Move Loot 网站上出售，如果客户不接受其价格，他可以讨价还价。Move Loot 的 50%佣金是基于最终售价收取的。这必然使 Move Loot 难以预测其毛利率和单笔销售的边际收益。你认为这在多大程度上引发了 Move Loot 的问题？

2. 你认为 Move Loot 的商业模式在多大程度上是合理的？

3. 据你判断，Move Loot 一开始具有“企业经济效益”吗？Move Loot 如何以更合理的企业经济效益建立其业务？

4. Move Loot 的案例中有什么可供所有初创企业借鉴之处？

资料来源：F. Lardinois. “YC-Backed Move Loot Brings Furniture Consignment Into the 21st Century,” TechCrunch, available at https://techcrunch.com/2014/01/28/yc-backed-move-loot-brings-furniture-consignment-into-the-21st-century/(posted January 28, 2014, accessed February 19, 2017); S. Brown. “S. F. Moving Startup Packs It Up, Closes Doors After Layoffs, Customer Complaints,” Bizjournals.com, available at https://www.bizjournals.com/san-francisco/blog/techflash/2016/06/move-loot-on-demand-moving-startup-shut-down-handy.html (posted June 30, 2016, accessed February 19, 2017); B. Carson. “The Startup That Wanted to Dethrone Craigslist is Officially Shutting Down,” available at https://www.businessinsider.com/moveloot-shuts-down-2016-6 (posted June 29, 2016, accessed February 19, 2017).

营销计划。营销计划关注的是企业如何营销和销售其产品或服务。它涉及价格、促销、分销和销售等方面的营销细节。例如，为老年用户生产手机的企业 GreatCall 可能拥有出色的产品、明确的目标市场，并对客户和竞争对手有着深入理解，但它仍然必须找到自己的客户并说服他们购买产品。

描述公司营销计划的最好方法是：首先阐明其营销策略、定位和差异点，然后讨论如何通过价格、促销组合和销售流程以及分销策略，在总体上支持该计划。商业计划中关于营销部分的内容一般不超过 4 页或 5 页纸，显然，企业不可能将完整的营销计划包含在内，但至少应当给出要点。

企业的**营销策略**（marketing strategy）是指其营销产品和服务的整体方式。这种整体方式通常归结为企业在市场中的定位及其与竞争对手的区别之处。例如，GoldieBlox 作为一家玩具公司，将自己定位为向女孩介绍工程知识的企业。在美国，工程领域只有约10%的职位是由女性担任的。该企业的出发点是，通过讲故事的形式增加年轻女孩与建筑行为之间的联系。所以公司制作了一套玩具，试图在孩子们阅读冒险故事的同时解决问题。其最终目标是让女孩认识建筑艺术，并鼓励年轻女性从事工程方面的职业。

正如 GoldieBlox 告诉我们的，营销策略为公司如何通过产品、定价、促销和分销手段进入目标市场定下了基调并提供了指导。例如，它将始终在年轻女孩及其父母最有可能看见的地方进行产品促销和宣传。同样，它也很有可能通过玩具专卖店和自己的网站以及玩具反斗城（Toys“R”Us）等大型卖场来销售其产品。

接下来介绍的是公司在产品、价格、促销和分销方面的具体途径。如果你已经对产品进行了充分介绍，则可以直接跳到“价格”。如前所述，价格、促销和分销都应该与你的定位及差异点保持同步。价格特别重要，因为它决定着公司的获利数额。并且，这也是企业向目标市场发出的重要信息。如果 GoldieBlox 将其玩具宣传为既具有教育意义又环保，而且价格低廉的高质量玩具，那么其目标人群就会感到困惑。他们会想：“这没道理。GoldieBlox 的玩具质量是真的好吗？”此外，低价无法为 GoldieBlox 进一步开发玩具提供所需的利润。对营销和分销计划，你也应当进行简要的介绍。

最后应该对公司的销售流程或周期以及公司将采用的特定销售策略进行介绍。令人惊讶的是，许多商业计划只对其整体营销策略进行描述，根本未提及实际销售产品或服务的方式。

设计和开发计划。如果要开发一款全新的产品或服务，那么你需要在商业计划中包含一个部分，专门介绍开发工作的情况。许多看似很有前途的初创企业未能有成效，其原因就是它们的产品开发工作停滞不前，或者其产品或服务的实际开发难度比预期要高得多。

第一个要解决的问题是如何描述你的产品或服务开发的当前阶段。大多数产品都是按照合乎逻辑的顺序进行开发的，包括产品概念、原型制作、初始生产和全面生产。你应该具体描述你的产品或服务所处的阶段，并提供一份时间表，用以对剩余的步骤进行说明。如果你的企业处于起步阶段，并且如今只有创意，那么你应该详细说明将如何制作原型并对其进行测评。如第3章所述，**产品原型**（product prototype）是新产品或服务的首个实物表现形式，它通常是一种原始或初步的形式。这么做的目的是征求反馈，进而作出改进。产品原型（如GoldieBlox的玩具）可能包含产品的初始版本，供用户测评，然后反馈其体验。GoldieBlox随后将根据用户体验来修改或调整玩具。同样，对于一家基于网络的公司来说，其原型可能包含网站的初始或测试版本，其中内置了足够多的功能供用户测评，而后提供反馈。在某些情况下，有虚拟原型就足够了。**虚拟原型**（virtual prototype）是计算机生成的产品或服务创意的3D图像。它通过3D模型的方式将创意展示出来，供人们全景观看并可以360度旋转。

这里还应当包含挑战与风险部分，用于披露产品或服务在投入市场过程中预期的主要设计和开发的挑战与风险。虽然你需要保持积极的心态，但绝不能对你的设计和开发进程所需的时间和将要付出的努力持一种过于乐观的态度。经验丰富的阅读者都知道，产品和服务开发是一个必然充满挫折和挑战的过程，你对特定产品或服务的预期挑战和风险应有所洞见。

最后，你应该介绍你正在开发的产品或服务所取得的或计划取得的专利、商标、版权或商业秘密。如果你的初创企业仍处于初始阶段，并且尚未就知识产权问题采取任何行动，那么你应当寻求法律意见，从而至少能够对这些领域内的计划加以讨论。第12章将对知识产权进行讨论。

运营计划。商业计划中的运营计划部分将对你的企业的运营方式和你的产品或服务的生产方式作出概述。你必须在“充分描述该主题”和“提供过多细节”之间寻求微妙的平衡。阅读者希望能够对企业的运营方式有个总体的了解，但他们一般不太关注运营细节。因此，该部分最好能够做到简单明了。

在对企业的运营方式进行说明时，你可以使用一种有效的方法。首先，对运营中最重要的方面以及具有决定性的事物进行一般说明。然后，你可以按照“后台”（幕后活动）和“前台”（客户的见闻和体验）的框架进行讨论。例如，如果你要开设一家新的健身中心，则可能存在一些后台和前台问题（见表6-4）。

表6-4 新健身中心的常见后台和前台问题

后台（幕后活动）	前台（会员所见）
• 人员选拔 • 运营手册 • 与供应商的关系 • 与市政府的关系 • 准备营销材料 • 员工入职培训 • 应急预案	• 会员参观 • 营业时间 • 协助人员 • 健身课程 • 健身器材 • 讲习班 • 每月新闻

显然，在3～4页的运营计划中，无法对每个问题都作出阐述，但你可以列出最关键的后台和前台活动并对最重要的问题进行说明。

运营计划的下一部分应该对企业的营业地点进行描述。在某些情况下，位置是一个非常重要的因素，在另一些情况下则不然。例如，杰夫·贝索斯决定将亚马逊总部定在西雅图的原因之一就是：这座城市是多家大型图书出版商的主要发行中心。位于这些发行机构附近，使亚马逊获得了绝无仅有的成本优势。如果我们进行更细致的考察，则会发现：对餐厅和零售企业而言，位于大型商场或购物中心内，或者繁华的商业街，能够给它们带来巨大的变化。

该部分还应当对企业的设施和设备进行介绍。你应该列出最重要的设施和设备，并简要说明你将如何取得它们（或者你是如何取得它们的），是通过购买、租赁还是其他方式。如果你要生产某种产品，并且打算将生产承包或外包给他人，你也应当就如何实现这一目标作出说明。如果你的设施——如计算机程序员的通用工作区——没有什么特别的，则无需提供详细的说明。

管理团队和公司结构。许多投资者以及其他阅读商业计划的人都会首先查看执行纲要，然后直接进入管理团队部分，以评估创办企业的人员实力。投资者所阅读的大量商业计划都拥有有趣的创意和令人振奋的市场，但他们只能够对其中一小部分进行投资。因此，在诸多相互竞争的商业计划中，往往不是创意或市场赢得了融资，起决定作用的是管理团队给人的一种印象，即让投资者觉得该团队在创意的执行上优于其他企业。

新企业的管理团队通常由创始人和少数关键管理人员组成。从企业创始人开始，对管理团队中的每位成员都应该进行简短的介绍。介绍时应包括以下内容：

- 职位名称；
- 该职位的职责；
- 之前的行业经验及相关从业经验；
- 以往取得的成绩；
- 教育背景。

虽然只需进行简短的介绍，但仍应说明每个人的入选理由以及他将在哪些方面为企业的成功贡献独特的力量。如果你的团队拥有某些有利的属性，则应该进行重点介绍。例如，投资者及其他阅读商业计划的人都偏爱那些曾经有过合作经历的团队。他们的想法是：如果人们曾经一起工作过，并且决定合伙成立一家新企业，那么这通常意味着他们相处和睦并互相信任。[25]你还应当找出管理团队以及你的商业计划和时间表中存在的缺口并尽力弥补。管理团队关键人员的完整简历可附在商业计划的附录中。

如果初创企业已设立董事会和/或顾问委员会，则应当说明他们的资质和所起的作用，并将他们纳入管理团队。**董事会**（board of directors）由公司股东选举出的一组人组成，他们负责企业的管理工作。我们将在第9章中做更详细的介绍。**顾问委员会**（board of advisors）由企业管理层请来的一组专家组成，他们将长期为企业提供意见和建议。与董事会不同，顾问委员会对企业不承担法律责任，其建议对企业也无约束力。[26]许多初创企业在有能力聘请更多人员之前，会请一些拥有特定技能或专业知识的人担任顾问，以弥补企业在能力上的缺口。例如，如果两名网页设计师成立了一家企业，但没有任何员工具有营销知识，那么该企业可以请一两个具有营销知识的人加入其顾问委员会，以便为企业提供指导和建议。

在商业计划中，这部分的最后应当对公司结构进行重点介绍。即便是一家初创企业，也应当提供公司现有的大致结构，并概述随着公司发展，其结构会有何变化。公司的内部结构必须合理，沟通和问责机制必须清晰明了。在计划中包含对公司结构的描述，还可以使阅读该计划的人对你更有信心，因为你知道如何将商业创意转化为可运作的企业。

为了最有效地表现公司结构以及企业的权限分配和问责机制，可在商业计划中包含一张组织结构图。**组织结构图**（organizational chart）能够表现公司内部的权限和责任分配方式。如果可能，请以图形的形式展示组织结构图。

总体时间表。制定一份时间表，列出开办企业需要完成的主要任务。时间表应采用里程碑的形式，展示对企业成功至关重要的节点，如组建企业、完成原型制作、租用场地、取得关键融资、开始运营生产、完成首次销售等等。如果时间表得到有效的制定和展示，那么它将极具价值。它能够使投资者确信：管理团队知道开办企业需要采取的行动，并且拥有实现其目标的明确计划。

财务预测。商业计划的最后一个部分用于介绍企业的备考财务预测。在完成前述几个部分后，我们很容易理解为何要将财务预测放在最后。财务预测利用了你所制订的计划，并将其以财务术语的形式表示出来。

首先包括在内的是**资金来源与运用表**（sources and uses of funds statement），该文件专门列出企业所需的资金数额（如果该商业计划是用于筹集资金）、资金来源以及资金用途。下一个包括在内的项目是**假设前提**（assumptions sheet），它对财务报表所依据的最关键的假设进行解释。有些假设将基于一般认知，并且不会引用任何具体来源以证实该假设。例如，如果你认为宏观经济将在未来 3～5 年有所增长，并且这一假设是你的销量预测的基础，那么你应当对其进行说明。在此情况下，你无法引用特定的资料来源——你只是反映了一种共识。（然后，由商业计划阅读者来决定他们是否同意该观点。）而其他假设将基于非常具体的信息，此时你就应该引用它们的资料来源。例如，如果 GoldieBlox 有可靠的数据表明，在可预见的将来，儿童玩具行业中的益智类别每年将以一定的比例增长，并且该数字在很大程度上促使 GoldieBlox 确信其年销售额将出现增长，那么它就应该引用该信息的来源。

备考（或预计）财务报表（pro forma（or projected）financial statements）是商业计划中财务部分的核心内容。乍看之下，制作财务报表似乎是一项乏味的工作，但如果商业计划的前述部分都已很详尽，那么这个过程就再简单不过了。财务报表代表了整个商业计划的最终结果。因此，这一结果的转化过程是很有趣的。

企业的备考财务报表与既有企业制备的历史报表相似，区别只在于它是在预测未来而非回顾过去。备考财务报表包括备考损益表、备考资产负债表和备考现金流量表。按照逻辑上信息的流动方向，它们的制备顺序通常也是如此。大多数专家建议制备 3～5 年的备考财务报表。如果你为之撰写商业计划的公司已经存在多年，那么你的计划中还应当包含其过去 3 年的历史财务报表。许多商业计划撰写者都会通过**比率分析**（ratio analysis）来解释或阐明企业的历史财务报表或备考财务报表。比率（如资产收益率和销售收益率）是通过从财务报表中摘录数字并形成比率而计算出来的。每个比率对企业的潜力来说都有特定的含义。

我们将在第 8 章中完整地介绍如何制作备考财务报表和进行比率分析。

附录。任何不适合在商业计划正文中出现的材料都可以放在附录中——高层管理团队的简历、产品或产品原型的照片或图示、某些财务数据以及市场研究预测等。附录不应过于繁冗或给商业计划增加过多内容。它应当只包括对商业计划至关重要但又不适合放在计划正文中的额外信息。

将其整合在一起。在对已完成的商业计划进行评估和审查时，撰写者应当站在阅读者的角度，确定其是否已经回答了有关其企业可行性的最重要的问题。表 6－5 列出了商业计划中应予以回答的 10 个最重要的问题。商业计划撰写者可参照其进行检查。

表 6－5　商业计划应当回答的 10 个最重要的问题

1. 这项业务仅仅是一个创意，还是一个具有真实潜力的机会？
2. 其产品或服务是否可行？它会为客户增加可观的价值吗？是否已经完成了可行性分析？如是，其结果如何？
3. 企业进入的行业是不是个充满前景、不断发展的行业？企业是否已在行业中找到了具有吸引力的定位？
4. 企业是否有明确的目标市场？
5. 企业是否拥有能够真正将其与竞争对手区分开来的差异点？这些差异点是否可持续？
6. 企业是否有合理的营销计划？
7. 管理团队是否富有经验、技能娴熟且能够胜任创办新企业的任务？
8. 企业的运营计划是否合适且合理？
9. 企业作出财务预测所依据的假设是否现实？
10. 是否已正确完成了财务预测？其预测的企业未来是否充满光明？

另外还有一点，初创企业开展可行性分析和撰写商业计划的阶段，也是企业开始联合其忠实粉丝和早期推广者的理想时机。这些人对新企业非常关心，能够为企业提供帮助和宣传。本章的“合作制胜”专栏提供了有关如何联合忠实粉丝和早期推广者的技巧。初创企业的忠实粉丝都在不同程度上成为初创企业成功道路上的合作伙伴。

合作制胜　构建一个忠实粉丝和早期推广者联盟

在初创企业实践中，最重要的一件事就是让他人参与进来，这么做的部分原因是进行适当的可行性分析和必要的研究以撰写商业计划，而另一部分原因则是将企业的粉丝联合起来。这些人通常被称为“忠实粉丝”、“产品拥护者”或“早期推广者”。他们宣传你的产品或服务并不是为了获取报酬，而是因为他们相信你正在做的事情能够带来价值。以下是一些与早期推广者构建联盟的技巧。请注意，开始时早期推广者的圈子很小，然后才会慢慢扩大。

技巧 1：与家人和朋友接触

与家人和朋友接触，让他们加入你的工作，并请他们帮忙宣传。唯一需要注意的是：如果你要寻求反馈，请确保你得到的是坦诚的反馈，而不仅是你想听的内容。本书中介绍的多家初创企业都在早期得到了家人和朋友的帮助。例如，为了对其第一个原型进行测评，Owlet 婴儿监护仪的创始人需要找到有新生儿的家庭并请其父母对该设备进行测评。为了实现这一目的，他们请求家人和朋友帮忙寻找那些有新生儿的家庭。线上床垫公司 Casper 对其产品进行了一些测试。而在测试的最后阶段，公司主要依赖于一小群家人和朋友，因为他们想要保持一个小圈子并且只向信任的人展示其产品。当你向他人特别是那些关心你的人寻求帮助时，他们极有可能对你正在做的事充满兴趣。询问他们是否想知道有关你工作情况的定期进展。他们可能会成为你的第一批客户和最热心的推广者。

技巧 2：利用你的个人关系网

忠实粉丝和早期推广者的第二个来源是你的个人关系网。本书的专栏中介绍了很多这类例子。例如，正如第 1 章案例中介绍的，为了赢得第一批客户，SoulCycle 的创始人挨家挨户走访街坊邻居并“利用个人社交圈”进行宣传。每当她们在新的城市开设 SoulCycle 工作室，她们做的第一件事就是联系她们在这些城市中认识的人，向他们提供健身优惠券并请他们进行宣传。同样，当 Rent the Runway 的创始人开始通过潜在客户测试她们的商业创意时，她们在自己就读的哈佛大学进行了首个测试。后来，她们将用于出租的服装以 PDF 文件的形式展示并发送给她们邮件列表中的 1 000～2 000 个联系人，以确定究竟有多少人愿意租用其服装。从第 3 章的案例中，我们可以得知这份列表包括了“朋友、家人及其他认识的人”。

与朋友和家人类似，当你利用自己的关系网时，人们会被你正在做的事情所吸引。有时，这会带来丰厚的回报。回想一下，在 Rent the Runway 案例中，公司成立的那一天登上了《纽约时报》商业版的封面。她们关系网中的某个人将她们推荐给了这家报纸并报道了她们的故事。

技巧 3：与其他早期测试者保持联系

其他对商业创意原型进行测试和/或以其他方式向你提供反馈的早期测试者，也可以成为早期的忠实粉丝和推广者。你可以给他们发送最新进展并请他们在社交媒体上关注你。以 Casper 为例，在其运营的第一个月，销量就快速增长。从其经历中可知，“大量人员参与了 Casper 的初步测评。这些人对睡眠都很较真，并且他们当中许多人成了 Casper 的推广者，在社交媒体上作出了积极评价或以其他方式表达了自己对产品的支持”。

此外，在你的家人和朋友、个人关系网以及早期测试者中找出具有影响力的人，并分别与他们联系。让他们了解你的工作情况以及工作中令人振奋之处。寻找其他方式让他们介入你的产品或服务。

技巧 4：为早期采用者构建一个社区

你的忠实粉丝和早期推广者将帮助你构建一个由早期采用者组成的社区。社区通常是围绕着某种兴趣、实践（如爱好或专业）或地点形成的。例如，SoulCycle 主要通过口口相传的形式吸引参与者。它的早期推广者告诉朋友，朋友又告诉自己的朋友，依次传递下去。很快，一群有着共同兴趣的人就一起来到 SoulCycle——在精心布置的环境中进行试验。你还可以通过参与线上或线下小组来为早期采用者构建一个社区。在推特上关注你周围的人，通常他们也会关注你。如果你发布了有趣的内容，他们就会慢慢熟悉你和你的工作。同样，如果你在博客上发帖，通常也会被其他博主关注。例如，Wild Friends Foods 的创始人早期所取得的巨大突破，源于一位很受欢迎的美食博主写了一篇有关其产品的短文。这篇短文吸引了数百笔在线订单，为企业的成功启动提供了助力。一个月后，他们因登上《奥普拉杂志》(*Oprah Magazine*）而取得更大的突破。

思考题

1. 怎样让人们关注你的产品或服务？为什么需要构建一个忠实粉丝和早期推广者的联盟？通过传统广告吸引客户难道不是更容易吗？

2. 为什么那些对产品原型进行测试或以其他方式向你提供反馈的人是忠实粉丝和早

期推广者的理想候选人?

3. 在1～10分之间评价(10分是最高分),你认为社交媒体通常在帮助公司赢得产品或服务的早期采用者方面发挥了多大作用?

4. 集思广益并找出本专栏中没有提到的其他能够与忠实粉丝和早期推广者建立联盟的方式。

向投资者介绍商业计划

如果你的商业计划成功勾起了潜在投资者的兴趣,那么下一步就是与投资者会面并亲自介绍该计划。通常,投资者都希望与企业的创始人会面。因为投资者最终只会投资少数的几家企业,所以新企业的创始人应尽量给投资者留下好印象。

与投资者的第一次会面通常很简短,大约一个小时。[27]投资者一般会要求企业使用幻灯片进行15～20分钟的介绍,其余时间则用来提问。如果能够给投资者留下深刻印象并使他想要进一步了解该企业,演示者会收到第二次邀约——与投资者及其合伙人会面。这次会面通常会持续较长的时间,并需要进行更详尽的介绍。

口头介绍商业计划

在收到投资者的会面邀约后,新企业的创始人应当制作一套幻灯片。幻灯片的展示时间应当与会面时的介绍环节相一致。在大多数商业计划竞赛中,都是采用这种形式。在口头介绍中,首先要听从指示。如果投资者告诉创业者,他有一个小时,其中20分钟是介绍时间,40分钟是问答时间,那么创业者在介绍时就不得超过20分钟。介绍应当流畅并经过良好演练。幻灯片应当切中要点,而不是堆砌材料。

创业者应准时到达约定地点,并做好充分准备。如果需要任何视听设备,但投资者没有提供,创业者应当自行准备。这些安排都应当在会议开始前完成。介绍时应采用通俗易懂的语言,避免使用技术术语。

初创企业的创业者可能会错误地花费过多时间介绍将用于新产品或服务的技术,而没有足够的时间介绍企业本身。表6-6列出了介绍环节涉及的最重要的问题及其介绍方式。这种介绍方式要使用12张幻灯片。创业者常犯的错误就是准备了太多幻灯片,然后在20分钟的介绍时间内匆匆展示一遍。

表6-6 向投资者做介绍时使用的12张幻灯片

主题	说明
标题页	在开场时介绍你的公司名称、创始人姓名和公司徽标(如果有)。
问题	简要说明待解决的问题或待满足的需求。
解决方案	说明你的企业将如何解决该问题或满足该需求。
机会和目标市场	指明你的特定目标市场。介绍能够为你的目标市场提供动力的商业趋势和环境趋势。

续表

主题	说明
技术	该幻灯片不是必需的，但通常会包含在内。对你的技术或者你的产品或服务所具有的任何不同寻常的方面进行介绍。不要用过于专业的方式介绍技术。请尽量使你的描述有趣且易于理解。
竞争	具体说明企业在市场上的竞争优势，以及它将如何与更资深的竞争对手展开竞争。
营销和销售	描述你的整体营销策略；介绍你的销售流程。如果你已经就人们对产品的感受做了一手资料研究，请报告其成果。
管理团队	描述你的现有管理团队。说明该团队是如何组建的，以及他们的背景和专业知识将在企业迈向成功的过程中起到何种关键作用。如果有顾问委员会或董事会，请简要介绍其中的关键人员。如果你的团队有缺陷，请说明如何填补以及何时填补。
财务预测	对财务状况进行简要讨论。强调企业实现盈利的时间、达到目标需要筹集的资金，以及其现金流实现盈亏平衡的时间。如果需要妥当地展示这些信息，可以使用额外的幻灯片，但不要超过必要限度。
现状	根据迄今为止企业达到的里程碑来描述其现状。不要低估你所创造的成就价值。
融资情况	明确列出你需要融资的数额和你将如何使用这些款项。
总结	结束介绍。总结你的企业和团队的最大优势；征求听众的反馈。

资料来源：B. Barringer，*Preparing Effective Business Plans：An Entrepreneurial Approach*，2nd Edition，© 2015，247－259. Adapted by permission of Pearson Education，Inc.，Upper Saddle River，NJ.

投资者的问题和反馈

无论是在初次会面还是在接下来的场合中，潜在投资者都会向创业者提出一系列的问题。聪明的创业者对这些问题已经有了可靠的预测，并做好了接受询问的准备。因为投资者常常很挑剔[28]，所以创业者很容易感到气馁，特别是在投资者似乎对商业计划的各个方面都指指点点时。在商业计划的竞争中，介绍环节之后的问答环节通常也是这种情况。实际上，投资者如果能够发现商业计划或其介绍环节中的弱点，对创业者而言是很有帮助的。因为创业者可以牢记该投资者的反馈，改进其商业计划和/或介绍方式。

在初次会面时，投资者通常会关注是否存在真正的商机以及管理团队是否有开办企业的经验和技能。投资者还将试图了解管理者对自己的企业是否充满信心。问答环节非常重要。投资者通常会试图从中发现，创业者能否很好地独立思考问题，以及他们对企业的了解程度。

复习题

1. 什么是商业计划？
2. 制订商业计划的新企业有何优势？
3. 什么时候是撰写商业计划的合适时机？
4. 创立新企业的人需要撰写商业计划的两个主要原因是什么？
5. 人们通常认为，撰写商业计划的过程与商业计划本身一样重要，特别是对于年轻企业的高层管理团队而言。这是为什么？

6. 谁是商业计划的阅读者？他们希望从中得到什么？

7. 如果投资者认为某份商业计划是基于估计和预测，而不是基于细致的分析和事实，通常会作何反应？

8. 为什么商业计划必须遵循常规结构，而不能进行高度创新和创造？

9. 简要商业计划、完整商业计划和运营商业计划之间有何区别？

10. 为什么出现在商业计划开头的执行纲要应该最后撰写？

11. 商业计划中的行业分析部分和市场分析部分有何区别？

12. 商业计划中的“企业经济效益”部分有何用处？

13. 如果你要开发一款全新的产品或服务，那么你应该在商业计划中就开发工作的现状提供哪些信息？

14. 商业计划中的“运营计划”部分有何用处？

15. 为什么商业计划中的“管理团队和公司结构”部分通常被认为是最重要的部分之一？

16. 资金来源与运用表有何用处？

17. 为什么要有假设前提？

18. 历史财务报表和备考财务报表之间有何区别？

19. 在向投资者做介绍时的首要法则是什么？

应用题

1. 特拉维斯·瑞安（Travis Ryan）是一家滑板公司的四位联合创始人之一。这些联合创始人决定撰写一份商业计划，为企业筹集资金。在最近的一次会议上，特拉维斯说：“我知道我们都很忙，所以我自告奋勇来撰写商业计划。我有个朋友在我们上学的地方附近有座湖边的房子。如果你们三个人同意，我就把笔记本电脑带到这个朋友家待几天，然后敲定我们的商业计划。有异议吗？”如果你是特拉维斯的联合创始人之一，你会说什么？你会提出什么样的其他撰写商业计划的方式？为什么？

2. 想象一下你刚收到朋友的电子邮件。邮件里说：“我想让你知道，我刚完成了我的新企业的商业计划。我为自己所写的内容感到骄傲。这个计划很全面，只有 100 页多一点，执行纲要有 9 页。我打算从下周开始将这份计划发给投资者。在我这样做之前，你有什么建议吗？说实话，我真的很想获得融资！”你会如何答复你的朋友？

3. 你参加的创业班每周上 4 小时课。每节课的前两小时结束后会有大约 10 分钟的休息时间。在最近的一次休息中，你无意中听到一位同学对另一位同学说，在她看来，老师过分强调了初创企业管理团队对潜在投资者的重要性。“毕竟，”这位同学说，“相较于企业在管理人员及其能力上可能存在的缺陷，优秀的产品更为重要。”根据你对商业计划的了解，你会怎么说服这位同学，让她重新考虑潜在投资者对新企业管理团队素质的看法？

4. 迈克尔·格雷夫斯（Michael Graves）和吉尔·辛普森（Jill Simpson）刚离开微软并创立了一家出售新型传真机的企业。他们撰写了完整商业计划并拿给你看。在阅读该计划时，你注意到有多个关键部分都是以“我们认为……”开头的。阅读该商业计划的所有知情者是否都知道“我们认为……”的真正含义？使用“我们认为……”引出商业计划关键部分的介绍会出现什么问题？

5. 近期，一家医疗产品公司的联合创始人梅根（Megan）、珍妮弗（Jennifer）和马克

(Mark) 向一组投资者介绍了他们的商业计划，并希望这些投资者能够为他们的新企业注入资金。其中一位投资者向三人发问："你们每个人向这家企业投入了多少个人资金？"潜在投资者提出这个问题是否合理？为什么投资者想知道每个联合创始人向新企业投入了多少资金？

如果你是风险投资者 6.1

Beyond Meat 公司

网站：www.beyondmeat.com　脸书：Beyond Meat　推特：@BeyondMeat

商业创意：向消费者提供植物原料而非动物肉类制成的蛋白质食品——丝毫不减损味道、口感或满足感。

推介：许多因素促使人们寻找肉类的替代品。其中包括健康因素、动物福利、降低温室气体排放量，以及与待屠宰动物的恶劣饲养条件相关的负面报道等。许多常见的肉类替代品——豆腐、豆类汉堡、蔬菜饼等——都欠缺嚼劲、口感、鲜嫩度和风味。所以，人们在尝试一段时间后就回到了传统的肉制品。关于肉类需求同时存在着另一个问题。在过去40年中，由于人口增长和人均肉类消费量的上升，肉类的全球需求量增长了两倍。肉类生产对环境有着重大影响。据称，人为因素的温室气体排放量中有14.5%来自畜牧业，高于交通运输行业。这些因素表明，如果一家公司可以生产出一种美味且价格合理的植物原料肉类替代品，并且相较于传统肉类，其生产方式更为环保，那么它就拥有巨大的机会。

Beyond Meat 就将自己定位为这样的公司。在味道和健康方面，该公司的第一款产品"不含鸡肉的鸡柳"是由植物蛋白制成的，它合理模仿了肉类的感官体验。由于该产品也不含麸质、反式脂肪和饱和脂肪、胆固醇、乳制品、鸡蛋、激素以及抗生素等，它比真正的鸡肉还要好。在成本和环境方面，"不含鸡肉的鸡柳"比饲养真鸡需要的土地和水源更少，而且如果达到了足够的生产规模，其成本将更低。

Beyond Meat 产品是密苏里大学哥伦比亚分校 (University of Missouri-Columbia) 的两位科学家谢富弘 (Fu-Hung Hsieh) 和哈罗德·赫夫 (Harold Huff) 15 年来的研究成果。该公司的"不含鸡肉的鸡柳"是根据鸡肉的外观和味道精制而成的，如果你咬上一口，感觉就像是鸡肉。公司目前正在研究碎牛肉的替代品，它可以用于玉米卷、千层面或其他任何有牛肉的食品中。Beyond Meat 的"不含鸡肉的鸡柳"正在通过全食超市和其他类似的注重食品健康的商店推向市场。

1. 根据本章介绍的内容，在作出投资决策之前，你会向该公司的创始人提出哪些问题？什么样的答案能够让你满意？

2. 如果你只能根据推介内容和公司网站提供的信息作出决策，你是否会投资该公司？为什么？

如果你是风险投资者 6.2

Ava 公司

网站：www.ava.me　脸书：Avadotme　推特：@avascribe

商业创意：打造一款智能手机应用程序，能够将手机麦克风接收的对话转换为文本，以便有听力障碍的人能够在小组环境中跟进对话。

推介：失聪或听力受损的人很难在小组场合中进行对话，例如在家庭聚餐、商务会议、演讲或与朋友共进午餐时。即使环境中的每个参与者都懂手语，想要了解整个对话内容也是很困难的。手语依赖于人们观察彼此的手势，而在小组环境中，人们交谈时往往不会直接看着对方。有听力障碍的人如果想知道小组对话的全部内容，就必须雇用转录员或口译员。考虑到转录员和口译员每小时收费最高可达125美元，因此，这是个不切实际的解决方案。有听力障碍的人也可以使用助听器，但其费用通常让人望而却步，并且助听器的效果不尽相同。

Ava是一款旨在解决该问题的智能手机应用程序。其运作方式如下。Ava通过应用程序连接房间里的所有智能手机。听力障碍人士要做的就是邀请房间里的人都参与进来，如果他们的手机上有Ava，他们就可以接受邀请。然后，Ava就能够通过每位参与者智能手机上的麦克风，实时转录对话内容，并在听力障碍人士的手机上显示转录的内容。每个人的谈话内容都注有他们的名字，并以不同的颜色显示。Ava还能在其界面显示参与谈话的每个人的小照片。因此，如果失聪的简（Jane）在家庭晚宴开始时发出了Ava邀请，并且简的家庭成员都拥有Ava应用程序且接受了简的邀请，那么简就可以在她的智能手机上跟进大家的对话。通过语音识别技术，对话在不到一秒的时间内就能完成转录。Ava让听力障碍人士连接、参与并享受小组对话，使他们不再为此担心。Ava为用户的生活增添价值，而这对于三位创始人中的两位——蒂伯·杜舍明（Thibault Duchemin）和斯金纳·程（Skinner Cheng），都具有很大的个人意义。程从两岁起就失聪了，而杜舍明是失聪家庭的孩子。

世界上有3.6亿失聪或听力受损的人，约占世界人口的5%。Ava的使命就是向世界上任何可以从其产品中受益的人提供该解决方案，让这些使用其服务的人能够参与更丰富的社会活动。

1. 根据本章介绍的内容，在作出投资决策之前，你会向该公司的创始人提出哪些问题？什么样的答案能够让你满意？

2. 如果你只能根据推介内容和公司网站提供的信息作出决策，你是否会投资该公司？为什么？

案例

d. light：如何实施商业计划来帮助一家社会企业有良好的开端

网站：dlightdesign. com　脸书：D. lightDesign　推特：@dlightdesign

简介

想象一下。你是一场商业计划竞赛的观众。下一个出场的团队是d. light，这是一家营利性社会企业，计划在没有可靠电力供应的情况下，为人们提供照明。两个年轻人介绍自己是d. light的创始人，他们将以演示的形式开始商业计划的介绍。灯灭了，几秒钟后，你看到房间前面有昏暗的亮光，闻到烟和煤油燃烧的味道。大约30秒后，你的眼睛开始流泪，呼吸有些不舒服。灯又亮了，烟雾消失。两位年轻人为之前的黑暗和烟雾道歉，但指出这场演示的目的正在于此。世界上约有12亿人或超过1/5的人口生活在没有电力供应的环境里，还有大约10亿人在电力供应不可靠或断断续续的情况下生活。据估计，约有5亿家庭必须燃烧某种燃料（如煤油）来做饭或照明。煤油昂贵且危险，对人和环境均有害。实际上，联合国估计，煤油燃烧产生的烟雾每年造成150万人死亡，并给他人造成了难以估测的不利健康影响。

山姆·戈德曼和 d. light 的起源

以上描述的场景确实发生了——好几次。d. light 的联合创始人山姆·戈德曼（Sam Goldman）和内德·托尊（Ned Tozun）就是通过这种方式在商业计划竞赛中介绍公司并向投资者进行推介的。d. light 是一家国际消费品公司，它为那些缺乏可靠电力供应的“金字塔底层”消费者提供服务。虽然确切地说，d. light 创立于斯坦福大学（Stanford University）的课程中，但它的起源可追溯至山姆·戈德曼的青年时期和成年初期。戈德曼的父母就职于美国国际开发署（United States Agency for International Development，USAID），这是一个在全球范围内提供经济和人道主义援助的政府机构。戈德曼曾在巴基斯坦、秘鲁、印度、加拿大和其他多个国家生活过。年轻时，他加入了 Peace Corps，在一个没有电力供应的西非村庄居住了四年。一个住在附近的男孩被一场煤油引发的火灾严重烧伤，这件事对戈德曼产生了很深的影响。有一次，他在村子里拿到了一个电池供电的 LED 头灯。仅仅是夜晚的一丝光亮就给生活带来了巨大变化，他为此感到震惊。他可以在晚上做饭、阅读，并做一些其他事情，这在缺乏可靠照明条件的情况下是无法想象的。

受这种经历的影响，戈德曼试图寻找一个研究生计划，能够为他提供机会，让他开始思考如何创建一家企业，为无法取得可靠电力供应的人提供照明。他选择了斯坦福大学，开始了有关社会企业的课程。其中关键的一堂课是 2006—2007 学年吉姆·帕特利（Jim Patelli）的创业设计课。课上，班级成员被分为多个小组，每个小组都需要解决发展中国家的一项难题。戈德曼与商学院的内德·托尊以及两位工程专业的学生埃丽卡·埃斯特雷德（Erica Estrade）和吴羡（Xian Wu）分在了同一组。这个小组要为那些无法得到可靠电力供应的人解决照明问题。他们开发了一款可通过太阳能充电的便携式 LED 灯原型。那年春天，小组成员前往缅甸，目的是向那些没有电力供应的村庄介绍他们的设备。据说，那里的村民把收入的 40%都用于购买煤油。小组成员展示了其产品原型如何在夜晚提供照明，并且只要安装几块小型太阳能电池板就能在白天为设备充电。村民为之感动，一名妇女甚至为此落泪。据该小组的旅行记录记载，在一个村庄，当地警察没收了该原型，因为他们晚上也需要光。

设计与分销

在完成创业设计课程后，小组成员在那年夏天各奔东西。到了秋天，他们又聚在一起，决心继续为他们的商业理念而努力。在贫困的农村地区使用太阳能为便携式灯具充电并不是一个新概念。事实上，已有人进行了多次尝试。戈德曼和他的团队认为，问题可能出在设计与分销的组合上。过去的模式要么是依靠社会组织和政府向无法取得电力供应的人“提供”相当昂贵的灯具（在灯具使用寿命到了或损坏后无力进行更换），要么是依靠商业企业购买价格极其便宜的灯具并将其出口到非洲和世界其他地方（灯具的质量不佳）。戈德曼很清楚，这两种模式都是不可持续的。

因此，戈德曼和他的团队以改变全球数百万人的生活为动力，招募了一些优秀的工程师和分销专家，他们几乎是无偿为该项目提供帮助。其目标是生产一款便携式太阳能 LED 灯，正是居住在贫困农村的人所需要的。这款设备必须足够便宜，使村民有能力购买，但又要有足够的利润率以确保 d. light 的盈利能力。d. light 早先就已决定成为一家营利性公司。该公司的目标不是影响 10 万人或 100 万人，而是影响数亿人。戈德曼和他的团队知道，他们的雄心壮志花费巨大且需要进一步的研发力量，不能缺少私营部门的投资。

从 2007 年夏开始到 2008 年初，戈德曼和他的联合创始人一直在继续他们的偏远地区之旅，以获取有关其原型的反馈。圣诞假期，戈德曼没有回家探望家人，而是在缅甸中部做调研。2008 年初，有团队成员离开了，而戈德曼、托尊和吴羡仍在坚持。d. light 如今已经成功创办并在印度、坦桑尼亚率先开设了办事处。

商业计划竞赛和向投资者做介绍

戈德曼在谈论 d. light 时总是强调的一件事是，公司的商业计划在帮助公司成形和筹集资金方面发挥了重要作用。早期，d. light 参加了多个商业计划竞赛。2007 年春季，它在加州大学伯克利分校（University of California，Berkley）的社会创业大赛（Social Venture Competition）中取得了第二名，并在斯坦福大学的社会创业挑战赛（Social E-Challenge）中拿到了一等奖。2007 年 5 月，它取得了一个重大突破，该团队在享有盛名的德丰杰创业挑战赛（Draper Fisher Jurvetson Venture Challenge）中获得了 25 万美元的冠军奖金。这笔资金为该公司在 2007 年夏季和秋季进行的大部分工作提供了种子资金。

关于 d. light 为何能够在商业计划竞赛及最终向投资者做介绍时获得如此巨大的成功，戈德曼进行了思考。这些思考的内容特别发人深省，对创业者设计和成功创办自己的企业也极具指导意义。如表 6-7 所示，d. light 的成功（特别是在商业计划竞赛中的成功）有六个原因。总的来说，表 6-7 中展示了 d. light 作为一个组织所具有的诸多属性，这些属性包括有说服力的创意，强大的管理团队，广阔的市场，较高的产品关注度，以及对未来的明确、坚定且极为高尚的愿景。

表 6-7 d. light 在商业计划竞赛中取得成功的六个主要原因

原因	说明
故事和图片展示	许多参加商业计划竞赛的团队都带来了令人印象深刻的幻灯片和要点提示，而 d. light 则专注于讲故事和展示图片。该公司创始人用他们自己的设备展示了贫困地区农村居民的照片，并分享了他们的感言。在一次采访中，戈德曼表示，无论评委或投资者要在一天中听多少个商业计划或多少场推介，他都有自信让他们记住 d. light。
全力以赴	创始人都全身心投入 d. light。他们放弃了公司职务，将全部时间贡献给了 d. light。除了“嘴上功夫”，他们也“身体力行”。他们从不说“打算”前往偏远村庄测试他们的设备，而是直接这么做了。有些行程在他们介绍其商业计划之前就已完成。
出色的团队	d. light 组建了一支强大的团队，在商业和工程领域取得了平衡。该团队非常适合发起一项全球倡议。戈德曼在过去的时光里大部分都生活在世界各地，如印度和巴基斯坦。而其他团队成员也毫不介意前往偏远农村介绍他们的设备。
广阔的市场	d. light 所面对的是一个广阔的市场，这正是投资者所喜欢的。为了实现财务目标，该团队必须扩大业务规模并出售数百万件产品。尽管挑战很大，但潜在的回报也很大。
专注于产品	在推出首款便携式太阳能 LED 灯 Nova 之前，公司多次对设备进行改进。Nova 的售价约合 25 美元。早期反馈表示，该价格仍然偏高，因此需要作出更多改进。
远见卓识	虽然 d. light 是一家社会企业，但它毫不避讳地介绍自己是一家营利性企业。该团队坚持认为，扩大规模只能通过私营部门的投资来实现。d. light 还根据受其积极影响的家庭数量来衡量其成功与否。这种对目标和愿景的追求贯穿组织的每个角落。

如今的 d. light

如今，d. light 如其创始人所设想的那样，发挥着巨大的影响力。其既定的目标是，到 2020 年，至少让 1 亿人的生活有所改善。该公司表示，按照现有趋势，有望提前 3 年实现该目标。表 6－8 中的数据展示了 d. light 的社会影响力，这些数据会经常更新并发布在公司网站上。它们反映了 d. light 太阳能灯的照明效果给那些以前没有可靠电力供应和照明方式的人带来了多大的影响。这些数据引人注目，特别是在改善生活、让学龄儿童获得太阳能照明以及节省与能源有关的开支方面。同时，它们也反映出了一家管理优良的社会企业所能够创造的价值。

表 6－8　d. light 的社会影响力

类别	数量
改善生活的人数	750 万
学龄儿童获得太阳能照明的人数	200 万
节省的能源相关开支数额	59 亿美元
为工作和学习创造的小时数	410 亿
抵消的二氧化碳排放吨数	260 万
由可再生能源产生的电能	148 亿瓦时

d. light 通过多种渠道在超过 62 个国家/地区销售其产品。在产品销售方面，一种行之有效的策略是，雇用“农村企业家”。d. light 喜欢采用佣金制，雇用那些了解当地风俗、人文和语言的本地人来销售其产品。它还与社会组织、微金融组织以及那些与其有着相同目标的其他生产太阳能灯的初创社会企业建立了合作伙伴关系。2013 年，d. light 与道达尔（Total）——法国石油与天然气公司建立了主要合作伙伴关系。道达尔把 d. light 的产品作为其“能源获取项目”（Access to Energy Program）的一部分，在非洲全境销售。通过与道达尔的合作及其在全球范围内的多项举措，如今，d. light 每月需生产超过 50 万盏太阳能灯。在 d. light 成立的最初几年里，每月产量为 2 万～3 万盏。它通过资本投资和收益为其运营和增长提供资金。除此之外，d. light 也在不断更新其产品。例如，其最新设计就结合了智能手机充电功能，因为智能手机是发展中国家的许多小企业主和其他人的“生命线”。

展望未来

随着 d. light 的不断发展，它既面临机会，也面临挑战。就机会而言，它试图解决的问题（即为无法获得电力供应的人提供可靠的光源）仍拥有广阔的前景。根据联合国的报告，令人难以置信的是，如今世界上无法获得可靠电力供应的人数比 d. light 创立之初还要多。继续做自己目前在做的事，并寻找能够增加其影响力的方法，正是 d. light 最大的机会。目前，d. light 已经拥有了一系列太阳能产品，而不仅仅是其最初开发的单一产品太阳能灯。这些产品中包括单一功能的太阳能灯（类似于其最初的产品）、多功能灯（白天可以作为智能手机充电器，晚上作为灯具）和可用作家庭电网的太阳能家用系统，该系统包括一个太阳能板、移动充电电池组、两个太阳能灯、两个灯具开关和一个便携式灯具。d. light 仍将不断创新并增加新产品。

就挑战而言，并非所有人都认为，向那些缺乏可靠电力供应的人销售太阳能灯是为他们供电的最好方法。例如，世界最大的私营煤炭公司之一的皮博迪能源公司（Peabody Energy）发起了“生命的先进能源”（Advanced Energy for Life）运动，主张在非洲建设用煤来发电的供电网络，以此满足无电人群的需求。此方法的难处在于成本太高。另外还有人认为，尽管像 d. light 这样的公司所做的事情令人钦佩，但它治标不治本。而 d. light 对这两种看法都持反对意见，它认为它所服务的人群并不是在太阳能和传统替代能源之间做选择，而是在太阳能和煤油灯之间做选择，太阳能显然更加安全、清洁且经济高效。

另一个挑战是捍卫其营利性企业的地位。有些观察家认为，像 d. light 这样的公司应该是非营利性的，并且应该免费提供灯具。d. light 反对这种观点，它认为，有效解决全球范围内可靠照明短缺的唯一方法就是通过私营部门刺激商业活动。该公司指出，如果肯尼亚周边有个社会组织向该国免费提供太阳能灯，那么当地企业家如何能够通过销售太阳能灯维持生计呢？

显然，d. light 的努力已经改变了数百万人的生活。为表彰其成就，该企业被授予了无数奖项。其中一项特别殊荣是：大英博物馆在其“世界历史 100 物”（History of the World in 100 Objects）中将 d. light 的基础照明灯 S250 放在了第 100 件物品的位置上。

讨论题

1. 为什么通用电气（General Electric）和飞利浦（Philips）等大型照明公司未能有效地为那些无法获得可靠电力供应的人解决照明问题？

2. 山姆·戈德曼和他的团队具有哪些素质可以帮助他们为世界上缺乏可靠电力供应的人解决照明问题？

3. 为什么山姆·戈德曼非常强调 d. light 商业计划的重要性？你认为，一份精心打造的商业计划能够以何种方式帮助 d. light 开展业务？

4. 如果你是 d. light 的创始人之一，你的营销策略是什么？你将如何向偏远地区的人介绍你的产品以及购入该产品所能得到的好处？

资料来源：d. light Homepage，www. dlightdesign. com（accessed February 21，2017）；M. Lavelle，“D. light Attacks a Big Energy Problem with Small Solar，” *Daily Climate*，April 21，2015；J. Wiener，“d. light's Lofty Goals Meet Practical Challenges in India，” *Stanford Business Magazine*，May 24，2010；S. Sethuraman and S. Goldman，“Lighting the Way to Economic Development，” *Social Innovation Conversations Podcast*，available at https://ssir. org/podcasts/entry/sam_goldman_-_lighting_the_way_to_economic_development（posted October 26，2009，accessed February 21，2017）.

注 释

第 3 篇

将创意转化为创业型企业

第7章 构建合理的道德和法律基础

学习目标

学完本章，你应该能够：

1. 讨论创始人为了在其创业型企业中建立坚定的道德文化所采取的行动。
2. 描述新企业为了有效处理法律问题所采取的行动。
3. 概述初创企业开始运营之前必须取得的营业执照和许可证。
4. 认识并描述新企业的不同组织形式。

在本章开头，将讨论新企业初创时面临的最重要的道德和法律问题，包括建立坚定的企业道德文化、选择律师、起草创始人协议和避免诉讼等。接下来，将讨论企业如何取得适当的营业执照和许可证以开展业务。最后，将讨论可供创业者选择的各种企业组织形式，包括独资、合伙、股份有限公司和有限责任公司。

在第12章中，将讨论通过专利、商标、版权和商业秘密等对知识产权进行保护。这一话题也是一个法律问题，随着创业者越来越依赖于知识产权而不是实物资产作为其竞争优势的来源，知识产权的重要性也愈加凸显。第15章将讨论与特许经营有关的法律问题。

新创企业必须在成立之初就着手处理重要的道德和法律问题。随着公司的增长，其所处的法律环境会变得更加复杂。当投资者介入时，通常需要对公司的所有权结构进行重新评估。此外，在美国，上市公司必须遵守美国证券交易委员会的许多规定。当然，世界各国的企业也都必须遵守其所在国的相应规定。

在此背景下，本章对新企业创始人面临的多个最重要的道德和法律问题进行了讨论。

建立坚定的企业道德文化

对创业型企业的创始人而言，最重要的事情之一就是为其企业建立坚定的道德文化。

本部分的信息表明，有关商业道德的数据既有令人欣喜的，也有令人失望的。《2016年全球商业道德调查》（2016 Global Business Ethics Survey）对员工行为和工作操守进行了严格的多国化调查，以便深入了解公共和私营部门中各类组织的工作道德情况。该调查报告表明，我们可通过四个关键指标对组织的道德环境进行考察：

- 违反组织规定的压力。这一因素是未来工作中出现不当行为的重要警示信号。
- 已发现的不当行为。不当行为是组织道德操守的最基本指标。员工会在多大程度上遵守组织的规定并实践组织的核心价值观？
- 举报不当行为。这是指员工在发现不当行为时是会举报，还是保持沉默。
- 因举报不当行为而受到报复。这是指那些举报不当行为的员工是否会受到报复，例如被孤立或受到言语羞辱、降职、被指派至冷门岗位，甚至遭受暴力。[1]

正如我们前面提到的，这些数据既有令人欣喜的，也有令人失望的。尽管有22%的员工觉得自己有违反规定的压力，但这也意味着有78%的员工没有感到压力。令人意想不到的是，有30%的美国员工报告发现了不当行为。让人欣慰的是，有76%的人在发现不当行为时进行了举报；而让人失望的是，有53%的举报者在举报其发现的不当行为后受到了报复。

在美国，已经发现的不当行为当中，占据前三位的是：员工之间的辱骂或恐吓行为；向员工、客户、供应商或公众撒谎；为使员工（或员工的朋友或家人）受益于员工所在组织的权益而作出决策或采取行动。

调查得出的结论是：建立道德文化不是一蹴而就的。的确，企业在发展的各个阶段都必须优先考虑并努力建设道德文化。接下来，我们将讨论创业型初创企业在建设坚定的道德文化过程中可以采取的三个具体步骤。

以身作则

任何创业者、管理者或监督者如果想在其组织中建立坚定的道德文化，他所能做的最重要的事就是以身作则。在坚定的道德文化中，创业者、管理者和监督者都应该：

- 传播以道德为先的思想；
- 树立道德行为的好榜样；
- 信守承诺；
- 跟进并通告正在发生的事情；
- 遵守组织规定。

员工也有责任。员工为支持组织坚定的道德文化所能做的最重要的事有：

- 在做决定时考虑道德；
- 围绕着道德进行工作；
- 树立道德行为的好榜样；
- 遵守组织规定。

具有这些属性的公司有着较为坚定的道德文化。这一事实表明，每个与初创企业相关的人，都为企业发展其坚定的道德文化发挥着重要作用。

建立行为准则

行为准则（code of conduct，或道德准则）是组织根据其在某些道德问题和社会问题方面的价值观所作的正式声明。[2]拥有行为准则的优点在于：它可以在道德行为方面，就创业者、管理者和员工的期望提供具体的指导。想一想脸书在这方面的作为。该公司在其网站上发布了一份正式的行为准则，其中包含13个部分。每个部分都有详细的信息，用于说明该部分所涵盖的主题将以何种方式约束脸书员工的行为，进而约束脸书关联方或子公司以及任何代表脸书开展工作的其他各方的行为。你可以访问网站 https://investor.fb.com/corporate-governance/code-of-conduct/查看脸书的行为准则以及每部分的完整说明。

实践中，有些行为准则非常具体（例如脸书），而另外一些行为准则只对组织在某些方面（比如产品质量、尊重客户和员工，以及社会责任等）的看法作出了一般规定。但是，无论如何，行为准则都旨在影响人们的行为，使其与企业的道德取向相一致。

实施道德培训计划

企业还可以利用道德培训计划来推动道德行为。**道德培训计划**（ethics training program）通过商业道德的教学来帮助员工应对道德困境并增进其整体道德操守。**道德困境**（ethical dilemma）是指做某事可能对自己或组织有益但不合乎道德的情况。大多数员工都会在其职业生涯的某个时刻面临道德困境。

道德培训计划可以由企业自行开发，也可以来自外部供应商。例如，全球学习系统（Global Learning Systems，GLS）就是一个为各种规模的企业提供道德培训计划的组织。它提供商业道德及其相关主题的培训，比如工作场所反骚扰、防止性骚扰和HIPAA合规性等。GLS所提供的学习计划既有现成的，也有定制的。例如，其现成的商业道德课程主要是通过网络传授的，完成该课程大约需要45分钟。在此课程中，员工将认识常见的商业道德问题，并学习一些技巧，避免做出不道德的行为或损害自己和雇主的利益。同样，GLS的工作场所反骚扰课程能够帮助员工了解什么是工作场所骚扰、发生不法骚扰时可采取哪些适当的步骤，以及骚扰行为会对个人及整个组织造成怎样的影响。课程提供了真实的案例和假设的情景，让参与者学会如何识别和防止工作场所骚扰。它还就防止非法骚扰、防止性骚扰、防止工作场所霸凌以及其他几个相关主题提供了专门的课程。[3]

除了维持坚定的道德文化之外，企业在犯错时，还必须心甘情愿地说出“我们很抱歉”，这样做是其公平、可靠、明智地开展业务所不可或缺的。本章的“创业型企业的法宝”专栏重点关注了Zendesk（一家帮助其他公司管理客户关系的企业）于2010年经历的公共关系危机。它的提价措施遭到了客户的强烈反对。正如你在阅读此专栏时将看到的，在应对这一情况时，Zendesk的创始人认为他们必须迅速且真诚地向客户道歉。当时，Zendesk仅仅成立三年，如果它对客户的担忧作出不同反应，那么这一事件可能会使该企业遭受重创。Zendesk如今已成为其行业中规模最大且最成功的企业之一。

创业型企业的法宝　说“我们很抱歉”，不要犹豫

网站：www.zendesk.com　脸书：Zendesk　推特：@Zendesk

Zendesk可以帮助客户管理他们的客户关系。它出售的是一套基于云端的软件产品，其中包括Zendesk Support，这是一个对客户提交的支持请求进行跟踪、确定其优先级并解决其问题的系统。该公司是由迈可·斯万恩（Mikkel Svane）、亚历山大·亚加西波（Alexander Aghassipour）和莫腾·皮道（Morten Primdahl）在丹麦哥本哈根的一间阁楼里创立的。后来，三人前往旧金山，在那里让Zendesk得到了快速发展。

2010年，Zendesk已经成立三年了，一切进展顺利。该公司不断增长，并且正在从“打造一款产品”过渡至“打造一家企业”。2010年5月，在该公司准备发布一款带新颖功能的主要产品时，它决定对部分客户提价。它的提价方式是：服务成本较高的客户将支付更高的费用，而对企业运营造成的压力较小的客户则可以选择更便宜的产品并支付较少的费用。这个时机似乎是正确的，因为在价格调整的同时，企业引入了一系列新功能。

但这次提价并不顺利。实际上，有许多客户怒不可遏，并毫不犹豫地将其愤怒之情溢于言表。Zendesk论坛上充斥着各种抱怨。愤怒的电话接踵而至。竞争者纷纷乘虚而入。某大型科技出版物上刊登了一篇文章，指责Zendesk使用了“诱购”策略。为了平息局势，Zendesk联合创始人兼首席执行官迈可·斯万恩在公司网站上发布了一条消息，试图从本质上证明价格上涨的合理性，但无济于事。这已经与事实无关了，客户就是感到失望，仅此而已。

Zendesk一直以其透明、公平、真诚的服务为荣，这是它遇到的第一个严重的客户服务问题。提价对有些客户来说是合理的，但对更多的客户来说是不合理的。斯万恩总结说，Zendesk认为自己对待客户的方式理所当然，所以犯了错。他换了种语气在Zendesk网站上发布了另一则消息。以下是从《创业乐土》（*Startupland*）中摘录的该消息部分内容，该书是迈可·斯万恩和卡莉·阿德勒（Carlye Adler）后来围绕Zendesk创作的：

> 在过去的两年半时间里，我们一直将客户放在第一位并尽力满足他们的要求，以此来打造我们的公司。当我们决定为现有客户改变Zendesk定价结构时，我们试图做到尽可能的深思熟虑、公开透明且真诚坦率。我们失败了。我们深表歉意。

该公司网站上的消息继续作出说明：提价仅适用于新客户——所有现有客户都可以不受时间限制继续沿用现有价格。斯万恩说，尽管他希望Zendesk不曾触怒客户，但他很高兴客户能够直言不讳。他表示，Zendesk会一直倾听客户的声音。在指出客户是Zendesk存在的理由之后，斯万恩在结束该网帖时称：“我将与Zendesk的其他同事在一起，我们很乐意与你们共同讨论所有这些问题。热切希望能在那里见到你们。”

斯万恩在他的书中回顾了这一经历。他说，人们并不依靠理性来建立各种关系——而是靠感受。这就需要你花时间倾听并尊重彼此的观点，即便你认为对方错了。斯万恩还说道，他得到的教训是，无法就现有产品对现有客户提价。从客户的角度来看，这就是订阅服务的优势。

Zendesk存续了下来。它承认并纠正了自己的错误。如今，它为全球150个国家和地区的87 000位客户提供服务。从一人企业到多宝箱和推特等科技巨头都在其客户名单之中。

思考题

1. 在 1～10 分之间评价（10 分是最高分）透明、公平、真诚对于 Zendesk 这类企业来说有多重要。如果客户认为一家企业在这些品质上不及格，那么该企业会遭受什么损失？

2. 为什么斯万恩的第一条消息对 Zendesk 的客户毫无作用？为什么第二条消息能够取得成效？

3. 你认为 Zendesk 最终在多大程度上妥善处理了此次危机？

4. 创业型企业能够从 Zendesk 的经历中得到什么教训？你可以从中学到什么？

资料来源：M. Svane and C. Adler. *Startupland*，San Francisco，CA：Jossey-Bass，2015；Wikipedia，Zendesk，www. wikipedia. com（accessed February 22，2017）.

有效处理法律问题

即使是那些首屈一指的创业型企业，也会在成立之时和运营之初遇到许多重要的法律问题。接下来，我们将对其中的一些进行讨论。

为企业选择律师

对创业者而言，在创立企业时，必须尽早聘请律师。[4]

表 7-1 提供了企业在选择律师时应当考虑的事项。至关重要的一点是：该律师必须熟悉初创企业事务，并且他曾经成功指引创业者完成初创企业流程。如果仅仅因为他是你的朋友或因为他的准备工作让你满意而选择他作为企业律师，则是不明智的。对于与知识产权保护有关的问题，在提交专利申请时必须聘请该领域的专业律师，比如专利律师。[5]

表 7-1　如何选择律师

1. 联系当地的律师协会，并让他们提供你所在地区专门从事企业创立活动的律师名单。
2. 面试几位律师。核查其资历。询问他们之前曾指导过哪些企业的创业流程，并与该律师的客户交谈。如果律师不愿透露他以前或现在的客户名字，请换一位律师。
3. 选择一位熟悉创业流程的律师。请确保该律师不仅仅是个法律技术员。大多数创业者都需要一位耐心且乐于指导其完成创业流程的律师。
4. 选择一位可以帮助你为企业筹集资金的律师。对大多数创业者而言，融资是颇具挑战性的，而这方面的帮助是无价的。
5. 确保你的律师过去一直能够按时完成工作。如果企业已蓄势待发，只是因为律师而停滞不前，会非常令人沮丧。
6. 讨论费用。如果你的律师无法就创业流程的花费给出令人满意的说明，请继续寻找其他合适的律师。
7. 相信你的直觉。选择一个你认为能够理解你的企业、你愿意与之相处且愿意就你的创业梦想畅所欲言的律师。
8. 尽可能多地了解自己的创业流程。这将帮助你发现任何可能存在的问题或任何可能被忽略的方面。请记住，这是你的初创企业，而不是你的律师的。请掌握控制权。

虽然我们建议你聘请律师，但企业为了依法成立并运营而开展研究、进行筹备和提交必要的申请表时，并不只有这一种选择。大多数企业所有者可以自行完成大部分前期工作，但他们仍需要律师的指导和建议。如果你的资金特别紧张，并且你觉得你可以自行完成部分法定程序（通常不建议这样做，但在某些情况下可能适用），那么你可以利用线上公司帮助你完成必要的申请和手续。这些线上公司包括 LegalZoom（www.legalzoom.com）、Rocket Lawyer（www.rocketlawyer.com）和 Nolo（www.nolo.com）。这三家公司都为企业所有者提供全面的法律服务，使用者还可以免费或支付少量费用向律师提问。是否需要聘请律师来从事法律工作，是否使用 LegalZoom、Rocket Lawyer 或 Nolo 的服务，或者是否采用混合方式，取决于创业者的主观判断。混合方式可能涉及聘请律师以获取法律意见（例如确定企业的所有权形式）和使用某个线上服务来制作文件并以你的名义提交给相应的政府机构。

起草创始人协议

如果企业创始人有两人或两人以上，则必须要有创始人（或股东）协议。**创始人协议**（founders' agreement）是一份书面文件，它涉及的问题有：企业创始人之间股权的相对划分、如何根据各创始人投入企业的现金或"人力资产"进行偿付，以及创始人必须留在企业多久才能将其股票全部行权等。[6]

表 7－2 列出了创始人（或股东）协议中通常包括的事项。

表 7－2　创始人（或股东）协议中包括的事项

- 企业的预期性质
- 创始人的身份和建议的职位
- 企业所有权的法定形式
- 股权分配（或所有权划分）
- 每位创始人出资入股的方式（可以是现金或"人力资产"）
- 任何创始人通过签字转让给企业的知识产权名目
- 创始人的报酬支付方式和企业的利润分配方式
- 企业的基本运营方式以及每个人的责任范围
- 不允许创始人从事的外部业务活动（例如，你不想让创始人从事与你的企业有直接竞争关系的外部业务活动）
- 有关纠纷解决方式的规定（许多创始人协议都包含了通过调解或仲裁而不是通过法院来解决纠纷的规定）
- 回购条款，对创始人去世、想要出售股权或在法院裁定下被迫出售股权的情况下如何处置股权作出说明

大部分创始人协议都必须解决的一个问题是：如果创始人去世或离开企业，他的股权应如何处理。大多数创始人协议都包含**回购条款**（buyback clause）。该条款规定，如果其余创始人愿意购买，则离开的创始人必须将其在公司的股权出售给其余创始人。[7]在大多数情况下，协议还规定了以何种方式计算股权折价金额。回购条款之所以很重要，有两个原因。首先，如果某个创始人离开企业，其余创始人可能需要将这部分股权出售给可替代之人。其次，如果某个创始人因心怀不满而离职，回购条款能够为其余创始人提供一种机制，确保企业的股权掌握在这些全身心致力于该企业美好前景的人手中。

公司股权激励是大多数创始人协议中讨论的另一个主题。它意味着：在企业成立时，不是直接向创始人发放股票，而是在一段时间（通常是 3～4 年）内进行配股，就如同创始人在不断“赚取”股票。激励机制可以确保员工的积极性和参与度，还可以避免一次性向员工发放股票可能带来的一系列潜在问题。本章“合作制胜”专栏提供了更多有关公司股权激励的概念及信息。在阅读此专栏时，请想一想，那些得到公司股权作为报酬的人会在多大程度上将自己视为公司的合作伙伴。

合作制胜　公司股权激励：初创企业的良策

股权激励的核心思想是：在企业成立时，不是直接向创始人发放股票，而是在一段时间（通常是 3～4 年）内进行配股，就如同创始人或联合创始人在不断“赚取”股票。对于后来加入企业的员工也采取相同的做法。

股权激励之所以为人所称道，是因为尽管创业时每个人都很健康且意见一致，但你永远不知道将来会发生什么。你希望与该企业有关的每一个人都能够继续参与其中。如果企业的公司章程中有回购条款，并且想要回购离职员工所持有的股票，那么你还需要一种方法来确定离职员工的股票价格。股权激励提供了一种实现这两个目标的机制。初创企业的行权计划通常持续 36～48 个月，其中包括 12 个月的最短生效期，即员工若想在离开公司时持有公司股票而必须为该公司工作的年限。因此，假设企业的行权计划为 48 个月，每个员工可获得 1 000 股的股票。如果员工在 10 个月后离职，则他无法持有该企业的任何股权。如果员工在 28 个月后离职，则他将取得承诺股权的 28/48 或原始授予的 1 000 股中的 583 股。这些股票将以特定的价格向员工发行。如果员工离职且公司有权回购其股份，回购条款通常会允许公司以最初发行价回购这些股票。

股权激励及其带来的员工合作机制，可以解决三个问题。第一，它有助于保持员工的积极性和参与度。如果上述示例中的员工在入职第一天就收到了他的全部 1 000 股配股，则该员工随时可以离开公司并带走自己得到的股份。第二，如果某位员工在离职时闹得很不愉快（无论什么原因），企业无需为他离职时应持有多少股份而进行争论，因为这一问题已经在行权计划中予以明确。此外，如果存在回购条款，且其中规定了离职员工的股价计算方式，则企业可以在不产生争议的情况下回购这些股票。如果有一名前员工——尤其当他在不太理想的状态下离职——仍然持有企业的部分股权，这绝对不是一种好现象。第三，也是最后一点，如果一家企业的股权由前员工大量持有，投资者往往难以作出投资决定，这种状况只会带来麻烦，而这正是投资者要设法避免的。

思考题

1. 投资者往往因为坚持按照行权计划向员工发行股票而受到指责。在阅读本专栏后，你认为这种批评合理吗？如果一家公司预测它将永远不会从投资者处获取资金，那么对它来说，制订行权计划仍是一个好主意吗？请解释你的答案。

2. 你认为初创企业为什么会在没有行权计划的情况下发起设立并向创始人和新创团队的其他成员配股？

3. 通常是否需要聘请律师来为创业型企业制订行权计划，还是说新企业可以自己完成？

4. 在阅读本专栏后，请解释一下：你认为那些拥有新成立企业股权的员工为何会将自己视为企业的合作伙伴？

避免法律纠纷

大多数法律纠纷是由误解、疏忽或仅仅缺乏法律知识而造成的。创业者应尽量避免陷入法律纠纷。在新企业成立之初，通过制定措施和程序来避免法律纠纷非常重要。法律上的困扰，特别是在伴随着管理失误的情况下，可能对新企业造成极大的伤害。

如下所述，创业者可以采取一些措施来避免法律纠纷和麻烦。

履行所有合同义务。务必按时履行所有合同义务，包括按约定向供应商、承包商和员工付款，并按承诺交付货物或提供服务等。如果无法按时履行义务，则应当尽快与受影响的各方就此问题进行沟通。例如，对于供应商来说，无法及时收款是一件令人十分不悦的事，这在很大程度上是因为延期支付可能造成其他问题。正确的做法是，在无法履行义务时，对供应商或债权人坦诚相告，并为受影响的各方提供一个切实的偿付计划，从而尽量维持企业与供应商之间卓有成效的关系。

避免资本不足。如果新企业很缺钱，那么它很可能遇到财务问题，这就容易导致诉讼。[8]新企业应当筹集所需资金以有效开展业务，或者应当控制业务增长以节省开支。在面对这个问题时，许多创业者陷入了进退两难的困境。大多数企业家都想在企业中留存尽可能多的股本，但是为了获取足够的投资资本来支持企业的成长，他们必须与投资者共享股本。在第 10 章中，我们将对这个问题进行更详细的探讨。

写下每个细节。许多商业纠纷都是由缺乏书面协议或是草草制订的书面协议未能预见潜在领域的纠纷所引起的。[9]虽然企业有时会试图通过淡化签订书面协议的必要性来向商业合作伙伴或员工展现其“诚意”，但是这种做法通常是不可取的。如果以书面形式明确了各方的权利和义务，那么解决纠纷就会更容易。例如，如果一家新企业同意支付 5 000 美元请一家网页设计公司来帮它设计网站，它应该怎么做？新企业应该知道它支付这笔钱能够得到什么，而网页设计公司应该知道它在完成项目后何时能收到这笔服务费。在此情况下，如果双方只是简单地握手达成协议，并且网页设计公司只是承诺“尽快”做一个“漂亮的网站”，就很容易引起纠纷。后续双方很可能对网站的质量和功能以及项目的完成日期持有不同意见。

大多数企业还会要求员工签署两个重要的书面协议。**保密协议**（nondisclosure agreement）可以约束员工或另一方（例如供应商）不要泄露公司的商业秘密。**竞业禁止协议**（noncompete agreement）可以防止个人在一定时期内与前雇主之间产生竞争。图 7－1 展示了保密协议和竞业禁止协议范本。

规定。除行为准则外，组织还应当作出其他规定，以规范员工的行为。例如，组织中最常见的四个道德问题是人力资源道德问题、利益冲突、客户信心以及挪用公司资源。组织应当制定政策和程序来处理这些问题。此外，正如本书中“合作制胜”专栏所反映的，企业越来越多地通过与他人合作来实现其目标。因此，创业型企业在选择联盟伙伴时应保持警惕。如果合作的公司未能建立较高的道德规范，则企业自己也难以独善其身。

发生法律纠纷时，通常可以通过协商和调解解决，而不用选择花费更多且可能造成损害的诉讼程序。**调解**（mediation）是由一个公正的第三方（通常是专业调解员）来帮助争议各方达成协议的过程。有时，通过简单的道歉以及违约方真诚的赔偿承诺也可以避免法律纠纷。耶鲁大学的康斯坦斯·巴格利（Constance Bagley）教授对此进行了说明。[10]

保密和竞业禁止。(1) 在本协议生效期间及其期满或终止后,[员工姓名] 同意对 [公司名称] 的客户名单、商业秘密或其他机密材料予以保密。[员工姓名] 同意采取合理的安全措施,以防止意外泄露和行业间谍活动。

(2) 在本协议生效期间,该员工同意尽其最大努力 [描述工作内容] 并遵守本协议的保密和竞业禁止条款;雇主同意按以下方式向该员工提供补偿:[描述补偿内容]。本协议期满或终止后 [数字] 年内,[员工姓名] 同意不在 [公司名称和位置] 的 [数字] 英里半径内与 [公司名称] 发生竞争。如果因 [公司] 违反本协议条款而终止本协议,则该禁令不再适用。

竞争指的是拥有或经营以下类型的企业:[指出员工不得从事的企业类型]。

(3) [员工姓名] 同意,若违反本款第 (2) 项有关竞业禁止的规定,则应当支付 [金额] 美元的违约金。

[公司名称] 和 [员工姓名] 自愿签署本协议,以昭信守。

[公司名称]

[员工姓名]

日期:

图 7-1 保密协议和竞业禁止协议范本

具体来说,巴格利教授引用了《华尔街日报》上的一篇文章,该文章作者就麦当劳将热咖啡洒在了一位女士腿上并被陪审团判决赔偿这位女士 270 万美元一事发表了意见,进而说明了简单的道歉在解决法律纠纷中发挥的作用。

在推进商业道德方面,最后一个重要的问题涉及创业者和管理者如何向投资者和股东表现其责任感。鉴于我们在 21 世纪初发现的公司丑闻以及未来可能浮出水面的丑闻,这一问题十分重要。我们将在第 10 章中作更为详细的讨论。

取得营业执照和许可证

许多业务都需要取得营业执照和许可证才能运营。在美国,根据企业的性质,可以获取联邦、州和地方层级的营业执照和许可证。企业领导者可以通过三种方式来确定哪些是必要的营业执照和许可证。第一,可以询问类似的企业经营者,通常他们都能够为你指明正确的方向。第二,可以联系企业所在地的州务卿办公室。在大多数情况下,它们能够帮你确定所需的联邦、州和地方营业执照。第三是使用在线搜索工具。SBA 的 Permit Me 搜索工具就是一个例子。请访问 www.sba.gov/licenses-and-permits 获取该工具。它是一个非常有用的搜索工具,你可以按照邮政编码和企业类型来搜索开办特定业务所需的营业执照和许可证。

在这个问题上,我们要遵循的第一法则是:如果你不确定,请大胆询问。如果你在没有适当执照的情况下就开办企业,可能会受到严厉处罚。以下概述了商业组织在美国联邦、州和地方层级上所需的营业执照和许可证。

联邦执照和许可证

大多数企业不需要联邦执照即可运营(有些企业需要)。表 7-3 列出了一部分需要联邦执照或许可证的商业活动以及相关联邦机构。有时，看似简单的企业所需的营业执照和许可证数量超出人们想象。例如，如果你为他人编制纳税申报表，美国国家税务局（IRS）会要求你注册并获取税务填报人识别号码（PTIN）。同样，如果你酿造啤酒用于出售，你需要联邦许可证和州酒类营业执照。如果你仅仅酿造啤酒给自己喝，则无需这些证照。

表 7-3 部分需要联邦执照或许可证的商业活动

商业活动	联邦机构
农业——跨州界运输动物、动物产品、生物制品、生物技术产品或植物	美国农业部（USDA）
酒精饮料——制造、批发或在零售点出售酒精饮料	美国财政部烟酒税收贸易局（TTB）
航空——飞机运营、航空货物或人员运输、飞机维护	美国联邦航空管理局（FAA）
商业渔业	美国国家海洋和大气管理局（NOAA）
药品制造	美国食品药品监督管理局
枪支、弹药和爆炸物	美国烟酒枪械及爆炸物管理局（ATF）
鱼类和野生动物——任何与野生动物相关的活动，包括野生动物及其衍生产品的进口/出口	美国鱼类及野生动物管理局
地面运输	美国交通部（DOT）
所得税筹划	美国国家税务局
投资咨询	美国证券交易委员会
海上运输——海运或海上货物运输简化服务	美国联邦海事委员会（FMC）
采矿和钻探——在联邦土地上钻探天然气、石油或其他矿产资源的相关业务	美国安全和环境执法局（BSEE）
肉制品的制备	美国食品药品监督管理局
无线电或电视广播	美国联邦通信委员会（FCC）

州执照和许可证

在大多数州经营一家企业可能需要三种不同类别的营业执照和许可证。大多数州都有初创企业指南，可以引导你完成在该州的创业步骤。例如，俄勒冈州的创业指南被称为“创业工具包”（Startup Toolkit），详见 www.oregon.gov/business/Pages/toolkit.aspx。它为人们如何在俄勒冈州创业提供了分步骤的说明。

企业注册登记要求。有些州要求所有新企业都必须在该州注册。例如，俄克拉何马州要求新企业在开始营业之前填写一份名为“俄克拉何马州企业注册申请表”的文件。该文件的目的在于注册该企业，将该企业纳入税务机关的监控范围，以及确保该企业了解并遵守相关法规，比如应当从员工的薪水中扣缴联邦和州的税费。若要确定你所在的州是否有类似文件，最好的方法就是询问类似企业所有者或联系州务卿办公室。

营业税许可证。大多数州和社区都要求那些销售商品（有时还包括销售服务）的企业向相关的州政府机构缴纳营业税。如果你是营业税扣缴义务人，你必须在你的州取得相应的许可证。大多数州都有门户网站，可让人们轻松取得营业税许可证。例如，如果你要在得克萨斯州开办企业，你可以在 www.window.state.tx.us/taxpermit/网站上取得得克萨斯州营业税许可证。

专业及职业执照和许可证。所有的州都有相关法律规定某些专业人员必须通过州考试并持有专业执照方可开展业务。这些从业者包括理发师、推拿师、护士、纹身师、土地测量员和房地产经纪人等。同时，也有某些业务需要各州的职业执照或许可证方可开展，例如水管工、日托中心、货运公司和保险机构等。

地方执照和许可证

在地方层级，可能需要两种类别的执照和许可证。第一种是经营某类企业的许可证，例如从事儿童看护、理发、汽车维修以及住宿业务的企业就需要此类许可证。许多城市都有古怪的要求，因此必须在开展业务之前确认是否需要特定的许可证。例如，在亚特兰大，你需要获得许可证才能经营台球室；在巴尔的摩，你需要获得许可证才能开办舞蹈学校。

第二种是从事某些类型活动的许可证，包括以下示例：

- 建造证：如果你要建造或改造你的营业地点，通常需要该证件；
- 健康证：如果你从事制备或销售食品的工作，通常需要该证件；
- 广告牌许可证：在竖立广告牌时需要该证件；
- 街头商贩许可证：想要在城市街道上出售食品或商品的人需要该证件；
- 街边餐馆许可证：将桌椅放置在城市街道旁需要该证件；
- 报警器许可证：安装防盗报警器或火灾报警器需要该证件；
- 防火证：如果企业出售或存储高度易燃的材料或处理有害物质，需要该证件。

除了获取适当的执照和许可证之外，如果你计划使用虚拟的企业名称，你还需取得虚拟企业名称许可证（具体法规因企业所在地有所不同）。**虚拟企业名称许可证**（fictitious business name permit）允许企业使用虚拟的名称合法运营，例如黄金海岸海鲜（Gold Coast Sea Food）或红石面包（Red Rock Bakery）。为企业选择名称并取得所需的虚拟企业名称许可证是一项重要任务，不仅是因为要合法合规，还因为企业名称是其身份和品牌策略的关键组成部分。它也是人们在想到该企业时率先跃入脑海的事物之一。企业所选的名称必须能够为其从市场上脱颖而出提供帮助。

最后，除了没有雇员的独资企业外，所有美国企业都必须取得**联邦税号**（Federal Employee Identification Number，通常称为雇主识别号（Employee Identification Number，EIN））。取得 EIN 最简单且最快的方法就是访问 www.irs.com 并点击“在线申请 EIN”。企业的 EIN 相当于个人的社会保障号码。IRS 用它来跟踪企业的纳税情况。

除了获取适当的执照和许可证之外，企业还必须遵守与其活动相关的管理性政府法规。如果未能遵守这些规定，可能导致严重后果。本章的“错在何处?”专栏介绍了创业型初创企业 Flytenow 因联邦航空管理局的规定而被关停的事例。该专栏也生动体现了创业型企业与政府机构之间就法规适用可能产生的争执。

错在何处? Flytenow 是如何因政府法规停飞的

除了获取适当的执照和许可证之外，初创企业还必须遵守任何与其活动相关的联邦、州和/或地方政府法规。如果它们没有做到这一点，则很有可能被关停。在这方面，初创企业面临两个挑战。首先，它们可能并不熟悉与其业务相关的所有法规。但初创企业有义务了解这些规章制度。其次，初创企业与政府之间可能对法规的适用持有不同观点。如果出现这种情况，那么初创企业可以选择将此事提交法庭，并希望法庭对其观点予以支持。Flytenow 的情况正是如此，但法院的裁定对政府有利，Flytenow 被迫关停。

Flytenow 是由四位创始人于 2013 年推出的共享搭机服务。该公司运营一个网站，私人飞机驾驶员可以将自己的飞行计划发布在网站上，"飞行爱好者"（Flytenow 网站上是这么称呼的）可以一起乘机并分担费用。Flytenow 则通过收取每笔交易的佣金来赚取利润。据该公司称，在投入运营后不久就吸引了 25 000 名会员，其中包括私人飞机驾驶员、旅行者和航空爱好者。Flytenow 上的大多数飞行员驾驶的都是单引擎、螺旋桨式的四座飞机。

美国联邦航空管理局对 Flytenow 提出了质疑，认为其违反了法规中禁止未取得商业执照的飞行员接受乘客付款的规定。如果该规定适用，则 Flytenow 的商业模式将受到重创，因为让私人飞机驾驶员获取商业执照是不切实际的。Flytenow 进行了反击，它认为共享搭机并非新生事物。飞行员一直都在公告栏上发布"星期五从明尼阿波利斯飞往芝加哥——寻找搭乘人分担费用"之类的消息，而美国联邦航空管理局认可了这种做法。但美国联邦航空管理局指出，Flytenow 所做的与此不同。通过运营一个网站，Flytenow 在大范围内共享搭机服务，它实际上扮演了公共承运人的角色（类似达美航空或美国西南航空）。而公共承运人的飞行员是需要商业执照的。Flytenow 不认为他们充当了公共承运人。该公司辩驳说，他们并不提供无差别的航班服务，而仅仅向那些对特定日期、航线和旅程表现出共同兴趣的"飞行爱好者"提供服务。

在该案诉至法院后，美国哥伦比亚特区上诉法院（U. S. Court of Appeals for the District of Columbia）作出了支持美国联邦航空管理局的裁定。Flytenow 的创始人在一篇博客文章中回应说："不幸的是，我们别无选择，只能关停 Flytenow。但是，我们仍然代表飞行员为实现这一目标而努力。我们来自戈德华特研究所（The Goldwater Institute）的强大法律团队正在研究上诉方案，并将帮助我们在国会提出一项法案。感谢所有帮助我们一路走来的支持者、导师和投资者。"

Flytenow 的经历提醒人们，初创企业所处的法律环境可能相当复杂。

思考题

1. 在本案中，你站在哪一边——Flytenow 或美国联邦航空管理局？请解释你的答案。

2. 如果你要在一个不太熟悉的行业中创业，你将如何确定你需要获取的执照和许可证，以及是否存在其他政府法规可能影响你计划提供的产品或服务？

3. 如果你要创立一家与航空相关的公司，你将如何寻找一名航空法专业的律师？

4. 你认为 Flytenow 的创始人能否找到恢复其服务的方法，或者你是否认为该公司将永久关停？请解释你的答案。

资料来源：Flytenow Blog, "The Beginning of the End," available at https://blog.flytenow.com (posted on an unknown date, accessed February 21, 2017); D. Weikel. "California-Based Flight-Sharing Company Must Remain Closed, Federal Court Rules," *L. A. Times*, December 21, 2015; D. Weiss, "Uber-Type Flight App Shuts Down After DC Circuit Decision," ABA Journal, available at https://www.abajournal.com/news/article/uber_type_flight_sharing_app_shuts_down_after_dc_circuit_decision (posted December 28, 2015, accessed February 21, 2017).

选择商业组织形式

在开办企业时，必须选择一种法人形式。通常，创业者会从独资、合伙、股份有限公司和有限责任公司这几种最常见的法人形式中进行选择。选择法人形式不是一劳永逸的。随着企业成长和成熟，创业者应当定期审查当前的商业组织形式是否仍然合适。

没有任何一种商业组织形式能够在各方面都优于其他商业组织形式。企业所有者及其律师应当选择最能够满足其需求的法人形式。这一决定通常与图 7－2 所示的多个因素相关。新企业在选择法人形式时务必谨慎，因为每种商业组织形式都需要在这些因素之间进行权衡，并且创业者希望确保实现创始人的特定目标。

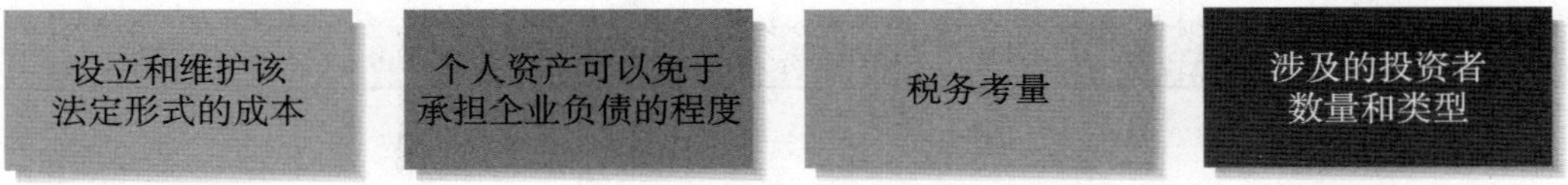

图 7－2　选择商业组织形式的关键因素

本部分介绍了四种商业组织形式并对它们的优缺点进行了逐一讨论。表 7－4 基于一般情况下最重要的几个因素，对四种法人形式进行了比较。

表 7－4　企业所有权形式比较

因素	独资企业	合伙企业		股份有限公司		有限责任公司
		普通合伙	有限合伙	C 型公司	S 型公司	
所有者人数	1	不限制普通合伙人人数	不限制普通合伙人和有限合伙人人数	无限制	最多 100 人	不限制“成员”人数
设立和维护成本	低	中等	中等	高	高	高
所有者个人责任	无限	所有合伙人均为无限责任	普通合伙人为无限责任；有限合伙人只以投资范围为限	以投资金额为限	以投资金额为限	以投资金额为限
企业连续性	随所有者死亡而终止	一名合伙人死亡或退出即终止（除非另有说明）	普通合伙人死亡或退出即终止	永久	永久	通常在有限的固定时间内
税务	不是纳税主体；由独资经营者缴纳所有税款	不是纳税主体；每个合伙人均按其收入份额缴纳税款并可用亏损抵扣其他收入来源	不是纳税主体；每个合伙人均按其收入份额缴纳税款并可用亏损抵扣其他收入来源	独立的纳税主体	在公司层面不征税；把损益转嫁给股东	如果结构合理，则在公司层面不征税；损益转嫁给股东

续表

因素	独资企业	合伙企业		股份有限公司		有限责任公司
		普通合伙	有限合伙	C型公司	S型公司	
管理控制	由独资经营者完全掌控	所有合伙人享有相同的控制权（除非另有说明）	只有普通合伙人拥有控制权	股东选举产生董事会	股东选举产生董事会	股东共同控制或任命管理人
筹资方式	必须由独资经营者自行筹集资金	必须由普通合伙人自行筹集资金	根据运营协议条款，出售有限合伙权益	公开出售股票	公开出售股票	根据运营协议条款，可以出售股权
投资流动性	低	低	低	高（如果公开交易）	低	低
双重征税	否	否	否	是	否	否

独资企业

最简单的企业形式就是独资企业。**独资企业**（sole proprietorship）是一种仅涉及一个人的商业组织形式，而这个人和这个企业在本质上是相同的。独资企业是商业组织中最普遍的形式。它有两个最重要的优点：所有者可以完全控制企业、企业亏损可以在所有者的个人纳税申报表中抵扣。[11]

与企业所有权的其他形式相比，设立独资企业既便宜又相对容易。如前文所述，在美国大多数州，独资企业面临的唯一法律问题就是获取适当的执照和许可证以开展业务。

如果企业经营时使用商号（如，西海岸平面设计（West Coast Graphic Design））而非所有者姓名（如，山姆·瑞安（Sam Ryan）），所有者必须向相应的地方政府机构申请假定或虚拟名称认证。这一步骤是为了确保该地区只有一家企业使用该名称，并公开所有者的姓名和联系方式。

独资企业不是一个独立法人。在税务上，企业的利润或亏损都会纳入企业所有者的个人纳税申报文件中，并且企业会因为所有者死亡或丧失企业权益而终止。独资经营者需承担企业的所有负债，这是一个极为不利的条件。如果企业被起诉了，在理论上，独资经营者可能丧失其所有企业资产和个人资产。所有者对独资企业的投资流动性通常较低。**流动性**（liquidity）是指以接近市场价值的价格快速出售企业或其他资产的能力。[12]对独资企业来说，因为企业所有权无法共享，所以通常很难筹集到投资资本。无限责任和难以筹集投资资本是创业者通常选择股份有限公司或有限责任公司而非独资企业的主要原因。大多数独资企业都是薪资替代型企业或生活方式企业（如第1章所述），对于有进取心的创业型企业而言，它通常是个糟糕的选择。

总而言之，独资企业的主要优缺点如下：

独资企业的优点

- 设立简单且花费不高。
- 所有者完全掌控企业且保留所有利润。

- 企业亏损可用于抵扣独资经营者的其他收入来源。
- 无双重征税（稍后说明）。
- 易于解散企业。

独资企业的缺点

- 所有者有无限责任。
- 企业的成功依赖于所有者个人的技能和能力。当然，所有者可以雇用一些具有额外技能和能力的员工。
- 难以筹集资金。
- 企业随所有者死亡或丧失企业权益而终止。
- 所有者的投资流动性很低。

合伙企业

如果两个或两个以上的人共同创立企业，他们必须采用合伙企业、股份有限公司或有限责任公司的组织形式。合伙企业可以分为普通合伙企业和有限合伙企业。

普通合伙。普通合伙（general partnership）是指两个或两个以上的人集中他们的技能、能力和资源来开展业务的一种商业组织形式。与独资经营相比，普通合伙制的优势在于，企业的生存和成功不再依赖于一个人。实际上，在大多数情况下，各个合伙人对企业的运营拥有相同的话语权。大多数合伙企业都有合伙协议，这是一份类似于创始人协议的法律文件。**合伙协议**（partnership agreement）详细规定了组织内各合伙人的责任和所有权份额。除非合伙协议中另有规定，否则基于合伙关系创建的企业在合伙人死亡或退出时即终止。普通合伙企业通常出现在服务业中。在许多州，普通合伙企业必须申请合伙证或类似的文件作为其存续的依据。与独资企业相似，普通合伙企业的损益将纳入合伙人的个人纳税申报表。如果企业有四名普通合伙人且他们在该企业中享有平等的所有权，则每位合伙人的个人纳税申报表中将包括该企业 1/4 的损益。[13] 而普通合伙企业本身仅需提交信息性的纳税申报表。

普通合伙的主要缺点是，个人合伙人需要对合伙企业的全部债务承担责任。如果一位合伙人在代表合伙企业开展业务时疏忽大意，所有合伙人都可能承担赔偿责任。虽然无过失的合伙人此后可能会要求有过失的合伙人弥补损失，但所有合伙人仍然需要对受害方承担连带赔偿责任。通常，相比于独资企业而言，普通合伙企业更容易筹集资金，原因很简单——不止一人可承担贷款责任。普通合伙企业筹集投资资本的一种方式是吸纳更多的合伙人。但是，投资者往往不愿意以普通合伙人的身份入伙，因为每个合伙人都要承担无限责任。

总而言之，普通合伙的主要优缺点如下：

普通合伙的优点

- 与股份有限公司或有限责任公司相比，设立较为容易且花费较少。
- 企业拥有不只来自一个人的技能和能力。
- 拥有一个以上所有者更易于筹集资金。
- 企业亏损可用于抵扣合伙人的其他收入来源。
- 无双重征税。

普通合伙的缺点

- 每个合伙人都需承担无限责任。
- 企业依赖于固定人数的合伙人的技能和能力。当然，与独资企业相似，合伙人可以雇用一些具有额外技能和能力的员工。
- 筹集资金可能会有困难。
- 由于合伙人享有共同决策权，因此可能出现分歧。
- 除非合伙协议另有规定，否则企业将随着一名合伙人的死亡或退出而终止。
- 每位合伙人的投资流动性都很低。

有限合伙。有限合伙（limited partnership）是普通合伙的一种改良形式。两者之间的主要区别是，有限合伙企业包括两类所有者：普通合伙人和有限合伙人。在有限合伙企业中普通合伙人或有限合伙人的人数没有限制。与普通合伙企业相似，有限合伙企业中的普通合伙人需对合伙企业的所有债务承担责任，但有限合伙人仅以其出资额为限承担责任。有限合伙人在不损害其有限责任地位的情况下，可能无法对组织施加任何有意义的控制力。[14]与普通合伙企业相似，大多数有限合伙企业都有合伙协议。**有限合伙协议**（limited partnership agreement）规定了普通合伙人和有限合伙人的权利和义务，以及合伙企业的管理和最终解散事宜的相关细节。

成立有限合伙企业通常是为了在不成立股份有限公司的情况下筹集资金或分散风险。有限合伙企业常见于房地产开发、石油和天然气勘探以及电影投资领域。[15]

股份有限公司

股份有限公司（corporation）是在州政府授权下成立的独立法人。股份有限公司可根据组织形式分为C型公司和S型公司。以下是对C型公司的描述，它是大多数人在听到“公司”一词时首先想到的。S型公司将在稍后进行说明。

C型公司。从法律的角度来看，**C型公司**（C corporation）是一个独立于其所有者的法人。在大多数情况下，公司保护其所有者——**股东**（shareholder）——免于对公司债务承担个人责任。公司由董事会进行管理，董事会由股东选举产生（详见第9章）。在大多数情况下，董事会将聘请管理人员来监督组织的日常管理。与独资企业或合伙企业相比，股份有限公司通常更容易筹集资金，因为股东除了对企业的投资之外不承担任何责任。因此，通过配股来分配公司的部分所有权也更加容易。大多数C型公司都有两类股票：优先股和普通股。**优先股**（preferred stock）通常向保守派投资者发售，如果发生清算，他们将在股息和公司资产方面相较于普通股股东拥有优先权。**普通股**（common stock）的发售范围比优先股更广。普通股股东拥有投票和选举企业董事会的权利。如果公司发生清算，普通股股东通常是最后得到偿付；也就是说，他们较债权人和优先股股东更为靠后。[16]

相比于独资企业或合伙企业，设立股份有限公司更加复杂。设立公司时需向公司所在地的州务卿办公室提交**公司章程**（articles of incorporation）。公司章程通常包括公司的名称、目的，发行的股票数量、股票类型，其他运营条件。[17]在大多数州，公司必须每年报送年报，并且由州主管机构收取年费。公司所有者必须完全遵守这些规定。如果公司所有者未报送年报、忘了支付年费或涉嫌欺诈，那么法庭可能会不顾公司设立的事实，让所有者为公司行为承担个人责任。这一系列后果称为**“揭开公司面纱”**（piercing the corporate veil)。[18]

公司作为独立法人缴纳税款。实际上，“C 型公司”中的“C”来自美国《国内税收法典》(Internal Revenue Code) C 分章项下关于常规公司的纳税规定。C 型公司的缺点是它们需要被**双重征税** (double taxation)，这就意味着需要对公司净收入征税，而当相同的收入以股利的形式分配给股东时，股东需要在申报个人所得税时被再次征税。创业型企业经常留存收益而不向股东支付股息的原因之一就是避免这种麻烦。企业可以利用自身收益来推动未来的增长，且同时避免双重征税。股东寄希望于最终从公司股票的升值中获得回报。

公司的另一个优势是可以轻易地将股票转手。对于独资经营者而言，通常很难出售企业；对于合伙人而言，在普通合伙企业中出售部分权益更难实现。如果公司在主要的证券交易所（如纽约证券交易所或纳斯达克）挂牌上市，那么对所有者而言，出售股票可能就是一瞬间的事。但是，这一优势并不适用于那些未在主要证券交易所挂牌上市的公司。在纽约证券交易所上市的公司大约有 2 800 家（市值约 18.2 万亿美元），纳斯达克约有 3 100 家。这些企业都是**上市公司** (public corporation)。这 5 900 家公司股东所持有的股票处在一个**流动性市场** (liquid market) 中，这就意味着他们可以通过有组织的市场行为非常容易地买卖股票。而在封闭式公司或私营公司中出售股票则困难得多。在**封闭式公司** (closely held corporation) 中，有投票权的股份被少数几人把持，极少且不会频繁进行买卖。[19] **私营公司** (private corporation) 是指所有股份均由少数股东（如管理层或家庭成员）持有且不公开交易的公司。[20] 在美国，绝大多数公司都是私营公司。封闭式公司和私营公司的股票都存在**流动性不足** (illiquid) 的特点，这意味着这些股票很难找到买主。

C 型公司的最后一个优势是，可以将股权与员工分享，并将其作为员工激励计划的一部分。由于进行少量配股是很容易的，因此许多上市公司和私营公司都将股票分配作为其员工奖金或利润分享计划的一部分。这种激励计划旨在帮助企业吸引、激励和留住高素质的员工。[21] **股票期权** (stock option) 是一种特殊的激励补偿形式。该计划为员工提供了在一定时期内以规定价格购买一定数量公司股票的期权或权利。股票期权最突出的优点在于，当股票价格上涨时，参与者可能获得额外的报酬。[22] 许多员工在入职时即收到股票期权，且此后定期收到额外的期权。随着员工手上的股票期权越来越多，他们的潜在报酬和公司股价之间的联系越来越清晰。这种联系为员工提供了强有力的动机，让他们代表企业付出更多努力，以期对股价产生积极的影响。[23]

总而言之，C 型公司的优缺点如下：

C 型公司的优点

- 所有者仅以其投资金额为限对公司债务承担责任。
- 筹集资金更加容易。
- 没有股东人数限制，这与 S 型公司有所不同。
- 如果在主要证券交易所上市，则股票流动性较强。
- 通过股票期权或其他激励计划与员工分享股权的方式可以为员工提供强大的动力。

C 型公司的缺点

- 相比于独资企业或合伙企业，C 型公司的设立和维护更难。
- 业务亏损无法抵扣股东的其他收入。
- 收入将被双重征税，这意味着既向公司也向股东征税。

● 小股东在企业管理层中几乎没有话语权。

S型公司。S型公司（subchapter S corporation）结合了合伙企业和C型公司的优点。与合伙企业相似，它的损益无需双重征税。S型公司不需要缴纳税款；取而代之的是，企业的利润或亏损会转嫁至所有者的个人纳税申报表中。而S型公司必须提交一份信息性纳税申报表。与C型公司相似，S型公司的所有者不对企业行为承担个人责任。S型公司的另一个优势在于自雇税（self-employment tax）。选择S型公司的身份后，仅需要对收益中作为薪资实际支付的部分缴纳工资税（payroll tax），公司支付给股东的正常收入则无需缴纳工资税或自雇税。

由于有这些优点，许多创业型企业都是从S型公司起步。企业必须符合严格标准才能获得S型公司的身份：

● 该企业不能是另一家公司的子公司。

● 股东必须是美国公民。合伙企业和C型公司可能无法持有S型公司的股份。某些类型的信托和地产则有资格持有S型公司的股份。

● 只能发行一种类型的股票（优先股或普通股）。

● 股东不超过100人。夫妻即使分别持有股份也只能算作一个股东。在某些情况下，家庭成员均算作一个股东。

● 所有股东都必须同意以S型公司的形式开展业务。

S型公司的主要缺点是资格限制、设立和维护S型公司的费用较高，以及S型公司股东限制在100人以内。[24]如果S型公司希望吸纳超过100名股东，则必须转换为C型公司或有限责任公司。

有限责任公司

有限责任公司（limited liability company，LLC）是一种在美国迅速流行的商业组织形式。它的概念起源于德国，于1978年率先引入美国怀俄明州。与S型公司一样，它也是初创企业的普遍选择。与合伙企业和S型公司一样，有限责任公司的利润也流入所有者的纳税申报表中，因此无需双重征税。有限责任公司的主要优点是，所有合伙人均享有有限责任。这与普通合伙和有限合伙不同，合伙企业中至少有一名合伙人需要就合伙企业的全部债务承担连带责任。所以说，有限责任公司结合了股份有限公司的有限责任优势和合伙企业的纳税优势。[25]

有限责任公司所使用的某些术语不同于其他的所有权形式。例如，有限责任公司的股东称为“成员”（member），他们拥有的是权益（interest）而非股票。有限责任公司在所有者人数和税收相关问题上比S型公司更加灵活。有限责任公司必须是私营企业——不得公开交易。如果股东希望该企业在某个时点公开上市并在某个主要证券交易所挂牌交易，则必须将其转换为C型公司。

有限责任公司的设立和维护相当复杂，并且在某些州，管理有限责任公司的法规也大有不同。股东可以选择自己管理有限责任公司，也可以指定一位或多位管理者（可能是也可能不是股东）来运营企业的日常事务。企业的损益可以通过选择的任何方式分配给股东。例如，如果某个有限责任公司有两名股东，可以选择将年利润按照50/50、75/25、90/10或其他任何方式进行分配。[26]

总而言之，有限责任公司的优缺点如下：

有限责任公司的优点

- 股东仅以投资额为限对企业的债务承担责任。
- 股东人数不限。
- 有限责任公司可以选择以独资企业、合伙企业、S型公司或其他公司法人的形式纳税，具有很大的灵活性。
- 由于仅对股东就利润征税，因此无双重征税。

有限责任公司的缺点

- 设立和维护有限责任公司较为困难且花费不菲。
- 税收会计核算可能会很复杂。
- 有些管理有限责任公司的法规因州而异。
- 由于有限责任公司是一种相对较新的商业形式，因此没有太多的法律先例可帮助所有者预测法律纠纷可能对其业务造成的影响。
- 有些州对有限责任公司征收特许经营税——这实际上是有限责任公司为其有限责任优势而向州政府支付的一种费用。

复习题

1. 你的朋友打算成立一家咨询公司为小企业提供金融服务，她应该从什么时候开始考虑如何在企业中营造她想要的道德氛围？

2. 根据本章提供的信息，通常创业者会高估还是低估他们对创业相关法律的了解程度？为什么？

3. 为什么对创业者来说，为其企业建立坚定的道德文化很重要？

4. 为建立坚定的道德文化，创业型企业可采取哪些具体步骤？

5. 行为准则的目的是什么？

6. 在创业型企业中制订和实施道德培训计划的目的是什么？

7. 在为新企业选择律师时，应考虑哪些较为重要的标准？

8. 什么是创始人协议？为什么创业团队需要在创业时订立创始人协议？

9. 保密协议和竞业禁止协议的目的是什么？

10. 创业型企业如何避免法律纠纷？

11. 什么是调解？创业者如何用调解方式来解决纠纷？

12. 在创业过程中，企业应当在什么时候关注其所需的营业执照和许可证？为什么是这个时候？

13. 为什么企业创始人需要认真考虑他们为公司挑选的名称？

14. 为什么选择法人形式不是一劳永逸的？

15. 什么可以使企业决定改变其法律上的组织形式？

16. 独资企业的形式有什么优缺点？

17. 对于富有进取精神的创业型企业而言，独资企业是一种合适的所有权形式吗？为什么？

18. 普通合伙制和有限合伙制有什么区别？

19. C型公司的主要优缺点是什么？

20. C型公司是如何被双重征税的?

21. 优先股和普通股有什么区别?

22. “揭开公司面纱”是何含义? 如果公司的面纱被揭开，会对公司所有者造成什么影响?

23. 上市公司、封闭式公司和私营公司之间有什么区别?

24. 什么是股票期权? 为什么公司会向其员工提供股票期权?

25. 有限责任公司的优缺点是什么?

26. 对于富有进取精神的创业型企业而言，有限责任公司是一种合适的所有权形式吗? 为什么?

应用题

1. 在什么情况下道德方面的考虑应该成为公司商业计划的一部分? 公司是否应定期评估其道德表现? 如果是，那么企业采用哪种方式最好?

2. DipJar是“如果你是风险投资者7.2”专栏的主角。假设该企业的创始人让你帮助他们撰写一份企业行为准则。在你了解DipJar作为创业型企业的运营方式之后，请整理一份有关该企业行为准则的目录。

3. 一位亲密的世交好友与你联系，他正在组建一家有限责任公司，以购买佛罗里达州可可海滩附近的一座公寓综合楼。他邀请你和一些家庭成员各向他的公司投资10 000美元。该公寓综合楼的售价为500万美元。你的朋友希望能够说服50个人，每人投资10 000美元，以筹集50万美元；他另外打算借款450万美元来达成该交易。你对你的朋友说：“我不介意投资10 000美元，但我真的很担心，如果交易失败，我们很可能会因为那450万美元的贷款而陷入困境。”他在回应你时坚持认为，你所面临的全部风险只有10 000美元，并且你不需要为其他任何事情承担责任。你的朋友是对是错?

如果你是风险投资者7.1

GiveForward公司

网站：www.giveforward.com　脸书：GiveForward　推特：@GiveForward

商业创意：建立一个众筹平台，让人们可以为那些面临健康危机的个人提供财务支持，支付他们医疗费用中的自费部分。

推介：每年，美国人都要承担超过4 000亿美元的自费医疗项目，而这笔费用从未包括在保险范围内。许多人发现自己的处境很艰难。他们正在与癌症等疾病作斗争，或者正在从中风等健康危机中康复，但他们无力支付高昂的自费医疗项目。通常，患者的家人或朋友都想筹集资金来帮助他们，但不知道该怎么做。他们可能会举办一个慈善活动或自行筹集资金，但是他们努力筹集的款项与亲人看病所需的数额相去甚远。

这就是GiveForward的用武之地。GiveForward是一个营利性的众筹平台，专门帮助人们开展医疗筹款活动。人们只要访问GiveForward的网站并创建GiveForward筹款页面就可发起活动。大多数页面都包含一张筹款对象的照片、他的境况、筹款目标、他的最新情况，以及捐款人的捐助金额和鼓励的话。每个发起活动的人都会得到指导，学习如何在线上筹集款项。通常，指导者会敦促相关人员将亲人的GiveForward页面通过电子邮件、脸书、推特和其他社交媒体分享给家人、朋友和其他人，以寻求支持。一旦完成筹款活动，GiveForward就会向发起活动的人寄送一张支票。鼓励的话语将永远保留在GiveForward网站上。GiveForward将从每笔交易中收取7.9%外加0.3美元的费用。其中约2.9%外加0.3美元用于支付信用卡商户手续费，其余部分归GiveForward所有。捐助者可以选择多捐一点点以支付这些费用。有超过60%的人选择这么做。

自2008年网站运营以来，GiveForward已经帮助发起了数以万计的医疗筹款活动，并帮助筹集了超过8 400万美元的款项。活动数量和捐助金额仍在不断加速增长。虽然许多活动的标的额都低于10 000美元，但也有标的金额较大的活动。在2013年波士顿马拉松爆炸案发生后，两个伤者的家人和朋友发起了GiveForward活动，筹集了将近100万美元。

GiveForward的创始人经常被问到为什么该公司不是非营利性的。原因有很多。首先，GiveForward的筹款人与美国税法501(c)3条款项下的注册组织无关，为了向这些筹款人汇款，GiveForward必须是一家股份有限公司。其次，GiveForward正在努力为越来越多的以使命为导向的社会企业树立榜样。许多非营利性组织花费多达40%的时间和资源用于筹款，而GiveForward将其绝大多数资金直接捐给了需要帮助的个人或家庭。最后，通过股份有限公司的形式，GiveForward能够从投资者处筹集股本，将其覆盖面扩大到更多需要帮助的人。

1. 根据本章介绍的内容，在作出投资决策之前，你会向该公司的创始人提出哪些问题？什么样的答案能够让你满意？

2. 如果你只能根据推介内容和公司网站提供的信息作出决策，你是否会投资该公司？为什么？

如果你是风险投资者 7.2

DipJar公司

网站：www.dipjar.com　脸书：DipJar　推特：@dipjar

商业创意：创建一个硬件设备，让人们可以轻松地使用信用卡或借记卡为服务人员留下小费或捐赠给非营利性组织。

推介：大多数人已经不再携带大量现金出门了。取而代之的是，大多数美国人依靠信用卡和借记卡进行购物。这种变化使人们更加难以自发地向服务人员提供小费或进行捐款。这在餐饮业中成了一个问题，现金消失造成小费减少。在某些情况下，没有现金几乎不可能支付小费。例如，大多数人在酒店行李员为其拦下出租车时都会支付小费。但如果你没有现金，就做不到了。同样，如果没有携带现金，也难以进行小额捐款。想想Salvation Army的志愿者们，他们在圣诞节期间站在商店门口，用标志性的红桶收集捐款。如果你想捐款，但没有现金或者只有比你想捐的数额大得多的大额纸钞，该怎么办？还有一些可以接受小额捐助的组织，如公共图书馆，但他们没有合适的方式来收集小额款项。

DipJar解决了这些问题。它创建了一个名为DipJar的小型硬件产品。其运作方式如下。某个组织购买DipJar。DipJar可定制颜色以配合该组织的品牌，并将组织的徽标印在设备正面。DipJar随附一个在线控制面板，允许组织在其中写入银行信息（以便收取款项）和所需的小费或捐款金额（例如5.00美元）。然后，DipJar就会显示5.00美元的请求金额。捐助者需要做的就是将其信用卡或借记卡“插入”设备中，然后就完成了5.00美元的捐款。控制面板中会记录每天、每周和每月收到的款项数额。请求金额可随时更改。DipJar设计雅致，大概相当于电话大小。对餐厅或咖啡馆而言，控制面板还可以跟踪记录特定班次期间收到的小费金额。这一功能使餐厅所有者能够将正确的小费金额支付给该班次的服务员。根据不同用途，DipJar有多种定价模式。它对每一笔交易都收取少量手续费。

许多使用DipJar的组织都有着成功的经历。例如，Salvation Army正在寻找一种信用卡解决方案与红桶形成互补，它同时也在寻找一种工具可以在不适用红桶的零售环境中收集捐助款。他们将一共90个DipJar用在三个州，结果在一家以前从未捐款的丹佛旧货商店中，他们取得了年度捐款额超3 700美元的好成绩。纽约公共图书馆总部为到访者提供免费语音导览以换取他们的捐款。该图书馆过去错过了那些没带现金的访客的捐助，使用DipJar设定5.00美元捐助额度后，每月可收到150～200美元捐助款。因为DipJar帮助制定了5.00美元的捐款标准，现金捐款数额也有所增加。

1. 根据本章介绍的内容，在作出投资决策之前，你会向该公司的创始人提出哪些问题？什么样的答案能够让你满意？

2. 如果你只能根据推介内容和公司网站提供的信息作出决策，你是否会投资该公司？为什么？

案例

Peloton Cycle和DonorsChoose：营利性和非营利性初创企业应如何建立信誉和信任

Peloton网站：www.pelotoncycle.com　脸书：PelotonCycle　推特：@ridepeloton

DonorsChoose网站：www.donorschoose.org　脸书：DonorsChoose　推特：@DonorsChoose

简介

信誉对任何初创企业来说都极为重要。无论是针对营利性组织的潜在客户还是非营利性组织的潜在捐助者，公司或组织在与他们初次接触时都必须以树立信誉和建立信任的方式展现自己。消费者和捐助者对于如何分配他们的资金有多种选择。因此，初创企业必须给人留下良好的第一印象，并为其顾客提供信任的理由。

公司和组织如何建立信誉和信任

公司和组织可以通过多种方式来取得信誉、信任和认可。在表7-5中，我们介绍了在几乎所有情况下都极其重要的8种技巧。

表7-5　取得信誉、信任和认可的技巧

技巧	说明
拥有吸引人的徽标、公司邮箱地址和看起来很专业的网站	潜在客户和捐助者对公司和组织的真实面貌都有一个心理印象。如果你的徽标、网站或电子邮箱地址看起来很业余或值得怀疑，那就完了。一定要有一个.com或.org的公司邮箱地址。使用谷歌邮箱或雅虎邮箱地址会使公司或组织看起来很不专业。
接受媒体报道	在你的网站上突出显示你接受的媒体报道。如果你是新来的，开始时可以请你所在行业的博主对你进行报道。媒体报道提供了一种心照不宣的认可和支持。

续表

技巧	说明
获得专家推荐	获得专家推荐，并登载在你的网站上或作品中。专家不一定要是名人。如果你要出售与手术相关的软件，可以请外科医生对其进行测评并发表评论。如果你创立了一家非营利性组织，为可能遭受伤害的儿童放学后在外逗留提供了场所，那么你可以请当地警察局局长或学校负责人对你的服务发表评论。
得到客户推荐	请那些你为之提供商品或服务的客户、捐助者或接收者对你的商品或服务进行测评并就他们的体验发表评论。如果可能，请放上他们的照片。真实人物的正面评价往往是最具说服力的。
给人们以关注的理由	请确保传达出你的初创企业的现实意义，但不要使用漂亮的口号，比如"具有革命性"或"行业最佳"等等。这些词语华而不实。相反，请保持真诚。用日常语言说明你的客户或捐助者应该予以关注的原因。
说出你的故事	你为何有所关切？要想以最快速度建立信誉和信任，没有什么比得上创始人讲述其创办公司或非营利性组织的真实故事。展示你的图片，并在旁边放上真实的电子邮箱地址。
出现在脸书、推特和 Instagram 上	无论你是否喜欢这种方式，人们都会在脸书、推特和 Instagram 上寻找你。如果你没出现在上面，那就是一个危险信号。请在这三个站点注册账号并经常更新。
告诉人们你将如何使用和/或保护他们的资金	如果你是营利性企业，请提供退款保证。如果你是非营利性组织，请具体说明你将如何使用捐助者的款项。

接下来将以两个组织为例——一个营利性组织和一个非营利性组织——介绍它们如何通过这些技巧取得信誉、信任和认可。

Peloton Cycle

创立于 2012 年的 Peloton Cycle 让人们能够在家中享受独特的健身体验。该公司打造了一款时尚、新颖的动感单车，配备了 22 英寸的防水安卓触摸屏，骑手可以观看纽约顶级教练的教学直播或根据自己的需求选择单车课程。借助 Peloton Cycle，人们首次体验了在自己家中方便地进行高强度、高能量的有氧运动。

用户可以从触摸屏上选择数百款根据需求打造的骑行课程，也可以参与每天 12 场的直播课程。如果你提前报名了直播课程，它还会告诉你的朋友，你将参加该课程并邀请他们一起加入。你也可以将自己的课程预约信息发到脸书上，以便其他人根据需要加入你的行列。按需课程中包含了数百个选项，在时长、难度、教练等方面各有不同。而直播课程则可以让你与该公司在纽约工作室的 Peloton Cycle 骑手以及世界各地的 Peloton Cycle 骑手一起锻炼。无论是按需课程还是直播课程，你都可以通过排行榜了解自己相对于其他骑手所处的位置，你也可以隐藏数据，让自己沉浸在骑行中。在你骑行时，Peloton Cycle 会记录你的卡路里燃烧情况、能量输出、骑行距离和节奏（踏板速度），并可随时向你展示。

Peloton Cycle 通过出售单车（1 995 美元）以及提供按月订购服务（39 美元）（直播和按需骑行课程）来赚取利润。

这就是 Peloton Cycle 提供的产品和服务。以下是它通过上述 8 种技巧取得信誉、信任和认可的方式。

1. 它拥有专业的徽标设计、漂亮的网站和公司邮箱地址。

2. 它吸引了大量媒体。《快公司》(*Fast Company*)、《男士健康》(*Men'sHealth*)、《今日美国》、《好管家》(*Good Housekeeping*)、《名利场》(*Vanity Fair*)、《纽约时报》等都对其进行了报道。该企业还接受了福克斯商业频道(Fox Business)等电视媒体的采访,并受到了包括索菲娅·维加拉(Sofia Vergara)、麦当娜(Madonna)和乔恩·邦·乔维(Jon Bon Jovi)等名人的关注。www. salesforce. com 的首席执行官马克·贝尼奥夫(Marc Benioff)发推文说:“我已成了@ridepeloton 的信奉者!很棒的产品,有创见的体验,极力推荐。”

3. Peloton Cycle 自己并未在其网站上发布专家推荐,但是该网站包含了许多与公司密切合作的人的照片。它还引用了各种出版物对它的介绍。该公司声称它吸引了一部分全美国最具才华的单车教练。Peloton Cycle 还在其网站(和 YouTube)上发布产品视频,让人们自行观看它的运作方式。

4. 它的网站在显著位置展示了客户推荐。

5. Peloton Cycle 的所有广告、促销和公共关系均旨在向潜在客户传达它能够给人们的生活带来多大变化。它可以让人们在家中方便地进行高强度的交互式锻炼。它还强调了被称为 Peloton Cycle 体验的社区感。人们通过在同一时间参加相同的直播课程而相互熟识。他们建立了友谊并以此发展出一个相互支持的人际关系网。

6. Peloton Cycle 总是抓住一切机会讲述它的故事,并为其将新的健身方法引入市场而感到自豪。它的网站上介绍了它的创立故事(在链接“我们的故事”下),并对公司提供的价值作了精心概述。它拥有一个 YouTube 频道,其中包含了公司的各种观点,包括对公司创始人的采访、公司商业广告和公司教练的介绍等。公司还通过全国电视广告讲述自身的故事。

7. Peloton Cycle 在脸书、推特和 Instagram 上很活跃。截至 2017 年 3 月,它在脸书上得到了 213 975 个赞,有 11 500 个推特关注者和 52 500 个 Instagram 关注者。

8. Peloton Cycle 提供 30 天无理由退货政策,但它不会退还初始运费,也不承担将单车退回公司的运费。

DonorsChoose

DonorsChoose 是一个非营利性组织,它可以帮助人们直接向公立学校的特定项目捐款。查尔斯·贝斯特(Charles Best)是布朗克斯一所公立中学的科学老师,他于 2000 年创立了 DonorsChoose。从那时起,该组织逐渐成长,为美国各地的公立学校提供帮助。

DonorsChoose 收集老师的提议并发布在其网站上。举个典型的例子,2017 年 2 月,一所公立学校——俄克拉何马州埃德蒙市鹿溪中学(Deer Creek Intermediate School)的一位老师发布了一个项目请求。这位老师需要 387.96 美元为她的教室购买 6 把转椅。这种转椅根据人体工程学设计,提供了适当的后背和腿部支撑,可以让学生在不离开座位的情况下有较大的活动范围。这位老师说,她创建了一个灵活的课堂,学生可以从一个活动转移到另一个活动。她已经看到了积极成效,而转椅将为她的学生提供更多的灵活性和学习机会。DonorsChoose 在此金额之上增加了 15%的运营开支,并显示了项目预算,包括运费和营业税等,使得该请求的最终数额达到了 585 美元。在撰写本案例时,来自两个州的8个捐助者已经捐赠了475美元，仍有110美元等待捐赠。如果该项目获得资助，DonorsChoose将购买转椅并寄送给这位老师。然后，他们会通过传真或电子邮件给这所学校的校长发送一条信息：礼物已经寄出。此外，如果同一学校的其他老师曾经通过DonorsChoose筹集资金，这些老师也将收到有关该礼物的通知。DonorsChoose从来不向老师提供现金来购买请求物品，而是由该组织亲自进行采购和运输。

接下来发生的事情则既感人又特别。每位捐赠1美元以上的人都会收到这位老师的书面感谢信、课堂照片以及款项的使用情况报告。DonorsChoose用它从捐赠者处收取的管理费用和通过私人融资方式取得的款项为其运营提供资金。

这就是DonorsChoose。与其他任何慈善组织一样，它所依靠的是捐助者的信任和支持。以下是DonorsChoose通过前述8种技巧取得信誉、信任和认可的方式。

1. 它拥有专业的徽标设计、漂亮的网站和一个.org邮箱地址。

2. 尽管DonorsChoose已在其领域活跃了15年，仍然引来了不少媒体的关注。NPR、NBC《晚间新闻》(*Nightly News*)、财经频道（CNBC）、CBS《今晨》(*This Morning*)、《早安乔》(*Morning Joe*)，以及其他广播和电视节目都对它进行了报道。《快公司》《名利场》《华尔街日报》《今日美国》和其他媒体上也刊登过有关DonorsChoose的文章。

3. DonorsChoose得到了BBB慈善认证机构（BBB Accredited Charity）和慈善导航（Charity Navigator）的认可，这是两个对非营利性组织进行评级的机构。它始终符合BBB明智捐赠联盟（BBB Wise Giving Alliance）的慈善组织责任标准，并获得了美国首屈一指的独立慈善评估机构慈善导航的四星（最高）评级。它还拥有许多与它自身及其使命相关联的公司合作伙伴。这些合作伙伴包括雪佛龙（Chevron）、谷歌、索尼克（Sonic）、比尔及梅琳达·盖茨基金会（Bill & Melinda Gates Foundation）、迪士尼（Disney）、3M和TOMS等等。

4. DonorsChoose自己并未发布客户推荐，但在醒目的位置展示了其成立以来所产生的影响。截至撰写本案例时，DonorsChoose已经拥有2 527 307名支持者，资助877 593个项目，惠及22 082 465名学生。它还维护着一个博客（www.donorschoose.org/blog），其中有关于如何在DonorsChoose上筹集资金的技巧，以及发生在公立学校课堂上的感人的故事。

5. DonorsChoose的整个设想给人们带去了关注它的理由。该慈善机构网站上发布了许多儿童照片以及接受资助的项目内容。其标语是“支持一个课堂，打造一片未来”。

6. “关于我们”栏目中提供了大量有关该组织成立的原因和背景的信息。

7. DonorsChoose在脸书、推特和Instagram上表现活跃。它在脸书上得到了180 915个赞，有234 000个推特关注者和15 300个Instagram关注者。

8. DonorsChoose在醒目的位置展示了其取得的成果。它的财务记录由注册会计师事务所审计，并可以应要求提供给公众查阅。

讨论题

1. 为什么无论是营利性组织还是非营利性组织，取得信誉、信任和认可对初创企业来说都特别重要？

2. 取得信誉、信任和认可如何帮助初创企业避免法律纠纷和相关问题？

3. 在伦理和道德行为方面，你认为Peloton Cycle和DonorsChoose的文化中会有哪些与其相关联的特征？

4. 对 Peloton Cycle 和 DonorsChoose 进行更深入的研究，并描述其创始人采取了哪些行动（请关注 Peloton Cycle 的约翰·弗利（John Foley）和 DonorsChoose 的查尔斯·贝斯特）以身作则并帮助其组织建立了信誉和信任。

资料来源：Peloton Cycle Homepage，www. pelotoncycle. com（accessed February 25，2017）；DonorsChoose Homepage，www. donorschoose. com（accessed February 25，2017）.

注 释

第8章 评估新企业的财务实力和生存能力

学习目标

学完本章，你应该能够：

1. 认识到创业型企业财务管理的重要性。
2. 认识创业型企业的四个主要财务目标。
3. 描述创业型企业使用的财务管理流程。
4. 说明历史财务报表和备考财务报表之间的区别。
5. 描述不同的历史财务报表及其用途。
6. 讨论在预计企业未来收入和支出时，预测所起的作用。
7. 说明备考财务报表的用途。

在本章中，我们将研究新企业如何管理其财务状况并评估其财务实力和生存能力。为力求全面，我们将对既有企业和创业型企业的做法都进行讨论。首先，将考虑一般财务管理，并讨论企业的财务目标以及财务管理流程所涉及的步骤。**财务管理**（financial management）涉及两个活动：筹集资金；管理公司财务以实现最高回报率。[1]我们将在第10章介绍筹集资金的过程。本章着重讲述公司如何管理其财务，以增强其财务实力并获得最高的回报率。接下来，将研究既有企业如何通过编制、分析和维护过去的财务报表来跟踪其财务进度。最后，将讨论既有企业和创业型企业如何预测未来收入和支出，以及如何使用这些预测来编制备考（即预计）财务报表。备考财务报表包括备考损益表、备考资产负债表和备考现金流量表，能够对企业的财务规划提供十分有益的帮助。

财务管理简介

创业者努力寻求机会并将机会转化为切实可行的创业型企业，这种能力在很大程度上取决于资金的可利用程度。无论产品或服务的质量如何，除非公司能在财务上取得成功，否则从长远来看，它是无法生存的。资金要么来自外部（如投资者或贷款人），要么通过内部收益产生。企业必须牢牢地掌握其财务状况。年轻的创业型企业最常犯下的错误之一就是未能对财务管理予以充分重视并以适当的形式进行财务控制。[2]

创业者和既有公司的管理者必须知道他们有多少钱在银行以及这笔钱是否足以履行企业的财务义务。企业的成功并不必然意味着它不会面临财务挑战。[3]例如，许多向苹果、通用电气和家得宝（Home Depot）等大型公司出售产品的小企业，在完成销售后等待了 30 天、60 天或 90 天还未能拿到货款。想想这种情况将给它们造成多大的困难。小企业必须购买零部件、向员工支付薪酬、支付日常账单、制造和运输产品，然后等待 1 个月、2 个月或 3 个月拿到货款。除非企业小心翼翼地管理其资金，否则即使它的产品或服务销售火爆，也很容易出现资金链断裂。[4]同样，随着公司成长，其现金需求也会随着客户量的不断增长而增加。企业必须准确预测：它是否能够通过自身收益来为其发展提供资金，或者它是否需要通过增加投资或借贷的形式来筹集所需资金。

企业在进行财务管理的过程中可能会不断涉及以下问题：

- 我们的现状如何？我们是在赚钱还是亏钱？
- 我们手头上有多少现金？
- 我们是否有足够的现金来履行短期支付义务？
- 我们在多大程度上有效地利用了我们的资产？
- 与同行业的企业相比，我们的增长率和净利润如何？
- 我们用于资产改良的资金将从何而来？
- 我们是否可以与其他企业合作以分担风险并减少我们的现金需求？
- 总而言之，我们的财务状况是否良好？

利用我们在本章中学习的工具和技巧，一家管理得当的企业可以从容地应对这些问题。

企业财务目标

大多数创业型企业——无论是已经经营了多年的企业还是初创企业——都有四个主要财务目标：盈利能力、流动性、效率和稳定性。理解这些目标可以为企业确定正确的财务方向，并帮助其追寻前述问题的答案。图 8-1 描述了这些目标。

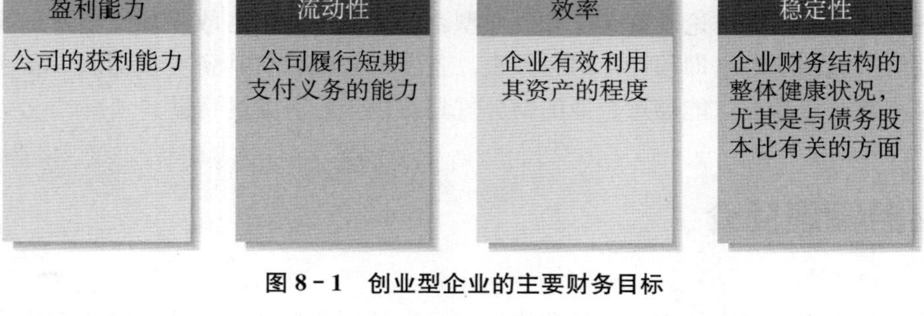

图 8-1 创业型企业的主要财务目标

盈利能力（profitability）就是赚取利润的能力。许多初创企业在开始的1～3年内都在培训员工，打造品牌，尚不具有盈利能力，但是企业必须盈利才能继续生存下去并为所有者提供回报。

流动性（liquidity）是公司履行其短期财务义务的能力。即使企业是盈利的，要如何在银行留存足够的款项以便其按时履行常规支付义务，也常常成为一个挑战。为此，企业必须密切关注应收账款和存货。公司的**应收账款**（accounts receivable）是客户所欠的款项。**存货**（inventory）是商品、原材料和待出售的产品。如果一家公司在这两项资产中有任何一项水平过高，它可能就没有足够的现金来履行短期付款义务。[5]

效率（efficiency）是指企业如何高效利用与其收入和利润相关的资产。例如，美国西南航空就实现了高效利用资产。它的周转时间，即飞机在地面装卸的时间，是航空业中最短的。

稳定性（stability）是企业整体财务状况的实力和活力。企业若想获得稳定性，不仅要赚取利润并保持流动性，还必须控制其债务。如果一家企业持续向贷方借钱，并且其**债务股本比**（debt-to-equity ratio）——长期债务除以股东权益所得的比率——偏高，那么它可能难以履行相应的义务并维持其成长所需的资金水平。

小公司为了增强自身在上述领域中的表现，越来越多地采用加入团购或合作社的方式。这种方式能够让多家企业联合起来，获取产品和服务的批量折扣。通过这种方式获取产品和服务，有助于小企业在更加“公平竞争”的环境下与大型成熟公司展开较量。本章的“合作制胜”专栏介绍了团购的运作方式，以及它如何帮助企业削减成本而不会对其竞争力造成不利影响。

合作制胜　通过组织采购团体来削减成本并保持竞争力

企业面临的挑战之一是如何在削减成本的同时保持竞争力。许多削减成本的技巧，如缩减招聘规模、降低营销费用或减少存货等，或许可以节省金钱，但也可能降低企业的竞争力。加入或组织采购团体是那些以产品为基础的企业可以采用的一种技巧，它可以帮助企业节约金融性资产而不会产生不利影响。

采购团体或采购合作社是一种合伙关系，它将小企业及初创企业联合起来，获取产品和服务的批量折扣。跨域家电合作社（Intercounty Appliance）就是一个例子。它是由105家独立的家电商店组成的采购合作社，这些家电商店遍布美国东北部。该合作社汇聚了其成员的购买力，以获取家电和其他产品（如，燃气烤炉和洗碗机）的批量折扣。另外一个类似的采购团体是为眼科护理专业人士提供服务的ADO。该采购团体吸纳了大量厂商，并为其成员提供眼镜、隐形眼镜和其他用品的折扣价格。

独立药房合作社（Independent Pharmacy Cooperative，IPC）是大型采购合作社的一个例子。它于1984年成立于威斯康星州麦迪逊市。此后，它逐渐发展为美国最大的独立药房采购组织，其成员包括4 500多家药房。独立药房之所以能够与沃尔格林、沃尔玛和CVS相抗衡，IPC是其中的一个主要原因。其他行业也有类似的采购合作社。

采购团体的好处在于，它们通常能够帮助企业以较低的价格获得完全相同的产品，而不会对其运营的其他方面产生不良影响（除了要缴纳会员费之外）。节省下来的资金可以直接增加企业收益，也可以投资于客户服务，或用于其他方面以提高竞争力。目前还没有全美性的行业采购团体目录。因此，如果想知道是否有为某行业服务的采购团体，最好的办法就是进行互联网研究并询问行业参与者。

思考题

1. 参与采购合作社对企业的四个财务目标（盈利能力、流动性、效率和稳定性）中的哪一个最有帮助？

2. 做一些互联网或图书馆研究，找出对于新创健身饮料公司（第3章中介绍并且在本章作为示例展示的虚拟公司）而言，可以从哪些小企业采购团体中受益。新创健身饮料公司的产品包括制作饮品以及类似健身饮料和奶昔的所有配料。

3. 除采购合作社之外，另找出三种小企业之间相互合作以削减成本而不会牺牲竞争力的方式。

4. 为了改善企业的财务状况，你认为大多数创业者是否在削减成本和增加收入上花费了同样多的时间？如果不是，你认为他们在哪一项上花费了更多时间？为什么？

资料来源：Intercounty Appliance Homepage，www. intercountyappliance. com（accessed May 1，2017）；ADO Practice Solutions Hcmepage，www. adopracticesolutions. com（accessed May 1，2017）；Independent Pharmacy Cooperative Homepage，www. ipcrx. com（accessed May 1，2017）.

财务管理流程

为了评估企业是否达成了财务目标，我们在很大程度上依赖于对财务报表、预测和预算的分析。**财务报表**（financial statement）是一份书面报告，以定量的方式描述了企业的财务状况。创业者最常使用的财务报表有损益表、资产负债表和现金流量表。**预测**（forecast）是根据企业以往的业绩、当前的状况和未来的计划，对其未来的销量、收入、费用和资本开支作出估计。[6]新企业通常基于销量、类似初创企业在商品销售成本（基于销售百分比）方面的行业平均水平或经历以及其他费用来作出预测。**预算**（budget）是对公司收入、费用和资本需求的逐项预测，也是进行财务规划和控制的重要工具。[7]

图8-2展示了企业的财务管理流程。首先是通过编制和分析财务报表来追踪公司过去的财务业绩。这些报表是对企业财务往来的整理和报告。它们能够反映企业的盈亏数额（损益表）、资产和负债结构（资产负债表）以及现金往来情况（现金流量表）。这些报表还能帮助企业认识到其与竞争对手及行业平均水平相比所处的位置。大多数企业在进行预测时都会参考过去2～3年的财务报表。

下一步是做出未来2～3年的预测。继而将预测结果用于编制企业的备考财务报表，该报表将与更为精细的预算共同构成企业的财务计划。

该流程的最后一步是对企业财务状况的持续分析。**财务指标**（financial ratio）描述了企业财务报表中各项目之间的关系，它可帮助企业了解其是否实现了财务目标以及在同业竞争中所处的位置。这些指标也可用于评估相应的趋势。显然，一家全新的企业需要从图8-2的第二个步骤开始。但是，新企业仍然需要熟悉整个流程。通常，新企业将按季度编制财务报表，因此在第一季度结束后，新企业就会拥有历史财务报表，以帮助其对未来进行预测并编制备考财务报表。

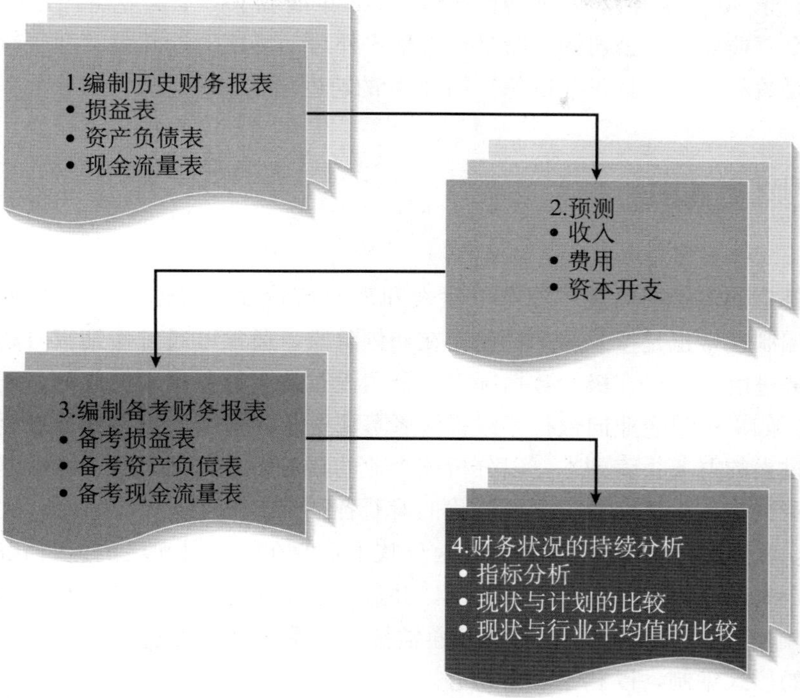

图 8-2 财务管理流程

企业需要对其相对于所在行业的发展状况进行评估。如果不把原始财务指标放在行业背景下观察，结论将极具欺骗性。例如，从某企业过去三年的损益表中可以看出，其销售额以每年15%的速度增长。这个数字可能相当不错——直到我们发现该企业所在行业的增长率为每年30%，这就意味着该企业正在逐渐失去市场份额。

许多经验丰富的创业者都强调有条不紊地进行企业财务管理的重要性。在大多数企业所处的竞争环境中，想当然的财务决策是绝对不行的。

财务报表

历史财务报表（historical financial statement）反映了过去的业绩，通常按照季度和年度编制。美国证券交易委员会要求上市公司编制财务报表并向公众公开。这些报表需要在完成一系列的申报后提交给美国证券交易委员会。其中**10-K表**（10-K）是最全面的申报表，该表类似于年度报告，但它包含了更多与公司业务有关的详细信息。[8]任何上市公司都可访问 www.freedgar.com 获取10-K表。

备考财务报表（pro forma financial statement）是基于预测作出的未来一段时期内的预计，通常针对未来2～3年的情况。备考财务报表是进行严密规划的工具，并非美国证券交易委员会要求的文件。实际上，大多数公司的备考财务报表都是保密的，并且只有在"须知"的情况下才向外部人士（如贷方和投资者）披露。

为了说明如何准备这些财务工具，让我们看一下第3章介绍的虚拟运动饮料公司——新创健身饮料公司。该公司已经运营5年了。针对运动爱好者们，该公司销售一系列营养健身饮料。它于2016年开设了一个营业点，2018年增加了一个营业点，并且计划在2019年设立第三个营业点。该公司的策略是在大型户外运动场馆附近开设类似于饮品店的小餐厅。该公司是盈利的，并且正在以每年约25%的速度增长。

历史财务报表

历史财务报表包括损益表、资产负债表和现金流量表。根据信息在逻辑上的流动方向，报表的编制通常也是按照这个顺序。在初创阶段，通常可通过仔细审查财务报表来监督企业的财务进度。即使在极少数情况下，公司没有使用财务报表的规划，仍需编制并维护财务报表。如果一家企业向银行家或投资者募集资金，那么该银行家或投资者一定会要求企业提供过去的财务报表副本，以分析该企业的财务历史。如果企业没有这些报表，则很可能与投资或贷款失之交臂。下面让我们看看各种报表吧。

损益表。损益表（income statement）反映了企业在特定时间段的运营状况。[9]它记录了企业在给定时间段内的所有收入和费用，并显示了企业是处于盈利还是亏损状态（这也是它被称为“损益表”的原因）。损益表通常按月、季度和年度进行编制。大多数损益表都是以多期的形式编制，以利于观察趋势。

表8-1列出了过去三年新创健身饮料公司的合并损益表，体现了以多期形式进行编制的好处。不难看出，该公司的销售额以每年约25%的速度增长，实现了盈利，并且其净收入也在增长。这些数字可用于评估过去所采用的策略的成效，并帮助预计未来的销量和收益。

表8-1 新创健身饮料公司合并损益表 单位：美元

	2018年12月31日	2017年12月31日	2016年12月31日
净销售额	586 600	463 100	368 900
销售成本	268 900	225 500	201 500
毛利润	317 700	237 600	167 400
运营费用			
销售、一般和管理费用	117 800	104 700	90 200
折旧	13 500	5 900	5 100
营业收入	186 400	127 000	72 100
其他收入			
利息收入	1 900	800	1 100
利息费用	(15 000)	(6 900)	(6 400)
其他收入（费用）净额	10 900	(1 300)	1 200
税前收入	184 200	119 600	68 000
所得税费用	53 200	36 600	18 000
净收入	131 000	83 000	50 000
每股收益	1.31	0.83	0.50

在对损益表进行评估时，以下三个数据应得到最多的关注：

● **净销售额**（net sales）：由总销售额减去退货和折扣所得。

● **销售成本**（cost of sales）（或商品销售成本）：指与产品或服务的生产或交付相关的所有直接成本，包括材料成本和直接人工费用。对于新创健身饮料公司而言，包括健身饮料的配料以及生产健身饮料所需的人工费用。

● **运营费用**（operating expenses）：包括营销、管理成本以及与生产产品或服务没有直接关系的其他费用。

创业者和管理者利用损益表所能做的最有价值的事情之一就是比较不同时期的销售成本和运营费用与净销售额的比率。例如，新创健身饮料公司的销售成本包括健身饮料的配料以及生产健身饮料所需的人工费用，它在 2016 年、2017 年和 2018 年分别为净销售额的 55%、49%和 46%。这是一个健康的趋势。它表明该公司正在稳步降低每美元净销售额上花费的材料和人工成本。通过观察企业的多期损益表，很容易注意到这种趋势。

利润率是企业评估其损益表时特别重要的一个比率。企业的**利润率**（profit margin）或销售回报率是由净收入除以净销售额得出的。2016 年、2017 年和 2018 年，新创健身饮料公司的利润率分别为 13.6%、17.9%和 22.3%。这也是一个健康的趋势。企业的利润率体现了每一美元的净销售额能够获得的利润百分比。利润率持续提高意味着企业要么在不增加费用的情况下增加了净销售额，要么更好地控制了企业成本。相反，利润率下降则意味着企业正在失去对成本的控制，或者它正在通过降价来维持或增加销量。

新创健身饮料公司不需要计算**市盈率**（price-to-earnings ratio 或 P/E ratio）。新创健身饮料公司是股份有限公司，因此它发行股票，但它的股票并未在纳斯达克或纽约证券交易所等公开交易场所上市。市盈率是将公司股票价格与其收益进行比较后得出的简单比率。[10]通常，公司的市盈率越高，市场认为它的增长潜力也越大。2018 年，新创健身饮料公司的每股收益为 1.31 美元。如果它在纳斯达克上市，并且其股票交易价格为每股 20 美元，则其市盈率将是 15.3。当你听到一家公司以“15 倍的收益”出售时，就是这个意思。

本章的“创业型企业的法宝”专栏说明了查看多期损益表而非单期损益表的重要性。

创业型企业的法宝　了解数字背后的真义

假设新创健身饮料公司想要聘请一位新的 CEO，并且正在对三家小型连锁餐厅的 CEO 进行面试。为了了解每位候选人是否精通于管理企业财务，新创健身饮料公司董事会要求每人提交一份他们现有企业 2018 年的损益表。表 8-2 是对各企业损益表的简略版本进行的分析。

表 8-2　2018 年各企业损益表分析　　单位：美元

项目	候选人 1：新创汤品和沙拉公司 CEO	候选人 2：新创牛肉公司 CEO	候选人 3：新创海鲜公司 CEO
净销售额	326 400	281 200	486 700
销售成本	150 500	143 900	174 700
毛利润	175 900	137 300	312 000
全部费用（包括税收和折旧）	114 200	112 400	150 000
净收入	61 700	24 900	162 000

乍一看这些报表，这三人当中最精明的财务管理者当属新创海鲜公司的CEO。该公司的净收入是另外两家企业的两倍以上。此外，2018年，新创海鲜公司的销售成本仅为净销售额的35.9%，相比之下，新创汤品和沙拉公司为46.1%，新创牛肉公司为51%。同样，新创海鲜公司的全部费用仅占净销售额的30.9%，而新创汤品和沙拉公司以及新创牛肉公司分别为35.0%和40%。

幸运的是，新创健身饮料公司的一位董事会成员在对候选人进行面试时提出了一系列问题并发现了一些带来启示的信息。事实上，新创海鲜公司处于2018年餐饮业最热门的细分市场当中。同等规模海鲜餐馆的净收入约为新创海鲜公司的1.5倍。因此，如果候选人3妥善完成了工作，其公司的净收入应该在24万美元左右，而不是16.2万美元。新创汤品和沙拉公司处于一个增长缓慢的领域，并且在年中时曾担心自己无法实现既定的财务目标。因此，该公司CEO从项目部抽调了几名最优秀的人才到市场部，以开发新的菜品。换句话说，该公司从未来借入了今天的业绩。

至于新创牛肉公司，该公司CEO发现自己正处在一个逐渐失去吸引力的市场当中。早些时候，有几篇全国性的报道对消费者食用红肉的风险发出了警告。为作出补救，该公司CEO迅速实施了一项提高生产力的计划，并与当地的牛肉推广协会合作，用更加客观的有关牛肉营养价值的研究结果来应对那些不利报道。该公司还参与了当地社区的多项志愿服务活动，以积极的方式提高餐厅知名度。如果新创牛肉公司的CEO没能迅速采取这些行动，其2018年的业绩将更加糟糕。

最终，新创健身饮料公司决定：候选人2，即新创牛肉公司的CEO，是其最佳人选。这个例子说明了查看多期损益表，而不只是单期损益表，在正确评估企业财务业绩时的必要性。它也说明了，我们需要超越数字的局限，了解企业财务业绩产生的环境。

思考题

1. 向两三个商科专业的朋友展示这三位候选人的损益表。让他们根据这些损益表从这三人当中选出最佳CEO。此外，请你的朋友解释他们的选择。你的朋友是否选择了同一候选人？如果没有，你认为是什么造成了他们的不同选择？

2. 根据本章和本书前面章节介绍的内容以及你的商业常识，你会去哪里寻找有关餐饮业不同细分市场增长情况的信息？你会去哪里寻找有关餐饮业总体盈利能力的信息？

3. 我们应当要求这三位候选人提供的适当的财务信息指的是什么？

4. 你从本专栏的学习中得到的三个最重要的领悟是什么？这些领悟中有没有使你感到惊讶的？为什么？

资产负债表。与涵盖特定时间段的损益表不同，**资产负债表**（balance sheet）是特定时间点公司资产、负债和所有者权益的状况。[11]资产负债表的左侧（或上部，取决于排版方式）展示了企业的资产，而右侧（或下部）展示了企业的负债和所有者权益。资产是按照其“流动性”或变现所需时间来排列的。负债是按照其应付顺序来排列的。资产负债表必须始终是“平衡的”，这意味着企业的资产必须始终等于其负债加所有者权益。[12]

资产负债表中列出的主要资产类别如下：

- **流动资产**（current assets）：包括现金及易于变现的物品，如应收账款、有价证券和存货等。

● **固定资产**（fixed assets）：指在较长期间内使用的资产，如房地产、建筑物、设备和家具等。

● **其他资产**（other assets）：指杂项资产，包括累计商誉等。

资产负债表中列出的主要负债类别如下：

● **流动负债**（current liabilities）：包括一年内应付的债务，包括应付账款、应计费用和长期债务的当期部分等。

● **长期负债**（long-term liabilities）：包括应于一年后偿还的票据或贷款，包括与购买房地产、建筑物和设备等相关的负债。

● **所有者权益**（owners' equity）：是所有者投资于该企业的权益加上该企业在支付股利后留存的累计收益。

资产负债表在某种程度上具有欺骗性。首先，公司资产是按照成本而非公允市场价值记录的。一家企业可能在几年前投资了 50 万美元购买房地产，如今已经价值 100 万美元，但是该企业当期资产负债表上反映的价值仍是 50 万美元的购买价格，而不是 100 万美元的公允市场价值。其次，根据不同情况，专利、商标和版权之类的知识产权有时会在资产负债表上获得价值，有时却不会。在许多情况下，即便从实践的角度来看，企业的知识产权极具价值，它也可能无法在其资产负债表中获得任何价值。[13] 再次，无形资产（例如，企业为员工提供的培训和其品牌价值等）没有在资产负债表上体现。最后，尽管企业积累的商誉可能是其仅有的最具价值的资产，但它不会在资产负债表中呈报。

表 8－3 展示了新创健身饮料公司的合并资产负债表。同样，它提供了多个年度的数据，有助于我们观察趋势。在评估资产负债表时，两个主要问题是：企业是否有足够的短期资产来偿还其短期债务，以及其整体财务状况是否良好。我们可以通过两个计算来回答第一个问题。2018 年，新创健身饮料公司的**营运资金**（working capital），即其流动资产减去流动负债，为 82 500 美元。这一数字代表了公司可用的流动资产数额。公司的**流动比率**（current ratio），即企业流动资产除以流动负债的比率，从另一方面反映了企业流动资产和流动负债之间的关系，并向我们提供了更多有关企业短期债务偿付能力的信息。

表 8－3　新创健身饮料公司合并资产负债表　　单位：美元

资产	2018 年 12 月 31 日	2017 年 12 月 31 日	2016 年 12 月 31 日
流动资产			
现金和现金等价物	63 800	54 600	56 500
应收账款，减坏账准备	39 600	48 900	50 200
存货	19 200	20 400	21 400
流动资产合计	122 600	123 900	128 100
物业、厂房及设备			
土地	260 000	160 000	160 000
建筑物及设备	412 000	261 500	149 000
物业、厂房及设备合计	672 000	421 500	309 000
减：累计折旧	65 000	51 500	45 600
物业、厂房及设备净额	607 000	370 000	263 400

续表

资产	2018年12月31日	2017年12月31日	2016年12月31日
资产总计	729 600	493 900	391 500
负债和股东权益			
流动负债			
应付账款	30 200	46 900	50 400
应计费用	9 900	8 000	4 100
流动负债合计	40 100	54 900	54 500
长期负债			
长期债务	249 500	130 000	111 000
长期负债合计	249 500	130 000	111 000
负债合计	289 600	184 900	165 500
股东权益			
普通股（100 000股）	10 000	10 000	10 000
留存收益	430 000	299 000	216 000
股东权益合计	440 000	309 000	226 000
负债和股东权益总计	729 600	493 900	391 500

新创健身饮料公司的流动比率为3.06，这意味着针对每1美元的流动负债，它有3.06美元的流动资产可用于偿还。这是一个相当健康的数字，使人们对公司偿还流动负债的能力充满信心。该公司在这一领域也呈现了积极趋势。2016年、2017年和2018年，它的流动比率分别为2.35、2.26和3.06。

计算公司的整体负债比率可以为我们提供第二个问题的答案，因为这一比率是评估企业整体财务状况的一种手段。公司的负债比率是由其总负债除以总资产计算所得的。新创健身饮料公司目前的负债比率为39.7%，这意味着其总资产中有39.7%是通过债务融资取得的，其余60.3%由所有者权益提供。对于一家年轻的企业而言，这一数字很健康。新创健身饮料公司在该领域也呈现出积极的趋势。2016年、2017年和2018年，其负债比率分别为42.3%、37.4%和39.7%。这些数字表明，随着时间推移，该公司越来越不依赖债务为其运营提供资金。一般而言，较少债务能够为创业型企业带来更多行动上的自由。

企业财务报表中的所有数字都应该相互对应。请注意，新创健身饮料公司在其2018年损益表中报告的131 000美元净收入，在其2018年资产负债表中表现为其2018年和2017年留存收益之间的差额。如果新创健身饮料公司向股东派发股利的话，这一数字就会有所不同。但2018年没有派发股利，该公司留存了131 000美元的全部收益。

现金流量表。现金流量表（statement of cash flows）总结了特定时间段内企业现金状况的变化，并详细说明了发生变化的原因。现金流量表类似于月末银行对账单。它反映了月底时手头上有多少现金以及当月现金的获取和使用方式。

现金流量表划分了三个独立的活动：经营活动、投资活动和筹资活动。这些活动是企业获取和使用现金的活动，我们将在下面进行说明：

- **经营活动**（operating activities）：包括净收入（或亏损）、折旧，以及除现金和短期债务以外的流动资产和流动负债的变化。从损益表中提取出的企业净收入就是相应时期现金流量表的第一行。

● **投资活动**（investing activities）：包括固定资产（如房地产、设备和建筑物）的购买、销售或投资等活动。

● **筹资活动**（financing activities）：包括当期通过借入资金或出售股票而筹集的现金，以及/或当期派发股利、回购流动股或回购流通债券而使用的现金。

我们需要通过练习才能解释和分析现金流量表。在该报表中，现金流出记录为负数（放在括号中），现金流入记录为正数。折旧等项目在现金流量表中记为正数，因为它已经从损益表的净收入中扣除，不再是现金支出。同样，应付账款的减少在现金流量表中记为负数，因为企业使用了部分现金来减少各期之间的应付账款余额。

表 8-4 展示了新创健身饮料公司的现金流量表。作为一种管理工具，它意图为以下问题提供解答思路：该企业是否产生了多余的现金，可以用来偿还债务或以股利的方式回报股东？该企业是否产生了足够的现金，可以使用自身收益为投资活动提供资金，还是它仍然依赖于借款或外部投资？该企业产生的现金是否足以偿还其短期负债，还是由于现金不足短期负债有所增加？

同样，我们需要创建一个多期报表，以便对各种趋势进行观察。企业现金余额大幅增加并不一定是个好兆头。这可能意味着企业大量举债、未偿还短期负债，或将本可用于提高生产力的资金滞留在手中。此外，年轻企业若要拥有健康的现金余额，不可掉以轻心。

表 8-4 展示了新创健身饮料公司两年期的合并现金流量表，之所以是两年而不是三年，是因为编制两年的现金流量表需要三年的资产负债表。该报表显示，新创健身饮料公司正在通过债务和收益的组合来为其投资活动提供资金，与此同时，它也在缓慢降低其应收账款和存货水平（这很好——公司现金流主要消耗在这些项目上）。它还在稳步增加手头现金。这些对新创企业来说都是可喜的迹象。

表 8-4　新创健身饮料公司合并现金流量表

	2018 年 12 月 31 日	2017 年 12 月 31 日
经营活动产生的现金流量		
净收入	131 000	83 000
增加（现金流入）		
折旧	13 500	5 900
应收账款减少	9 300	1 300
应计费用增加	1 900	3 900
存货减少	1 200	1 000
扣减（现金流出）		
应付账款减少	(16 700)	(3 500)
总调整额	9 200	8 600
经营活动产生的现金流量净额	140 200	91 600
投资活动产生的现金流量		
购买建筑物和设备	(250 500)	(112 500)
投资活动产生的现金流量净额	(250 500)	(112 500)
筹资活动产生的现金流量		
长期债务增加所得	119 500	19 000
筹资活动产生的现金流量净额	119 500	19 000

续表

	2018 年 12 月 31 日	2017 年 12 月 31 日
现金增加	9 200	(1 900)
年初现金和现金等价物	54 600	56 500
年末现金和现金等价物	63 800	54 600

比率分析。比率分析是解释或理解企业的历史财务报表最实用的方法。表 8－5 对前述财务报表所涵盖的时间段内，可用于评估新创健身饮料公司的各项比率进行了汇总。这些比率分为获利能力比率、流动性比率和整体财务稳定性比率。这些比率为解释新创健身饮料公司的历史财务报表提供了一种手段，并为预测企业未来的财务业绩和财务能力提供了一个起点。

表 8－5　新创健身饮料公司比率分析

比率	公式	2018 年	2017 年	2016 年
获利能力比率：将赚取的收入与用于产生收入的资源相关联				
资产收益率	ROA＝净收入/平均总资产[a]	21.4%	18.7%	14.7%
股本回报率	ROE＝净收入/平均股东权益[b]	35.0%	31.0%	24.9%
利润率	利润率＝净收入/净销售额	22.3%	17.9%	13.6%
流动性比率：衡量公司快速将资产变现以偿还短期负债的能力				
流动比率	流动资产/流动负债	3.06	2.26	2.35
速动比率	速动资产/流动负债	2.58	1.89	1.96
整体财务稳定性比率：衡量企业的整体财务稳定性				
负债比率	总债务/总资产	39.7%	37.4%	42.3%
负债股权比率	总负债/所有者权益	65.8%	59.8%	73.2%

注：a. 平均总资产＝(期初总资产＋期末总资产)/2；
b. 平均股东权益＝(期初股东权益＋期末股东权益)/2。

比较企业财务状况和行业平均水平。比较企业财务状况和行业平均水平能够帮助企业确定其竞争策略以及是否存在应当引起注意的财务“危险信号”。这种类型的比较最适用于规模相似的企业，因此，新企业在对其状况进行解读时应当谨慎。行业相关信息有许多来源。例如，Hoovers 高级服务和 BizMiner 都提供了行业平均数据，新企业可自行进行比较，并且如果是通过大学图书馆访问这些数据库，通常都是免费的。BizMiner（www.bizminer.com）特别适合为私营企业提供比较数据。我们在第 3 章中介绍了一些帮助私营企业获取比较数据的方法。

预　测

如图 8－2 所示，在对企业历史财务报表进行分析后，下一步就是**预测**（forecast）。如本章前文所述，预测是根据企业以往的业绩、当前的状况和未来的计划，对其未来的销量、收入、费用和资本开支作出估计。企业的预测为其编制备考财务报表提供了依据。一套完善的备考财务报表能够帮助企业以主动而非被动的方式确定准确的预算、制订财务计划并管理财务状况。

如前所述，新成立的企业通常基于对销售的诚实估计和行业平均水平（基于销售百分比）或类似初创企业在商品销售成本和其他费用上的经验作出预测。因此，新成立的企业应该在其商业计划中预先说明这些预测数据的来源和产生这些数据的假设。这种说明就是第 6 章所述的**假设前提**（assumptions sheet）。投资者通常会像老鹰寻找猎物那样仔细研究这些假设前提，以确保预测中包含的数字以及由此得出的财务预测是切合实际的。例如，新企业可能会有这样的假设前提：其预测的依据是第一年销售 500 件新产品、第二年销售 1 000 件、第三年销售 1 500 件，且其商品销售成本将在这三年内保持稳定（意味着其占净销售额的百分比基本不变）。该商业计划的阅读者可以自行判断这些数字是否符合实际。[14] 如果阅读者觉得这些数字不符合实际，那么整个计划的可信度都会受到质疑。

销售预测

销售预测（sales forecast）是企业对其特定时期（比如一年）内的销售额进行的预测。大多数企业都会对其未来 2～5 年内的销售额进行预测。[15] 这是企业进行的第一项预测，也是大多数其他预测的依据。[16] 既有企业的销售预测基于以下几点：(1) 过去的销售记录；(2) 当前的生产能力和产品需求；(3) 任何可能影响未来生产能力和产品需求的因素。图 8-3 是新创健身饮料公司的过去销售额和未来销售预测，它用图表的形式对销售预测进行了展示。随着公司成立并有越来越多人认识到这一品牌，从 2016 年到 2018 年，该公司的销售额以每年约 26%的速度增长。在预测其 2019 年和 2020 年的销量时，该公司考虑了以下因素：

● 美国的健身热度依然不减，并且将继续吸引新人来尝试公司的健身饮料。

● 人们依然热衷于场馆内的体育活动，特别是足球、棒球和垒球，这将继续为大型运动场馆附近的餐厅带来较大的人流量。

● 该公司从 2016 年的单个营业点扩展至 2018 年的两个营业点（第二家餐厅于 2018 年 11 月开业），这将为其增加约 50%的健身饮料供应能力。第二家餐厅较第一家规模更小，且位于公司知名度不高的地区。该公司将积极推广其新餐厅，但要赢得市场份额尚需时日。

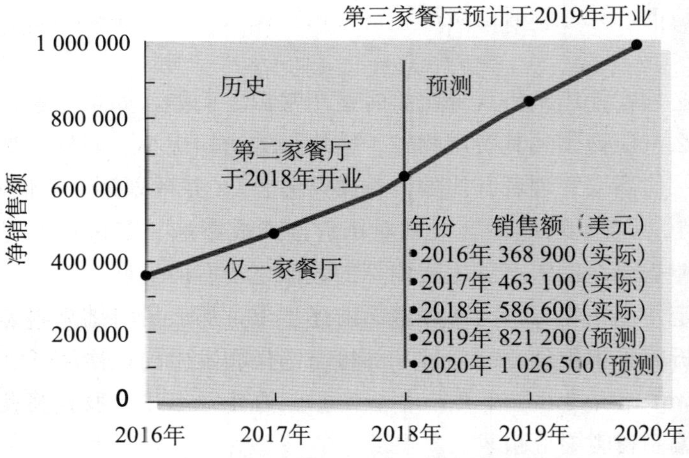

图 8-3 新创健身饮料公司的历史和预测年销售额

● 该公司所在城市的总体经济状况平稳——没有增长，也没有萎缩。但是，有传言说，新餐厅附近有家较大的企业将裁员。

综合考虑这些因素，我们可以预测其销售额从 2018 年至 2019 年将增长 40%，从 2019 年至 2020 年将增长 25%。对于像新创健身饮料公司这样的企业来说，尽可能准确地预测未来销售额极为重要。如果它高估了其产品需求，就可能无法避免过多的存货，并且可能在开销上花费过多；如果它低估了其产品需求，则可能错过生意，并且它的一些潜在客户可能会成为其他企业健身饮料的常客。

请注意，我们还可以使用复杂的工具来帮助企业预测其未来销售额。其中一种方法叫作**回归分析**（regression analysis），这是一种统计技巧，用于发现变量之间的关系以预测未来数值。[17]例如，如果新创健身饮料公司认为未来销售额是其广告支出、餐厅附近的体育场馆中参与馆内运动的人数以及饮品价格的函数，那么它只要拥有每个变量的历史数据，就能够使用回归分析来预测未来销售额。如果该公司运用了较简单的逻辑，并认为其未来销售额相较于当前销售额会有一定百分比的增长，则可以使用回归分析来生成比图 8-3 更为精确的未来销售额。对于只有少数几年“年度数据”的新企业来说，每月数据也可以用于预测。

销售成本和其他项目预测

在完成销售预测后，企业必须预测其销售成本（或商品销售成本）及其损益表上的其他项目。最常见的方法是**销售百分比法**（percent-of-sales method），它将每个费用项目都用销售百分比的形式表现出来。[18]例如，新创健身饮料公司过去两年的平均销售成本约为 47%。2018 年，其净销售额为 586 600 美元，销售成本为 268 900 美元。该公司预测其 2019 年的净销售额为 821 200 美元。因此，根据销售百分比法，其 2019 年的销售成本将为 390 000 美元，即约占预计净销售额的 47%。在预测公司损益表中其他费用项目的成本时，也可以采用相同的步骤。

企业使用销售百分比法完成预测后，通常会逐项检查其损益表以观察是否可能做出更精确的预测。例如，企业可以精确地估计其折旧费用，因此在该项目上使用销售百分比法进行预测是不合适的。此外，有些费用项目与销售无关。对于这些项目，企业应当作出合理的估计。

显然，企业必须在使用销售百分比法时运用常识。例如，如果一家公司正在实施削减成本的措施，那么它应该预测其费用相较于销售额的增幅更小。同样，如果一家企业在当年年底前聘请了一位高层管理者（比如，首席财务官），并计划第二年向其支付 10 万美元的报酬，那么这 10 万美元可能不会立刻对销售额造成影响。在这种情况下，该企业对管理费用的预测可能需要在销售百分比法测算的数额之上有所上调。

如果企业决定使用销售百分比法并遵循前述步骤，那么最终结果将是其损益表上的每个费用项目（除折旧等单独预测的项目）都将与销售额发生同比例增长。这种方法称为**定比预测法**（constant ratio method of forecasting）。在下一节中，我们将使用这种方法为新创健身饮料公司编制备考财务报表。

表 8-6 是编制新创健身饮料公司备考财务报表要用到的预测项目概述。

表 8-6 用于编制新创健身饮料公司备考财务报表的预测

备考损益表	
净销售额	
历史	净销售额平均每年增长 25%
2019 年	由于品牌知名度提高和第二个营业点开业而增加 40%
2020 年	由于品牌知名度提高而增加 25%
商品销售成本（COGS）	
历史	过去两年平均占净销售额的 47.5%
2019 年	净销售额的 47.5%
2020 年	净销售额的 47.5%
销售、一般和管理费用	
历史	过去两年平均占净销售额的 22%
2019 年	由于开设了第二个营业点而增加至净销售额的 25%（由于提高了运营效率，增加的幅度不会太大）
2020 年	净销售额的 25%
利息费用	
历史	长期债务的 6%～7%
2019 年	长期债务的 7%
2020 年	长期债务的 7%
其他收入	
历史	每年 10 900 美元的许可收入
2019 年	通过重新商议许可合同，许可收入将增加至 20 000 美元
2020 年	许可收入将为 20 000 美元
备考资产负债表	
应收账款	
历史	应收账款从 2017 年的 13.6%降至 2018 年的 6.8%
2019 年	净销售额的 7%
2020 年	净销售额的 7%
存货	
历史	存货从 2017 年的 4.4%降至 2018 年的 3.3%
2019 年	净销售额的 4%（反映出由于开设了第二个营业点而比 2018 年略有增长）
2020 年	净销售额的 4%
土地、建筑物和设备	
2019 年	在设备购买和既有建筑物的资产改良上花费 100 000 美元
2020 年	资产改良花费 275 000 美元，包括 100 000 美元用于房地产购买和 175 000 美元用于建筑物和设备
应付账款	
历史	由于采用了更有效的收账方式，应付账款从 2017 年的 13.6%降至 2018 年的 5.1%（预计未来应付账款会略有增加）
2019 年	净销售额的 7%
2020 年	净销售额的 7%

续表

长期债务	
2019 年	用收益减少 75 000 美元的长期债务
2020 年	购买土地、设备和建筑物需 275 000 美元，将通过借款方式融入 150 000 美元（用收益支付其余的购置成本）

除了计算销售预测之外，每当新创健身饮料公司这样的企业考虑开设新餐厅或生产新产品时，它通常需要进行盈亏平衡分析，以计算出盈亏平衡点。盈亏平衡点可以帮助创业者认识到其所拟定的措施是否可行。在新餐厅或新产品的**盈亏平衡点**（break-even point）上，总收益与涉及餐厅收入或产品销售额的总成本是相等的。[19]在开设新餐厅的情况下，新创健身饮料公司可以将盈亏平衡分析作为其确定相关计划是否可行的一种方法。盈亏平衡分析的公式如下：总固定成本/(价格－平均变动成本)。在大多数情况下，平均变动成本与平均商品销售成本相同。因此，如果与开设新餐厅有关的总固定成本是每年 101 000 美元，健身饮料的平均价格为 2.75 美元，且每份饮品的变动成本（或商品销售成本）为 1.10 美元，则新餐厅的盈亏平衡点计算如下：

101 000 美元(总固定成本)/(2.75 美元－1.10 美元)＝61 212(份)

这个数字意味着新餐厅每年必须出售 61 212 份健身饮料，才能在当前饮料价格的基础上取得盈亏平衡。以 360 天为一年，则该数字可以分解为平均每天销售 170 份健身饮料。为了确定开设新餐厅的计划是否可行，新创健身饮料公司的负责人可以将这一数字与公司旗下其他餐厅的历史销售数字进行比较，并进行适当调整（例如，新餐厅相对于既有餐厅而言，所处的位置是否更好或更糟）。如果每天销售 170 份健身饮料几乎是不现实的，那么新创健身饮料公司的负责人可能就不会选择开设新餐厅，或者他会试图寻找降低固定成本或变动成本抑或增加收益的方法。如果在现有市场的竞争环境下，提高健身饮料的价格是切实可行的，那么，这将成为一个增加收益的方法。

备考财务报表

企业的备考财务报表与其历史财务报表相似，不同之处在于它面向未来而非回顾过去。新创企业通常会制作备考财务报表，而管理优良的既有企业也会将备考财务报表作为其日常财务规划的一部分，以帮助企业编制预算。编制备考财务报表还能够帮助企业重新思考其策略并作出必要的调整。例如，如果备考财务报表预测其盈利能力将下降，则企业可以作出运营调整，比如提高价格或减少费用，以防止其实际盈利能力的下降。[20]

企业在编制备考财务报表时切不可闭门造车。相反，它应该与企业的整体规划活动相结合。例如，通常，企业必须知道其筹集资金的速度。有时，一家企业有优秀的产品或服务、良好的需求，并知道自己需要多少资金来维持足够的现金流，但就是无法及时筹措资金。这就是本章“错在何处?”专栏介绍的 Wise Acre Frozen Treats 所面临的局面。该例子很好地说明了财务管理的一个方面（即筹集资金）是如何对财务管理的另一个方面（即维持足够的现金流）产生巨大影响的。

错在何处？ 小心你的欲望：增长过快如何吞噬一家公司的现金流

在吉姆·皮卡列洛（Jim Picariello）创立 Wise Acre Frozen Treats 时，没有一家公司使用粗制甜料生产有机冰棍。2006 年，皮卡列洛在为一个临时厨房工作时，使用枫糖浆和蜂蜜开发了他的配方。在雇用首位员工之前，他独自经营了一年半。差不多那个时候，他的冰棍事业开始蒸蒸日上；到 2008 年，Wise Acre Frozen Treats 已经拥有 15 名员工和 3 000 平方英尺的厂房，将其产品分销到美国东海岸的各大天然食品商店和超市当中。该公司还取得了向美国西海岸分销的合约。但是，Wise Acre Frozen Treats 却突然关停了。哪里出了错？

让我们来看一下究竟发生了什么。第一年，Wise Acre Frozen Treats 稳步增长。它收到了八家商店的补货订单，每单数百美元，完全在皮卡列洛的掌控之下。第二年初，它在一个名为“东部展会”（Expo East）的大型食品展览会上脱颖而出，于 2 000 多种产品中摘得了“最具创新产品”奖。该奖项提高了 Wise Acre Frozen Treats 的知名度，并帮助它与全国性的大型分销商 United National Foods 签订了合约，后者将在全食超市和韦格曼斯（Wegmans）等一流商店为其提供冷冻室。当时，似乎一切都很完美。

皮卡列洛知道，他需要筹集资金以应对日益加快的增长速度。包括人工、设备、原料、包装材料、保险和设计及营销在内的所有运营费用都会增加。皮卡列洛从当地银行获得了 30 万美元的融资，并从一家投资公司获得了 20 万美元。但是由于 Wise Acre Frozen Treats 的补货订单太多了，它需要大约 100 万美元才能正常运营。皮卡列洛找到了一位当地的高净值人士，后者同意投资 100 万美元，并向皮卡列洛保证他可以迅速提供这笔款项。基于这一承诺，皮卡列洛订购了 Wise Acre Frozen Treats 所需的其他物料和设备。

这位投资者承诺的时机不能更糟了。没过多久，由于经济不景气，投资者没能兑现其承诺。这时，皮卡列洛的生活可以被描述为：在“努力经营公司”和“会见潜在投资者”之间狂奔。说到潜在投资者，Wise Acre Frozen Treats 发现自己处在一片无人区。尽管其前途光明，但该创业型企业的规模还不足以吸引投资者的注意。随着时间流逝，企业出现了严重的现金流困难。根据皮卡列洛撰写的有关 Wise Acre Frozen Treats 关停原因的博客文章，该公司每月最多耗费 3 万美元，但没有后续资金支持。

回想一下，Wise Acre Frozen Treats 拥有许多优势。它的产品销售火爆，分销至全国各地，并且其商业计划表明该公司只需要大概两年时间就能实现盈亏平衡。它的致命之处在于：它没有在到达重大里程碑（比如获得大额订单）之前筹集到所需资金。它在短短几个月内从八家商店增加到了几十家，却缺乏维持其增长所必需的现金。

思考题

1. 吉姆·皮卡列洛与高净值人士订立协议，后者同意向 Wise Acre Frozen Treats 投资 100 万美元，但后者在经济不景气时违背了该协议。我们可以从中学到什么？

2. 为什么公司会发展得太快？如果 Wise Acre Frozen Treats 的销售额大大增加，为什么增加的收入不能够提供足够的现金以平衡其现金流？

3. 除了现金流出现困难之外，公司增长过快还可能遇到哪些其他问题？

4. 如果吉姆·皮卡列洛创立另一家公司，根据他从 Wise Acre Frozen Treats 中得到的经验，列出你认为他将在哪些方面采取不同行动。

资料来源：J. Picariello, "My Company Grew Too Fast—and Went Out of Business," CBS Moneywatch, available at https://www.cbsnews.com/news/my-company-grew-too-fast-and-went-out-of-business/(posted August 12, 2010, accessed May 1, 2017); L. Petrecca, "Fast Growth Isn't Always Good: A Big Influx of Orders Can Be Overwhelming," *USA Today*, September 13, 2010, B1.

以下介绍新创健身饮料公司是如何编制备考财务报表的。

备考损益表

一旦企业对其收入和费用作出了预测，编制**备考损益表**（pro forma income statement）就仅仅是填入数字而已。表8-7展示了新创健身饮料公司的备考损益表。回想一下，新创健身饮料公司预计其净销售额从2018年到2019年将增长40%，从2019年到2020年将增长25%，且其销售成本平均占净销售额的47.5%。在备考损益表中，预测销售、一般和管理费用时都是使用定比预测法，这就意味着这些项目未来占销售额的百分比预计与过去相同（即从数字上看，它们将与销售额以相同速度增长）。折旧、其他收入和一些与销售额没有直接关联的其他项目将使用合理的估算方法分别进行计算。变化最大的是"其他收入"，从2018年到2019年将呈现大幅增长。新创健身饮料公司将就其卖给其他公司的一款健身饮料重新商谈许可协议，因此预计该类别的收入将显著增加。

表8-7 新创健身饮料公司备考损益表 单位：美元

项目	2018年实际	2019年预计	2020年预计
净销售额	586 600	821 200	1 026 500
销售成本	268 900	390 000	487 600
毛利润	317 700	431 200	538 900
运营费用			
销售、一般和管理费用	117 800	205 300	256 600
折旧	13 500	18 500	22 500
营业收入	186 400	207 400	259 800
其他收入			
利息收入	1 900	2 000	2 000
利息费用	(15 000)	(17 500)	(17 000)
其他收入（费用）净额	10 900	20 000	20 000
税前收入	184 200	211 900	264 800
所得税费用	53 200	63 600	79 400
净收入	131 000	148 300	185 400
每股收益	1.31	1.48	1.85

备考资产负债表

备考资产负债表（pro forma balance sheet）能够帮助企业认识到其活动对短期偿债能

力的影响以及其财务发展状况。它也可以快速展示企业用于应收账款、存货和设备中的资金。备考资产负债表还可以用于预测公司的整体财务状况。例如，某企业可能有一组非常激进的备考损益表，预测企业的增速和盈利能力都将出现快速增长。但是，如果这种快速增长和盈利能力将企业的负债比率提高至75%（这是极高的水平），那么投资者可能会得出结论：与投资该企业的吸引力相比，所承担的风险太高。

表8-8展示了新创健身饮料公司的备考资产负债表。请注意，该公司每年预计留存的收益变化与其同期备考损益表中预计净收入的变化一致。编制备考资产负债表的方式与编制备考损益表相同。对于流动资产和流动负债项下的每个项目，都可以使用其历史销售百分比来预计其未来销售百分比。其中有些数字略有上调（例如，存货水平和应付账款），以反映第二家餐厅开业带来的潜在影响。

表8-8 新创健身饮料公司备考资产负债表 单位：美元

资产	2018年12月31日	2019年预计	2020年预计
流动资产			
现金和现金等价物	63 800	53 400	80 200
应收账款，减坏账准备	39 600	57 500	71 900
存货	19 200	32 900	41 000
流动资产合计	122 600	143 800	193 100
物业、厂房及设备			
土地	260 000	260 000	360 000
建筑物及设备	412 000	512 000	687 000
物业、厂房及设备合计	672 000	772 000	1 047 000
减：累计折旧	65 000	83 500	106 000
物业、厂房及设备净额	607 000	688 500	941 000
资产总计	729 600	832 300	1 134 100
负债和股东权益			
流动负债			
应付账款	30 200	57 500	71 900
应计费用	9 900	12 000	14 000
流动负债合计	40 100	69 500	85 900
长期负债			
长期债务	249 500	174 500	274 500
长期负债合计	249 500	174 500	274 500
负债合计	289 600	244 000	360 400
股东权益			
普通股（100 000股）	10 000	10 000	10 000
留存收益	430 000	578 300	763 700
股东权益合计	440 000	588 300	773 700
负债和股东权益总计	729 600	832 300	1 134 100

在物业、厂房及设备方面，新创健身饮料公司计划于2019年投资10万美元，于2020年投资27.5万美元。在备考资产负债表中，该类别2019年和2020年的估值分别出现了

相应增加。该公司对2019年和2020年长期债务的预测，反映了为购买上述物业、厂房及设备而产生现金流量减少、借款增加的变化。这些交易都反映在新创健身饮料公司的备考现金流量表中。

备考现金流量表

备考现金流量表（pro forma statement of cash flows）展现了特定时期内公司的预计现金流入和流出情况。备考现金流量表最重要的功能就是预测企业未来是否拥有足够的现金来满足其需求。与历史现金流量表一样，备考现金流量表也分为三项活动：经营活动、投资活动和筹资活动。我们通常会重点关注经营活动，因为它反映了公司应收账款、应付账款和存货水平的变化将对其用于投资活动和筹资活动的现金造成何种影响。如果这些项目中任何一项的增长速度超过公司年销售额的增长速度，通常会带来危险。例如，应收账款的增加（即客户欠公司的钱）会减少可用于投资或筹资活动的现金。如果应收账款失去控制，可能会损害公司为增长注资或偿还债务的能力。

表8-9展示了新创健身饮料公司的备考现金流量表。该报表上的数字都是直接来自备考损益表和备考资产负债表或计算所得。其中一个例外是，每个现金流量表的最后一行（反映了期末公司现金余额）将成为下一期公司资产负债表的第一行。新创健身饮料公司的备考现金流量表展示了每个预计期末该公司都拥有健康的现金余额，并且投资活动的资金更多来自收益而非债务。这种情况表明，公司能够产生足够的现金流为其增长提供大部分资金，而无需过分依赖债务或投资资本。

表8-9　新创健身饮料公司备考现金流量表　单位：美元

项目	2018年12月31日	2019年预计	2020年预计
经营活动产生的现金流量			
净收入	131 000	148 300	185 400
营运资金变化			
折旧	13 500	18 500	22 500
应收账款增加（减少）	9 300	(17 900)	(14 400)
应计费用增加（减少）	1 900	2 100	2 000
存货增加（减少）	1 200	(13 700)	(8 100)
应付账款增加（减少）	(16 700)	27 300	14 400
总调整额	9 200	16 300	16 400
经营活动产生的现金流量净额	140 200	164 600	201 800
投资活动产生的现金流量			
购买建筑物和设备	(250 500)	(100 000)	(275 000)
投资活动产生的现金流量净额	(250 500)	(100 000)	(275 000)
筹资活动产生的现金流量			
长期债务增加所得	119 500	—	100 000
长期债务本金减少		(75 000)	
筹资活动产生的现金流量净额			
现金增加	9 200	(10 400)	26 800
年初现金和现金等价物	54 600	63 800	53 400
年末现金和现金等价物	63 800	53 400	80 200

在股利方面，该备考现金流量表显示，新创健身饮料公司不打算在 2019 年和 2020 年向股东派发股利。回想一下，新创健身饮料公司是一家股份有限公司，即便其未在有组织的交易所进行交易，它仍然拥有股东。如果新创健身饮料公司计划派发股利，则预计派发的股利将出现在筹资活动项下，并将减少可用于投资活动和筹资活动的现金量。对于新企业来说，通常会将其大部分现金用来资助其自身成长，比如购买物业、厂房及设备，而不是用来派发股利。

比率分析

用于评估企业历史财务报表的财务比率，应该与用于评估企业备考财务报表的比率相同。完成这项工作，企业可以了解到其预期财务业绩相较于过去的业绩是何种情况，以及预期活动将对其现金状况和整体财务状况产生何种影响。

表 8－10 展示了新创健身饮料公司的历史财务比率和预计财务比率。预计的获利能力比率相较于历史时期略有下降。这表明预计增加的资产及相应销售可能不会像过去那样产生有效的收入。但这些数字仍然显示了强劲的势头，且预计未来不会产生太大变化。

表 8－10　新创健身饮料公司历史财务报表和备考财务报表比率分析

比率	历史			预计	
	2016 年	2017 年	2018 年	2019 年	2020 年
获利能力比率					
资产收益率	14.7%	18.7%	21.4%	19.0%	18.9%
股本回报率	24.9%	31.0%	35.0%	28.9%	27.2%
利润率	13.6%	17.9%	22.3%	18.1%	18.1%
流动性比率					
流动比率	2.35	2.26	3.05	2.07	2.24
速动比率	1.96	1.89	2.58	1.60	1.78
整体财务稳定性比率					
负债比率	42.3%	37.4%	39.7%	29.3%	31.8%
负债股权比率	73.2%	59.8%	65.8%	41.5%	46.6%

流动性比率表明流动资产与流动负债的比率始终保持在健康的水平，这就意味着该企业在短期偿债能力方面不会出现困难。整体财务稳定性比率表明，该企业拥有乐观的前景。负债比率从 2018 年的实际 39.7%下降至 2020 年的预计 31.8%。负债股权比率的下降幅度更大，这表明该企业越来越多的资产是通过股权而非债务筹资所得。

对企业而言，时刻了解其财务状况极为重要；对新创企业而言，基于确切的数字作出财务预测也极为重要。如前所述，无论一家企业在其他领域有多成功，它都必须在财务上取得成功，才能维持其实力和生存能力。

复习题

1. 企业财务管理的两个主要功能是什么？

2. 企业的四个主要财务目标是什么？

3. 为什么公司必须关注其流动性？在保持流动性方面，创业型企业面临着什么特殊挑战？

4. 与企业财务管理相关的“效率”一词是何含义？

5. 与企业财务管理相关的“稳定性”一词是何含义？

6. 预测的目的是什么？企业使用哪些因素对其未来销量、收入、费用和资本开支作出预测？

7. 一家全新的企业应基于什么因素或条件作出预测？

8. 损益表有什么作用？在评估损益表时，哪三个数字应得到最多的关注？为什么这些数字很重要？

9. 企业如何计算其利润率？这一比率有何重要意义？

10. 企业如何计算其市盈率？为什么高市盈率表明该企业在股市中具有增长潜力？

11. 资产负债表有什么作用？

12. 资产负债表中资产和负债项目的主要类别有哪些？简要介绍每个类别。

13. 营运资金是何含义？为什么营运资金是创业型企业需要考虑的重要因素？

14. 企业如何计算其流动比率？这是一个相对重要还是不重要的财务比率？请解释你的答案。

15. 现金流量表有什么作用？

16. 企业现金流量表中反映的活动分为哪三种类型？简要说明每种活动的重要性。

17. 财务比率有什么作用？为什么财务比率在帮助企业解读财务报表方面特别有用？

18. 假设前提有什么作用？

19. 为什么企业的销售预测是其他大多数预测的基础？

20. 与预测相关的销售百分比法是何含义？

应用题

1. 假设你的一位朋友向你展示了他的初创企业备考损益表，并很兴奋地声称，他的企业在营业前三年里每年可以取得15万美元的净收入，这正好是该企业应当偿还的三年期贷款金额（45万美元）。根据你在本章学到的知识，解释为什么即使你朋友的备考损益表中显示他将赚取45万美元，实际上他也可能无法拥有这么多现金。

2. 奇波雷墨西哥烧烤是一家上市公司。计算该企业的市盈率。市盈率可以体现出投资者对该公司的发展有何期望？在你作出分析时，该公司的财务比率相较于餐饮业平均水平表现如何？

3. 凯西·科德尔（Casey Cordell）是威斯康星州麦迪逊市一家数码摄影服务企业的所有者。该公司自成立以来每年都在盈利。它目前的负债比率为68%，流动比率为1.1，负债股权比率为72.2%。这些财务数字是否应当引起关注？为什么？

4. 假设你的一位同事正在加紧为她打算创立的企业撰写商业计划。她告诉你，她打算首先编制财务报表，在处理计划的其他部分之前先完成该工作。你的同事向你描述的这一逻辑有何缺陷？

如果你是风险投资者 8.1

CyPhy Works 公司

网站：www.cyphyworks.com 脸书：CyPhy Works 推特：@cyphyworksinc

商业创意：为消费市场、商业市场和国防市场打造最先进的无人机，使人们能够获得无人机方便、可靠且实用的服务。

推介：想象一下，你住在蒙大拿州或加拿大边境，你的儿子突然生病了。你打电话预约你的医生，并且你儿子需要抗生素。仅仅是去往诊所就花了45分钟，道路很滑，而你儿子病得更重了。CyPhy Works 相信，在这一假设但又相当现实的场景中，无人机可以帮助人们解决这类问题。实际上，2016年9月，CyPhy Works 与 UPS 建立了合作伙伴关系，以确定如何使用无人机将包裹有效地送达偏远地区。在一次试运行中，一架8磅、40英寸的 CyPhy Works 无人机载着装有哮喘吸入器的包裹，从该公司位于马萨诸塞州的总部飞往距缅因州海岸三英里处的一个小岛。这趟旅程大约花了8分钟。

CyPhy Works 是一家从事尖端无人机业务的公司，目前拥有两款先进的无人机。第一款是“持续空中侦察和通信”（Persistent Aerial Reconnaissance and Communications, PARC）无人机，它就是执行上述试飞任务的自动飞行无人机。它是标准 PARC 无人机的改良版，可以通过一个获得专利的微丝连接装置系留于地面。将无人机系留于地面可能看起来很奇怪，但这实际上是最先进的技术。系绳可以为无人机提供能量和安全通信，使其无限期地在空中停留。在另一项测试中，CyPhy Works 系留式 PARC 无人机被科罗拉多州交通部用于监控2016年秋季蒂姆·麦格罗（Tim McGraw）音乐会的外围交通情况。从监视到安全防范，再到交通监控，这种小型系留式全天候无人机拥有无限的应用可能。

CyPhy Works 的第二款无人机是 Pocket Flyer，它是公司为军方开发的一款无人机。该产品重80克（0.176磅），可以放在士兵的口袋中。Pocket Flyer 可以由平板电脑或智能手机控制，主要用于室内侦察。它可以飞过门厅、房间和走廊，同时通过250英尺的微丝安全地传输视频和数据。想象一下，发生了一场大火，消防员想要在派人进入火灾现场之前知道建筑物中是否有人员被困。在这种情况下，Pocket Flyer 或许能够拯救生命。

无人机制造虽然仍处于起步阶段，却是一个产值达33亿美元的行业，并且呈现持续增长势头。商业无人机用途广泛，但仍在等待 FFA 制定相关法规。目前，无人机的用途有严格限制，UPS 或亚马逊若要使用无人机向客户送达包裹，可能还要再等几年。根据 CyPhy Works 的市场定位，它将在短期内把无人机应用于特定军事和商业领域，并做好充分准备，随着无人机相关法规的不断完善，成为无人机行业的重要参与者。

1. 根据本章介绍的内容，在作出投资决策之前，你会向该公司的创始人提出哪些问题？什么样的答案能够让你满意？

2. 如果你只能根据推介内容和公司网站提供的信息作出决策，你是否会投资该公司？为什么？

如果你是风险投资者 8.2

nuTonomy 公司

网站：www.nuTonomy.com 脸书：nuTonomy 推特：@nuTonomy

商业创意：开发并部署全自动驾驶汽车。

推介：nuTonomy 是从麻省理工学院（MIT）分立出来的一家小型公司。它是自动驾驶或无人驾驶汽车的软件开发者。nuTonomy 的研发部门位于新加坡。由于新加坡境内主要是城市、温度理想（无雪），并且它是个小国家，可以快速完成地图绘制和更新，因此，新加坡已经成了自动驾驶汽车的测试平台。

nuTonomy 是首家进行实际试运行的自动驾驶汽车公司。目前，它正在新加坡的一个2.5 平方公里、名为“纬壹”（One North）的商业区进行试运行。客户可以使用 nuTonomy 应用程序叫车并免费搭乘。提供搭乘服务的是经 nuTonomy 配置后可自动驾驶的三菱（Mitsubishi）i-MiEV 或雷诺佐伊（Renault Zoe）电动汽车。nuTonomy 工程师会随车监控系统性能，并在必要时采取措施。在整个试运行期间，nuTonomy 一直都在收集和评估与软件系统性能、行车路线效率、nuTonomy 应用程序有效性和总体乘客体验相关的数据。nuTonomy 先进的软件系统能够为自动驾驶汽车在城市环境中高效且安全地行驶提供导航。该公司在新加坡的试运行（经政府批准）系世界首例。在试运行开始后，nuTonomy 与东南亚领先的打车应用程序 Grab 建立了合作伙伴关系。通过合作，两家公司都可以对自动驾驶出租车服务的端对端用户体验进行更全面的研究。只需访问 YouTube 并在搜索栏中输入“nuTonomy”，即可观看新加坡 nuTonomy 自动驾驶出租车的视频片段。除新加坡，nuTonomy 还在美国密歇根州和英国进行了更多限制条件下的软件测试活动。

nuTonomy 的技术基础是其联合创始人——来自 MIT 的卡尔·艾格尼玛（Karl Iagnemma）和埃米利奥·弗拉佐尔（Emilio Frazzoil）——10 多年的研究成果。其所基于的方法已经成功地在航天器、飞机和其他安全至上的复杂的自动系统中得到了应用。nuTonomy 的下一步是在新加坡大范围推行自动驾驶出租车服务。如果成功的话，当用户通过 nuTonomy 应用程序叫车时，就会开来一辆没有驾驶员的出租车。nuTonomy 是竞相推出自动驾驶汽车的数家公司之一，由于其软件的可靠性和所开展的测试，nuTonomy 现处于领先地位。nuTonomy 的远大目标是使其技术可靠性得到认可，并将自动驾驶汽车推广至全世界。实现这一目标将改变城市的规划方式以及全球人民的生活方式。

1. 根据本章介绍的内容，在作出投资决策之前，你会向该公司的创始人提出哪些问题？什么样的答案能够让你满意？

2. 如果你只能根据推介内容和公司网站提供的信息作出决策，你是否会投资该公司？为什么？

案例

玛丽·琳恩·施罗德：用有限的资金和有限的商业经验来打造成功的企业

网站：www.Inbluehandmade.com　脸书：Mary Lynn Schroeder　推特：@inbluehandmade

简介

2008 年，玛丽·琳恩·施罗德（Mary Lynn Schroeder）在芝加哥从事与音乐相关的工作。她并不满意这份工作，因此决定另寻出路。她出发前往伊利诺伊州南部，路上在一家 Jo-Ann 工艺品和家纺产品商店（Jo-Ann Fabrics & Crafts）略作停留。虽然并不精通缝纫，但她还是买了一台缝纫机，主要为了给她的牛仔裤缝边并制作窗帘。她在那里逗留了不少时间，并上了几节课。在到达伊利诺伊州南部后，她在南伊利诺伊大学（Southern Illinois University）所在地——卡本代尔附近租了一间农舍。施罗德计划在卡本代尔找一份工作并定居，却出乎意料地爱上了缝纫。

施罗德没有继续找工作，而是开始了缝纫——制作小物件并进行衣物改造。自给自足的想法逐渐吸引了她。她在一个约400人的小镇开设了一家小型代售店，销售她自己的作品和他人的作品。商店后方有个小工作室，那是施罗德工作的地方。在此期间，施罗德开始对制作皮革日记本感兴趣。她的创意是，在日记本正面和背面都用皮革装订。封面可以有一个图，由购买者从她提供的图册中选择。购买者还可以提供不超过10个单词的文字附随于图旁。这种组合将给购买者带来独一无二的定制日记本，封面上还有他们最喜爱的短句。

在搬到伊利诺伊州南部后不久，施罗德还开设了一家Etsy商店。营业一年左右，她卖出了一些小手工制品。有了皮革日记本的创意后，她的Etsy商店上架了皮革日记本和皮革眼镜盒。她每天会卖出1～2件产品，这是她能够供应的速度。当时，施罗德还在Steak & Shake汉堡奶昔餐厅打工，以补贴家用。2009年12月2日，就在施罗德销售皮革日记本后不久，发生了一件非同寻常的事情。《玛莎·斯图尔特秀》（*The Martha Stewart Show*）介绍了她的日记本。施罗德第二天早上醒来，看到了80份日记本订单。这笔大生意就这样开始了。不仅如此，她还开始着手设立批发账户。由于在Etsy上的知名度，她开始收到许多连锁店和精品店来提货的请求。施罗德的企业——名为In Blue Handmade——已经蓄势待发。

以有限的资金和有限的商业经验让 In Blue Handmade 成长

施罗德在其产品需求不断增长的同时，也遇到了两个问题：有限的资金和有限的商业经验。为帮助企业成长，她需要一个新网站、一个在线商店以及销售其产品的渠道。她没有选择筹集资金以雇用开发人员来打造网站并创建在线商店，也没有雇用营销人员来开拓销售渠道，而是选择了一种不同的方式。她决定利用现成的平台，以花费不多的方式来实现她的目标。利用这些平台，施罗德可以实现两个主要目标：首先，她能够以非常低的资本投资来打造自己的企业。正如你将通过阅读本案例所看到的，在Shopify上建立在线商店或通过Squarespace设计网站的花费很少。其次，通过利用现成的平台，她能够利用平台建设人员的专业知识，而无需亲自寻找或雇用相关专业人士。

表8-11简要介绍了施罗德以花费不多的方式帮助In Blue Handmade成长时所利用的平台。在此之后，我们将对施罗德利用各个平台的方式进行更深入的思考。

表8-11　施罗德利用的现成平台

项目	平台	网址
网站	Squarespace	www.squarespace.com
在线商店	Shopify	www.shopify.com
市场	Etsy	www.etsy.com
市场	手工艺展和手工艺节	各不相同

Squarespace

Squarespace是一个基于云端的平台，它可以帮助没有编程经验的人创建美观且功能强大的网站。其运作方式如下。首先，从大约70个模板中进行选择。你可以选择一个与你脑海中的网站外观最为相似的模板。模板是按照类别划分的，比如“时尚与美容”“饮食”“健康与健身”“婚礼”等。如果你要创立一家食品企业，你可以从10个专门为食品企业设计的模板中进行选择。届时，Squarespace会询问你有关网站希望展示的内容以及网站的目的等问题。在创建账户后（提供14天的免费试用），你就会进入Squarespace平台。该平台允许你用自己的信息和图片代替模板内的信息和图片，并能够以你喜欢的几乎任何方式自定义模板。它提供了一系列视频教程，可以指导你完成这一流程中的各个步骤。如果你想看看这些模板是什么样，请访问www.squarespace.com，并点击“开始”（Get Started）按键。你无需创建账户即可查看这些模板。

最终的成果就是一个十分精良的网站，看起来像投入上千美元、程序员花费了数月制作而成。你不必知道如何编程，只需要观看Squarespace的视频并使用平台提供的工具即可。Squarespace已经为上百万企业和个人创建了网站，并且他们都成了Squarespace的活跃客户，这说明该平台易于使用、质量上佳且经济实惠。Squarespace的所有模板都是精心设计的，显示在个人电脑和移动设备上都十分美观。Squarespace提供了强大的客户支持服务，包括实时聊天、一小时电子邮件回复以及丰富的教程和视频学习资料库。Squarespace会为你的网站提供托管和域名服务。它还提供一个实时分析仪表盘，帮助你跟踪每小时、每天、每周以及每月网站访问量。

在定价方面，Squarespace每月向企业收取26美元（或每年216美元）。Squarespace提供了将网站开发和托管服务与在线商店相结合的选项。企业若增加在线商店服务，每月费用需增加至30美元（或每年312美元）。

对施罗德来说，Squarespace是一个理想的选择，因为她没有钱雇用开发人员或聘请自由职业者来帮她建立网站，她自己也不知道如何制作网站，并且，如果她与大多数人一样是从模板起步的，她实际上已经从中受益了，因为模板使其能够形象地了解一个设计精良的网站应该是什么样的。Squarespace有几个提供类似服务的竞争对手，包括Jimbo、Weebly、Wix和GoDaddy等。选择利用Squarespace而不是雇用程序员的唯一弊端是：你不得不放弃一些潜在的自定义功能。

Shopify

Shopify是一个可以帮助你建立在线商店的平台。利用它，你可以对产品进行整理、对店面进行自定义、接受信用卡和借记卡付款，并对订单进行跟踪和响应。它是一款基于云端的产品，因此你无需安装，且软件的所有升级和维护都由公司来处理。Shopify可以与已有网站相结合，因此，如果你已经建立了网站、拥有了域名并安排了托管，这都不是问题。

Shopify的运作方式类似于Squarespace。首先，你可以从Shopify主题商店中的100多款在线商店模板中进行选择。想要查看模板外观，最好的方式是访问www.shopify.com，点击顶部的“资源”（Resources）选项，然后选择“主题商店”（Theme Store）。Shopify将模板分为各种类别，例如“服饰与时尚”“珠宝与配饰”“艺术与摄影”“电子”等。在选择模板后，你可以创建一个在线商店并对其进行自定义，使其看起来像是专门为你的企业打造的。

你可以在Shopify找到在线销售所需的一切。Shopify为你提供了一个购物车，你可以处理订单并通过信用卡、借记卡和PayPal接受付款。它还内置了搜索引擎优化（SEO）功能，可以从谷歌、雅虎和必应实现访问量和销量。该平台针对网页端和移动设备端优化了其在线商店。你可以自己管理商店。同样，由于Shopify是一个托管解决方案，你完全不必担心安装、补丁和安全更新，Shopify会在后台处理这一切。

Shopify 与 Squarespace 相比要稍微复杂一些。你需要对 HTML 和 CSS 有基本了解。Shopify 使用了一种“设计友好”的编程语言——Liquid。Liquid 很容易上手，并且有出色的初学者教程（书本和视频）来帮助用户快速入门。如上所述，Shopify 网站上有一个“资源”选项，其中提供了指南、视频、播客、成功案例和论坛等，旨在帮助用户并为其提供 Shopify 的使用和在线销售的最佳实践方式。

Shopify 有多种定价方案，具体取决于企业的规模、处理的交易数量以及所需的功能。它的基本方案是每月 29 美元外加每笔交易 2.9%和 30 美分的信用卡手续费。该方案适用于年收入少于 20 000 美元的相对简单的企业。它的最高收费方案是每月 299 美元外加每笔交易 2.4%和 30 美分的信用卡手续费。该方案适用于更大规模的企业，其中包括了一些强化功能，例如销售和兑换礼品卡等。

对施罗德来说，Shopify 是个不错的选择，因为与 Squarespace 一样，它仅需要很少的资本投入就能助其打造和运营在线商店。它每月收取较少的费用，却提供了强大的功能。我们不知道施罗德在创建她的 Shopify 商店时，是得到了外界帮助还是由她自己完成的。即使需要从一位拥有相应技能的自由职业者处获取帮助，施罗德要付的前期费用也会相对实惠。

Etsy

如前所述，除了通过自己的网站销售商品外，施罗德还拥有一家 Etsy 商店。Etsy 商店为她提供了一个销售产品的市场。我们在第 4 章的案例中介绍了 Etsy，它是一家电子商务网站，专注于手工或复古的物品，以及工厂制作的一些独特商品。这些物品涵盖了广泛的产品类型，包括服装和配饰、儿童和婴儿用品、家居和生活用品，以及手工艺用品和工具等。

若想在 Etsy 上销售产品，你需要注册并创建一个 Etsy 在线商店。你可以访问 https://www.etsy.com/shop/inblue 浏览施罗德的 Etsy 商店——Inblue。该网站显示，Inblue 现位于北卡罗来纳州阿什维尔，自 2008 年成立以来就一直在 Etsy 上销售产品，已实现了 54 730 笔销售。目前，它有各种类别的待售商品共 286 种，其中包括手提包、日记本、钱包和出行用品等。有 12 668 位客户给出了五星评价。网站上的所有待售商品都有精美的照片和精心的描述。

创建 Etsy 商店是免费的，并且该平台会提供创建网站所需的所有工具。你不需要有编程知识。在商店里，每上架一个物品收费 20 美分。店内商品的价格由卖方决定。Etsy 会从每单销售中抽取 3.5%的佣金。每笔交易也需要支付信用卡手续费。与销售相关的物流全都由卖家自行解决。在 Etsy 上销售的好处是，该网站吸引了对手工制品感兴趣的全球买家。同时，它还为卖家提供了多种帮助。例如，Etsy 会定期发布新闻，这些新闻的浏览者近 200 万人。在每期新闻中，它都会重点介绍一个或多个 Etsy 卖家，而 In Blue Handmade 已不是第一次得到报道。Etsy 还会在其网站首页通过滚动图片的方式展示其最受欢迎的卖家制作的商品。与新闻的情况相似，In Blue Handmade 的多件商品得到了展示。Etsy 还为卖家提供了开发工具、培训材料和线下活动，以增强其在线销售技巧。

对施罗德而言，Etsy 为其产品提供了一个市场，而她投入的资金很少。除了每件商品 20 美分的上架费外，维护一个 Etsy 商店不需要任何月费。在完成销售之前，也无需向 Etsy 支付 3.5%的佣金以及信用卡手续费。对施罗德和她销售的商品而言，Etsy 的文化正是她所需的。Etsy 强调让卖家打造一个具有邻里氛围且对买卖双方均有价值的商店。从这点出发，Etsy 与施罗德所体现的手工价值以及她的手工制品的独特性完美吻合。

手工艺展和手工艺节

施罗德还通过传统的手工艺展和手工艺节来销售其产品。这样做，她实际上是将线上业务搬到了线下。所涉及的费用仅仅是参与展会的差旅费、搭建展台和通过展会组织者进行销售的相关费用。

除了进行销售外，参与传统的线下手工艺展和手工艺节还有两个好处。首先是能够出售瑕疵品。有时，施罗德或其手下的手工艺人犯了些错误，比如将本该印于皮革日记本右上角的图印到了左上角。如果该商品被退货退款，则可以在手工艺展会上另行出售。第二个好处是，有机会与客户会面并收到他们对产品的反馈。施罗德认为她在手工艺展和手工艺节上收到的客户反馈对其形成产品决策有很大的帮助。

施罗德和 In Blue Handmade 的未来

施罗德的企业能够持续成长，部分原因是：她依赖于现成的平台，而未寻求更昂贵的方式。2011 年，施罗德将企业从伊利诺伊州南部转移到了北卡罗来纳州阿什维尔。阿什维尔为艺术家提供了良好的环境，并拥有一批艺术人才。它同时也是一个充满活力的技术中心，并有越来越多的手工艺产业在这里聚集。

In Blue Handmade 目前是 Etsy 上排名第一的皮革商店，拥有 300 个批发账户，并雇用了 8 名员工。它还聘请了一名主要专注于分析的开发人员。如今，该企业仍然运营在创业之初帮助其成长的平台上。

讨论题

1. 一个拥有好的创意但没有资金或商业经验的初次创业者可以从玛丽·琳恩·施罗德的经历中学到什么？

2. 你认为，你自己通过 Squarespace 打造一个网站并通过 Shopify 创建一个在线商店的可能性有多大？如果你认为自己无法完成上述两项任务，那么你现在要怎么做才能获得必要的能力？

3. 你认为 Squarespace、Shopify 和 Etsy 等现成的平台为美国及海外的创业生态系统作出了多大贡献？如果你要创办自己的企业，你会在多大程度上借助于这些平台？

4. 找出一个现成的平台并对它进行描述，它不是 Squarespace 或 Shopify 这类平台的直接竞争对手，但它同样可以让创业者以很少的前期资本投入来完成重要的任务。

5. 你认为这一案例为何被放在“评估新企业的财务实力和生存能力”这一章？

资料来源：In Blue Handmade Homepage，www.inbluehandmade.com（accessed April 30，2017）；Squarespace Homepage，www.squarespace.com（accessed April 30，2017）；Shopify Homepage，www.shopify.com（accessed April 30，2017）；Etsy Homepage，www.etsy.com（accessed April 30，2017）；M. L. Schroeder and A. Warner. “How Did Mary Lynn Schroeder Go From One Sewing Machine to Becoming the #1 Leather Shop on Etsy?,” transcript of *Mixergy* Podcast（posted November 18，2015，accessed April 30，2017）；M. L. Schroeder，A. Fiebert，and T. Frank. “Selling Art on Etsy With Mary Lynn Schroeder,” *Listen Money Matters* Podcast，available at https://www.listenmoneymatters.com/selling-art-etsy-mary-lynn-schroeder/(posted November 6，2014，accessed April 30，2017).

注 释

第9章 组建新创企业团队

学习目标

学完本章，你应该能够：

1. 解释“新进入缺陷”的概念。
2. 描述新创企业团队，并讨论形成这类团队的基本要素。
3. 认识什么是专业顾问，并解释他们对于新创企业团队的作用。
4. 解释为什么新创企业团队可能会从咨询师处获取建议。

在本章中，我们将重点介绍创业型企业的创始人应如何组建新创企业团队，以及该团队对企业总体成功的重要性。**新创企业团队**（new-venture team）是由创始人、关键员工和顾问组成的团队，他们的目标是将新企业从一个创意发展成一个机能健全的企业。[1]通常，该团队并非一次到位。相反，它是随着新企业有能力招募更多人员才逐步组建起来的。团队不仅包括付薪员工，许多企业都有董事会、顾问委员会、投资者和其他专业人士（企业依赖于这些专业人士的指导和建议）。

在本章的第一部分，我们讨论创业型企业创始人的作用，并强调创始人对企业未来的重要影响。然后，着重介绍创始人应如何组建新创企业团队，包括关键员工的招募和选拔以及董事会的成立等。第二部分探讨顾问、贷款人和投资者以及其他专业人士在新创企业团队的组建上发挥的重要作用。

将新进入缺陷作为挑战

正如我们在本书中阐明的观点，新创企业有很高的失败可能性。这种高失败率部分归因于所谓的**新进入缺陷**（liability of newness）。它指的是：因为创立公司的人未能很快调整并进入自己的新角色，并且企业缺乏与外部买家及供应商打交道的“以往业绩记录”，公司通常在前进的道路上磕磕碰碰。[2]组建一支富有才华和经验的新创企业团队是企业克服这些缺陷的一种方法。确实如此，经验丰富的管理团队能够让企业快速步入正轨，避免新手易犯的错误。此外，如果能够说服高素质的人才加入企业并担任董事或顾问，企业很快就能得到各类人的认可，这些人包括企业内部和外部的一些人员（例如，供应商、客户和投资者）。这种认可能够为企业打开那些原本关着的大门。

创业者克服新进入缺陷的另一种方法是参加以创业为主题的研讨会和其他活动，比如商业计划竞赛、创业周末、黑客马拉松、创业训练营等。这些类型的活动通常由当地大学、小企业发展中心和经济发展委员会赞助。还有一种克服新进入缺陷的方法，就是加入初创企业加速器，这些加速器在全美范围内的数量与日俱增。如第1章“创业型企业的法宝”专栏所述，初创企业加速器向创业者提供了与导师、投资者、专业人士（比如律师和会计师）以及其他创业者接触的机会。

建立新创企业团队

创业型企业的创办者或建立者在企业商业模式的塑造过程中发挥着重要作用。说得更直接一点就是：我们都知道，如果一家企业没有将商业计划付诸实践的领导者和相关人员，那么即使该构思精良的商业计划由企业既定的商业模式发展而来，也无法实现。通常，多家初创企业会同时提出本质上相同的创意。这时，成功的关键不是创意，而是创始人是否有能力组建一支能比其他人更好地执行该创意的团队。[3]

创始人打造新创企业团队的方式向潜在投资者、合作伙伴和员工发出了重要信号。有些创始人喜欢自己把控企业，不愿意与更具经验的合作伙伴合作或雇用更具经验的管理者。有些创始人则敏锐地意识到了自己的缺陷，并努力邀请最具经验的人加入董事会。与此相似，有些新企业从不成立顾问委员会，有些企业则极力说服所能找到的最具分量（且最具影响力）的人为企业提供咨询和建议。通常，组建一支尽可能强大的团队能够给潜在投资者、合作伙伴和员工留下深刻的印象。[4]投资者和其他相关人员都知道，来自资深人士的帮助和获取优质建议的机会能够极大地提高新创企业的成功率。

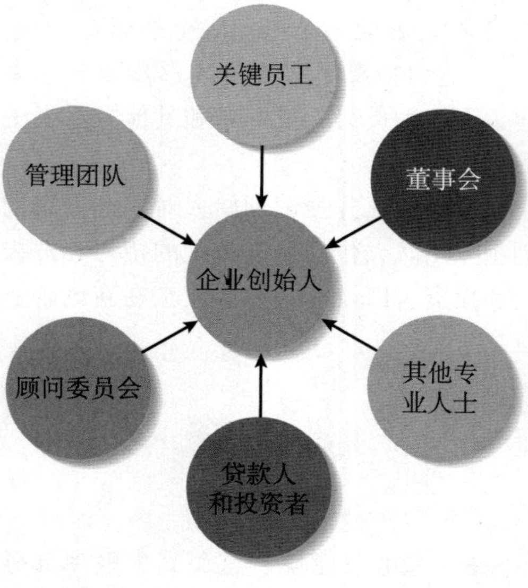

图9-1 新创企业团队的要素

新创企业团队的要素如图9-1所示。企业必须仔细考虑每个要素。团队成员是否相处融洽、团队是否在各个专业领域实现均衡，以及团队中的常任成员在现实中将如何相互协作等，这些问题上的差错可能是致命的。反过来，如果企业能够对这些领域的每一方面都予以关注，则有助于企业取得良好的开端，并在竞争中取得优势。

在组建新创企业团队时，应该避免一些常

见的错误。当潜在投资者、员工或商业合作伙伴对新创企业作出评估时，这些错误会发出危险信号。表 9－1 列出了最常见的错误。

表 9－1　组建新创企业团队时常见的错误

- 将管理职位交给不称职的朋友或家庭成员。
- 认为过去在其他行业取得的成功能够自动转化到你的企业所在的行业中。
- 出现“一人团队”——意味着一人（或一小群人）身兼所有职位，而没有强化该团队的计划。
- 雇用高层管理者但不共享企业所有权。
- 不愿披露或忽视管理团队在技能或能力上的缺口。
- 关于如何填补明显存在的技能或能力缺口，缺乏清晰的计划。

在本章的后续部分中，我们将对图 9－1 中的每个要素进行介绍。在阅读时，请记住：创业型企业在如何使用这些要素方面各有不同。

企业创始人

创始人的特质和他们的早期决策会对创业型企业被接受的方式以及新创企业团队的塑造方式产生深远的影响。在这方面，创始团队的规模和创始人的素质是最重要的两个因素。

创始团队的规模。大多数创始人面对的一个问题是：是自己创办企业还是打造一个**创始团队**（founding team）。研究表明，在所有新企业中，有 50%～70%拥有不止一位创始人。[5]但是，由团队创办的新企业是否会比单个创业者创办的新企业更具优势，专家们对此意见不一。与单个创业者相比，团队能够给新企业带来更多的人才、资源、创意和专业优势。[6]此外，企业的联合创始人之间可以互相提供心理支持，这也成为新企业成功的重要因素。[7]

但是，在合作关系中——尤其是彼此不太了解的人之间所形成的合作关系中——可能错漏百出。团队成员很容易在工作习惯、风险承受能力、对企业的热情程度、关于企业运作方式的想法以及类似关键问题方面产生分歧。[8]如果新创企业团队无法在这些问题上达成一致，则很可能从一开始就寸步难行。

在由团队创立的新企业中，有多个因素会影响团队的价值。首先，曾经合作过的团队会比第一次合作的团队更具优势。[9]如果曾经合作过的人再次决定合作创办企业，通常意味着他们相处融洽且彼此信任。[10]相较于刚认识的人来说，他们之间更可能进行有效的交流。[11]其次，如果团队成员是**异质的**（heterogeneous）——他们在能力和经验上各有千秋，而不是**同质的**（homogeneous）——专业领域非常相近，则他们更可能在技术、雇用决策、竞争策略和其他重要活动上持有不同的观点。通常，这些不同的观点能够在创始人之间引起争论和建设性的冲突，从而降低仓促或在未充分考虑其他观点的情况下作出决策的可能性。[12]创始团队可能规模过大，从而造成沟通问题并增加冲突可能性。最好有两到三个创始人。超过四人的创始团队通常规模过大而不切实际。[13]

由团队而非单个创业者来创立企业，存在三个潜在缺陷。首先，团队成员可能无法友好相处。这就是为什么投资者会偏爱那些由曾经合作过的人组成的团队。过去相处融洽的人更有可能在未来继续相处融洽。其次，如果两个以上的人以“平等”的身份创立企业，那么当企业需要建立正式的组织结构并指定一人担任首席执行官时，有可能发生冲突。如果创业型初创企业拥有投资者，那么通常由投资来权衡谁更适合首席执行官的职位。在这种情况下，没有被选为首席执行官的创始人通常会感觉被轻视。如果有多个创始人参与其中并且他们都选择留在企业，则会加剧这一问题。有些时候，不得不建立层级，并由创始人决定谁应该向谁报告。从一开始就制定一份正式的组织结构图并阐明每个创始人的角色，能够帮助企业避免其中一些问题。最后，正如本章“错在何处?”专栏所述，如果企业创始人的专业领域相近，也可能是个问题。你在阅读该专栏后将会知道，Devver 的两位创始人都是技术人才，使得该企业在商业方面群龙无首。

错在何处? Devver：新创企业团队在组成和管理上的错误是如何扼杀初创企业的

Devver 成立于 2008 年，旨在帮助软件开发人员通过云端服务，以一种比当前做法更为便捷的方式“测试”其代码。该企业最初专注于 Ruby on Rails 软件应用。它的旗舰产品之一 Caliper 为 Ruby on Rails 的开发人员提供了测试代码的质量指标。Ruby on Rails 的开发人员可以使用 Caliper 快速发现重复代码、复杂代码和“代码异味”之类的问题。在计算机编程领域，“代码异味”指的是程序源代码中可能指向更深层次且更严重问题的任何表征。

丹·梅耶（Dan Mayer）和本·布林克霍夫（Ben Brinckerhoff）是 Devver 的联合创始人。两人在高中相识，并在高中毕业前共同创建了一项网络业务。他们在大学里学习的都是计算机编程，梅耶在科罗拉多大学（University of Coloraolo），布林克霍夫在华盛顿大学圣路易斯分校（Washington University in St. Louis）。两人于 2008 年再次走到一起，并创立了 Devver。他们是 TechStars 的毕业生。TechStars 是总部位于科罗拉多州博尔德的导师驱动型种子投资基金。Devver 从 2008 年初开始运营，直至 2010 年初关停。该公司在宣布关停计划时表示，虽然公司一直在努力实现其愿景——使用云端打造可以改变软件开发人员生活的工具，但它无法产生足够的收入来维持和发展公司。

布林克霍夫在一篇深思熟虑的博客文章中反省了 Devver 失败的原因。尽管原因很多，但关键在于创始团队的组成、沟通上的困难和产品开发。

在创始团队方面，梅耶和布林克霍夫都认为自己是“电脑怪杰”。回望过去，布林克霍夫认为，在经营初创企业时，如果拥有一个热爱商业运作的联合创始人，将会是一个优势。在对此进行反思时，梅耶对一句老生常谈的话提出了质疑，即“你可以教黑客做生意，却不能教商人如何做黑客”。拥有技术背景的创始人有时会使用这句话来证明其团队中不需要商人。虽然梅耶认为确实有可能教黑客做生意，但无法迫使黑客对商业感兴趣或对此给予适当的关注。据梅耶所说，黑客就是喜欢做黑客。因此，他们衡量进度时所用的是代码的行数或类似标准。而对初创企业而言，使用商业标准来衡量进度同样重要——例如，与之交谈的客户数量或分销渠道的发展情况等。Devver 在这方面做得远远不够。

在沟通方面，Devver 接受了远程协作。该公司成立于博尔德，两位联合创始人在此展开合作。而 Devver 的第一批关键雇员在宾夕法尼亚州工作，后来梅耶搬到了华盛顿特区。他们认为，Devver 可以通过远程协作雇用最佳人才，而无需把人员全部搬到科罗拉多州。此外，他们还认为，允许团队成员进行远程协作，可以获得最小的干扰，这对于有效地编写代码非常重要。遗憾的是，实现这些目标比创始人预期的要困难得多。沟通成了一项挑战，也给管理带来了麻烦。梅耶和布林克霍夫发现，同时管理多个州的薪酬、福利等事项是一件很痛苦的事情。除此之外，“结对编程”也很难远程进行——对此，Devver团队从始至终都未能找到合适的解决方案。

最后，布林克霍夫认为，Devver应该花费更多的时间进行客户开发和寻找最小可行产品。最小可行产品（minimum viable product）是精益创业活动的主要组成部分，它意味着该产品仅具有其部署时所必需的功能，别无他物。通常，企业会通过早期采用者进行测评。这样做的目的是，避免在产品中加入客户不需要或不想要的烦琐功能。然而，Devver没有这么做，它对其第一款产品“Ruby测试加速器”进行了最低限度的测评，然后就专注于构建产品，没有再与潜在用户进行交流。结果，在Devver失利之前，它的Ruby测试加速器及其他产品从未真正满足市场需求。回首往事，布林克霍夫认为，Devver本应尽早对单个产品进行部署，并就价格、市场规模和技术挑战征求更多客户的反馈。最终，他们发现市场太小，而且定价太低，无法维持公司生存。

思考题

1. 回望过去，布林克霍夫认为，如果Devver的新创企业团队中拥有商务方向的联合创始人，将使Devver具有一定优势。你的想法是否与此相反？如果两个商人准备成立一家技术方向的企业，那么你认为拥有一个技术方向的联合创始人对他们来说更有利，还是聘请一名技术方向的员工就足够了？

2. 列出员工远程协作的利弊。相对于其他企业来说，这种方式是否对某些类型的初创企业更有利？你对这种方式有何看法？

3. “如果你是风险投资者9.1”专栏介绍了Toptal。该平台可以帮助公司找到经严格筛选并愿意依合同开展工作的顶尖软件工程师、开发人员和设计师。你认为Toptal的最小可行产品是什么样的？在Toptal投入大量时间和资源进行网站建设之前，它可以如何使用最小可行产品的方法来获取用户对其网站的反馈？

4. 做一些互联网研究，看看梅耶和布林克霍夫如今在做什么。你认为他们十年后会做什么？为什么？

资料来源：B. Brinckerhoff, “Lessons Learned,” *Devver Blog*, https://devver.wordpress.com/2010/04/26/lessons-learned (posted April 26, 2010, accessed March 9, 2017).

创始人的素质。与企业创始人有关的主要因素是他们所表现出来的素质。在前面几章中，我们介绍了投资者和其他人都十分重视企业创始人及初始管理团队的实力。创始人如此重要的原因之一是：在企业成立之初，创始人的知识、技能和经验是企业所拥有的最宝贵的资源。因此，在对新企业进行评判时，往往注重的是它的“潜力”，而非现有资产或当前业绩。在大多数情况下，这就会让人们通过评估其创始人及初始管理团队的实力来对企业未来前景进行判断。

人们普遍认为，创业者的成功有几个重要特点。创始人的受教育程度很重要，因为人们相信，获得大学学位能够强化创业者在搜索技能、预见性、创造力和计算机技能等方面的创业能力。同样，有些观察者认为，高等教育能够使创始人具备一些重要的商业技能，比如数学和沟通能力。此外，工程学、计算机科学、管理信息系统、物理和生物化学等特定教育形式可以帮助接受这种教育的人在他们创办与自己的专业领域相关的企业时取得一定优势。[14]

先前创业经历、相关行业经验和人脉关系是提高创始人成功率的其他因素。确实如此，研究结果一致表明**先前创业经历**（prior entrepreneurial experience）是与未来创业表现最相符的指标之一。[15]由于创办一家新企业是一项复杂的任务，因此具有先前创业经历的创业者有明显优势。研究还证实了**相关行业经验**（relevant industry experience）在创业者成功创办并发展企业的过程中对创业者能力的影响。[16]创业者如果在其现有企业所在行业具有相关经验，则可以拥有更成熟的行业关系网，并能够更好地理解各自行业的细微之处。[17]对于在生物技术等技术行业创办企业的创业者而言，这一因素的重要性尤为突出。生物技术的需求之强烈使创业者几乎不可能在创办生物技术企业的同时学习生物技术。因此，创业者必须在创办企业之前，通过相关行业经验或学术背景对生物技术有所了解。

对创始人或创始团队而言，一个特别重要的特质是拥有成熟的社交和专业关系网。[18]创始人必须时常与其社会和个人关系“保持联络”，以便代表其企业筹集资金或获取关键资源。[19]**人脉关系**（networking）是指与那些和企业兴趣相似或可以为企业带来优势的人建立并维持关系。在实践当中，这种方式可能表现为：创始人让其业务上的熟人或朋友介绍潜在投资者、商业合作伙伴或客户。对于有些创始人而言，人脉关系唾手可得，并且是其日常工作的重要组成部分。而对另一些创始人而言，这是一项需要习得的技能。

表9-2展示了企业创始人的优秀特质。拥有这些特质的创始人或创始团队，可以帮助初创企业获得最大的早期成功率。如果有人想要创办一家公司，并且正在寻找联合创始人，那么有几个网站可以专门为初创企业联合创始人牵线搭桥。其中最著名的两个网站是CofoundersLab（www. cofounderslab. com）和Founder2Be（www. founder2be. com）。

表9-2 创业型企业创始人的优秀特质

特质	说明
由团队创办企业	相较于个人创办的企业而言，由团队来创办新企业可以提供更多的资源、更多样化的观点和一系列更广泛的其他积极特质。
高等教育	有证据表明，高等教育可以强化一些重要的创业技能。
先前创业经历	有过先前创业经历的创始人熟悉创业流程，并相较于刚刚步入严酷创业流程的创始人而言，更可能避免代价高昂的错误。
相关行业经验	与没有相关行业经验的创始人相比，创始人如果在其新企业所在行业拥有相关经验，则更有可能建立较完善的专业关系网并取得更适用的营销和管理方面的专业知识。
广泛的社交和专业人脉关系	拥有广泛社交和专业关系网的创始人，有可能获得更多的专有技术、资金和客户推荐。

除了特定的素质外，创业者特别精通于某一生活技能，也能带来优势。本章“创业型企业的法宝”专栏讨论了如何寻找“生活黑客”（lifehack），以提高个人生产力和效率。如果你还不熟悉“生活黑客”的概念，该专栏可能对你特别有用。

创业型企业的法宝 寻找“生活黑客”以提高个人生产力和效率

“生活黑客”是指任何可以在个人生活和事业上提高其生产力、效率和效力的技巧、捷径、能力或新颖方法。大多数人听到“黑客”一词时，都会想到那些侵入计算机盗取他人身份或实施类似行为的坏人。但“黑客”这个词的真正含义只是指一种聪明的做事方法。在计算机世界中，“黑客”通常指对特定问题不同寻常但有效的解决方案。“生活黑客”一词于21世纪初被引入，用于描述对任何生活挑战不同寻常但聪明的解决方案。一个简单的例子就是有人的车子被刮擦了，让汽车修理厂来修复划痕并涂上新漆可能需要1 000美元，“生活黑客”则会使用颜色相配的指甲油来掩盖划痕，用一个聪明的5美元的方案，解决了1 000美元的问题。

从一个更宽泛的角度来说，我们大多数人已经在生活中形成了习惯，甚至不需要思考，就已经有了固定的安排：早上如何起床、如何上班、如何处理电子邮件、如何管理日程等。因为我们已经对自己做事的方式习以为常，甚至没意识到可能存在更好的方法。因此，虽然侵入他人计算机盗取其身份显然是不对的，但侵入自己的生活会给我们带来好处。通过这么做，你可以检查自己的行事方式和习惯，并不断地询问自己：“是否有更有效的方法？”

那么，如何成为更好的生活黑客？其中一个建议是：在每天结束时，花10分钟回想一下最消耗你的时间和精力的事情。你可能会想：“我花了整整一个小时来整理我的电子邮件。”你只需简单地在谷歌中搜索“如何节省查阅电子邮件的时间”，就会出现很多结果，并得到有关节省时间的有用建议。如果人们对如何提高生活黑客的技能感兴趣，还可以利用一些特定的资源。其中一个是“生活黑客”博客，网址是 www. lifehacker. com。该博客会不断更新一系列的生活黑客技巧。在撰写本专栏的当天（2017年3月9日）更新的是“避免在家工作时忍不住吃零食的四个小技巧”（Four Tips to Stop Snacking Endlessly When You Work From Home）。你可以免费订阅“生活黑客”博客的新闻推送功能。另一个资源是Product Hunt网站（www. producthunt. com），它使用户可以共享并发现许多类别的新产品。该网站主要针对与技术相关的产品，但有一个名为“生活黑客”的类别。在撰写本专栏时，“生活黑客”类别中共有764款产品。第一款产品是一个名为“走醒我”（Walk Me Up）的闹钟应用程序，只有通过走路才能关闭闹铃。第二款产品是一个叫作“快知识”（Know Fast）的应用程序，它每天播放一段短视频来拓宽你的视野。第三款产品是一本书，名为《升级你的生活：让你更聪明、更快、更好的生活黑客指南》（*Upgrade Your Life*：*The Lifehacker Guide to Working Smarter*，*Faster*，*Better*）。书中包括“掌控电子邮件”（Control Your Email）、“精简日常任务”（Streamline Common Tasks）和“在智能手机上更智能地工作”（Work Smarter on Your Smartphone）等章节。另一种方法也能让你成为更好的生活黑客，那就是寻找包含生活黑客技巧的文章，并将那些最佳技巧融入你的日常生活当中。例如，本书的一位作者前不久看到了《商业内幕》（*Business Insider*）上刊登的一篇文章，题为《人们可以在一分钟内学会的15种极有用的生活黑客技巧》（15 Highly Useful Life Hacks You Can Learn in a Minute or Less）。其中一个技巧是如何在网页上查找特定的文字。人们只需要同时按下控制键和字母键F（Ctrl+F），就可以在网页上进行搜索，就像在Word文件中进行搜索一样。从那时起，作者便多次使用该技巧，成功节省了不少时间和精力。同一篇文章中的另一个技巧名为“避免手滑发出电子邮件”。该技巧指出，当你写电子邮件时，应该最后填入收件人。这样你就不会意外点击“发送”，发出一份还未准备好的电子邮件。

思考题

1. 考虑以下说法：“生活黑客技巧对创业者来说特别重要，因为创业者通常都很缺乏时间和资源。”你是否同意这种说法？为什么？

2. 你对于提高自己的生活黑客技巧有多大兴趣？你打算如何实现自己的目标？

3. 请花一些时间浏览“生活黑客”博客并选出一项你认为可以融入你日常生活的建议。描述该建议并解释你选择它的原因。

4. 访问 Product Hunt 网站，找到“生活黑客”类别。在你浏览的当天，有多少款与生活黑客相关的产品？列出三种较有趣的生活黑客产品，并简要介绍。

资料来源：Lifehacker blog，www. lifehacker. com (accessed March 9，2017)；Product Hunt，www. producthunt. com (accessed March 9，2017)；R. Gillett，“15 Highly Useful Life Hacks You Can Learn in a Minute or Less，” *Business Insider*，August 19，2016.

管理团队和关键员工

一旦决定成立一家新企业，就要从打造管理团队并雇用关键员工开始。初创企业何时需要增加人员，取决于各自的状况。在某些情况下，创始人在撰写商业计划和塑造企业的过程中会独自工作一段时间。而在其他情况下，他们会立即雇用员工。

创业者可以使用一种技巧来对企业的聘用需求进行优先排序，那就是制备一份技能概述表。**技能概述表**（skills profile）是一份图表，描述了企业所需的最重要的技能以及技能缺口。图 9-2 展示了新创健身饮料公司（第 3 章介绍的虚拟公司）的技能概述表。除了描述企业最重要的技能缺口在哪里，技能概述表还应该对当前技能缺口的处理方式作出解释。例如，顾问委员会的成员（在短期内）填补了新创健身饮料公司的两个技能缺口，而第三个技能缺口在企业开始特许经营计划之前（未来 3～5 年内）无需进行填补。

	执行领导	店铺运营	供应链管理	营销和销售	人力资源/招聘	会计和财务	社区关系	信息系统	特许经营
杰克·佩蒂	×								
佩吉·威尔斯		×				×			
吉尔·彼得森 (Jill Petersen)				×					
卡梅伦·艾维 (Cameron Ivey)			×						
缺口 1					○				
缺口 2							○		
缺口 3									○

注：×＝填补的职位；○＝空缺的职位。

图 9-2 新创健身饮料公司的技能概述表

有证据表明，如今要找到好的员工（当然包括好的关键员工）并不是件容易的事。根据美国人力资源管理协会（Society of Human Resource Management，SHRM）于 2016 年进行的一项调查，参与调查的 3 300 个组织中有 2/3 以上表示，它们在招聘方面遇到了困难。这一数字较 2013 年有所增加，2013 年只有一半的受访组织表示遇到了招聘方面的挑战。有趣的是，许多接受调查的受访者表示，缺乏专门技能是其无法为空缺职位找到合适候选人的主要原因。受访者还表示，在他们招聘的全职工作中，最需要的新技能类型实际上是一些工作技能或软技能，比如人际交往能力、团队合作和领导能力等。[20]

为了节省资金、提高灵活性并降低寻找好员工的难度，新企业会用到四种不同类型的劳动力来完成工作，如表 9-3 所示。第一种是员工。**员工**（employee）是在企业所在地或虚拟地点使用企业的工具和设备并根据企业的政策和规定为企业工作的人。[21]这些规定可能会有所不同，特别是在企业所在地工作时。由于涉及成本，大多数企业吸纳员工的速度都相当缓慢。尽管员工很有价值，但他们也很昂贵。为了一位年薪 5 万美元的员工，企业需要付出每年超过 5 万美元的成本。除了员工的基本工资外，企业还需要支付该员工的部分社会保险和医疗保险，提供工伤保险，向失业基金缴费，并在职位包含福利的情况下提供福利（如健康险和带薪假期）。根据一般经验，企业为员工提供的福利和缴纳的税费占基本工资的 33%。因此，年薪 5 万美元的员工将使企业每年花费 66 500 美元。

表 9-3 新企业用于完成工作的劳动力的来源

劳动力类型	描述
全职或兼职员工	在企业所在地使用企业的工具和设备并根据企业的政策和规定为企业工作的人。
实习生	为了获取实践经验而作为学徒或培训生为企业工作的人。
自由职业者（或承包商）	自行开展业务，使用自己的工具和设备按照自己的时间为许多不同客户提供服务的人。
虚拟助手	通过在家办公，为客户提供远程管理、技术或创意方面协助的自由职业者。

第二种是实习生。**实习生**（intern）是指为了获取实践经验而作为学徒或培训生为企业工作的人。例如，TOMS 在创立和运营期间用到了许多实习生，并且如今仍然非常依赖实习生。许多科技公司都有正式的实习项目。脸书有两个独立的实习项目，一个在工程、科技和设计部门，另一个在业务部门。若要查看这些项目的描述，请访问 https://www.facebook.com/careers/university。谷歌也赞助了许多实习项目，详情请见 https://careers.google.com/students/。许多企业开展实习项目不仅是为了获得帮助，也是将其作为一种招聘工具。这种计划为企业提供了一个机会，可以在对潜在员工作出正式承诺之前先了解其工作表现。因为实习生充满活力、热情并精于技术，许多公司都喜欢雇用实习生。例如，两个 50 岁的人创办了一家初创企业，那么他们可以从大学生实习生那里学到很多东西，比如，如何在他们的企业中更有效地使用脸书和推特等社交媒体平台。

第三种是自由职业者（也称承包商）。**自由职业者**（freelancer）是指自行开展业务，使用自己的工具和设备按照自己的时间为许多不同客户提供服务的人。[22]例如，企业可能会雇用自由职业者来管理其网站的搜索引擎优化，并向该自由职业者支付时薪或月薪。通常，企业会通过他人介绍或者 Guru 或 Upwork 等网站来寻找自由职业者。正如第 4 章"合作制胜"专栏中介绍的，Guru 和 Upwork 专门为那些寻求特定类型帮助的企业，提供与其要求相匹配的自由职业者。

第四种是虚拟助手。**虚拟助手**（virtual assistant）是通过在家办公，为客户提供远程管理、技术或创意方面协助的自由职业者。从处理客服电话到会计或记账平台的数据输入，再到向客户发送感谢信，企业几乎在任何方面都可以利用虚拟助手。与自由职业者相似，企业也可以通过 Odesk 和 Elance 等在线平台寻找虚拟助手。截至 2017 年 3 月，Guru 和 Upwork 都列出了大量正在寻求额外工作的虚拟助手。

企业利用自由职业者和虚拟助手的一个优势是，他们被视为“独立承包商”。因此，除了他们的时薪或合同约定的费用外，企业无需承担其他成本（如社会保险和医疗保险、工伤保险、缴入失业基金的费用以及其他福利）。但是，企业必须注意，不要错误地将员工归类于独立承包商以节省税费和福利支出。美国国家税务局会对此仔细甄别，如果员工归类有误，企业可能会受到严厉处罚。

许多创始人担心聘请了错误的人来担任关键角色，无论此人是员工、实习生、自由职业者还是虚拟助手。由于大多数新企业都缺乏资金，因此他们聘请的每个人都必须能够为企业作出宝贵的贡献。如果因为某个明确的目的而雇用了某人，但他不能完全胜任这份工作，这对企业来说是得不偿失的。有时，关键雇员可以完美地发挥作用并完全满足企业创始人对其职位的要求。例如，戴维·奥尔森（Dave Olsen），他是星巴克创始人霍华德·舒尔茨（Howard Schultz）雇用的首批员工之一。在接受聘任时，奥尔森是西雅图大学城（星巴克创立的城市）一家颇受欢迎的咖啡馆所有者。

担心员工不能够像戴维·奥尔森为星巴克工作时那样适才适所，是企业雇用实习生、自由职业者和虚拟助手的原因之一。这些人严格“按需”或根据相当短期的合同进行工作，如果他们没能满足岗位需要，企业也无需顾虑，仍可以继续前进。与全职或兼职员工解除关系则难得多。

在创业型企业中，新创企业团队的所有成员必须有效合作。越来越多的新创企业团队使用协作软件作为他们协调工作的工具。本章“合作制胜”专栏对协作软件进行了介绍，并给出了几个领先的协作软件程序示例。

合作制胜　协作软件：帮助新创企业团队成员实现目标

什么是协作软件？

协作软件（Collaborative Software）是一种计算机程序，旨在帮助那些共同参与任务的人实现目标。想象一个篮球队。尽管队里的5人都是独立的个体，但他们必须共同协作以取得最佳成绩。在商业组织中也是类似的情况。一组软件工程师可能从事同一项目。协作软件可以帮助他们协调彼此的工作，以取得最佳成果。

通常包含的工具

协作软件程序的运作方式是：它们为那些有着共同目标且一起工作的人提供了一个共享环境。该环境包含了一组有助于团队完成工作的工具。这些有助于团队活动并为其提供管理的工具类型包括：

- 项目管理工具——安排、跟踪项目，并在项目完成时绘制步骤图。
- 工作流程系统——对项目的审批部分进行管理，例如通过不同层级的审批推进采购订单。
- 交谈或消息传递工具——让参与者在协作系统连接的网络上交换即时消息。这对于分处不同地理位置的团队成员而言尤其重要。
- 文件存储工具——作为文件的中央存储库，方便多个用户访问、使用和操作这些文件。大多数协作系统都提供了常规的文件编辑功能。一旦某个用户控制了文件，则在其释放文件以供审批或供他人编辑之前，其他用户将无法对其进行编辑。
- 甘特图（Gantt chart）——一种图表，用一系列横条表示特定时间段内完成的工作量或生产量与该时间段内计划量之间的关系。

- 音频和视频会议工具——为团队成员提供实时会议。
- 论坛——允许团队成员就特定话题展开讨论。
- 电子日历——安排会议和活动，并自动通知和提醒团队成员。
- 预算管理工具——在预算和实际支出之间进行实时比较。
- 客户端——允许团队在私人线上环境中与客户进行互动。

大多数协作软件系统都以其可用性和易用性作为评判标准。系统的最终测评则取决于它能否帮助成员有效地协作。回到篮球队的例子——队员必须在正确的时间打一场正确的比赛，不要互相撞人，并且随着比赛的进行作出相应的调整。这正是相互协作的团队成员必须做的。协作软件旨在为该流程提供便利。

协作软件程序示例

有许多优秀的协作软件程序。以下是协作管理软件程序的三个示例及其简要说明。

Basecamp。这是一款基于网络的程序，它简化了项目沟通和协作。它的用户数以百万计，并得到了98%的客户推荐，主要原因在于其简洁性。它向每位用户每月收费29美元。主要功能包括头脑风暴、交谈/传递消息、协作写作、讨论区、文件管理、团队日历、项目管理和任务管理。请访问 https://basecamp.com 以获取 Basecamp。

Smartsheet。这是一个在线项目管理和任务协作工具。它的特点是拥有一个易于使用的电子表格界面，每月向每位用户收费10美元。它曾被评为谷歌应用市场和微软的2015年度应用程序。它的功能范围很广，包括预算管理、错误跟踪、协作、文件共享、甘特图、创意管理、问题管理、里程碑跟踪、完成百分比跟踪、项目组合管理、项目计划、资源管理、状态跟踪、任务管理以及时间和费用跟踪等。请访问 www.smartsheet.com 以获取 Smartsheet。

Buildertrend。这是一款为特定行业——住宅建设和装修行业——设计的协作软件。它向同一公司收取每月99.99美元的费用，公司内的用户数量没有限制。它是一款基于云端的程序——用户从个人电脑和手机上均可登录。它的主要工具套件是为住宅建设或装修行业定制的，包括在线日程、订单修改、文件管理、照片管理、客户选择、保修、采购订单、潜在客户管理等。它还拥有更为传统的功能，包括预算管理、协作、文件共享、甘特图、里程碑跟踪、完成百分比跟踪、项目计划、状态跟踪以及时间和费用跟踪。

思考题

1. 你认为一家初创企业在多大程度上需要有效利用协作管理软件程序的优势？除了全职和兼职员工外，公司是否应该在使用协作管理软件程序的项目中包括实习生、自由职业者和虚拟助手？为什么？

2. 如果你打算为你正在创办的企业选择一款协作管理软件程序，你将如何选择最适合你的企业的程序？

3. 想象你已经创立了一家住宅装修企业。讨论一下，从一开始就使用 Buildertrend 这类协作管理软件程序能够给你的企业带来何种优势。

资料来源：Wikipedia，Collaborative Software，www.wikipedia.com（accessed March 10，2017）；Top Project Management Tools，Capterra，available at https://www.capterra.com/project-management-software/（accessed March 10，2017）.

董事会

如果新企业以股份有限公司的形式成立，从法律上讲，它必须有一个**董事会**（board of directors）——由公司股东选出的、对企业管理进行监督的一组人。[23]董事会通常由内部董事和外部董事组成。**内部董事**（inside director）同时也是公司高层人员，**外部董事**（outside director）不受公司雇用。董事会有三项正式的职责：(1) 任命企业高层人员（主要管理人员）；(2) 通知发放股息；(3) 监督公司事务。在安然（Enron）和世通（WorldCom）等公司丑闻曝光后，人们非常重视董事会在确保企业道德操守方面的作用。这就产生了一种倾向：让更多的外部人员加入董事会，因为那些不为企业工作的人通常比公司内部人员更愿意对管理层的行为进行审查。大多数董事会每年举行3～4次正式会议。大企业会为董事的服务支付报酬。新创企业更可能以公司股票的形式向董事支付薪酬，并要求董事在没有直接报酬的情况下提供服务——至少到公司获利为止。根据法律要求，上市公司的董事会必须设有审计委员会和薪酬委员会。许多董事会还设有提名委员会，以便在董事职位出现空缺时从股东中选出合适的人选。表9-4列出了董事会及其成员最可取的品质。

表9-4 有效董事会和强有力的董事会成员的特质

有效董事会的特质
- 与首席执行官进行良好沟通
- 以客户为中心
- 人才互补
- 具有决断性
- 相互尊重、相互理解，并尊重企业的管理团队
- 有能力和意愿与企业的首席执行官和最高管理人员抗争
- 坚定的道德规范

强有力的董事会成员的特质
- 强大的个人和专业关系网
- 在其领域受到尊敬
- 愿意代表企业进行个人引荐
- 良好的人际沟通技能
- 模式识别技能
- 投资和/或运营经验
- 有能力和意愿指导企业的首席执行官和最高管理人员

如果处理得当，公司董事会可以成为新创企业团队的重要组成部分。[24]董事会可以通过提供专家指导和取得他人（如客户、投资者，甚至竞争者）认可这两种方式来帮助新企业建立良好开端并发展出其所希望的具有可持续性的竞争优势。

提供专家指导。尽管董事会负有正式的管理职责，但其最有益的作用是向企业管理者提供指导和支持。[25]许多首席执行官与其董事会成员互动频繁，并从他们那里获得了重要意见。实现这一目标的关键是挑选董事会成员，他们必须具有所需的技能和有用的经验，愿意提供建议并提出有见地和探索性的问题。

由于管理者依赖董事会成员提供意见和建议，因此寻找外部董事应具有目的性，旨在填补企业高管和其他董事在经验和背景方面的缺口。例如，如果两名计算机程序员创办了

一家软件企业，他们都没有任何营销经验，那么任命一名营销主管为董事会成员将很有意义。确实如此，当董事会成员在公司运营中代表了多种重要的组织技能（如制造、人力资源管理和融资等）时，董事会就能够以此为组织提供有效的服务。

取得他人认可。为创业型企业取得认可是董事会的另一重要职能。有名气且受人尊敬的董事会成员能够立刻为企业带来信誉。例如，试想一下，如果一家企业宣布 TOMS 的布雷克·麦考斯基（Blake Mycoskie）或多宝箱的德鲁·休斯顿同意加入其董事会，会产生怎样的积极效应。这种现象称为**发出信号**（signaling）。没有可靠的信号，潜在客户、投资者或员工都难以识别高品质的初创企业。可以想象，高素质的个人很少愿意在低品质的企业董事会任职，因为那样可能有损他们的声誉。所以，当高素质的个人同意在某个企业董事会任职时，此人实际上是在“发出信号”：该公司具有成功的潜力。[26]

通过高素质的董事会成员来取得认可，还可以带来其他积极成果。投资者希望看到新创企业团队（包括董事会）拥有足够的影响力，能够与潜在的供应商和客户建立成功的联系。董事会成员通常也在帮助年轻企业融资或筹资。正如我们将在第 10 章中讨论的那样，如果没有个人引荐，创业型企业的创始人几乎不可能引起投资者的注意。为了应对这一挑战，其中一种方法就是让那些与投资界人士熟识的个人在董事会中任职。

Potbelly 是一家专门经营低成本三明治、饼干和奶昔的连锁餐厅。它精心设计的董事会就是一个很好的范例。它的董事会由 8 名成员组成，其中包括 1 名内部董事和 7 名外部董事。请注意，它的外部董事包括了具有连锁餐厅开发、零售、酒店管理、电子商务和消费产品运营背景的个人。Potbelly 于 2013 年启动首次公开募股，并制订了强势的发展计划，它能够从不同董事会成员所代表的各个领域获得指导。[27]具体的董事会成员如下。

- 埃尔文·刘易斯（Aylwin Lewis），Potbelly 首席执行官兼总裁；
- 彼得·巴斯（Peter Bassi），百胜餐饮国际（Yum! Restaurants International）退休董事长；
- 安-玛丽·坎贝尔（Ann-Marie Campbell），家得宝南部地区总裁；
- 苏珊·查普曼-休斯（Susan Chapman-Hughes），美国运通高级副总裁；
- 丹·金斯伯格（Dan Ginsberg），美国护肤品牌德美乐嘉创始人的特别顾问；
- 玛丽亚·戈特沙尔克（Maria Gottschalk），欢乐厨妇（Pampered Chef）首席执行官；
- 哈维·坎特（Harvey Kanter），钻石和高级珠宝在线零售商蓝色尼罗河（Blue Nile）首席执行官；
- 卡尔·沃绍斯基（Carl Warschausky），全球家居用品和消费品制造商康宁餐具（World Kitchen）首席执行官。

完善团队：专业顾问的作用

除了已经确定的新创企业团队成员之外，创始人通常还依赖于专业人士，并在与他们的互动中获取重要意见和建议。在许多情况下，这些专业人士成了新创企业团队的重要组成部分，并填补了一些创业者所谓的“人才漏洞”。

接下来，我们将讨论顾问委员会、贷款人、投资者和其他专业人士在完善新创企业团队的过程中所起的作用。

顾问委员会

有些初创企业设立了顾问委员会，以提供指导和建议。[28] **顾问委员会**（advisory board）是受邀为企业管理者持续提供意见和建议的专家小组。与董事会不同，顾问委员会不对企业承担法律责任，其所提供的建议也没有约束性。[29]因此，相较于董事会，愿意在公司顾问委员会中任职的人更多，因为它需要投入的时间更少，且无需承担任何法律责任。设立顾问委员会可以为了一般目的，也可以为了解决特定的问题或需求。例如，有些初创企业在成立后不久就设立了客户顾问委员会，来帮助它们对最初的产品进行调整。与董事会相似，顾问委员会的主要目的是为企业提供指导并帮助其取得认可。对顾问委员会成员而言，最重要的事情就是将企业引荐给早期客户、供应商和商业合作伙伴。[30]

大多数顾问委员会有5～15名成员。创业型企业通常每年或在每次会议时向顾问委员会成员支付少量酬金。顾问委员会成员之间以及与企业管理者之间可通过多种方式互动。有些顾问委员会每年在公司总部所在地或其他地点举行3～4次会议，有些顾问委员会则通过在线会议进行联络。在有些情况下，企业的顾问委员会成员分散在全国各地，对于这类企业的管理者而言，与顾问委员会成员通过电话、电子邮件或Skype电话会议等方式互动，相比于将人们召集到一起，更具有成本效益。在这种情况下，顾问委员会成员之间根本不用进行面对面的互动，但仍能够提供高水平的意见和建议。

事实上，一家初创企业在拥有董事会的同时也可以拥有一个或多个顾问委员会。例如，防晒衣生产商Coolibar就同时拥有董事会和医疗顾问委员会。该委员会目前由9名医生组成，所有医生都取得了令人印象深刻的认证。同样，医疗机器人和器械公司InTouch Health也拥有董事会和三个不同专业领域的顾问委员会，这三个领域是：业务与战略、应用与临床，以及科学与技术。

在组建顾问委员会时，应当遵循几个准则。首先，组建顾问委员会不是为了让企业自我夸耀。如果顾问在企业的发展和成长中无法发挥有益的作用，他们将很快令人大失所望。其次，企业应寻找在经验和专业上相互合作并相互补充的委员会成员。除非是为了特定的目的，否则由不同背景的成员组成的委员会要优于由类似背景的成员组成的委员会。再次，在邀请某人加入顾问委员会时，企业应就相关信息的取得和保密对其进行充分说明。[31]有些企业要求其顾问委员会成员签署保密协议。最后，企业应提醒其顾问，在博客或社交媒体网站上发布任何有关企业或企业产品的积极评价之前，应该先公开他们与企业的关系。当某人对企业发表积极言论，却没有对其加入企业之事进行公开，就有可能使潜在的利益冲突浮出水面，尤其是当企业存在经济利益时。

尽管创业圈中普遍推荐成立顾问委员会，但大多数初创企业都没有这么做。因此，拥有一个或多个顾问委员会是让初创企业脱颖而出的一种方法。

贷款人和投资者

正如本书始终强调的，贷款人和投资者在他们参与融资的公司拥有既得利益，这通常能使他们积极地向那些取得其融资的企业伸出援手。极少有贷款人或投资者把钱投入新企业后就退居二线。实际上，银行和投资公司的机构条例通常都会要求他们至少在提供贷款或投资的最初几年内对新企业进行严密的监控。[32]

贷款人或投资者为新企业投入的时间和精力取决于其所涉及的资金量和新企业需要多少帮助。例如，一笔良好的抵押贷款的贷款人可能只会在客户身上花费很少时间，而一位风险投资者则可能会花费大量时间来帮助新企业完善商业模式、招募管理人员，并与现有的和潜在的客户及供应商会面。实际上，有证据表明，一位典型的风险投资者每年都可能会多次访问其投资组合中的每一家公司。[33]访问的次数表明了其对企业的参与度和支持度。

与新创企业团队中的其他非雇员一样，贷款人和投资者为企业提供指导、帮助其取得认可，并发挥为企业提供财务监督的自然职能。在某些情况下，贷款人和投资者还会努力帮助新企业完善其管理团队。有时，这一问题十分重要，以至于新企业试图取得投资资本不仅是为了获取资金，还为了在雇用关键员工方面获得帮助。

例如，刚开始时，eBay创始人皮埃尔·奥米迪亚（Pierre Omidyar）和杰夫·斯科尔（Jeff Skoll）决定聘请一位首席执行官。他们的理想人选不仅要有经验，还应该具有华尔街投资者所看重的声望。他们很快发现，他们试图招募的每位经验丰富的管理者都会询问他们是否得到了风险资本的支持——而当时他们没有。对于一家新企业，如果试图招募经验丰富的高管，风险资本的支持是其取得认可的标志。为了拥有这一宝贵的标志，奥米迪亚和斯科尔从Benchmark Venture Capital融入了资金，虽然eBay当时不需要这笔钱。

这一策略对eBay很有效。在与Benchmark Venture Captial建立关系后，Benchmark Venture Captial的普通合伙人之一——鲍勃·卡格（Bob Kagle）将麦格·惠特曼（Meg Whitman）引荐给了eBay，惠特曼在多家顶级企业（包括宝洁、迪士尼和孩之宝）担任过高管。2008年3月，惠特曼卸任eBay总裁兼首席执行官。她在eBay的任期被认为是该企业早期发展和成长的关键时期，并取得了极大的成功。

银行家在新创企业及其初始管理团队取得他人认可的过程中也发挥了作用。研究一致表明，银行贷款能够为其他资金提供者发出积极信号。[34]投资者通常会在他们所投资的企业董事会中占一席位，以对企业进行监督并提供建议。但银行家在创业型企业董事会中占一席位的情况不太常见，主要因为银行家向新企业提供的是运营资本而非大量投资资本。

除了提供资金外，贷款人和投资者还以其他方式为新企业增加价值。表9-5重点介绍了他们的作用。

表9-5 融资之外：贷款人和投资者为创业型企业增加价值的方式

- 帮助寻找和招募关键管理人员
- 就企业计划参与的行业和市场提供见解
- 帮助企业调整其商业模式
- 充当新创意的传声筒
- 引入其他资本来源
- 招募客户
- 帮助达成商业合作伙伴关系
- 在企业的董事会或顾问委员会中任职
- 在许多新创企业团队经历的大起大落中提供情绪上的稳定感

其他专业人士

有时，其他专业人士在新企业的成功中发挥了重要作用。律师、会计师和咨询师通常可以提供很好的咨询和建议。在第7章中，我们讨论了律师在帮助企业取得良好开端方面发挥的作用；在第8章中，我们讨论了会计师的作用。在此，我们将对咨询师的作用进行探讨。

咨询师

咨询师是提供专业或专家建议的人。对于业务咨询师的指导，新创企业的依赖程度各不相同。在某些方面，由于企业在专利、税务规划和安全法等复杂领域越来越多地寻求专家建议，因此总业务咨询师的作用已不那么重要。而在其他方面，总业务咨询师仍与以往一样重要。总业务咨询师可以代表企业展开深入分析，比如进行可行性研究或行业分析。考虑到需要花费的时间，由董事会或顾问委员会的成员来代表企业承担其中某项任务是不合适的。因此，必须由企业本身或付费的咨询师来完成这些较为耗时的任务。

创业型企业的领导者通常会向咨询师寻求帮助和建议，因为大企业能够雇用许多领域的专家，但是新企业通常做不到。如果新企业在某一专业领域需要帮助，比如打造产品原型，它可能需要雇用工程咨询公司来完成这项工作。咨询费通常都可协商。如果一家新企业具有良好潜力，并且可能为咨询公司带来更多业务，那么咨询公司通常都愿意降低费用或作出有利于企业的付款安排。

咨询师分为两类：付费的咨询师，以及非营利性组织或政府机构提供的免费或低价咨询师。第一类咨询师来自大型国际咨询公司，例如德勤管理咨询（Deloitte Management Consulting）、美国毕博（BearingPoint USA）、埃森哲（Accenture）和IBM全球业务咨询服务部（IBM Business Global Services）。这些公司的服务范围广泛，但由于预算限制，超出了大多数初创企业所能承担的范畴。同时，也有许多小型的本地化咨询公司。想要找到它们的最好方法就是询问周围的人。

企业也可以通过非营利性组织或政府机构获取咨询服务。例如，SCORE就是一个为小企业提供免费咨询服务的非营利性组织。SCORE目前拥有11 000多名志愿者、320个本地分会，它通过面对面或电子邮件进行保密的业务指导，为62个行业提供帮助，它还通过其网站www.score.org提供免费的商业工具、模板和技巧，并开展了免费或低价的商业研讨会（本地）和网络研讨会（全天候）。越来越多的SCORE志愿者（也称导师）通过电子邮件而非面对面的方式为客户提供帮助。通常，SCORE导师都是退休的企业所有者，他们在现金流管理、运营和销售等各个领域提供咨询服务。[35]同样，政府机构——小企业管理局——主要通过其遍布美国各地的小企业发展中心（SBDC）网络，为小企业和创业者提供各种咨询服务。SBDC顾问为潜在的和现有的小企业所有者提供各种免费业务咨询和低价培训服务，包括商业计划制订、制造协助、财务包装和贷款协助、进出口支持、灾后恢复协助、医疗保健指南和类似的帮助。[36]

总而言之，组建新创企业团队是企业创始人最重要的活动之一。许多创业者由于对这一过程的思考不够广泛或不够仔细而陷入被动。最终，人们都必须让新企业运转下去。新企业将受益于高素质的员工和顾问，他们能够帮助创业型企业在其创立和成长的过程中应对各种挑战。

复习题

1. 什么是新创企业团队？
2. 初创企业的新创企业团队有哪些主要参与者？
3. 什么是新进入缺陷？
4. 新企业可以做些什么来克服新进入缺陷？
5. 由团队创办的新企业相较于由单个创业者创办的新企业，是否更具优势？
6. 异质的和同质的创始团队之间有什么区别？
7. 由团队来创办企业有哪三个潜在缺陷？
8. 哪些个人特质会影响创业者创办新企业的成功率？
9. 为什么拥有相关行业经验对企业创始人有帮助？
10. 什么是人脉关系？为什么对创业者而言，拥有充满活力的社交和专业关系网很重要？
11. 为什么新企业要填写技能概述表？
12. 什么是董事会？
13. 内部董事和外部董事有什么区别？
14. 董事会的三项正式职责是什么？
15. 招募一位著名且备受尊敬的董事会成员将如何帮助企业获得认可？
16. 什么是“发出信号”？它对新企业有什么潜在价值？
17. 成立顾问委员会的目的是什么？
18. 顾问委员会召集会议和开展业务有哪些不同方式？
19. 在组建顾问委员会时应遵循哪些准则？
20. 贷款人和投资者将以什么方式帮助企业取得认可？
21. 为什么新企业经常向咨询师寻求建议？
22. SCORE 的目的是什么？
23. SCORE 志愿者会提供什么类型的建议和意见？

应用题

1. 安·舍费尔（Ann Schafer）目前是欢乐厨妇的销售代表。欢乐厨妇是一个直销组织，出售厨房用具和相关产品。安住在得克萨斯州休斯敦附近。她正在考虑辞去目前的工作，以便创办自己的企业。她设想在自家附近开办一家结合炊具商店和烹饪学校的企业。安有着烹饪和销售方面的背景。她正在考虑寻找一个合作伙伴与她一起创办企业。她应该寻找具有什么素质的合作伙伴来成为她企业的联合创始人？此外，她应该组建什么类型的顾问委员会？

2. 根据本章介绍的内容，先前创业经历、相关行业经验和人脉关系可以增加创业成功的概率。想一想你某天可能创办的公司类型。你拥有这三种特质中的哪几种？对于你有所欠缺的领域，可以采取哪些步骤来建立优势？

3. 约瑟·皮切（Jose Peacher）是一家大型制造公司的高管。他的前同事最近刚开办了一家公司，并从一位著名的天使投资人那里筹集了100万美元，尽管他其实并不需要这笔钱来开展业务。约瑟认为他的朋友很傻，并且想不出任何原因让人在不需要启动资金的情况下仍寻求从投资者处获取资金。如果让你与约瑟谈谈他观点，你会如何跟他说？

4. 查理·贝里（Charlie Berry）、雪莉·图姆斯（Shelly Toombs）、南希·哈德（Nancy Harder）、詹姆斯·窦弗（James Ndofor）、珍妮弗·阿特伍德（Jennifer Atwood）和克里夫·贝尔（Cliff Bell）都是经验丰富的软件工程师。一段时间以来，他们一直在谈论围绕他们都感兴趣的某个软件解决方案创办一家公司。根据本章介绍的内容，在联合创立企业的过程中，你预计这六个人很可能会遇到什么样的挑战？

如果你是风险投资者 9.1

Toptal 公司

网站：www.toptal.com　脸书：Toptal　推特：@toptal

商业创意：创办一个平台，通过严格的筛选，帮助公司找到那些愿意依合同开展工作的顶尖软件工程师、开发人员和设计师。

推介：美国的顶级软件工程师、开发人员和设计师处于供不应求的状态。因此，美国公司，无论规模大小，在招聘所需的软件工程师时常常遇到困难。很多顶尖软件工程师居住在其他国家，但是美国公司没有办法招募他们并对这些分处于阿根廷、克罗地亚和比利时等地的候选人进行审查。

Toptal针对该问题提出了一个解决方案。该公司已经建立了一个关系网，由分布在全球各地、世界上最有才华的软件和数字设计师组成。根据客户需求，Toptal可以创建一个工程团队或找到可以按合同约定完成任务的单个工程师。其运作方式如下。一家公司告诉Toptal它需要什么样的工程人才。Toptal在其关系网中进行评估和匹配。匹配过程将在无风险的情况下持续进行——客户在得到满意的结果后才付款。每次匹配都会根据加入Toptal关系网之前的三项标准进行全面审查，即英语水平、个性和工程能力。客户可以选择以兼职、全职或承包的形式来聘用相匹配的人员。最常见的安排是：相匹配的人员以远程承包的形式依合同开展工作。其中一个例子是住在伦敦的安妮·亚当斯（Anne Adams），她是Toptal关系网中的一名软件工程师。她在美林证券（Merrill Lynch）工作的8年间，作为工程师打造了多款金融交易应用程序。后来，安妮开发了LoudUp，这是她设计的一款基于音乐的社交软件。安妮的专长在于.NET技术和JavaScript。自2015年7月30日起，安妮就成为Toptal关系网的一部分，可以接受合同聘用。

Toptal并没有在世界各国设立办事处。取而代之的是，它通过Skype、算法测试和半自主面试完成了大部分审核和聘用工作。根据客户调查结果，许多公司选择Toptal的首要原因是为了与其关系网中的高素质程序员建立联系。Toptal的客户包括爱彼迎、阿联酋航空（Emirates）、摩根大通（J.P.Morgan）和惠普等大型公司，初创企业也可以使用其提供的服务。其中一个例子就是Stayful.com，它是旅游行业中的一家初创企业。Stayful.com由夏立克·米哈斯（Shariq Minhas）创立。早期，米哈斯通过传统平台聘用自由职业工程师，成功率为1/15～1/10。后来，他改用Toptal，如今已经雇用了4名开发人员，他们都顺利完成了工作。米哈斯将其使用Toptal开发人员所取得的成功归因于Toptal的筛选流程以及该企业将承包商整合到客户团队中的理念。

1. 根据本章介绍的内容，在作出投资决策之前，你会向该公司的创始人提出哪些问题？什么样的答案能够让你满意？

2. 如果你只能根据推介内容和公司网站提供的信息作出决策，你是否会投资该公司？为什么？

如果你是风险投资者 9.2

KaZAM平衡自行车公司

网站：www.kazambikes.com　脸书：KaZAM Bikes　推特：@MyKaZAMBike

商业创意：创造一款自行车，不带辅助轮，但能够使父母以一种安全、愉快且建立自信的方式教孩子如何骑车。

推介：为了教孩子如何骑车，大多数父母都会选择带辅助轮的脚踏自行车。这种方法似乎是最简单的，但不能教会孩子掌握平衡或进行正确的自行车转向。带辅助轮的自行车也可能会带来危险，因为如果儿童转弯过快或在不平整的地面骑行，自行车可能翻倒。此外，由于未能教孩子掌握平衡，在去掉辅助轮后，孩子仍未学会骑行中最重要的部分。

KaZAM自行车提供了一种快速、安全和愉快的替代方案。它是一款无踏板的自行车，孩子们可以通过脚踩地来推动其前进（就像滑板一样，但两只脚都可用）。当他们产生足够的动力来滑行时，就可以将脚从地面收回，并放在已获专利的脚架上。该自行车的优势是可以教孩子们保持平衡和转向。当孩子将脚抬离地面并放在脚架上时，他必须保持适当的平衡和重心，这与骑传统自行车相似。KaZAM自行车能够让孩子们学会协调和平衡，并为孩子们安全地骑脚踏自行车做好准备。

多年前，约翰·卢戈（John Lugo）看到他三岁的孩子试骑一款木制的欧洲自行车模型后，产生了想法。后来，他与朋友迈克尔·瓦格纳（Michael Wagner）共同创造了KaZAM自行车。这款自行车是为3～6岁儿童设计的，这是大多数孩子学骑车的年龄。尽管市场上还有其他平衡自行车，但KaZAM自行车是唯一拥有专利脚架的自行车，这一设计旨在让孩子完美地掌握平衡技巧。而其他平衡自行车则装有脚撑，或需要孩子们将脚拖到地上。KaZAM自行车拥有许多出色的设计。它的座椅可以快速收放，从而随着孩子成长进行调节。车把可以前后调整，也可以上下调整。这一设计可以让较小的孩子坐在座椅上时能更好地够到车把。这款自行车外观时尚，并有多种颜色可供选择。它有平整的轮胎胎面和钢制轮辐，能够在骑行中保持平稳和快速。除平衡自行车，KaZAM也销售脚踏自行车——在平衡自行车上受过训练的孩子可以用它进入下一个阶段。KaZAM脚踏自行车具有轻巧的车架、鲜艳的色彩和时尚的造型，是孩子第一辆“真正”自行车的完美选择。

2013年5月9日，玛丽·贝丝·卢戈（Mary Beth Lugo，联合创始人约翰·卢戈的妻子）在《创智赢家》上推介了KaZAM。这期娱乐节目结束时，KaZAM获得了投资人的订单。如今，在网络上以及越来越多的自行车商店中都可买到KaZAM自行车。该公司受到了家长和玩具行业团体的广泛认可和赞赏，其产品既是一个出色的教学工具，也是一款充满乐趣且质量优良的自行车。

1. 根据本章介绍的内容，在作出投资决策之前，你会向该公司的创始人提出哪些问题？什么样的答案能够让你满意？

2. 如果你只能根据推介内容和公司网站提供的信息作出决策，你是否会投资该公司？为什么？

案例

Basecamp：实现新颖的工作设计和人力资源管理实践

网站：www. basecamp. com　脸书：37signals　推特：@basecamp

简介

Basecamp 的正式名称为 37Signals，它由杰森·弗瑞德（Jason Fried）、卡洛斯·西古拉（Carlos Segura）和欧内斯特·金姆（Ernest Kim）于 1999 年创立。该公司最初是一家提供网站改版重建服务的企业。2003 年，随着公司用户数量增加，创始人开始寻找一款协作软件以管理他们正在进行的项目。他们在市面上可用的软件中寻觅多时，但没有找到符合他们需求的软件。既有的项目管理软件可以通过甘特图等工具就项目进度发出提醒，并专注于各类数据。而他们需要的是一款可以让他们与客户交谈、交付工作、获取反馈并使大家都处于同一进度的程序。因此，他们没有妥协，而是依照严格的标准为其内部使用而打造了一款项目管理软件。在使用该软件与客户合作时，常有客户询问他们从哪里能得到这样的软件。创意就这么诞生了，他们决定出售该软件，并将其命名为 Basecamp。

Basecamp 软件很畅销。2004 年，该公司将重心从网站设计转到了软件开发上。随后，该公司推出了其他产品，包括 Backpack、Campfire 和 Highrise。为制作 Basecamp，他们还开发了一款网页应用框架 Ruby on Rails。后来，它作为一个开放源代码的开发框架进行发布，广受欢迎。

2014 年 2 月，该公司宣布将其名称从 37Signals 更改为其最受欢迎的产品的名称 Basecamp。同时，它还宣布从其他产品（Campfire 和 Highrise）中退出，要么将它们出售，要么继续对既有客户提供支持（但不再吸纳新客户）。它的 43 名员工都将全身心专注于 Basecamp。弗瑞德在一篇博客文章中对此进行解释，指出他和他的团队都很喜欢作为一家小公司，他们"可以雇用更多人做更多事"，但那种扩张速度与他们的公司文化不符。

不一样的公司

Basecamp 与其前身 37Signals 一直是两种不同的公司。在公司成立后不久，其中两位最初创始人就离开了。该公司现由原联合创始人弗瑞德和大卫·海涅迈尔·汉森（David Heinemeier Hansson）共同领导，后者在创建 Basecamp 时即加入公司，他是 Ruby on Rails 的发明者。这两人对于设计、商业、技术以及如何打造一家健康的公司都有着强烈的主张。为分享他们的想法，他们开设了一个博客——Sigle vs. Noise，写了三本书——《求实》(*Getting Real*)、《远程》(*Remote*) 和《重来》(*Rework*)。

尽管弗瑞德和汉森的许多观点都颇具争议，但他们得到了广泛尊重。如今，有数千家公司在使用 Basecamp，用户数量达到了上百万，并且用户满意度相当高。弗瑞德和汉森也被认为是产品开发和工作设计上的思想领导者。在这两个方面，弗瑞德和汉森始终强调两个主题。首先是简洁。Basecamp 与大多数协作软件平台不同，它没有太多的可选功能。Basecamp 专注于基本功能，并做到极致。正如后文的例子中所阐述的，该公司也建立于简洁的基础之上。其次是一种信念，即每个公司都有两种产品。第一种是公司出售的产品，第二种是公司本身。而后者被认为比前者更加重要。弗瑞德指出，当公司更新产品时，产品会变得更好。Basecamp 在更新产品的同时也更新公司本身，让自己变得更好。弗瑞德和汉森一直在改善其企业的工作环境。

九项新颖的工作设计和人力资源管理实践

弗瑞德和汉森坚信其简洁的理念，并且对公司设计与产品设计同等重视。这使得他们在开发新颖的工作设计和人力资源管理实践方面收获颇丰。以下九个例子（见表 9－6）阐述了弗瑞德和汉森的想法以及 Basecamp 的运作方式。它们不是噱头，而是经过深思熟虑的做法。这些做法并不适合所有人。而 Basecamp 及其前身 37Signals 打造了一种能够为这些做法提供支持的文化。

虽然是 Basecamp 特有的，但这九个例子确实发人深省。这些例子表现了一家企业如何质疑传统思维并尝试新方法，从而最大化其业绩和员工满意度。人们在创办企业时应抓住时机对这类实践进行思考。企业存在的时间越长，就越难以放弃根深蒂固的实践或采用新颖的思考和行为方式。

表 9－6　Basecamp 所采用的九种新颖的工作设计和人力资源管理实践

工作设计和/或人力资源管理实践	说明
每周工作 40 个小时就足够了	Basecamp 鼓励员工每周工作 40 个小时，不加班。它认为 40 小时足以出色地完成工作。为做到这一点，该公司小心翼翼避免偷走员工的时间。每月只有一次例会。几乎没有临时起意的约谈。管理者不会拍拍员工肩膀并告诉他们一些事情，取而代之的是，他们会在 Basecamp（软件产品）上发布信息，员工可以在方便的时候查阅，而不用在管理者传达消息时立刻采纳。
图书馆规则	走进世界上任何地方的图书馆，你都知道应该怎么做。图书馆都很安静——它们尊重人们在那里研究、思考、工作和学习。Basecamp 在其办公室内采用了“图书馆规则”。Basecamp 办公室——即使是开放式的大平层——也很安静。人们尊重在那里研究、思考、工作和学习的员工。如果你需要与某人交谈，可以进入旁边专门设置的房间。
星期四不说话	“星期四不说话”指的是在星期四下午，办公室的所有人都不许与他人交谈。这么做的效果是他们完成了大量工作。几乎没有干扰，没有人到其他人的办公室去，也没有任何对话，每个人都在工作。Basecamp 的联合创始人之一弗瑞德经常提到这个理念。他说有人发电子邮件告诉他：“我们尝试了这种方法——棒极了！”
让工作等一会儿	作为 Basecamp“每周工作 40 个小时就足够了”这一理念的一部分，每位员工都可以作出自己的工作安排。然后，他们可以在 Basecamp（软件产品）上进行设置，防止他们在工作时间以外接收公司的通知。因此，如果你的工作时间是周一至周五上午 10 点到下午 6 点，你在其他时间无法收到公司通知也没人可以（通过 Basecamp）联系你。当然，如果出现紧急情况，公司可通过电话或短信与员工联系。但是大多数员工之间的交流都是通过 Basecamp 软件产品进行的，因此员工很少在私人时间处理与工作有关的问题。

续表

工作设计和/或人力资源管理实践	说明
异步通信	在 Basecamp 看来，许多组织中经常发生一些人们认为错误的事情。一位经理召集了一个一小时的会议。10 名员工都必须放下手头的事，听经理要说什么。经理认为他只花了一个小时，但实际上占用了 11 个小时（1 位经理和 10 名员工）的生产力。员工被告知要领会其中的用意，但大多数人回到原来的工作上，没有感受到有何区别。这就是同步通信——大家都必须在一起，同时接收相同的信息。Basecamp 的观点与其相反，它认为异步通信才是对的。人们无需同时在同一地点接收相同的信息。管理者可以将其要说的内容写下来，发布在聊天室中，员工可在方便时查看。然后，在作出回应之前，他们有时间进行充分的思考。
远程工作	Basecamp 是远程工作的忠实粉丝。公司的 55 名员工中约有 15 人在芝加哥总部工作，其他人则遍布全球 30 个城市。Basecamp 希望能雇用世界上最好的程序员。大多数公司都是这么想的，但 Basecamp 指出那些公司的真实想法是：它们希望雇用的最好的程序员，要么住在离总部不远的地方，要么愿意搬家。远程工作是 Basecamp 文化中不可或缺的一个组成部分。该公司认为，它的远程工作政策能够吸引并留住世界一流人才。
弹性时间	Basecamp 允许员工自行决定何时从事与工作有关的项目。尽管许多公司都有类似政策，但 Basecamp 会定期向员工提供整整一个月的时间，让他们从日常工作中解脱，以个人或团队的形式寻求新的创意。在月底，员工可以在全公司的“推介日”上分享自己的项目，并从同行那里获取反馈。Basecamp 软件产品中的许多功能就是通过这种形式开发出来的。
从容	这一倡议更多是一种理念而非技术。Basecamp 领导者注意到科技企业中存在一种他们认为会适得其反的趋势。在许多公司中，长时间工作、过度忙碌和睡眠不足成了荣誉勋章。Basecamp 认为这是错的。它花了 17 年时间创建了一种完全相反的文化——这种文化无需通过压力、加班加点、人为的忙碌或不计代价的增长来推动。这就是 Basecamp 向往的运营方式。没有不计代价的增长、没有错误的忙碌、没有自行其是的决定、没有互相攀比、没有火烧眉毛。显然，这一方式极为有效，Basecamp 已经实现了连续 68 个季度，即连续 17 年盈利。 顺便说一句，除了前面提到的三本书外，Basecamp 创始人还写了第四本书，名为《从容的公司》（*The Calm Company*）。
信任和慷慨的文化	Basecamp 会定期做一些尝试以改善工作环境。许多尝试都在公司与员工之间培养了信任感。例如，该公司向在美国工作的每位员工都发放了一张员工名下的美国运通卡（American Express）。该卡可用于支付任何与工作有关的费用，无需取得预批。同样，每位员工每年都有 1 000 美元的继续教育费，可以用在与工作相关的方面，也可以用在完全不同的方面——如学习乐器、参加烹饪课或学习摄影等。关键在于学习一些能够充实自己的东西。Basecamp 对其员工很慷慨。它每年都在关注行业薪资，并确保其薪资水平处于行业中最高的 5%。它还提供丰厚的员工福利。 Basecamp 认为信任和慷慨不仅与其企业文化相吻合，也在提升员工自主性、满意度和敬业精神的同时，提高了企业的投资回报率。

讨论题

1. 总体上，你对本案例有什么看法？你认为Basecamp在工作设计和人力资源管理实践方面的做法能否为其他组织所用？还是说，你认为这是Basecamp所特有的？请解释你的答案。

2. 本案例中包含了Basecamp所采用的九种新颖的工作设计和人力资源管理实践，请从中找出最能引起你共鸣、你认为对创业型的初创企业最重要的两种做法。

3. 本案例提到，据观察，在许多公司中，长时间工作、过度忙碌和睡眠不足成了荣誉勋章。你认为为什么会出现这种现象？你是否同意Basecamp领导者的观点，即这种工作方式只会适得其反？如果你创办一家初创企业，你将如何避免企业文化朝着长时间工作、过度忙碌和睡眠不足的方向发展？

4. 据本案例介绍，Basecamp已经连续68个季度（即连续17年）盈利。你认为Basecamp的工作设计和人力资源管理实践在其成功中发挥了多大作用？

资料来源：N. Tamble. "37 Signals: A Case Study in Work Environment Redesign," Deloitte University Press, 2013; J. Fried. "Jason Fried, Why 40 Hours is Enough: Lessons From Basecamp—Lean Startup 2016," available at https://www.youtube.com/watch?v=r_cc-JrTe38 (posted December 12, 2016, accessed March 11, 2017); J. Fried. "Why Work Doesn't Happen At Work," TedTalks, available at https://www.youtube.com/watch?v=5XD2kNopsUs (posted November 24, 2010, accessed March 12, 2017); J. Fried. "Founders' Stories: Basecamp's Jason Fried," available at https://www.youtube.com/watch?v=JxtYiK5GACc (posted March 19, 2014, accessed March 12, 2017).

注 释

第10章 获取融资

学习目标

学完本章，你应该能够：

1. 描述融资对创业成功的重要性。
2. 解释大多数创业型企业早期需要筹集资金的原因。
3. 认识并描述创业者可利用的三种个人融资来源。
4. 认识并解释正确筹备债务或股权融资所涉及的三个步骤。
5. 解释创业型企业可利用的三个最重要的股权融资来源。
6. 描述创业型企业债务融资的常规来源。
7. 描述创业型企业可选择利用的几种创新融资来源。

本章重点介绍获得融资的过程。我们从企业为什么要筹集资金开始，继而描述了个人融资渠道及其重要性、来自朋友和家人的资金以及企业成立之初的自力更生。然后，讨论了创业型企业可利用的股权融资、债务融资和创新融资的不同形式。我们同样强调了获取这些类型融资的重要性。

获取融资的重要性

人们很少接触到筹措投资资本的过程，直到他们开始为自己的企业筹集资金。因此，许多创业者在需要筹集资金时不知所措，因为他们缺乏该领域的经验并且对可选择的渠道知之甚少。[1]这种缺陷可能导致企业所有者过度依赖于某些资金来源，而对其他来源未给予足够的重视。[2]创业者需要尽可能了解筹资的全部可利用渠道。此外，筹集资金时需要平衡各方利益。虽然企业可能需要为生存而筹集资金，但创始人通常并不希望与那些不理解或不关心企业长期目标的人打交道。

许多创业者会因为企业出现了筹集资金的需求而感到惊讶，他们中的许多人在创办企业时都试图由企业内部提供所需的全部资金。然而，创业者通常会发现，在没有投资资本或借款的情况下经营企业比他们预想的要难得多。因此，对创业者而言，重要的是了解投资资本在新企业的存续和后续的成功中所起的作用。

为何大多数新创企业需要融资

大多数创业型企业早期需要筹集资金有三个原因：现金流挑战、资本投资和漫长的产品开发周期。图 10－1 展示了这些原因。我们来逐一介绍，以便更好地说明它们的重要性。

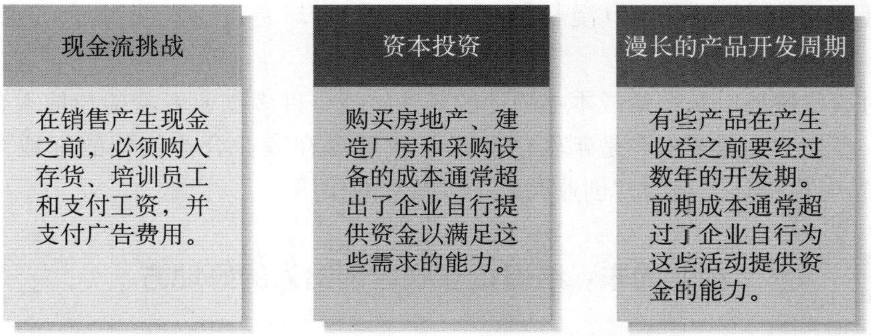

图 10－1　新创企业需要融资的三个原因

现金流挑战

随着企业成长，它需要越来越多的现金作为运营基础来为客户服务。通常，在客户群体增加并产生额外收入之前，企业必须购买设备并雇用和培训新员工。从付出成本并产生收入，到企业运营获得收益，这之间的时间差带来了现金流方面的挑战，对于新企业，通常也是小企业以及快速增长的企业而言，更是如此。

如果企业经营出现赤字，负的即时现金流（通常按月计算）称为资金消耗率。公司的**资金消耗率**（burn rate）是在其拥有盈利能力之前资本支出的速度。尽管在企业成立早期，有时出现负现金流是正常现象（建造厂房和购买设备、培训员工、打造品牌等），但它也可能带来严重的后果。如果企业在实现盈利之前就消耗了全部资本，那么它通常会倒闭。这就是为什么财务资源不足会成为新企业失败的主要原因。[3] 即使企业拥有优质的产品和满意的客户，也可能会耗尽资金。

为防止企业耗尽资金，大多数创业者需要投资资本或银行信贷额度以弥补现金流不足，直到企业开始盈利为止。新企业通常很难从银行获得信贷额度（稍后将对其原因进行讨论）。因此，新企业通常会寻求投资资本，通过运营自力更生，或试图进行某种形式的创新融资。

资本投资

企业通常需要尽早筹集资金以进行资本投资。虽然企业创始人也许能够为其初始活动提供资金，但是当他们需要购买房地产、建造建筑物、采购设备或投资其他资本项目时，这样做会越来越困难。许多创业型企业可以通过租赁场地或吸纳合作伙伴的资源来拖延或避免此类开支。但是，在其成长周期中，企业总是会出现特定的需求，使其有必要购买资本资产，而不再只是租赁。

漫长的产品开发周期

在有些行业中，企业需要通过筹集资金来为其漫长的产品开发周期支付前期成本。例如，开发一款电子游戏通常需要 2～4 年；在处方药行业中，从研究实验室到患者，平均需要 10 年时间。[4]这种产品开发速度需要大量前期投资才能实现预期收益。虽然处方药行业是一个极端例子，但漫长的产品开发周期却是许多行业中企业必须面对的现实。

为应对这些挑战以及本章或本书描述的其他挑战，许多创业者希望与他人合作，共同创立企业。参加“创业周末”是年轻创业者寻找其潜在商业合作伙伴的好地方。本章的“合作制胜”专栏描述了何为“创业周末”以及它的作用。

合作制胜　创业周末：结识企业联合创始人的好地方

网站：www. startupweekend. com　脸书：startupweekend　推特：@StartupWeekend

创业周末是一个营利性组织。它通过组织周末活动来创造一种环境，让小组成员在 54 小时内构思并创办一家企业。创业周末定期在美国各地的社区和大学校园内举行。自从 2006 年启动以来，该组织已帮助当地志愿者在 150 个国家和地区举办了超过 2 900 场创业周末活动。活动吸引了超过 19. 3 万名创业者。许多振奋人心的企业就来源于创业周末，包括 Easy Taxi（世界上下载次数最多的出租车应用程序）、Rover（第 2 章案例中用于预约狗狗看护人的平台）、Thimble（在线代码编辑器）和 LaunchRock（获取客户的平台）。

以下是其运作方式。每个创业周末活动都是半自主的，由当地志愿者组织。当地志愿者可以从位于华盛顿州西雅图市的创业周末活动团队那里获得支持。当地志愿者选择日期，寻找举办活动的场地，并对活动进行组织和安排。通常一次创业周末活动能够吸引 60～120 人。最理想的参与者组合是 50％技术人员（开发人员、编码人员、设计师）和 50％商务人士（营销人员、财务人员、律师）。参与活动的门槛（除了名义上的入场费之外）是创业的热情，以及与志趣相投的人合作并在一个周末的时间里开发产品或业务的意愿。

许多创业周末活动都是围绕某个主题展开的，例如，时尚与科技、移动设备、教育、卫生与健康以及食品等。创业周末活动的组织方式如下。

星期五：参与者于下午 5 点至晚上 7 点之间到达，开始交流，并享用晚餐。在短暂的破冰活动之后，推介开始了。任何人都可以就商业创意发表 60 秒钟的推介。如果活动有特定主题（例如时尚与科技、卫生与健康），则所有推介都必须贴近主题。在推介结束后，所有参与者对自己最喜欢的创意进行投票。这个周末将围绕参与者选出的若干最佳创意展开工作。参与者按一定规则组成团队并进行整合，然后工作就开始了。

星期六：团队全天都在工作，偶尔休息进餐。导师和教练会为各个团队提供支持和建议。各个团队的成员可以与其关系网中的人员联系（通常通过短信或电子邮件）以征求反馈和建议，节奏快且紧张。商业创意可能会进行多次完善。最终，团队会商议出一条前进的道路，并形成一个粗略的原型。大多数团队会打造一个网站。大约95%的“创业周末”创意都以移动端或网页为重点（无论是何主题），因此，需要开发人员、编码人员和设计师。其目的不是构思出一个商业创意，而是打造一家企业。

星期日：团队从早上到午后都在继续工作。在下午3～4点，他们开始整理内容并为介绍做准备。评委到场后，介绍开始。最初50人的团队变成了10个5人小组。评委将选出数个最佳团队并颁发奖项，然后活动结束——从最初听到创意到企业诞生，仅耗时54个小时。

创业周末活动结束后团队成员是否还会在一起，完全取决于团队成员自己。约有55%的参与者将保持完整的原有团队，继续为其创意工作；约有23%将保持部分团队成员继续工作。因此，对参与者而言，创业周末是个寻找队友一起为某个商业创意展开合作的好地方。要了解你所在的城市或地区是否有举办创业周末活动的计划，只需访问创业周末网站中的“近期活动”（Upcoming Events）链接。

创业周末的另一版本叫作“3天创业”（3 Day Startup），专门为大学校园而设计。它是一个非营利性组织，比创业周末提供更多的安排和支持。3天创业已在6大洲的150所学校中开展活动。截至2017年4月，119家公司通过3天创业创立了自己的业务。请访问3daystartup.org了解更多有关3天创业的信息。

思考题

1. 提到创业周末时，有人评论说：“它不是一个创业工厂，而是一个创业者工厂。”你认为该评论是何含义？

2. 你在多大程度上同意本专栏的基本前提，即创业周末是一个结识企业联合创始人的好地方？

3. 在创业周末结束后，即使人们最终未与其团队在一起，他们也能从参与活动的经历中学到什么吗？

4. 花些时间浏览3天创业的网站。创业周末与3天创业相比如何？两者都同样适合大学生创业者吗？

资料来源：Startup Weekend Homepage，www.startupweekend.com（accessed April 21，2017）；3 Day Startup Homepage，www.3daystartup.org（accessed April 22，2017）.

个人融资来源

通常，公司起步所需的种子资金都是由创始人自掏腰包。该领域中有三类资金来源：个人资金、朋友和家人，以及自力更生。这些来源将在图10-2和后文中进行说明。

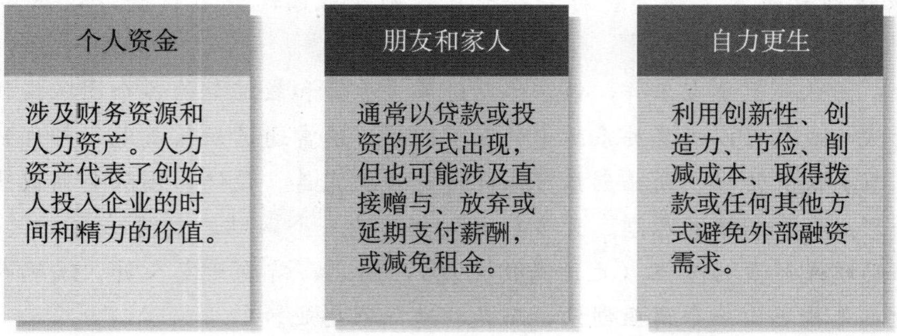

图 10-2 个人融资来源

个人资金

绝大多数创始人除**人力资产**（sweat equity）之外，还向企业中投入了个人资金。[5]实际上，根据 Fundable 整理的数据，57%的初创企业从创业者的个人储蓄和信贷中至少获取了部分融资，平均投资额为 48 000 美元。[6]人力资产也很重要，它代表了创始人投入新企业的时间和精力。由于许多创始人没有大量现金可投入企业，因此最大的区别通常在于人力资产。

朋友和家人

朋友和家人是许多新企业的第二个资金来源。Fundable 在同一份数据资料中指出，38%的初创企业从朋友和家人那里取得了资金，平均投资额为 23 000 美元。[7]这种类型的出资通常以贷款或投资的形式出现，但也可能涉及直接赠与、放弃或延期支付薪酬（如果有朋友或家庭成员为新企业工作），或减免租金。例如，互联网路由器和交换机的大型生产商思科系统公司（Cisco Systems）就是在它的一位联合创始人的父母家中创立的。

创业者向朋友或家人筹集资金时，应当遵循三个准则。首先，应以一种务实的方式提出请求，就像与银行家或投资者打交道时一样。对于企业的潜力和可能涉及的风险，应当作出认真且详细的阐述。其次，如果创业者以贷款形式获得帮助，双方应当签订一份带还款时间表的借据。以书面形式规定贷款条款可以减少产生误会的可能，并保护创业者以及向其提供资金的朋友或家人。最后，在寻求经济帮助时，应当向那些能够合理提供帮助的人提出请求。如果亏损会使你的朋友或家人陷入财务困境，那么无论他们愿意提供多少帮助，向他们要钱都不会是个好主意。如果创业者无力向朋友或家庭成员偿还贷款，损害的不仅是他们之间的商业合作关系，还有他们之间的个人关系。[8]

为从朋友和家人处取得贷款，创业者可以通过律师制订贷款协议。也有一些基于互联网的公司会引导创业者以及那些愿意提供贷款的朋友或家庭成员通过一系列步骤制定法律上可执行的贷款协议和借据。这些公司包括 LegalZoom、RocketLawyer 和 Nolo。**借据**（promissory note）细化了贷款协议的条款。如果你想了解其运作方式，请访问 RocketLawyer. com/LoanAgreement 并按照其在线提示操作。

自力更生

自力更生是新企业获取种子资金的第三个来源。**自力更生**（bootstrapping）是指寻找方法，以期利用创新性、创造力、节俭、削减成本、取得拨款或任何其他方式来避免外部融资需求。[9]（该词来源于一句老话"pull yourself up by your bootstraps"（靠自己的力量振作起来）。）它代表了一种理念，即通过积极的削减成本和省钱策略来最小化启动费用。创业者通过自力更生来创办公司，不乏许多广为人知的例子。据说，史蒂夫·乔布斯及其合伙人斯蒂夫·沃兹尼亚克（Stephen Wozniak）就是通过卖掉一辆大众面包车和一部惠普可编程计算器筹集了 1 350 美元，这就是苹果电脑公司最初的种子资金。

创业者通过自力更生来筹集资金或削减成本的方法有很多，表 10－1 提供了一些较常见的示例。以下是自力更生的一个简单例子。在大多数情况下，传真机不再是绝对必要的，有多项基于网页的服务可以免费或以少量费用帮助企业传真文件。企业通过扫描仪将文件扫描到文字处理程序中，然后，文件将被发送至收件人的传真机，并可作为普通传真打印出来。提供此类服务的公司包括 eFax、MyFax 和 OnlineFaxes。最重要的是，只要运用一点创造力（比如，学习如何免费进行传真），就可以为创业者省下购买传真机的成本。

表 10－1　自力更生方法示例

- 购买二手货而非新设备
- 与其他企业相互配合采购
- 租赁而非购买设备
- 取得客户的预付款
- 最小化个人支出
- 避免非必要费用，如奢华的办公室或家具
- 通过折扣店或 eBay 等在线拍卖，便宜但稳妥地购买商品，而不是在全价商店购买
- 与其他企业共享办公室或员工
- 雇用实习生

虽然几乎对所有的初创企业，我们都强烈推荐自力更生和使用个人资金，但它们也存在一些缺点。削减成本和节省金钱是值得赞许的做法，但是如果这些做法失了分寸，会使企业无法发挥其全部潜力。例如，在社区孵化器或其他初创企业所在的建筑物内租用办公场所，而不是在家工作，可能会物有所值，因为这样可以为创业者提供与他人接触的机会并依靠这些人脉提供社会支持和商业建议。[10]

债务或股权融资准备

一旦初创企业的财务需求超出了个人资金、朋友和家人以及自力更生所能提供的范围，债务融资和股权融资是最常见的两种资金来源。此时，创业者必须做的最重要的事情是，明确公司的需求以及最合适的资金来源。精心策划的筹资方式能够提高企业成功率并为创业者节省大量时间。

正确进行债务或股权融资的步骤如图 10－3 所示，我们将在后文进行讨论。

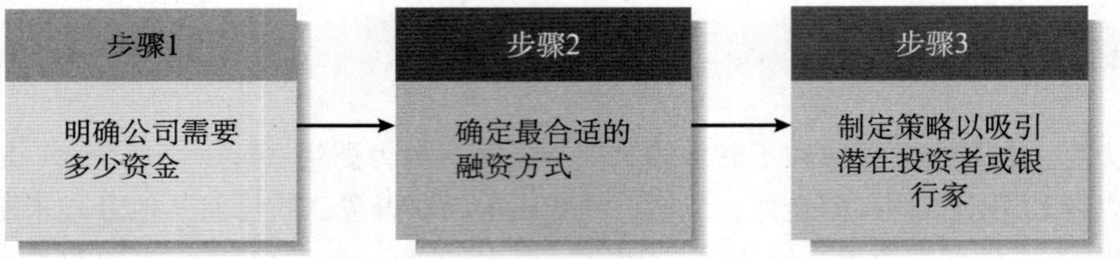

图 10-3 债务或股权融资准备

步骤 1：明确公司需要多少资金。为完成该步骤，我们需要对已编制的现金流量表和所需的资本支出预测进行建构和分析。这些信息应当已经包含在第 6 章介绍的商业计划当中。出于至少两个原因，我们必须知道所需资金的具体数额。首先，公司不想出现资金短缺，也不想为其不需要的资本支付费用。其次，如果创业者在与潜在贷款人或投资者交谈时，无法确定其企业所需的资金数额，会给对方留下不好的印象。

步骤 2：确定最合适的融资方式。股权融资和债务融资是最常见的两种融资方式。**股权融资**（equity financing）是指用企业的部分所有权（通常以股票的形式）换取资金。天使投资人、私募、风险投资和首次公开募股是最常见的股权融资来源（本章后续将对这些来源进行讨论）。股权融资不是贷款——收到的资金无需返还。取而代之的是，股权投资者将成为企业的部分所有者。有些股权投资者将进行“长期投资”，并满足于通过股票分红等形式获取投资回报。更为常见的是，股权投资者在 3～5 年的投资期后，希望通过出售股票取回资金并实现可观的资本收益。股票通常在发生**清偿事件**（liquidity event）之后售出，该事件是指公司将部分或全部股票变现。最常见的三种清偿事件是：上市、寻找买家或与另一家公司兼并。

由于风险因素，股权投资者的要求很高，并且只为他们所考虑的商业计划中的很小一部分提供资金。[11]股权投资者所考虑的企业需具有独特的商机、高增长潜力、明确的利基市场和值得信赖的管理层，才能进入理想的候选名单。相反，不符合这些条件的企业则难以获得股权融资。许多创业者对股权投资者使用的标准并不熟悉，他们在被风险投资者和天使投资人一再拒绝后变得灰心丧气。通常，他们没有获得风险投资者或天使投资人的青睐，原因不在于他们的商业提案不佳，而是因为他们没有达到股权投资者通常采用的严格标准。[12]

债务融资（debt financing）就是取得贷款。债务融资最常见的来源是商业银行和美国小企业管理局（SBA）担保贷款。本章稍后将对可供创业者使用的银行贷款和 SBA 担保贷款类型进行讨论。通常，从银行取得贷款都必须偿付利息。银行不是投资者，因此，银行家感兴趣的是风险最小化、合理抵押贷款以及偿还方式，而不是投资回报率和资本收益。银行贷款的理想候选企业应当具有强劲的现金流、低杠杆率、经审计的财务报表、优秀的管理层和健康的资产负债表。仔细审查这些标准，就能明白为什么初创企业很难获得银行贷款。大多数初创企业都处于其生命周期的开端，不具备银行家想要的那些特征。

表 10-2 概述了新企业的三个常见特征以及适合每一种特征的融资类型。该表也说明了为何大多数初创企业开始时必须依靠个人资金、朋友和家人，以及自力更生，且必须等待时机才能取得股权或债务融资。确实如此，大多数新企业在产品或服务创意得到认可并在市场上取得一定成功之前，并不具备银行家或投资者要求的特征。

表 10-2 将创业型企业的特征与合适的融资形式相匹配

企业特征	合适的融资来源
企业具有高风险和不确定的回报率： 现金流不足 高杠杆率 中低增长率 未经验证的管理层	个人资金、朋友和家人，以及自力更生
企业具有低风险和相对可预测的回报率： 强劲现金流 低杠杆率 经审计的财务 优秀的管理层 健康的资产负债表	债务融资
企业提供高回报率： 独特的商业创意 高增长率 利基市场 值得信赖的管理层	股权融资

步骤 3：制定策略以吸引潜在投资者或银行家。制定策略以吸引潜在投资者或银行家可遵循三个步骤。第一步，新企业的主要创业者应准备一份**电梯演讲（或推介）**（elevator speech（or pitch））——一份简短、精心准备且概述了商机优势的陈述。为何称为电梯演讲？如果创业者走进了大楼 25 层的电梯，且潜在投资者碰巧也在同一部电梯内，那么创业者在电梯从 25 层运行到底层的这段时间内，可以尝试激发投资者对其企业商机的兴趣。大多数电梯演讲都在 45 秒至 2 分钟之间。[13]

在许多情况下，精心准备的电梯演讲可能会派上用场。例如，许多由大学赞助的创业中心举办活动时，会让投资者和创业者聚在一起。通常，这些活动安排了社交时间和休息时间，其目的就是让那些寻求融资的创业者与潜在投资者相互交流。表 10-3 提供了一份 60 秒的电梯演讲提纲。

表 10-3 电梯演讲提纲

电梯演讲是对你的机会、产品创意、资历和市场进行简短的描述。想象你走进一栋高楼的电梯，并且电梯里有一位潜在投资者；你有大约 60 秒的时间来说明你的商业创意。	
步骤 1：描述机会和待解决的问题	20 秒
步骤 2：描述你的产品或服务如何满足该机会或解决该问题	20 秒
步骤 3：描述你的资历	10 秒
步骤 4：描述你的市场	10 秒
总计	60 秒

吸引潜在投资者或银行家的第二步是创业者进一步思考，确认最佳可能性，并展开联络。首先，新企业应当仔细评估其可能获得的融资类型（如表 10-2 所示）。然后，整理出一份潜在银行家或投资者名单。例如，如果企业认为自己适合于风险资本融资，那么只需做一点调查就可以找到不少潜在投资者。新企业应当首先找出那些在其意图参与竞争的

行业中进行投资的风投基金，并瞄准这些公司。为此，你可以访问风险投资企业的网站，这些网站揭示了风投企业感兴趣的行业。有时，网站还会提供企业曾经资助过的公司名单。例如，你可以访问著名风险投资企业红杉资本（Sequoia Capital）的网站（www. sequoiacap. com）。

在联系银行家或投资者时，首要原则是得到个人引荐。银行家和投资者总是收到大量商业计划，其中大多数最终成了他们办公室角落里未阅读的一叠纸。要让人注意到你的商业计划，请找一位认识银行家或投资者的人，并请他进行引荐。

吸引潜在投资者或银行家的第三步是准备向投资者或银行家提供的完整的商业计划，并在需要时向他们进行介绍。我们在第6章中讨论了如何介绍商业计划。介绍时，应尽可能详尽，并应说明该新企业为何能够对贷款人或投资者产生吸引力。

股权融资来源

股权融资的主要缺点是企业所有者将放弃部分所有权并可能丧失一些控制权。其主要优点则是能够获得资本。此外，由于投资者成了他们所投资企业的部分所有者，因此他们往往还会通过提供专业知识和各种支持来帮助这些企业。与贷款不同，从股权投资者处取得的资金无需偿还。投资者可通过派发股息和出售股票来获得投资回报。

接下来将介绍三种最常见的股权融资形式。

投资天使

投资天使（business angel，又称天使投资人）将个人资本直接投资于初创企业。“天使”一词最早出现在金融领域是用来描述那些投资于百老汇戏剧的富有的纽约人。投资于创业型初创企业的投资天使，其典型的形象是50岁左右、拥有高收入且很富有、受过良好教育的成功企业家，往往投资于其居住地的公司。[14]这些投资者通常向一家公司投资1万～50万美元，并且一直在寻找那些有潜力在被收购或上市之前以每年30%～40%的速度增长的公司。[15]许多知名企业都从一个或多个投资天使处获得了初始融资。例如，苹果公司从迈克·马库拉（Mike Markkula）处得到了最初的投资资本。马库拉在他担任英特尔高管期间获得了财富。1977年，马库拉向苹果公司投资了9.1万美元，并以其个人名义为另外25万美元信贷额度提供了担保。苹果公司于1980年上市时，他所持有的公司股票价值超过了1.5亿美元。[16]同样，1988年，谷歌从太阳微系统公司（Sun Microsystems）的联合创始人安迪·贝托尔斯海姆（Andy Bechtolsheim）处获得了第一笔投资。在拉里·佩奇和谢尔盖·布林（谷歌联合创始人）向其展示了谷歌搜索引擎的早期版本后，贝托尔斯海姆给了他们一张10万美元的支票。[17]你能想象在2005年谷歌上市时贝托尔斯海姆的投资价值是多少吗？

最新数据表明，2015年有304 930名活跃的投资天使。[18]在过去十年中，投资天使的数量激增。[19]这种快速增长部分归因于，一部分投资天使称自己取得了高回报。2015年，投资天使共向企业投资了246亿美元，比2014年增加1.9%，平均交易规模为345 390美元；共有71 110家初创企业获得了融资。软件行业在2015年天使投资中占据了最大的比例，占到了总投资的 18%；紧随其后的是医疗保健服务/医疗器械和设备（16%）、生物技术（13%）、工业/能源（11%）、零售（10.6%）、媒体（9%）。投资天使平均获取了 14.9%的股权，交易估值 232 万美元。[20] 根据新罕布什尔大学（University of New Hampshire）创业研究中心（Center for Venture Research）的数据，2015 年天使投资的获投率为 18%。**获投率**（yield rate）指的是引起投资天使注意并促成其投资的投资机会百分比。这意味着，2015 年，寻求天使资本的创业者有大约 1/5 的机会获得投资。[21]

投资天使之所以非常有价值，是因为他们愿意进行相对小额的投资。这样一来，只需要 7.5 万美元的初创企业也可进行股权融资，而不必达到大多数风险投资者要求的 100 万美元的最低投资规模。许多投资天使不仅仅看重财务回报，他们喜欢指导新企业的过程。大多数投资天使仍然隐姓埋名，并通过中间人与创业者建立联系。想要寻找投资天使，创业者应当谨慎地建立一个关系网，并找出那些可以帮忙做适当引荐的人。在寻找投资天使方面，大学生具有一个优势，即许多投资天使会担任学院或大学赞助的商业计划或商业模式竞赛的评委。有组织的天使投资团体数量也在持续增加。通常，每个团体由当地的 10～150 名投资天使组成，他们定期开会听取商业计划的介绍。位于得克萨斯州奥斯汀市的得州中部天使投资网络（Central Texas Angel Network，CTAN）就是一个天使投资团体。它的规模相对较大，由 165 名来自多行业领域并具有专业知识的投资天使组成。该团体自 2006 年成立以来，已经向超过 135 家初创企业投资了 7 500 万美元。CTAN 的成员投资于企业，指导那些他们所选择的创业者，并帮助他们与各种资源建立联系。CTAN 网站对投资机会的审查过程进行了介绍，其网址是 www.centraltexasangelnetwork.com。[22]

根据尤因·马里昂·考夫曼基金会（Ewing Marion Kauffman Foundation）的数据，只有不到 3%的初创企业获得了天使投资。尽管投资数额不大，但投资天使除了提供资本外，还能够通过其专业知识、人脉关系和帮助指导，为公司增添巨大的价值。[23]

风险投资

风险投资（venture capital）是指风险投资企业向具有巨大增长潜力的初创企业和小企业投资的资金。[24] 根据美国风险投资协会（National Venture Capital Association）的数据，现有 798 家风险投资企业，管理着 1 653 亿美元资金。2015 年，风险投资企业向 3 709 家公司投资了 282 亿美元。[25] 2000 年风险投资达到了高峰，当时的电子商务热潮吸引了 986 亿美元的风投资金。投资天使和风险投资企业之间的一个明显区别是，投资天使倾向于在企业生命周期的早期进行投资，而风险投资者则稍后才介入。大部分风险投资资金都是作为后续资金，在企业通过投资天使、政府项目（本章稍后讨论）或其他方式取得融资后才跟进。

风险投资企业是资金管理者的有限合伙企业，以“基金”的形式筹集资金，并投资于初创企业和成长型企业。基金或资金池是从高净值人士、养老金计划、大学捐赠、外国投资者和类似来源筹集所得。2015 年，基金平均规模为 1.35 亿美元。[26] 投资于风险投资基金的投资者称为**有限合伙人**（limited partner）。管理该基金的风险投资者称为**普通合伙人**（general partner）。除了收取基金赚取的 20%～25%的利润外，管理该基金的风险投资者还收取管理年费。风险投资者从利润中收取的百分比称为**业绩报酬**（carry）。因此，如果一家风险投资企业筹集了 1 亿美元资金，且该资金已增长至 5 亿美元，则 20%的业绩报酬就是该企业在偿还原始的1亿美元后，可取得的4亿美元利润的20%，即8 000万美元。有些风险投资企业只投资于特定领域。例如，Foundry Group只投资于信息技术领域的初创企业。[27]同样，BEV Capital仅投资于消费者导向的企业以及那些为消费者导向企业提供服务的技术公司。其投资组合中的企业包括Redfin（在线房地产中介）、Brendon Publishing International（物有所值的儿童书籍出版商）、Cool Cuts 4 Kids（面向0～12岁儿童的连锁理发店）和Adexa（供应链计划软件公司）。[28]

由于风险投资行业利润丰厚，且风险投资者曾为谷歌、脸书、Snap和推特等引人注目的成功企业提供了资金，因此该行业备受关注。但实际上，能够从风险投资者处筹集资金的新企业还不到1%。[29]正如本章前面提到的，许多创业者尽管可能有着出色的商业计划，但因为被风险投资者一再拒绝而灰心丧气。风险投资者一直在寻找“全垒打”。其结果就是，他们收到并审查的大多数商业计划都无法获得他们的资金。

但是，对于那些符合条件的企业而言，风险投资仍是股权融资的可行方案。获得此类融资的一个好处是，风险投资者在商业圈中交际甚广（这意味着他们与客户、供应商、政府代表等各类人士有着大量有益的联络），并可以在融资之外向企业提供不少帮助。符合条件的企业通常将根据其自身发展阶段，分多次取得资金。一旦风险投资者对企业进行投资，后续仍可进行**多轮**（rounds）或多个阶段的投资，这也称为**后续投资**（follow-on funding）。表10-4展示了风险投资过程中从种子阶段到收购融资的各个阶段。

表10-4　风险投资的各轮（或阶段）

轮或阶段	融资目的
种子资金	在创业初期进行的投资，用以资助原型开发和可行性分析。
启动资金	对那些几乎没有商业化销售但已经基本完成产品开发和市场研究的企业进行的投资。此时，管理层就位，企业商业模式已确定，融资是为了启动生产。
第一阶段资金	在企业已经开始商业化生产和销售但需要融资以提高产能时发生的融资活动。
第二阶段资金	在企业成功销售产品但需要扩大其产能和市场时发生的融资活动。
夹层融资	在首次公开募股或收购之前对企业进行投资，以使其进一步扩张或弥补其融资需求。
收购资金	提供资金以帮助一家公司收购另一家公司。

获得风险投资的一个重要步骤是进行**尽职调查**（due diligence），它指的是调查潜在的风险投资价值并验证商业计划中的关键主张。符合风险投资条件的企业，应自行对与之合作的风险投资者展开尽职调查，以确保彼此都是不错的选择。在接受风险投资企业的资金之前，创业者应提出以下问题并仔细审查其答案：

- 该风险投资者在本行业中是否具有经验？
- 他们承担的是高度主动还是被动的管理角色？
- 双方的个性是否相合？
- 该企业在风险投资行业中是否有足够的资金或足够的人脉来提供后续多轮的融资？
- 该企业是否真诚地与我们协商，意图用投资换取我们企业一定比例的所有权？

在传统风险投资之外，还有**公司风险投资**（corporate venture capital）。这种类型的投资与传统风险投资相似，不同的是，其资金来源于公司，而这些公司只就其感兴趣的领域，投资于相关的初创企业。[30]公司风险投资企业所进行的风险投资，在所有风投团体的投资中约占10.5%。公司风险投资企业包括英特尔资本（Intel Capital）、谷歌风险投资

(GV，前身为Google Ventures)、通用电气创投（GE Ventures）和时代华纳投资（Time Warner Investments）等。

一家企业获得了风险投资资金并不意味着它将取得成功。实际上，接受风投资金的企业为满足投资者的期望承受着巨大压力。本章“错在何处?”专栏介绍了一家获得风投资金但不幸失败的企业DrawQuest。该专栏中包含了其创始人克里斯托弗·普尔（Christopher Poole）有感而发的独特见解，他描述了取得风投资金后却仍然失败的感受。

错在何处? 为何一家初创企业得到了风投的注意，每天吸引25 000名用户，但仍然失败了

DrawQuest由克里斯托弗·普尔于2013年2月创立。公司以其产品的早期版本Canvas为支点开始发力。DrawQuest是一款为苹果平板电脑、苹果手机和苹果多媒体播放器(iPod Touch）打造的应用程序。其创意是通过每天的绘图挑战来鼓励人们发挥创造力。

以下是其运作方式。它每天都会发布新的绘图挑战。DrawQuest屏幕上将显示图片的一部分，并要求用户完成图片的剩余部分。例如，屏幕上可能会显示一个孩子看向水中的图片，而挑战将是“水里有什么?”然后由用户来完成该图片。其他例子还有：屏幕顶部有一个帽子，挑战是“谁戴着帽子?”同样，屏幕里可能有一个站在阳台上的人，而挑战是“从阳台可以看见什么?”DrawQuest应用程序提供了基本的在线绘图工具套件，可供用户完成图片。其关键并不在于创作一幅精美的图画，实际上，使用这些工具绘制的图画颇具卡通性，其关键在于迫使人们决定将哪些东西放入水中或从阳台上可以看到哪些东西。该应用程序及其基本的绘图工具套件都是免费的。DrawQuest通过出售升级版的绘图工具套件而赚钱，比如更好的画笔、额外的调色盘、更生动的颜色等。

该应用程序本身运营良好。在短暂的产品生命中，其下载量达到了140万次，有55万名注册用户，每月有40万名使用者，每日有2.5万名使用者。其吸引力之一就是成为DrawQuest社区的一部分。你可以关注你的朋友，并查看他们的画作。其最酷的功能之一是即时重放。你可通过重放，看到你的朋友是如何完成画作的。

为给企业融资，DrawQuest从顶级投资者处筹集资金。2010年（当创始人还在为另一款应用程序工作时)，它筹集到了62.5万美元的种子资金。随后两轮投资中，它又从联合广场风投（Union Square Ventures)、安德森·霍洛维茨基金（Andreessen Horowitz)、莱勒风投（Lerer Ventures)、克里斯·迪克森（Chris Dixon）和其他来源处筹集了300万美元资金。尽管如此，DrawQuest还是失败了。哪里出了错?

在一篇发自内心的题为《今天，我的初创企业失败了》(Today My Startup Failed)的博客文章中，以及接受TechCrunch采访时，普尔对导致DrawQuest失败的原因进行了总结。简而言之，该公司从未从商业角度来考虑企业的运营。当应用程序的升级版（比如，更好的画笔和加强版调色盘）销售情况不及预期时，DrawQuest就陷入了收入不足的困境。该问题部分源于用户没有升级的紧迫感。例如，糖果缤纷乐（Candy Crush）的成功很大一部分缘于人们需要购买额外的生命。但DrawQuest没有“不付款就没法玩”之类的紧迫感。而且DrawQuest应用程序的开发和维护十分昂贵。DrawQuest遇到的另一个问题是普尔及其团队在执行时利用的支点。在DrawQuest之前，该团队打造了一款名为Canvas的应用程序，但是该应用程序并未取得成效。因此，他们转向了DrawQuest，后者在用户中产生了更好的共鸣并吸引了更多受众。问题在于，他们将投资者一半的钱都

花在了Canvas上。在谈到这一问题时，普尔写道："我们用运营资金中剩下的不到一半的钱打造了这款应用程序（DrawQuest）。用一半的钱做两倍的事，这真的太难了。"

最终，普尔和他的团队决定到此为止。他们试图将DrawQuest出售给另一家公司，但没人愿意接手。在题为《今天，我的初创企业失败了》的博客文章中，普尔写道：

> 我很失望，我无法为那些最支持我的人（我的投资者和员工）带来更好的结果。很少有企业会知道，作为一个得到风险投资支持的首席执行官，失败意味着什么。你不仅让你的员工、客户和你自己失望了，还让你的投资者——那些帮助你将创意变成现实的合作伙伴——失望了。

思考题

1. 了解DrawQuest遇到的问题。该公司应如何避免或解决各个问题？

2. DrawQuest还可以采用哪些方式为其应用程序创造收入？你认为该公司为何没有在倒闭之前尝试这些方式？

3. 根据你在第4章学到的知识，填写DrawQuest的巴林杰/爱尔兰商业模板。在其商业模板中，是否有值得注意之处能够预测DrawQuest将会陷入生存困境？

4. 在大学校园中，打造一款智能手机应用程序是一种常见的初创企业创意。那些意图打造应用程序的学生可以从DrawQuest的经历中得到什么教训？

资料来源：C. Poole，"Today My Startup Failed，" Chris Hates Writing blog，available at https://chrishateswriting. com/post/74083032842/today-my-startup-failed（accessed April 21，2017）；J. Constine，"With Traction but Out of Cash，4Chan Founder Kills off Canvas/DrawQuest，" TechCrunch，available at https://techcrunch. com/2014/01/21/when-goods-not-good-enough/（posted January 21，2014，accessed April 21，2017）；E. Hamburger，"4chan Creator Chris Poole Draws a Future Where Anyone Can Make Art，" The Verge，available at https://www. theverge. com/2013/2/8/3942110/drawquest-for-ipad-chris-poole-moot（posted February 8，2013，accessed April 21，2017）.

首次公开募股

股权融资的另一个来源是通过**首次公开募股**（initial public offering，IPO）向公众出售股票。首次公开募股是企业第一次向公众出售股票。此后任何股票的公开发行都称为**二级市场发售**（secondary market offering）。公司上市后，其股票通常在某一主要证券交易所进行交易。大多数创业型企业都在纳斯达克上市，纳斯达克一直以技术、生物技术和小公司股票为主。[31] IPO是企业的重要里程碑。[32]通常，企业只有在证明自己的能力和光明的未来之后，才能取得上市的机会。

企业决定上市的原因有很多。首先，这是一种股权融资的方式，可以为其当前和未来的运营提供资金。其次，IPO可以提高企业的公众形象，使其更容易吸引到高质量的客户、联盟伙伴和员工。再次，IPO是一个清偿事件，可以为其公司股东（包括其投资者）提供利用投资套现的机制。最后，通过上市，企业创造了另一种形式的可用于帮助公司发展的通货。一家企业以股票而非现金形式收购另一家公司的情形并不少见。[33]这种股票来自"已授权但尚未发行的股票"，实质上就是企业发行新股以进行收购。近年来上市的知名企业包括Twilio、Square、GoDaddy和Snap（色拉布的母公司）。

虽然上市有许多好处，但这是一个复杂且昂贵的过程，并将使企业承受与美国证券交易委员会报告要求相关的大量费用。2002 年的**《萨班斯-奥克斯利法案》**（Sarbanes-Oxley Act）中提出了许多费用高昂的要求。《萨班斯-奥克斯利法案》是针对安然和世通等知名公司会计丑闻而通过的联邦法律。该法案涉及面广，为上市公司建立了许多新的或强化的报告准则。与所有立法一样，该法案未来可能发生的变化将对包括创业型企业在内的各类企业造成影响。

企业 IPO 的第一步是雇用一家投资银行。**投资银行**（investment bank）是为发行证券的企业充当承销商或代理人的机构。[34]投资银行将作为企业的支持者和顾问，在整个上市过程中提供指引。企业和投资银行必须就最重要的问题达成一致，包括企业所需的资本金额、发行的股票类型、股票上市时的价格（例如每股 20 美元）以及企业发行证券的成本等。

投资银行必须遵守相关规定，并向美国证券交易委员会保证发行的合法性。在美国证券交易委员会对潜在的发行进行调查期间，投资银行将发布**初步招股说明书**（preliminary prospectus），向公众描述发行的内容。初步招股说明书也被称“红头招股书”（red herring）。在美国证券交易委员会批准发行后，投资银行将发布**最终招股说明书**（final prospectus），该文件确定了发行日期和发行价格。

除了取得发行的批文外，投资银行还负责为发行提供支持。作为此过程的一部分，投资银行通常会带领企业的高层管理团队进行公开**路演**（road show），这是一次旋风之旅，包括在多个主要城市举行会议，企业将在会上向各个投资团体介绍其商业计划。[35]直到 2005 年 12 月 1 日，各个城市的投资者仍要亲自到场才能观看路演并听取介绍。而后，美国证券交易委员会的一项规定于当时生效，要求路演和介绍的过程必须进行录制并向公众公开。如今，人们可以在 www. retailroadshow. com 上在线观看路演和介绍。如果潜在的公开募股激发了人们足够的兴趣，那么发行将按照招股说明书中预定的日期进行。如果没有，则发行将被延迟或取消。

时机和运气在公开募股的成功与否中起着重要作用。例如，1999 年，在互联网泡沫最严重的时候，共有 447 家企业通过 IPO 筹集了约 650 亿美元。当泡沫于 2001 年初破裂时，IPO 市场几乎枯竭，尤其是技术股和电信股。而后市场开始复苏。2015 年有 117 宗 IPO，共募集了 218.6 亿美元。这一数字低于 2014 年的水平。2014 年共有 2 017 宗 IPO，投资资金达 423 亿美元。[36]IPO 市场是否活跃在很大程度上取决于整体经济状况和专业投资者的态度。然而，即使面对强劲的经济势头和积极的投资情绪，创业型企业也应防止自身陷入狂热或对 IPO 操之过急。

IPO 的一种变体是**私募**（private placement），即直接将证券发售给大型机构投资者。发起私募时，不需要公开发行，也不用准备招股说明书。

债务融资来源

债务融资涉及获取贷款或出售公司债券。由于新企业几乎不可能出售公司债券，我们将重点讨论获取贷款。

有两种常见的贷款类型。第一种是**专用贷款**（single-purpose loan），它意味着企业借入一定数量的款项且必须在固定期限内还本付息。第二种是**信贷额度**（line of credit），它意味着设置了一个借款“上限”，借款人可以在额度内自行决定如何使用借款。信贷额度要求借款人定期支付利息。

与股权融资相比，通过获取贷款来融资有两个主要优势。首先是无需放弃企业的任何所有权——这对大多数创业者而言是主要优势。其次是支付的贷款利息可用于抵税，向投资者支付的股息则不行。

通过获取贷款来融资也有两个主要缺点。首先是这笔钱必须偿还，这对于初创企业的创业者来说可能很困难，因为他们往往专注于让公司步入正轨。在成立的头几个月，有时甚至一年或更长时间里，新企业通常会面临现金“紧张”的状况。其次是贷款人通常对贷款施加了严格的限制条件，并坚持需要足额抵押以充分保护其投资安全。即使初创企业是一家股份有限公司，贷款人可能也会要求创业者用其个人资产进行抵押，以作为贷款条件。此外，贷款人可能对贷款作出规定，比如，借款人必须在其支票账户中“保持25 000美元以上的现金余额”，否则该贷款将提前到期且应立即偿还。

接下来将对创业者在债务融资时可利用的三种常见来源或类别进行介绍。

商业银行

历来，商业银行一直不被视为初创企业可利用的融资来源。这种看法并非在指责银行；只不过银行是规避风险的，而为初创企业融资则存在相当大的风险。[37]银行不像风险投资者那样一直在寻找“全垒打”企业，他们寻找的是能够可靠地偿还其贷款的客户。如表10-2所示，银行感兴趣的企业要拥有强劲现金流、低杠杆率、经审计的财务、优秀的管理层和健康的资产负债表。尽管许多新企业都有优秀的管理层，但在刚创办时很少能够具有其他几项特征。但是，在小企业生命周期的后续阶段中，银行将是其重要的信贷来源。

银行历来不愿将钱借给初创企业有两个原因。第一个原因，如前所述，银行是规避风险的。此外，银行经常有内部控制和法规限制，禁止其发放高风险贷款。因此，当创业者联系银行家并提出25万美元的贷款请求，但其能够提供的抵押品只有对待解决问题的认识、解决方案以及可能存在的一些知识产权时，银行实际上对此爱莫能助。银行通常都有指导其发放贷款的标准，比如最低负债股权比率等，这对初创企业的创业者而言是不利的。

第二个原因是，向小企业提供贷款不如向大企业提供贷款的利润高，后者是商业银行的主要客户。如果创业者联系银行家并提出25万美元的贷款请求，那么可能根本不值得该银行家为确定该创业者的风险状况而花时间展开必要的尽职调查。了解商业计划和调查新企业资质需要花费大量时间。研究表明，企业规模是决定其是否能够获得债务资本的重要因素。[38]25万美元的贷款可能被视为高风险且利润微薄（基于尽职调查所需的时间）。对商业银行而言，这是双重障碍。[39]

尽管存在这些先例，但有些银行已经开始接纳初创企业的创业者——虽然贷款人会就此做出多大改变尚无定论。在涉及初创企业时，有些银行会重新考虑其贷款标准，并开始重点关注现金流和管理团队的能力，而不是抵押物和资产负债表。创业者应当密切关注这一领域的发展。

SBA 担保贷款

商业银行、储蓄和贷款机构、信用合作社以及其他专门放贷的机构均有资格加入**SBA 担保贷款项目**（SBA Guaranteed Loan Program）。适用于小企业的最著名的 SBA 项目是**7(A)贷款担保项目**（7(A) Loan Guaranty Program）。该项目占到了 SBA 贷款活动的 90%。该项目通过私营部门贷款人来提供贷款，而 SBA 将为这些贷款提供担保。该贷款适用于那些无法通过正常贷款渠道以合理条款获得融资的小企业。除了向遭受自然灾害地区的企业直接发放贷款外，SBA 目前没有其他直接放贷项目。

几乎所有小企业都有资格申请 SBA 担保贷款。SBA 可以为最高 500 万美元的贷款提供多达 75%（负债股权比率）的担保。对于 15 万美元以下的贷款，担保金额为 85%。担保贷款可用于几乎任何合法的商业目的。贷款的最长期限为：营运资金 7 年、设备（或设备使用期限）10 年，以及购买房地产 25 年。为取得 SBA 担保贷款，申请人必须同时符合 SBA 和贷款人的要求。通常，个人必须抵押其所有资产以担保该贷款。利息可由借款人和贷款人商议，但不得超过 SBA 最高限额。[40] 2015 年，平均 SBA 7(A)贷款金额为 371 628 美元。[41]

虽然与初创企业相比，存续中的小企业使用 SBA 担保贷款的频率更高，但 SBA 担保贷款仍是一个不应该被忽视的融资来源。人们普遍误以为 SBA 是“最后的贷款人”，且只有陷入困境的企业才有资格获取 SBA 担保贷款。事实恰恰相反。根据 SBA 7(A)贷款担保项目的规定，只有具备生存能力的企业才有资格获取贷款。[42]

SBA 还有一些在特殊情况下适用的贷款项目。例如，SBA 小额贷款（Microloan）项目可以提供最高 5 万美元的贷款，帮助创建和扩张小企业和某些非营利性儿童看护中心。小额贷款的平均金额约为 13 000 美元。SBA 还有多个救灾贷款项目，向各种规模的企业提供低息救灾贷款。你可以访问 www. sba. gov 以了解更多有关这些项目的信息。

其他债务融资来源

企业所有者还可以通过多种途径借款或获得信贷。有一群线上贷款者，包括 OnDeck、Kabbage 和 BlueVine，它们可向企业提供贷款。根据公司情况，贷款额度从 2 000 美元到 200 万美元不等。利率通常高于商业银行，因此建议企业在贷款时仔细审查相关条款。[43] 与此相类似的是点对点贷款人提供的点对点贷款。**点对点贷款人**（peer-to-peer lender）将为借款人提供担保，但不直接发放贷款。相反，他们在借款人和个人或者借款人和机构投资者之间充当中介。点对点贷款人有 Funding Circle、Lending Club 和 StreetShares 等。与线上贷款者的情形相似，企业在考虑点对点贷款时需要注意其年化百分率，在大多数情况下，这一利率非常高。[44]

创业者还可以考虑其他融资方式。**卖方信贷**（vendor credit），也称贸易信贷，是卖方向企业发放的信贷，可以让企业先行购买其产品和/或服务并延期支付。这种做法在零售业中尤为常见，在其他企业中也有出现。举个例子，当零售商向卖方订购产品时，卖方同意“货后 30 天付款”（net 30 terms）发货，这就出现了卖方信贷。它意味着零售商可在 30 天内为产品支付价款。其想法是，零售商在卖出产品之前，没有钱来支付产品价款；因此，卖方同意等待，给零售商足够的时间出售产品并收取款项用于支付账单。有些零售商会通过谈判得到“货后 90 天付款”（net 90 terms）的条件，这就意味着他们有 90 天的时间来支付价款。

虽然算不上真正的债务融资，但保理也是企业产生现金的一种方式。**保理**（factoring）是一种金融交易，企业通过此交易将其应收账款以折扣价出售给第三方（称为保理商）以换取现金。[45]从事保理业务的公司有 Dealstruck、BlueVine 和 Fundbox 等。

创新融资来源

由于初创企业很难获得融资，因此，创业者常常使用创造性的方式来获取财务资源。即使那些能够取得融资的企业，也应当慎重起见，尽量寻找比传统融资方式更便宜的资金来源。下文讨论了创业型企业较常用的五个创新融资来源。

众筹

对新企业来说，众筹是一种流行的创新融资来源。**众筹**（crowdfunding）是一种从许多人那里筹集资金来为项目或新企业融资的方式，通常在互联网上进行。

众筹网站有两种：奖励型众筹和股权型众筹。**奖励型众筹**（rewards-based crowdfunding）帮助创业者筹集资金，并交换某种类型的便利或奖励。Kickstarter 和 Indiegogo 是最受欢迎的奖励型众筹网站。这些网站允许创业者创建档案、列出其筹款目标并对其款项用途进行说明（通常以视频形式）。然后，个人可以认捐一些款项以换取某种类型的便利，例如成为前 100 位拿到该公司产品的人。该网站会从个人筹集的资金中抽取一小部分作为服务费。对大多数创业者而言，开展众筹活动可以实现两个目标。首先是筹集资金。大多数 Kickstarter 项目筹集的资金不到 10 000 美元，但是越来越多的项目需要筹集大量资金。例如，Coolest 生产的高性能冰箱具有内置搅拌器、蓝牙扬声器和 USB 充电功能，它在 Kickstarter 上从62 642 名捐助者那里筹集了 1 320 万美元。其次是增加新产品的曝光度。成功开展众筹活动可以帮助企业创始人接触早期采用者，扩大产品社区，确认市场，获取客户反馈和建议，并引起公众关注。[46]

目前，全球有超过 2 000 个众筹平台，其中像 Kickstarter 和 Indiegogo 这样的平台一直在帮助各种创意项目和初创企业筹集资金。其他类似于 GiveForward（“如果你是风险投资者 7.1”专栏介绍的企业）的平台则有限定范围。GiveForward 通过众筹来帮助人们为个人、医疗和慈善目的筹集资金。如果你还不了解众筹是如何进行的，请访问 www.kickstarter.com，并在搜索引擎中输入“Coolest Cooler”（即 Coolest 冰箱）。虽然众筹已经结束，但 Kickstarter 仍然会在其网站上无限期保留活动资料。通过查看 Coolest 的活动，你能够很好地理解奖励型众筹平台的运作方式。请通过最受欢迎的众筹平台 Kickstarter 来了解有关奖励型众筹平台的更多信息。

第二种众筹是股权型众筹。**股权型众筹**（equity-based crowdfunding）通过挖掘那些愿意提供资金以换取企业股权的个人和专业投资者，来帮助企业筹集资金。四个较受欢迎的股权型众筹网站是 MicroVentures、Fundable、Crowdfunder 和 CircleUp。促使股权型众筹出现的是 2012 年 4 月通过的《创业企业扶助法》（JOBS Act）。当初次引入股权型众筹时，它仅限于合格投资者。**合格投资者**（accredited investor）是被允许进行高风险投资（如投资初创企业）的人。在美国，一个人必须拥有至少100万美元净值（不包括其房屋价值），或者在过去两年中每年都有至少20万美元的收入（或者，如果已婚，则与配偶合计超过30万美元）并且预期当年能够得到相同数额的收入，才能成为合格投资者。2016年5月16日，《创业企业扶助法修正案》通过。该修正案开放了针对个人的股权型众筹，不再以净值或收入为限制条件。

股权型众筹过去一直不温不火，如今开始呈现快速发展的势头。自2012年以来，通过CircleUp进行的投资已超过3亿美元。同样，自2009年以来，通过MicroVentures进行的投资已超过8 500万美元。

租赁

租约（lease）是一种书面协议，它约定：财产所有人允许个人或企业在特定时间段内以支付费用的方式换取该财产的使用权。租赁的主要优点在于，公司可以用很少的首付款或在不需首付款的情况下获得资产使用权。创业型企业最常见的两种租赁类型是设施租赁和设备租赁。[47]例如，许多新企业从戴尔公司或其他个人电脑制造商那里租赁计算机。新企业可以从中得到的好处是，它们只需很少的前期投入就可以用上所需的计算机。

租赁业务有许多不同类型的参与者。有些供应商（如戴尔）直接向企业提供租赁服务。与银行一样，这些供应商总是寻找具有良好信用背景和付款能力的租赁客户。另外还有**风险租赁企业**（venture-leasing firm），它们充当经纪人，将涉及租赁的各方聚到一起。这些企业与特种设备生产商相熟，可以帮助这些生产商匹配需要其设备的新企业。这些企业的职责之一是进行尽职调查，以确保新企业能够及时支付租赁费用。

大多数租约都涉及少许首付款以及租赁期间的每月费用。在设备租赁结束时，新企业通常可以选择停止使用该设备、以公允市场价值购买或者续订租约。如果租赁涉及的资金量较大，则应当将其看作同等金额的融资，在谈判和签订租约时进行审查。租赁几乎总是比支付现金更为昂贵，因此许多创业者将租赁视为股权或债务融资的替代方案。虽然首付通常较低，但租赁的主要缺点是，在租赁结束时，承租人无法拥有该财产或设备。[48]当然，如果公司租赁的是计算机或复印机等设备，这也可能成为优势，因为这些设备在技术上更新换代的速度很快。

SBIR和STTR资助计划

小企业创新研究（Small Business Innovation Research，SBIR）计划和小企业技术转移（Small Business Technology Transfer，STTR）计划是技术企业早期融资的两个重要来源。在这些计划中，美国政府将向特定领域内从事某些项目的创业者提供现金资助。SBIR计划和STTR计划的主要区别在于，STTR计划要求在大学或其他研究机构工作的研究人员参与。就该计划而言，“小企业”指的是员工人数不超过500人的美国营利性企业。其首席研究员也必须受雇于该企业。[49]

SBIR计划（SBIR Program）是一项具有竞争性的资助计划，每年为小企业提供超过25亿美元的资金用于早期和开发项目。SBIR计划每年都要求联邦政府11个部门和机构保留其研发资金的一部分，用于奖励小企业。表 10－5 列出了参与的机构以及资助的领域。每个机构的网站上除了对该机构感兴趣的资助项目类型进行介绍外，还为如何申请资助提供指引。SBIR 计划分为三个阶段，这就意味着符合条件的企业可能就其特定项目获得一笔以上的资助。这三个阶段以及各阶段能够取得的资金数额如下：

● **第一阶段**是为期六个月的可行性研究，企业必须证明其提出的创新方案具有技术上的可行性。第一阶段能够获得的最高融资金额为 15 万美元。

● **第二阶段**将在两年内向成功完成第一阶段的企业提供最高 100 万美元的奖励。第二阶段拨款的目的是在第一阶段创新的基础上，对原型进行开发和测评。

● **第三阶段**是指第二阶段的创新从研发实验室走向市场的这段时间。该阶段不涉及 SBIR 资金。此时，企业必须寻找私人融资渠道来使产品或服务商业化。在某些情况下，以美国国防部（Department of Defense）为例，政府可能是其产品的主要客户。

表 10－5　小企业创新研究：三阶段计划

阶段	阶段目的	持续时间	可获得融资（因机构而异）
第一阶段	证明其提出的创新方案具有技术上的可行性	最长六个月	最多 15 万美元
第二阶段	适用于成功完成第一阶段的企业。第二阶段拨款的目的是在第一阶段创新的基础上，对原型进行开发和测评*	最长两年	最多 100 万美元
第三阶段	第二阶段的创新从研发实验室走向市场的这段时间	无限制	无 SBIR 资金；但是，联邦机构可能向那些符合该机构目标需求的产品、流程或进一步研发，提供非 SBIR 资助的后续款项或与其订立合约

* 有些机构设有快速通道，申请人可以同时提交第一阶段和第二阶段的申请。参与该计划的美国政府机构包括：农业部、商务部（Department of Commerce）、国防部、教育部（Department of Education）、能源部（Department of Energy）、卫生与公众服务部（Department of Health and Human Services）、国土安全部（Department of Homeland Security）、交通部、环境保护署（Environmental Protection Agency）、国家航空航天局（NASA）、国立卫生研究院（National Institutes of Health）和国家科学基金会（National Science Foundation）。

根据以往经验，在所有第一阶段提案中，只有不到 15％可以得到资助；在所有第二阶段提案中，只有约 30％可以得到资助。但是，成功的提案能够得到不菲的回报。这笔款项基本上是免费的。它是一笔资助，这意味着它无需偿还，且不会牵涉企业股权。接受资助者可以保留其在该资助款的支持下开发的知识产权。如果新企业能够将研究结果商业化，那么第三阶段能够产生真正的回报。

STTR 计划（STTR Program）是 SBIR 计划的变体，它适用于小企业和研究机构（如大学或联邦实验室）的合作研究项目。SBIR 计划和 STTR 计划之间的主要区别在于，STTR 计划要求公司拥有合作研究机构，且该机构必须得到资助款总额的至少 30％。

关于 SBIR 计划和 STTR 计划的更多信息，请访问 www. sbir. gov。

其他资助计划

创业者还可以利用少量其他的资助计划。为取得资助，需要做一些探查。资助机构本质上是低调的，因此要找到它们通常不容易。Hidden Curriculum Education 的创始人罗扎利娅·威廉姆斯（Rozalia Williams）获得资助的情况在小企业当中较为典型。该企业是一家营利性公司，主要提供有关大学生活技能的课程。威廉姆斯从佛罗里达州达德郡的一家资助机构 Miami-Dade Empowerment Trust 获得了 72 500 美元资金以开展业务。Miami-Dade Empowerment Trust 的目的是鼓励人们在达德郡附近的欠发达地区创建企业。威廉姆斯成功的关键在于，她的企业非常符合该资助机构的使命，并且她愿意将企业引入该资助机构致力于改善的地区。大多数获得资助的企业都是这种情况。在获得资助并继而在三年内于达德郡附近的四个地点开展大学预科课程后，威廉姆斯又从 Miami-Dade Empowerment Trust 获得了 10 万美元贷款，用于扩大业务。[50]有一些私人基金会也向已设立的企业和初创企业提供资助。这类资助通常与特定目标或特定项目相关，比如，特定领域的研发等。

联邦政府除了前述 SBIR 计划和 STTR 计划外，也有其他资助计划。请访问 www.grants.gov 查看所有资助计划。各州和地方政府、私人基金会以及慈善组织也会在其网站上发布资助公告。找到与你企业相符的资助计划是成功的关键。这不是一项简单的任务。但是，如果你能通过资助机构获得部分或全部启动费用，那么所有的努力都没有白费。

需要注意的是与资助有关的骗局。企业所有者通常会收到来自个人或组织的自我推荐信或电子邮件，它们承诺可以在你付费后帮你找到数百个与企业相关的资助计划。但现实是，任何企业都不可能有数百个资助计划与其相符。大多数这种信或邮件都是骗局。

战略合作伙伴

战略合作伙伴是新企业的另一资金来源。[51]通常，战略合作伙伴在帮助年轻企业获取营运资金和完善商业模式方面确实发挥了重要作用。

例如，正如本章“创业型企业的法宝”专栏所介绍的，生物技术企业在很大程度上依赖于其合作伙伴提供财务支持。该专栏提到，小型生物技术企业很少能够获得足够的财务资金和其他资源来帮助其将新研发的产品从实验室推向市场。完成这个流程需要太多的时间、资金和其他资源。因此，小型生物技术企业必须依靠财大气粗的战略合作伙伴来完成部分该流程。许多战略合作伙伴关系的建立还可以帮助企业获取特定的资源或加快进入市场的速度。[52]新企业将创业精神和新创意引入这些合作伙伴关系中，以换取厂房、设备和既有的分销渠道。这类安排可以帮助新企业减少融资需求。

创业型企业的法宝 合作共赢：生物技术企业和大型制药公司如何将药品推向市场

大型企业和小型创业型企业在商业和社会上均扮演着不同角色。它们通过合作，而不是彼此充当对手，往往能够产生最好的结果。制药行业就是这种合作关系的绝佳示例。

众所周知，制药行业的进入壁垒很高。新产品从研发到商业化销售平均需要 10～15 年时间。新药品的研发、测试、获取批文、制造以及营销等整个流程既漫长又昂贵。那么，生物技术初创企业如何能做到这一点？答案就是，几乎没有生物技术企业能够自行将产品推向市场。以下是其运作方式。

生物技术企业专门从事新药品的研发和专利申请——这是它们所擅长的。但是，在大多数情况下，它们没有钱也不知道如何将产品推向市场。相反，强生（Johnson & Johnson）、辉瑞（Pfizer）和默克（Merck）等大型制药公司则专门从事药品的拓展和营销，并向医生介绍有关药品的信息。这也是它们所擅长的。但是这些公司通常不具备小型生物技术企业所拥有的科研深度和创业热情。这两类企业需要彼此合作，才能够尽可能取得成功。虽然并非总是如此，但通常情况下，生物技术企业研发新药品并申请专利，大型制药公司对其进行拓展并将其推向市场。生物技术企业通过向大型公司授权使用或出售其受专利保护的研发成果，或者以某种共享收益的方式与大型公司合作，以实现赚钱的目的。大型制药公司则通过向消费者出售产品来赚取利润。

最理想的合作伙伴关系，能够帮助创业型企业专注于它们最擅长的领域（通常是创新），并利用合作伙伴实现优势和资源的互补。

思考题

1. 你认为商业环境中的哪些因素会鼓励企业通过合作方式参与竞争？

2. 与大型成功企业展开合作时，小企业会面临哪些风险？大企业若依靠小企业作为创新来源，会存在哪些风险？

3. 在制药行业中，政府政策将如何影响小企业与大企业之间的合作关系？

4. 如果你在一家创业型企业工作，那么在你向企业建议与某一大型公司合作之前，你想要了解该大型公司的什么信息？

复习题

1. 大多数创业型企业在其早期需要筹集资金的三个最常见的原因是什么？

2. 资金消耗率是什么意思？在相对较长的时间里呈现不良资金消耗率会有什么后果？

3. 人力资产是什么意思？

4. 创业者在多大程度上依赖于他们的个人资金以及朋友和家人提供的资金为企业融资？在从朋友和家人那里筹集启动资金时，企业所有者应当遵循哪三个准则？

5. 什么是自力更生？举出几个创业者通过自力更生来筹集资金或削减成本的例子。你认为，对创业型企业而言，自力更生的技巧有多重要？

6. 描述为了债务或股权融资做适当的准备的三个步骤。

7. 股权融资和债务融资有什么区别？

8. 股权融资最常见的来源有哪些？

9. 描述债务融资最常见的来源。

10. 电梯演讲的目的是什么？为什么创业者在筹集资金的过程中首先要做的事情之一是准备电梯演讲？

11. 为什么在与潜在投资者或银行家接触之前，得到个人引荐很重要？

12. 有效吸引潜在投资者或银行家的三个步骤是什么？

13. 股权融资最常见的三个来源是什么？

14. 描述从投资天使处进行融资的性质。投资天使通常是什么类型的人？在为创业型企业筹集资金的过程中，投资天使扮演了什么独特角色？

15. 风险投资是什么意思？风险投资企业从哪里得到资金？风险投资者通常愿意为哪

些类型的企业提供资金？为什么？

16. 描述首次公开募股的目的。为什么首次公开募股被认为是创业型企业的重要里程碑？

17. 在首次公开募股的过程中，投资银行的目的是什么？

18. 为什么商业银行通常不愿意向初创企业提供贷款？

19. 简要介绍 SBA 的 7(A)贷款担保项目。大多数初创企业是否有资格获得 SBA 担保贷款？为什么？

20. 什么是小企业创新研究（SBIR）计划？为什么企业在符合要求的情况下，希望申请此类资助计划？

应用题

1. 为“如果你是风险投资者 10.1”介绍的 Faraday 自行车公司写一篇 60 秒的电梯演讲文稿。

2. 吉姆·卡特（Jim Carter）是你的同学。他正在筹备一家电子商务公司，销售房屋维修指南、工具、操作视频以及房屋维修和改建项目的相关资料。他刚刚告诉你，他周末和奶奶进行了交谈，他奶奶同意借给他 25 000 美元用于创办企业。当你问吉姆，为了这笔贷款，他与他奶奶作出了哪些正式安排时，他看起来很困惑，并说道：“她计划在大约一周后寄给我一张支票——她只需从她的储蓄账户把钱取出来即可。”吉姆看到你担心的表情，忧虑地说：“告诉我你在想什么。我真希望我做的是正确的。”你会对吉姆说什么？

3. 想象你发明了一款新型儿童汽车座椅，它比目前市面上的汽车座椅更加轻便和安全。你有一个商业计划，并且你的创意已经在两场商业计划竞赛中获胜。你还制作了一个原型产品。你想要找一位投资天使来资助你创办企业。描述你将如何在你居住的地区寻找投资天使。列出你为了找到合适的投资天使，将要采取的具体步骤以及你将要交谈的特定的人。

4. 居住在加拿大温哥华附近的约书亚·谢尔曼（Joshua Sherman）正准备向一群投资天使推介一个有关社交游戏网站的创意。该网站有一些新奇之处。他为其顾问委员会做了一次预演介绍，有一名顾问告诉他应当为一个问题做准备，即“如果你成功了，怎样防止脸书推出类似的产品？”约书亚皱着眉头说，他认为不太可能会被问到这个问题。你怎么认为？如果你是约书亚，你将如何准备来回答这个问题？

如果你是风险投资者 10.1

Faraday 自行车公司

网站：www.faradaybikes.com　脸书：Faraday Bikes　推特：@FaradayBikes

商业创意：设计并生产一款自行车，它外形时尚，骑乘舒适，骑手可以自由决定骑行强度，骑着它去上班也不会汗流浃背。

推介：在拥挤的城市环境中，许多人想要骑车而不是开车从 A 地到达 B 地，因为堵车和停车可能是场噩梦。但是骑车也有缺点。对于想要骑车上班的人来说，通勤距离往往太远不适合骑车，并且他们不想汗流浃背。电动自行车是一种替代选择，但是大多数流行的电动自行车不够有型，且只能作为电动自行车使用，无法在人工模式和电动自行车模式之间切换。

Faraday自行车公司解决了这些问题。Faraday制造了两款时尚自行车——Porteur和Cortland，既可以作为脚踏自行车使用，也可以作为电动自行车使用。骑手可以坐上Faraday自行车，并像骑传统自行车那样骑行。如果骑车距离过长，或想要骑车去上班或上学却不想流汗，则可以让电机介入。电机不会完全控制自行车，并且没有油门。取而代之的是，安装在前轮毂中的电机会增强每踩一下踏板产生的功率。这使得骑行更加轻松且快速。总而言之，它使骑车（特别是通勤时）更加可行，也更加愉快。骑手们在到达工作地点时不会大汗淋漓。

拥有一辆Faraday自行车还有其他好处。大多数电动自行车都既笨拙又朴素。而Porteur和Cortland的设计都很时尚，类似20世纪60年代英国的旅行单车。这两款自行车都很轻巧，看不到电机，并配有经典的钢架、竹制挡泥板和棕色皮革把手。它还内置了一些安全功能。例如，一旦打开安置于前轮毂中的电机，头灯和尾灯都会亮起，位于左侧车把上的指拨开关可以选择中等功率或高功率。电机会与骑手的节奏相一致。骑手越是用力踩踏板，电机提供助力就越大。从法律上讲，Faraday自行车即使有电机，仍是一种自行车，与摩托车或汽车有很大区别，因此它无需取得执照就可以骑行。当然，电动自行车更有利于环境、停车更方便，并且骑手永远无需支付燃料费。自行车的电池完全安装在车架内，只需插上电源即可充电。

1. 根据本章介绍的内容，在作出投资决策之前，你会向该公司的创始人提出哪些问题？什么样的答案能够让你满意？

2. 如果你只能根据推介内容和公司网站提供的信息作出决策，你是否会投资该公司？为什么？

如果你是风险投资者 10.2

Lumo Bodytech公司

网站：www.lumobodytech.com　脸书：Lumo Bodytech　推特：@lumobodytech

商业创意：设计和开发两款小型且不显眼的穿戴设备。第一款设备可以监视并改善用户的姿态——让用户坐得直、站得挺拔并看起来更精神。第二款设备可以分析用户的跑步方式，并提供个性化的指导，以帮助用户超越其跑步目标。

推介：第一款设备Lumo Lift是一款小型姿态指示器和活动跟踪器。大多数健身跟踪器只能跟踪你的运动，例如步数和距离等。Lumo Lift也有这些功能，但其主要目的是让你注意姿态，即你的坐姿和站姿。其运作方式如下。该设备可通过一个磁扣别在你上衣内侧或外侧。你可以将该设备放置于锁骨正下方。放置完毕后，你做出你想要的姿态，对设备进行校准，然后就可以开始一天的工作了。Lumo Lift将跟踪你的姿态和运动。当你低头垂肩时，设备会轻轻振动，提醒你纠正姿态。Lumo Lift会将收集到的数据发送至智能手机应用程序中，你可以查看你的日常统计数据，包括你的运动水平和姿态表现。Lumo Lift可以解决不良姿态造成的背部疼痛问题。它还可以帮助用户坐得更直、站得更挺拔，并更有自信。想象一下昂首挺胸走在大街上（即完美的姿态），那是让人更有自信的秘诀。

Lumo Bodytech开发的第二款设备是Lumo Run。许多设备都可以跟踪跑步距离、步数和心率。Lumo Run不止如此。它是一个可以固定在跑步短裤后部的小夹子，利用传感器跟踪跑步时的身体运动方式。在你跑步时，Lumo Run 的传感器会跟踪你的节奏、起落、停顿、骨盆旋转、步幅以及每一次踏步与地面的接触情况，并通过智能手机应用程序为你提供实时语音指导，以调整你的跑步姿势，从而提高成绩并防止受伤。例如，该应用程序可能会告诉你，在你跑步时，你的臀部摆动过大，并且你应该控制节奏。如果你觉得带着手机跑步不太舒适，那么你也可以在跑步结束后再从传感器同步数据。Lumo Run 就像一位教练，在每次跑步结束后为你的表现制作图表。为了准备下一次跑步，该应用程序会帮你设定目标，并改进的你的跑步姿势。它还会向你提供一些练习建议，以帮助你达成目标（并通过视频教你如何做练习）。

Lumo Run 解决的问题是如何防止受伤并改进运动姿势。不良的运动姿势可能导致背部、骨盆和膝盖出现各种问题。改进运动姿势不仅能够防止受伤，还可以提高跑步速度并增加跑步乐趣。

1. 根据本章介绍的内容，在作出投资决策之前，你会向该公司的创始人提出哪些问题？什么样的答案能够让你满意？

2. 如果你只能根据推介内容和公司网站提供的信息作出决策，你是否会投资该公司？为什么？

案例

Revolights：利用多种融资来源，让创意自行车照明系统成为现实

网站：www. revolights. com　脸书：Revolights　推特：@Revolights

简介

2010 年 10 月的一天晚上，肯特·弗兰科维奇（Kent Frankovich）下班后骑自行车回家。他刚完成了斯坦福大学的一个研究项目，并且经常在晚上往来于实验室。自行车把手上安装的车灯照亮了他身前的部分区域。他进入了一条特别暗的小路，并碰上了一个坑。他差点从自行车上摔下来。这使他开始思考，必须有一种更好的方法来照亮自行车前方的道路。

他决定不再购买那种安装在车把上的照明灯。他不明白，为什么要把灯放在那么高的位置，如果他想照亮正前方呢？因此，他决定进行一番研究。他研究了汽车上的车灯以及它们的设计。许多新车都有环绕灯，这样无论从侧面还是正面都可以看得到。此外，与自行车不同，汽车大灯位于前部较低的位置，因此它们可以更好地照亮道路。弗兰科维奇决定将自行车灯放置在最需要它们的地方，即车轮上。

这一结论带来了一个设计挑战。显然，自行车轮会转动，因此无法在车轮上安装灯具。经过几番考虑后，弗兰科维奇想出了一个解决方案。他在车轮上安装一圈小型 LED 灯，并对其进行设置，只有当它们转至车轮前方时才会亮起。因此，无论何时，只有大约 1/3 的车轮会亮起——这 1/3 照亮了自行车前方的道路。整个车轮不会全部亮起，以免旋转的灯光会干扰骑手的视线。

弗兰科维奇制作了一个原型并开始在夜间骑行。他发现灯光的弧度不仅照亮了前方的道路，还使人们可以从各个方向看见他。这很重要。在弗兰科维奇所做的文献研究中，他发现了一些有关自行车的有趣的统计数据。大约 1/3 的美国人拥有自行车，但只有 1% 的出行是靠自行车完成的。人们不经常骑自行车的四大原因是：(1) 汽车出行；(2) 天气；

(3) 缺乏自行车车道；(4) 天黑。这四个原因的共同点是人身安全。弗兰科维奇意识到，他的解决方案不仅可以提供更好的自行车照明方式，还可以帮助人们更安全地骑行，因为它可以使人们在骑行时更容易被看见。根据政府调查，大约70%的自行车交通事故都可归因于侧面可见性不足。此外，大多数自行车交通事故都发生在下午4点至凌晨4点——正好是从傍晚到黎明的那段时间。

弗兰科维奇抓住这一点，对最初的原型进行了改进。为了在夜晚提供更多的侧面可见性，他决定在前后轮都装上照明灯。为了使其不仅实用而且超酷，他设计前轮使用白灯，而后轮使用红灯。其结果就是360度的照明，不仅改善了照明效果（对于骑手而言），也增加了各个方向的可见度。

后续步骤

完成最初的设计后，弗兰科维奇在一次朋友聚会上遇到了亚当·帕特勒（Adam Pettler）。帕特勒正在攻读加州大学戴维斯分校的MBA学位。根据Core77网站（Core77是一个面向工业设计师的网站）对弗兰科维奇和帕特勒的一次采访，弗兰科维奇向帕特勒讲述了他的创意，并拿出手机播放了原型的视频。巧的是，帕特勒正在为一堂课撰写一份商业计划，而他一直在寻找一个创意。两人一拍即合，结成了合作伙伴关系。

在接下来的几个月里，弗兰科维奇和帕特勒对原始创意进行了多次改进。他们成立了一家名为Revolights的公司。此时，Revolights自行车照明系统由两个细窄的LED灯环构成，通过一系列轮辋专用夹直接安装在每个自行车轮上。他们开始向自行车店老板展示最新原型的视频，并获得了相当不错的回应。他们觉得自己正在步入正轨，但仍不能完全确定。

为了在实质上探索可能的商机，他们决定发起一个Kickstarter众筹活动。该活动于2011年中期启动，目标是43 500美元。这笔钱将用于Revolights系统的最终设计和开发以及第一批产品的生产。请暂时搁置本案例，并访问Kickstarter.com。在搜索栏中输入“Revolights”，并选择2011年9月27日Revolights的融资活动（Revolights此后又发起了两次Kickstarter众筹活动）。请观看2分50秒的视频推介。你将看到Revolights最初的推介。该视频对Revolights系统进行了很好的展示。该Kickstarter众筹活动从1 442名支持者处筹集了215 621美元（是原目标的496%）。这一成功让弗兰科维奇和帕特勒对Revolights的后续工作信心大增，并开始全力以赴。

融资之旅

为打造Revolights，弗兰科维奇和帕特勒继续努力。因为Revolights系统是一件实物产品，所以在产品销售之前必须购买存货并为其支付货款。因此，弗兰科维奇和帕特勒不得不筹集资金以扩大公司规模。表10-6列出了已经完成的融资活动。

表10-6 Revolights的融资之旅

年份	融资来源	资金用途	融资金额
2011年	Kickstarter众筹活动	完成设计和开发，并支付初始投产费用	215 621美元
2011年	SBA贷款	为额外的生产筹集资金	250 000美元
2013年	Kickstarter众筹活动	为该公司第二代产品Revolights City筹集资金	94 793美元

续表

年份	融资来源	资金用途	融资金额
2013年	《创智赢家》	为研发和生产筹集资金	300 000美元
2014年	Sierra Angels领投的A轮融资	扩充团队，发展销售和营销，并扩大产品线	100万美元（包括《创智赢家》承诺的30万美元）
2015年	VA Angels领投的额外A轮融资	继续扩充团队，发展销售和营销，并扩大产品线	未披露
2015年	Indiegogo众筹活动	为Revolights Eclipse筹集资金	258 131美元

如前所述，第一笔融资源于最初的Kickstarter众筹活动。受到人们积极响应的鼓舞，弗兰科维奇和帕特勒决定扩大生产规模并取得了25万美元的SBA贷款。2013年初，他们发起了第二次Kickstarter众筹活动，轻松实现了14 500美元的目标——从233名支持者处筹集了94 793美元。2011年和2013年Kickstarter众筹活动附随的视频存在明显区别，表明该公司在这段时间成熟了不少。2013年众筹活动的目的是为该公司第二代产品Revolights City筹集资金。Revolights City可用于更多的自行车轮辋，从而使Revolights的适用范围更广。该公司还宣布与Mission Bike公司建立了合作伙伴关系，后者将销售一系列内置Revolights照明系统的自行车。

下一轮融资则更为大胆。弗兰科维奇决定登上《创智赢家》的舞台。出现在《创智赢家》上有三方面的好处：首先，也许能够筹集资金；其次，有可能从马克·库班、芭芭拉·柯克兰或罗伯特·赫雅维克（Robert Herjavec）等知名投资者那里获得投资；最后，可以增加曝光率。2013年，平均每集有超过600万观众收看。出现在《创智赢家》上，也向潜在零售商、分销商和商业合作伙伴展示了像Revolights这样用心做产品的公司。

这一集《创智赢家》录制于2013年末，并于2014年3月7日播出。弗兰科维奇希望用10%的公司股权换取15万美元的资金。投资人对其产品印象深刻，并增加了金额。弗兰科维奇收到了三个要约。最终，他同意了罗伯特·赫雅维克用30万美元购买Revolights 10%股权的提议。这次《创智赢家》的成功给了他更大的信心。2014年5月，弗兰科维奇在A轮融资中筹集了100万美元。该轮融资由Sierra Angels和Sacramento Angels领投。罗伯特·赫雅维克承诺的30万美元也被纳入这一轮融资中。筹集这笔款项是为了扩充Revolights的团队，发展营销和销售，以及扩大产品线。

弗兰科维奇和帕特勒在他们的融资之旅中也遇到了一个小问题。在《创智赢家》播出之后，开启A轮融资之前，他们发起了第三次Kickstarter众筹活动。目标是10万美元。这次活动失败了，总共认捐金额只有78 017美元。

2015年底，Revolights开展了第二次A轮融资，这次由VA Angels领投。融资金额没有披露。VA Angels是加拿大首屈一指的天使团体，有超过130名活跃的投资天使。在此轮融资结束后不久，Revolights为了推出其下一代产品Revolights Eclipse，又发起了Indiegogo众筹活动。访问Indiegogo并在搜索栏中输入Revolights，你可以查看它的推介视频和活动详情。Revolights Eclipse是其既有产品的改进版。除了对产品进行了多方面升级，骑手还可以通过蓝牙和应用程序连接Revolights照明系统。应用程序将实时显示剩余电量、感应时间，并在即将骑行时打开Revolights车灯，还能发出天气警报。该应用程序也可以在骑行时显示速度和距离。

前方的道路

与所有初创企业一样，Revolights 前方的道路仍具有很大不确定性。各种迹象都显现出良好的势头，两次 A 轮融资使 Revolights 保持快速增长的模式。

截至撰写本案例时（2017 年 5 月），Revolights 增势迅猛。它的产品如今在美国各地商店均有销售，且该公司还有许多外国客户，包括加拿大、墨西哥、厄瓜多尔、西班牙、英国、日本和马来西亚等地的客户。实际上，Revolights 在其企业网站“关于我们”（About Us）选项下，有一个名为“Revo 世界”（Revoworld）的栏目，其中有一张世界地图，标示了 Revolights 已经渗入的国家和地区，并配有一张各国 Revolights 客户的照片。如上所述，Revolights 已扩大了其产品线。

Revolights 的不确定性在于其产品价格。该公司显然一直在努力降低价格，以吸引更广阔的市场。如今，它拥有三款产品：Skyline、Eclipse 和 Eclipse+。Skyline 的售价为 149 美元，适用于 26 英寸和 27.5 英寸的车轮。山地自行车和电动自行车均可使用该产品。Eclipse 的定价也是 149 美元，适用于标准车轮。通过 Indiegogo 众筹活动推出的 Eclipse+ 售价为 249 美元。之前版本的 Revolights 则需花费 399 美元。现有的三款产品都需安装在自行车轮辐上（Revolights 不再出售内置照明灯的轮胎），具有 360 度可见性，并且成套出售——这意味着自行车前后轮的 Revolights 照明系统将一同出售。Revolights 在这些价位上一直保持增长。但其不确定性在于，它能否继续发展市场以及是否需要为此筹集更多资金。

Revolights 一直是公众关注的焦点。2013 年，它是戴森设计大奖国际决赛（James Dyson Award International Finalist）入围者。它还赢得了 Core77 设计奖，其照明系统被《男人志》（*Men's Journal*）评为“世界最佳自行车照明系统”（Best Bicycle Lighting System in the World）。2013 年，弗兰科维奇在萨克拉曼多 TEDx 上介绍了 Revolights。这次演讲有超过 63 200 人次观看。弗兰科维奇登上《创智赢家》的那一期则有 769 万人次观看。2016 年，Revolights 的产品被英国《电讯报》（*The Telegraph*）评为 2016 年十大最佳创新自行车灯。

讨论题

1. 本章有这样一句话：“大多数创业型企业早期需要筹集资金有三个原因：现金流挑战、资本投资和漫长的产品开发周期。”对 Revolights 在这些领域中的筹资需求进行逐项评估。

2. 应弗兰科维奇和帕特勒的要求，撰写一篇有关 Revolights 现有产品的 60 秒电梯推介。

3. 你认为 Revolights 是否需要筹集更多资金？如果是，为什么？参照本章的表 10-2，如果 Revolights 需要筹集更多资金，哪种融资来源最合适？解释你的答案。

4. 你认为 Revolights 能够在多大程度上打入主流市场并维持增长？你认为该公司会取得多大的成功？根据本章先前介绍的标准和你的直觉来说明你的答案。

资料来源：Revolights website，www. revolights. com（accessed April 23，2017）；VA Angels Homepage，www. vaangels. com（accessed April 23，2017）；“Revolights Bicycle Lights Raised $1 Million After Shark Tank，” 2 Paragraphs in Business Spotlight，available at https://2paragraphs. com/2016/10/revolights-bicycle-lights-raised-1-million-after-shark-tank/（posted October 18，2016，accessed April 23，2017）；M. Khan，“Revolights Update—See What Happened After Shark Tank，” Gazettereview. com，available at https://gazettereview. com/2015/11/revolights-update-see-happenedshark-tank/（posted November 11，2015，accessed April 23，2017）；K. Frankovich，“Kickstarting a Bicycle Safety Revolution：

Kent Frankovich at TEDx Sacramento TEDx City 2.0," available at https://www.youtube.com/watch?v=axAx_Dq3rn8 (posted November 4, 2013, accessed April 23, 2017); Core77 website, available at https://www.core77.com/blog/core77_design_awards/core77_design_awards_2012_the_revolights_bike_lighting_system_professional_winner_for_transportation_23048.asp (posted August 1, 2012, accessed April 23, 2017).

注 释

第 4 篇

管理和发展创业型企业

第11章 独特的营销问题

学习目标

学完本章，你应该能够：

1. 阐述创业型企业用以识别其客户的三个步骤（进行市场细分、选择目标市场和确立独特的市场定位）。
2. 说明什么是品牌以及为什么它对创业型企业的营销工作十分重要。
3. 认识并解释创业型企业采用的营销活动4P（产品、价格、促销和渠道）。
4. 描述创业型企业用以发现潜在客户并完成销售所采用的七步销售流程。

在本章中，我们将探讨创业型企业面临的营销挑战。营销是一个广泛的主题，有许多专门介绍营销及其子领域的书籍和网站。本章将集中介绍年轻的创业型企业所面临的最紧迫的营销挑战。其原因在于，营销是初创企业成功的重要组成部分。[1]

本章将从讨论企业如何定义并选择目标市场开始。接下来，讨论企业如何建立品牌。然后，思考与年轻的创业型企业相关的营销的四个关键方面。这四个方面通常称为营销的"4P"，即产品、价格、促销和渠道（或分销）。在本章最后一部分，我们将讨论销售流程，它包括公司与客户建立关系并完成销售的步骤。许多新企业在开发产品和定义市场规模方面做得很好，但是在处理产品销售实践方面并不理想。新企业必须制订计划，对其如何在合理的预算范围内销售产品进行详细规划。

选择市场并做出定位

为取得成功，新企业必须知道其客户是谁以及如何吸引他们。企业可以用三个步骤确定其客户。如图11-1所示，这些步骤包括进行市场细分、选择目标市场以及确立独特的市场定位。

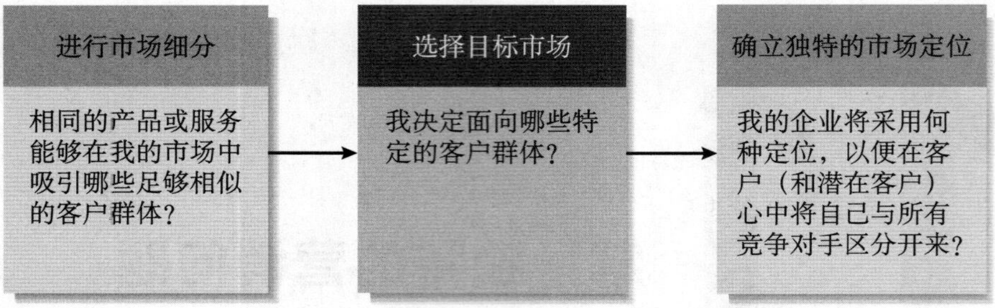

图 11-1　选择目标市场和确立市场定位的流程

如第 3 章所述，企业的目标市场是其试图吸引的有限的个人或企业群体。新企业必须迅速选择其目标市场并在其目标市场中确立定位，因为几乎所有的营销选择都取决于这些关键的初始选择。例如，GreatCall 专门生产为老年人设计的手机。如果 GreatCall 在确定以老年人为目标之前就已经制定了分销策略，那么它可能会将手机放在老年人不常光顾的零售店内售卖。其面向老年人的决策将会影响其营销计划的每个要素。

进行市场细分

选择目标市场的第一步是对企业参与竞争的行业进行研究并确定行业中不同的潜在目标市场。如第 6 章所述，这一流程称为**市场细分**（market segmentation）。市场细分很重要，因为新企业拥有的资源通常只足以瞄准一个细分市场，至少在开始时是这样。[2] 市场可通过多种方式进行细分，如地理位置（城市、州、国家/地区）、人口统计变量（年龄、性别、家庭规模、收入）、心理变量（个性、生活方式、价值观）、行为变量（所求利益、产品使用率、品牌忠诚度）和产品类型（因产品而异）等。例如，计算机行业可以按照产品类型（如手持电脑、平板电脑、笔记本电脑、工作站、小型计算机、大型主机和超级计算机等）或其服务的客户（如个人、企业、学校和政府等）进行细分。

有时，企业会从多个维度来进行市场细分，以便深入挖掘其认为自己具有独特优势的特定细分市场。例如，GreatCall 可能会按年龄和所寻求的利益来进行市场细分。其理想客户是找寻一款简单易用手机（所求利益）的老年人（年龄）。

为验证你是否成功细分了市场，请考虑以下成功的市场细分要求：

- 在该细分市场内，需求和欲望具有同质性。
- 在不同细分市场之间，需求和欲望具有异质性。
- 与不同细分市场之间的差异相比较，该细分市场的内部差异较小。
- 该细分市场应足够清晰，以便轻松识别其成员。
- 能够确定该细分市场的规模。
- 该细分市场应足够大，以使企业获利。

如果创业者不了解如何对特定市场进行细分，则可以参考 IBISWorld、英敏特和 BizMiner 等在线数据库（通常可通过大型大学图书馆进行访问）提供的建议。它们甚至会提供各个细分市场的规模。例如，IBISWorld 按照服务类型对体育、健康和健身俱乐部行业（NAICS 71394）进行了细分。在该行业 265 亿美元的产值中，体育和健身中心占

10%，其他占 10%，舞蹈中心占 7%，游泳馆占 7%，滑冰场和溜冰场占 6%，网球中心占 5%。[3]

尽管市场细分很重要，但创业者通常会忽略该流程。忽略这一步骤可能导致创业者对新产品或服务的潜在市场规模作出错误的评估。例如，一家初创企业计划开设一家连锁网球中心，它可能会错误地认为其总市场潜力为 265 亿美元。而实际上，网球中心在体育、健康和健身俱乐部行业 265 亿美元的产值中仅占 5%的份额，即它的市场规模约为 13 亿美元。这并不是说网球中心无法盈利或者新企业无法扩大网球市场，这只是说，创业者在进入某项业务时，应当对其市场规模作出切实的评估。

选择目标市场

企业对市场进行细分后，下一步就是选择目标市场。如前文所述，市场必须具有足够的吸引力，并且企业必须能够很好地服务于市场。通常，企业（尤其是初创企业）不会将整个细分市场作为目标市场，因为许多细分市场规模过大，以其作为目标很难取得成功。相反，大多数企业会在细分市场之内瞄准某个利基市场。例如，在舞蹈工作室的市场中，就有多个可供公司选择的小型利基市场。**利基市场**（niche market）是细分市场中拥有类似兴趣的一小群客户。例如，纽约百老汇舞蹈中心的目标人群是那些渴望在百老汇舞台上通过跳舞谋生的舞者。[4]它的利基市场与教年轻女孩跳交谊舞或芭蕾舞的工作室完全不同。通过专注于某个明确定义的市场，企业能够成为该市场的专家，继而能够为其客户提供高水平的价值和服务。

企业对目标市场的选择还必须与其商业模式以及其创始人和其他员工的背景和技能保持一致。企业还必须持续观察其目标市场的吸引力。如果社会偏好发生了变化，则可能导致企业及其提供给客户的产品或服务在目标市场中失去吸引力。

确立独特的市场定位

在选择目标市场之后，企业下一步就是在其中确立定位，从而与竞争对手区别开来。如第 5 章所述，定位是指企业相对于竞争对手如何自处。例如，在宾夕法尼亚州匹兹堡，Art & Style 舞蹈工作室专门从事拉丁舞和交谊舞教学。[5]它与匹兹堡的 Arthur Murray 舞蹈工作室有着不同定位，后者从事萨尔萨舞、狐步舞、恰恰舞、华尔兹舞、摇摆舞、探戈舞、迪斯科/哈娑舞、曼波舞、默朗格舞、伦巴舞和快步舞的教学。[6]企业的市场定位取决于其产品或服务。确定企业在市场中的定位以及开展竞争的方式，实际就是企业根据其使命、走向市场的整体方法和竞争格局所制定的战略要求。

在公司确定其定位和主要差异点后，可采用一项实用的技能，即制作**产品属性图**（product attribute map），它展示了企业相对于其主要竞争对手所采取的定位策略。图 11-2 是 Casper 的产品属性图。Casper 出售床垫以及其他多种与睡眠相关的产品。产品属性图将重点放在了 Casper 床垫上。Casper 出售 7 种尺寸的单张床垫（单人床、普通双人床、中号双人床、大号双人床床垫等）。其中，中号双人床床垫价格为 950 美元。Casper 只在网上销售，其床垫会装在一个与小型迷你冰箱差不多大的盒子里运送。它的床垫在舒适性和支撑性方面都广受好评，它还提供 100 晚全额退款保证。Casper 的产品属性图以人们购买床垫时通常考虑的两个主要属性为基础——感知价值（产品和价格的组合）和床垫购买体验。其方法是评估 Casper 在这些类别中的优势或劣势，并在图中标注。然后，用同样的方法标示出 Casper 的主要竞争对手。结果如图 11－2 所示。与其主要竞争对手相比，Casper 在感知价值上具有一定优势，并且在床垫购买体验（即没有推销人员、一站式选择、单一价格、免费送货、100 晚保证）方面具有明显优势。因此，它在广告中强调了从 Casper 而不是其竞争对手处购买床垫的好处。尽管其床垫质量客观上不能直接与高端床垫相比，但它在感知价值上也没有让步。在感知质量方面，Casper 向消费者提供了 Casper 价格范围内最优质的床垫，从而吸引了有此类需求的消费者。

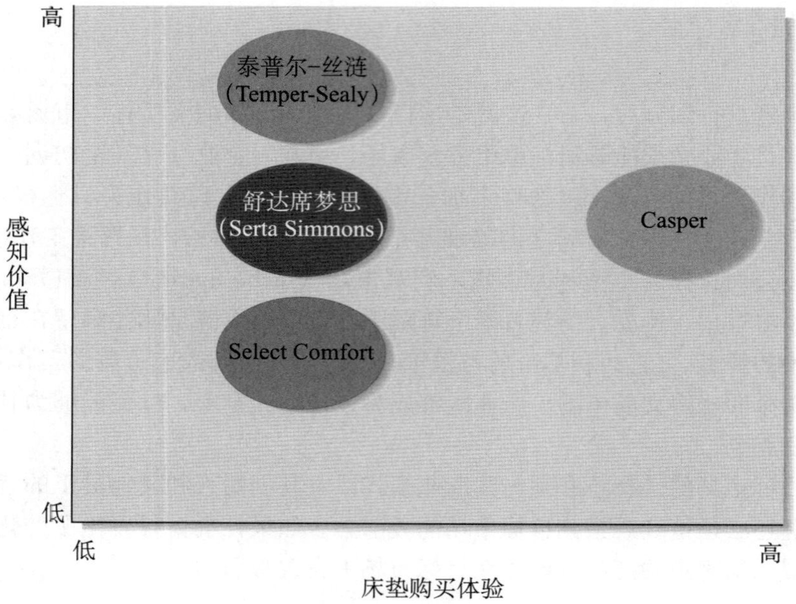

图 11－2　Casper 产品属性图

Casper 的产品属性图总结了两个要点。第一，它展示了 Casper 具有竞争优势的领域——人们总在寻求更好的床垫购买体验。第二，它解释了 Casper 如此成功的部分原因。Casper 在人们购买床垫时考虑的两个最重要领域之一（即床垫购买体验）中具有明显优势，并在感知价值方面也具有相当优势。在行业中像 Casper 那样获得明显的竞争优势，可能会带来一个问题，即它会吸引竞争对手。已经出现了多家床垫公司试图模仿 Casper 的优势。这些竞争对手包括 Yogabed、Tuft & Needle 和 Saatva。例如，Tuft & Needle 在较低的价位上提供了与 Casper 相似的购买体验。它试图在这一极受欢迎的由 Casper 创立的床垫行业新细分市场中从本质上成为“超越 Casper 的 Casper”。[7]

为了支持其定位策略，企业通常会制定标语。Casper 的标语是“梦想成真”（Live the Dream）。**标语**（tagline）是一个朗朗的短语，它通常在公司的资料、广告、文具甚至发票中使用，因此与公司有着很大关联——增强公司的市场定位。表 11－1 是一个简短的匹配测验，要求你将本书中介绍的公司与它们的标语进行配对。如果公司标语能够使你想到它的产品或服务以及它在市场中的定位，该公司就创建了一个成功的标语。

表 11-1 将公司与其标语进行配对

公司	标语
Wild Friend Foods	和衷共济，迈向更好的生活！(Live Better，Together！)
Wiivv	请放心（Rest Assured）
Patients Like Me	写得更好，写得更聪明（Write Better. Write Smarter）
Billy Goat Ice Cream	真实公司，实时真实案例（Real Companies，Real Cases in Real Time）
Prynt	友好备餐（Making Food Friendly）
Rover. com	探索，不再疼痛（Explore. Pain-Free）
Write Lab	健康在您手中（Health is in your hands）
Real Time Cases	摄影新时代（The New Era of Photography）
Owlet 婴儿监护仪	乖，吃冰淇淋（Be Good. Eat Ice Cream.）
Tyto Care	爱狗狗，爱生活（Love your dog. Love your life）

零售类初创企业有一个顾虑，那就是它们能否在与沃尔玛、百思买和家得宝等大型零售商的竞争中取得成功。这是一个合理的顾虑，并且初创企业能否与大型零售商展开有效竞争通常取决于它们的定位。本章的“创业型企业的法宝”专栏重点介绍了零售类初创企业与沃尔玛以及其他大型零售商展开竞争的方式。

创业型企业的法宝 零售类初创企业如何与沃尔玛等大型零售商展开竞争

零售类初创企业的一大担忧是，它们能否与沃尔玛、家得宝以及其他大型零售商展开竞争。这是一个合理的担忧。大型零售商仍在不断发展，特别在产品线和地理范围上。人口不超过 1 万人的小城镇中也已有大型零售商。我们都听说过大型零售商进入小城镇并使当地商家倒闭的故事。因此，难怪那些想要创立男士服装店或宠物店的人会疑惑：“我真的能与沃尔玛竞争吗?”除了这种担忧，人们还担忧与电子商务网站展开竞争，所以我们很容易理解为什么有的人会错过某个具有潜在吸引力的商业创意。

尽管如此，也确实有许多企业在与大型零售商的竞争中取得了成功。它们的成功绝非偶然。虽然它们不可能在价格上与沃尔玛等公司展开竞争，但价格不是一切。竞争存在着多种其他形式，包括产品质量、客户服务、产品知识、与当地社区的联系等。以下分析阐述了大型零售商的竞争方式、它们的弱点以及直接与大型零售商竞争的策略。

大型零售商的竞争方式

沃尔玛、塔吉特和开市客等大型零售商主要在价格和品类上展开竞争。这些大型零售商打着“天天平价”的广告，提供各种各样的商品。沃尔玛商店平均拥有 12.5 万件库存。PetSmart、家得宝和百思买等品类杀手也主要在价格和品类上展开竞争，但它们的优势在于，专注于单一类别并提供更好的产品知识。实际情况是，这些大型零售商主要通过批量销售、供应链效率、供应商的优惠条件以及相对于销售额来说较低的开销，来提供便宜的价格。它们如今几乎无处不在。例如，截至 2017 年 1 月 31 日，沃尔玛在美国拥有 5 332 家门店。(这一数据包含沃尔玛所有类型的商店，比如购物广场、折扣店、邻里超市和山姆会员店等。)

大型零售商的弱点

大型零售商也有弱点。沃尔玛这类百货商店都采用了“注重广度而不注重深度”的产品策略。其基本思路是在尽可能多的类别中销售最受欢迎的产品。这些措施虽然可以使百货商店实现规模经济，但会在市场上留下缺口。例如，沃尔玛储备的渔具数量就不及当地体育用品商店。大型零售商本身也存在固有缺点。客户常常抱怨过道太拥挤、结账等待时间过长以及他们在店里找东西时无法寻求帮助等。尽管家得宝和PetSmart之类的“品类杀手”在客户服务和产品知识方面相对较好，但它们的策略仍然是向主流客户销售最受欢迎的产品。例如，尽管Academy提供了品类繁多的体育用品、服装和户外装备，但它无法提供一切。这就给TrackShack这样的商店留下了机会。TrackShack是佛罗里达州奥兰多当地的一家专门销售跑鞋和跑步装备的商店。

相比于Academy或迪克体育用品商店（DICK'S Sporting Goods），TrackShack提供了更多的跑鞋选择和更有深度的产品知识。暂停片刻，让我们访问一下TrackShack的网站(www.trackshack.com)。这家商店的所有者是当地创业者——约翰·休斯（John Hughes）和贝琪·休斯（Betsy Hughes）。如果你将TrackShack与Academy在跑鞋方面进行比较，Academy可能会在价格上略胜一筹，但TrackShack能够在品类、产品质量、产品知识、客户服务、便利性以及与当地社区的联系上获胜。这组优势相当引人注目。

与大型零售商竞争的策略

以下是与大型零售商竞争的三种常见策略。

(1) 抓住利基市场。利基市场是细分市场中具有相似需求的一小群客户。对于与大型零售商竞争的企业而言，抓住利基市场并将自己定位成特定产品或服务的“理想去处”是一个明智的选择。这就是TrackShack所做的。跑步者在跑步中遇到脚痛或类似症状时，也可以到TrackShack寻求建议。没有人会想去Academy或沃尔玛寻求此类建议。同样的道理在几乎任何品类中都适用。沃尔玛和开市客都销售吉他，但本特利吉他工作室(Bentley Guitar Studios）仍然存在，后者是密苏里州堪萨斯市当地的一家私有吉他零售商及工作室。该商店在销售吉他之外，还提供了全面的产品知识和音乐课程，这是沃尔玛和开市客无法提供的。

(2) 差异化。一旦企业选择了利基市场，它就必须与竞争对手区别开来。小企业在与大型零售商竞争的过程中可能犯的最大错误就是，它们试图成为大型零售商的缩小版本。相反，它们应该在客户重视的方面形成差异。例如，TrackShack拥有具备专业知识的销售人员。客户可以与TrackShack销售助理一起花一个小时的时间试穿不同的鞋子。这在大型零售商里是办不到的。同样，除了吉他课程外，本特利吉他工作室还提供了一个音响室，它是当地艺术家和巡回艺术家的表演场地，音乐工坊和学生也可以在那里表演。它还提供钢琴、鼓、小号和其他多种乐器的教学课程。换句话说，本特利吉他工作室提供了开市客和沃尔玛无法提供的一切。

(3) 强调“本地属性”。这一方法可能使那些忠于本地社区并希望尽可能在当地购物的人产生强烈的认同感。这就是为何总有当地企业在其橱窗或商店中放置“本地企业”“本地工匠制作”或类似的招牌。2015年，Yodle对6 000名美国成年人的调查发现，大多数受访者认为本地企业比大型商店更值得信赖并提供更好的质量。强调企业的本地属性也有助于打造自己的品牌。这不仅与消费者的当地购物偏好有关，而且能够让人们更加注重一些有益的产品属性，比如，新鲜度、卫生性以及支持当地经济发展等。大型零售商也开始引入更多的本地产品以获取此类优势。

思考题

1. 这篇专栏文章告诉我们，在创立零售类创业型企业时，“确立独特的市场定位”有哪些重要之处？

2. 请花些时间浏览 TrackShack 的网站 www. trackshack. com。列出那些想要跑鞋的人在发现 TrackShack 同类鞋子售价比 Academy 更贵的情况下，仍愿意在 TrackShack 购买而不在 Academy 购买的原因。

3. 提出小零售商可以用来与大型零售商竞争的第四种策略。

4. 找出你居住的城市或社区中的本地企业。描述该企业是如何与大型零售商竞争的。

资料来源：TrackShack，www. trackshack. com（accessed March 14，2017）；Bentley Guitar Studios，www. bentleyguitars. com，（accessed March 14，2017）；Survey：Consumers Prefer to Shop Local but Expect Digital Sophistication，Screenwerk，available at https://screenwerk. com/2015/07/17/survey-consumers-prefer-to-shop-local-but-expect-digital-sophistication/（posted July 17，2015，accessed March 14，2017）；B. Barringer and R. D. Ireland. *What's Stopping You*? Upper Saddle River，NJ：FT Press，2008.

品牌化

品牌（brand）是人们将其与公司相关联的一组属性——正面的或负面的。这些属性可以是正面的，例如信赖、创新、可靠或方便；也可以是负面的，例如廉价、不可靠、傲慢或麻烦。公司通过品牌建立的客户忠诚度，是其最宝贵的资产之一。有些公司通过**品牌管理**（brand management）来维护其品牌诚信度。品牌管理的目的是，在消费者心中保护组织的品牌形象和价值。

表 11 - 2 列出了人们对品牌含义的不同理解。表中表达的所有观点都有相似之处，但也说明了公司品牌的多面性特征。

表 11 - 2　什么是品牌？对品牌意义的不同认知

- 品牌是为利益相关者服务的承诺。
- 品牌是对企业业绩水平的保证。
- 品牌意味着企业对其服务对象的承诺。
- 品牌代表着企业的声誉。
- 品牌展示了企业的凭证。
- 品牌是信任和降低风险的指标。
- 品牌描述了公司的性质。
- 品牌就像企业与其客户之间的一次握手。

资料来源：Adapted from *Emotional Branding* by Daryl Travis，copyright © 2000 by Daryl Travis. Used by permission of Pima Publishing，a division of Random House，Inc.

初创企业必须在开始时就具备品牌意识，这一过程从选择公司名称开始。有效塑造品牌的关键之一是为企业打造强烈的个性，以吸引其选择的目标市场。[8] 例如，美国西南航空就塑造了一种象征着欢乐的品牌形象。这非常适合其过去和现在的主要目标市场：为了消遣而非商务目的出行的人们。星巴克和帕纳拉面包各自创建的品牌则代表了一种温暖和热情的体验，鼓励人们多花点时间停留在店里并购买更多产品。公司最终总是希望能得到客户的强烈认同——将自己视为“西南航空的飞行者”或“帕纳拉面包的食客”。但是，人们在意识到公司给自己创造的价值与其他竞争对手相比有所不同之前，是不会这么做的。

那么，新企业应如何开发品牌？从哲学层面来讲，企业必须在客户的生命中具有意义。它必须创造价值——客户愿意为此支付价款的事物。想象一下，一位父亲购买机票，想在圣诞节假期带三个孩子去看望他们的祖父母。如果西南航空能够以比竞争对手便宜75美元的价格将他的家庭送达目的地，那么西南航空在这位父亲的生命中就具有了真正意义。同样，如果一对年轻夫妇邀请邻居来玩Cranium——一款多人参与的棋盘游戏，并且玩这款游戏能够带来长久的友谊，那么Cranium在他们心中就将占据特殊的位置。

从现实层面来讲，打造品牌需要多种技能，包括广告、公共关系、赞助、社会事业的支持、社交媒体和良好的业绩。企业的名称、徽标、网站设计、脸书页面、Instagram账户，甚至信笺抬头，都是其品牌的组成部分。初创企业，特别是那些打算向其他企业销售产品或服务的企业，必须即刻拥有一个精心打造的形象，以便它们在接触潜在客户时能够取得信任。

大多数专家都警告称，不要过分依赖广告来打造企业品牌。一种更经济实惠的方法是依靠口口相传、媒体和独创性来为公司制造正面的话题。制造**话题**（buzz）意味着对公司及其产品产生认识度和期待感。[9]这一过程可以开始于可行性分析期间，即公司向潜在买家或行业专家展示其概念描述或产品原型期间。除非公司希望对其所做的事情保密（以保留专有技术或先发优势），否则它总是希望听到人们谈论它以及它激动人心的新产品或服务。如第6章“合作制胜”专栏所述，制造话题还可以帮助企业就其产品或服务建立一个忠实粉丝和早期推广者的社区。本书介绍的多家初创企业，包括SoulCycle、Rent the Runway、Casper和Birchbox，都出色地将其产品的早期测试者和早期用户转变成了产品推广者。在各案例中，早期推广者都通过说服他人尝试公司的产品或服务而推动了公司发展。得到媒体的正面报道，也是为产品或服务制造话题的好方法。报纸、杂志、博客和行业期刊总是在寻找有趣的公司故事。Wild Friends Foods就因一位广受欢迎的美食博主凯丝·安格（Kath Unger）撰写了一篇有关该企业产品的短文而受益。这篇短文给企业带来了数百笔订单。一个月后，《奥普拉杂志》对Wild Friends Foods的报道给它增添了更大的动力。同样，当一位早期测试者在《纽约时报》上对Rent the Runway作出了积极评价并使该企业登上商业版首页之后，Rent the Runway在创立当天就得到了极大的关注。

创业者在试图引起媒体关注时，常犯的一个错误是过分强调其产品功能和优势。当创业者开始谈论其产品相较于竞争对手有多么出色时，记者通常持怀疑态度。记者通常更喜欢有人情味的创业故事或者关于该初创企业明显独特之处的故事。

最终，对企业而言，一个强大的品牌可以成为一项非常强大的资产。超过50%的消费者表示，知名度和受信任度较高的品牌是他们购买产品的一个原因。[10]因此，品牌可以让公司为其产品收取与其形象相符的价款。一个成功的品牌能够为公司增加50%～75%的市场价值。[11]在企业被收购、与其他企业兼并或者进行首次公开募股时，企业估值的增加对其有着重大意义。**品牌资产**（brand equity）这一术语指与品牌相关的且能够增加企业估值的一系列资产和负债。[12]对企业而言，了解品牌资产以及如何使用它来创造价值十分重要。

尽管构成企业品牌资产的资产和负债因情况而异，但通常分为以下五大类：

- 品牌忠诚度；
- 名称辨识度；

- （企业产品和服务的）感知质量；
- 除质量之外的品牌关联事项（如良好的服务）；
- 其他专有资产，比如专利、商标和高质量的合作伙伴关系等。

初创企业在品牌化过程中应该注意的一个方面是：建立合作品牌的可能性。合作品牌是在两家公司达成合作伙伴关系后，将双方的品牌进行结合。其目标是结合双方的品牌优势。合作品牌关系既可以是短期的（促成特定活动或产品发布），也可以是长期的（如开设合作品牌商店）。本章“合作制胜”专栏提供了合作品牌关系的两个案例，它们分别是GoPro和红牛（Red Bull），以及Pottery Barn和宣伟（Sherwin-Williams）。

合作制胜　两个成功的合作品牌关系案例

合作品牌是两家有着合作伙伴关系的公司所采取的进一步合作策略。其目的是建立营销协同效应。协同效应意味着1+1>2。当两个品牌合作所得超过它们各自累加所得时，就在合作品牌关系中实现了协同效应。在成功的合作品牌关系中，每个品牌都能受益于另一个品牌的忠诚度和信誉，这就使得协同效应成为可能。

以下是两个成功的合作品牌关系案例。

GoPro和红牛

GoPro不销售能量饮料，红牛不销售照相机。但两家公司都将自己定位为生活方式品牌——倡导一种动感十足的生活方式。两家公司也抱有相同的愿景——让世界过上一种更冒险的生活。其合作品牌关系的运作方式是，红牛赞助极限运动项目，GoPro提供并装备相机以捕捉运动员的独特体验。由于GoPro相机的功能，观众如今可以看到前所未见的运动视角（比如单板滑雪者在跳跃翻转时看到的景象）。

2016年，GoPro和红牛的合作品牌关系更进了一步，如今它们已成为战略合作伙伴。作为协议的一部分，GoPro将成为红牛唯一的视点相机提供商，而红牛将获得GoPro的一部分股权。这两家企业将继续交叉推广其产品，并在产品创新方面合作。

Pottery Barn和宣伟

Pottery Barn和宣伟拥有相似的目标——帮助消费者创造美观、协调的家居空间。Pottery Barn提供家具和家居用品，而宣伟是美国最大的油漆和油漆用品专业零售商。作为其合作品牌关系的一部分，Pottery Barn将在其目录册、网站和商店中刊登一些与宣伟色彩及Emerald油漆配对的家具和装饰小插图。Emerald油漆是宣伟公司的高级室内油漆品牌。

其合作伙伴关系的运作方式如下。例如，消费者可以访问Pottery Barn网站，并轻松找到与Pottery Barn最新系列相协调的宣伟色卡。在撰写本专栏时，新的色卡包括拿铁色（Latte，SW 6108）、翠鸟绿（Halcyon Green，SW 6213）和玫瑰粉（Rosy Outlook，SW 6316）。然后，消费者可以去宣伟商店，购买与他们的Pottery Barn家居装饰完全匹配的油漆。

思考题

1. 列出GoPro和红牛合作品牌关系的优缺点。你认为其潜在优点是否多于潜在缺点？请解释你的答案。

2. 你认为合作品牌关系在多大程度上增加了品牌管理的难度？

3. 做一些研究，认识其他合作品牌案例并进行讨论。描述你在研究中发现的每个合作品牌关系背后的基本原理。

4. 阅读“如果你是风险投资者 11.1”专栏，其中介绍了 Barnana 公司，该公司的产品是由半脱水香蕉制成的健康零食。请为 Barnana 推荐一些潜在的合作品牌关系。

资料来源：“Why is GoPro (GPRO) Stock Up 6% Today?” Zachs, available at https://www.zacks.com/stock/news/218394/why-is-gopro-gpro-stock-up-6-today (posted May 25, 2016, accessed March 14, 2017); Pottery Barn, www.potterybarn.com (accessed March 14, 2017); L. Kolowich, “8 Examples of Successful Co-Branding Partnerships (And Why They're So Great),” HupSpot boog, available at https://blog.hubspot.com/marketing/best-cobranding-partners hips/# sm.C0bntr1o100eflv10ty2a14bvflpr (posted March 8, 2016, accessed March 14, 2017).

新创企业营销 4P

一旦公司决定了其目标市场、确立了市场定位并建立了品牌，就可以开始详细规划其营销组合。企业的**营销组合**（marketing mix）是一系列可控的策略性营销工具，用以在目标市场引起期望的回应。[13]大多数营销人员将其营销组合归为四大类：产品、价格、促销和渠道（或分销）。我们通常将其称为 4P。

企业销售和分销产品的方式会对其营销计划产生极大的影响。这种影响意味着，企业做出的第一个决策就是其产品或服务的总体销售方式。即使是类似的企业，由于企业经营方式不同，营销组合也可能存在很大差异。例如，软件企业可以直接通过其网站或零售店进行销售，或者将产品授权给另一家公司并以该公司的品牌名称进行销售。有些初创企业计划直接向公众出售产品，而另一些初创企业计划将产品授权给其他企业，它们制订的促销计划肯定大不相同。企业的营销计划应当与其商业模式和整体商业计划相一致。

接下来，我们将更详细地介绍 4P。值得一提的是，关于这类广泛的主题，已有许多专门论著。本章将重点介绍 4P 中与创业型企业最相关的方面。

产品

从营销组合的角度来看，企业的**产品**（product）就是它向目标市场提供的商品或服务。严格地说，产品有着实物形态，比如苹果手机、自行车或太阳能电池板等。**服务**（service）是无形的、没有实物形态的活动或利益，比如搭乘飞机出行或律师的建议等。在讨论企业的营销组合时，我们将产品和服务统称为“产品”。

确定待出售的产品是企业整个营销工作的核心。正如本书通篇强调的，产品最重要的属性是它能够在目标客户心目中增加价值。这至少部分说明了，为何投资者总是偏好投资于那些可能拥有突破性产品的企业，例如致力于消除垃圾邮件的软件企业或者致力于治愈某种疾病的生物技术企业。这些企业是止痛药，而不是维生素，人们可以很快并且强烈地感受到它们的好处。相反，一家新开张的餐厅或零售商店可能也会让人兴奋不已，但这些类型的企业更像维生素，而不是止痛药。人们无法强烈感受到它们带来的好处。

当企业准备出售其产品时，应该在核心产品和实际产品之间进行区分。当核心产品是一个包含税务筹划程序的光盘时，客户购买的实际产品可能有多达五个特性：质量等级、功能、设计、品牌名称和包装。[14]例如，TurboTax是实际产品。它的名称、功能、保修、升级、包装和其他属性都经过了精心整合，以便向客户提供该产品的利益：帮助人们制备联邦和州纳税申报表，并争取获得最大的退税额度。当产品首次推向市场时，创业者需要确保核心产品之外的更多内容都是正确的。创业者还需要注意实际产品——功能、设计、包装等构成客户最终购买利益的集合。任何曾经试图从令人沮丧的硬塑料容器中取出产品的人都知道，产品的包装方式是产品本身的一部分。产品的质量不应该因其他方面的失误而大打折扣。

首次推出新产品是其营销中最关键的时刻之一。所有新企业都面临着未知的挑战，并且它们的首批客户需要有相当大的信心才会购买它们的产品。有些初创企业通过使用参考客户来应对这一挑战。**参考客户**（reference account）是企业产品的早期用户，他们愿意就他们使用产品的经历作证。例如，想象一下，一位苹果公司的发言人说，苹果使用了一家新电脑硬件企业的产品并且对其性能感到满意，这会带来怎样的影响。这将为这家新企业的硬件销售团队铺平道路，并且新企业可以借此降低人们的担忧，使人们不再忧心于企业出售的产品可能未经测试或可能无效。

为获得参考客户，新企业通常必须免费或降价将其产品提供给一组最初客户，以换取他们试用产品的意愿和他们的反馈。只要这一切都是光明正大的，并且创业者没有间接向他人"付费"以获取积极认可，那么此过程就没有什么不妥。尽管如此，许多创业者仍然不愿意付出产品，即使能够换来潜在的认可。但是，获得一系列强烈的认可能够带来多个好处：获得同行的信任、得到一批愿意与媒体交流的非公司内部拥护者，以及能够在公司宣传册和广告中引用相关话语或案例。

价格

价格（price）是消费者购买产品所支付的金额。这是营销组合中唯一产生收入的要素；其他要素都代表了成本。[15]价格是营销组合中极为重要的要素，因为它最终决定了公司可以赚多少钱。公司为其产品收取的价格也是其向目标市场发出的明确信息。例如，欧克利（Oakley）将其太阳镜定位为创新、高端的产品，拥有高质量并在视觉上具有吸引力。这一市场定位暗示了欧克利将收取较高的价格。如果欧克利试图在确立前述定位的同时为其产品收取较低的价格，那么它将向客户发出混乱的信号。客户会疑惑："欧克利太阳镜到底是不是高质量的太阳镜?"此外，较低的价格无法带来欧克利所需的销售收入，它需要利用较高的价格将其太阳镜与竞争对手的产品区别开来，并为客户创造价值。

大多数创业者都使用两种方法来为产品定价：基于成本的定价和基于价值的定价。

基于成本的定价。在**基于成本的定价**（cost-based pricing）中，确定标价的方式是，对产品成本按照百分比加价。加价百分比可以是行业惯例，也可以由创业者自行决定。这种方法的优点是简单明了，且相对容易确定商品或服务的合理价格。其缺点是，并非总是那么容易估测产品成本。一旦设定价格，即使公司成本出现不可预测的增加，也很难提高价格。此外，基于成本的定价依据的是公司认为其应该收取的价格，而不是市场认为该商品或服务值多少价格。鉴于客户能够在互联网上进行比较购物，并找出他们认为最佳的产品特征组合（包括价格），公司在面对客户时越来越难以决断价格。[16]

基于价值的定价。在**基于价值的定价**（value-based pricing）中，确定标价的方式是，在估测消费者愿意为产品支付的价格后，稍作让步以提供缓冲。客户愿意支付的价款取决于产品的感知价值以及市场上其他选择的数量。有时，为了作出此类决策，公司不得不使用逆向工作法进行测评，以了解其目标市场愿意支付的价格。企业可以通过定位、品牌和营销组合的其他要素来影响客户对价值的感知。大多数专家都建议企业采用基于价值的定价，因为它取决于产品或服务的感知价值，而不是成本加成后的定价。如前所述，后者只是一个忽略了客户的公式。[17]高科技行业的毛利率（公司净销售额减去其商品销售成本）通常可达60%～80%。售价300美元的英特尔芯片可能仅需花费50～60美元进行生产。这种类型的加价反映了芯片的感知价值。如果英特尔采用基于成本的定价方法，而不是基于价值的定价方法，那么它的芯片售价可能会低得多，赚到的利润就少了。

大多数专家还告诫创业者，不要为了获取市场份额而对自己的产品收取低价。这种做法可以赢得销量，但几乎没有利润。此外，大多数消费者在考虑产品价格时，都会形成一个**价格质量归属**（price-quality attribution）。这意味着消费者会自然而然地认为定价较高的产品也拥有较好的质量。[18]如果企业对其产品收取低价，则会向客户发出一种低质量产品的信号，无论产品的真正质量如何。

SmugMug（www.smugmug.com）的例子生动说明了价格与质量之间的联系。SmugMug是一个在线照片共享网站，每月收取5.99美元的基本订阅费（如果按年支付，则为每月3.99美元）。根据其网站介绍，该公司拥有“数十亿张欢乐的照片”和“数百万名快乐的客户”。有趣的是，它的大多数竞争者（包括500 Pixels、Flickr和脸书）都在免费提供类似服务。从表面上看，SmugMug的收费原因是它能提供更高水平的客户服务、更大的存储空间（在某些情况下），以及拥有相较于其竞争对手更加友好的用户界面（关于如何在线查看照片）。但是，SmugMug的所有者认为，它不只拥有这些显而易见的收费理由。有些免费网站突然关闭，用户就会丢失照片。由于SmugMug是收费的，因此从长期来看，它被认为更可靠也更可信赖（谁都不想丢失照片）。此外，其所有者也相信，人们为某物付款，就会赋予它更高的价值。因此，SmugMug的用户总会发布高品位并具有吸引力和高质量的照片，来维护该网站。相较于那些时常出现不得体照片的免费网站，SmugMug的用户对该网站在这方面的表现很满意。[19]

这一例子主要体现了公司收取的价格在很大程度上取决于产品或服务的客观质量，以及与市场上的竞争产品相比，其在客户心目中创建的感知价值。这些都是企业在确定其定位和品牌策略时应该考虑的问题。

价格在营销组合中是一个极其重要的组成要素，如果公司在价格上犯了错，则可能对其短期利润和未来存续能力造成极大损害。本章的“错在何处？”专栏介绍了杰西潘尼（JCPenney）的营销失误。2011—2012年，在当时的首席执行官罗恩·约翰逊（Ron Johnson）的领导下，杰西潘尼在品牌、测评（或缺少测评）和定价方面犯了严重的错误。这些错误为初创企业提供了教训，它们应该尤其警惕并防止自己在营销上出现类似失误。

错在何处？ 初创企业可从杰西潘尼的失误中得到哪些营销方面的教训

网站：www.jcpenney.ccm 脸书：JCPenney 推特：@jcpenney

罗恩·约翰逊在塔吉特和苹果公司任职期间取得了成功，此后，他似乎成了一位营销大师。但是在杰西潘尼聘请约翰逊担任首席执行官后，事情很快就变味了。约翰逊试图重塑杰西潘尼品牌、改变定价策略并改革公司的经营方式，但一切都以失败告终。实际上，在约翰逊 17 个月的任期内，杰西潘尼的销售额迅速下降，忠实的客户离公司而去，员工的士气跌至历史最低点。

杰西潘尼于 2011 年 6 月聘请了约翰逊，意在引入一位营销奇才，以重振杰西潘尼品牌。约翰逊的资历正好符合要求。在塔吉特公司，他曾担任商品销售副总裁，推出了迈克尔·格雷夫斯（Michael Graves）消费产品系列，改善了塔吉特的形象。在加入杰西潘尼之前，他在苹果公司担任零售运营副总裁，主要负责让苹果商店拥有时尚的外观并取得持续的成功。

约翰逊带着他大胆的计划在杰西潘尼走马上任。他的目标是通过为其商店和品牌注入活力来重振该企业。在他上任时，杰西潘尼是一家平凡但可信赖的连锁商店，它拥有 1 100 家门店，服务于美国的“心脏地带”。每年销售额约为 175 亿美元。而当他卸任时，销售额暴跌至每年 130 亿美元，并且存在现金短缺的现象。哪里出了错？

人们普遍认为，约翰逊在杰西潘尼任职期间犯了三个主要错误。这些错误涉及营销的各个方面，初创企业可以从中吸取重要教训。

错误 1——公平合理的定价。2012 年初，约翰逊宣布杰西潘尼将不再提供“打折”商品。相反，公司将提供“公平合理”的“天天平价”商品。这一举措意在从一开始就提供公平的价格，而不是将产品标高，再通过多次降价，最终以公平价格出售。

这一策略无效。事实证明，购物者喜欢占便宜。这有点像一种游戏——购物者看上了一件标价 50 美元的新衬衫，然后等它“打折”至 35 美元再购买。没有一件衬衫是以 50 美元的价格出售的，因此约翰逊不想玩这种游戏了，从一开始就标出了 35 美元的价格。结果，购物者却已经习惯并喜欢上了这种游戏。因推迟购买这款衬衫而“节省”了 15 美元，能够给购物者带来一种满足感。因此，忠实的杰西潘尼购物者纷纷转战 T. J. Maxx、科尔士百货（Kohl's）和梅西百货（Macy's）。那里，这种游戏仍在继续。

标价牌也成了一个问题。作为公平合理定价的一部分，杰西潘尼在同一时期存在两级定价：红色标签表示该商品为“日常”定价，清仓商品则使用蓝色标签，表示“最优价格”。结果令大量客户感到困惑。购物者不知道这些标价的含义，这是他们抛下杰西潘尼的另一个原因。

为约翰逊说句公道话，公平合理的定价在苹果公司是有效的。苹果公司并不会给计算机、iPhone 或 iPad 制定一个价格，然后大幅降价并折价出售。约翰逊犯的错误是，他把人们购买技术产品的方式等同于人们购买杰西潘尼出售的服装和其他产品的方式。消费者习惯于为技术产品支付全价，而服装则不然。当杰西潘尼试图改变其定价策略时，它已经遭受了重创。

错误 2——未事先对创意进行测评。约翰逊之所以未能预测到公平合理定价的负面效应，是因为他未事先进行测评。当约翰逊提出大胆的新策略时，曾有人问他能否尝试在一定范围内对其可能性进行测评。据多份公开报道，约翰逊驳斥了这一想法，并说他在苹果公司也没有做过测评。

想象一下，如果在全系统推行公平合理定价之前，先在少数几家商店中进行测评，那么他们会得到怎样的教训。事实是，杰西潘尼的忠实客户热爱打折，并且一直希望通过几轮降价从中“捞到便宜”。同样，仅需进行简单的尝试，就能够发现那些投入使用的新标价牌可能引起困惑。

错误3——完全误读了杰西潘尼品牌。最具破坏力的错误也许是对杰西潘尼品牌的完全误读。约翰逊设想杰西潘尼商店应该拥有“商店内的商店”，人们可以在精品店里购买一些特殊商品或修剪指甲。他希望杰西潘尼成为美国人“最爱的购物地点”。他的目标是让人们来到杰西潘尼商店，在里面闲逛，就像人们在苹果商店中闲逛一样，并高兴地支付全额但公平的价格。这从未发生过。杰西潘尼的核心客户都是节俭的购物者，他们会将缺乏耐心的孩子们带到商店购买校服。当独自购物时，他们也倾向于快速在各个商店中穿梭。人们普遍认为，约翰逊希望把杰西潘尼的购物者变得不再是他们自己。他希望他们更像苹果商店的购物者。但是，他们实际上与T. J. Maxx甚至是沃尔玛的购物者有更多相似之处。

思考题

1. 初创企业如何建立品牌？我们从杰西潘尼的失误中得到了哪些有关品牌重要性的教训？

2. 虽然本专栏中没有专门提及“选择目标市场”和“确立独特的市场定位”的概念，但我们从杰西潘尼的失误中得到了哪些有关这两个主题的教训？

3. 为确保初始客户能够按照公司希望的方式来理解公司品牌，初创企业应该进行哪些类型的测评？

4. 对如今的杰西潘尼做一些互联网和探查研究。根据该公司如何给产品定价思考，该公司的地位如何。该公司的品牌对如今的消费者而言意味着什么？

资料来源：“5 Critical Errors That Triggered Ron Johnson's Removal at JCPenney,” *Chief Executive*, available at https://chiefexecutive.net/5-critical-errors-that-triggered-ron-johnsons-removal-at-jc-penney (posted April 18, 2013, accessed September 3, 2014); J. Aisner, “What Went Wrong at JC Penney?” *Forbes*, August 21, 2013; Ron Johnson (businessman), Wikipedia, www.wikipedia.org (accessed September 3, 2014).

促销

促销（promotion）是指企业为了将其产品价值传达给目标市场所采取的行动。其最终目标是说服人们购买产品。这类行动有很多，但大多数初创企业资源有限，这就意味着他们在选择促销活动之前必须对其进行仔细研究。让我们看一下创业者最常用于产品促销的行动。

广告。广告（advertising）是使人们认识产品，以期说服他们购买产品的一种方式。广告的主要目标是：

- 提高客户对产品的认识；
- 说明产品的相对特征和优势；
- 在产品和某种生活方式之间建立联系。

许多媒介都可以帮助企业实现这些目标，包括直邮、杂志、报纸、广播、互联网、博客、电视和广告牌等。最有效的广告往往是那些令人难忘并为产品品牌提供支持的广告。但是，广告也有几大弱点，包括：

- 低可信度；
- 很大一部分看广告的人可能对此不感兴趣；
- 信息冗杂（意味着人们在听到或看到很多广告后，只会对其不予理会）；
- 与其他促销形式相比，相对昂贵；
- 人们感觉广告对其造成了侵扰。[20]

由于存在这些弱点，大多数初创企业不会为其产品进行大范围的广告宣传。相反，它们在做广告时非常节约且挑剔，或者它们会开展混合促销活动（不是做广告，而是针对产品或服务进行促销）。

除混合促销活动，许多初创企业还在行业期刊上做广告，或者利用谷歌、必应或其他线上企业提供的高针对性、按点击量付费的广告服务，以节省广告费用。按点击量付费的广告方式是广告领域的一大创新，任何规模的企业都可采用这种方式。谷歌有两个按点击量付费的项目——谷歌关键词和谷歌联盟（Google AdSense)。谷歌关键词允许广告客户在谷歌首页（www.google.com）购买关键词，当这些关键词被使用时，就会在搜索结果旁（有时是顶部）显示文本广告。因此，如果你在谷歌搜索栏中输入“足球”（soccer ball)，你将看到那些出售足球的公司的付费广告。许多广告客户表示，使用此方法后取得了可观的成效，这很可能是因为他们能够向那些就其产品进行搜索的人展示广告。谷歌联盟与谷歌关键词类似，只不过在谷歌联盟中，广告客户的广告将显示在其他网站上，而不是谷歌首页。例如，一个推广足球的组织可能允许谷歌在其网站上放置一些客户的广告。当放置在该足球组织网站上的广告被点击时，广告客户就按照点击量付费。谷歌将与提供赞助的网站共享广告客户带来的收入。表 11－3 对谷歌关键词和谷歌联盟项目进行了概述。雅虎和微软的联合项目——“雅虎必应网络”（Yahoo Bing Network)，也与谷歌的项目非常相似。该项目由雅虎与微软合作设立，以便在雅虎和微软必应搜索引擎上出售按点击量付费的广告。

表 11－3　面向广告客户和网站所有者的谷歌关键词和谷歌联盟的说明

谷歌关键词	谷歌联盟
• 允许广告客户在谷歌首页购买关键词。 • 当使用该关键词时，在搜索结果旁边（有时是顶部）触发文字广告。 • 广告客户按照点击量付费。 • 该项目可选择进行当地、全国或国际展示。 • 广告客户指定其愿意为每次点击支付的最高金额。关于搜索结果，广告客户在付费名单中的排序取决于其他广告客户的出价以及给定搜索结果中所有广告的历史点击率。 • 广告客户可以选择将其广告展示在谷歌合作伙伴的网络上，包括美国在线（AOL)、Ask.com 和网景（Netscape)。 • 广告客户可以向那些已经在搜索其产品相关信息的人展示广告，并从中受益。	• 允许广告客户购买将会出现在其他网站而非谷歌首页的广告。 • 谷歌为广告客户选择其感兴趣的网站。 • 广告客户按照点击量或每千次展示付费。 • 广告客户不限于文字广告。其选项包括文字、图片和视频广告。 • 与大多数横幅广告相比，其内容通常与展示网站相关，不那么具有侵扰性，从而使广告客户受益。 • 网站所有者可以通过使用该服务来赚取收入。 • 伴随着常规的谷歌联盟项目，联盟搜索（AdSense for Search）可以让网站所有者在其网站上放置谷歌搜索框。谷歌将分享这部分搜索带来的广告收入。

一般来说，对某个主题特别了解的人可以利用线上广告来创建网站，在网站中发布文章、技巧、视频和其他有用的信息，并向那些被该网站所吸引的人出售信息获取途径，以

实现线上赚钱的目的。例如，保罗·罗曼（Paul Roman）热爱木工。由于缺乏高质量的手工艺方面的信息，他时常感到沮丧，因此，他创办了一系列出版物，专门刊登与木工相关的文章、技巧和操作指南。2005 年，他开设了一个仅限会员访问的网站 FineWoodworkingNetwork. com。该网站每年收费 34.95 美元，可提供高质量的木工相关资料。之后，罗曼和妻子为他们出版的三本杂志也创建了会员网站。这三本杂志是《精致住建》（*Fine Homebuilding*）、《螺纹》（*Threads*）和《精致园艺》（*Fine Gardening*）。他们还运营着多个博客，包括“工地日志”（Job Site Diaries）和“工具学校”（Tool-Tech）。这些博客都通过线上广告来创收。[21]

另外一种越来越流行的广告媒介是脸书之类的社交媒体网站。特别是脸书，其优势在于它使公司可以根据人们的居住地和在脸书个人资料中的描述，来投放具有高度针对性的广告。例如，波士顿红袜队（Boston Red Sox）授权的运动服装销售商，可以向最有可能购买其产品的人投放针对性极强的广告。该公司可以专门向居住在马萨诸塞州并在其脸书个人资料中提及“波士顿红袜队”的男性投放广告。任何公司都可以确定其理想的潜在客户，并以相同的方式投放有针对性的脸书广告。

形成广告的步骤如图 11-3 所示。通常，对初创企业而言，当广告成为协同营销活动的一部分时，其效果最好。[22]例如，平面广告可能会介绍产品的好处，并引导读者访问其网站或脸书页面以获取更多信息。如果访问者填写了信息登记表（要求提供姓名、地址和电话号码等），则可能会得到该网站或脸书页面提供的优惠券或其他奖励。信息登记表收集的信息可用于后续电话销售。

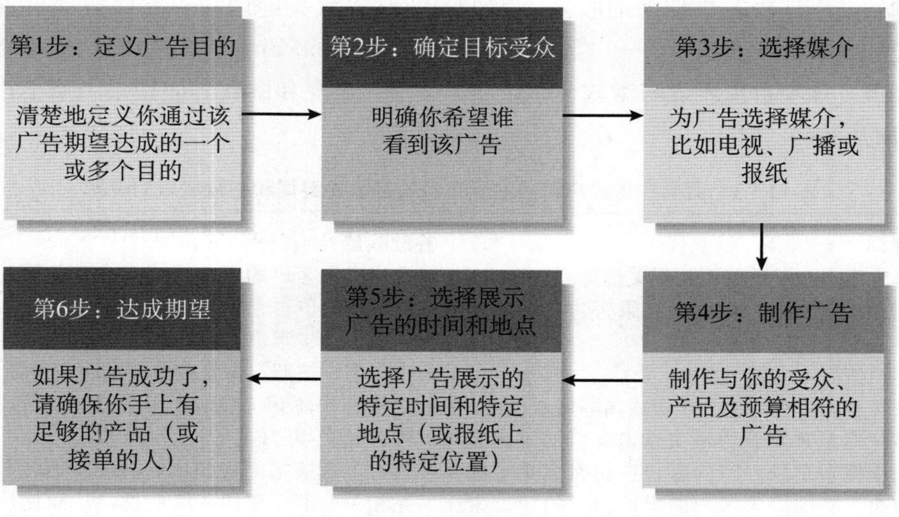

图 11-3 形成广告的步骤

公共关系。公司在销售产品时，为提高产品知名度，最经济有效的方法之一就是通过公共关系。**公共关系**（public relations）是指在公众当中建立并维护公司形象。公共关系和广告之间的主要区别在于，公共关系不是直接付费的。对企业而言，公共关系的成本是它在与记者、博主以及其他人打交道时为扩展人际关系而作出的努力，旨在引起这些人的兴趣并使他们发表一些有关公司及其产品的正面言论。表 11-4 展示了多种适用于公共关系的技巧。

表 11-4 公共关系技巧

技巧	描述
新闻稿	企业向媒体发布的公告。当有积极事项发生时，例如推出新产品或雇用新高管，初创企业通常会发布新闻稿。
传统媒体报道	任何平面或广播媒体的报道。在大多数情况下，初创企业会就其积极事项扩大媒体报道的范围。
社交媒体报道	初创企业使用社交媒体作为其与客户沟通和建立融洽关系的方式，也希望他人能够在社交媒体上给予其正面的评价。例如，一位拥有大量关注者的博主发布了正面评价，可能对初创企业产生积极影响。
行业报刊中的文章	行业报刊中的文章是初创企业梦寐以求的，因为它们的读者都是对其参与的行业感兴趣的人。
写博客	公司可以采用三种方式写博客以从中受益：首先，通过撰写自己的博客，与客户及一般公众建立融洽的关系。其次，对其他公司或个人的博文进行评论。最后，联系博主并请他们对公司的产品或服务做出评价。写博客的一般原则是，作品应当经过深思熟虑并具有实质性的内容。除非是在公司自己的博客上，否则不宜对公司产品的优点泛泛而谈。
每月简讯	许多公司通过制作和发布每月或每季度简讯来与潜在的目标受众保持联系。除了企业产品和服务的最新消息外，简讯中还应该包含更多读者感兴趣的一般信息。公司应避免发送那些只为吹嘘其产品的新闻简讯。这些类型的简讯通常被视为过于自私自利。
社会和社区参与	初创企业通常会通过赞助当地的活动或要求其员工参与商会或社会团体来建立组织的正面形象。

许多初创企业都强调公共关系胜于广告，主要是因为它花费更少且能够帮助企业建立可信度。换句话说，从公共关系而非广告入手会更好，因为人们将广告视为那些急于实现销售的公司自私自利的声音。[23]企业的公关工作可以定向为：通过第三方（如杂志或报纸）来讲述公司故事。如果《公司》（*Inc.*）、《创业邦》（*Entrepreneur*）、《商业内幕》或《财富》这类杂志对新公司的产品发表了正面评价，或者知名博客对公司进行了介绍，消费者很可能认为其产品至少值得一试。他们会这么想是因为这些杂志和博客在该公司中没有既得利益，它们没有理由夸大公司产品的用处和价值，或撒谎。例如，TechCrunch、Gizmodo 和瘾科技（Engadget）这三个广受欢迎的技术博客如果对某个技术公司进行了介绍，则该公司的网页访问量和销售量通常会立刻飙升。

初创企业可以通过多种方式来增加机会，以获得媒体、博客或在社交媒体中有影响力的人的关注。如前所述，记者和其他人通常不愿意公然帮助企业推广其产品。他们喜欢的是与创办企业有关的人性化故事，或者侧重于初创企业独特之处的故事。以本章案例中的 Nest Labs 为例，其创办目的是以房主“喜欢”的方式设计并制造那些“不被喜欢”的家居用品。另一技巧是准备一个**宣传袋**（press kit），它是一个文件夹，其中包含了公司背景信息和最新成就。企业的宣传袋通常会分发给记者，并可以从网上获取。参加行业展会也可以提高企业的知名度。**行业展会**（trade show）是展示特定行业产品或服务的活动。媒体成员经常参加行业展会，以获取最新的行业新闻。例如，最大的消费类电子产品行业展会是每年 1 月在拉斯维加斯举办的国际消费类电子产品展览会。许多公司等到了这个展会上才宣布自己最激动人心的新产品。这么做的部分原因是，展会中有许多渴望寻找有趣故事进行报道的媒体。

社交媒体。社交媒体的使用主要包括设立账户和发布状态，并通过脸书、推特、Instagram或色拉布等社交网站与客户及其他人建立联系。ModCloth（www.modcloth.com）就是一个很好的例子。它是一个电子商务网站，出售各种古典或复古的女性服饰。ModCloth在博客上很活跃，它有两个不同的推特账户（一个用于发布一般产品信息，另一个包含更多时尚主题），维护着一个充满活力的脸书页面，并且在谷歌+、Instagram、Pinterest和YouTube上均设立了账户。

博客背后的理念是，让人们熟悉该企业，并帮助企业与其客户之间建立情感的纽带。例如，ModCloth的博客（http://blog.modcloth.com）致力于吸引人们关注公司产品，但同时也向其目标市场（18～32岁的女性）发布她们感兴趣的具有趣味性、娱乐性且内容丰富的文章、专题和照片。该博客还发起了提供现金奖励的竞赛，发布客户穿着ModCloth产品的照片。一些幕后花絮定期展示在该博客上，以便人们了解ModCloth的工作环境。例如，员工可以带着狗狗去上班，狗狗被称为“摩登狗”（ModDog）。为了扩大产品线并更好地使用社交媒体来与特定目标客户建立联系，沃尔玛于2017年3月收购了ModCloth。其初步期望是，该企业可以在沃尔玛控股下作为独立的实体运营。

维护一个成功的博客的关键在于：保持博客的新鲜度，并使其内容丰富有趣。它还应该像推广公司产品那样，向读者推广公司所在的“行业”和“生活方式”。ModCloth的博客曾经对冬季婚礼服装（包括照片）和配饰提出了建议。这种类型的专题是ModCloth客户喜闻乐见的。这些材料也可能被人们转发给那些筹备冬季婚礼的人。

许多初创企业受益于在脸书、推特、Instagram和Pinterest等社交网站上设立账户。脸书的用户数量巨大，这使得它特别具有吸引力。脸书允许全世界任何已满13岁的人在其网站上注册。截至2016年第四季度，脸书每月活跃用户数量为18.6亿。自2010年4月脸书推出一系列社交插件后，它对企业的吸引力更大了。**社交插件**（social plug-in）是网站可用来为用户提供个性化社交体验的工具。脸书最受欢迎的社交插件（可安装于网站上）包括“喜欢”（Like）按键、“分享”（Share）按键和“评论”（Comments）框。这些社交插件可以让人们在脸书上与朋友分享他们的体验。例如，用户只需点一下“分享”按键，就可以将公司网站的页面分享到他的脸书页面上。由于ModCloth已在其网站上安装了脸书“分享”插件，一位刚在ModCloth网站上购买了一件衣服的年轻女士可以立刻在她的脸书页面发布该衣服的图片和描述，并就其购买经历撰写评论。她可能会说：“嗨，大家好，看看我刚在www.modcloth.com买到的很酷的衣服。”这就相当于ModCloth的免费广告。

除了利用社交插件之外，企业还可以在脸书、推特、Instagram、色拉布和其他社交媒体平台上设立账户，进而围绕其产品和服务打造一个社区。其好处包括加强品牌建设、提高客户参与度，以及获取客户线索和线上销量。在品牌方面，脸书页面或推特账户都允许企业发布或推送与其品牌一致的信息。例如，“如果你是风险投资者6.1”专栏中的Beyond Meat专门生产肉类产品的植物替代品，比如“不含鸡肉的鸡柳”（由植物蛋白制成，但味道就像传统鸡柳）。它经常在推特发布有关营养、烹饪、健康食谱、植物替代品等相关信息。通过这种方式，Beyond Meat将自己塑造成了健康饮食和健康生活方式的专家。

在参与度方面，许多公司利用社交媒体来加强客户关系，其方式包括征求反馈、举办竞赛或发布与公司产品相关的趣味游戏。例如，ModCloth利用推特做了几件事。首先，该企业会发布有趣的事实、民意调查甚至是它认为客户会喜欢的食谱。其次，ModCloth鼓励客户提出问题，并经常在几分钟内做出答复。最后，该企业会发布最受欢迎的 ModCloth 服装照片，以及 ModCloth 的员工、办公室和活动的幕后照片。没有任何过度宣传。该企业让其推特账户保持乐观、有趣、轻松的状态。在脸书上，ModCloth 也会发布有关其产品的照片和评论，以激发与客户的交流和对话。例如，在春季，随着夏季临近，ModCloth 可能会发布一张天气暖和时 ModCloth 服装和配饰的照片，并附上以下问题："天气暖和时，哪些配饰对你来说最重要?" 然后，该企业将与 ModCloth 的关注者进行交流。关注者可以像朋友那样发表评论。ModCloth 还有效利用了 Pinterest。其中包括将 ModCloth 的衣服与该企业出售的配饰和鞋子相互搭配并发布相关照片。这是一种好方法，可以向客户展示如何购买 ModCloth 产品进行混合搭配以呈现多种造型。

企业可以从中受益的其他社交媒体渠道还有很多。例如，许多企业在 YouTube 上发布视频。YouTube 允许其用户创建 YouTube 频道来存放他们的视频并创建他们自己的 YouTube 网站。GoPro 的 YouTube 频道 www. youtube. com/gopro 就是一个例子。企业还可以在与其使命和产品相符的小众社交网站上设立账户。其中一个例子是 ActiveRain (www. activerain. com)。它是一个针对房地产中介、经纪人、家居布置人员、查验人员和贷款人的社交网络。ActiveRain 拥有超过 28.4 万名会员，他们可以彼此联系，创建博客以分享他们的专业知识和经验，并参与团体活动。

其他与促销相关的活动。还有许多可以帮助企业推广和销售产品的活动。例如，有些企业免费提供其产品样品。制药公司常使用这一技巧向医生提供免费样品，让他们根据情况分发给患者。与其相类似的一个技巧是免费试用（比如，某杂志三个月免费订阅或某健身俱乐部两星期免费会员），通过让潜在客户直接体验产品或服务来吸引他们。

病毒式营销（viral marketing）是一种颇受人们关注的新技巧，它促进并鼓励人们将特定产品的营销信息传递出去。病毒式营销的一个著名案例是 Hotmail。Hotmail 刚开始提供免费电子邮件账户时，在 Hotmail 用户发出的每封邮件后都附上了一句标语"使用 Hotmail 获取免费电子邮箱"(Get free e-mail with Hotmail)。不到一年时间，该公司就拥有了上百万用户。通过 Hotmail 系统发出的每一封电子邮件实质上都是 Hotmail 的广告。病毒式营销的成功与否取决于人与人之间的传阅率。在使用病毒式营销的公司中，很少有能跟 Hotmail 相匹敌的。但是，这一想法，即设计一种促销活动来鼓励企业现有客户向未来客户推荐其产品，仍非常值得考虑。

游击营销是一种与病毒式营销及制造话题相关的技巧。**游击营销**（guerrilla marketing）是一种低预算的营销方法，它依靠的是独创性、聪明才智和出其不意，而不是传统技巧。其关键在于提高人们对企业及其产品的认识，往往以一种不落俗套且令人难忘的方式进行。杰伊·康拉德·莱文森（Jay Conrad Levinson）在其 1984 年出版的《游击营销》(*Guerrilla Marketing*) 一书中首次创造并定义了这一术语。游击营销特别适合那些预算紧张但充满创造力、积极性和热情的创业型企业。

渠道（或分销）

渠道（place），或分销，包括企业将其产品从原产地送至消费者手中的所有活动。**分销渠道**（distribution channel）是产品从生产地到达最终用户的途径。

在分销方面，企业必须做出的第一个选择是：将产品直接出售给消费者，还是通过批发商或分销商等中介出售？在大多数行业中，两种途径都可行，因此，该决策通常取决于企业认为其目标市场希望以何种方式购买其产品。例如，对于以青少年为目标市场的音乐工作室来说，制作数字录音并直接通过网络销售是合理的。大多数青少年都拥有计算机或手机，并知道如何下载音乐。相反，对于那些以退休人员为目标的唱片公司来说，采用相同的分销渠道来出售其音乐产品则不太合理。在退休人员的市场中，只有极少的一部分人知道如何通过网络下载音乐。在这种情况下，更合理的方式是：制作 CD 并与批发商或分销商合作，将产品放置在退休人员经常光顾的零售商店中。

图 11－4 展示了直接销售与通过中介销售之间的区别。

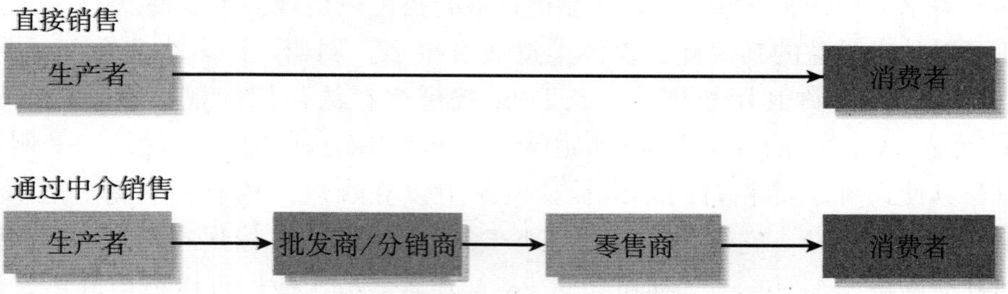

图 11－4 直接销售与通过中介销售

下面讨论一下两种方法的优缺点。

直接销售。许多企业直接向客户出售产品。直接销售的主要优点就是能够控制产品从原产地到达最终用户手中的过程，而无需依赖第三方。采用直接销售方法的公司有 Abercrombie & Fitch 和 Fitbit。前者在公司自有商店中出售其服装，后者通过其网站和零售店出售其运动和睡眠监测设备。

直接销售的缺点是，企业的固定资产将占用更多资本，因为它必须拥有或租用零售店、保持销售团队或维持电子商务网站。它还必须自己找买家，而不是不断帮助企业产品寻找新销售网点的分销商。

互联网的出现改变了许多公司销售产品的方式。许多曾经只通过零售店销售产品的企业，如今也在网上直接销售。这种消除中间商（如分销商和批发商）并向客户直接出售产品的过程称为**去中介化**（disintermediation）。

通过中介销售。通过中介进行销售的企业通常会将其产品交给批发商或分销商，由他们放置在零售店中出售。这种方法的优点是企业无需拥有很多分销渠道。例如，如果公司生产汽车音响并通过百思买和沃尔玛等零售店进行销售，该公司就免去了设立和维护零售店的成本。它还可以依靠批发商或分销商来管理它与百思买和沃尔玛的关系，并寻找其他可以出售其产品的零售店。成功使用该方法的挑战是：找到能够代理企业产品的批发商和分销商。如同为获取资金而向投资者进行推介一样，初创企业必须经常向批发商和分销商进行推介，以获取他们的支持与合作。

通过中介销售的缺点是企业在一定程度上失去了对其产品的控制。即使批发商或分销商将企业产品放置在百思买或沃尔玛等一流零售商处进行销售，也无法保证百思买或沃尔玛的员工会像企业自有商店的员工那样尽力推销其产品。通过批发商和分销商进行销售还可能会增加不少费用。因此，企业最好能够对所有选择进行权衡。例如，企业在其网站上以 100 美元的价格出售某商品，并从中赚取 50 美元利润（扣除费用），但如果企业通过分销商将同样的商品放在零售商店中销售，则只能赚取 10 美元，分销商和零售商将从其利润中拿走 40 美元。

有些企业会与渠道合作伙伴达成独家经销协议。**独家经销协议**（exclusive distribution arrangement）可以使零售商或其他中间商对公司产品拥有独家销售的权利。订立独家经销协议的优点在于，可以激发零售商或其他中间商同心协力来销售企业的产品，而不必担心直接竞争者。例如，相比于许多零售商都销售同款手机的情况，如果三星（Samsung）将其新款智能手机的独家经销权授予 T-Mobile，则 T-Mobile 将更有动力为该手机做广告和推广。

创业者在通过中介进行销售时需要选择销售渠道的数量。企业的销售渠道越多，增长速度就越快。但是，通过多种渠道销售也存在一些问题，特别是在企业成立初期。企业可能会对其产品的销售方式失去控制。例如，拉夫劳伦（Ralph Lauren）通过零售商来出售其服装，零售商的数量越多，则越有可能出现一个或多个零售商未按照公司希望的方式来展示这些服装。

销售流程及相关问题

企业的**销售流程**（sales process）描述了企业从发现潜在客户到完成交易过程中的多个步骤。无论企业是直接向客户销售产品还是通过中介，它都有一个销售过程。如果通过分销商等中介进行销售，它必须说服分销商接受它的产品，并且必须向分销商提供不同层面的支持。

有些公司在销售时即兴而为，我们不推荐这么做。使用经过精心策划的方式来发现潜在客户并完成销售，能够带来很多好处。正式的销售流程涉及多个可识别的步骤。这一流程因企业（和行业）而异，但通常都包括图 11－5 所示的七个步骤。通过正式的或结构化的流程来进行和完成销售，可以使企业在两方面受益。首先，它使企业可以对销售方式进行微调而不影响该流程的一致性。其次，它可以帮助企业确定潜在客户，从而将时间和金钱花在寻找最有可能购买其产品或服务的买家身上。对销售人员来说，最令人沮丧的就是花了大量时间和努力与潜在买家进行沟通，但发现该买家没有钱或没有权限购买其产品。精心策划的销售流程可以帮助销售人员辨别其花在特定潜在客户身上的时间是否值得。

有些企业列出了流程中的七个步骤，然后为每个步骤的实施方式制定了规程，以便实施其销售策略。实际上，有些新企业将这些资料纳入其商业计划中，以使读者确信他们已经对销售方式进行了认真的思考。表 11－5 展示了一家名为“精英健身中心”（Prime Adult Fitness）的虚拟企业所采用的销售流程及其相应操作步骤。该示例来自布鲁斯·巴林杰（本书合著者）所著的《制订有效的商业计划（第二版）》（*Preparing Effective Business Plans*，Second Edition）。精英健身中心面向的是 50 岁以上的人群。其使命是让运动和健身成为 50 岁以上人群生活中充满活力和满足感的组成部分。该公司将在佛罗里达州奥维耶多设立第一个健身中心。表 11－5 展示的步骤对公司招募会员的流程以及在人们走进健身中心并询问会员事项时内部员工应遵循的方法进行了概述。有时，精英健身中心的员工与潜在客户进行多次联络，这一流程将花费数周的时间；有时，员工领着潜在客户参观健身中心的设施并回答特定问题，完成该流程只需几分钟时间。精英健身中心的销售流程仅作为示例。企业可以将此示例作为模板，制定与自身产品和情况相符的销售流程。

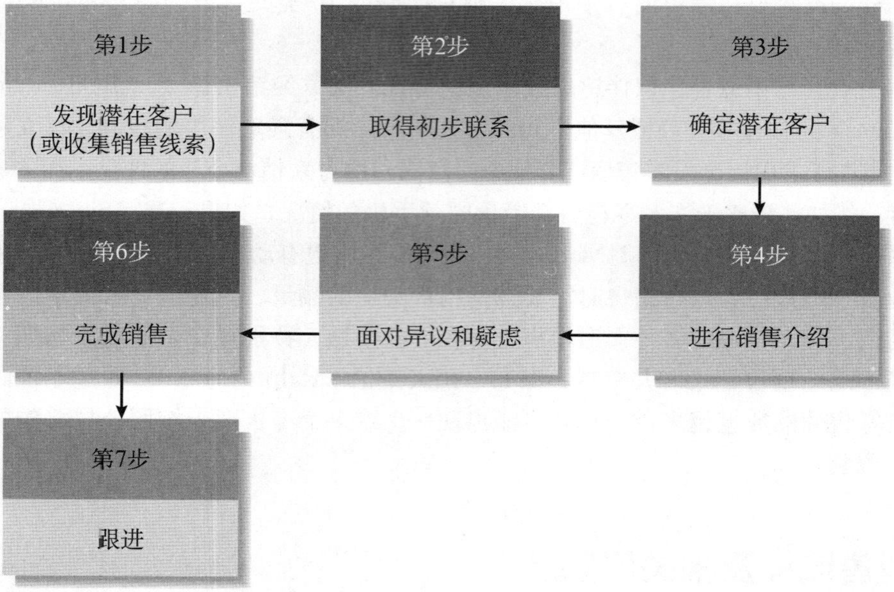

图 11-5 销售流程

表 11-5 精英健身中心的销售流程

流程的步骤	精英健身中心如何对流程的每个阶段提供支持
发现潜在客户（或收集销售线索）	• 现有会员推荐。 • 直邮（针对符合精英健身中心会员特征的家庭）。 • 与佛罗里达中部健康食品公司（Central Florida Health Food）建立合作伙伴关系。 • 与奥维耶多医生和医师医疗实践协会（Oviedo Doctor's and Surgeon's Medical Practice）建立合作伙伴关系。 • 公司网站的下载。 • 公司广播和平面广告的反馈。
取得初步联系	• 所有员工都将就如何与潜在客户建立融洽的关系接受培训。 • 向潜在客户提供精英健身中心的信息。 • 通过广播和平面广告将客户引导至精英健身中心的网站，该网站包含短片和其他促销材料。
确定潜在客户	• 所有员工都将接受培训，以评估潜在客户并确认其是否符合条件。精英健身中心将向符合条件的优质潜在客户提供参观其设施的机会。 • 如果符合条件的潜在客户最初没有选择加入，则在他到访三天后进行电话随访。
进行销售介绍	• 符合条件的潜在客户可以参观健身中心的设施。 • 符合条件的潜在客户可观看一部短片（9 分钟），了解精英健身中心的设施和项目，以及参加健身的好处。 • 逐渐收集客户的好评，并将其作为销售介绍流程的一部分，提供给潜在客户。
面对异议和疑虑	• 员工将就如何应对最常见和最明显的异议和疑虑接受培训。 • 关于价格的异议，制作一份小册子：(1) 将精英健身中心的初始（一次性）注册费和每月会员费与其他健身中心的费用进行比较；(2) 将参加健身中心的花费与其他形式娱乐活动（如划船、打高尔夫球）的花费进行比较。 • 制作一份类似的小册子，将精英健身中心的设施与其他健身中心的设施进行比较。
完成销售	所有员工都将接受培训，以明确如何邀请符合条件的潜在客户加入。

续表

流程的步骤	精英健身中心如何对流程的每个阶段提供支持
跟进	• 新会员在加入 30 天后将接受随访，以了解相关情况。在此之后，每年还会通过电话联系新会员。电话中还将询问推荐人的姓名。 • 精英健身中心将制作每月简讯，并通过邮件或电子方式发送给每个会员。 • 精英健身中心的员工将接受培训，以吸引会员，感谢他们的加入，并不断征求他们的改进建议。

资料来源：B. R. Barringer，*Preparing Effective Business Plans*：*An Entrepreneurial Approach* 2e，© 2015. Reprinted by permission of Pearson Education，Inc.（Upper Saddle River，NJ：Pearson Prentice-Hall，2014）.

对照表 11－5 所示的方法来制定销售流程，可以为企业员工提供一种参照标准，并为企业的精准分析和持续改进指明出发点。通常，当公司失去一笔重要的销售订单，并对存在的问题进行反思时，就会发现它遗漏或未能妥当处理其销售流程的某一重要步骤。这就是为什么精心策划的销售流程及其相应的行动步骤和适当的员工培训可以大大改善公司的销售业绩。

复习题

1. 什么是目标市场？为什么对企业而言，在其创立之初选择目标市场很重要？
2. 解释市场细分的重要性。市场细分方式有哪几种？
3. 企业应该如何构建产品属性图？
4. 什么是利基市场？
5. 企业的定位策略意味着什么？
6. 什么是标语？你最喜欢的标语是什么？为什么？
7. 什么是品牌？以你经常购买的品牌为例，描述你听到或看到该品牌名称时脑海中形成的印象。
8. 品牌管理的目的是什么？
9. 为公司制造“话题”是什么意思？举出一家成功为其产品或服务制造话题的企业。
10. 品牌资产一词是什么意思？
11. 企业营销组合的四要素是什么？
12. 描述核心产品和实际产品之间的区别。
13. 什么是参考客户？拥有参考客户将为新企业提供何种帮助？
14. 比较基于成本的定价和基于价值的定价。
15. 价格质量归属是什么意思？创业者在为产品定价时，理解该短语的含义能够起到哪些帮助？
16. 游击营销是什么意思？举出一个没有在本章中出现的游击营销案例。
17. 比较广告和公共关系在企业及其产品的促销中所起的作用。
18. 在脸书和推特上设立账户并撰写博客的目的是什么？
19. 比较直接销售和通过中介销售的优点。
20. 采用有条理的销售流程的目的是什么？

应用题

1. 如果你决定在俄亥俄州哥伦布市创办一家小企业咨询服务公司，你将如何着手处理以下方面：市场细分、选择目标市场和制定定位策略。

2. 想象一下，你打算在就读的大学附近开设一家辅导机构。你用于打造品牌、吸引客户并产生潜在客户和销售收入的全面社交媒体策略将具有哪些特征？

3. 请花些时间浏览红牛的网站（www.redbull.com）。对红牛营销组合中的每个要素（产品、价格、促销，以及渠道或分销）进行评价。如果你需要更多信息，请展开互联网或图书馆研究。评估红牛的整体营销计划，在1～10分之间（10分最高），你会给它打几分？你会提供哪些证据来支持你的评分？

4. 阅读“如果你是风险投资者11.2”专栏，其中介绍了Eatsa。你会建议该企业采取哪些行动来开展游击营销活动？

如果你是风险投资者 11.1

Barnana公司

网站：www.barnana.com　脸书：Barnana　推特：@barnana

商业创意：生产一种由半脱水香蕉制成的一口大小的健康零食，它便于携带且钾含量丰富。

推介：2001年，考埃·苏普利西（Caue Suplicy）移居美国并专业从事铁人三项运动。他经常随身携带一些脱水香蕉块，这些香蕉块是根据他在巴西学到的家庭自制方法制成的。这些小香蕉块中富含钾和其他营养元素。在从事10年高水平竞技运动之后，他退出了职业运动生涯。2010年，苏普利西创立了Barnana，与他人分享他的特色零食。

对于运动员或任何对健康食品感兴趣的人来说，Barnana都是一种理想的零食。作为传统零食的替代品，Barnana开创性地利用了香蕉的天然营养成分。香蕉生长于营养丰富、不含化学品的土壤之中，生产中不加添加剂或防腐剂，Barnana具有天然的甜味。

Barnana零食被制成可以抛进嘴里一口吃下的大小。它们被装在可反复密封的塑料包装袋中，可以在跑步、骑行时轻松携带，或者只是作为下午茶点心食用。它有四种口味：原味、巧克力味、椰子味和花生酱味。每一口都是半脱水的香蕉块，柔软而耐嚼，吃起来像香蕉面包。它只有一种主要原料——纯粹的有机香蕉。它是钾和纤维的优质来源，并含有20多种维生素和矿物质。所有口味的产品都不含乳制品、无麸质、非转基因、洁净且纯素。Barnana香蕉块对乳糜泻患者来说是一种理想食品。因其纤维含量，它们可以帮助消化，这通常是乳糜泻患者所需的。在制作Barnana香蕉块的过程中，企业对香蕉的种植给予了极大关注。这些香蕉都生长于南美的可持续有机农场中。

Barnana香蕉块也很美味。它们很有嚼劲，特别适合作为零食。表面撒的是香蕉粉，不加糖。巧克力味的Barnana香蕉块包裹在54%的有机可可当中，同时给人们带来了黑巧克力的营养。

Barnana零食在全美各类商店中均有销售，包括全食超市、韦格曼斯、Sprouts、PCC社区市场和其他本地商店。消费者也可以通过亚马逊和Barnana官网进行购买。

1. 根据本章介绍的内容，在作出投资决策之前，你会向该公司的创始人提出哪些问题？什么样的答案能够让你满意？

2. 如果你只能根据推介内容和公司网站提供的信息作出决策，你是否会投资该公司？为什么？

如果你是风险投资者 11.2

Eatsa 公司

网站：www.eatsa.com 脸书：Eatsa 推特：@Eatsa

商业创意：创建一种高度自动化的快速休闲餐厅，顾客可以通过应用程序订购特制的餐点，然后从一个格架似的小口取餐。顾客只需轻按两次即可开门并拿走餐点。

推介：Eatsa 是一家连锁餐厅，它利用技术来降低价格并提高快速休闲餐饮的利润率。其运作方式如下。你走进一家 Eatsa 餐厅。除了几名提供帮助的服务人员之外，看不到服务员或其他员工。你可以通过手机应用程序或店内的苹果平板电脑下单。这里的餐品非常注重健康，每样餐点都装在一个碗中。例如，午餐的选择有便当碗（Bento Bowl）、卷饼碗（Burrito Bowl）和烟熏沙拉（Smokehouse Salad）等。午餐和晚餐的最低餐费为 6.95 美元，早餐的价格则低至 3.95 美元。下单后，你就可以到餐厅的另一个区域等待，那里有屏幕显示等待订单的人名。当你的餐点做好后（通常不到 4 分钟），你的名字旁就会出现一个数字以及一些有趣的动画。每个数字都对应一个玻璃格子，这种格子大约有 30 个，与小微波炉差不多大。你点按两次屏幕，格子的小门会打开，你的餐点就在里面。你看不到厨师和其他员工。你可以在餐厅就餐也可以打包带走。

从点餐到取餐，自动化使 Eatsa 能够以非常具有竞争力的价格（如前所述，起价 6.95 美元）为顾客提供高质量的餐点。每一碗餐点都美味可口且营养丰富。例如，烟熏沙拉是由白切达奶酪、混合蔬菜、香脆洋葱条、烤蘑菇、西红柿、烤玉米、黄瓜、牧场烧烤酱、腌制洋葱和烤红藜麦制成的。美味的早餐选择包括调味苹果藜麦、西南风味炒蛋，以及山羊奶酪和蔬菜等，每份仅需 3.95 美元。Eatsa 的许多餐点都含有藜麦。藜麦常被称为超级食品。它含有完全蛋白质，具有人体所需的所有氨基酸，并且不含麸质和胆固醇。其产出率也很高，这对地球环境很有好处。藜麦是谷物，而不是动物蛋白。其在生产时所需的能量仅为动物蛋白的 1/30。

由于人工成本较低，因此 Eatsa 能够以经济实惠的价格提供优质的餐点。较低的人工成本也提高了其利润率。Eatsa 在加利福尼亚州有 4 家店、在华盛顿特区有 1 家店，并且正在考虑进一步扩张。它的标语是“永远改变快餐的时候到了”。简而言之，Eatsa 以令人惊讶的实惠价格，提供优质、美味的快餐。

1. 根据本章介绍的内容，在作出投资决策之前，你会向该公司的创始人提出哪些问题？什么样的答案能够让你满意？

2. 如果你只能根据推介内容和公司网站提供的信息作出决策，你是否会投资该公司？为什么？

案例

Nest Labs

网站：https://nest.com 脸书：Nest 推特：@nest

简介

大约在 2005 年，托尼·法德尔（Tony Fadell）建造了他的梦想之家。他在苹果公司工作，为 iPod 和 iPhone 的推出发挥了重要作用。法德尔花了大量时间打造自己的房屋，并参与了每个细节。在所有事情中，令他感到沮丧的一件事是：缺乏好的恒温器。法德尔认为，这些年来，许多东西都变得越来越好，但恒温器基本未变。它们的外观难看，难以编程，且无法远程调控。

法德尔将这种苦恼告诉了他在苹果公司的同事马特·罗杰斯（Matt Rogers）。罗杰斯立刻表示感同身受。他们开始深入研究恒温器行业，以便更好地了解它。他们试图寻找一种吸引人的、易于编程的，并且可以远程控制的恒温器，但找不到。另外一些事情也触动了他们。首先，恒温器主要销售给建筑商、暖气及空调维修人员，而不是房屋所有者。因此，大多数房屋所有者对安装在自家的恒温器几乎没有选择的余地。其次，霍尼韦尔（Honeywell）这类恒温器制造商主要面向企业。它们在设计消费产品或直接向最终用户销售等方面几乎没有经验。因此，即使它们想要打造一款法德尔和罗杰斯正在寻找的恒温器，它们也不具备这样的能力。所有这些都给法德尔和罗杰斯带来了启发。他们不喜欢市场上的恒温器，恒温器制造商不具备有效改善恒温器的技能，而苹果手机等新技术应运而生了，这些技术使得远程操控家中几乎任何设备都成为可能。最重要的是，恒温器是一个很大的市场。仅在美国，每年就能售出 1 200 万个。这比视频游戏、灶具或冰箱的销量还要高；并且，恒温器在家庭电费中平均占到了 50%。

基于这些了解，法德尔和罗杰斯开始探讨是否有可能创办一家生产恒温器的公司。对于朋友和家人的不解，他们早有准备。他们都在苹果公司工作，那是世界上最吸引人的公司之一。但他们对毫不起眼的恒温器感兴趣，带着几个重要的设计理念，他们开始制作原型。他们在开始不久就制定了具体的使命、商业策略和营销策略。他们的使命是创造一个更贴心的家。这款恒温器将具有吸引人的外观，容易使用，并且直接向消费者销售。它能够“学习”用户的行为模式，并自我调整以节省能源。它将不会作为“高科技”产品销售。相反，他们的公司（他们决定叫它 Nest Labs，以下简称 Nest）将仅仅告诉消费者该产品的好处，并传达该产品使用简单、节省能源以及帮助房主省钱的故事。

Nest 成为公司

Nest 于 2010 年创立。完善 Nest 恒温器花费了大量时间。法德尔和罗杰斯打造了多款原型，与行业专家和潜在用户进行交谈，甚至采访了美国环境保护署的官员。他们坚持一个理念，即如果无法改变行业现状，制造出美观、易用、节能且省钱的恒温器，就没有实现他们这样做的价值。他们所做的许多研究都证实了他们先前的怀疑。一般来说，房屋所有者都不怎么喜欢家中的恒温器。它们不美观、几乎无法编程，并且人们常常忘记调温而造成了金钱的浪费。如果一个家庭喜欢在夏季将房屋温度保持在 21 摄氏度，那么在白天全家都出门时将温度调高，可以节省相当可观的能源和金钱。当第一个人回到家中时，温度可以再次调低。

经过一年的原型制作和准备，Nest 学习型恒温器（Learning Thermostat）于 2011 年推出。虽然后来又多次升级，但它的外观变化甚微。它是一款时尚的圆形产品，与冰球大小差不多，中央有一个蓝色圆圈，用于显示温度。人们可以转动整个设备（像刻度盘那样）来手动调节温度。它是一款电子、可编程、具有自学能力、可连接无线网络的设备，可实现房屋供暖和制冷的最优化，以节省能源和金钱。在最初的几周内，用户必须手动调节恒温器，以帮助其建立一组基本行为模式。然后，该设备将使用机器学习算法，了解房屋中何时有人、何时没人以及他们偏好的温度，并据此进行调节。它还可以使用内置传感器判断出家中没有人并进入节能模式。它还可辨别家中移动的是人还是猫（打个比方）。用户既可以通过实物设备对 Nest 的温度进行操作和控制，也可以通过智能手机进行远程操控。

Nest 恒温器一炮打响。三年来，该企业每年售出约 100 万个恒温器。Nest 的成功很大一部分来自其营销方式。以下是对 Nest 营销策略各要素的分析。

选择目标市场并确立定位

Nest 进行市场细分、选择目标市场并制定定位策略是受到了其使命和产品的驱动。在市场细分和定义目标市场方面，Nest 从三个维度对恒温器市场进行了细分：客户群体、年龄和生活方式。在客户群体方面，它瞄准了中高收入房屋所有者。该产品售价 249 美元，对不太富裕的客户群体而言，这个价位偏高。在年龄方面，它针对的是 30 多岁至 50 多岁的房屋所有者。在生活方式方面，它面向的是较注重能源和预算的消费者。因此，Nest 的目标市场是 30～60 岁、对能源和/或预算较为关注的中高收入房屋所有者。

Nest 的定位策略能够与它对目标市场的选择形成互补。它并没有将自己定位为高科技品牌，也不愿被视为一家生产爆款产品的公司。相反，它将自己定位为一家提供产品使房主受益的公司。Nest 的所有营销活动和传递出的信息都强化了这一定位。例如，它最早有一则 1 分 12 秒的广告，展现了一个中产家庭在一套较为高档的房子里学习如何使用 Nest 学习型恒温器。在动听的背景音乐中（没有人说话），家人四处走动并与恒温器互动。这则商业广告通过在屏幕上闪现一系列要点来描述观众看到的内容。表 11－6 列出了这些要点。这则商业广告既让人赏心悦目，又提供了丰富的信息，但没有提到该恒温器背后的技术。它把重点放在了如何使家庭受益上，并简要地讲述了 Nest 的故事。

表 11－6　早期 Nest 商业广告（2012 年）

标题：Nest 学习型恒温器简介

在动听的背景音乐中，该商业广告展现了家庭与 Nest 学习型恒温器的互动方式。以下是该商业广告中出现的要点（没有人说话）。

- 我们没有意识到恒温器的重要性。
- 直到我们发现它耗用了你的一半电费。
- 使用 Nest 学习型恒温器。
- 你只需像使用原恒温器一样使用它，它会自行编程。
- “树叶”有助于节俭（当你选择节能温度时，就会出现“树叶”）。
- 每当你转动表盘，它都在学习。
- 它让你拥有舒适的夜晚。
- 它会记住你的起床时间。
- 当你出门时，不浪费一点能量。
- 随时随地调整 Nest。
- Nest 可以适应你不断变化的生活。
- 它永不停止学习。

如果想观看该广告，只需访问 YouTube 并输入“Nest 学习型恒温器简介”（Introducing the Nest Learning Thermostat）。

Nest 的所有商业广告和促销活动都遵循这一模式。该公司所讲述的故事是 Nest 定位策略中不可或缺的一部分。早在创业初期，创始人和初始团队就花了很多时间在故事的构建上，这一故事将对恒温器及其提供的价值进行描述。他们还希望在恒温器之后继续推出其他家用产品。Nest 最终决定将其设备描绘成家人“喜爱”的设备，而不是被忽视甚至有时惹人厌的“不被喜爱”的设备。从 Nest 网站的以下声明中，我们可以看出这一点。

> Nest 就是家。我们爱家，那是世界上最好的地方。但并非家中的所有事物都那么惹人喜爱。有些事物会向我们发出哔哔声，出现故障警报，让我们处于黑暗之中。我们已经学会忽略一些事物。但我们认为它们能够更好。Nest 专注于制作简单并令人愉悦的产品。这就是我们创建温馨住宅的方式：一个关心家人和周围世界的家。

同样，Nest 的定位是一家使消费者受益的公司——一个将“令人喜爱”的产品带入家庭的公司。在此后几年中，Nest 还推出了烟雾和一氧化碳监测器——Nest 保护器（Protect，2013 年），以及监控摄像头——Nest 室内摄像头（Cam Indoor，2014 年）和 Nest 室外摄像头（Cam Outdoor，2016 年）。Nest 对 Dropcam 的收购，为其提供监控摄像头奠定了基础。这项交易于 2014 年完成。用你的创造力构造一个介绍 Nest 保护器的商业广告。Nest 保护器外观时尚，配备了先进的技术，可用于监测烟雾和一氧化碳。它会在警报响起之前，用一个女声发出预警（例如，“小心——厨房在冒烟”或“客厅中一氧化碳含量过高，请转移至有新鲜空气的地方”）。与常规烟雾报警器不同，一旦危险过去了，你不必从车库里找来梯子，爬上去关闭报警器。拿出智能手机，即可使设备静音。它还可以发送警报，所以即使你不在家，也能够知道发生了什么。此外，常规烟雾报警器需要每月进行检测，但 10 个人中有 9 个没有这么做。Nest 保护器每天进行 400 次电池和传感器自我检测，以确保其正常工作。为使 Nest 保护器更令人喜爱，在你关灯睡觉时，设备会发出令人愉悦的绿色光芒。Nest 保证你顺利度过每个夜晚。

与 Nest 学习型恒温器一样，Nest 保护器也能使消费者受益。没有任何促销活动或商业广告提到该设备背后的技术，它将关注点全部放在该设备提供的保护和它为家庭带来的好处上。图 11－6 概述了 Nest 的市场细分、目标市场以及独特的市场定位。

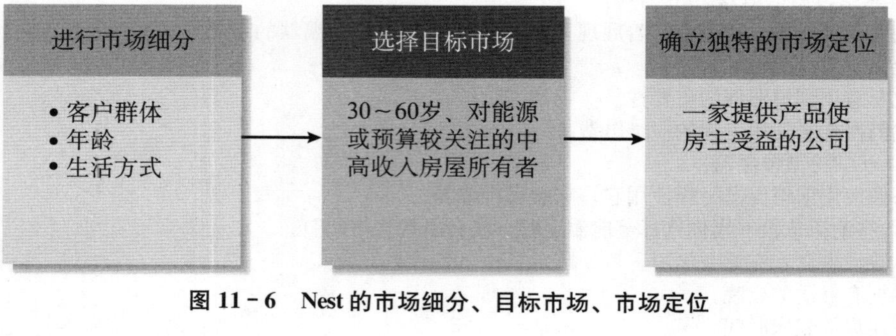

图 11－6　Nest 的市场细分、目标市场、市场定位

产品、价格、促销和渠道

在产品方面，Nest 优先考虑简洁的设计和智能化的功能。产品仅需满足人们的需求，除此无他。在产品的构建中，公司也考虑了用户体验。在对法德尔的一次采访中，他谈及在苹果公司的工作经历，并说道，他不仅学到了产品设计，更重要的是，学到了“客户体验”设计。因此，Nest 总以一种有益于客户体验的方式来设计产品。该企业在设计产品时，还会考虑使房屋更加美观，而不是破坏房屋的装饰。Nest 的产品都很时尚，并且在视觉上具有吸引力——当有客人来访时，人们会展示这些产品。人们可将其理念与传统恒温器、烟雾探测器和监控摄像头进行比较。

在价格方面，Nest 产品高于或等于竞争对手的产品。如前所述，Nest 学习型恒温器售价为 249 美元。自推出以来，已有多个竞争者进入该市场。霍尼韦尔的 Lyric Round 2.0 Wi-Fi 智能可编程恒温器类似于 Nest 学习型恒温器，并具有许多相同的功能，售价仅为 179.95 美元。Ecobee 3 智能恒温器根据其所包含的功能，售价分别为 169 美元和 249 美元。Ecobee 3 也有许多与 Nest 产品相同的功能。还有许多较低价位的恒温器，但它们没有直接可比性。其他 Nest 产品也遵循相同的定价原理。

在促销方面，Nest 使用了许多方式来宣传其产品并讲述其故事。正如 Nest 学习型恒温器在上述场景中所强调的，它一直在利用电视广告来强化其定位并提供与其产品相关的信息。利用电视媒体表明，Nest 正在大范围投放广告以吸引其目标客户。Nest 也广泛使用社交媒体。其 YouTube 频道中有 250 多个视频，其中不仅有 Nest 商业广告，也有一些实用教程以展示 Nest 产品的使用方式。一则关于 Nest 保护器的视频广告已经被观看超过 200 万次。它的标题为“安全”(Safe)，其中展示了许多父母通过不同方式保护孩子的暖心例子（自行车头盔、防寒毛衣、游泳镜、雨伞、汽车座椅等)。广告结尾说道：“我们（指每个人）爱他们，想要确保他们的安全，因此我们创造了 Nest 烟雾和一氧化碳报警保护器，它将在出现问题时发出声音并在你的手机上作出提示，或者，让你知道一切都很好——因为，你知道，我们会担心。”在传统社交媒体方面，Nest 也拥有充满活力且内容丰富的脸书页面、推特账户和 Instagram 账户。同时，它得到了将近 45 万个脸书点赞、17 万个推特关注者和 4.77 万个 Instagram 关注者。为发现乐趣，Nest 每年都会赞助一个被称为“Nestie Awards”的竞赛。每年，它都鼓励客户和其他人提交一份由 Nest 室内摄像头或室外摄像头拍摄的他们最喜爱的视频片段。根据视频质量评选出的获奖者将收到 Nest 产品作为奖励。

Nest 在促销方面也很有创意。2013 年，当该公司推出 Nest 保护器时，它在克雷格列表上购买了一辆消防车并用其进行产品推广。在旧金山地区的 Nest 促销活动中，人们可以免费乘坐消防车。如果你想看看 Nest 消防车长什么样，请访问谷歌图片并输入“Nest 消防车”(Nest Firetruck)。

为获取分销渠道，Nest 的联合创始人在公司创办之前就已经与零售商进行了会晤。在为初始（和后续）产品制定价格时，他们既考虑了零售商必须赚取的利润，也考虑了 Nest 必须赚取的利润。他们的第一批零售店是三家百思买商店：一家在湾区、一家在芝加哥、一家在得克萨斯州奥斯汀。Nest 认为它不能大量采用线上销售的形式。它认为其产品需要进行一些解释，而它的零售合作伙伴可以在销售点以最有效的方式完成这一任务。

Nest 拥有三个不同的分销渠道。如今，人们可以在指定零售店（如家得宝、劳氏(Lowe's)、百思买和苹果商店）购买其产品，也可以在 www.nest.com 和亚马逊上在线购买。同时，Nest 还通过销售电气产品的公司来分销其产品。Nest 已与许多有兴趣帮助其客户节省能源（尤其是在能源需求高峰期）的电气公司建立了合作伙伴关系。在某些情况下，能源公司在与 Nest 签订某些项目计划后，会免费向其客户提供 Nest 学习型恒温器。

该公司拥有超过 25 000 名 Nest 专业人员，他们能够安装 Nest 产品。你在购买 Nest 产品时，还可以购买它的安装服务，Nest 专业人员会到你家或你的企业安装该产品。

Nest 的未来

Nest 于 2014 年初被谷歌以 32 亿美元的价格收购。此后，Nest 一直在自主运营，并将持续下去。此次收购的根本原因是，在产品及其覆盖的地域等方面，为 Nest 的继续扩张提供动力。此次收购还解散了 Nest 的管理团队，使其主要专注于产品创新，而谷歌将接手其管理职责。Nest 产品如今在美国各地以及越来越多的国家/地区均有销售。Nest 也将保留其目前拥有的所有品牌。

Nest 的旅程并非一帆风顺，它也遇到了一些产品上的挑战。联合创始人法德尔于 2014 年离开 Nest，并在谷歌内部寻求其他机会。尚不清楚法德尔的离任会对未来产品创新造成怎样的影响。竞争对手紧随其后，竞争加剧。霍尼韦尔 Lyric Round 2.0 Wi-Fi 智能可编程恒温器与 Nest 产品看上去差不多，但便宜了约 70 美元。

虽然其销售势头仍然很好，但 Nest 以及所有正在打造智能家居设备的公司都无法回避一个重要因素，即长期消费者在将其设备连接至智能手机时能否感知价值。对隐私的担忧，以及对智能设备是否会记录个人行踪并收集其他个人信息的担忧，使一些购买者望而却步。

Nest 仍然坚持其使命——打造更为温馨的住宅。它也仍然致力于企业的营销策略，进一步为其使命和定位提供支持——打造一家通过提供产品使房主受益的公司。

思考题

1. 评价 Nest 的市场细分、目标市场的选择和市场定位。Nest 营销策略中的这些要素在何种程度上形成互补并发挥了多大效力？

2. 描述 Nest 品牌。Nest 采用了哪些方式进行品牌管理？

3. 找出家中还有哪些“不被喜爱”的产品可以被 Nest 转化为“令人喜爱”的产品并继续致力于创造更为温馨的住宅。

4. 在 Nest 面临的挑战当中，你认为哪一挑战最具威胁？解释你的答案。

资料来源：Nest，www. nest. com（accessed March 15，2017）；R. DiResta，B. Forrest，and R. Winyard，*The Hardware Startup*，Sebastopol，CA：O'Reilly Media，2015；Nest Labs Introduces World's First Learning Thermostat，available at https://www. youtube. com/watch?v=RVAh-pVvzuI（posted October 25，2011，accessed March 15，2017）；The Industrialist's Dilemma：Tony Fadell，News，Stanford Graduate School of Business（podcast），available at https://www. youtube. com/results?search_query=tony+fadell+nest+labs（posted March 1，2016，accessed March 15，2017）；M. Rogers，Stanford Seminar—Entrepreneurial Thought Leaders：Matt Rogers of Nest，Stanford Technology Ventures Partners podcast（posted October 30，2014，accessed March 15，2017）.

注 释

第12章 知识产权的重要性

学习目标

学完本章，你应该能够：

1. 解释知识产权一词，并描述其重要性。
2. 解释什么是专利，并描述不同类型的专利。
3. 描述商标并解释创业者获得商标的过程。
4. 解释什么是版权，并认识版权可以保护的内容。
5. 描述商业秘密，并了解商业秘密纠纷的常见原因。
6. 解释什么是知识产权审计，并认识创业型企业应当完成此类审计的两个主要原因。

许多创业型企业都拥有宝贵的知识产权。实际上，几乎所有企业（包括初创企业）都具有对其成功至关重要的知识、信息和创意。

出于至少三个原因，认识知识产权并了解保护知识产权的方法对企业而言十分重要。首先，企业的知识产权通常代表了其最宝贵的资产。[1]想一想脸书和谷歌的商标、苹果手机的设计拥有怎样的价值。这些都是知识产权的示例，并且根据知识产权法的规定，对那些拥有它们的企业而言，它们是专有财产。其次，认识知识产权并了解保护知识产权的方法能够避免无意中违反知识产权法。例如，想象一下，如果一家创业型初创企业在选择一个企业名称后，通过广告大力宣传，后来却因侵犯商标权而被迫更改名称，那么该企业将面临怎样的困境。最后，知识产权可以被授权或出售，从而提供可观的许可收入。

在本章开始部分，我们对知识产权做了定义并探讨了何时需采取知识产权保护措施。若要使知识产权受到法律保护，将涉及成本。至少在短期内，成本有时甚至超过收益。然后，我们描述了知识产权的四种主要形式。在本章最后，我们讨论了进行知识产权审计的重要性，这是创业者可以用来对自己拥有的知识产权进行分类并确定其保护方式的一种积极工具。

知识产权概述

知识产权（intellectual property）是无形但具有市场价值的人类智力产物。之所以称为“知识”产权，是因为它是人类想象力、创造力和发明力的产物。[2]传统上，企业将其有形资产（例如土地、建筑物和设备）视为其最重要的资产。但如今，公司的知识产权资产已经越来越多地成为其最有价值的资产。[3]以 3Derm 公司为例，其知识产权由各种无形资产组成，包括专利（一旦被授予）、商标、互联网域名、任何它向用户发布的产品说明书或视频的版权，以及商业秘密。所有这些资产都可以为企业提供市场竞争优势，而失去此类资产将与失去实物资产或设备一样代价高昂（甚至更为严重）。

并非所有企业都像 3Derm 一样精于知识产权。实际上，创业型企业常犯的错误就是：未正确认识自身的所有知识产权、未完全认识自身知识产权的价值、未将自身知识产权作为其追求成功的总体计划的一部分，以及未采取足够的手段保护知识产权。图 12－1 呈现了这些错误。但是，我们很难确定什么才是知识产权以及它是否应受到法律保护。公司运营的每个方面都可能拥有应受到保护的知识产权。为了说明这一点，表 12－1 提供了一些常出现于中型创业型企业部门内的知识产权示例。

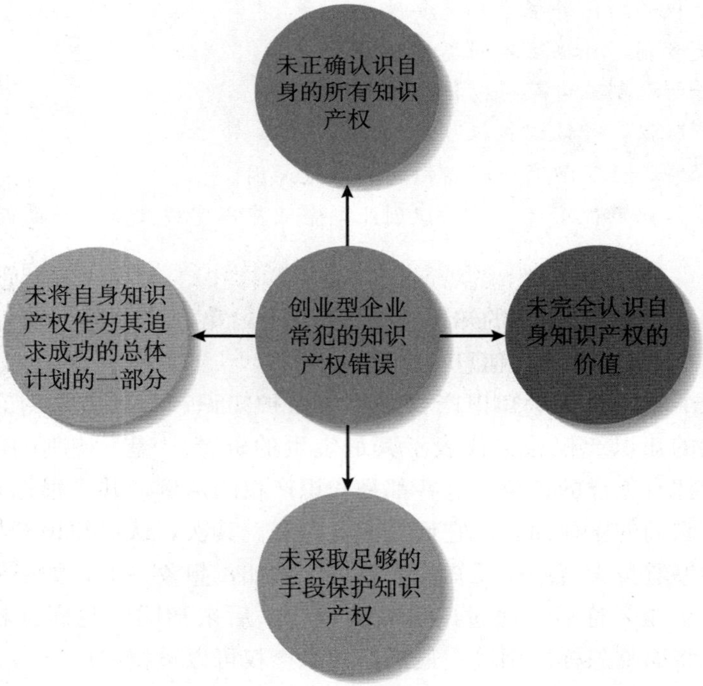

图 12－1　在知识产权方面企业常犯的错误

表 12－1　常出现于中型创业型企业部门内的知识产权示例

部门	知识产权通常的表现形式	常用的保护方法
营销	名称、标语、徽标、广告旋律、广告、传单、宣传册、正在开发的广告文案、产品视频、客户列表、潜在客户列表和类似事物	商标、版权和商业秘密

续表

部门	知识产权通常的表现形式	常用的保护方法
管理	招聘手册、员工手册、招聘人员在招募和聘用候选人时使用的表格和清单、书面培训材料和公司简讯	版权和商业秘密
财务	合同表、描述公司财务业绩的幻灯片、说明公司财务处理方式的书面文件，以及员工工资记录	版权和商业秘密
管理信息系统	网站设计、互联网域名、公司对特定计算机设备和软件的培训手册、原始计算机代码、电子邮件列表、名称登记信息	版权、商业秘密和互联网域名
研发	新颖有用的发明和业务流程、对现有发明和流程的改进，以及记录各个项目发明发现日期和进度情况的实验笔记	专利和商业秘密

美国专利商标局（United States Patent and Trademark Office，USPTO）有多个专门设计用来帮助发明人和小企业保护其知识产权的计划。首先是一个无偿法律援助计划。该计划正在各州推行，会向符合条件的申请人提供专利申请援助。你可以访问 www. uspto. gov/inventors/state _ resources，并通过 USPTO 网站查看美国信息中心（National Clearinghouse），以确定该计划在哪些州推行。其次是发明人援助中心（Inventors Assistance Center，www. uspto. gov/inventors/iac），它向公众提供全面的专利援助和支持。

确定应受法律保护的知识产权

确定某个特定知识资产是否应该受到知识产权保护，有两个基本原则。第一，企业应确定所涉及的知识产权是否与其竞争优势直接相关。例如，亚马逊的“一键式”下单系统拥有一个商业方法专利，这是该网站一个不错的功能，与其竞争优势直接相关。同样，当 PatientsLikeMe 为患有严重疾病的人创办社交平台时，如果该公司未对其名称 PatientsLikeMe 进行商标注册，就太糊涂了。相反，如果企业开发的产品或商业方法或制作的平面材料与其竞争优势没有直接关联，则可能无需进行知识产权保护。

确定是否应进行知识产权保护的第二个基本原则是，确定该事物是否具有市场价值。例如，专利并非本身拥有价值——只有当其所涉的发明具有价值时，它才拥有价值。年轻公司常犯的一个错误是：发明了某种产品，花费大量资金为其申请专利，却发现该产品的市场不存在或者现有市场太小而缺乏开发价值。如第 3 章所述，在花费大量金钱对商业创意进行开发并使其受到法律保护之前，应当对该创意进行适当的测评。对一件无人想要之物拥有专有权利几乎没有任何价值。同样，如果公司为一项特殊活动开发了一个徽标，那么在该徽标不太可能再次使用的情况下，向 USPTO 注册该徽标可能纯属浪费金钱。

知识产权的四种主要形式

专利、商标、版权和商业秘密是知识产权的四种主要形式。在后文，我们将讨论每种知识产权形式的保护方式。知识产权法的存在是为了向那些在创造活动中付出了时间和金钱的个人授予其劳动成果在一定时间段内的专有权利，以鼓励创造和创新。知识产权法还可以帮助个人作出预判。例如，当消费者看见帕纳拉面包餐厅时，就确切地知道它会提供什么餐饮，因为只有帕纳拉面包才可以在供应汤食、招牌三明治和烘焙产品时使用帕纳拉面包的商标。

关于知识产权法，有一点需要特别说明，即在知识产权受到法律保护后，能否利用这些法律进行有效保护取决于创业者本人。如果创业者的建筑物或其他实物资产受到了威胁，警察和消防员可以迅速作出反应，但是，不存在知识产权警察或消防员。法院可以对违反知识产权法律的个人和公司作出处罚。但是，在知识产权受到侵犯时，创业者本人必须了解知识产权法律，保护知识产权资产，并提起诉讼。

有一个政府赞助的网站（www. stopfakes. gov）可以在企业认为“山寨”产品侵犯其知识产权时，提供维权的信息。有些企业花费了大量资源来打造能够给客户创造价值的产品品牌，但对它们来说，假冒商品已经成为愈演愈烈的问题。假冒现象最严重的五个商品类别是：提包/钱包、手表/珠宝、消费类电子产品/部件、服装/配饰以及药品/个人护理。有几个博客可用于随时了解知识产权法的各个方面。其中最受欢迎的两个博客是：The IP Law Blog（www. theiplawblog. com）和 Intellectual Property Law Blog（www. intellectualpropertylawblog. com）。

互联网域名虽然不是知识产权的四种主要形式之一，但也是知识产权的一种重要形式。随着互联网对企业的影响力越来越大，拥有一个简短易懂的互联网域名变得越来越重要。互联网域名可以通过 GoDaddy. com 等域名注册商来获得，注册费每年约 15 美元。与其他形式的知识产权一样，域名可以买卖，并且一个理想的域名通常价值不菲。例如，据报道，苹果公司于 2011 年以数百万美元的价格从其先前的所有者那里得到了 www. icloud. com 域名。

专 利

在美国，**专利**（patent）是联邦政府授予专利所有者在专利期限内就该专利排除他人制造、销售或使用其发明的权利。[4]专利所有者在有限的时间内被授予了法律上的垄断权。但是，专利并没有赋予其所有者制造、使用或销售此发明的权利；它只是赋予其所有者排除他人制造、使用或销售此发明的权利。这对许多创业者而言，往往难以理解。如果公司被授予了一项产品专利，人们自然会认为它可以立刻开始制造和销售该产品。但事实并非如此。专利所有者只有在不侵犯其他专利的情况下，才能合法地制造或销售其获得专利的发明。[5]例如，如果发明人获得了一个计算机芯片专利，且该芯片用到了英特尔早先获得专利的技术，则该发明人需要得到英特尔的许可才能制造和销售该芯片。英特尔可能会拒绝提供许可或者要求其支付许可费。虽然这一制度看起来很奇怪，但这是使其发挥作用的唯一方法。许多发明都是对现有发明的改进，这一制度可以对改进后的发明提供专利保护，但必须得到原发明人的许可，而原发明人通常可以为此获取许可收入。[6]

专利保护在美国历史上有很深的渊源，并且是美国宪法原始条款中明确提及的唯一知识产权形式。第一项专利于 1790 年被授予了钾碱（肥料的一种成分）制造工艺。该专利由乔治·华盛顿（George Washington）签署，并授予了佛蒙特州的发明家塞缪尔·霍普金斯（Samuel Hopkins）。专利之所以重要，是因为它授予了发明人暂时的排他权利来推广其发明。以发明过程中产生的风险和成本为代价，这项权利使发明人及其财务支持者有机会收回成本并赚取利润。如果没有专利法，发明人很难有动力将时间和金钱投入新发明。

自1790年授予第一项专利以来，USPTO已经授予了960万项专利，其中，仅2016年一年就授予了334 107项专利。2016年授予的专利数量比2006年增加了82%。有趣的是，USPTO作为美国唯一负责授予专利的机构，在积压的工作逐渐减少的情况下，压力仍然很大。2016年底，有1 070 163项专利申请在接受审查，专利申请获批的平均时间是25.3个月。实际上，USPTO在这方面已经取得了长足的进步。2010年，专利申请获批的时间长达35.3个月。

有些发明人和公司极富创造力并拥有多项专利。随着技术进步催生出新发明，人们对专利的兴趣也日益增加。

专利类型

专利有三种类型：实用新型专利、外观设计专利和植物专利。如图12-2所示，授予专利有三个基本要求，即专利申请的对象必须：（1）有用；（2）必须与之前事物不同；（3）对于其领域的普通技术人员来说，必须不是显而易见的。

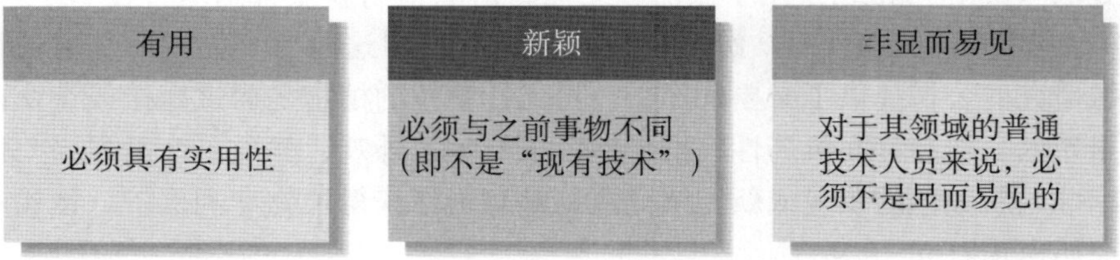

图12-2 专利的三个基本要求

实用新型专利（utility patent）是最常见的专利类型，它涵盖了我们通常认识的新发明。在2016年提交USPTO的650 411份专利申请中，实用新型专利占到了93.4%。[7]实用新型专利的期限为首次申请之日起20年。20年后，专利到期，发明进入公共领域，这就意味着任何人都可以生产和销售此发明而无需向之前的专利持有人支付费用。

以制药行业为例。假设辉瑞公司这类大型企业生产了一种药品，并且这种药品在医生给你开的处方中。你在拿药时，药剂师告诉你这种药没有等效的仿制药。通常，这意味着该药品受到了辉瑞拥有的专利保护，并且20年的专利期尚未届满。如果药剂师告诉你该药品有仿制药，则通常意味着其20年专利已经到期，其他公司现在可以生产与辉瑞药品相同化学成分的药物。仿制药的价格一般较低，因为仿制药的生产商不用像辉瑞公司那样试图收回其在药品开发过程中产生的成本。

新产品或流程的“创意”或“建议”无法获取实用新型专利。申请实用新型专利时，需要对发明进行完整描述，包括图纸和技术细节。此外，必须在产品或流程首次销售、公开使用或诉诸任何印刷出版物一年内申请专利，这一要求又被称为**首次使用后一年期限**（one year after first use deadline）。

最近，实用新型专利法增加了商业方法专利，这尤其关乎互联网企业的利益。**商业方法专利**（business method patent）是对经营方式类的发明进行保护或促进该经营方式的一种专利。直到1998年，当时的美国联邦巡回法院发表了允许商业方法获得专利的意见后，这类专利才得到允许。只要这类商业方法、数学算法和软件能够产生有用、有形且具体的结果，就可以申请专利。这项裁决打开了“潘多拉魔盒”，导致许多公司争先恐后地试图为其商业方法申请专利。自 1998 年以来，申请成功的最著名的商业方法专利包括亚马逊的一键下单系统、Priceline. com 的“用户出价”（name-your-price）商业模式，以及网飞允许客户设置列表以期通过邮寄方式获取电影租借服务（网飞用户如今已很少使用这种交付方式）或希望通过下载进行观看的方法。与商业方法专利相关的活动可能是企业竞争优势的重要来源。

外观设计专利（design patent）是第二常见的专利类型，它涵盖了针对制成品的新颖、原创和装饰性的外观设计发明。[8]2016 年提交的 650 411 份专利申请中，有 6.2%是外观设计专利。[9]外观设计专利有效期为 14 年。实用新型专利保护的是发明的使用和实施方式，而外观设计专利保护其外观。因此，如果创业者发明了一种新型鼠标，则在申请专利时应当审慎，既申请实用新型专利以保护该鼠标的使用方式，又申请外观设计专利以保护该鼠标的外观。虽然所有计算机鼠标的功能都基本一致，但是可以用无数种方式对其外观进行装饰性的设计。只要 USPTO 认为该外观设计具有新颖性和非显而易见性，它就可以获得外观设计专利的保护。这并不是一个无关紧要的问题，对于那些生产众多类型产品的企业而言，产品的外观设计正日益成为其重要的竞争优势来源。

植物专利（plant patent）用于保护可无性繁殖的植物新品种。尽管在 2016 年提交的 650 411 份专利申请中只有 1 180 份植物专利申请[10]，但这些专利为专门从事植物遗传学和相关领域研究的公司提供了必要的保护。可无性繁殖的植物是通过嫁接或杂交而非种子培育进行繁殖的。新品种在抗药性、抗旱性，或气味、外观、颜色、产量方面与以前的植株不同。因此，新颜色的玫瑰或新型杂交蔬菜都有资格获得植物专利保护。植物专利保护的期限为原始申请日起 20 年。

表 12－2 对三种专利保护类型、专利涵盖的发明类型以及专利期限进行了总结。

表 12－2 三种专利保护类型、专利涵盖的发明类型以及专利期限的总结

专利类型	涵盖的发明类型	期限
实用新型	新颖或有用的过程、机器、制品或材料成分，或以上事物的任何新颖有用的改进	自原始申请日起 20 年
外观设计	针对制成品的新颖、原创和装饰性的发明	自原始申请日起 14 年
植物	可无性繁殖的植物新品种	自原始申请日起 20 年

谁可以申请专利?

只有产品发明人可以申请专利。如果有两人或两人以上共同作出了发明，则必须共同申请专利。仅听说过产品的外观设计或试图对公共领域的某些事物申请专利是不可取的。

值得注意的是，这些规定存在例外。第一个例外是，如果发明人在受雇期间作出发明，则通常雇主会通过雇员签署的**发明转让协议**（assignment of invention agreernent，作为雇用协议的一部分）受让该专利申请权。第二个例外是，专利申请权可以买卖。对于创业型企业来说，这一选择可能成为重要的收入来源。如果企业拥有自己不想申请的发明，可以将此发明的专利申请权卖给其他人。

获得专利的过程

如图 12－3 所示，获得专利有六个步骤。其涉及的费用包括律师费、图纸费（有时与律师费合并），以及 USPTO 申请费和维持费。对小型机构而言，实用新型专利的申请费约为 800 美元。在颁发专利时，需要另外收取 480 美元。为维持专利有效，在 3.5 年、7.5 年和 11.5 年期满时需分别缴纳 800 美元、1 800 美元和 3 700 美元的维持费。根据专利性质，还可能收取其他费用。律师费根据所涉技术的复杂性有所不同。表 12－3 列出了获得专利大约需花费的律师费。[11]

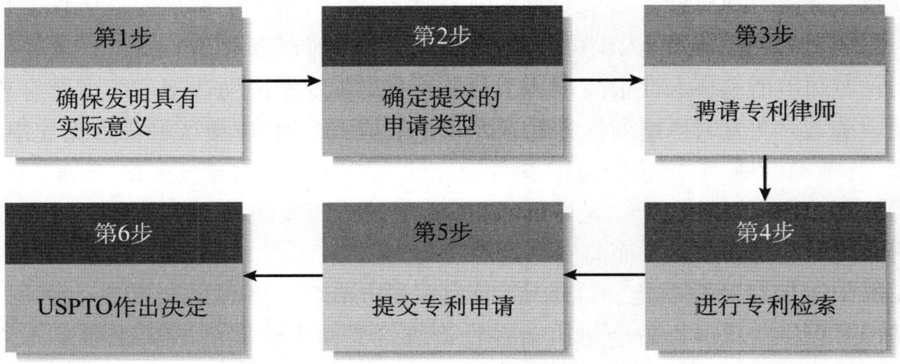

图 12－3 获得专利的过程

表 12－3 获得专利的律师费估算

发明类型	发明示例	律师服务费
非常简单	电器开关、衣架、回形针	5 000～7 000 美元
相对简单	棋盘游戏、雨伞、伸缩式狗链、牙刷	7 000～8 500 美元
稍微复杂	电动工具、割草机、照相机	8 500～10 000 美元
中等复杂	骑乘式割草机、简单射频识别设备、基础太阳能聚光器	10 000～12 000 美元
相对复杂	减震假肢	12 000～14 000 美元
高度复杂	MRI 扫描仪、PCR、卫星技术	14 000～16 000 美元
软件相关	软件、自动化系统、商业方法	16 500 美元以上

资料来源：Based on G. Quinn, "The Cost of Obtaining a Patent in the US," IPWatchDog, https://www.ipwatchdog.com/2015/04/04/the-cost-of-obtaining-a-patent-in-the-us/id=56485/(posted April 4, 2015, accessed February 28, 2017).

独立发明人通常能够创造相对简单到中等复杂的发明。对于高度复杂的技术（如半导体产品），其成本可能会大大超出 16 000 美元。

以下是获得专利的六个步骤。

第 1 步：确保发明具有实际意义。如前所述，做出申请专利的决定应遵循两个基本原则。值得保护的知识产权，通常与寻求保护的企业竞争优势直接相关，或者具有独立的市场价值。

第 2 步：确定提交的申请类型。如前所述，共有三种专利类型：实用新型专利、外观设计专利和植物专利。迄今为止，实用新型专利是最常见的一种。

第 3 步：聘请专利律师。强烈建议发明人与专利律师合作。即便市场上有"自行申请专利”的书籍，但创业者如果认为他们可以在没有专家帮助的情况下成功完成专利申请过程，通常还是过于天真。正确制作的专利申请书，以及其中正确定义的权利要求，能够使专利申请获批的概率最大化。此外，新产品可能具有一些可申请专利的特征，但对于该领域内的新手而言并不容易发现。USPTO 要求所有律师和代理人都必须通过严格的考试，才能代表客户与该机构进行沟通，这也表明了撰写专利申请书的难度。

第 4 步：进行专利检索。一项发明必须具有新颖性，且足以与现有技术进行区分，才能申请专利。专利律师通常要花费数小时在 USPTO 数据库（可通过 www.uspto.gov 进行访问）中搜索并研究类似专利。在完成搜索并仔细研究与所涉发明相似的专利后，专利律师将对新发明获得专利的可能性提出意见。

第 5 步：提交专利申请。如果发明人决定继续，那么第 5 步就是向位于华盛顿特区的 USPTO 提交专利申请。发明人也可以通过电子方式或邮寄方式提交申请。与版权和商标申请不同，专利申请的技术性很高，基本上全程都需要专家协助，不可能由所有者自己制作和提交申请书。在专利申请的优先性方面，美国与所有国家/地区一样遵循先申请原则。2013 年 3 月 16 日《莱西-史密斯美国发明法》（Leahy-Smith America Invents Act）颁布，美国从“先发明原则”转变为“先申请原则”。在先申请原则下，发明专利将授予第一个为此发明提交专利申请的人，而与实际的发明日期无关。

第 6 步：USPTO 作出决定。USPTO 收到专利申请后，将给其一个序列号，指派一名审查员进行审查。专利审查员会对申请进行调查，并向申请人的专利律师发一份书面报告，该报告通常要求申请人对申请作出修改。申请人与 USPTO 之间的沟通大部分通过邮寄或电子邮件进行。偶尔，发明人和律师可与专利审查员面对面讨论发明和书面报告。申请人可以与专利局交涉，使得此发明专利的申请成为可能。最后，专利局将作出决定。如果申请被驳回，还可以申诉，但是申诉的情况很少见且花费不菲。

美国专利法中有一项对创业者特别重要的规定，即 USPTO 允许发明人在制作和提交完整申请之前，为实用新型专利提交**临时专利申请**（provisional patent application）。临时专利申请可以使非临时专利申请的有效申请时间提前，并允许企业使用“专利申请中”（Patent Pending）一词。关于什么是临时专利申请，许多人会感到困惑。它不是临时专利——没有这种东西。它仅仅是专利的临时“申请”，并且能够将随后提交的完整实用新型专利的申请时间提前。如果提交不当，则可能会给创业者一种错误的安全感。本章“创业型企业的法宝”专栏介绍了提交临时专利申请的各个方面。

创业型企业的法宝 了解提交临时专利申请的各个方面

网站：www.uspto.gov　脸书：United States Patent and Trademark Office　推特：uspto

在初创企业圈中，经常听到人们说他们拥有“临时专利”或者他们通过申请临时专利而避免其发明被窃取。这些说法都是不正确的，因为并没有“临时专利”这种东西。尽管人们提出这种主张多是出于好意，但如果创业者不熟悉专利法的基础知识，则可能会无意中将某项发明的专利权拱手让人。如果出现这种情况，则正在计划通过发明专有权来获得持续竞争优势的企业可能会遭受重创。

对于身在美国的创业者而言，以下是确切的情况。申请人向 USPTO 提交的是一份“临时专利申请”。它包括规格说明（即发明的描述和图纸），但没有提交正式的专利权利要求、发明人誓言或陈述，或者任何信息公开声明。这不需指派专利审查员，也不会对现有技术或发明的可专利性做出判断。在 USPTO 看来，其目的是使随后提交的完整实用新型专利的申请日期提前。这就意味着，如果临时专利申请于 2017 年 12 月 1 日提交且正确填写，则此日期就是此发明的“优先”申请日期。如果有人在一个月后就同一发明提出实用新型专利申请，那么只要先前的申请人在提交临时专利申请后的一年内提交完整的实用新型专利申请，并且其临时专利申请和完整实用新型专利申请都得到了认可，那么这位后来的申请人将很不走运。提交临时专利申请需花费 149 美元，但它还有一项好处，那就是发明人可以就此发明合法使用“专利申请中”等词语。如果此发明已经在销售中，则这样的词语可以为发明人带来极大的营销优势，并向潜在投资者发出信号，表明发明人正在采取措施保护其专利权。

但是，这种情况也暗藏着不利因素，即必须正确填写和提交临时专利申请。包括临时专利申请在内的所有专利申请都必须符合三个重要的法定要求：

（1）必须就此发明提交充分的书面说明。

（2）其领域的普通技术人员应当能够制作并使用此发明。

（3）发明人必须在申请时提出其设想的实施此发明的最佳方式。

除 USPTO 的其他法定要求，不满足以上任一要求，都将被视为没有提交任何申请。因此，足够详细地阐述并正确提交临时专利申请十分重要。如果没能这么做，就可能发生以下情形。假设艾米（Amy）发明了一种新型网球拍。她通过下载并自己填写申请表，于 2018 年 1 月 1 日提交了一份临时专利申请。这是不够的，因为她的发明没有包含充分的书面说明，但是 USPTO 不会通知艾米，因为直到提交完整实用新型专利申请之前，他们不会对临时专利申请进行审查。2018 年 7 月 1 日，艾米聘请了一位专利律师为她的发明提交完整的实用新型专利申请。在审查了她的文件后，USPTO 审查员驳回了该申请，因为一个月前，即 2018 年 6 月 1 日，有人就同一发明提交了实用新型专利申请。驳回的理由是：艾米的临时专利申请因描述不充分，被认为是无效的。这意味着，艾米于 2018 年 1 月 1 日——其他人对相同发明提出专利申请的整整五个月前——提交的临时专利申请，不具有任何意义。

艾米的故事告诉我们，提交临时专利申请也需要一些策略。提交临时专利申请无疑有其价值。对于有些发明人来说，他们发明了新设备并希望锁定优先申请日期，而同时又需要制作额外的原型并展开可行性分析以确定此发明是否值得花费时间和金钱提交完整的实用新型专利申请，这时，提交临时专利申请特别有用。但是，发明人应进行权衡。在临时专利申请发挥作用之前，发明人还有很长的路要走。聘请专利律师来提交临时专利申请也很有必要。艾米的描述不够充分可能是因为她没有为她的新型网球拍制作原型，因此无法作出充分描述。专利律师则很可能会告诉艾米，她的描述不够充分，并建议她在提交临时专利申请之前完成更多工作。创意本身并不能申请专利，只有创意的具体表达方式才可以申请，因此其中必须包含充分的描述。

USPTO 允许在作出改进时，对设备提交额外的临时专利申请。这保护了正在为其设备作出改进的发明人，使他们能够在取得进展时，针对此发明的改进部分得到优先申请日期。

思考题

1. 简要描述临时专利申请和实用新型专利申请之间的区别。如果申请成功，这两项申请中的哪一项能授予发明人专利权？

2. 外观设计专利可以提交临时专利申请吗？在寻找这一问题的正确答案时，请对你的研究进行记录。

3. 在什么情况下，你会建议发明人在没有专利律师的情况下提交临时专利申请，或者建议发明人聘请专利律师来提交临时专利申请？

4. 请花些时间研究 USPTO 的网站，或进行一些与专利相关的互联网研究。发明家文摘（Inventor's Digest）（www. inventorsdigest. com）是研究专利的另一良好资源。对专利相关事实或本章材料中未出现的且你认为有趣的申请过程进行讨论。

资料来源：USPTO，www. uspto. gov（accessed February 27，2017）；J. H. Muskin，"Pitfalls of Provisional Patent Applications，" *Inventors Digest*，www. inventorsdigest. com/archives/4111（posted July 20，2010，accessed August 6，2014）.

美国的"创客运动"（Maker Movement）是指在美国和其他地方让人们重拾发明、设计和自制产品的兴趣的活动。[12]在有些情况下，人们为了发明的乐趣而发明事物。在另一些情况下，他们通过创办企业来将产品推向市场。或者，在有些情况下，发明人选择向大型企业出售或授权其产品。本章"合作制胜"专栏讨论了后一种选择——将发明出售或授权给大型企业。如该专栏所述，如今，越来越多公司为发明人提交发明换取对价制定了正式规程。

合作制胜　创客运动如何将个人发明家和大型企业联系在一起

创客运动让人们重拾在家中或在协同工作的环境下发明、设计和自制产品的兴趣。这是一个概括性的术语，它涵盖了制作手工艺品、珠宝和服装的手工艺人，以及专注于电子产品、机器人、3D 打印和较高级项目的工程人员。全美各地都出现了越来越多为这些人服务的创客空间、FabLab 和 TechShop。这些地方制作出的有些产品属于受知识产权保护的发明创造。

创客空间是一个协同工作环境，它通常位于学校、图书馆或单独的公共或私人设施内。在这类工作环境中，人们有机会使用相关设备对其创意进行实验或制作实物原型。这些地方通常提供 3D 打印机、激光切割机、烙铁、木制车床、手工艺品制作工具和缝纫机。每小时只需花费几美元，就可以使用售价数千美元的机器。FabLab 和 TechShop 是特定类型的创客空间。除了商标名称外，其他方面与创客空间基本一致。它们其中一个由基金会（Fab 基金会）管理，另一个由公司（TechShop）管理。从事更高级项目的资深创客或发明家经常会光顾 FabLab 和 TechShop。

有些人只是为了发明的乐趣而成为创客。《爱上制作》（*Make*）杂志等团体在全美各地举办了"制汇节"（Maker Faire）活动，技术爱好者和其他人都可以在活动中展示他们的实验、项目和制作的东西。技术爱好者、业余人士、工程师和其他人在工作之外开发的某些发明极具商业潜力。在这种情况下，为了将发明推向市场，发明人可以自己创办一家企业，也可以试图将此发明出售或授权给已设立的公司。

如今，越来越多的公司已经制定了正式规程，供发明人提交发明创意。公司知道有许多独立创客，那么为什么不利用其创造潜力呢？如果公司从某人那里购买一项发明，那就是一次性交易。如果公司取得了产品授权，则发明人通常会先收到一笔首付款，继而收到其总销售额 5%～15%的持续使用费。

以下是为发明创意制订正式提交计划的公司示例以及对每个计划的简要说明。有两点需要注意。首先，几乎所有的发明提交计划都希望提交者已经完成尽职调查，即调查市场上是否已经存在类似产品、是否已与制造或设计企业联系并获得成本估算，以及是否有该装置的实物原型。解决这些问题将有利于你的发明得到采用。其次，如果你已经拥有专利或已经申请专利，也有利于你的发明得到采用。不止大型企业希望你的发明是受保护的，在你拥有专利或正在申请专利的情况下，你也能够更自由地对你的创意细节进行交流。

得伟（DeWALT）是一个工具制造商。它的在线手册对其发明提交流程进行了介绍。发明应符合三个标准：创意独特性、商业可行性，以及与得伟的契合度。在契合度方面，得伟也有三个标准：该创意所解决的问题是否大多数消费者都经历过、该创意是否能对得伟网站上的任何产品提供合理的补充，以及该创意是否对得伟现有产品进行了改进。

通用磨坊（General Mills）计划被称为通用磨坊全球创新网络（General Mills Worldwide Innovation Network，G-WIN）。G-WIN 针对的是七个领域的创意——健康、成分、包装、加工、产品、可持续性和技术。G-WIN 还通过有针对性的“创意挑战”（Innovation Challenges）定期发布特定的需求或问题。虽然偏好于专利技术，但在向通用磨坊提交创意时，专利不是必需的。G-WIN 网站将引导发明人完成提交创意的流程。自 2007 年 G-WIN 启动以来，该计划已推出了许多新产品，包括 Fiber One 90 卡路里布朗尼和 Nature Valley 蛋白质能量棒等。G-WIN 的门户网站为 https://gwin. secure. force. com/。

乐柏美（Rubbermaid）生产种类繁多的消费品。它的“发明中心”（Invention Center）有一个五步流程：提交解决方案、团队审查（乐柏美团队对你的解决方案是否适合乐柏美进行审查）、深入评估、开启对话（如果该解决方案令人满意且符合要求，那么是时候讨论合作方式了）以及达成协议。乐柏美仅接受已在美国提交专利申请且申请内容已公开的创意。目前，乐柏美正在 13 个类别中寻找产品创意，包括橱柜收纳、食品存储、洗衣、室外存储和回收等。你可以在 www. rubbermaidinventorcenter. com 上将创意提交给乐柏美。

其他积极设立产品提交计划的公司还包括宝洁、通用电气、强生、史丹利百得（StanleyBlack & Decker）和科勒曼（Coleman）等。

思考题

1. 找出离你最近的创客空间、FabLab 或 TechShop。描述其提供的设备和发起的计划。

2. 你认为公司为什么越来越欢迎独立发明家的创意？

3. 找出一个本专栏中未提及的某公司的创意提交网站。描述如何向该公司提交发明。让该公司接受创意的关键是什么？

4. 在大多数情况下，你认为发明人和创业者在向大公司出售或许可某产品时，是否能得到公平的待遇？创业者应采取什么措施来确保他们能得到公平待遇？

专利侵权

当一方未经授权使用另一方的专利时，就会出现**专利侵权**（patent infringement）。侵权案件出现最多的前五个行业是：消费品、生物技术/制药、计算机硬件/电子产品、工业/建造以及软件。[13]多年前，初创企业 Alacritech 控诉微软侵犯其两项专利技术就是一个典型的侵权案例。这些技术主要用于提高计算机连接网络的性能。根据法院记录，Alacritech 向微软展示了其技术，并希望微软接受许可。微软拒绝了这一提议，却在后来宣布了一项惊人的相似技术，即 Chimney。Alacritech 再次提出将该技术授权给微软，但遭到拒绝。为此，Alacritech 对微软提起诉讼。微软声称其技术是独立开发的。[14]在案件进行审理后，位于旧金山的美国联邦地区法院支持了 Alacritech 的请求，并对微软下达了初步禁令，禁止其销售包含争议技术的产品。后来，诉讼得到了庭外和解，微软同意接受 Alacritech 的技术许可。[15]

专利侵权案件的难点在于，诉讼成本高昂。这使初创企业处于很不利的地位。虽然我们无法知道 Alacritech 起诉微软花了多少钱，但据《财富·小企业》(*Fortune Small Business*) 的调查结果，在一般专利侵权诉讼中，每方至少花费 50 万美元。[16]

商 标

商标 (trademark) 是任何可以用于识别产品或服务来源或产地，以及将这些产品或服务与其他产品或服务区分开来的词语、名称、符号或图形。所有企业都希望得到潜在客户的认可，并使用其名称、徽标和其他不同特征来提高知名度。商标也能够为消费者提供有用的信息。例如，当消费者在购物中心看到梅西百货时，就知道里面会卖什么。想一想，如果任何零售商店都使用梅西百货的名称，那将多么令人困惑。美国的商标制度基于“在先使用”原则，也就是说，首先在商业中使用商标的人通常最有资格获得商标权利。

与专利一样，商标也拥有悠久的历史。考古学家发现，早在 3 500 年前，就有陶工为自己的陶器做上独特的标记，以区别于他人的作品。让我们看一个更为现代的例子。雅虎联合创始人杨致远 (Jerry Yang) 和大卫·费罗 (David Filo) 为其互联网目录服务企业选定的原始名称是“致远的万维网指南”(Jerry's Guide to the World Wide Web)。不太吸引人，不是吗？后来，他们将名称改为“雅虎”，从而吸引了互联网早期采用者。

商标的四种类型

商标有四种类型：商标、服务商标、集体商标和认证标志（见表 12-4）。商标和服务商标与创业者的关系最为紧密。

表 12-4 四种商标类型、商标涵盖的标记类型和商标期限概述

商标类型	涵盖的标记类型	期限
商标	任何用于识别公司产品并与其他产品进行区分的词语、名称、符号或图形。 示例：苹果、d. light、Wiivv、Athletic Propulsion Lab、3Derm。	只要商标仍在使用，每 10 年可续展一次
服务商标	类似于商标；用于识别企业服务或无形活动，而非企业的实物产品。 示例：1-800-FLOWERS、亚马逊、IndieU、Real Time Cases、CoachUp、多宝箱。	只要商标仍在使用，每 10 年可续展一次

续表

商标类型	涵盖的标记类型	期限
集体商标	合作社、协会或其他集体成员使用的商标或服务商标。 示例：美国信息技术产业协会（Information Technology Industry Council）、国际特许经营协会（International Franchise Association）、国际扶轮社（Rotary International）。	只要商标仍在使用，每 10 年可续展一次
认证标志	除其所有者外的其他人用于证明产品或服务的特别质量的标记、词语、名称、符号或图形。 示例：100%纳帕谷（100% Napa Valley）、佛罗里达橙子（Florida Oranges）、美国国家有机计划（National Organic Program）、美国保险商实验室（Underwriters Laboratories）。	只要商标仍在使用，每 10 年可续展一次

如前所述，商标包括了任何用于识别公司产品并与其他产品进行区分的词语、名称、符号或图形。商标的作用是对有形产品进行推广和广告。例如，苹果的智能手机、安·泰勒（Ann Taylor）的女装，以及星佳的在线游戏等。

服务商标（service mark）与普通商标相似，但它用于识别企业服务或无形活动，而非企业的实物产品。服务商标包括《普林斯顿评论》（*The Princeton Review*）的备考服务、eBay 的在线拍卖，以及威瑞森（Verizon）的智能手机服务等。

集体商标（collective mark）是合作社、协会或其他集体成员使用的商标或服务商标，包括表示工会或类似组织成员的标记。集体商标包括美国律师协会（American Bar Association）、国际特许经营协会和高校创业者组织的标记。

最后，**认证标志**（certification mark）是指除其所有者外的其他人用于证明产品或服务的特别质量的标记、词语、名称、符号或图形。人们最熟悉的认证标志可能是 UL 标志，它证明产品符合美国保险商实验室规定的安全标准。其他例子还有优秀日用品认证（Good Housekeeping Seal of Approval）、斯提尔顿奶酪（Stilton Cheese，来自英格兰斯提尔顿地区的产品）以及 100%纳帕谷（加利福尼亚州北部纳帕谷种植的葡萄）。

商标法保护什么？

根据 1946 年通过的《兰哈姆法》（Lanham Act），美国商标法的保护范围如下：

- **词语：**所有词语组合都可以进行商标注册，包括单个词语、短语和口号等。Birchbox、Rent the Runway 和美国国家橄榄球联盟（National Football League）都是已注册为商标的词语和短语。
- **数字和字母：**数字和字母可以进行商标注册。例如，3M、波音 787 和 AT&T。字母和数字并用的标记也可注册，例如 1-800-CONTACTS。
- **设计或徽标：**仅含有设计图案的商标也可以进行注册，例如，思科系统的金门大桥。该标记必须是独特的，而非通用的。因此，没有人可以对金门大桥的图像主张专有权，但是思科系统可以将其对这座桥的独特表达注册为商标。复合标记由词语和设计图案组成。例如，Zephyrhill 瓶装水的商标就是在山景和水的图案下注明了 Zephyrhill 名称。
- **声音：**独特的声音也可以注册商标，尽管此类商标保护形式很少见。容易辨识的这类声音例子包括米高梅（MGM）的狮子吼、伴随“内置英特尔”（Intel Inside）商业广告的熟悉的四音符旋律。

- **香味**：只要产品并非因此香味为人所知，且此香味未增进产品的用途，产品的香味便是可以注册的。因此，香水或房间除臭剂的香味不符合商标保护的条件，而在大多数情况下，用特殊香味处理过的文具将成为商标保护的对象。
- **形状**：只要产品的形状不影响产品的功能，就可以注册为商标。iPod 的独特形状就已获得了商标保护。[17]可口可乐公司为其著名的弧形瓶子注册了商标。瓶子的形状不会影响瓶子或瓶内饮料的质量，因此，该形状不具有功能性。
- **颜色**：只要颜色不具有功能性，就可以为其申请商标。例如，治疗胃酸倒流的药品 Nexium 是紫色的，并且作为"紫色药丸"进行销售。该药丸的颜色与其功能无关，因此，可以注册商标对其进行保护。
- **商业外观**：产品用于吸引客户的"装扮"方式是可以受到保护的。这一类别包括了产品的整体包装、设计和布局。因此，企业的整体外观也可以作为商业外观得到保护。1992 年，在著名的 Two Pesos 公司与 Taco Cabana International 公司的案件中，美国联邦最高法院保护了墨西哥连锁餐厅的整体设计、颜色和布局，使其免受竞争对手类似装饰的侵害。[18]

商标的保护范围很广，并且为企业在彼此之间形成差异化提供了许多机会。对年轻的创业型企业而言，关键是要通过引人注目的方式为其产品和服务注册商标。

不受商标保护的情况

值得注意的是，美国商标法规定了一些不受商标保护的情况：

- **不道德或侮辱性的事物**：公司不能将不道德或侮辱性的事物注册为商标（包括有亵渎意味的词语）。
- **具有欺骗性的事物**：不能注册具有欺骗性的商标。例如，食品公司的橙子如果不是来自佛罗里达，则不能将"新鲜佛罗里达橙子"（Fresh Florida Oranges）注册为商标。
- **描述性的标记**：仅对产品或服务进行描述的标记不能注册为商标。例如，创业者不能在设计一款新型高尔夫球后试图就"高尔夫球"一词获得商标保护。这个词语描述的是产品类型，而不是产品品牌（如泰特利斯（Titleist）或泰勒梅（Taylor Made）），并且所有高尔夫球制造商在竞争时都要用到这个词。对于非常受欢迎的产品制造商而言，这一问题尤其值得关注。施乐曾经一度险些失去对"Xerox"这一名称的商标保护，因为 Xerox 一词被大量用作动词"复印"（例如，"我要复印这个"（I am going to Xerox this））。
- **姓氏**：主要由姓氏组成的商标（例如安德森（Anderson）或史密斯（Smith））通常不会受到保护。其例外是，姓氏与其他旨在标记独特商品的语句连用，例如威廉鲜鱼（William's Fresh Fish）或史密斯计算机中心（Smith's Computer Emporium）。

获得商标的过程

如图 12－4 所示，选择并注册商标有三个步骤。一旦商标被用于州际贸易，就可以在 USPTO 进行注册。只要商标仍在使用，就可以永久保持注册状态。首次续展是在初次注册后第五和第六年之间。此后只要该商标仍在使用，可以每十年续展一次。

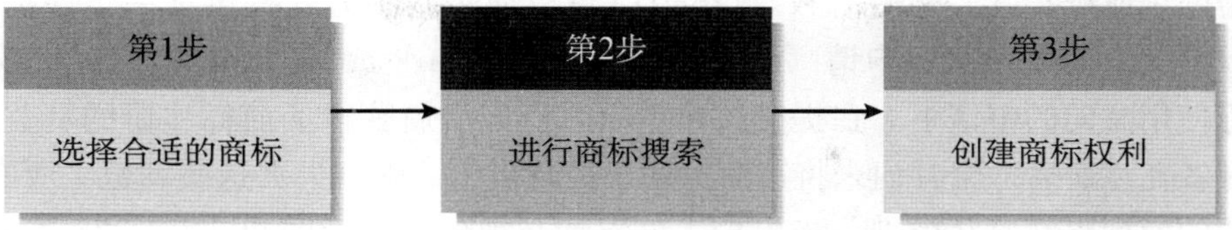

图 12-4 获得商标的过程

确切地说，商标无需进行注册也可以受到保护并防止其他公司使用类似标记产生混淆。一旦商标用于商业领域（如广告），便受到了保护。但是，在 USPTO 注册商标有几个突出的优点：在全美范围内使用该标记时，注册商标都具有优先权；注册商标可以使用联邦商标注册符号（®）；注册商标上的权利可以阻止侵权商品进入美国。使用商标注册符号的权利特别重要。在产品上附带商标符号（例如，Owlet Baby Monitor®）能够提醒人们，商标所有者已经注册。通过这种公告方式，所有者可以在侵权诉讼中主张损害赔偿，并有助于避免侵权人以自己不知道特定名称或徽标已经注册为商标作为抗辩理由。

选择和注册商标有三个步骤：

第 1 步：选择合适的商标。企业所有者和创业者在选择合适的商标时应遵循几个原则。首先，无论该商标是名称、徽标、设计或香味，都应该表现出创造力和优势。商标本身就具有显著性是一项优势，例如麦当劳的金拱门；“谷歌”“eBay”“色拉布”等虚构词；能够唤起特定图像的词语，如 Billy Goat Ice Cream。其次，那些帮助产品或服务形成良好印象的词语能够有所助益。例如，日托中心使用“安全安心儿童日托”（Safe and Secure Childcare）等名称能够使家长产生积极的共鸣。

第 2 步：进行商标搜索。一旦选择商标后，就应当进行商标搜索，以确定该商标是否可用。如果其他人已经就拟议的商标取得了相关权利，该商标就不再可用。进行商标搜索的方式有很多，既可以自行检索，也可以聘请专门从事商标通关检查的企业提供服务。搜索应当既包括联邦搜索，也包括对企业将要开展业务的所有州展开的搜索。如果该商标将在海外使用，还应当包括对那些将用到该商标的国家/地区展开的搜索。

虽然聘请律师进行商标搜索并非是必要的，但这不失为一个好主意。如上所述，你还可以自行搜索。USPTO 网站 www.uspto.gov/trademarks 提供了强大的商标搜索引擎。但有一点需要注意，USPTO 的搜索引擎只能搜索已注册的商标。在美国，商标无需注册即可得到保护。如果你认为有必要，商标律师能够为你进行更全面的搜索。不进行商标搜索就采用某一商标是有风险的。如果有人质疑该商标侵权，那么公司可能不得不销毁所有带有该商标的商品（包括产品、名片、文具、标牌等），然后选择一个新商标。让客户重新适应新名称或新徽标下的现有产品，很可能花费巨大。

第 3 步：创建商标权利。建立商标的最后一步是在商标上创建权利。在美国，如果商标本身具有显著性（例如，星巴克、iTunes 或脸书），则首先使用该商标的人就是其所有者。如果商标具有描述性，例如阿司匹林缓释片“百服宁”（Bufferin），则仅仅通过使用该商标就可以开发必要的第二含义，以实现完整的商标保护。**第二含义**（secondary meaning）的产生，是指消费者逐渐因特定产品而认识某商标。例如，唇膏中的“chap stick”（小棍子）一词开始被认为具有描述性，因此未受到商标保护。但是随着人们开始将“chap stick”等同于唇膏时，它就产生了第二含义，“ChapStick”（俏唇）商标才得以注册。

为帮助企业维护其商标专有权，USPTO可以通过两种方式提供进一步保护。首先，人们可以提交**意向使用商标申请**（intent-to-use trademark application）。这是一份基于申请人商标使用意向的申请书。在提交该申请后，所有者就获得了商标注册的利益。但是，如果所有者在注册后六个月内未将其商标用于经营当中，则会失去这些利益。所有者可以提出正式的商标申请以获得进一步保护。该申请必须包括商标图和275～375美元的申请费。申请费的数额取决于申请的提交方式。（通过电子方式提交更为便宜。）在提交商标申请后，USPTO的审查律师将会决定该商标是否可以注册。目前，通过USPTO注册商标大约需要10个月的时间。

商标侵权

商标侵权是指以一种可能引起混淆的方式，在未经授权的情况下，擅自使用商标或服务商标。[19]关键是侵权行为是否会引起混淆。例如，Billy Goat Ice Cream，因为“Billy Goat”意为公山羊，所以没有公司可以将这个词注册为商标。因此，渐渐地，许多公司名称中都可能出现“Billy Goat”字样，并且它们的名称可以被分别注册为商标。当一家公司将其含有“Billy Goat”字样的名称注册为商标后，另外一家公司也这么做了，那么前一家公司就会认为后一家公司与其产生了混淆，这就会引起商标争议。在这种情况下，认为其商标受到侵权的一方通常会向另一方发出“责令停止侵权警告函”（cease-and-desist letter），要求对方停止使用该商标。因此，如果一年后有人试图将Billy Goat Yogurt（酸奶）注册为商标，Billy Goat Ice Cream（冰淇淋）就可以提出异议，因为消费者很容易将两者混淆。相反，如果有人试图为Billy Goat Blue Jeans（蓝色牛仔裤）注册商标，则Billy Goat Ice Cream（冰淇淋）可能不会反对。因为消费者不太可能将冰淇淋和蓝色牛仔裤混淆。

另一种可能引发商标争议的情况是，在某商标已注册并投入使用后，有人试图注册一个具有“易混淆的相似性”的商标名称。例如，如果有人尝试将Acebook注册为商标，脸书（Facebook）可能会反对。Acebook与Facebook存在易混淆的相似性，因此不应得到注册。如果已经拥有确定商标的公司要求另一家公司停止使用其商标，而对方拒绝的话，则该公司可以根据情况在州或联邦法院提起民事诉讼。[20]

有时候，公司的商标受到了质疑，但公司认为提出异议的一方有些过分了——换句话说，没有法律上的商标侵权行为。在这种情况下，初创企业有权进行反击，并迫使对方要么放弃，要么提起诉讼。本章“错在何处?”专栏提供了这种情况下的三个案例。每个案例中，你都可以看到初创企业拒绝在大公司的逼迫下改名。

错在何处? 在三项商标纠纷中，大卫战胜了歌利亚

网站：www.eatmorekale.com 脸书：EatMoreKale.com 推特：@TeamKale

网站：www.xoom.com 脸书：Xoom 推特：@Xoom

网站：https://snacks5thavenchew.com 脸书：Snaks 5th Avenchew 推特：@Snaks5thAve

商标纠纷常常是大公司与初创企业之间的斗智斗勇。这就是大卫与歌利亚故事的现实版，一边是小个子，另一边是巨人。通常的争议集中在：一方声称另一方使用的名称与其

拥有的商标具有“易混淆的相似性”。大公司通常占据优势，但也并非总是如此。以下是小企业在与大公司的商标争议中获胜的三个案例。在这些案例中，代表大公司的一方应当反思“错在何处?”

Eat More Kale 与福来鸡（Chick-fil-A）。 2010 年，一位种植甘蓝的农民请居住在佛蒙特州的博・穆勒-摩尔（Bo Muller-Moore）制作 T 恤，上面写着“多吃甘蓝”（Eat More Kale）。此后，穆勒-摩尔开始售卖这种 T 恤。这个短语逐渐流行起来，穆勒-摩尔开始将其用于服装和汽车保险杠贴纸。但是，当穆勒-摩尔于 2011 年试图为该短语注册商标时，福来鸡向他发了一份要求停止使用该标语的信函，因为这一短语与“多吃鸡”（Eat Mor Chikin）的广告词过于相似。福来鸡列出了其他 30 家公司，它们都在收到反对意见后停止在营销中使用“多吃”（eat more）这类语句。

穆勒-摩尔进行了反击，并随后与福来鸡展开了激烈的对抗。他借助社交媒体、无偿律师，并赢得了包括佛蒙特州州长彼得・沙姆林（Peter Shumlin）在内的该州官员的支持。最终，穆勒-摩尔赢了。2011 年 8 月 31 日，他成功提交了“多吃甘蓝”的原始商标申请。2015 年 8 月 18 日，USPTO 授予了该商标。

Xoom 与摩托罗拉。 2011 年，当时是谷歌子公司的摩托罗拉决定进军平板电脑市场。它的平板电脑被命名为 Xoom 平板。Xoom 平板很快引起了数字汇款公司 Xoom 公司的注意。Xoom 公司如今已成为 PayPal 的一部分，它可以帮助用户快速安全地向全球 56 个国家/地区汇款。该公司成立于 2001 年，并于 2004 年 12 月 14 日得到了 USPTO 授予的 Xoom 服务商标。

Xoom 公司反对摩托罗拉在其平板电脑上使用 Xoom 一词。两家公司最后达成了和解，和解条款没有公开。摩托罗拉同意放弃其平板电脑的 Xoom 品牌。

Snacks 5th Avenchew 与萨克斯第五大道（Saks Fifth Avenue）。 新泽西州霍博肯市的嘉莉・莎拉贝拉（Carrie Sarabella）开始以“Snacks 5th Avenchew”为名称销售狗零食。高端女装零售商萨克斯第五大道得知莎拉贝拉的企业后，给她寄了一封责令停止侵权警告函，威胁说如果她不停止使用该名称，将采取法律行动。信函中称，Snacks 5th Avenchew 侵犯了萨克斯第五大道的知名商标。

莎拉贝拉做出了反抗。她通过律师指出，在合理使用条款下，该名称是允许使用的。合理使用条款“承认商标戏仿不会对既有品牌造成损害”。莎拉贝拉的律师援引了两个类似于萨克斯第五大道诉 Snacks 5th Avenchew 的案例。2002 年，汤米・希尔费格（Tommy Hilfiger）起诉了一款名为 Timmy Holedigger 的新型宠物香水。诉讼没有取得成功。同样，2007 年，路易威登（Louis Vuitton）反对一家毛绒玩具制造商使用 Chewy Vuiton 的名称。美国联邦上诉法院一致驳回了路易威登的请求。在两个案例中，法院都认为，因为涉诉产品所使用的明显是一种戏仿名称，原告未能证明涉诉产品与大公司的注册商标之间有任何混淆的可能性。

在提出这些抗辩后，萨克斯第五大道通知莎拉贝拉的律师，他们不会继续追究此事。

思考题

1. 你对每个案例有何看法？它们的结果令你感到惊讶吗？你认为这些案例的结果符合商标法的立法意图吗？

2. 在介绍的三家小公司中——Eat More Kale、Xoom 和 Snacks 5th Avenchew，你认为哪家公司最有力地捍卫了自己的名称？哪家公司最弱？

3. 你认为博·穆勒-摩尔为什么能够在他与福来鸡的商标纠纷中得到大家的关注和支持?

4. 你认为这些案例能够在多大程度上增强小企业的信心，从而当它们认为法律对自己有利时，不必总在知识产权纠纷方面向大企业让步?

资料来源：C. Alter，"Vermont Man Wins Right to Use 'Eat More Kale' Slogan，Despite Chick-fil-A Objections." *Fortune*，December 12，2014；W. Ring. "Man Celebrates His New 'Eat More Kale' Trademark，" *Burlington Free Press*，December 12，2014；4 Biggest Corporate Trademark Disputes in Recent History，SecureYourTrademark. com，available at https://secureyourtrademark. com/blog/4-biggest-corporate-trademark-disputes-recent-history/(accessed February 25，2017)；O. Yaniv. "N. J. Entrepreneur Beats Saks Fifth Avenue in Trademark Dogfight，" *New York Daily News*，October 29，2014；T. Erdmann. "Snacks 5th Avenchew v. Saks Fifth Avenue，" Lawinspiring. com，available at http://lawinspiring. com/2014/11/03/dog-snack-entrepreneur-wins-saks-5th-avenue-trademark-dispute/(posted November 3，2014，accessed February 25，2017).

版权

版权（copyright）是知识产权保护的一种形式，它授予著作权所有人决定作品使用方式并从作品中获得经济利益的合法权利。[21]该作品必须以有形形式存在，比如书籍、操作手册、杂志文章、乐谱、计算机软件程序或建筑图纸。如果有些内容不是有形的，比如从未被记录或保存在计算机光盘上的演讲，则不能得到版权法的保护。

如表12-1所示，企业通常拥有大量珍贵的受版权保护的资料。一件作品不必拥有艺术性就能获得版权保护。因此，操作手册、广告册和培训视频等都可以是保护对象。美国版权法由1976年《版权法修正案》(Copyright Revision Act) 进行规范。根据该法律，原创作品无论是否发表，均在创作并以有形形式出现时即自动受到保护。美国的第一项版权于1790年5月31日被授予费城一位名叫约翰·巴里（John Barry）的教育家所创作的拼写课本。

版权保护什么?

版权法保护以有形的表达方式固定的"原创作品"。受版权保护的材料主要包括以下几类：

- **文字作品**：任何通过写作完成的都是文字作品，包括书籍、诗歌、工具书、演讲稿、广告文案、员工手册、游戏和计算机程序。文字作品中的角色如果具有很高的辨识度，也可以受到保护。与加菲猫（卡通猫）外形和行为相似的角色，可能会侵犯到受保护的加菲猫的版权。

- **音乐作品**：具有固定形式（如乐谱、CD或MP3文件）的音乐作品（包括附随的词句）是可以受到保护的。版权所有者通常是作曲者，也可能是作词者。**演绎作品**（derivative work）是对已受版权保护的作品进行新的演绎，也可以受到保护。因此，根据该规定，如果一位音乐家对麦莉·赛勒斯（Miley Cyrus）、凯蒂·佩里（Katy Perry）或布鲁诺·马尔斯（Bruno Mars）创作并受版权保护的歌曲进行独特的演绎，则该音乐家也能就其演绎作品获得版权。当然，在新歌曲用于商业目的之前，创作原始歌曲的艺术家必须同意。创作者常常通过这种方式获得额外收入。

- **计算机软件**：1980 年，美国国会通过了《**计算机软件版权法**》（Computer Software Copyright Act）。该法对之前的版权法进行了修正。如今，所有形式的计算机程序都纳入了版权保护的范围。
- **戏剧作品**：戏剧作品指的是戏剧表演，例如戏剧、喜剧套路、新闻播报、电影或电视节目。整部戏剧作品可以作为单一的版权进行保护。因此，诸如电视节目之类的戏剧作品不需要将节目中的视频和音频分开授予版权。
- **哑剧和编舞作品**：哑剧是使用手势和面部表情而不是语言来交流的一种表演形式。编舞是舞蹈动作的安排。这些领域的版权法对芭蕾舞、舞蹈动作和哑剧作品等提供了保护。
- **图画、图案和雕塑作品**：这是一个很广泛的类别，包括照片、版画、艺术复制品、卡通、地图、地球仪、珠宝、面料、游戏、技术制图、图示、玩具、雕塑和图表等。

版权法涵盖的其他类别还包括影片和其他视听作品、录音，以及建筑作品。

版权法为作者和其他受版权保护的作品创作者提供了广泛的保护。创业者在此领域最常犯的错误是，他们考虑的版权范围还不够广泛。

不受版权保护的情况

有些情况不受版权保护。主要的一种情况是：版权法不保护思想。例如，创业者可能想开一家足球主题餐厅。该想法本身不符合版权保护条件。但是，如果创业者将该足球主题餐厅的外观及运作方式写下来，这份描述则可以受到版权保护。用于阐述这一概念的法律原则称为**思想表达二分法**（idea-expression dichotomy）。思想不受版权保护，但是思想的具体表达方式可以受到版权保护。

其他不受版权保护的事物还包括事实（如人口统计数据）、标题（如创业学概论）以及配料表（如食谱）。

获得版权的方式

如前所述，版权法在任何作品以有形的形式出现的那一刻，即对其加以保护。确切地说，不用向美国版权局（U. S. Copyright Office）提供版权声明或注册作品，就能受到版权法的保护。但是，我们可以采取以下步骤，对版权法所提供的保护予以强化。

首先，可以通过附加版权说明，有时被称为“**版权符号**”（copyright bug），来增强书面作品的版权保护。该符号的出现形式通常是：© [出版的第一年] [作者或版权所有者]。因此，2018 年戴尔公司在计算机杂志广告底部的声明为“© 2018 戴尔公司”。通过在文件底部作出此声明，作者（或公司）可以防止他人在未经允许的情况下复制该作品并声称他们不知道该作品受到版权保护。版权符号可以用词语“版权所属”（Copyright 及其缩写 Copr.）进行替换。

其次，可以通过在美国版权局注册作品来获得进一步的保护。你只需填写一份简单的表格并向美国版权局提交一两份作品样本，就完成了注册过程。是否需要提供样本取决于所涉作品的性质。显然，一份原创绘画无法提供一或两份样本。当前如果以电子方式提交，获得版权的花费为35美元；如果以书面方式提交，则需55美元。虽然35美元的费用看起来不高，但在许多情况下，对于多产的作者而言，将他创作的所有作品都注册版权是不切实际的。但是，无论如何，我们都建议在受版权保护的作品上附加版权符号，并根据实际情况考虑注册版权。虽然随时都可以注册版权，但是我们仍建议立即申请，这样可以在版权侵权的情况下让诉讼变得容易。

版权的持续时间很长。根据现行法律，任何在1978年1月1日或之后创作的作品，均享有作者终生外加70年的保护期。对于雇佣作品，其版权期限为出版后95年或创作后120年，以先到期者为准。对于1978年之前创作的作品，保护期会根据作品的创作时间而有所不同。在版权到期后，该作品就会进入公共领域，这意味着任何人都可以使用它。

版权侵权

在美国和其他国家/地区，版权侵权都是一个日益严重的问题。据估计，每年这一问题给所有者造成的损失超过250亿美元。例如，据报道，《哈利·波特》电影在美国上映不到一周，其盗版视频光盘就已经在至少两个国家有售。当一件作品从另一件作品衍生而来，无论是复制件，还是相似品，都属于**版权侵权**（copyright infringement）。为证明侵权，版权所有者必须证明被指控的侵权者事先接触过受版权保护的作品并且其作品与所有者的作品相似。

有很多方法可以防止侵权。例如，常用于防止非法复制软件代码的一种技巧是，将无用的信息嵌入或隐藏在代码中，比如作者的生日和地址等。如果侵权者只是将大量代码从一个程序剪切并粘贴至另一个程序中，他们很难发现这些无用信息。如果软件代码被非法复制并提起了侵权诉讼，被告很难解释为什么其（据称是原始的）代码中包含了原告的生日和地址。与此相似，有些地图、指南和其他工具书会在产品中故意包含一些虚假信息，例如假街道、不存在的铁路道口等，以试图发现抄袭者。同样，抄袭者在复制了他人受版权保护的街道指南后，很难解释为什么其中会包含假的街道名称。[22]

现行法律允许对受版权保护的材料进行有限的侵权。这种有限的侵权被认为是**合理使用**（fair use），即出于批判、评论、新闻报道、教学或学术等目的对受版权保护的材料进行有限的使用。这项规定使得教科书作者可以重复引用杂志文章（只要注明原始出处），电影评论家可以展示电影片段，教师可以将报纸文章或博客文章的一部分分发给学生。该法律背后的基本原理是，这种使用给公众带来的利益超过了对版权所有者的损害。其他可以在有限范围内使用受版权保护的材料而不用担心侵权的情形，包括戏仿、图书馆复制，以及制作计算机程序或数字音乐文件的单份副本供个人使用。

版权和互联网

每天都有大量材料发布在互联网上，任何拥有计算机和进行互联网连接的人都可以下载并复制这些材料。因为这些信息存储在计算机或互联网服务器上的某个位置，所以是有形的，并可能符合版权保护的条件。因此，任何人从互联网下载资料并用于个人目的时，都应谨慎并意识到版权法不仅适用于从书店购买或图书馆借来的资料，也适用于互联网上的资料。

有时，我们很难遵循版权法，尤其当它用于互联网时，人们很容易违背常识并忽略它。例如，假设凤凰城的一位高尔夫教练在他的网站上发布了一组“高尔夫技巧”，供其学生在上课时使用。因为这些技巧被放在网站上，所以任何人都可以下载并使用。因此，假设美国另一个地方或另一个国家/地区的高尔夫教练正好看到了这些高尔夫技巧，下载了它们，并决定分发给他的学生。根据现行法律，后一位高尔夫教练可能侵犯了前一位高尔夫教练的知识产权。我们可以认为，他应该在使用这些技巧之前得到前一位高尔夫教练的允许，即便网站上并没有前一位教练的任何联系方式。对许多人来说，这种情况不合理。前一位高尔夫教练在公共网站上发布了他的技巧，没有包含任何有关如何获得使用许可的信息，甚至没有包含他的任何联系方式。此外，他也没有尝试保护这些技巧，比如，将其发布在有密码保护的网页上。尽管如此，知识产权仍然适用，并且后一位教练要承担版权侵权诉讼的风险。

创业者和网站管理员可以使用多种技巧来防止人们从网站上复制未经授权的资料。通常，第一步是通过密码来保护网站中包含敏感信息或专有信息的部分。此外，市场上也有许多技术保护工具，可以限制对网络信息的访问或使用，包括选择加密、数字水印（隐藏的版权信息）以及数字指纹（隐藏的序列号或一系列容易将其与相似对象区分开来的特征）。

商业秘密

包括初创企业在内的大多数公司，都拥有许多对其成功至关重要但不符合专利、商标或版权保护条件的信息。其中有些信息是机密的，并且需要通过保密来帮助企业保持竞争优势。以公司的客户名单为例。一家公司可能会长期勤勤恳恳地跟踪其客户的偏好和购买习惯，以助其调整营销信息，并针对过去的客户开展未来业务。如果这份名单落入一个或多个竞争对手的手中，其价值将大大减损，并且无法继续为该公司提供超越其竞争对手的竞争优势。

商业秘密（trade secret）是可以为信息所有者提供市场竞争优势的任何配方、模式、实物设备、想法、过程或其他信息。商业秘密包括营销计划、产品配方、财务预测、员工排班表、销售电话记录和实验笔记等。信息的存储介质通常不影响其是否可以作为商业秘密保护。因此，书面文件、计算机文件、录音带、录像带、财务报表，甚至员工对各种物品的记忆，都可以受到保护，在未经授权的情况下免于披露。

与专利、商标和版权不同，商业秘密法没有专门的政府管理机构。商业秘密受到各州不同的法律管辖。1996 年通过的联邦《**经济间谍法**》（Economic Espionage Act）将第三方窃取商业秘密（称为盗用）的行为定性为犯罪。1979 年，由专门委员会起草的《**统一商业秘密法**》（Uniform Trade Secrets Act）试图在全美范围内设立商业秘密的立法标准。尽管大多数州都采用了该法，但大多对其进行了修订，导致各州之间在商业秘密立法和执法方面存在较大差异。

商业秘密保护条件

并非所有信息都有资格获得商业秘密保护。一般来说，公众已知的或竞争对手可以通过合法手段发现的信息都不符合商业秘密保护条件。如果一家公司在行业展会上发放宣传册，任何参会人都可以拿到，通常该宣传册中的任何内容都无法被认定为商业秘密。同样，如果秘密因失误而泄露，通常它就失去了商业秘密的地位。例如，一位公司员工在公共场合用手机通话，被竞争对手无意中听到，则一般情况下，该员工所说的所有内容都不再受到商业秘密保护。简而言之，商业秘密立法一般采用这样的理念：除非所有者先行对其进行了保护，否则法律不会将其作为商业秘密进行保护。

公司需采取合理措施对信息进行保密，才能使其商业秘密得到保护。在评估企业是否采取了合理措施时，法庭通常会查明该信息在企业内部和外部是否广为人知、该信息的价值、企业在多大范围内采取措施对该信息进行保密、开发该信息所花费的精力，以及其他公司开发该信息的容易程度。根据这些标准，最符合商业秘密保护条件的信息应具有以下特征：

- 公司外部不知情；
- 公司内部仅限于“需要知道”的范围；
- 通过严格的信息保密机制予以保护；
- 很宝贵并且为公司提供了强大的竞争优势；
- 花费了大量成本、时间和精力进行开发；
- 无法被轻易复制、逆向仿制或发现。

商业秘密纠纷

商业秘密纠纷最常出现于员工离开企业加入竞争对手并被指控带走保密信息时。例如，一家企业的营销主管跳槽到竞争对手处，并为竞争对手制订了一个营销计划，该计划与其上一份工作所实施的计划几乎一模一样。他原来所在的企业可能会认为，这位离职员工所制订的营销计划是公司的商业秘密，该员工实际上是窃取了该计划并用于新工作。在商业秘密纠纷中取胜的关键是证明存在某种形式的窃取或盗用。商业秘密可以通过合法手段发现。例如，一家公司购买了另一家公司的产品，并将其拆开查看其组装方式，这并不违法。实际上，这是一种相对普遍的做法，也是公司不断尝试创新的原因之一。公司希望通过创新至少快竞争对手一步。

因商业秘密被窃取而遭受损失的公司，可以就其损失向法院提起民事诉讼。在发现被窃取后，应尽快提起诉讼。被告通常会在抗辩时称该涉诉信息是其独立开发的（意味着没有窃取行为）、是通过适当手段取得的（例如，在所有者允许的情况下）、是公知信息（意味着不应受到商业秘密保护）或是无意取得的（例如，在商务会议的随意交谈中）。“记忆”并不是抗辩理由。因此，企业员工不可以说“我从旧企业带到新企业的东西全部在我脑海中”或仅仅因为该信息未以书面形式传达就认为其不受商业秘密保护。如果法院裁定支持企业商业秘密被窃取的主张，该企业可以阻止侵权人使用该商业秘密并支付经济损害赔偿。

商业秘密保护方法

为防止商业秘密被有意或无意泄露，采取积极的保护措施是必要的。此外，在确定某事物是否构成商业秘密时，一个关键因素就是，企业在多大程度上采取了保密措施。公司可以通过实际措施和书面协议来保护商业秘密。

实际措施。企业可以采取许多实际措施来保护商业秘密，从在建筑物周围设置安全栅栏，到为员工访问上锁的文件柜设定权限，以及其他更为详尽的措施。保护的级别取决于商业秘密的性质。例如，虽然零售商店可能认为其库存控制程序属于商业秘密，但它可能不认为该信息至关重要，因此它可能只采取适当但不极端的措施来保护该信息。相反，一家生物技术企业可能正处于发现某疾病治愈方法的关键节点，并可能采取极端措施来保护其实验室工作的机密性。

以下是保护商业秘密常用的实际措施：

- **限制访问**：许多公司仅允许“需要知道”的员工接触保密资料。例如，只有营销部门的关键员工可以接触公司的客户名单。
- **标注文件**：敏感文件应加盖或贴上“机密”、“专用”、“限制”或“保密”字样。在可能的情况下，这些文件不使用时应放置在安全的地方。这类标注应仅限于特别敏感的文件。如果所有文件都被标上“机密”，员工可能会失去对轻度机密和高度机密资料的辨别能力。
- **使用密码保护机密计算机文件**：使用安全密码为员工查看机密信息设置权限，可以对公司计算机网络、网站或内部网上的信息进行限制。公司还可以对文件进行写保护，以确保员工可以读取但无法修改某些文件。
- **维护来访者日志**：可以要求来访者到达公司时进行登记、戴上名牌以识别其来访者身份，并确保始终有公司员工陪同，从而防止来访者接触机密信息。
- **维护敏感资料的访问日志**：许多公司对敏感资料的访问情况进行记录，并要求员工在接触这些资料时“登入”和“退出”。
- **维持充分的整体安全措施**：常识性的措施也很有用。例如，对应当销毁的文件使用碎纸机，能够接触机密资料的员工应当拥有可上锁并有安全保障的书桌和文件柜，在公司内使用报警器、安保系统和安保人员。

在这些措施中，有些可能看起来比较极端。但是，我们生活在一个不完美的世界中，因此，公司需要保护自己的信息，防止意外泄露和直接窃取。乍看之下，粉碎文件之类的措施似乎有些过激，但为了更好地保护商业秘密，这样做可能很有必要。无论你信不信，在许多案件中，公司都发现了竞争对手竟然真的在其建筑物后的垃圾桶里翻找机密信息。

书面协议。公司员工必须知道他们有保守商业秘密以及其他形式机密信息的责任。为了获得最佳保护效果，企业应让员工签署保密协议和竞业禁止协议（如第 7 章所述）。

知识产权以及存在于知识产权需求背后的问题非常重要，企业必须严格遵照帮助公司解决问题并获得所需知识产权的目的开展创业活动。

进行知识产权审计

企业保护知识产权的第一步是完成知识产权审计。从初创企业到成熟公司，无论规模，我们建议所有企业都进行知识产权审计。**知识产权审计**（intellectual property audit）是为了确定公司拥有的知识产权。

后文描述了进行知识产权审计的原因以及审计流程。有些企业聘请律师进行审计，有些企业则自行开展审计。审计完成后，公司可以确定需采取哪些适当措施对其拥有的知识产权进行保护以及企业应为此付出多少精力和费用。

为什么要进行知识产权审计?

进行知识产权审计有两个主要原因。第一个原因是，谨慎起见，公司需要定期确认其知识产权是否得到了妥当保护。如表12-5所示，知识产权存在于企业的每个部门中，并且，对于企业来说，忽略了某个符合保护条件的知识产权是很常见的。

表12-5 在进行知识产权审计时应提出的问题

专利	版权
• 开发中的产品是否需要专利保护? • 最近一期的专利维持费是否已缴纳? • 是否有应该申请专利的商业方法? • 我们是否拥有与商业计划不再相符并且可以出售或授权的专利? • 我们的科学家是否正确记录了关键的发现日期?	• 对于哪些材料需要标注版权符号，是否制定了相关政策，以及这些材料是否得到了标注? • 对于版权材料何时需进行注册，是否制定了相关政策? • 对于自创或付费创作的材料，是否拥有适当的文件记录以保护公司的使用权? • 我们是否遵守已签订的版权许可协议?
商标	**商业秘密**
• 我们是否使用了任何需要进行商标保护的名称或口号? • 我们是否打算将商标的使用扩展至其他国家/地区? • 我们是否需要在新产品和服务上使用其他商标? • 是否有人侵犯我们的商标权?	• 是否采取了充分的内部安全措施以保护企业的知识产权? • 不属于“需要知道”的员工是否可以定期接触到重要的商业秘密? • 在对保密协议和竞业禁止协议的使用进行管理时，是否制定了相关政策? • 公司的商业秘密是否正在泄露给竞争对手?

公司进行知识产权审计的第二个原因是，在兼并或收购的情况下，随时能够证明其价值。大公司收购小型创业型企业的主要原因是，大公司想要小企业的知识产权。当大公司与之接洽时，小企业应当做好准备并能够证明其估值的合理性。

知识产权审计流程

进行知识产权审计的第一步是编制企业现有知识产权清单。清单中应该包括企业目前注册的专利、商标和版权，还应该包括任何允许公司使用他人知识产权或允许他人使用公司知识产权的协议或许可。

第二步是确定尚未完成的作品，以确保它们以一种系统化且有序的方式记录在案。这对于研发工作来说尤为重要。如前所述，如果两个发明人独立开发出了实质上相同的发明，则专利申请权归属于首先发明该产品的人。正确标注日期并在发明日志和其他文件上进行记录，有助于证明发明日期。

审计的第三步是明确企业的关键商业秘密并描述其保护方式。以书面形式记载这些信息，有助于最大限度地降低遗漏商业秘密的可能性，避免他人因所有者没有采取具体的保护措施而声称其不是真正的商业秘密。

复习题

1. 知识产权与其他类型的财产（如土地、建筑物和存货）有什么区别？

2. 确定是否应当为特定知识资产提供知识产权保护的两个基本原则是什么？

3. 搜索 USPTO 数据库，并找到它授予伊利诺伊州海兰帕克的唐纳德·韦德（Donald E. Weder）的三项专利。描述这些专利。韦德先生主要从事哪些领域的发明？

4. 实用新型专利和外观设计专利之间的主要区别是什么？请各举一个例子。

5. 什么是商业方法专利？举一个商业方法专利的例子。这种类型的专利如何为企业提供市场竞争优势？

6. 举一个外观设计专利的例子。外观设计专利如何为企业提供市场竞争优势？

7. 发明转让协议的目的是什么？企业要求雇员签署发明转让协议是一个好主意吗？

8. 申请专利的六个步骤是什么？

9. 什么是商标？商标如何帮助企业在市场上建立竞争优势？

10. 选择并注册商标涉及哪三个步骤？

11. 商业外观一词是什么意思？

12. 什么是版权？

13. 在版权法中，演绎作品一词是什么意思？

14. 如果创业者有一个基于电视竞赛节目的主题餐厅创意，那么该创意本身是否可以获得版权保护？为什么？

15. 什么是版权符号？人们可以在哪里找到版权符号？如何使用版权符号？

16. 版权侵权一词是什么意思？在美国以及其他国家/地区，版权侵权是一个小问题还是一个大问题？请解释。

17. 什么是商业秘密？举一个商业秘密的例子。你举出的商业秘密可以如何帮助企业在市场上建立竞争优势？

18. 哪些信息不符合商业秘密保护条件？请尽可能详细地阐明你的答案。

19. 企业可采取哪些实际措施来保护其商业秘密？

20. 进行知识产权审计的两个主要原因是什么？如果公司没有定期进行知识产权审计，可能存在哪些风险？

应用题

1. 想象一下，你正要参加一个为期一天的知识产权法研讨会，你联系了一个正在创业的朋友，邀请她和你一起去。她对你说："我真的很忙，我的初创企业即将开业，我真的去不了。如果他们明年还举办相同的研讨会，那我就跟你一起去。"你将如何回应你的朋友？

2. 访问 USPTO 网站并查找美国专利号 5443036。说明该专利的目的。你认为该专利所描述的发明创造是否具有商业潜力？在 1～10 分（10 分最高）之间打分，你认为该发明的潜力有多大？

3. 根据本章介绍的内容，从理论上讲，在 USPTO 注册的商标只要仍在使用，就可以永久保持注册状态。商标所有者是否必须就商标仍在使用向 USPTO 提供证明？如果是，则必须遵循哪些流程？

如果你是风险投资者 12.1

Flatiron School 公司

网站：www. flatironschool. com　脸书：https：//www. facebook. com/flatiron　推特：@flatiron-school

商业创意：创办一所精英编程学校，在短时间内教会人们编程，并帮助他们作为开发人员找到高薪工作。

推介：有许多25～45岁的人想要改变自己的职业。他们正处于自己第一段职业生涯当中，要么对其不满意，要么发现自己对编程感兴趣并想要开发软件。他们可能并不想去攻读一个两年制或四年制大学的学位。因为他们当中许多人可能已经在其他领域拥有大学的学位，或者他们的境况使其攻读一个四年制的计算机科学学位并不现实。还有一些高中生，他们在编程上具有很高的天赋，并且希望在进入人才市场之前，先行修学大学计算机科学课程。

Flatiron School 公司以曼哈顿中城的标志性建筑——熨斗大厦（Flatiron Building）命名，旨在为这些市场服务。作为一所总部位于纽约市的精英编程学校，它教人们编程并帮助人们找一份开发人员的工作。这所学校的毕业生当中，98%都成了开发人员，他们的平均年薪为75 000美元。Flatiron School 于2012年成立，最初仅向成年人提供全日制 Web 和 iOS 开发课程。它在纽约市提供校内课程，其录取率仅为6%。从那时起，该企业采取了三项新举措以扩展它的纽约课程：（1）与纽约市合作开展奖学金计划，免去少量低收入家庭的学费；（2）开办了一个名为 Learn. com 的在线学习平台，不仅为沉浸于在线学习的学生提供服务，还为外部合作伙伴（从大学到谷歌等公司）提供服务；（3）开设高中课程，在暑假和课后教高中生如何编程。

Flatiron School 的课程在12周内向学生提供了入门级软件工程工作所需的技能。这种教学方法在本质上强度很大。该课程要求学生们在上课前进行150小时的准备工作。在为期12周的学习中，学生每天上午9点至下午6点都在校园里，许多学生晚上也不回去，并且周末还会以小组形式做项目。该课程的加速性质具有一个优点，即学生可以辞去现有工作，在 Flatiron School 度过12周，然后迅速回到就业市场。不同于其他编程课程和训练营，Flatiron School 在游戏规则上做出了改变，其就业报告（即声称毕业生中有98%找到了编程工作）由第三方审计师验证。Flatiron School 认为，在美国那么多编程课程或训练营中，只有它这么做了。

1. 根据本章介绍的内容，在作出投资决策之前，你会向该公司的创始人提出哪些问题？什么样的答案能够让你满意？

2. 如果你只能根据推介内容和公司网站提供的信息作出决策，你是否会投资该公司？为什么？

如果你是风险投资者 12.2

Kolibree 公司

网站：www. kolibree. com　脸书：Kolibree　推特：@Kolibree

商业创意：开发一款智能牙刷，可以告诉用户刷牙刷得好不好。该牙刷还附带一款智能手机游戏，刷得好就能在游戏中得高分。

推介：有许多与牙齿卫生相关的问题。例如，经验表明，大多数儿童不喜欢刷牙，大多数成年人刷牙的时间不够长。牙医通常建议人们每天刷两次牙，每次至少两分钟。大多数认为自己好好刷牙的人，他们的实际刷牙时间都短于建议时间。

Kolibree就是为了帮助人们解决这些问题而创建的。该企业已经开发出了一款适用于成人和儿童的智能牙刷，名为Kolibree连接牙刷（Connected Toothbrush）。该产品可通过蓝牙连接至智能手机应用程序，并告诉用户他们是否采用了健康的刷牙方式。Kolibree牙刷看起来与其他牙刷相似，但也仅仅是看起来相似。它配备了加速度计、陀螺仪、3D运动传感器，可以告诉你哪儿刷过了，哪儿漏掉了。它造型优雅，符合人体工程学设计，适合所有手掌尺寸，并且重量仅有2.5盎司。牙刷刷头可拆卸，因此同一个刷柄可在多个家庭成员间共享。每个家庭成员都可以设置一个指示板来记录他们的日常刷牙情况。牙刷收集的刷牙信息可以传送至指示板上，并可供实时查看或随后研究。如果你进行实时查看，一个2D图像会标明你应当重点刷牙的位置以及需要刷多久。当你在某个区域刷的时间足够长了，该应用程序会通知你刷下一个区域。为了增加乐趣，该应用程序还会根据刷牙表现给予你一定的积分。你得到的积分越多，获得的奖励就越高。该应用程序还有一个教练功能，它能够根据每个人的刷牙习惯提供指导。

针对孩子，Kolibree进一步通过游戏化的设计来激励和奖励良好的刷牙习惯。Kolibree连接牙刷附带了一系列智能手机迷你游戏。其中一款游戏用到了广受儿童欢迎的角色"疯狂的兔子"（Raving Rabbids），被称为"兔子机智刷"（Rabbids Smart Brush）。游戏在儿童刷牙时开始；直到刷完牙，儿童一直在玩游戏（不需要用手玩）。刷牙的儿童是一场跑步比赛的参与者，能否跑赢其他人取决于他刷牙的表现好不好。如果漏掉了某个区域，儿童必须回到这个区域重刷，才能跑赢游戏。其目的是教导和鼓励孩子养成良好的刷牙习惯。游戏中的积分可以兑换免费游戏、免费音乐和类似奖励。

除了上面介绍的功能外，Kolibree连接牙刷也是一款出色的产品。持续使用该产品可以大大改善牙齿卫生状况并减少牙菌斑，其圆形的刷毛不会伤害到敏感的牙龈。

1. 根据本章介绍的内容，在作出投资决策之前，你会向该公司的创始人提出哪些问题？什么样的答案能够让你满意？

2. 如果你只能根据推介内容和公司网站提供的信息作出决策，你是否会投资该公司？为什么？

案例

你说了算：公司制作花生酱果冻三明治的方法可以申请专利吗？

斯味可网站：www.smuckers.com　脸书：Smuckers　推特：@smuckers

Albie's网站：www.albies.com　脸书：albies-foods-inc

简介

这是一个由裁判委员会决定的问题：公司制作花生酱果冻三明治的方法可以申请专利吗？更具体地说，在这种情况下，法官要考虑的是，斯味可（J.M.Smucker's）制作无外皮三明治（Uncrustables）（一种不带面包皮且密封在软面包内的花生酱果冻三明治）的方法是否值得法律为防止其模仿者出现而提供保护。虽然这个案件的性质很有趣，但法律裁决结果有着更深远的意义。关键在于专利局在授予专利时应该把握一个怎样的限度——这个问题在双方之间产生了很大争议。

实际上，最终接受裁决的那个案件由两个案件引发。这三个案件分别是斯味可为花生酱果冻三明治专利奋斗的第1轮、第2轮和第3轮。

该案涉及斯味可的无外皮三明治。该产品在大多数杂货店的冷冻食品区都有出售。它是一款密封在软面包内的2盎司的花生酱果冻块状食品。规格有每盒4个装、10个装和18个装。在食用无外皮三明治前，顾客只需让其融化30～60分钟。

无外皮三明治由北达科他州法戈市的大卫·盖斯克（David Geske）和明尼苏达州弗格斯福尔斯的伦恩·克雷奇曼（Len Kretchman）于1995年发明。后来，两人开始为美国中西部学校批量生产该产品。斯味可注意到了他们所取得的成功并于1999年买下了盖斯克和克雷奇曼的公司。公司收购的内容包括盖斯克和克雷奇曼获得的无外皮花生酱果冻三明治的一般专利（专利号6004596）。

第1轮：斯味可与Albie's食品

此后不久，斯味可就开始为捍卫自己的领地而战斗。2001年，斯味可要求一家比其小得多的企业——Albie's食品，停止出售它自己的无外皮花生酱果冻三明治。Albie's当时正在向当地的一个学区出售这种三明治。Albie's进行了反击，最终此案被法院驳回。Albie's在抗辩时称，公司将其无外皮花生酱果冻三明治视为馅饼（一种带卷边的肉馅饼）的一个变种，自从19世纪初英格兰的铜铁矿工移民至密歇根州北部之后，这种馅饼就已经成了一种流行食品。

第2轮：斯味可与专利局

斯味可因败诉给Albie's而受到打击，决定回到USPTO并试图将其无外皮花生酱果冻三明治的一般专利范围扩大，以便更好地捍卫其无外皮三明治。专利局驳回了该申请。斯味可争论的要点在于：其三明治拥有独特的封边，并且其夹层方式（使果冻保持在三明治中部）是独一无二的，因此应受到法律保护。专利局不同意这种观点。它指出，斯味可辩称其独特之处包括了三明治的卷边，但这种卷边与意大利方形饺和馅饼的卷边相似。此外，专利局确定，在花生酱果冻三明治中部放置果冻的方式谈不上独一无二，并且援引了1994年堪萨斯州《威奇塔鹰报》(*Wichita Eagle*）作为证据，报纸上关于返校小贴士的文章中正好对这一方式进行了介绍。

第3轮：斯味可上诉

斯味可将专利局的决定上诉至美国联邦上诉法院。在法庭审理中，斯味可的律师指出，制作无外皮三明治的方法是独特的，因为两片面包通过压制的方式形成密封，但没有像馅饼或意大利方形饺那样出现“碎裂”。（回想一下，专利局的最初决定中，将制作无外皮三明治的过程与意大利方形饺进行了比较。）斯味可进一步指出，斯味可相信无外皮三明治是独特的产品，因此为生产该产品，斯味可的科学家付出了辛勤工作，公司也投入了大笔资金，如果让其他公司通过简单的复制就从中取得利益，那么对斯味可来说是不公平的。无外皮三明治也是斯味可的畅销产品。

更深层次的问题

由于涉及更深层次的问题，斯味可的案子得到了密切关注。美国专利申请流程的批评者认为，USPTO在授予专利时过于慷慨，他们说这种慷慨会扼杀创新并推高消费成本。在斯味可案中，这些批评者会说，斯味可不应得到该专利，因为那样会阻止其他食品公司生产自己版本的花生酱果冻三明治，并使无外皮三明治的价格居高不下。美国专利申请流程的支持者则提出相反观点。他们认为，专利会促使斯味可这样的公司投资于产品创新。如果缺乏专利保护，斯味可这样的公司将没有动力开发无外皮三明治这样的产品。

法院裁决

2006年4月中旬，在听取所有观点后，美国联邦上诉法院对斯味可是否可以依请求获得该专利做出了裁决。你认为法院作出了怎样的裁决？为什么？请使用搜索引擎找到这个有趣的问题的答案！

讨论题

1. 访问USPTO网站（www.uspto.gov)，查看专利号6004596。阅读该专利。在阅读完成后，你更倾向于支持还是不支持斯味可的观点？

2. 在谷歌搜索引擎中输入并查看"Uncrustables"（无外皮三明治)。花一点时间阅读斯味可网站上有关无外皮三明治的信息。同样，在看过该网站后，你更倾向于支持还是不支持斯味可的观点？

3. 在美国专利制度"批评者"和"支持者"所持有的观点中，你同意哪一观点？以创业者的身份思考，并说明为何你认为批评者和支持者都强烈坚持自己的观点。

4. 在使用搜索引擎查看法院的裁决后，你认为法院为何作出如此裁决？使用本章的材料来解释并证明你的想法。

资料来源：J. Soslan, "Uncrustables Still Growing at Torrid Pace," BakingBusiness. com, August 22, 2013; *The Wall Street Journal* (Eastern Edition) by S. Munzo. Copyright 2005 by Dow Jones & Company, Inc.

注　释

第13章 评估和应对增长中的挑战

学习目标

学完本章，你应该能够：

1. 描述企业如何为增长做适当的准备。
2. 讨论企业追求增长的六个主要原因。
3. 解释对增长阶段进行管理的重要性。
4. 描述企业增长中的挑战，特别是逆向选择和道德风险的挑战。

作为一家创业型企业，MATI 能量（MATI Energy）的成绩令人振奋，它拥有一个不错的开端，并以良好的执行方式实现了增长。但真正的考验是它能否实现**持续增长**（sustained growth），即在一段持续的时间内实现收入和利润双增长。有证据表明，几乎没有企业能够实现持续且出色的盈利增长。[1] 以《公司》杂志的"Build 100"项目为例。该研究收集了超过 10 万家美国中型市场公司（拥有 85～999 名员工的公司）的数据来对企业增长情况进行研究。令人难以置信的是，该项目发现，研究中只有不到 1.5%的公司实现了持续增长，这一结论是根据 2007—2012 年每年增加的员工数量进行衡量的。该研究发现，公司的增长通常遵循以下几种模式之一：(1) 在几年内强势扩张，然后减速并衰退；(2) 断断续续增长，可能与经济总体情况同步；(3) 在短时间内激增，然后进入稳定期；(4) 实现长期稳定的增量增长。第四种是最健康的，也是实现持续增长的模式。该项目的首席研究员加里·昆克尔（Gary Kunkle）表示："这类似于《伊索寓言》中龟兔赛跑的故事，保持缓慢而稳定的节奏才能在比赛中获胜。"[2]

虽然充满挑战，但大多数创业型企业仍在追求增长并将其视为保持成功能力的一个重要组成部分。[3] 惠普联合创始人戴维·帕卡德（David Packard）表达了这一观点，在创立惠普时，他和另一位联合创始人比尔·休利特（Bill Hewlett）"多次设想公司的最佳规模"。这两人"不认为增长本身有多重要"，但最终得出结论：对保持公司竞争力而言，"持续增长至关重要"。[4] 当惠普于 1996 年正式发布其目标清单时，增长正是其七个目标之一。[5]

本章第一部分介绍了如何为增长做准备，其中讨论了企业可通过三个特定领域的自我强化来实现增长。第二部分主要关注增长的原因。虽然持续增长几乎总是通过精心的策划来实现的，但企业并不总能选择其增长的步伐。这一部分列出了促进和激励企业增长的六个主要原因。第三部分着重于增长管理，重点是对增长阶段进行认识和管理。最后一部分研究了增长挑战，包括管理能力问题以及与企业增长相关的日常挑战。

为增长做准备

大多数创业型企业都渴望增长。尤其是在短期内，销售收入的增长是创业型企业当前生存潜力和未来成功潜力的重要指标。增长令人振奋，并且对大多数企业而言，它是成功的标志。许多创业型企业增长迅速，并因此为其员工和所有者带来了可观的利益；想一想本书介绍过的企业（比如，SoulCycle、Rent the Runway 和 Casper)，它们都是很好的范例。

尽管创办和发展任何企业都需要摸索，但企业为未来增长做了何种程度的准备，将直接关系到其成功水平。[6]本部分将重点介绍企业在为其增长做准备时，可以完成的三件重要的事情。

理解企业增长的本质

企业为增长做的第一个准备就是理解企业增长的本质。为使企业实现成功发展，创业者需要做好准备，实施良好的管理，并对相关问题有充分的理解。以下是创业者应理解的有关企业增长的问题。

并非所有企业都有成为积极的成长型企业的潜力。拥有长期快速增长潜力的企业能够解决客户生产或生活中的重大问题，或能够对客户生产或生活产生重大影响。这就是为什么快速增长的企业名单总是以医疗保健、技术、社交媒体和娱乐公司为主。这些公司可能会对其客户的业务或生活产生最为重大的影响。通过比较女装商店和医疗用品公司，就可以证明这一点。2012—2017 年，美国女装商店的平均增长率为负（－1.3%），而医疗用品公司的平均增长率为 2.8%。[7]虽然创办并拥有一家女装商店并没有错，但重要的是我们应该以现实的眼光看待企业可能实现的增长速度。即便个体女装商店可能在起步时增长迅速，但随着其规模的扩大，其年增长率通常会开始趋向于行业平均水平。[8]

企业可能增长过快。许多企业起步时增长迅速，并且没有放缓的迹象，这将给企业带来巨大的财务压力，并使其所有者疲于应对。有时，企业会以一定的速度增长，然后突然出现订单猛增，使得企业难以跟上步伐。这种情形可能使一家令客户满意的企业变成一个混乱无序的工作场所，人们手忙脚乱地以最快速度推出产品。为防止出现这种情形，我们需要知道何时应当刹车，并鼓足勇气作出刹车的决定。这种情况在欢乐厨妇（一家通过家庭聚会销售厨具的公司）创立初期即出现过。正当公司出现强劲的增长势头时，它意识到库存产品的数量不足以应对繁忙的圣诞季。这一现实使其陷入严重的困境。欢乐厨妇无法立刻增加库存（其供应商的库存都很少，且该公司规模很小，无法对供应商提出过高的要求），而同时，它也不想让它的家庭顾问暂停销售和签约新顾问。选择之一是暂停新顾问的招聘，这样可以减缓销售速度。公司创始人多里斯·克里斯托弗（Doris Christopher）曾向其他人征求意见。大多数人都不建议暂停招聘新顾问，他们认为任何直销组织的命脉都在于签约新成员。但最后，该公司不得不暂停招聘并减缓其销售速度，以便能够在假期及时满足所有订单。这一措施直到第二年1月份才取消。此后，欢乐厨妇的新成员数量出现了猛增。

其他企业也会面临类似的困境，有时它们会做出正确的选择，有时不会。最重要的一点是，必须谨慎应对增长。正如我们在本章中强调的那样，企业只能在其基础架构允许的范围内尽可能快速发展。表13-1列出了企业增长过快的10个警示信号。

表13-1 企业增长过快的10个警示信号

- 通过借款来支付日常运营费用
- 极低的利润率
- 员工过于忙碌
- 产品质量下降
- 逐渐无暇回复电子邮件和短信
- 客户投诉增加
- 员工害怕上班
- 生产力下降
- 在“危机”模式下运营成为常态而非例外
- 企业财务结构开始令人担心

企业的成功并不总能形成规模。不幸的是，使企业成功的事物可能会在其增长时使其深受其苦。这就是通常说的增长是把“双刃剑”。提供高水平个性化服务的企业通常不易形成规模。例如，一家最初提供高水平个性化服务的投资居间服务企业，在其客户增长并开始实现服务自动化时，其服务就会迅速变为标准服务甚至是不合格服务。它的最初客户可能会发现，获得个性化服务越来越难，并开始将其视为一家普通企业。

还有一类企业，它们销售高端或特殊产品，并赚取高额利润。这些企业通常在客户优先考虑质量而非价格的场所销售产品。这些企业可以实现增长，但也只能保持一定的速度。如果它们增长过快，就有可能失去其试图塑造的“独特性”或损害其特殊魅力。出于类似的原因，时装精品店通常会限制某些尺寸或颜色的服装数量。即便它们知道可以卖出更多的某款上衣或连衣裙，但还是特意限制其销量，从而使顾客通常不易“撞衫”。

坚持核心策略

企业为增长做的第二个准备就是坚持核心策略。企业商业模式的一个重要组成部分就是其核心策略，该策略明确了企业与其竞争对手的竞争方式。企业的核心策略在很大程度上取决于其**核心竞争力**（core competency）或其特长。[9]尽管这种观点看似不言而喻，但企业在为增长做准备时不能忽视其核心策略很重要。如果企业开始分心，并试图抓住每一个出现在其面前的增长机会，那么很容易迷失方向，进入一个自身处于竞争劣势的领域。例如，eBags是专门从事手提包、行李箱和背包销售的线上商家，它一度收购了一个销售鞋类的网站。三年后，它断定鞋类业务与公司的核心策略和核心竞争力相去甚远，因此将该网站（Shoedini. com）卖给了美捷步。

大多数企业的发展方式是从销售与其核心策略一致的产品或服务开始，然后逐步进入与其优势和核心能力不同但相关的领域来增加销售额。这就是美捷步的运作方式。该公司从销售鞋类开始，逐渐扩展至服装、箱包、家庭用品和许多其他产品。其新产品线的成败在很大程度上取决于公司现有的核心竞争力能否使这些产品的销售实现盈利。如果不能，那么美捷步将不得不发展或获取其他核心竞争力，否则它可能很难实现有效的增长管理。

吉姆·柯林斯（Jim Collins）在他的著作《从优秀到卓越》一书中提到了一个寓言故事，有助于我们认识坚持核心策略的重要性。在这本书中，柯林斯讲述了一则最初由以赛亚·柏林（Isaiah Berlin）讲述的狐狸和刺猬的寓言。寓言里说，因为狐狸狡猾、诡诈且强壮，所以每个人都认为狐狸强于刺猬。而卑微的刺猬只知道缩成一团、竖起毛刺以阻止敌人。具有讽刺意味的是，无论狐狸怎么做，轮番使出一百种花样，刺猬总是能赢，因为它知道怎么将一件事做好——缩起来并竖起毛刺。在《从优秀到卓越》中，柯林斯说道，能够取得长期成功的企业更像刺猬，而不是狐狸。成功的企业往往埋头做事并把一件事做到极致，而不是像狐狸那样迅速向各个方面发展。就像刺猬一样，它们看到了最重要的部分，并无视其余部分。[10]

为增长做计划

企业为增长做的第三个准备就是制订与增长相关的计划。[11] 为完成这一任务，企业需要提前思考并对其想要实现的增长类型和数量做出预期。

第 6 章介绍的商业计划撰写流程，可以对制订增长计划提供很大的帮助。商业计划通常包括对企业前三到五年销售额的详细预测，并附带一份运营计划，其中描述了企业为实现其预期所需的资源。虽然企业在其最初的三到五年内肯定会发生变化，但制订计划仍十分有益。许多企业会定期修改其商业计划，并以此为基础来指导它们做出与增长有关的决策。

对企业而言，尽早确定采用何种策略作为追求增长的方式也很重要。例如，祛痘产品公司高伦雅芙是一家生产单一产品的公司，它通过稳步增加国内销量、将产品引入国外市场并鼓励非传统祛痘产品使用者（如成年男性）来使用其产品，实现了企业增长。高伦雅芙致力于一种产品，并避免通过收购和许可等举措来实现增长。这些决定使得该公司能够专注于营销和打造品牌。相反，Sir Kensington 自从 2010 年成立以来，已经实现了多个新产品线的扩张。它始于销售番茄酱，而现在还销售蛋黄酱、芥末酱和素食蛋黄酱。素食蛋黄酱是用鹰嘴豆奶油制成的纯素食蛋黄酱。鹰嘴豆奶油是用鹰嘴豆和水制成的天然蛋清替代品。[12]

在偏向于个人的层面上，企业所有者应该退后一步，根据个人目标和期望来衡量公司的增长计划。俗话说“许愿需谨慎”（Be careful what you wish for），这句话在商业领域与在生活其他方面一样适用。例如，如果企业拥有快速增长的潜力，所有者就应该知道在其选择快速增长的路线后期望怎样的结果。快速增长通常意味着快节奏的活动、快速增加的开销，以及企业所有者在时间和精力上全身心的投入。其好处是，如果企业成功了，所有者将取得极好的财务业绩。其坏处是，长时间无法陪伴家人。

在这种情况下，有些企业所有者可以接受其利弊，而另一些所有者则无法接受。

即使认真地为增长制订了计划，有些企业也会失败，原因是他们根本无法实现足够的增长来达到收支平衡，并使其投入企业的时间和精力得到公平的回报。本章“错在何处?”专栏的主角 Dishero 就出现了这种情况。Dishero 的业务是拍摄食物。从第一天起，它就有了收入和满意的客户。但是，它增长得不够快，无法达到收支平衡，且无望在未来实现盈利。

错在何处? Dishero：简单的成功如何成了艰难的决策

Dishero 由亚历克斯·菲什曼（Alex Fishman）、伊利亚·金兹伯格（Ilya Ginzburg）和德米特里·芬克（Dmitry Fink）于 2013 年创办。它的运作方式是在餐厅里给食物拍照。许多餐厅都有自己菜肴的照片。这些照片会出现在菜单上、智能手机应用程序中、社交媒体网页上，以及店内的视频显示器上。Dishero 筹集了 280 万美元资金，组建了强大的管理和商务团队，在 6 座城市和 3 个国家拥有 17 名高管。几乎从第一天开始，该公司就有了收入和满意的客户。在其存续的 2/3 时间里，它在聘用主要人员方面都有出色的表现。Dishero 聘请了一位销售副总裁，他曾经是 OpenTable 的销售副总裁。在 OpenTable，他雇用了公司第一批 45 名销售人员，并收购了前 1 000 家餐厅。遗憾的是，2016 年 Dishero 停止运营。哪里出了错?

Dishero 的专长是拍摄食物，而且，无论采用何种客观的衡量标准，它都做得很不错。如果你想查看 Dishero 拍摄的某些照片，请在谷歌图片的搜索栏中输入“Dishero”。大多数餐厅都会为菜肴拍照，并以各种方式使用这些照片。例如，位于加利福尼亚州圣克拉拉的 Spreadz Deli & Café 就是 Dishero 的客户。这家熟食店里有两个并排的视频显示器，顾客在排队等待时可以观看其播放内容。当 Dishero 首次与 Spreadz Deli & Café 接触时，两个显示器都显示了菜单——一个显示了三明治，另一个显示了沙拉和咖啡。Dishero 帮助 Spreadz Deli & Café 做出了转变，让它使用一个显示器来显示菜单，另一个来显示其菜肴的高质量照片。这使得熟食店的员工可以向顾客推荐显示器上展示的菜肴，同时减少了顾客排队等待的时间。屏幕上滚动播放的约 30 张照片展示了各种菜肴和名称。人们在屏幕上看到烧烤三文鱼三明治，如果喜欢，在排队到柜台时就可以直接说：“我要份烧烤三文鱼三明治。”

Dishero 为其他餐厅提供了类似服务。例如，位于加利福尼亚州阿拉米达的 Dragon Rouge 餐厅是 Dishero 的另一客户。Dishero 为其食物拍摄照片，在分布于餐厅各处的视频显示器中播放。这家餐厅的显示器促进了人们的交流。人们会看到之前没有尝试过的菜肴，并点一些平常不会点的食物。

Dishero 联合创始人亚历克斯·菲什曼在一篇互联网帖子中写出了 Dishero 失败的原因，该帖子为《我的联合创始人说“我爱我们正在做的事”，然后我们关停了初创企业》(My Cofounder Said “I love what we're doing” and We Shut Down Our Startup)。简而言之，Dishero 增长得不够快。当企业倒闭时，它每月收入约 9 000 美元，而每月开支是 10 000 美元。这对于初创企业来说，并非特例。许多初创企业都需要时间来达到收支平衡，然后才开始赚钱。但对于 Dishero，令人苦恼的是收入增长缓慢且难以预测。菲什曼指出，Dishero 处于最糟的境况。当一切进展顺利时，人们很容易知道什么是该做的事。当事情进展不顺利时，该做的事虽然很难，但也很清楚。可是 Dishero 却发现自己正好处于中间。它既没有失败，也没有成功。该做什么事完全取决于主观判断。

在这篇帖子里，菲什曼详细阐述了 Dishero 遇到的一些挑战。首先，向餐厅做销售很难。餐厅老板很忙，他们的生意利润率很低，而员工流动率很高。因此，要引起餐厅经理或者所有者的注意很难。而更难的是，当他们对 Dishero 的服务表示满意时，如何让他们向其他餐厅推荐 Dishero。其次，Dishero 不得不雇用一支销售团队来向餐厅所有者推销其服务。这一策略导致他们在获取客户方面产生了高昂的成本。在决定关停 Dishero 之前，几位联合创始人坐下来，提出了三种选择。银行里仍存有投资者为他们提供的资金，所以情况还没有那么糟糕。方案 A 是继续改进，方案 B 是围绕着餐饮业发展，方案 C 是关停。他们没有认真考虑过方案 D，即向餐饮业之外发展。他们的团队是精心为餐饮行业挑选的。

他们做出了艰难的决定，选择了方案 C。在菲什曼的互联网帖子中披露了一些他与 Dishero 投资者就决定关停该公司所进行的电子邮件往来对话。这些对话有趣而客气。在 Dishero 关停时，公司的银行存款还有 180 万美元。投资者让他们留着这笔钱，这最终促成了 Bugsee 的创立。Bugsee（www. bugsee. com）是由 Dishero 的三位联合创始人其中之二——亚历克斯·菲什曼和德米特里·芬克创立的，它可以为应用程序开发人员创建工具。

思考题

1. 如果你是餐厅所有者或经理，你是否会使用 Dishero 的服务？为什么？

2. Dishero 的联合创始人在创办公司之前，可以做些什么来确定预期的销售水平？你认为 Dishero 在尝试发展该企业之前是否找到了产品-市场契合点？

3. 你认为 Dishero 的联合创始人选择了方案 C——关停该企业——是正确的吗？解释你的答案。

4. 创业型企业可以从 Dishero 的经验中得到什么有关企业增长动力的教训？

资料来源：My Cofounder Said "I love what we're doing" And We Shut Down Our Startup, available at https://entrepreneurs. maqtoob. com/my-cofounder-said-i-love-what-were-doing-and-we-shut-down-our-startup-80d5e710c2b2#. f912d77vc (posted June 17, 2016, accessed March 17, 2017); Dishero Testimonial—Spreadz Deli & Café, available at https://www. youtube. com/watch?v=Sy61jyXxKao (posted May 5, 2015, accessed March 13, 2017); Dishero Testimonial—Dragon Rouge, available at https://www. youtube. com/watch? v=-1xG _ TT _ CeI (posted May 15, 2015, accessed March 18, 2017).

增长的原因

虽然持续且盈利的增长几乎总是来自精心的计划，但企业不一定能选择自己的增长速度。企业的**增长速度**（pace of growth）是其每年的增长率。有时，企业在其想要实现高速增长之前就被迫进入了高速增长模式。例如，企业开发了一种产品或服务，可以满足大量客户的需求，订单蜂拥而至，那么它必须迅速做出调整，否则就面临着不稳定的风险。在其他情况下，企业可能会遭遇意想不到的竞争对手，因此必须通过增长来保持其市场份额。

如图 13-1 所示，本部分研究了企业试图通过增长来提高其盈利能力和估值的六个主要原因。

- 实现规模经济
- 实现范围经济
- 市场领导地位
- 影响力、控制力和生存能力
- 需要适应关键客户的增长
- 吸引和留住人才的能力

图 13-1 企业增长的主要原因

实现规模经济

规模经济（economies of scale）是指通过增加产量来降低每单位的平均生产成本。服务型企业和传统制造型企业都可以创造规模经济。[13]出现这种现象有两个原因。首先，如果公司能够通过批量购买零部件取得折扣，那么随着公司规模扩大，每单位产品的变动成本就会下降。**变动成本**（variable costs）是公司在实现销售时发生的成本。其次，通过增加产量，公司可以将其固定成本分散到更多单位的产品上。**固定成本**（fixed costs）是指无论公司是否出售产品均会发生的成本。例如，在一个厂房里，公司每月可能需花费10 000美元的空调费用。这种空调费用是固定的；无论公司每月生产 10 件产品还是10 000件产品，为厂房制冷所花费的成本都一样。在服务设施中，以酒店为例，无论当晚多少房间有人入住，其前台、餐厅和其他区域也必须使用空调。

企业增长的一个相关原因是可以利用那些未被利用的资源，如劳动力储备和大量其他资源。举个例子，精确地说，企业可能需要 2.5 个全职销售员来完全覆盖其经营区域。由于企业明显不可能雇用 2.5 个全职销售员，因此它可能会雇用 3 个销售员并扩大其经营区域。[14]

实现范围经济

范围经济类似于规模经济。在实现**范围经济**（economies of scope）的情况下，企业的优势来自其经营范围，而不是其生产规模。[15]例如，公司的销售团队销售 10 种产品的效率可能高于销售 5 种产品的效率，因为差旅费和销售人员的工资可以分摊至 10 种产品而不是 5 种产品上。同样，TOMS 这类公司在其鞋类、眼镜和咖啡具有相同特色的情况下，也可以在广告中实现范围经济。

市场领导地位

当企业在销量方面处于行业或利基市场第一或第二的位置时，就产生了**市场领导地位**（market leadership）。许多企业都在努力争取市场领导地位，以实现规模经济和范围经济，成为公认的品牌领导者。成为市场领导者还可以让企业在促销中使用“苹果应用商店排名第一的应用程序”之类的标语，以帮助其赢得客户并吸引有才华的员工和商业合作伙伴。

影响力、控制力和生存能力

在制定行业标准、向主要客户和供应商“迈出第一步”以及获取声望方面，大企业通常比小企业具有更大的影响力和控制力。此外，与创业型企业相比，大企业在犯错后通常更容易生存下来。

企业的增长能力会以其他方式影响其生存。例如，如果一家企业一直保持较小的规模，并且始终依靠其创始人或一小群人的努力和推动，那么当这些人离开企业或失去对企业的热情时，这家企业就极为脆弱。如第 1 章“错在何处?”专栏所述，Prim 失败的部分原因正在于此。Prim 的失败可部分归因于其创始人失去了对企业的兴趣。随着企业增长和雇员增加，企业在失去一个人或一小群人的参与或热情时，通常不再如此脆弱。

需要适应关键客户的增长

有时，企业需要被迫增长以适应关键客户的增长。例如，如果英特尔的一个重要客户——某电子企业从它那里购买了大量半导体芯片，而该电子企业以每年 20%的速度增长，则英特尔可能必须每年增加产能以适应其客户的增长，否则就有可能失去其部分或全部业务。

吸引和留住人才的能力

企业增长的最后一个原因是吸引和留住高素质人才。有才华的员工自然希望自己工作的企业可以提供晋升的机会、更高的薪水和更高层级的职务。增长是企业为员工创造晋升机会的主要机制，而未能留住关键员工可能对企业的增长造成极为不利的影响。人员流动率过高会给企业带来大笔开销，尤其是在生物技术和软件开发等知识产业中，公司的首要资产就是员工的才华、培训和经验的组合。[16]在知识密集度较低的情况下，人员流动率可能不那么重要，但仍然代价高昂。创业型企业很少有多余的资金来应对员工招聘和离职的不利影响。但是，当优秀的人自愿或因裁员而离开大公司时，创业型企业就有机会雇用这些拥有相关技能的人员，而不用为发展该技能支付费用。

增长管理

许多企业在面对与增长相关的挑战时感到措手不及。有人认为，如果一家企业具有良好的开端，销售额稳步增加，并且开始赚钱了，那么它在进行企业增长管理时将越来越容易。在许多情况下，情况恰恰相反。随着企业销量增加，其活动速度加快、资源需求增加，并且创业者通常会发现他们前所未有地忙碌。这时就可能遇到重大挑战。[17]例如，企业在预测第二年的销售情况时，会意识到它需要更多的人员和设备来处理增加的工作量。在增加的业务量产生额外的收入之前，企业可能需要购买新设备，并招聘和培训新员工。不难想象，新企业的管理团队成员之间可能会对此进行认真的讨论，试图找出所有问题的解决方案。

实际情况是，公司必须积极且谨慎地管理其增长，才能以健康且盈利的方式扩张。随着增长和知名度提高，企业通常有更多的机会展示自己，但也有更多的事情可能出错。谨慎管理增长过程，可以避免许多潜在问题和烦恼。本部分的重点是对增长阶段的认识和管理。本章最后将重点介绍一个相关的主题——增长挑战。

增长阶段的认识和管理

大多数企业都经历了一系列明确的阶段，即组织生命周期。[18]如图 13-2 所示，这些阶段包括起步、早期增长、持续增长、成熟和衰退。每个阶段都必须进行不同的管理。创业者必须熟悉这些阶段以及每个阶段带来的独特机遇和挑战。

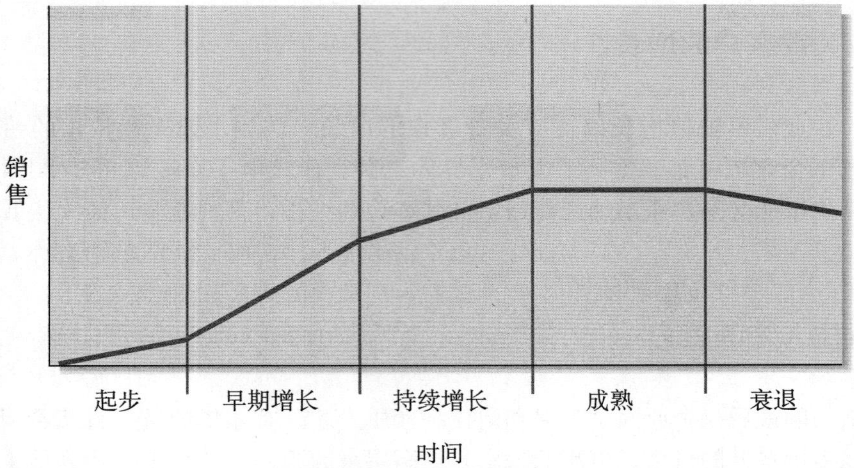

图 13-2 组织生命周期

起步阶段。这是一个初创阶段。在此阶段，企业将确定其优势和核心能力，并开始销售其初始产品或服务。对于创始人而言，这是一个“亲力亲为”的阶段，通常需要参与企业日常活动的各个方面。企业一般只有极少的机构设置，没有（或有很少的）书面规定或程序。企业的主要目标是拥有一个良好的开端，并试图在市场上取得良好的态势。

在起步阶段，企业面临的主要挑战是确保其初始产品或服务是正确的，并为建立更大的组织奠定基础。重要的是，不要急于求进。Nest Labs（见第 11 章案例）的增长模式肯定了这一观点。在推出第二款产品 Nest 保护器（烟雾和一氧化碳监测器）之前的两年时间里，Nest 都只销售单一的产品，即 Nest 学习型恒温器。在其准备推出第二款产品并加速增长之前，该公司用了两年时间来扩展其运营和管理团队。许多企业为建立更大的组织而奠定基础时，都利用起步阶段来尝试不同的概念，以判断哪些概念更有效。它们意识到，随着企业增长，使用这种试错法将变得越来越难。重要的是，必须将可行的方法记录下来，并开始考虑，当所有者不在时或企业向其原始区域之外扩张时，如何复制该成功模式。

早期增长阶段。企业的早期增长阶段通常以增加销售额和提高复杂性为特征。企业通常仍专注于其初始产品或服务，但正在试图增加其市场份额，并可能正在开发相关产品。政策和程序已初步形成，经营企业的过程将消耗创始人更多的时间和精力。

为使企业在此阶段取得成功，必须做好两件重要的事。第一件事是，企业创始人或所有者必须从一个在各方面都亲力亲为的指导者转变为更具管理性的角色。正如迈克尔·伯格（Michael E. Gerber）在其出色的著作《突破瓶颈》（*The E-Myth Revisited*）中所说的那样，所有者必须开始“因企业”工作，而非“在企业”工作。[19]其基本观念是：在企业创立初期，所有者通常直接参与企业的产品构建或服务传递。随着企业进入早期增长阶段，所有者必须放弃这个角色，并花更多的时间学习如何管理和打造企业。如果所有者不愿做出这样的转变，或不知道需要做出这样的转变，企业的增长将永远无法超出所有者直接对所有事物进行指导的能力，最终将导致企业增长停滞。

企业为了在早期增长阶段取得成功，必须做的第二件事是，增加规范化程度。企业必须开始制定政策和程序，以告诉员工在创始人或其他高层管理人员不在的情况下应如何经营。这就是特许经营餐厅能在一群年轻职员的工作下得到良好运营的原因。员工只需遵循明文规定的政策和程序即可。

持续增长阶段。随着企业突破早期增长阶段以及增长速度加快，它对结构化和规范化的要求也越来越高。除了所有者和管理者带领企业实现突破的能力之外，企业的资源需求常常也是一个重要问题。通常，企业会开始开发新产品和服务，并向新市场扩张。小企业可能会被收购，并且企业可能开始更积极地与其他企业合作。如果处理得当，企业可能在其优势和核心能力相关的领域实现扩张，或者开发出新的优势和能力以补充其业务。

持续增长阶段通常需要做出一些最艰难的决定。其中一个是，企业所有者和现有管理团队是否有经验和能力带领企业走得更远。这种情况就出现在了在瑞秋·阿什维尔（Rachel Ashwell）身上。她是家庭装修企业 Shabby Chic 的创始人。阿什维尔将公司扩展到了五个不同地点，与塔吉特签订了许可协议，撰写了五本与其业务相关的指导图书，并在时尚频道进行了自己的电视秀，但随后她发现自己的企业出现了停滞。她可以选择继续经营企业，也可寻找经验丰富的管理层来帮助其进一步发展。她选择了后者，从而让公司重新恢复了增长。[20]

在持续增长阶段，制定政策和程序的重要性日益提升。对于企业来说，建立正式的组织结构并明确贯穿整个企业的权责制度也很重要。完善的政策和程序会给企业带来秩序，并通常会使企业的增长过程更加有条理，也更加成功。

成熟阶段。当增长放缓时，企业就进入了成熟阶段。此时，企业通常更有意识地专注于有效管理其产品和服务，而不是向新领域扩张。企业创新速度变慢。正式的政策和程序尽管很重要，但如果过于严格和苛刻，也可能成为一种障碍。[21]企业必须持续调整，其创始人、管理者和员工必须对其出售的产品和服务保持热情。如果做不到，企业很容易陷入无增长的局面。

如果一家管理良好的企业发现其产品和服务已经进入成熟阶段，则通常会寻找合作或收购的机会，为企业注入新活力。例如，可口可乐公司处于其生命周期的成熟阶段，它拥有悠久的收购历史。其中，它于1960年收购了美汁源（Minute Maid），于1993年收购了印度可乐品牌 Thums Up，于2001年收购了 Odwalla 品牌下的果汁、饮品和能量棒业务，于2007年收购了 Fuze Beverages 和 Glaceau，于2008年和2011年收购了诚实茶（Honest Tea），于2014年收购了魔爪饮料（Monster Beverage）的少数股权，并于2016年收购了联合利华（Unilever）的豆类饮料品牌。

如果公司在成熟阶段实现了良好增长，那么通常它会将重点放在现有产品的“下一代”上，而不是投资于新的或相关的产品或服务。

衰退阶段。企业进入衰退阶段是不可避免的。在此阶段，企业状况恶化，甚至消亡。许多美国企业拥有悠久的历史，它们通过适应环境的改变以及销售那些对客户而言仍十分重要的产品，得到继续发展的机会。最终，所有企业的产品或服务都将受到更有价值且更具创新性的产品的威胁。在出现这种情况时，企业避免衰退的能力取决于其领导能力和作出适当回应的能力。

企业如果失去目标感或自我膨胀，以至于在任何市场上都不再具有竞争优势，也可能进入衰退阶段。企业的管理团队应该意识到这些潜在的危险，并防止其发生。

技术采用生命周期与组织生命周期拥有相似的框架结构。它主要适用于向市场引入颠覆性创新技术的企业。技术采用生命周期与“跨越鸿沟”的理论相关联，该理论解释了为何某些技术产品进入了主流市场，而其他技术产品却没有。本章“创业型企业的法宝”专栏将介绍技术采用生命周期、“跨越鸿沟”理论，以及成功跨越鸿沟并进入主流市场的初创企业示例。

创业型企业的法宝　Saleforce. com 跨越鸿沟

网站：www. salesforce4. com　脸书：Salesforce　推特：@salesforce

1991年，讲师兼管理咨询师杰弗里·摩尔（Geoffrey A. Moore）撰写了一本颇具影响力的书，名为《跨越鸿沟》（*Crossing the Chasm*）。这本书迅速成为管理者、创业者和投资者的必读书。关于为何有些技术导向型初创企业能够成长为大企业，而其他企业却在技术采用和企业增长方面停滞不前或陷入困境，这本书给出了解释，并被广为认可。

这本书的前提是，在早期采用者（技术爱好者和先行者）和早期大众（实用主义者）之间存在鸿沟。关键在于，为了跨越鸿沟，企业必须率先在早期采用者的利基市场上占据主导地位，并进行强势扩张。该理论与技术采用生命周期相关。技术采用生命周期的各阶段是创新者、早期采用者、早期大众、晚期大众和落后者。初创企业的产品最初吸引的是创新者，他们喜欢尝试新鲜事物但很少愿意花钱。然后是早期采用者或先行者，如果新产品能解决紧迫的问题，他们愿意尝试。在早期采用者之后是早期大众，这是最大的一个细分市场。只有在产品已经完善且得到他人强烈推荐的情况下，早期大众才会购买。如果该产品不被推荐，无论该产品与他们的需求多么相符，他们都不会购买。接下来是晚期大众，他们只有在产品得到广泛认可之后才会购买。最后登场的落后者则很少购买。

跨越鸿沟很难。具有讽刺意味的是，并不是早期采用者说服早期大众进行购买。实际上，早期大众通常不相信早期采用者所热衷的事物。只有当企业建立了信誉并在早期大众所属群体中出现了发展态势时，他们才会开始购买。在这本书中，摩尔提出了成功吸引早期大众并跨越鸿沟的技巧，包括与企业目标市场、定位策略、营销策略以及许多其他重要因素相关的问题。这本书非常值得一读，我们可以学习其中的技巧，并捕捉其精妙之处。

例如，Salesforce. com 是一家跨越鸿沟的公司。在 Salesforce. com 之前，软件是通过光盘出售并安装在客户电脑上的。那时，软件必须整合进客户的系统，这通常比软件本身的花费还高。在软件安装完成后，经常需要更新。许多客户单纯为避免安装的麻烦和开销，至少会在一段时间内放弃更新。

Salesforce. com 引入了一种更好的方法。这种方法称为“软件即服务”(software-as-a-service，SaaS)。其想法是，与其通过光盘销售软件并安装于客户电脑上，不如在 Salesforce. com 的计算机上运行该软件副本。这样的话，许多客户可以同时通过互联网访问该副本。其销售推介非常令人信服。在采用 Salesforce. com 的解决方案后，客户无需再为安装、升级和维护软件而头疼，也不用再为此支付费用。

Salesforce. com 推广产品时的管理方式和最终跨越鸿沟的方式是十分有趣的。在推广方面，该公司选择追求单一市场，除销售人员外别无他物。产品中没有公司的营销、客户服务或任何其他方面的内容。Salesforce. com 仅针对美国市场，并与客户在一定程度上保持紧密联系。该企业最先针对技术领先的行业。其结果就是设计出了一种旨在实现单一目标的产品——帮助销售人员达成指标。因此，销售人员喜欢它。因为他们喜欢它，所以他们告诉了其他销售人员，采用率迅速上升。早期采用者的数量也出现了增长。随着该产品出现在行业展会上并在主流媒体中被报道，企业建立了良好信誉。最终，美林证券等公司看到了这项服务的优点，并与其订立了服务协议。Salesforce. com 跨越了鸿沟，并开始吸引早期大众和更多的用户。

Salesforce. com 的故事与摩尔的观点在本质上是一致的。具有讽刺意味的是，比起从一开始就创建功能更强大的产品并试图吸引更广泛市场的注意，Salesforce. com 选择了单一利基市场并建立了足以引起早期大众注意的良好信誉，反而更快地跨越了鸿沟。

思考题

1. 另外选择至少两家你认为已经跨越鸿沟的企业。简要概述这些企业推广产品(或服务)的方式，以及它们在成功跨越鸿沟时采取的关键措施。

2. 与问题 1 相反，列出至少两家你熟悉的但你认为其产品或服务未能跨越鸿沟的初创企业。简要描述为何你认为它们从未跨越鸿沟。

3. 你是否认为消费产品像技术产品那样需要跨越鸿沟(或无法跨越鸿沟)?

4. 在采用技术产品方面，你认为你是早期采用者还是早期大众? 你的答案如何反映在你购买技术产品的方式上?

资料来源：Salesforce. com Homepage，www. salescorce. com (accessed July 3，2014 and May 4，2017)；G. A. Moore，*Crossing the Chasm*，3rd edition (New York：HarperCollins，2014).

增长挑战

企业增长的各个阶段会遭受一系列持续的挑战。随着企业增长，挑战通常会变得更加严峻，但企业创始人和管理者也渐渐变得更加精明和富有经验。这些挑战表明，没有任何企业能够在竞争真空的环境下成长。[22]随着企业增长并从竞争对手处夺取市场份额，就会出现一定的报复行为。在这方面，企业所有者需要有所了解并为此制订计划。随着企业增长，并对竞争对手造成更大的威胁，竞争性报复通常也会愈演愈烈。

本节分为两个部分。第一部分着重介绍管理能力问题，这是对企业增长所面临的总体挑战进行思考的框架。第二部分着重介绍企业增长过程中四种最常见的挑战。

管理能力

伊迪丝·彭罗斯（Edith T. Penrose）在其富有思想且具有开创性的著作《企业成长理论》（*The Theory of the Growth of the Firm*）中指出，企业是在管理框架内组织而成的生产资源的集合。[23]作为管理框架，企业的主要目的是将其资源与从外部获得的资源整合在一起，使之成为其生产产品和服务并以此盈利的基础。通过企业的日常活动，管理团队能够更好地了解企业的资源和市场。这些了解将扩充企业的**生产机会集**（productive opportunity set）。生产机会集是企业认为其有能力追求的机会集合。这些机会可能包括推出新产品、地域扩张、向其他企业授予产品许可、出口等等。追求这些机会能够使企业增长。

但是，彭罗斯指出，这种简单的逻辑在执行上存在问题。企业的管理框架包括两类对企业增长十分重要的服务——创业服务和管理服务。**创业服务**（entrepreneurial service）生成新市场、产品和服务创意，而**管理服务**（managerial service）对企业日常职能进行管理并以盈利的方式促使新机会得到执行。需要大量管理服务（或管理“能力”），才能使引入新产品和服务创意得到正确的实施和监督。这是一个复杂的问题，因为如果企业的管理服务不足以正确实施其创业理念，它无法迅速聘请新管理者来弥补这一缺陷。聘请新员工花费颇多，且新管理者需要时间来融入企业文化、获取企业特定的技能和知识，并与企业的其他成员建立相互信任的关系。[24]当企业的管理资源不足以利用其新产品和服务机会时，随之而产生的瓶颈称为**管理能力问题**（managerial capacity problem）。

随着创业型企业的增长，它面临着逆向选择和道德风险的双重挑战。**逆向选择**（adverse selection）意味着，随着企业所需员工数量增加，找到合适的员工，将他们放在合适的职位上，并对他们进行充分监督越来越难。[25]企业增长得越快，管理者对应聘者合适与否进行评估所花的时间越少，也越有可能选择不合适的应聘者。一旦选择了“无效”或“不合适”的员工，将增加企业成本。**道德风险**（moral hazard）意味着，随着企业增长和人员增加，新员工通常没有与原始创始人相同的所有权激励机制，因此新员工可能没有创始人那样长时间投入的动力，甚至可能试图避免困难的工作。[26]为确保新员工能够按职位要求工作，企业通常会聘请监督者（即经理）来监督员工。这种做法创设了一个成本高昂的层级结构，并将最高管理团队与普通员工隔离开来。

图13-3展示了彭罗斯所阐述的企业增长的基本模式，图13-4则展示了限制增长的管理能力问题。[27]图13-4表明，提高管理能力并非一件容易的事。它会受到下列因素的约束或限制：(1) 新管理者融入企业所需的时间；(2) 创业者和/或管理者发展企业的积极性；(3) 逆向选择；(4) 道德风险。

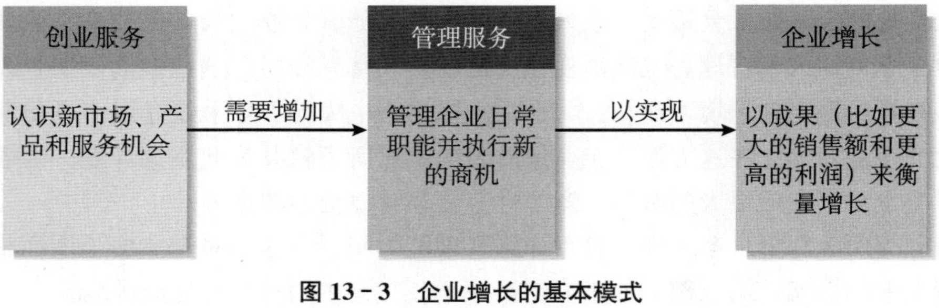

图13-3 企业增长的基本模式

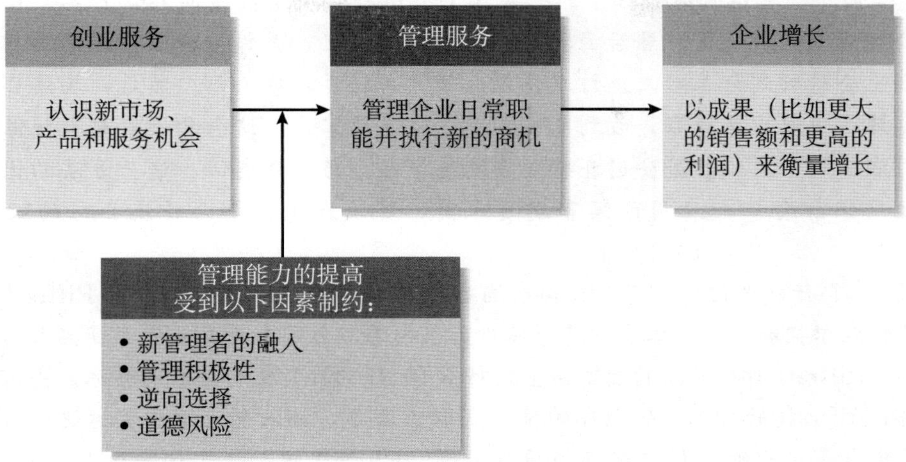

图 13-4 管理能力的影响

资料来源：Based on material in E. T. Penrose，*The Theory of the Growth of the Firm*（New York：Oxford University Press，1959）.

管理能力问题的现实存在是创业者和管理者对企业增长担忧的主要原因之一。增长通常是一件好事，但是企业很容易高估其对增长进行管理的能力，这会导致企业的销售收入和利润减少。

对于在线销售产品的企业来说，它们需要做出如何履行订单的决定，这取决于其内部管理能力的高低。本章“合作制胜”专栏对此话题进行了讨论。

合作制胜　线上公司履行订单的三种方式

想象一下，你访问一个电子商务网站并购买了一双跑鞋。由于你的鞋已经很破旧了，所以你急着买鞋。三天后，鞋子到了。你从盒子里拿出鞋子，上面有你购买该鞋子的线上公司名称。你瞥了一眼盒子里的订购单，其中有你购买鞋子的那个网站的名称和徽标。如果有人问你，你认为这双鞋是从哪寄来的，你可能会说是那家你购买鞋子的线上公司所拥有的仓库。

实际上，你无法知道鞋子是从哪里发货的。如下所示，线上公司可采用三种方式履行订单并运送产品。每种方式都有优点和缺点。这三种方式中的两种都需要与其他公司合作完成。

方式 1：与代销商合作。代销是一种分销策略。使用这种策略的线上零售商不用维护库存；当它们获得订单时，就将订单交给制造商、批发商或其他零售商来履行。其运作方式如下。例如，一家销售跑鞋的在线网站获得了订单。它会将订单以电子方式发送给适当的发货人。发货人通常会在一天左右的时间内完成包装和发货。该产品发货所用的包装盒上有线上零售商的名称和徽标。从线上零售商的角度来看，代销的好处在于无需维护仓库或雇用包装和发货人员。它也不需要预测未来的需求或陷入产品过期的困境。其缺点是利润率减少。线上零售商必须与一个或多个代销商分享每笔订单的利润。

方式 2：与物流公司合作。许多线上公司在仓储、包装和发货方面与物流公司合作。亚马逊物流（Amazon Fulfillment）、Shipwire 和乐天超级物流（Rakuten Super Logistics）

都提供这类服务。其运作方式如下。一家线上公司提供一定数量的在售产品。这些产品由制造商运送至物流公司。然后由物流公司接收、标记，并作为线上公司的存货进行存放。在线上公司收到订单后，该订单将以电子方式转至物流公司。然后，物流公司从线上公司的库存中取出该商品，放到包装盒里，运送给客户。这个盒子看起来就像直接从线上公司发出的一样。物流公司还将处理退货事宜。与代销类似，这一方法的优点是线上公司无需维护仓库或雇用包装和发货人员，其缺点是需要为物流公司的服务支付费用。

方式3：自行处理订单。有些公司会自行处理订单。例如，女装公司 Riffraff 在阿肯色州费耶特维尔拥有一家实体店。其仓库与商店相邻，公司在此存放库存商品并履行所有线上订单。Riffraff 所售产品的制造商直接将 Riffraff 的存货交付给它的仓库。当有人在线上下单时，Riffraff 的员工就从仓库的货架上取出商品，放入包装盒中，运送给客户。这种方法的优点是，能够进行更严格的质量控制，Riffraff 就控制了这个过程。它的员工，而不是代销商或物流公司的员工，会处理、包装商品，并运送给客户。它的员工同时还会处理客户的退货事宜。其缺点是，企业必须维持一个仓库并雇用包装和送货人员。

这三种方式各有优缺点，因此并没有最佳选择。许多公司在刚起步时会自行处理订单，因为那时创始人的时间可能比金钱更加富余。同样，如果公司希望以独特的方式包装或运送产品，自行处理订单可能会带来最好的效果。相反，如果公司的库存量很大，代销可能是最佳选择。例如，eBags 是行李箱、背包和旅行配件的线上销售商。它有数千种产品。eBags 使用了代销商，主要是因为如果 eBags 将其销售的所有产品存放于仓库，会产生高昂的成本。最后，对正处于快速增长的公司来说，利用物流公司可能是最佳选择。利用物流公司可以使企业管理层专注于产品开发、客户获取和扩大公司规模，而不用担心物流和运输。

思考题

1. 对于出售潮流产品（比如青少年时尚产品）的公司来说，哪种履行订单的方式是最佳选择？请解释你的答案。

2. 如果公司希望将其精力集中在核心业务（比如产品销售和研发）上，哪种履行订单的方式最合适？

3. RedStag Fulfillment（www. redstagfulfillment. com）是一家提供物流服务的初创企业，它在美国多个城市均设有物流点。请花些时间研究它的网站。描述它可以向销售跑鞋和跑步服装的线上公司提供怎样的物流服务。

资料来源：Shopify Blogs，"Everything You Ever Wanted to Know About Third-Party Warehousing and Fulfillment，" available at https://www. shopify. com/blog/60645957-everything-you-ever-wanted-to-know-about-third-party-warehousing-and-fulfillment（posted October 26，2015，accessed April 13，2017）.

企业增长的日常挑战

除了管理能力问题带来的总体挑战之外，企业增长还涉及许多日常挑战。以下讨论的是四种最常见的挑战。

现金流管理。如第8章和第10章所述，随着企业增长，它需要越来越多的现金来为客户提供服务。此外，企业必须谨慎管理手头的现金，以确保其有足够的流动性来支付工资并履行其他短期债务。许多关于企业创始人的轶事中都提到，他们冲进银行，拿自己的房屋获得了又一笔抵押贷款来支付企业工资，等等。这种情况通常发生在企业过度发展而客户付款缓慢时。企业可能拥有 100 万美元的应收账款，但无法支付 25 000 美元的工资。这就是为什么几乎所有关于企业增长的书籍都在强调正确管理企业现金流的重要性。

增长通常会给现金流管理带来更大（而不是更小）的挑战，因为销售额的增加意味着更多现金流入和流出企业。增长的代价也很高昂，它通常涉及在运营、营销、管理流程（更好地跟踪应付账款和应收账款）和人员方面投入更多资金。

有些企业通过从投资者或银行信贷额度处筹集现金来为增长注资，另一些企业则刻意限制增长速度，以避免现金流出现问题。

价格稳定性。如果企业增长是以牺牲竞争对手的市场份额为代价，那就有可能引发价格战。例如，创业者在帕纳拉面包店附近开设了一家快速休闲餐厅，并开始侵蚀帕纳拉面包的市场份额，那么帕纳拉面包就可能通过促销活动或降低价格来反击。这种情况可能使新企业陷入困境，也说明了为何对企业而言，向明确的目标市场出售差异化产品很重要。一家小企业与一家大得多的竞争对手在价格上正面交锋并无益处。对小企业而言，最好的办法就是向一个不同的市场提供出色的服务以避免价格竞争。

质量控制。企业在增长过程中遇到的最困难的挑战之一就是如何保持高水平的质量和客户服务。随着企业增长，它需要处理越来越多的服务请求和文书工作，并与越来越多的潜在客户、现有客户、供应商和其他利益相关者打交道。如果企业不能快速构建其基础架构以应对不断增加的活动，那么通常会使其质量和客户服务受到影响。许多企业遇到的就是经典的“先有鸡还是先有蛋”的难题。在出现需求之前，很难找到雇用更多员工或租赁更多办公空间的理由，但是如果直到出现需求才做出反应，那么企业通常不会有足够的员工或办公空间来为新客户提供适当的服务。

除了尽可能以最佳方式预测这类难题发生的可能性并作出规划之外，并没有什么简单的方法。许多企业寻找创新的方法来扩展其能力，以试图避免质量控制或客户服务方面的不足。

资金短缺。虽然许多企业在起步时花费不多，但在组织生命周期的早期增长和持续增长阶段常常出现资金需求。不同企业在资金需求数量上差异巨大。有些企业，如连锁餐厅，可能需要大量资金来雇用员工、建造建筑物和购买设备。如果它们无法筹集所需资金，它们的增长可能受阻。

大多数企业，无论在什么行业中，都时不时需要资金以投资于促增长的项目。它们筹集资金的能力（无论是通过内部产生资金，还是从银行贷款或从投资者处筹集资金）将部分决定其增长计划能否得以实施。

复习题

1. 什么是持续增长？它为什么很重要？
2. 大多数企业都可归类为快速增长企业吗？请解释你的答案。
3. 企业增长的潜在弊端是什么？
4. 所有企业都有潜力成为积极的成长型企业吗？为什么？
5. 企业可能增长过快吗？如果是这样，潜在的不利后果是什么？

6. 为什么有些企业很难发展或扩展其业务？
7. 为增长做计划有哪些好处？
8. 什么是规模经济？什么是范围经济？为什么它们对创业型企业很重要？
9. 企业为什么会为了取得市场领导地位而努力工作？
10. 企业的增长率如何影响其吸引和留住人才的能力？
11. 组织生命周期的五个阶段是什么？
12. 什么是管理能力问题？
13. 什么是逆向选择？它如何影响创业型企业？
14. 什么是道德风险？它如何影响创业型企业？
15. 为什么现金流管理对于进入快速增长期的企业而言十分重要？
16. 快速增长企业如何应对潜在的现金流不足？
17. 为什么价格稳定性对于进入快速增长期的企业而言十分重要？
18. 根据本章介绍，快速增长所涉及的最困难的挑战之一是质量控制。为什么？
19. 在组织生命周期的哪一个或哪几个阶段中，资金短缺是最普遍的？
20. 创业服务和管理服务之间有什么区别？

应用题

1. 皮特·马丁（Pete Martin）刚购买了《公司》杂志，其中评选出了美国增长最快的500家私有公司。该杂志通过不同文章讲述了一些故事，它们给皮特带来了震撼，因此皮特比以往更受鼓舞，想要创立自己的艺术品修复企业。皮特认为，他的企业每年可以增长100%以上。皮特是否带着切合实际的期望创办自己的企业？如果没有，他应该期望什么？

2. 帕蒂·斯通（Patty Stone）拥有一家名为Get Smart Industrial的工业设备公司，公司在石油服务行业中销售三种产品。公司的产品是通过直接销售人员进行销售的。帕蒂想通过增加新产品来发展公司，但遭到了首席财务官的反对，首席财务官认为，增加新产品会增加库存成本，并给公司现金流造成压力。尽管帕蒂理解首席财务官的担忧，但她可以提出哪些观点来支持自己增加新产品的决定，从而使企业实现有效的增长？

3. 凯尔·西姆斯（Kyle Simms）继他父亲之后担任一家位于加利福尼亚州米逊维耶荷的消费品企业的首席执行官。回到家族企业之前，凯尔在辛辛那提的宝洁公司工作了11年。凯尔的父亲建立了一家实力雄厚的公司，但在过去五年里增长平平。凯尔想要发展该公司，但同时不想破坏公司健康的文化或超出其对公司增长进行管理的能力。凯尔向你提出的问题是："我如何实现这种微妙的平衡？"你会怎么告诉他？

4. 梅瑞狄斯·柯莱拉（Meredith Colella）是一名食品工程师，她开发了一种创新的肉类包装方法。她的方法将使大多数肉类产品的保质期延长30%左右。梅瑞狄斯正准备向投资者推销这一创意。她应该怎样告诉投资者，使他们相信她已经对快速增长的挑战做好了准备？

5. 科林·瑞安（Collin Ryan）拥有一家位于密歇根州中部的电子企业。他的公司计划在未来两到三年内推出一些创新型产品，因此他预计销售额将出现大幅增长。为应对销售额增长，科林需要雇用35～50名新员工。像科林这样在短期内大量雇用新员工，可能存在什么风险？除了雇用大量新员工之外，科林还可以采用哪些替代方案？

如果你是风险投资者 13.1

Double Robotics 公司

网站：www.doublerobotics.com 脸书：Double Robotics 推特：@doublerobotics.com

商业创意：设计和制造一款远程机器人，使人们即使在成百上千英里之外，也可以借助机器人在办公大楼、学校或其他设施中自由活动。

推介：在许多情况下，当人们实际处于某地时，会想要分身到另一地点。例如，位于某地的科学家或工程师想要花一天时间与位于另一地点的同事进行交流。短时间的讨论可以通过视频会议工具（如 Skype）完成。但 Skype 需要将参与者限制在一个地点，从而使每个人都可以出现在 Skype 的通话显示屏上。如果正在某地的某人希望分身到另一个地点，并从一间办公室到另一间办公室或从一间实验室到另一间实验室，与多位同事进行互动，应该怎么办？

Double Robotics 创建了一种解决方案，可以方便人们进行比类互动。该解决方案是一个名为 Double 的机器人。它的底座上有两个轮子和一个可以向上延伸至水平视线的杆子。杆子顶部装有一个苹果平板电脑。你可以通过世界上任何地方的计算机、平板电脑或智能手机登录这台苹果平板电脑，驱使机器人移动并进行双向音频和视频同步，从而与在场的任何人互动。Double Robotics 的网站上有许多 Double 的照片。它的外观时尚，极富未来感，设计简约。顶部带有苹果平板电脑的杆子是可调节的，因此可以根据人们坐着或站着的水平视线进行调整。赛格威（Segway）风格的底座使用了高效电机，一次充电即可满足最长 8 小时的快速移动。基于触控的界面使人们可以轻而易举地控制 Double，而加速度计和陀螺仪可以保持设备稳定，直到完成移动为止；机器人结束移动后会弹出两个支架，从而电池可以得到休息。Double 最初标价 3 000 美元。

Double 有多种应用方式。首先，它对于分别处于不同地点但又需要彼此互动的同事而言，是一种重要的工具。大多数职场人都知道，安排一个电话或让他人准备好计算机或笔记本进行视频聊天有多困难。有了 Double，当工程师或高管在凤凰城时，如果公司在盐湖城的办公地点有一台 Double 机器人，则该工程师或高管可以登录盐湖城的 Double，并在办公室之间穿行，与位于不同地点的同事互动。它还有其他用途。例如，对于那些因健康原因而无法上学的学生，学校可以使用 Double 作为其替身。纽约市的一所公立学校有一位患有肌肉萎缩症的学生。这种疾病严重影响了她的活动能力。她有时可以上学，但由于病情，她不可能一直按时上学。在无法上学的日子里，她可以通过 Double 见到老师和同学，并参与课堂活动。

1. 根据本章介绍的内容，在作出投资决策之前，你会向该公司的创始人提出哪些问题？什么样的答案能够让你满意？

2. 如果你只能根据推介内容和公司网站提供的信息作出决策，你是否会投资该公司？为什么？

如果你是风险投资者 13.2

Savioke 公司

网站：www.savioke.com 脸书：Savioke 推特：@Savioke

商业创意：创建一款酒店送货机器人，该机器人将向酒店客人提供小食和其他便利，使酒店员工专注于客人的其他需求。

推介：酒店经常以最少的人员进行运作。因此，当客人订购客房服务餐点或小食时，送货的时间通常会比较长，这影响了客户体验。同时，酒店希望降低成本。其中一个原因是爱彼迎等类似的替代服务使许多酒店的入住率和收入都有所下降。

Savioke 公司创建的 Relay 可以在很大程度上帮助酒店解决这类问题。Relay 是一个送货机器人，类似于《星球大战》系列中广受欢迎的机器人 R2D2。它的顶部是平的，带有一个可上锁并自动打开的盖子。它前部装有传感器，因此可以在走廊上移动而不会撞到人或迷路。通常，它的使用方式如下。有人打电话给酒店前台，要求再送几条毛巾。前台服务员将毛巾放入 Relay，输入房间号，并让 Relay 上路。Relay 乘坐电梯到达指定楼层和房间，并拨打房间内的电话。当客人接听电话时，会有一个自动语音告诉他 Relay 已经送货到门外了。在门打开时，Relay 的盖子弹开，客人可以拿走毛巾。Relay 会停留几秒钟，以便与客人进行互动。它的程序会让它说一些类似于"你住得怎么样?"的话，然后离开并返回总服务台。

对酒店来说，使用 Relay 来完成简单的送货任务，可以加快送货，并让酒店员工腾出时间去做其他事情。Relay 还为酒店提供了额外的收入来源。许多酒店晚上只有一个人值守前台，因此无法进行深夜送货。而 Relay 可以在凌晨 3 点去送一份可微波加热的比萨或小食。目前，在旧金山湾区和洛杉矶的 12 家酒店中，Relay 已经成功完成了超过 12 000 次送货任务。除了 Relay 执行的任务外，它的新颖性也有助于增强客人的体验。

Relay 出现在酒店中只是它在服务行业的首次应用。Relay 的创造者 Savioke 在先进的机器人送货技术方面是一位先行者。Savioke 的目标是在老年人护理等一系列服务环境中引入 Relay 和类似的机器人技术。该公司目前已获得美国国家科学基金会（National Science Foundation）的资助，以扩大其运营范围。为表彰其迄今取得的成就，《机器人商业评论》(*Robotics Business Review*) 授予 Savioke"最佳消费者解决方案"(Best Consumer Solution) 的"游戏规则改变者"(GameChanger) 称号。

1. 根据本章介绍的内容，在作出投资决策之前，你会向该公司的创始人提出哪些问题？什么样的答案能够让你满意？

2. 如果你只能根据推介内容和公司网站提供的信息作出决策，你是否会投资该公司？为什么？

案例

爱彼迎：以模范方式跨越增长阶段

网站：www.airbnb.com　脸书：Airbnb　推特：@Airbnb

简介

一切都始于两位充满梦想的设计师需要钱来支付房租。2007 年 10 月，布莱恩・切斯基（Brian Chesky）和乔・杰比亚（Joe Gebbia）在旧金山合租了一套公寓。当时，有一场国际设计大会即将来临。两人注意到，大会网站上列出的所有酒店都已无房。他们想，也许他们可以向参加会议的人出租公寓空间来赚钱。

他们找出几个充气床，达成一致："就这样。我们将提供充气床和早餐（AirBed & Breakfast）——至少在周末是这样。"他们快速设计了一个网站（www.airbedandbreakfast. com)，发布了信息，并表示他们的公寓里有三个空床位。他们以为，租客将会是几个二十多岁、最后一分钟才决定参加此次会议的年轻人。结果，最终来的那三个人打破了他们关于业务、市场和一切的假设。第一个人来自印度，他简直不敢相信他们建立了一个网站用于出租自己的公寓空间；第二个人是一位来自波士顿的35岁的女士；第三个人是一位来自犹他州的45岁的父亲，他有一个5岁的孩子。

最初的经历使切斯基和杰比亚认为，这里面可能有更大的机会。他们通过在会议期间租赁自己的公寓空间赚了大约1 000美元。他们渴望进入这一领域，并且会见了三位同一领域的出色设计师。他们还开始考虑客人对入住其公寓提出的反馈意见。他们喜欢这次体验中的社交元素。他们没有待在消过毒的酒店里，而是与其他了解旧金山并渴望带他们去观光的设计师在一起。而且，他们也省下了一些费用。

创立之前和创立过程

切斯基和杰比亚并没有采用充气床和早餐的概念，而是在接下来的四个月里研究了另一个创意——一个匹配室友的网站。最终，他们意识到，其他人已经在追求这一创意了，因此他们又回到了充气床和早餐的概念。他们知道他们需要编程方面的帮助，所以他们联系了一位好朋友兼资深程序员纳特·布莱查克扎克（Nate Blecharczyk）。他同意加入。他们瞄准了2008年2月在奥斯汀举行的“西南偏南”（South by Southwest，SXSW）。SXSW是一年一度的电影、音乐和新兴技术盛会。此时，该企业（仍叫作AirBed & Breakfast）的业务很简单。它为参加活动的人在私人住宅中，而非酒店中，寻找住宿服务。AirBed & Breakfast没有任何住宿设施，它只是作为经纪人，从房东和客人那里收取每次预订的服务费用。住宿费是由房东而非AirBed & Breakfast设定的。

AirBed & Breakfast在SXSW受到了欢迎，这使该企业有了继续走下去的信心。切斯基、杰比亚以及布莱查克扎克决定发展他们的企业，并看看结果如何。

增长阶段

在增长过程中，大多数企业都会经历一系列明确的阶段，这称为组织生命周期。如图13-2所示，这些阶段包括起步、早期增长、持续增长、成熟和衰退。每个阶段都有一系列特征，必须进行不同的管理。在撰写本案例时——2017年4月，AirBed & Breakfast（即如今的爱彼迎）正处于组织生命周期的持续增长阶段。虽然爱彼迎如今是一家强大且成功的企业，但是它的成长之路并非一帆风顺。以下将对爱彼迎如何度过其组织生命周期的起步、早期增长和部分持续增长阶段进行介绍。

起步阶段

在奥斯汀的SXSW活动结束后，切斯基、杰比亚和布莱查克扎克选择了另一个活动来宣传他们的服务。在这次活动中，他们开始听到以前从未听说过的内容。人们会说，他们喜欢这个网站并想要在下个月去伦敦时使用这个网站，但他们并不是去参加会议或活动。因此，切斯基和杰比亚开始思考，也许他们的业务可以扩大到会议或活动之外。他们还决定将范围扩大到充气床之外。因此，该网站的内容从充气床扩展到了公寓、私人房间、船只，以及几乎任何人们可以舒适过夜的地方。

接下来几个月过得很慢。该企业并没有像创始团队希望的那样迅速发展。他们主要通过个人信用卡来为企业提供资金。2008年夏，切斯基、杰比亚和布莱查克扎克有了个新主意。贝拉克·奥巴马（Barack Obama）和约翰·麦凯恩（John McCain）之间的美国总统选举进行得如火如荼。两人设计了限量款麦片，一款叫作“奥巴马哦”（Obama O's），另一款叫作“麦凯恩队长”（Cap'n McCain's）。这些麦片在选举集会中以每盒40美元的价格出售。他们卖出了大约800盒麦片，为企业筹集了30 000美元的资金。

2009年初，一些朋友鼓励切斯基、杰比亚和布莱查克扎克申请硅谷的初创企业加速器Y Combinator。Y Combinator为参与者提供少量资金，以换取一定数量的股权和三个月的强化指导。他们见到了Y Combinator的负责人保罗·格雷厄姆（Paul Graham）。格雷厄姆最初很不喜欢他们的创意。在会议快结束时，他们提到了麦片的主意。格雷厄姆对此表示赞许，他说，如果他们能说服人们为每盒4美元的麦片支付40美元，那么他就给他们一次机会。切斯基后来表示，加入Y Combinator是企业的一个转折点，因为它为创始人提供了一个架构，使他们能够全职投入公司工作并得到高质量的指导和建议。

当时，AirBed & Breakfast的大多数业务来自纽约市。格雷厄姆给AirBed & Breakfast团队的建议后来被切斯基称为他们收到的最好建议。格雷厄姆告诉他们，拥有100个强烈热爱这种服务的人，好于拥有100万个稍微有点喜欢这种服务的人。这种思路是，当人们热爱这一创意时，就会告诉其他人，而其他人会继续告诉其他人，进而使得这一创意传播开来。这一认识使得切斯基和杰比亚决定在加利福尼亚州和纽约市之间来回穿梭，在加利福尼亚州参加Y Combinator活动，然后到纽约市会见他们的客户。他们计划会见他们在纽约市的每一位客户。他们为客户的住处拍照，为客户举办聚会，讨论服务内容。就这样，发生了两件事。首先，纽约市的预订数量开始增加。显然，他们的客户很乐意提供反馈并使用他们的服务。其次，他们每次到纽约时，都使用他们自己创建的这项服务。他们开始意识到，在他们的服务当中，有些事情并没有想象得那么好。他们试图在自己的网站上预订房间，却在想“这很烦人”。他们同时还意识到出租房的照片需要放大一些。他们看到自己网站上列出的一些公寓图片很小，但当他们看到实际地方时，却在想“哇，这个地方真漂亮——从小照片中我永远不会知道”。作为自己企业的客户，他们的体验使他们为重新设计网站和业务投入了大量精力。回过头来看，切斯基和杰比亚现在认为，2009年春，他们在纽约市与客户的会面是公司朝着更好方向转变的根本原因。他们不仅与客户交谈，还预订他们的房间，睡在他们的家中，与他们一起度过了快乐的时光，并花了好几个小时寻求他们的建议。这塑造了他们的企业，塑造了他们的网站设计理念，并塑造了公司正在制定的政策。最后又回到了保罗·格雷厄姆的名言“做人们想要的东西”。

2009年4月，该企业出现了良好的增长势头。AirBed & Breakfast当时已更名为爱彼迎，从红杉资本筹集了58.5万美元，这是一个巨大的肯定。基于其在纽约吸取的教训、红杉资本的投资以及他们做出的改变，爱彼迎团队认为他们已经找到了产品/市场契合点。根据投资者马克·安德森（Marc Andreessen）的说法，“产品/市场契合点意味着这是一个良好的市场，并拥有满足该市场需求的产品”。爱彼迎已经准备进入组织生命周期的早期增长阶段。

早期增长阶段

爱彼迎的服务开始普及。该公司的一个优势是，其服务受益于网络效应。它最初的房东大多数位于纽约市和旧金山，但是预订房间的人来自世界各地。那些人回到自己家乡时，会对爱彼迎起到宣传作用。他们当中有些人甚至会成为爱彼迎的房东。爱彼迎团队为此做了几件事以加快其增长。该公司针对音乐节、大型体育赛事和会议等活动来宣传其服务。他们努力工作，力图在每次活动中都得到媒体报道并引起关注。他们还采用了“打开市场”（Turning on Markets）的做法。他们从一个城市到另一个城市（例如巴黎和伦敦），与爱彼迎房东会面，这与他们最初在纽约做的许多事情一样。在他们离开后，他们所拜访的城市就会出现爱彼迎预订数量的增加。他们还意识到，除了安排1～3晚的房屋出租外，对于那些想要转租一个月或更长时间的人来说，这也是一个充满前景的市场，因为这是一个尚无人涉足的市场。如果你需要在某个城市待上一个月，租用酒店房间或入住旅馆，时间太长了；租一套公寓，时间又太短了。如果爱彼迎有足够的房东愿意提供这项服务，那将是一个完美的解决方案。

在进行这些活动的同时，切斯基和杰比亚转移了他们的工作重点。他们从打造产品转变成了打造公司。在进入早期增长阶段之前，切斯基和杰比亚几乎参与了企业所做的每项决定和所采取的每项措施。现在，他们的主要工作是设定目标，启用、维护和强化公司文化，并加强其规范化程度。爱彼迎在新员工入职培训方面所使用的方法，是其加强规范化程度的一个良好示例。早期，切斯基亲自为企业的每位新员工开展入职培训。随着公司增长，他开始每周进行一次小组培训。随着公司继续增长，他制作了录像带，并把观看该录像带作为新员工正式入职流程的一部分。爱彼迎在早期增长阶段出现的另一个变化是，它开始更多地依靠数据而非直觉做出决策。

早期增长阶段也给爱彼迎带来了新的挑战。公司由于自身的成功，开始吸引竞争对手。它也遇到了政府和法规方面的挑战。有些城市对短期转租作出了限制。在许多城市，房东必须在当地有关部门注册并取得执照或许可。此外，在某些辖区内，爱彼迎需要缴纳临时占用税。关于这些法律挑战，爱彼迎的解决方法是听取各方意见，并努力达成各方都能接受的解决方案。该公司在到达持续增长阶段时所面临的法律挑战只会更加严峻。

另一个挑战是安全问题。2011年6月，爱彼迎的一位租客几乎毁了一位房东的房屋。这为该公司敲响了警钟。当时，爱彼迎还没有信任与安全团队。这次事件改变了公司对安全的看法，公司采取了安全措施，并在市场管理方面更加亲力亲为。

持续增长阶段

爱彼迎现在正处于组织生命周期的持续增长阶段。在这一阶段，对结构化和规范化的需求进一步增加。此外，企业通常会开发新产品并进入新市场。这就是爱彼迎当前正在经历的事情。规范化程度有所增强。如今，该公司在全球范围内都制定了正规的入职流程，并对其核心价值和文化给予保护。该公司有一个正式的核心价值委员会（Core Values Council)。如果员工或工作小组不确定某个创意或措施是否符合爱彼迎的核心价值，则可以向委员会寻求建议。

在增长方面，该公司仍处于积极增长的道路上。它目前拥有四个市场。第一个市场是人们出租自己家中的房间，供租客使用1～3晚。这是爱彼迎最初的市场，目前仍占其租赁市场的50%以上。第二个市场是人们将整个房屋或公寓出租给他人用于短期居住。通过爱彼迎进行的预订大部分属于这两个市场。第三个市场并不是爱彼迎刻意追求的，但自然而然出现了，那就是度假租赁市场。这个市场涉及人们在度假胜地（例如，太浩湖、奥兰多或科德角）拥有的“第二套房”，他们愿意在自己不在家时将其租出去。第四个市场是爱彼迎于早期增长阶段进入的转租市场。

爱彼迎的未来

爱彼迎现在是一家大公司。它的成长和规模使包括其创始人在内的许多人感到惊讶。该公司目前在全球范围内有超过300万条租赁信息，遍布65 000个城市和191个国家/地区。2017年接受《财富》杂志采访时，切斯基被问道：“你是否曾经想过（爱彼迎）发展得这么大?”他回答说:“我记得乔(杰比亚)和我交谈时,我们说过‘这件事将取得巨大成功。总有一天,全球将有数百万人在充气床上过夜’。”2016年元旦,来自191个国家/地区的200万人在爱彼迎的出租房中过夜。如今该公司的估值为310亿美元。

爱彼迎持续增长。它的租赁数量每年都在增加。2016年有5 200万人次通过其进行预订,而2015年仅有2 500万人次。根据摩根士丹利的一项研究,在市场渗透率方面,2015年,接受调查的休闲旅游者当中有15%在过去12个月中使用了爱彼迎的服务。2016年,这一数字上升到了19%,根据摩根士丹利的预测,这一数字将继续增加。

政府监管仍是爱彼迎增长的最大威胁。世界上许多城市都颁布了法律来规范共享住宿。例如,在西班牙巴塞罗那,提供短期租赁需要取得特殊许可。而该城市于2014年停止了许可证的发放,所以开展新的爱彼迎服务的唯一方式是购买已经拥有许可证的现有物业。同样,2017年初,纽约市出台了一项法规,在长期居住者不在的情况下,如果爱彼迎提供的出租期限少于30天,则可以对爱彼迎进行罚款。

尽管存在这些挑战,但爱彼迎仍处于组织生命周期的持续增长阶段。下一阶段是成熟阶段,当其增长放缓时就会进入这一阶段。

也许是为了避开法规造成其增长速度减缓而带来的损失,2016年下半年,爱彼迎宣布了一项新服务,这是它首次不采用租赁的方式。新产品被称为“体验”(Experiences),它向旅行者提供由当地居民招待的游玩和体验。该服务在伦敦、旧金山、巴黎和东京等12个城市率先推出,将提供观星、冲浪、山地自行车、品尝美食和“谁是凶手”悬疑之旅等体验项目。到目前为止,已经有上千人发布了体验服务供人们选择。爱彼迎将收取每次预订“体验”服务20%的佣金。有人推测,爱彼迎正在致力于引入“端对端”(end-to-end)的概念,该概念将提供旅行者所需的所有服务项目。这些服务可能涉及机场接送、航空旅行、餐厅预订、城市观光等。

讨论题

1. 列出你认为爱彼迎在其企业增长中所做的“正确的事”。

2. 对爱彼迎创始人征求客户反馈的做法进行评价。根据案例中的信息,你认为他们是做得过于频繁、不够频繁还是恰到好处?如果创办一家企业,你认为在他们获取反馈的方法中是否有你将效仿之处?

3. 爱彼迎度过组织生命周期的起步阶段和早期增长阶段的方式,在多大程度上与本章建议企业对各个阶段的处理方式相一致?

4. 你认为政府法规在多大程度上威胁着爱彼迎的持续增长?你认为该公司是否能够从“体验”等新项目中获得足够的利润,以抵消它因愈加严格的法规而损失的利润?

资料来源:L. Gallagher,“Airbnb's Profits to Top $3 Billion by 2020,” *Fortune*, February 15, 2017; B. Stone, *The Upstarts*, Little Brown and Company, New York, 2017; D. T. Skift,“Airbnb Is Becoming an Even Bigger Threat to Hotels Says a New Report,” Skift. com, available at https://skift. com/2017/01/04/airbnb-is-becoming-an-even-bigger-threat-to-hotels-says-a-new-report/(posted January 4, 2017, accessed April 21, 2017); A. Kharpal,“Airbnb's Growth is Slowing Because It's Being Hit By Regulation, UBS Says,” *CNBC*, April 13, 2017; B. Chesky,“Brian Chesky on Airbnb's Rapid Growth,” Vator, available at https://www. youtube. com/watch?v=iw4vqKc7HjM (posted July 15, 2015, accessed April 20, 2017); B. Chesky and R. Hoffman,“Bizscaling 18: Brian Chesky on Launching Airbnb and the Challenges of Scale,” Greylock Partners, available at https://www. youtube. com/watch? v=W608u6sBFpo (posted November 30, 2015, accessed April 20, 2017).

注　释

第 14 章　企业增长策略

学习目标

学完本章，你应该能够：

1. 认识并讨论创业型企业的核心内部增长策略。
2. 描述创业型企业可用的其他内部产品增长策略。
3. 将国际扩张作为一项增长策略进行审查。
4. 讨论外部增长策略的不同类型。

本章讨论了企业最常用的增长策略。如图 14－1 所示，增长策略分为内部增长策略和外部增长策略。

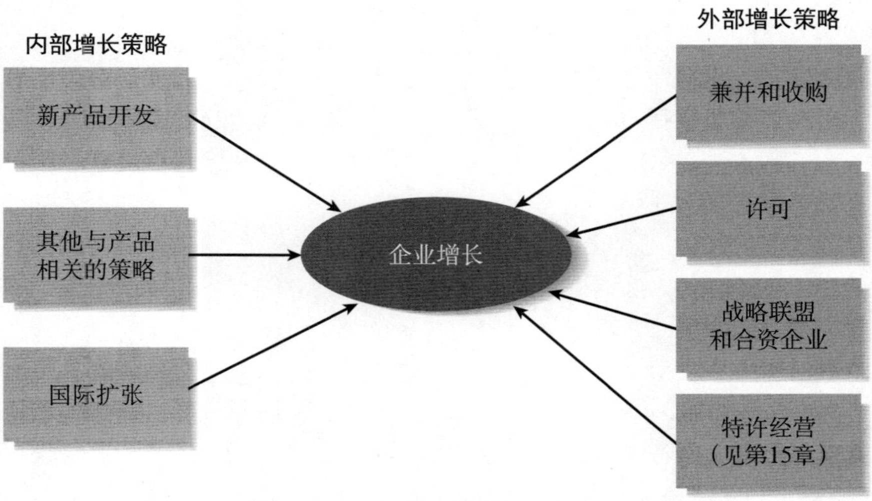

图 14－1　内部增长策略和外部增长策略

内部增长策略

内部增长策略（internal growth strategy）涉及企业内部所做的努力，例如新产品开发、其他与产品相关的策略以及国际扩张，以增加销售收入和提高盈利能力。Nest Labs、Sir Kensington's 和美捷步等许多企业都是通过内部增长策略来实现增长的。内部增长的独特之处在于，企业依靠的是自己的能力、专业知识、商务实践和员工。内部增长通常称为**有机增长**（organic growth），因为它不依赖于外部干预。在组织生命周期的早期阶段，几乎所有公司都是有机增长。

内部增长虽然可能有效，但也有限度。随着公司进入其生命周期的中后期，严格通过内部手段实现持续增长将变得越来越具有挑战性。因此，令人担忧的是，公司可能在增长方面"碰壁"，并且销售额将持平甚至下降。当公司向相同的潜在购买者出售相同的产品或服务时，就会出现这种情况。公司如果处于这种困境中，就需要扩大客户范围，增加新产品或服务以对其现有产品进行补充，或者寻找新的增长途径。有时，公司在自身没有过错的情况下也要面对这一挑战。

表 14－1 中列出了内部增长策略明显的优点和缺点。

表 14－1 内部增长策略的优点和缺点

优点	缺点
稳步的渐进式增长。稳步增长的企业可以长期适应不断变化的环境并持续调整其策略。相比之下，通过兼并或收购在一夜之间规模翻番的企业在单个时间点的投入要大得多。 **控制权最大化。**内部增长策略允许企业在增长过程中对其产品和服务质量保持控制。相比之下，通过联盟或合资等协作形式实现增长的企业必须与其商业合作伙伴共享监督职能。 **保留组织文化。**强调内部增长的企业不需要将其组织文化与其他组织的文化相融合。因此，企业可以在清晰且统一的企业文化下成长。 **鼓励内部创业。**通过内部增长策略实现增长的企业将在企业内部而非外部寻找新创意。这种做法可以促成内部创业和内部创新的氛围。 **允许在企业内部晋升。**强调内部增长策略的企业具有能够在组织内部晋升的优点。企业内的晋升机会可以使员工受到极大激励。	**缓慢的增长形式。**在某些行业中，采用稳步的渐进式增长方式不足以使企业快速发展出具有竞争力的规模经济。此外，在某些行业中，企业可能无法开发足够的资源以保持竞争力。这些行业通常以高水平的并购活动为特征。 **需要开发新资源。**一些内部增长策略（如新产品开发）需要企业具有创新性并开发新资源。尽管内部创新具有许多积极特性，但它通常是缓慢、昂贵且冒险的。 **内部活动如果失败，则难以收回投资。**内部增长策略（如新产品开发）存在新产品或服务卖不出去的风险，这将对企业收回开发成本造成困难。 **增加行业产能。**有些内部增长策略会增加行业产能，并最终迫使行业盈利能力下降。例如，一家通过地域扩张实现增长的连锁餐厅，可能因其在已经充满激烈竞争的市场中连续开设新餐厅而最终导致行业盈利能力下降。

新产品开发

新产品开发（new product development）涉及设计、生产和销售新产品（或服务），以增加企业收入并提高盈利能力。在许多快节奏的行业中，新产品开发是竞争所必需的。例如，在计算机软件行业中，平均产品生命周期为 14～16 个月。只要想想新计算机、新智能手机和相关产品的更新换代速度，就能明显感受到这个行业的产品变化之快。由于这种快速变化，为保持竞争力，软件公司必须随时准备推出新产品。对有些公司而言，不断开发新产品是其生存的关键。

虽然开发新产品可能会带来可观的回报，但这是一项高风险的策略。其关键在于，企业所开发的是创新型产品，而不是即将进入竞争市场的“跟风”之作。如果执行得当，开发新产品或服务将带来巨大的上升潜力。例如，许多生物技术和制药公司开发的产品不仅可以改善客户的生活质量，还能够提供可靠的收入来源。在许多情况下，这些产品都已取得专利，这就意味着至少在专利到期之前，其他任何人都不能制造这些产品。成功的新产品还可以提供足够的现金流，为公司运营提供资金，并提供资源以支持其他新产品的开发。例如，安进公司是一家长期盈利的大型生物技术公司，它拥有多款出色的药品，包括恩利（Enbrel）和优保津（Neupogen）。恩利是一款肿瘤坏死因子（TNF）阻滞剂，用于治疗类风湿关节炎以及一些相关疾病。优保津可以帮助正在进行某些类型化疗的癌症患者预防感染。这些产品为公司提供了足够的收入，以支付其日常开销，为新产品开发提供资金，并在较长时间内不断产生利润。[1]

与认识机会（第2章）和可行性分析（第3章）的内容一致，开发有效新产品和服务的关键如下：

- **寻找并满足需求：**大多数成功产品都满足了某项尚未得到满足的需求。企业应避免“饱和”市场。例如，在许多国家，家电、轮胎、信用卡和手机套餐上的选择令人眼花缭乱。这些市场竞争激烈，利润率低。创业者面临的挑战是在具有吸引力的市场中发现尚未满足的需求，然后找到一种方法来满足这些尚未满足的需求。
- **开发增值产品：**除了寻找并满足需求之外，最成功的产品还能够以某种有意义的方式为客户“增加价值”。
- **正确的性价比：**每种产品都代表着质量和价格之间的平衡。如果产品的质量和价格不相符，则该产品可能会失败，并且翻身的机会很小。换句话说，客户愿意为较高品质的产品支付较高的价格，也愿意以较低的价格接受较低的质量。
- **专注于特定目标市场：**正如我们在本书中所强调的，每个新产品和服务都应该拥有特定的目标市场。这种特定性使得具有创新意识的创业型企业有机会开展有针对性的营销活动并选择合适的分销商。“这是一件好产品，所以肯定有人会买”的观念对应的是一种幼稚的营商方式，通常会导致失败。
- **进行持续的可行性分析：**推出产品或服务后，可行性分析和市场研究均不应停止。企业应当通过客户回访、焦点小组和调查来对最初市场的反应进行测评，并在适当的时候做出渐进式的调整。

表14-2列出了eSeller Media指出的新产品失败的最常见原因。[2]创业者应该意识到这些原因，并且努力防止因这些领域执行不力而导致新产品失败。

表14-2　新产品失败的五大原因

1. 高估了潜在市场。
2. 客户认为产品过于昂贵。
3. 产品设计不佳。
4. 该产品与竞争对手的产品没有区别（“跟风”产品）。
5. 开发产品线的成本太高。

这一讨论提醒我们，为实现健康增长，无论是通过开发新产品或通过其他方式，企业出售的产品或服务都必须能够正确地创造价值，并且除了产生销售额之外，还要拥有产生利润的潜力。

其他与产品相关的策略

除了开发新产品之外，企业还可以通过改进现有产品或服务、提高现有产品或服务的市场渗透率、延伸产品线，以及地域扩张来实现增长。

改进现有产品或服务

企业通常可以通过**改进现有产品或服务**（improving an existing product or service）来提高收入。改进现有产品或服务包括提高质量、使之更大或更小、使之更方便使用、提高其耐用程度，或者使之更现代化等。改进某件商品，意味着从客户的角度增加其价值和价格潜力。例如，智能手机公司通常会通过推出现有手机的"新"版本来增加收入。

许多企业犯的错误是，未能对改进现有产品和服务的机会保持足够的警觉。对企业来说，修改现有产品或服务以及延长其寿命，通常比从头开发新产品或服务成本低得多。例如，许多女性已经抛弃了自己使用多年的卷发棒，转而购买陶瓷卷发棒，后者更安全，且效果更好。对于卷发棒制造商来说，出售"改进"的卷发棒来增加销售额，比起开发一款全新的产品，成本要低得多。

提高现有产品或服务的市场渗透率

市场渗透策略（market penetration strategy）指的是通过加大营销力度或提高生产能力和效率，来增加产品或服务的销售额。[3]企业通常会通过增加广告支出、开展促销活动、降低价格、增加销售团队规模或增加公司社交媒体投入来增加产品的市场份额。以护肤品公司高伦雅芙为例。自 1994 年成立以来，高伦雅芙一直通过名人代言来展示和推广其产品。女演员朱迪斯·赖特（Judith Light）和女演员/歌手凡妮莎·威廉姆斯（Vanessa Williams）是该企业的首批代言人。多年来，该公司陆续增加了一些其他代言人，以吸引更广泛、更多样化的客户。其中包括女演员珍·西摩尔（Jane Seymour）、音乐艺术家凯蒂·佩里（Katy Perry）、玛伊特·佩罗尼（Maite Perroni）和贾斯汀·比伯（Justin Bieber），以及网球运动员卡洛琳·沃兹尼亚奇（Caroline Wozniacki）。[4]高伦雅芙联合创始人凯蒂·罗丹博士指出，名人代言计划是该公司在赢取市场份额方面采取的最明智的行动之一。[5]

另一个例子是预付卡（比如星巴克随行卡），现在几乎所有的餐厅和零售商都提供这种服务。它使客户在购买产品时更加方便，从而餐馆和零售商可以赚取更多收入。餐厅或零售商还将预付卡作为一款方便赠送的礼物提供。想想有多少人购买塔吉特、梅西百货或 Pottery Barn 的预付（礼品）卡作为生日礼物或节日礼物。对于收到这些卡的人来说，其好处是有机会用它们购买真正需要的产品。

通过增加产能或提高效率使企业拥有更多的待售产品或服务，也可以提高市场渗透率。在制造方面，扩大厂房和设备或将部分生产流程外包给其他公司，都可以提高产品产能。**外包**（outsourcing）是指由公司全职员工以外的其他人来完成公司的工作。[6]例如，过去一直自行制造和包装自己产品的企业，可以将包装职能外包给另一家公司，以腾出工厂空间来增加基本产品的产量。此外，公司可以将其信息技术职能外包出去，以释放资源用于产品开发工作。

延伸产品线

产品线延伸策略（product line extension strategy）涉及制作某款产品的其他版本，以吸引不同客户群或向相同客户群销售相关产品。[7]例如，公司可能会生产某款低端产品稍作改进后的版本，然后再生产同款产品的顶配版本，以吸引不同客户群。这种策略允许企业采用一种产品并将其延伸为多种产品，而不会产生大量额外的开发费用。计算机制造商为如何执行产品线延伸策略做了一个很好的示范。每个制造商都出售多款台式和笔记本电脑。同款电脑的不同版本通常在处理器速度、内存容量、显示器大小、图形能力以及其他功能方面代表了好、更好、最好的不同选择。在向相同客户群销售相关产品方面，许多企业从提供一种产品或服务开始，然后扩展至相关领域。

企业追求产品线延伸策略也是其利用核心竞争力进入相关领域的一种方式。例如，广受欢迎的汽车共享服务公司 Zipcar 就利用了其在消费者汽车共享服务方面开发而获得的专业能力，推出了商务 Zipcar，使企业能够像个人一样使用 Zipcar 的服务。它最近还推出了 FastFleet，该服务可以帮助城市更有效地利用其车队中的汽车。

地域扩张

地域扩张（geographic expansion）也是一个内部增长策略。许多创业型企业仅通过从原始地点扩张至其他地点就实现了增长。这种扩张最常见于零售行业。例如，一家小企业在某一地点拥有一家成功的零售店，它可以通过在附近社区开设第二家零售店来实现扩张。沃尔格林和帕纳拉面包都是通过地域扩张而成长的企业。当然，如今在全球范围内已拥有近 37 000 家店的麦当劳，是通过地域扩张实现极其成功的增长的典范。赛百味（Subway）也是一家通过地域扩张取得明显成功的企业，它目前在全球拥有近 34 000 家店。成功进行地域扩张的关键在于：

- **在初始地点取得成功：**其他地点可以从初始地点的成功中学习经验教训。
- **在扩张网点使其商业概念得到认可：**例如，某种类型的健身中心可能在其原始地点被广为接受，因为它已经存在了很长时间并拥有了忠实的客户群。但是，附近社区的潜在客户可能完全不熟悉这种独特的产品和服务。创业型企业在从一个社区向另一个社区扩张时常犯的一个错误就是，它们会假设，如果某物在某个社区中受到欢迎，那么它在其他社区也自然会受到欢迎。
- **不要使扩张网点被孤立：**有时，扩张网点的员工会感觉被孤立了，他们没有得到总部的充分培训和监督。如果企业认为无需投入与原始地点相同的关注和培育，就能在扩张网点取得成功，则是错误的。

与产品相关的策略，无论其形式如何，都将在公司保持警觉并确保产品仍处于需求中且消费趋势没有转变的情况下获得最佳效果。在这方面缺乏警觉性导致了 Crumbs Bake Shop 的失败。该公司一度是美国最受欢迎的纸杯蛋糕烘焙店。本章的“错在何处?”专栏介绍了其失败原因，创业型企业可以从这一案例中吸取教训。

错在何处? 具有增长意识的初创企业能够从 Crumbs Bake Shop 的失败中得到怎样的教训

Crumbs Bake Shop（以下简称 Crumbs）由杰森·鲍尔（Jason Bauer）和米娅·鲍尔（Mia Bauer）夫妻二人于 2003 年成立。其想法是出售花样纸杯蛋糕。纸杯蛋糕有各种尺寸和馅料。大多数纸杯蛋糕都是经典口味，例如曲奇饼、提拉米苏和焦糖苹果等。也有以埃尔维斯·普雷斯利（Elvis Presley）和阿迪·兰格（Artie Lange）等名人命名的纸杯蛋糕。这些纸杯蛋糕有三种主要尺寸：迷你尝鲜尺寸、标准尺寸和特别尺寸。特别尺寸的纸杯蛋糕是标准纸杯蛋糕的两倍大小，价格从 3.50 美元到 4.50 美元不等。Crumbs 在每个纸杯蛋糕或烘烤食品前放置一个小标签，上面写明了价格和卡路里。黑底奶酪布朗尼纸杯蛋糕的热量为 1 090 卡路里。后期，Crumbs 还制作了一款售价 42 美元的“巨型”纸杯蛋糕，可供 8 个人食用。

Crumbs 迅速扩张并很快成了美国最大的纸杯蛋糕连锁店。在鼎盛时期，它有 79 个网点，并计划开设更多的连锁店。它还将其业务范围扩大了一些，但仍以出售纸杯蛋糕为主。2011 年初，Crumbs 被卖给了一家空壳公司，并于同年 6 月上市。此时，它的同店销售额首次下降。该公司新任首席执行官爱德华·斯莱扎克（Edward Slezak）尝试了一种新的增长方式——以许可方式在其他商店出售 Crumbs 品牌产品。同时，他还关闭了几家不盈利的店面。2013 年中期，Crumbs 宣布与著名厨师兼餐厅老板大卫·伯克（David Burke）建立合作伙伴关系，开始在 Crumbs 精选店销售新系列的美味三明治和沙拉。由于销量不佳，该合作伙伴关系在大约一个月后即告终结。2013 年末，Crumbs 在纽约市曼哈顿中心开设了一家无麸质商店。

2014 年 7 月 8 日，Crumbs 宣布计划关闭所有店面。该公司的股票已于几天前被纳斯达克证券交易所除牌。该公司警告称，退市将导致其欠下高达 1 400 万美元的债务。这是一个悲伤的结局。如今，它已经倒闭了。什么地方出了错? 它犯了多个错误，成长中的创业型企业应吸取其教训。

首先，市场竞争日益激烈。当 Crumbs 于 2003 年创办时，它是独特的。当时美国只有少数几家专门经营纸杯蛋糕的烘焙店。到了 2011 年，也是 Crumbs 的日销售额开始下降的那一年，此类商店已经比比皆是。有些是烘焙店，有些只是简单的小卖部。此外，几乎任何烘焙店都可以在自己的产品种类中增加几款花样纸杯蛋糕。

其次，消费者开始对纸杯蛋糕失去兴趣。Crumbs 开张时，纸杯蛋糕风靡一时。最终，消费者还是善变的。《华尔街日报》于 2013 年初刊登了一篇题为《价值不再，美味纸杯蛋糕市场正在崩溃》（Forget Gold，the Gourmet-Cupcake Market is Crashing）的文章对这一观点进行了说明，其中还对 Crumbs 的销量下降进行了报道。虽然其销量下降部分归咎于飓风桑迪袭击了纽约（Crumbs 的许多餐厅都位于纽约地区），但《华尔街日报》的文章指出 Crumbs 正面临着一个更大的问题：“花样纸杯蛋糕已经过气了。”

再次，高昂的房地产成本。Crumbs 的店面很宽敞，其商店平均面积约有 1 000 平方英尺。对于一家销售单一产品的公司而言，许多店面都太大。根据 2014 年《商业内幕》的报道，其中一家位于芝加哥附近的 Crumbs 有 3 300 平方英尺，相当于一套宽敞的四居室房屋。

最后，其策略没有支点，也没有变化。尽管同店销售额在下降，Crumbs 仍一直在开设新店。从 2011 年中期至 2013 年，它就增加了 35 个新店。这一时期，它已经知道其同店销售额在下降。它仍然专注于纸杯蛋糕，而没有进行任何多元化的尝试。销售纸杯蛋糕这类产品有一个挑战，即它是人们偶尔购买的商品，而不是常规需求。人们可能每天在同一家餐厅用餐，或者每周从同一家烘焙店购买几次面包，但很少有人会在“偶尔”之外购买花样纸杯蛋糕这类商品。

思考题

1. 其他初创企业可以从 Crumbs 的失败中得到哪三个教训？

2. 你认为 Crumbs 应该在多大程度上预见人们对花样纸杯蛋糕的兴趣正在下降？

3. 鉴于同店销售额出现下降，你认为 Crumbs 为什么仍然固执地坚持销售单一的纸杯蛋糕产品？

4. Crumbs 的失败是否可以避免？有没有什么措施可以拯救 Crumbs？根据本章内容，Crumbs 追求未果的增长类型是什么？

资料来源：H. Peterson，“4 Reasons Why Crumbs Bake Shop Massively Failed，” *Business Insider*，available at https://www.businessinsider.com/4-reasons-why-crumbs-bake-shop-closed-2014-7（posted July 8，2014，accessed July 8，2014）；Wikipedia，Crumbs Bake Shop，www.wikipedia.com（accessed April 9，2017）；E. Maltby and S. Needleman，“Forget Gold，the Gourmet-Cupcake Market is Crashing，” *The Wall Street Journal*，April 17，2013.

国际扩张

国际扩张是创业型企业的另一种常见的增长形式。[8] 根据 SBA 援助办公室的数据，2014 年，美国公司出口商品和服务总值达到了创纪录的 2.3 万亿美元。就企业而言，小企业出口占美国全部出口的 97%。[9] 世界人口和购买力的统计数据也证实了国际市场对于增长导向型企业的重要性。全球约有 95.6%的人口和 70%的购买力位于美国之外。受这些数据影响，如今，在美国成立的新企业当中，国际新创企业的数量越来越多。

国际新创企业（international new venture）是指那些从一开始就试图通过利用其资源在多个国家/地区销售产品或服务来获得竞争优势的企业。[10] 从成立之初，这些企业（有时被称为“全球化初创企业”或“天生国际化企业”）就将世界视为其市场，而不是局限于单个国家/地区。成为国际新创企业可以是刻意追求的结果，也可以是外国买家主动下单带来的结果。例如，uShip 是位于得克萨斯州奥斯汀市的一家经营线上运输服务的企业。在其于 2003 年成立后不久，海外客户便开始通过 uShip 网站安排发货。uShip 如今为大约 20 个国家/地区服务，并在阿姆斯特丹设有办事处。[11]

尽管海外市场的潜力巨大，但这是一种相当复杂的企业增长形式。当然，敏锐的创业者应谨慎关注世界各地在购买力方面出现的任何变化，这些变化可能是由金融危机造成的

（例如，2008 年和 2009 年世界金融危机）。让我们看一看创业型企业通过国际扩张来寻求增长时，应当考虑的几个最重要的问题。

评估企业是否适于通过国际市场实现增长

表 14－3 概述了企业向国际市场扩张时需要考虑的问题，包括管理/组织问题、产品和分销问题以及财务和风险管理问题。如果能够成功解决这些问题，那么通过国际市场实现增长对创业型企业而言可能是一个绝佳的选择。这方面的主要障碍在于充分认识所涉及的挑战。

表 14－3　评估企业总体上是否适于通过国际市场实现增长

管理/组织问题

管理层有多大的决心。企业首先要考虑的是其管理层进军国际市场的决心。虽然企业可以在最小风险的情况下通过出口进行“试水”，但其他形式的国际化所涉及的投入大得多。一项国际策略如果想得到充足的资金和良好的执行，必须得到高层管理人员的支持。

有多少国际经验。企业还应该评估其在国际市场上有多少经验。许多创业型企业在这方面没有经验。因此，为取得成功，经验不足的创业型企业可能需要雇用一家出口管理公司来帮助其熟悉出口单证和出口流程的其他细节。许多创业型企业错误地认为，在海外销售和提供产品或服务与在国内没有太大区别。其实，区别很大。

干扰企业的其他计划。创业者或管理者可能需要花大量时间学习如何进行国外市场销售。他们需要经常出国旅行，向那些讲着不同语言并居住在不同时区的买家销售产品，这可能是个艰辛的过程。总而言之，他们必须花费大量精力对企业考虑进入的国际市场文化进行了解。因此，企业应该在其参与国际市场竞争的优势和其投入的时间以及对其他计划可能造成的干扰之间进行权衡。

产品和分销问题

产品问题。企业必须首先确定其产品或服务是否适合海外市场。要确定这一点，需要回答许多相关问题。例如，企业的产品是否要遵循国家关于健康或产品安全的法规？产品是否需要当地的服务、补给或零部件分销能力？是否需要重新设计产品以满足国外市场客户的要求？外国客户会认为这是一款称心如意的产品吗？在进入国外市场之前，这些问题必须有适当的答案。企业不能简单地“假设”产品在国外卖得出去或方便使用。

分销问题。产品将如何从国内运往国外？或者，创业型企业如何将瑞典生产的产品运到国内市场上销售？运输方式是否可靠且经济实惠？产品可以从企业本国工厂出口，还是必须在销售国/地区生产？

财务和风险管理问题

为出口业务提供资金。海外计划是否可以从内部运营中获取资金，还是需要筹集额外的资金？外国客户将如何向企业付款？企业将如何收回国外的坏账？在企业开始海外销售之前，必须对这些问题有明智的答案。

外币风险。企业将如何管理汇率波动？如果创业型企业位于美国，并向日本买家出售商品，对方将以美元还是日元支付？

国外市场进入策略

大多数创业型企业首先以出口商的身份进入国外市场，但企业也可以通过许可、合资、特许经营、交钥匙工程和全资子公司等形式开始国际扩张。[12]表 14－4 介绍了这些策略及其主要优缺点。

表 14-4 各种国外市场进入策略的主要优点和缺点

国外市场进入策略	主要优点	主要缺点
出口。出口是在国内生产产品并将其运至国外市场的过程。大多数创业型企业都以出口商身份开始国际业务。	对企业而言，出口是一种相对便宜的进入国外市场的方式。	高昂的运输成本可能使出口不划算，特别是对大宗产品而言。
许可。许可协议是拥有产品专有权的企业授权另一家企业生产此产品以取得一定的使用费或其他款项的约定。专有服务和流程也可以得到许可。	为建立海外业务所需的大部分资金由被许可方投入。	企业“指导”外国公司如何生产其专有产品。最终，外国公司可能会与其分道扬镳，并开始自行生产该产品的变体。
合资。合资是指两家或多家相互独立的企业共同设立一家企业。例如，富士施乐公司（Fuji-Xerox）成立于1962年，是一家美日合资企业。	可利用外国合作伙伴对当地习俗和市场偏好的了解。	企业失去了部分经营控制权。
特许经营。特许经营是特许人（拥有专有产品、服务或商业方法的母公司）和加盟商（愿意向特许人支付一定费用以销售其产品、服务和/或使用其商业方法的个人或企业）之间的协议。美国企业可以在国外市场出售特许经营权，反之亦然。	在国外市场经营所需的大部分资金由加盟商投入。	质量控制较为困难。
交钥匙工程。在交钥匙工程中，某个国家的承包商在另一个国家建立工厂，培训工厂的运营人员，最后在项目完成并准备投入运营时将钥匙移交给项目。	能够产生收入。	这通常是一次性活动，在国外市场建立的关系可能对未来的项目没有帮助。
全资子公司。在国外建立全资子公司通常意味着该企业决定在国外进行生产并有着长远打算。	企业能够完全控制其国外业务。	在国外建立和维护制造工厂并长期存续的成本可能很高。

海外销售

许多创业型企业通过回应外国买家的主动询盘，开始自己的首次海外销售。在试图满足国外市场客户的需求时，必须适当地处理询盘并遵守礼仪。以下是向国外市场销售产品的几条原则：

- 迅速且清晰地做出答复。不要因为某个请求的语法阐述不清或运用不当而忽略它。使用非母语来联系外国企业的人可能会缺乏使用第二语言的经验。
- 除电子邮件或传真，在答复国外询盘时，应通过航空邮件或隔夜送达等形式。对世界某些地区而言，陆路运输过于缓慢。
- 应该设置一个文件夹存放所有国外询盘副本。即便询盘并未立即转化为销售，进行询盘的企业也能给未来的发展带来价值。
- 信守承诺。外国买家对美国企业最大的抱怨是未能按时（或按承诺）发货。第一笔订单往往是最重要的，它为双方未来的关系定下了基调。
- 所有的函件都应有亲笔签名。在某些文化中，模板函件是很无礼的。
- 要礼貌、谦逊、友好并恭敬。遵循常识即可，但礼仪在某些亚洲文化中尤其重要。此外，请避免使用美国本土的商业俚语，这些俚语在许多其他文化中都难以理解。简而言之，要注重文化传统和文化期待。

● 在面谈时，请确保派出的人与将要会面的人具有同等地位。在某些文化中，一家美国公司的销售人员与外国企业的副总裁或总裁会面是很不合适的。

外部增长策略

外部增长策略（external growth strategy）依赖于企业与第三方建立的关系。兼并、收购、战略联盟、合资、许可和特许经营都属于外部增长策略。除了将在第 15 章中单独介绍特许经营之外，我们将在本章对所有这些策略进行讨论。

与新产品开发和向国外市场扩张等进展较慢的内部增长策略相比，重视外部增长策略通常是实现增长的一种较快的协作方式。外部增长策略为小企业和大公司提供了公平的竞争环境。[13]例如，制作了热门动画《玩具总动员》（Toy Story）、《海底总动员》（Finding Nemo）和《鹬》（Piper）的小型动画工作室——皮克斯（Pixar），在 2006 年被迪士尼收购之前，与迪士尼有着多项关键战略联盟。通过与迪士尼的合作，皮克斯有效地利用了迪士尼的一部分管理知识、技术专长和分销渠道。与迪士尼的关系帮助皮克斯增强了其在市场上参与有效竞争的能力，从而使其成为一个极具吸引力的收购目标。

表 14－5 列示了外部增长策略的优缺点。

表 14－5　外部增长策略的优点和缺点

优点	缺点
减少竞争。当企业收购竞争对手时，竞争就会减少。这一做法通常至少能够消除与其中一个竞争对手进行价格战的可能性，从而帮助企业确定稳定的价格。 **获得专有产品或服务的使用权。**收购或联盟的动机中通常包含了一家企业希望合法使用另一家企业专有财产的想法。 **获得新产品和市场。**通过收购、联盟或特许经营实现增长，是企业获得新产品或市场的快速方法。许可还可以为企业提供最初进入某个市场的机会。 **获得技术专长。**有时，企业收购其他企业或与其他企业合作是为了获得其技术专长。在特许经营模式下，特许人通常会从其加盟商那里获得有用的提示和建议。 **获得既有品牌名称。**拥有良好产品或服务的成长型公司可能会收购一家更老牌的公司，或与之合作，以取得人们对其商标和名称的认可。 **规模经济。**通过收购、合资或特许经营，将两家或两家以上先前各自独立的企业合并在一起，通常可以为合并后的企业带来更大的规模经济。 **分散经营风险。**在各种形式的协作或共同所有制背后，主要的驱动力之一就是分散经营风险。	**高层管理人员不合。**收购、联盟、许可或特许经营模式涉及的各企业高层管理人员之间可能会发生冲突，从而使计划的推行变得困难。 **企业文化冲突。**由于外部增长形式需要两家或更多企业的共同努力，企业文化之间经常会发生冲突，从而导致挫败和表现欠佳。 **运营问题。**企业在收购或与另一家公司协作时可能遇到的另一个问题是，它们的设备和业务流程可能无法完全兼容。 **企业复杂性增加。**尽管绝大多数收购和联盟都发生在同行业或密切相关的行业之间，但也有一些创业型企业收购或合作的企业来自不相关的行业。这种做法大大增加了合并后企业的复杂性。有些企业通过收购品牌或与另一家公司合作的方式来取得其品牌的使用权，可能因此失去进一步开发自有品牌和商标的机会。这可能导致其对被收购品牌或合作品牌的依赖性增加，从而降低企业在市场上建立和维持其独特身份的能力。 **丧失组织灵活性。**收购一家企业或与之合作，可能会使其丧失收购另一家企业或与另一家企业合作的可能性。 **可能涉及反垄断。**收购和联盟都必须接受反垄断审查。此外，有些国家/地区有着严格的反垄断法，禁止企业之间建立某些业务关系。

兼并和收购

许多创业型企业通过兼并和收购实现增长。**兼并**（merger）是将两个或两个以上企业结合成一个权益的集合。**收购**（acquisition）是一家企业对另一家企业的直接购买。在收购中，存续的企业称为**收购方**（acquirer），被收购的企业称为**目标**（target）。本节将着重介绍收购，因为与兼并相比，创业型企业更常参与收购活动。

收购另一家企业可以满足公司的一些需求，例如扩展产品线、获得分销渠道、实现规模经济、获得能够改善其现有产品的技术或获得人才。在大多数情况下，企业收购竞争对手或公司，是为了获取其需要的产品线或核心竞争力。例如，如第11章案例所介绍的那样，2014年，Nest收购了安全摄像头制造商Dropcam。Nest对其进行了升级，将其更名为现在的Nest室内摄像头和Nest室外摄像头，并将其添加到自己的产品线中。同样，2017年，沃尔玛收购了三家相对较小的电子商务公司——Moosejaw、Shoebuy和Modcloth。每次收购都使沃尔玛获得了新的线上买家，并使这一零售巨头占据了更有利的位置，以便更有效地与亚马逊就互联网购物者展开竞争。[14]

虽然可能带来好处，但创业型企业在决定通过收购实现增长时仍应谨慎。[15]许多企业发现，将另一家公司融入其现有业务的过程并不容易，并且有可能造成财务危机。

寻找合适的收购对象。如果企业决定通过收购来实现增长，那么它在寻找收购对象时必须格外谨慎。许多收购的失败不是因为公司缺乏决心，而是因为它们从一开始就选错了对象。在寻找合适的目标企业时通常涉及两个步骤。第一步是对市场进行调查，并列出有望成为收购对象的“短名单”。第二步是仔细筛选每个候选对象，以确定其是否适合收购。在完成这两个步骤的过程中需要关注以下几个关键领域：

- 目标企业对被收购是否持开放态度，以及该企业就被收购事宜取得关键第三方同意的能力。可能需要征得其同意的第三方包括银行家、投资者、供应商、员工和关键客户。
- 目标企业管理团队的实力、所在行业，以及其与收购方总部的实际距离远近。
- 目标公司与收购方在高层管理团队和企业文化方面的兼容性。
- 目标企业过去的和预计的财务业绩。
- 目标企业在被收购后，保留关键员工和客户的可能性。
- 可能阻碍目标企业被收购的法律问题，以及企业知识产权受到专利、商标和版权保护的程度。
- 收购方对目标企业的业务和行业的了解程度。

在筛选时应尽可能全面，以便为收购方提供足够的数据来确定目标企业的实际收购价格。收购方常犯的一个错误是，为目标企业支付了过高的价格。企业应根据可靠的数据而不是猜测或直觉来出价，以避免这一错误。

收购涉及的步骤。如图14-2所示，收购流程可分为九个步骤。

第1步　与目标企业高管会面：收购方此时应有合法的代表来帮助其安排初步谈判并解决法律问题。收购方还应该对收购目标的价值有很好的了解。

第2步　评估目标企业高管对收购的态度：如果目标企业“急于出售”，则对收购方有利。如果目标企业临阵退缩，则谈判可能变得更加困难。

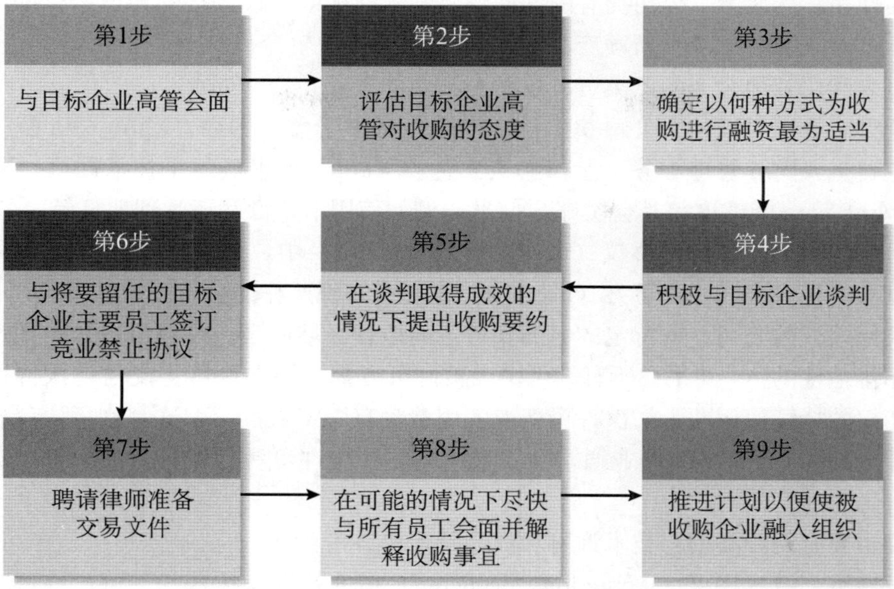

图 14－2　收购另一家企业的流程

第 3 步　确定以何种方式为收购进行融资最为适当：收购方应做好财务准备，以便在条款对己方有利时完成交易。

第 4 步　积极与目标企业谈判：如果即将进行收购，请取得所有股东和第三方的同意和批准。

第 5 步　在谈判取得成效的情况下提出收购要约：双方都应让代表其利益的律师和注册会计师（CPA）对此要约进行审查；确定付款安排。

第 6 步　与将要留任的目标企业主要员工签订竞业禁止协议：如第 7 章所述，该协议限制了被收购企业的关键员工在特定时间段内、在收购方的商业领域内从事相同业务的权利。

第 7 步　聘请律师准备交易文件：完成交易。

第 8 步　在可能的情况下尽快与所有员工会面并解释收购事宜：尽快与收购方和目标企业的员工会面。阐明合并后的企业愿景，并尽可能减轻员工的焦虑。

第 9 步　推进计划以便使被收购企业融入组织：在有的情况下，被收购企业可以立刻被吸纳进收购方的业务中。在其他情况下，被收购企业可以在相对自主的方式下运营。

除了通过收购其他企业来加速增长之外，创业型企业通常也是一些渴望进入新市场或取得专有技术的大型企业的收购目标。由投资者提供资助的公司，通常都将被大企业收购视为一个目标，这是它们引发清偿事件以便投资者将其投资货币化的一种方式。有些创业者允许其公司被较大的企业收购，以实现加速增长。例如，2016 年，本章案例的主角 Justin's 将自己卖给了荷美尔（Hormel），主要是为了整合进荷美尔的全球分销渠道当中。荷美尔如今为 Justin's 提供的市场是它仅靠自己无法渗透的。[16]

许可

许可（licensing）是指一家公司在明确定义的条件下将其知识产权以特定形式授予另

一家公司使用。实质上，公司拥有的任何受专利、商标或版权保护的知识产权都可以许可给第三方。对于那些创建了新颖产品但没有资源来打造生产设施或分销网络的企业而言，通过许可来利用其他企业的此类资源是一个不错的选择。

创业型企业也可以从大公司获得技术许可并从中受益。例如，Mint.com 是一家基于网页的免费个人财务管理服务企业。它从大企业 Yodlee 那里获得了技术许可。Yodlee 的技术使 Mint.com 能够取得其会员账户信息，例如信用卡余额和还款到期日等。

许可条款将规定在**许可协议**（licensing agreement）中，许可协议是许可方和被许可方之间订立的正式合同。**许可方**（licensor）是拥有知识产权的公司；**被许可方**（licensee）是购买其使用权的公司。就特定的目的和特定的地理区域而言，许可可以是排他性的，也可以是非排他性的。[17]几乎在所有许可中，被许可方都需要向许可方支付初次许可费以及该知识产权的持续使用费。初次许可费或使用费没有固定数额——这是许可协议磋商过程中会涉及的问题。[18]创业型企业通常会要求较高的初次许可费，以便当即取得现金投入运营当中。

许可主要有两种类型：技术许可和商品及形象许可。

技术许可。技术许可（technology licensing）指的是专有技术的许可，许可方通常以实用新型专利的形式对其进行控制。[19]这类许可协议通常涉及以下两种情况。第一种是企业为强化自身产品而开发技术，然后寻找非竞争者并向其许可该技术以分散所涉成本和风险。第二种是公司专注于开发新产品，然后通过许可协议将其新产品授权给更注重市场营销的公司和拥有必要资源并能够将产品推向市场的公司。

与大企业达成许可协议，可能会经历艰难的谈判。创业者应认真审查潜在的被许可方，确保它们有按时支付许可费的记录，并且容易合作。为获取此类信息，可以要求潜在的被许可方提供背景资料。同样重要的是，创业者在与潜在被许可方初次会面时，不宜透露过多有关专有技术性质的信息。这件事的难度在于寻找一个平衡点，如何在不透露太多信息的情况下，引起潜在被许可方的兴趣。在与潜在被许可方讨论专有技术时应当用到第7章描述的保密协议。

商品及形象许可。商品及形象许可（merchandise and character licensing）指的是得到承认的商标或品牌的许可，许可方通常以注册商标或版权的形式对其进行控制。例如，哈雷-戴维森（Harley-Davidson）将其商标许可给了多家公司，这些公司将哈雷-戴维森商标用于T恤、夹克、收藏品、礼品、珠宝、手表、自行车配件和其他物品上。这样做不仅使哈雷-戴维森公司产生了许可收入，还对哈雷-戴维森摩托起到了促销作用。同样，eBay和星巴克之类的创业型企业通过商标许可，不仅赚取了许可收入，还向众多现有和潜在客户推广了其产品或服务。

商品及形象许可的关键在于：抵制诱惑，避免商标许可范围过广，并将许可限制在相关的、对公司客户具有吸引力的产品类别中。如果公司对商标的许可范围过广，则可能对其商标标识的产品质量失去控制。这会削弱公司的品牌实力。例如，Rent the Runway 是一家出租设计师服装和配饰的线上公司（第3章案例的主角），它可能会将其商标许可给一家有兴趣生产 Rent the Runway 女士手表系列的手表制造商。Rent the Runway 可能需要确保这些带有其商标的手表款式时尚、与其出租的衣服和配饰拥有同等质量，并且对客户具有吸引力。Rent the Runway 可以通过许可协议的条款来实现这些标准。

许可还有其他混合形式。本章“创业型企业的法宝”专栏将重点介绍 Paint Nite 采用的创新许可方式。Paint Nite 是一家快速增长的初创企业，它组织了许多夜间绘画活动，这些活动在葡萄酒和其他饮料的相伴下生趣盎然。

创业型企业的法宝　Paint Nite：通过创新的许可形式实现增长

网站：www.paintnite.com　脸书：Paint Nite　推特：@PaintNite

想象一下，你的一个朋友邀请你度过一个有趣的夜晚。她听说了一家叫 Paint Nite 的公司。Paint Nite 在酒吧或餐厅安排位置，聚集约 30 个人，为他们提供独特的体验。这些人（Paint Nite 称其为客人）面前都有一个画架。经过培训的引导者通常是当地艺术家，他将带领这些客人完成独一无二的画作。这是一次有趣且愉快的体验，参与者之间充满了欢笑和互动。每个参与者在夜晚结束时都能得到一幅自己手绘的相当不错的画作。

Paint Nite 由丹·赫尔曼（Dan Hermann）和肖恩·麦格劳（Sean McGrail）于 2012 年创立。他们都喜欢在酒吧和其他地方消磨夜晚的时光。有天晚上，他们参加了朋友的休闲绘画活动，活动中还品尝了葡萄酒。他们震惊于绘画对人们的吸引力——他们不仅是坐在酒吧里——他们在做事。于是，赫尔曼和麦格劳有了这个想法，Paint Nite 就此诞生了。其创意是将绘画体验与酒吧或餐厅提供的葡萄酒或其他饮料体验结合在一起。这将是一种有趣的娱乐体验，参与者可以彼此交往，做一些完全独特且与众不同的事——学习绘画，并画一幅可以挂在家里的画作。Paint Nite 课程的票价在 45～65 美元之间。

为了打造并发展企业，赫尔曼和麦格劳选择了独特的许可模式。他们招募了他们称之为“创作创业者”的人来提供 Paint Nite 课程。他们认为，这对于那些想要有自己的企业却没有财力开展相关工作的人而言，是一个完美的机会。他们通过线上申请和面试流程来选择被许可方。Paint Nite 不收取前期费用，而且启动费也不高。一旦开始营业，Paint Nite 被许可方就可以推广本地活动，并通过 Paint Nite 网站出售门票。Paint Nite 拿走 30%的门票收入作为许可费，而本地被许可方可保留 70%的门票收入。Paint Nite 还将提供指导，但本地被许可方可以根据自己的喜好定制 Paint Nite 课程。被许可方实质上是得到了 Paint Nite 的商标许可。他们从 Paint Nite 的营销工作中受益，并可以使用其线上售票平台。

以下是自 2012 年起 Paint Nite 及其被许可方所取得的成绩（截至 2017 年 4 月 4 日）：

全球城市（个）	1 500＋
每月 Paint Nite 活动（场）	4 700
艺术家（Paint Nite 课程引导者）（位）	1 050＋
酒吧（Paint Nite 课程场地）（个）	2 500＋
每月客人（位）	166 000
迄今已售出门票（张）	330 万＋

2016 年，Paint Nite 在《公司》杂志评选的美国 5 000 家增长最快的私营企业中排名第二。当时，它位于马萨诸塞州萨默维尔的总部拥有 110 名员工和不断壮大的许可网络。在此前一年，它创造了 5 500 万美元的收入，并且自其成立以来，经历了指数级的增长。2015 年，Paint Nite 募集了 1 300 万美元的投资资金用于扩展业务。

如果你想了解 Paint Nite 体验，请访问 YouTube 并在搜索栏中输入 Paint Nite。你将看到 Paint Nite 课程中录制的多个视频。

思考题

1. 你认为 Paint Nite 为什么增长得那么快？Paint Nite 体验中有什么吸引人的地方？

2. 你认为 Paint Nite 为什么选择了许可模式，而不是特许经营或者在特定城市中建立由公司拥有的 Paint Nite 运营设施？（为回答本题，不妨先跳到第 15 章进行学习。）

3. 通过头脑风暴的方式想出一个商业创意，在此创意中，可以很好地运用 Paint Nite 的许可类型来组建并发展企业。

4. 访问 Paint Nite 的网站，然后在你居住地附近找到 Paint Nite 课程。这个课程在哪里开展？将花费多少钱？你是否喜欢参加 Paint Nite 课程？为什么？

资料来源：PaintNite，www. paintnite. com (accessed April 4，2017)；C. Lagorio-Chafkin，"How These Founders Turned Girls' Night Out Into a $55 Million Business，" *Inc.*，Aug 17，2016；K. Conti，"2 Mass Startups Make Top 10 of *Inc.*'s Fastest-Growing Firms，" *The Boston Globe*，August 17，2016.

战略联盟和合资企业

战略联盟和合资企业越来越受欢迎，很大一部分原因在于人们越来越意识到企业不能通过"单打独斗"取得成功。[20]与企业的其他增长形式一样，战略联盟和合资企业各有优缺点。我们将在表 14－6 中予以展示。

表 14－6 加入战略联盟和设立合资企业的优点和缺点

优点	缺点
获取特定资源。加入战略联盟和设立合资企业，可以帮助企业获取特定的资源，例如资金、拥有专门技能的员工或现代化的生产设施。 **规模经济。**在许多行业中，较高的固定成本要求企业寻找合作伙伴，扩大生产规模，并以此发展规模经济。 **风险和成本分担。**战略联盟和合资企业可以让两家或更多公司共同分担特定业务的风险和成本。 **进入国外市场。**与当地公司合作通常是进入国外市场的唯一现实的方式。 **学习。**战略联盟和合资企业通常为参与者提供了向合作伙伴学习的机会。 **加快进入市场的速度。**具有互补技能的企业（例如，一家技术实力雄厚的企业和另一家容易打入市场的企业）可以通过合作来加快进入市场的速度，以期取得先发优势。 **压制或阻止竞争对手。**企业可以通过加入战略联盟和设立合资企业来获得相应能力和市场支配力，以压制或阻止竞争对手的行动。	**失去专有信息。**合作伙伴可能会取得企业的专有信息，而这些合作伙伴可能已经或最终会成为企业的竞争对手。这是一个普遍的担忧。 **管理的复杂性。**由于战略联盟和合资企业需要两家或更多公司通力合作，因此可能给管理带来挑战。其结果通常会让人失望并产生代价高昂的延误。 **财务和组织风险。**战略联盟和合资企业的失败率很高。 **依赖合作伙伴的风险。**如果一个合作伙伴过于依赖另一个合作伙伴，就会出现权力不平衡的情况。这种情况增加了较强的一方采取机会主义态度的可能性。机会主义的行为会使其对合作伙伴加以利用。 **部分丧失决策自主权。**共同进行规划和决策可能导致决策自主权的丧失。 **合作伙伴的文化可能发生冲突。**联盟中各合作伙伴的企业文化可能发生冲突，使得联盟在执行和管理上出现困难。 **丧失组织灵活性。**与一家企业建立合作伙伴关系可能会使其无法再与另一家企业建立合作伙伴关系。

资料来源：Based on B. R. Barringer and J. S. Harrison，"Walking a Tightrope：Creating Value Through Interorganizational Relationships，" *Journal of Management* 26，no. 3 (2002)：367－403.

战略联盟。战略联盟（strategic alliance）是两个或两个以上企业为实现特定目标而建立的合作伙伴关系。各种研究表明，加入联盟可以提高企业的专利取得率[21]、产品创新率[22]和国外销售率[23]。联盟通常是非正式的，且不涉及创建新实体（像合资企业那样）。尽管加入联盟可能对创业型企业极有助益，但建立联盟并使之运作起来并不容易。本章“合作制胜”专栏强调了联盟的这一方面。

合作制胜 三步通向成功的联盟

尽管对创业型企业而言，通过结成联盟来实现加速增长已越来越普遍，但在结成联盟时仍应巧妙且谨慎。失败的联盟可能使企业亏钱，并在企业退出联盟时颇为耗时且令人沮丧。联盟通常可与婚姻以及其他亲密关系进行类比：易进难出——至少难以全身而退。

建立和维持成功的联盟关系包括三个步骤。以下是对这三个步骤的介绍以及如何进行每个步骤的建议。

选择合作伙伴

任何公司，只要企业对其有所求，就是潜在的联盟合作伙伴。例如，小型食品公司经常与大型食品公司合作以获取其分销渠道。但是，公司应该记住，其潜在合作伙伴在市场竞争中也在寻找某种形式的优势。如果小型食品公司必须给予大型食品公司其最佳产品的“独家”分销权才能达成交易，那么这样做可能并不合算。结成联盟应该对公司状况有所改善，而不是对利益展开争抢。管理一个联盟需要付出巨大的努力，要成功地管理一个联盟更是如此。如果联盟中的每家公司在结果上都是不赚不赔，那么考虑到它们花费的时间和精力，结成联盟通常并不值当。

此外，针对正在考虑合作的公司，企业应确保对其信誉进行调查。即使该公司十分有名，企业也应适当向该公司的其他合作企业询问意见。如果有公司不愿提供意见，请寻找其他途径。

盖伊·川崎（Guy Kawasaki）是一位受人尊敬的硅谷企业家和风险投资者。他表示，大多数公司结成联盟都是出于错误的原因：让媒体和分析师高兴。川崎说，这是愚蠢的。在他看来，结成联盟的原因有两个：增加收入或降低成本。

达成交易

就结成联盟进行谈判可能需要进行多次会谈、电话会议、Skype 通话和电子邮件联络。因此，最好尽早抓住要害，以确定是否有可能达成交易。对小企业而言，很容易陷入与脸书或谷歌等大公司长达数月的谈判，最终却无法达成交易。对脸书或谷歌而言，其少数员工与一家小企业就结盟进行谈判却失败了，会浪费时间，但不会对它们造成损害。但是，小企业如果浪费时间，造成的损害可能严重得多。

达成交易时应当考虑的最重要的因素是，确保其潜在合作伙伴确实能产生协同效应（即 1+1>2），并且这种协同效应是可持续的。否则，就像专家所承认的那样，“没有任何合同能让它们在一起”。此外，如果有迹象表明，实际执行联盟事项的人并未完全认同该联盟，那么企业应当对加入该联盟持谨慎态度。最糟的情况是，两位首席执行官在一次会议上见了面，就开始谈论让两家企业“合作”的事。如果他们要求手底下的人执行这种毫无意义的结成联盟的想法，组织的中层人员应当能够坚守阵地。对双方来说，结成联盟时必须听取执行人员的意见。如果他们对联盟不感兴趣，则应当放弃这一想法。

如果已达成联盟协议，还应当附随一系列指导日常运营的工作原则。协议中还应该包含“退出”条款，允许联盟一方相对容易地终止其在联盟中参与的事项。

发挥效用

使联盟发挥效用的最大障碍在于，组织之间的企业文化常常在一些重要方面出现分歧。因此，在决定联盟的管理方式时，首先要确定决策流程。初创企业可能随时作出决策，而作为合作伙伴的大公司可能需要在作出最终决策前经由多个委员会审批。除非合作各方均对此心知肚明，否则可能难以推进。

联盟中的每个合作伙伴还应当任命一个内部“负责人”，直接对联盟的状况和进展负责。“有一群可以提供帮助的人”并不能够办成事。每个参与联盟的组织都应该有一个领头人，就像雇员有自己的老板一样。

各方参与联盟工作的人还应当进行面对面的会谈。如果他们至少有过一次会面，并且拥有以个人身份相互了解的机会，那么实现彼此信任并展开远程合作将更为容易。

思考题

1. 企业创始人为何容易被加入联盟的潜在优点所吸引，而未能对其潜在缺点予以同等关注？

2. 即使你的经验仅限于与其他学生一起参加课堂小组活动，也请思考一下你所参与的合作关系。在使联盟发挥效用方面，还有哪些本专栏中没有提到的挑战？

3. 做一些互联网研究，找到一个小企业与大企业之间看似良好的联盟示例。简要描述该联盟的性质并对其成功原因进行分析。

4.“如果你是风险投资者 14.2”专栏介绍了初创企业 Zero Motorcycles，它制造的电动摩托车轻便、高效、起步快且富有驾驶乐趣。通过头脑风暴的方法，想出 3～5 个 Zero Motorcycles 可能的联盟合作伙伴。解释每个合作伙伴可以如何帮助 Zero Motorcycles 增加收入或降低成本。

资料来源：G. Kawasaki，*The Art of the Start* 2.0，Portfolio，2015. “*Inc.* Guidebook，Build Business Alliances，” *Inc*，June 1，2010.

技术联盟和营销联盟是联盟中最常见的两种形式。[24] **技术联盟**（technological alliance）在研发、工程和制造领域进行合作。研发联盟通常将具有特定技能的创业型企业与具有开发和营销经验的较大、较成熟的企业联合起来。比之独自行动，这些企业在共享它们的互补资产后，通常能够以更快的速度和更低的费用生产产品并将其推向市场。[25] 例如，辉瑞公司的畅销药品西乐葆（Celebrex）就是通过技术联盟开发的。西乐葆是一种关节炎处方药。**营销联盟**（marketing alliance）通常将拥有分销系统的公司与拥有待销产品的公司进行匹配，以增加产品或服务的销售额。例如，一家美国食品公司可能会与雀巢公司（Nestlé，瑞士食品公司）结成联盟，以进入雀巢在欧洲的分销渠道。对合作双方而言，这类联盟的战略逻辑很简单。通过为产品寻找更多销售点，提供产品的一方可以提高规模经济水平并降低单位成本；提供分销渠道的一方可以在其产品线中增加新产品，从而进一步吸引那些想要在单一供应商处购买各种各样产品的客户。

技术联盟和营销联盟都可以让企业专注于其所擅长的特定领域，并通过与其他企业合作来填补其在专业方面的缺口。这种做法对创业型企业特别有吸引力，因为它们通常缺乏财务资源或时间来发展为了迅速将最终产品推向市场所需的全部能力。

合资企业。合资企业（joint venture）是指两个或两个以上企业汇集它们的一部分资源而创建的独立且共有的实体组织。[26]例如，全球谷物联盟（Cereal Partners Worldwide）就是通用磨坊和雀巢以 50：50 比例创立的合资企业。该合资企业成立于 1991 年，在 130 个国家/地区销售谷物早餐。根据通用磨坊网站的介绍，该合资企业结合了通用磨坊在谷物早餐生产上的专长和雀巢的全球销售渠道，它既有对当地市场的了解，又有强大的分销能力。[27]

进入国外市场是设立合资企业的一个常见原因。[28]在这种情况下，合资企业通常由试图进入国外市场的企业和一个或多个本地合作伙伴组成。除进入国外市场外，因其他原因设立的合资企业通常被描述为规模合资企业或关系合资企业。[29]在**规模合资企业**（scale joint venture）中，各合作伙伴在价值链的单个点上进行协作，以获得生产或分销上的规模经济。这种合资企业将有利于新产品或服务的开发。在**关系合资企业**（link joint venture）中，各方的立场并不对称，且各合作伙伴的目标可能会有所不同。例如，许多美国和欧洲食品公司之间设立的合资企业，为美国合作伙伴提供了进入欧洲市场和分销渠道的机会，并为欧洲合作伙伴提供了丰富其产品线的机会。

有些大型企业还采用了混合合资的形式，即在具有发展潜质的年轻公司中持有少量股权。在这种情况下，大公司扮演了如第 10 章所述的风险投资者角色。谷歌于 2009 年设立了一个风险投资计划，最初名为 Google Ventures，现在称为谷歌风险投资（GV）。该计划通过投资私营公司来帮助初创企业从初始阶段发展至首次公开募股或被收购的阶段。其著名的投资案例包括 Nest Labs、蓝瓶咖啡（Blue Bottle Coffee）、优步、23andMe 和 Farmers Business Network。[30]企业通常会选择将来可能成为供应商、客户或收购目标的公司进行这种性质的投资。在小企业的发展中，股权为大公司提供了“话语权”。有时，持有少量股权的大公司将收购小企业。这种交易称为**并购**（spin-in）。与并购相反的是**分拆**（spin-out），即大公司将其某个较小的部门剥离为独立的公司。例如，惠普将其测试和测量设备部门分拆成了安捷伦科技公司（Agilent Technologies），该公司自称是“全球首屈一指的测量公司”。

复习题

1. 内部增长策略和外部增长策略之间有什么区别？
2. 企业通过新产品和服务的开发取得成功的关键是什么？
3. 新产品失败的常见原因有哪些？
4. 什么是市场渗透策略？举出一个市场渗透策略的示例，并描述如何有效地利用这一策略来增加企业的销售额。
5. 什么是产品线延伸策略？举出一个产品线延伸策略的示例，并描述如何有效地利用这一策略来增加企业的销售额。
6. 什么是国际扩张策略？在创业型企业中成功实施该策略的关键是什么？
7. 什么是国际新创企业？从一开始就将自己定位成国际新创企业会给创业型初创企业带来什么好处？
8. 国外市场进入策略有哪六种？每种策略的关键特征是什么？
9. 创业型企业为了成功地将其产品销售到海外，应遵循什么原则？
10. 兼并与收购有什么区别？收购如何帮助企业满足其需求？
11. 理想的收购对象具有哪些特征？

12. 许可方和被许可方有什么区别？

13. “许可”一词是什么意思？如何利用许可来增加企业收入？

14. 许可协议的目的是什么？对于创业型企业的领导者而言，许可协议有什么吸引力？

15. 技术许可与商品及形象许可之间有什么区别？分别举例说明两种许可以及它们增加企业销售额的方式。

16. 在过去几年中，为什么对创业型企业而言，战略联盟和合资企业已成为越来越普遍的增长策略？

17. 技术联盟和营销联盟有什么区别？分别举例说明两种联盟以及它们增加企业销售额的方式。

18. 什么是合资企业？

19. 合资企业与战略联盟有何不同？

20. 规模合资企业和关系合资企业之间有什么区别？分别举例说明两种合资企业类型以及如何有效利用它们来增加企业销售额。

应用题

1. 请花些时间研究“如果你是风险投资者 14.2”专栏所介绍的 Zero Motorcycles 公司。Zero Motorcycles 更有可能通过内部还是外部增长策略来实现增长？对该企业而言，使用哪些内部增长策略或外部增长策略是合理的？

2. 请从你熟悉的企业中找出一家通过产品线延伸策略实现增长的公司。概述该公司的情况及其推行产品线延伸策略的方式。

3. 思科、微软和 IBM 经常收购小型、技术型的创业型企业。为什么思科、微软和 IBM 这类雇用了数百名产品开发专家和工程师的大公司，要通过收购其他企业来获得技术并增加产品线，而不是自行开发技术和新产品？

4. 布莱恩·布伦纳（Brian Brunner）是一位创业者，他发明了多种可用于电信行业的设备。他已经为这些设备申请了专利，并在俄克拉何马的一个车间制造这些设备。布莱恩将这些设备直接卖给 AT&T 和威瑞森。上周，布莱恩收到了一封来自诺基亚的信件，该企业表示有兴趣得到其中一款设备的技术许可。布莱恩对许可一无所知，向你寻求帮助。你会怎么向布莱恩解释许可的含义，以及你会建议他如何回复诺基亚的来信？

5. 对大受欢迎的社交网站领英进行研究。该公司采用了哪些增长策略？对该企业而言，未来最适合采用哪些增长策略？为什么？

如果你是风险投资者 14.1

Farmers Business Network 公司

网站：https://farmersbusinessnetwork.com　脸书：Farmers Business Network，Inc.
推特：@FBNFarmers

商业创意：创建一个平台，让农民可以共享其耕作数据。然后将类似农场的数据进行汇总，从而形成一个分析工具，为农民提供有关成本、最佳播种时间、最佳施肥量、最佳收获时间、最佳谷物销售时间以及其他重要因素的信息。

推介：想象一下，你在艾奥瓦州的一个乡村小镇餐馆中吃早餐。餐馆里有一张长桌，一群人围坐在桌边喝咖啡。从他们的谈话中，可以看出他们是农民。现在是 3 月，播种的季节就要到了。农民们正在谈论他们将要购买的玉米种子。有两个人正在比较他们以前购买的相同品种的先锋（Pioneer）种子价格。他们从不同的经销商处购买种子，其中一个人的价格比另一个人高了 15%。他们各自在玉米种子上花了约 60 000 美元，因此，15%就是 9 000 美元。支付了较高价格的农民说道："我今年要找你的经销商买玉米种子。我这一杯 99 美分的咖啡可能为我省下了 9 000 美元。谢谢你提供的信息。"

这类对话经常发生在小餐馆、饲料店以及美国各地有农民聚集的其他地方。这样的谈话说明了农民面临的挑战。农场投入品（种子、肥料、农药等）的价格透明度很低。农民往往不知道自己是否支付了合理价格，其后果可能很严重。如果上述例子中的农民种植的玉米数量翻倍，他今年可能会在玉米种子上比他的邻居多花 18 000 美元。

Farmers Business Network 正是为了解决这一问题而创立的。该公司成立于 2014 年，是一家以使命为导向的公司。它将农民会员提供的数据收集起来。每年花费 500～600 美元，农民就可以利用该数据库基于 3 400 个农场（并且还在不断增加）、1 200 万英亩耕地（大约是特拉华州和马里兰州面积的总和）和迄今为止 25 000 张发票所提供的投入成本信息和其他相关信息。

农民面临的一些系统性挑战，阻碍了他们实现利润最大化。首先，如刚才的例子所示，投入成本缺乏价格透明度。其次，向农民出售种子、肥料和机械等投入品的供应商多数存在寡头垄断，这就意味着供应商的数量很少。例如，只有少数公司出售玉米种子，而拖拉机和联合收割机等机械也是如此。这使得农民在议价能力上处于劣势。再次，农民往往很忠诚，这在许多方面是件好事。如果他们有一位邻居将出售玉米种子作为副业，并且他们从这位邻居那里购买玉米种子，那么他们今后可能会一直从这位邻居那里购买，而不是以最优价购买，从而在财务上遭受了损失。最后，农民的工作中存在大量变量，包括何时播种、要播种哪种种子、要用多少肥料、要用多少农药、何时收获、何时销售谷物等等。尽管许多农民都经验丰富，但仍在一定程度上依靠猜测来完成工作。除自己农场的数据外，他们往往无法获得来自类似农场的数据。这些数据能够显示出以往的最佳播种时间、最佳施肥量、最佳收获时间等等。这些数据非常有用。

Farmers Business Network 的创意就是为了填补这些漏洞。它有两个主要产品。一是基于从会员处收集的数据作出的分析。这些数据是严格保密的——绝不共享任何个人数据。它仅报告和分析汇总后的数据。二是它自己销售投入品。例如，农民有可能为玉米种子多付钱，而 Farmers Business Network 通常可以从获得认可的供应商处以优惠价格拿到玉米种子，它将对该平台的每笔交易收取少量的佣金。

1. 根据本章介绍的内容，在作出投资决策之前，你会向该公司的创始人提出哪些问题？什么样的答案能够让你满意？

2. 如果你只能根据推介内容和公司网站提供的信息作出决策，你是否会投资该公司？为什么？

如果你是风险投资者 14.2

Zero Motorcycles 公司

网站：www.zeromotorcycles.com　脸书：Zero Motorcycles　推特：@ZeroMC

商业创意：打造一款轻便、高效、起步快且富有驾驶乐趣的电动摩托车。

推介：Zero Motorcycles 创建了一系列让人眼前一亮的电动摩托车。它的六款摩托车均结合了传统摩托车的优点和当今最先进的技术，并且在平衡性能、续航里程、重量和价格上都有不俗的表现。它的摩托车外形时尚且优雅，其型号包括 Zero S（Streetfighter）、Zero SR（Electric Hot Rod）、Zero DS（Dual Sport）、Zero DSR（Max Advantage）、Zero FX（Lean & Mean）和 Zero FXS（Supermoto）。每种型号在静止状态下都有瞬时扭矩和强劲马力，并由 Z-Force 发动机和电池组来提供动力。Zero S 基本款的最高时速超过 90 迈，转弯速度很快，并可提供高达 202 英里的城市续航里程。

与电动汽车相似，Zero 系列摩托车清洁高效。与燃油摩托车不同，它们几乎不需要保养，无需更换机油或调节气门。充电时，只需将插头插入家用电源插座或公共充电站。Zero 系列的六款摩托车采用了不同的电池型号。Zero S 配备了皮带传动、无离合器、单挡位，这使它不仅动力强劲，而且是最安静和最容易骑乘的电动摩托车。它足够小，可以在拥挤的道路上自由穿梭，同时可以提供放心的旅程。总的来说，Zero Motorcycles 既容易拥有，又方便驾驶。

电动摩托车行业正在升温。与电动汽车相比，其续航里程并没有那么重要，因为大多数摩托车驾驶员的日常行驶距离不及汽车驾驶员。此外，与传统摩托车相比，较低的保养需求为车主节省了时间和金钱。最重要的是，电动摩托车永远不需要加油。如今已有多家公司生产电动摩托车，其中包括哈雷-戴维森，它生产的 LiveWire 广受好评。哈雷-戴维森的实力和规模可能会对 Zero 产品构成强有力的挑战。电动摩托车的第一大吸引力在于，它们对于渴望性能和速度但又不想处理复杂的汽油动力设备的骑手来说，是一个理想的选择。Zero Motorcycles 推出的六款不同型号的产品，似乎使它找到了性能、速度、款式和价格的最佳结合点。YouTube 上有多个视频展示了 Zero Motorcycles 的实际使用情况。请观看其中一两个视频，看看你对该企业产品有什么想法。

除了六款消费摩托车型号外，Zero Motorcycles 还为警察和军人生产了一系列电动摩托车。这些摩托车在公司标准型号的基础上加装了警灯、警报器、防撞杆和储物配件等设备。

1. 根据本章介绍的内容，在作出投资决策之前，你会向该公司的创始人提出哪些问题？什么样的答案能够让你满意？

2. 如果你只能根据推介内容和公司网站提供的信息作出决策，你是否会投资该公司？为什么？

案例

Justin's 坚果酱：大公司为何收购初创企业，以及初创企业为何同意被收购？

网站：www.justins.com　脸书：Justin's　推特：@justins

简介

2000 年大学毕业后，贾斯汀·戈尔德（Justin Gold）在加利福尼亚州待了一年，然后定居在科罗拉多州博尔德。他在餐馆做服务生，以支付房租。他很喜欢户外活动，包括远足、爬山和探险。戈尔德是一个素食主义者，为了得到所需的蛋白质，他开始吃很多花生酱和坚果酱。他拥有一台食品料理机，制作坚果酱很容易。为了增加点味道，他开始往里面加入不同的配料，例如蜂蜜、肉桂、干蓝莓和香蕉片，以制作不同口味的坚果酱。他最初只是想做点东西给自己吃。戈尔德的室友们很喜欢这些东西，并且不断从冰箱里“偷”吃。为了阻止“偷”吃行为，戈尔德采用了一种很友好的方式：在每个罐子外写上他名字——Jusin’s（贾斯汀的）。

戈尔德的室友们鼓励他在博尔德农贸市场摆个摊，看看他的坚果酱销量如何。他试了一下，结果这些坚果酱大受欢迎。这段经历让贾斯汀开始思考。为了在博尔德农贸市场出售商品，他必须在 FDA 批准的工厂中制作坚果酱。如今，许多州都允许小型生产者在自己家中制作某些物品，但当时的科罗拉多州不行。戈尔德想，既然为了进入农贸市场需要使用 FDA 批准的厨房制造坚果酱，他还不如试着让产品进入商店。

企业的开端

为了让自己学会如何将爱好转化为企业，戈尔德花了数小时来翻阅与企业相关的书籍。他找到了一本包含商业计划的书，其中一个计划引起了他的注意。这个计划是为一个番茄罐头公司制订的。戈尔德将其作为他第一个商业计划的模板。他还寻求了建议。有一次，他在当地的一家杂货店发现了一个专门出售当地特产的区域。他记下了所有能在这个区域中找到的公司名称和联系方式，并向它们介绍了他的想法。收到反馈后，他于 2002 年撰写了他的第一个商业计划。在该计划的帮助下，他从朋友和家人那里筹集了 25 000 美元。

戈尔德与丹佛的 Salsa 公司达成了协议，后者将生产他的产品并逐步开始分销。虽然费了不少劲，但他成功打入了全食超市，他的产品最初在落基山脉地区销售。他还想知道是否可以出售小袋包装的花生酱和坚果酱。他打电话给所有他能想到的挤压式袋装产品厂商，包括出售小袋包装番茄酱（快餐店中使用的那种包装类型）的亨氏（Heinz）。因为没人愿意帮助他，所以他只好自己来。他重新撰写了商业计划，其中包括挤压式包装机的成本。基于他的新创意，他从朋友和家人那里额外筹集了 120 000 美元。他试着将挤压式包装产品放在杂货店中，逐渐打开了销路。

成长岁月

接下来的 10 年里，Justin’s 不断成长。戈尔德聘请了一位经验丰富的首席执行官兰斯·金特里（Lance Gentry）来帮其打造公司并促进增长。金特里曾经打造了一家当地饮料公司 Izzy，该企业从初创企业发展为销售额达 2 500 万美元的大企业，之后被百事公司收购。他还组建了一个经验丰富的顾问委员会。到 2009 年，Justin’s 已经筹集了 100 万美元的资金。2010 年，戈尔德产生了制作花生酱杯的想法。他想生产一种有机的、纯天然的花生酱杯作为锐滋（Reese’s）的替代品。寻找合作的巧克力师傅花了不少时间，最终他找到了一家面向家庭的小公司来生产他的产品。戈尔德认为这是他公司的关键时刻。如果他可以生产并销售另一款产品，那么 Justin’s 就可以成为一个构思、生产并销售多种产品的平台。他的花生酱杯大受欢迎，并且很快成为公司最大的收入来源。

在打造团队时，戈尔德采用了一个独特的方法。每个员工的薪水都低于平均水平，但可以得到 Justin’s 的股票作为补偿。贾斯汀认为，通过向每个人发放股票，他可以激励每位员工都将该公司视为自己的公司。

在运营了几年之后，Justin’s 迈上了正轨。全食超市、塔吉特、西夫韦（Safeway）、克罗格（Kroger）和全美各地的许多特色零售商和咖啡店中均能买到其产品。其产品包括多种风味的坚果酱和花生酱、同样风味的挤压式包装、多种风味的花生酱杯和名为“零食包”(Snack Pack)的新产品。零食包是一种小包装产品，妈妈可以将其放在孩子的午餐包里。零食包的种类包括枫糖杏仁酱和椒盐卷饼、蜂蜜花生酱和香蕉片、经典杏仁酱和椒盐卷饼，以及其他几种组合。戈尔德还出版了一本名为《贾斯汀，我的厨房》(*Justin My Kitchen*)的食谱。

在其成长岁月中，Justin's仍然留在了科罗拉多州博尔德。基于所有者和员工之间的组织结构，它建立了独特的企业文化。2015年，据《华尔街日报》报道，Justin's年收入超5 000万美元。Justin's还聘请了海恩时富(Hain Celestial)前任高管彼得·伯恩斯(Peter Burns)担任其联席首席执行官。

两次重大事件进一步提高了Justin's的增长潜力，一次发生在2013年，另一次发生在2016年。

被VMG Partners兼并

2013年10月，Justin's被位于加利福尼亚州的私募股权企业VMG Partners兼并。VMG Partners专门投资和打造品牌消费品公司。以股权、期权和证券的组合形式，Justin's从兼并中拿到了4 700万美元。在被问及对兼并有何看法时，戈尔德说：“我们很难跟得上需求，当你真正快速增长时，有时质量会受到影响。所以需要寻找精明的资本对我们进行投资，并帮助我们实现目标。”他还表示，公司仍将留在博尔德，由于此次兼并，公司将雇用更多新人，并且其日常运营不会改变。VMG Partners负责人韦恩·吴(Wayne K. Wu)在代表VMG Partners发言时说道，除了提供资金外，他的企业还将协助Justin's完善运营和销售策略。戈尔德信守诺言，将公司留在了博尔德，并且公司增长开始加速。后来在谈到2013年Justin's被VMG Partners兼并时，Justin's总裁兼首席执行官彼得·伯恩斯表示：

> 与VMG Partners合作是一种独特的体验，因为它完全了解我们的企业并提供了非常有用的指导、资金和资源。重要的是，它还让我们自主运营，从而在快速发展我们企业的同时，维持我们的创业文化。

被荷美尔收购

2016年3月，大型食品公司荷美尔以2.86亿美元的价格收购了Justin's(连同VMG Partners在Justin's的股权)。荷美尔是四季宝(SKIPPY)花生酱以及其他知名食品品牌(例如，Applegate Meats、Spam、Jennie-O、Dinty Moore、Vital Cuisine和荷美尔食品(Hormel Foods))的制造商。与被VMG Partners兼并时不同(这家私募股权企业仅在Justin's持有少数股权，并让Justin's自己掌控未来)，荷美尔的收购引起了广泛关注。下文将从Justin's和荷美尔的角度分析此次收购的原因。以下内容不仅能够帮助我们理解荷美尔收购Justin's的原因，还能让我们更深入地思考一个问题，即“大公司为何收购初创企业，以及初创企业为何同意被收购”。

荷美尔收购Justin's的原因

通过收购Justin's，荷美尔可以实现两个目标：(1)为其花生酱和坚果酱产品增添实力；(2)在其产品组合中增加一个品牌，该品牌相比于传统品牌而言，可以吸引更年轻、更注重健康且忙碌奔波的消费者。

关于第一个目标，荷美尔首席执行官吉姆·斯尼(Jim Snee)在评论此次收购时说道：“Justin's品牌为我们提供了推广天然、有机、招牌坚果酱的绝佳平台，这是坚果酱类别中增长最快的部分。”荷美尔自 2013 年收购四季宝之后，进入花生酱和坚果酱市场，这项收购是荷美尔为摆脱单一的肉类产品（其主要产品类别）并实现多元化所做的努力之一。斯尼还补充评论道：“自 Justin's 于 2004 年成立以来，该企业已经实现了巨大的增长。未来，我们预计 Justin's 将从 2017 财年约 1 亿美元的净销售额开始，继续实现较低的两位数增长。”

关于吸引更年轻、更注重健康且忙碌奔波的消费者，斯尼表示，四季宝已经有了“天然”坚果酱系列，但四季宝的天然产品吸引的是不同的更传统的购物者，这为公司发展更优质的品牌产品留出了空间，从而可以吸引不同的客户群体。“我们围绕（四季宝）做的许多研究表明，它无法延伸至 Justin's 发挥作用的空间，”斯尼说，“我们知道，Justin's 将吸引更年轻、更注重健康、忙碌奔波的千禧一代消费者。”

Justin's 同意被荷美尔收购的原因

在荷美尔宣布收购决定的那天，贾斯汀 · 戈尔德在公司的脸书页面上发布了一段视频，从 Justin's 的角度解释了同意被收购的原因。该视频以及戈尔德的其他声明表明，Justin's 通过此次收购实现了三个目标。

第一，Justin's 需要更多的资源来成长。戈尔德在视频中说：“我们的目的是让企业达到足够的规模，因此我们找到了合适的运营伙伴来帮助我们迈上新的台阶。”Justin's 对资源似乎有着多层次的需求。戈尔德继续在视频中说道：“它（指荷美尔）得到了蛋白质，它爱我们的企业，它爱我们的社区，它将支持我们对可持续发展做出的所有努力，并且它真的可以通过有益的方式，在采购原材料、质量、安全和扩展分销等方面，帮助我们扩大企业规模。”美国几乎每家杂货店均出售荷美尔的产品，并且它还出口至 50 多个国家/地区。相比之下，在被收购时，Justin's 的头号产品——经典杏仁酱，仅在美国 35% 的杂货店有售，也没有进入任何其他国家/地区。Justin's 的产品也尚未打入便利店。

Justin's 通过被荷美尔收购所实现的第二个目标是，找到志同道合的合作伙伴。除了在 Justin's 的脸书页面上发布视频，戈尔德还在宣布收购当天于 Justin's 网站上发布了一份声明。在透露 Justin's 被收购之前，他指出他寻找收购伙伴的三大优先原则是：

1. 我们必须与我们的团队一起留在博尔德，并保持独立运营。
2. 我们必须维护并强化我们的使命、愿景和价值观。
3. 我们的合作伙伴必须共享我们在坚果酱的生产和分销方面的核心竞争力。

戈尔德在透露 Justin's 被收购时继续说道：“我们非常幸运。试想你建立了一家公司，为迈上新的台阶而寻求帮助，但是找不到合适的运营伙伴愿意相信你的使命，会怎样？所以说，我们之所以加入荷美尔食品公司，是因为它对我们的使命做出了承诺，以及它凭借四季宝品牌所展现的运营能力。”戈尔德在其他声明中也重申了这些观点。例如，他对 Project NOSH（一个报道创业型食品公司的网站）说道：“它（指荷美尔）相信我们的使命。它想要支持有机食品，它想要支持我们对可持续发展做出的努力，所以，它们将会支持所有让 Justin's 与众不同的事物。”

Justin's 通过收购达成的第三个目标并未在新闻中提及，但显而易见，它为 Justin's 的股东创造了清偿事件。这些股东包括 Justin's 的投资者、员工和戈尔德自己。戈尔德在其发布于 Justin's 网站的声明中对此做出了暗示。声明的部分内容为：“这（收购）对我们来说是双赢的！我们公司中的每个人都是所有人，现在我们拥有了一个更大的平台来推进我们的使命。”回想一下，Justin's 的聘用理念是向员工提供低于平均水平的薪水，但通过向他们发放公司股票予以补偿。此次收购使任何持有Justin's股票的人都有机会将其股票兑换成现金。

Justin's 展望未来

围绕着荷美尔对Justin's的收购存在一个疑虑，即Justin's的客户是否会保持忠诚。在宣布收购时，社交媒体上出现了许多负面言论，主要关于为什么一家独立的土生土长的公司Justin's会将自己卖给一家企业巨头？人们还质疑Justin's的文化、产品质量以及对可持续发展的承诺是否会大打折扣。也许正是预料到了这种反应，戈尔德在收购当天发布于Justin's网站上的声明中说道："食品行业正在发生变化，尽管Justin's的投资者正在出售他们的股票，但我们没有全部卖出，而荷美尔正在买入。"

关于荷美尔的收购将对Justin's的运营和产品产生何种影响，现在还言之过早。不过，有趣的是，在被收购一年后，Justin's网站的快速调查表明，荷美尔坚持了自己的承诺，Justin's一直作为独立品牌运营。

讨论题

1. 你认为，为什么荷美尔要通过收购Justin's来为其花生酱和坚果酱产品增添实力，并在其产品组合中增加一个可以吸引更年轻、更注重健康的消费者的产品，而不是在它自己的研发实验室中从头开始打造一款类似产品？

2. 你认为，为什么Justin's没有试图通过筹集更多资金来获取更多资源，以实现增长管理，而是将自己卖给了荷美尔？

3. 如果在荷美尔宣布收购决定时，你是Justin's的忠实客户，你是否会对收购产生负面反应？为什么？

4. 什么是清偿事件？为什么从投资者处取得资金的企业要在5～7年内寻找清偿事件？根据你的判断，Justin's的退出（或清偿事件）是否对其有利？请解释你的答案。

资料来源：Justin's Homepage, www.justins.com (accessed April 7, 2017); A. Wallace, "Justin's LLC, Boulder-Based Nut Butter Maker, Sells Minority Stake to Private Equity Firm," *Daily* Camera, October 17, 2013; PRNewswire, "VMG Partners Completes Sale of Justin's LLC to Hormel Foods," May 26, 2016; "Justin's Merges With California Equity Firm," UsaPublicData.com, available at https://www.usapublicdata.com/newspaper/cw0DambG/ (posted October 17, 2013, accessed April 7, 2017); M. Watrous, "What Does Hormel See in Justin's?" *Food Business News*, May 19, 2016; C. Ortenberg, "Hormel 'Bought In To What Justin's Is' Says Founder Gold," BevNet.com, available at https://www.projectnosh.com/news/2016/hormel-bought-justins-says-founder-gold (posted May 18, 2016, accessed April 7, 2017); L. Josephs, "Nut-Butter Firm's Founder Adjusts to Growth," *The Wall Street Journal*, June 25, 2015; Justin's blog, "A Message From Our Founder," available at https://justins.com/blog/a-message-from-our-founder (posted May 18, 2016, accessed April 7, 2017).

注 释

第15章 特许经营

学习目标

学完本章，你应该能够：

1. 解释特许经营的含义以及这种企业所有权形式的运作方式。
2. 描述创业者建立特许经营体系可采取的步骤。
3. 熟悉特许经营体系的利弊。
4. 描述与特许经营权购买决策相关的行动和问题。
5. 说明创业者购买特许经营权的步骤。
6. 认识并说明与特许经营关系相关的多个法律问题。
7. 讨论创业者在考虑特许经营时应思考的另外两个问题——特许经营道德和国际特许经营。

许多零售和服务组织都发现，特许经营是对企业所有权和增长都极具吸引力的一种形式。[1]在某些行业（例如汽车和零售食品行业）中，特许经营是主要的企业所有权形式。特许经营虽然在互联网服务提供商、家具修复、人员配置和老年人看护等行业中得到了广泛应用，但在其他行业中没有那么普遍。

有些情况不适合使用特许经营。例如，通常不会通过特许经营体系来引入新技术，特别在该技术是专有技术或复杂技术的情况下。为什么？因为就其性质而言，特许经营涉及特许人和加盟商之间的知识共享；在较大的特许经营组织中，可能有成千上万人参与其中。而新技术的发明者在推出新产品或服务过程中通常希望参与的人尽可能少，这样他们才能保守其商业秘密。他们通常会保留新技术供自己使用，或通过严格的保密协议许可相对少数的公司使用。[2]

不过，特许经营是企业扩张的一种常见方法，并且越来越受欢迎。2016 年，美国有732 842家以特许经营形式运营的企业。这些企业创造了 760 万个工作岗位，总产出为6 740 亿美元。[3]你甚至可以通过访问网站（www. franchising. com）来查找潜在创业者可以考虑的特许经营项目。该网站按照行业、州、所需投资和多个其他标准对特许经营项目进行分组。这些组别突显了特许经营项目的覆盖范围之广。[4]

遗憾的是，并非所有关于特许经营的消息都是正面的。有些特许经营体系整个失败了。此外，有些加盟商即便成为某个成功体系的一部分，也仍然失败了。特许经营也是一种相对不为人知的企业所有权和增长形式。虽然大多数学生和创业者都知道特许经营的含义和意义，但特许经营仍有许多细微的方面只能通过经验或认真学习才能了解。

特许经营是创业及企业后续发展的重要潜在途径，本章将对其进行全面介绍。在本章的开头，我们将介绍什么是特许经营以及何时使用特许经营。然后，将从特许人的角度探讨如何建立特许经营体系，并从加盟商的角度探讨如何购买特许经营权。接下来，将研究与特许经营相关的法律问题。在本章结束时，我们将考虑一些有关如何成功使用特许经营的其他主题。

什么是特许经营？它是如何运作的？

特许经营（franchising）是一种商业组织形式，在这种形式中，已经拥有成功产品或服务的企业（**特许人**（franchisor））将其商标和经营方法许可给其他企业（**加盟商**（franchisee））以换取初始加盟费以及后续的特许权使用费。[5]有些特许人是老牌企业，有些则是创业者创办的初创企业。本节将探讨特许经营的起源以及特许经营的运作方式。

什么是特许经营？

"特许经营"一词来源于法语，意思是"特权"或"自由"。特许经营的历史悠久。在中世纪，国王和领主会将特许权授予特定的个人或团体，使他们有权在自己的土地上狩猎或进行某些形式的商业活动。19世纪40年代，德国的啤酒厂将特许权授予了一些小酒馆，使其成为它们的啤酒在该地区的独家分销商。美国内战结束后不久，胜家缝纫机公司（Singer Sewing Machine Company）开始授予其缝纫机的特许分销权，并率先采用了书面的特许经营协议。美国有许多广为人知的特许经营企业，包括肯德基（1952年）、麦当劳（1955年）、汉堡王（1955年）、Midas Muffler（1956年）和布洛克税务（H&R Block）（1958年）等，都始于20世纪40年代到50年代。

特许经营组织Comfort Keepers向人们展示了特许经营是如何开始的。在公司成立前一年，执业护士克里斯蒂娜·克拉姆（Kristina Clum）注意到她的父母在处理日常杂务时有点力不从心。她希望有人到家里来帮助他们，但找不到愿意提供帮助的人。因此，克里斯蒂娜和她的丈夫杰里（Jerry）创立了一家致力于帮助老年人处理日常非医疗事务的企业，例如做饭、打扫、买菜、洗衣和跑腿等。1998年3月，Comfort Keepers在俄亥俄州斯普林菲尔德开设了第一个办公地点；第二年，在代顿开设了第二个办公地点。

Comfort Keepers的创意来得很及时，它可以满足特定目标市场的需求。正如我们在前面各章中讨论的那样，拥有一个可靠的商业创意对于企业实现增长至关重要。2015年，美国65岁以上人口占总人口的14.9%，即有4 490万人。[6]预计这一数字在未来几年内仍将稳步增长。Comfort Keepers 的服务可能会让一些老年人选择留在自己家中，而不是进入费用更高的辅助生活机构。该公司于 1999 年 8 月开始特许经营，截至 2017 年，它已在美国、加拿大和其他几个国家/地区拥有 700 多家特许经营网点。[7]

Comfort Keepers 的商业创意非常适合特许经营，因为该公司拥有优秀的商标和恰当的经营方法。此外，由于其业务性质，创立 Comfort Keepers 特许经营店的成本相对较低，因此，许多人都可以购买其特许经营权。对 Comfort Keepers 及其加盟商而言，特许经营是双赢的。Comfort Keepers 赢在它能够利用加盟商的钱来迅速发展企业并强化品牌；加盟商赢在它们能够花费较少的钱在一个成长型行业中开展业务，并从 Comfort Keepers 商标和经营方法中受益。

特许经营是如何运作的?

特许经营没什么神奇之处。它是一种增长形式，使企业可以通过商业合作伙伴或加盟商的努力来将其产品或服务推向市场。如前所述，特许经营是特许人（母公司，例如 Uptown Cheapskate 或 Comfort Keepers）和加盟商（愿意向特许人支付费用，以就其产品、服务或经营方法取得销售权利的个人或企业）之间的一种协议。[8]例如，Planet Smoothie 是一个非常成功的特许经营体系。特许人（Planet Smoothie 公司）向个体经营者（当地加盟商）提供 Planet Smoothie 商标和经营方法的使用权。反过来，加盟商要为这些特权向 Planet Smoothie 支付加盟费和后续的特许权使用费，并同意按照 Planet Smoothie 公司的标准来经营 Planet Smoothie 餐厅。

特许经营体系存在两种截然不同的类型：产品和商标特许经营，以及经营模式特许经营。**产品和商标特许经营**（product and trademark franchise）是指特许人授权加盟商购买其产品和使用其字号的权利。这种方式通常能将单个制造商与多个经销商或分销商构成的网络联系起来。例如，通用汽车公司已经建立了经销商网络，它的经销商可以出售通用汽车，并在其广告和促销活动中使用通用汽车的商标。同样，埃克森美孚（ExxonMobil）也建立了加油站网络，这些加油站都由加盟商拥有，为的是分销埃克森美孚的汽油。产品和商标加盟商通常都能够以比较自主的方式运作。通用汽车或埃克森美孚之类的母公司通常更注重维持产品的统一性，而不是监管经销商或加油站所有者的日常活动。产品和商标特许经营体系的其他例子还包括农业机械经销商、软饮料经销商和啤酒经销商等。产品和商标特许人的大部分收入来源于以加成价格向经销商或分销商出售产品，而不是收取特许权使用费或加盟费。

第二类特许经营，即**经营模式特许经营**（business format franchise），是目前最普遍的特许经营方式，更是创业者和创业型企业较常用的特许经营方式。在经营模式特许经营中，特许人向加盟商提供了一种经营方案，包括培训、广告和其他形式的协助。虽然经营模式特许经营为加盟商提供了开展业务的方案，但它也可能非常僵化和苛刻。例如，麦当劳和汉堡王等快餐店会向它们的加盟商传授经营餐厅的每个细节，从炸薯条的秒数，到员工与客户打招呼时应使用的语言（例如“是在这用餐还是打包?”）。经营模式特许经营的大部分收入来源于加盟商支付的特许权使用费和加盟费。

无论是产品和商标特许经营，还是经营模式特许经营，特许人与加盟商之间的关系都可以采用三种特许经营协议之一（见图 15－1）。**单店特许经营协议**（individual franchise agreement）涉及特定地点的单个特许经营权的出售。例如，某人可以购买 Play It Again Sports 的特许经营权，并在特定地点开设店铺运营。**区域特许经营协议**（area franchise agreement）允许加盟商在特定地理区域内拥有并运营特定数量的网点。例如，加盟商可以购买在南达科他州苏福尔斯市范围内开设五家 Play It Again Sports 特许经营店的权利。这是一种非常受欢迎的特许经营方式，因为在大多数情况下，它给了加盟商特定区域内的专有权利。最后，**主特许经营协议**（master franchise agreement）类似于区域特许经营协议，但有一个主要区别。主加盟商除了有权在特定区域内开设和运营特定数量的商店，还有权向该区域内的其他人提供和出售特许经营权。从主加盟商那里购买特许经营权的人通常称为**次级加盟商**（subfranchisee）。

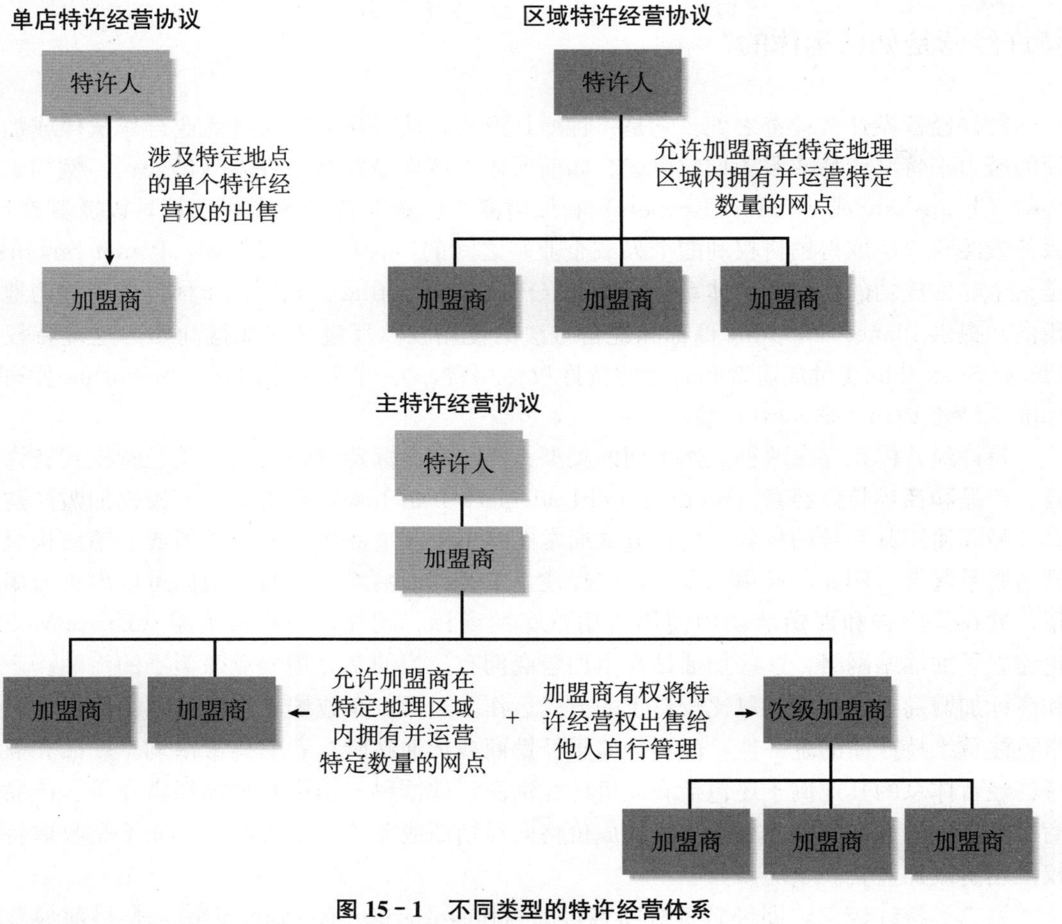

图 15-1 不同类型的特许经营体系

无论是通过区域特许经营协议还是主特许经营协议，任何人如果拥有并运营着同一特许人的多个网点，都称为**多店加盟商**（multiple-unit franchisee）。对加盟商而言，多店特许经营有其优点和缺点。拥有多个网点可使多店加盟商实现规模经济，并减少其销售单位产品的管理费用。其缺点在于，特许人需承担更多风险，并对单个加盟商做出更深层次的承诺。一般而言，特许人对多店特许经营都持鼓励态度。通过向现有加盟商出售额外的特许经营权，特许人可以在不增加加盟商总数的情况下发展企业，并仍与加盟商就开展相关业务保持必要的联系。

建立特许经营体系

建立特许经营体系应当小心审慎。虽然对于麦当劳这种截至 2017 年初已在 100 多个国家/地区拥有 36 899 家餐厅的公司而言，特许经营已是一个驾轻就熟的流程；但对于一个新的特许经营组织而言，它仍然是陌生的。特许经营涉及复杂的商业活动，这就意味着创业者在决定特许经营之前必须对其各个方面进行仔细研究。实际上，特许经营通常涉及培训、支持、监督和培养加盟商等管理要求较高的任务。

创业者还应当意识到，一直以来，欺诈性特许经营组织层出不穷，结果给加盟商带来了严重的经济损害。因此，特许经营受到了相当严格的监管。即便如此，对于那些将特许经营作为一次商机的人仍要谨慎行事。

尽管存在挑战，特许经营仍是一种普遍的增长形式。它对零售和服务领域的新企业来说特别具有吸引力，因为它可以帮助企业增长，并减小企业筹集大量资金的难度。但是，有一些坊间证据表明，许多公司在制订特许经营计划时过于仓促，虽然花时间做了大量工作，结果并不尽如人意。[9]虽然特许经营经常被标榜为企业快速扩张的一种简便方法，但有效的特许经营体系需要像其他企业扩张形式一样，得到有意识的启动、管理和支持。[10]如本章“创业型企业的法宝”专栏所示，Wahoo’s Fish Taco 就是通过有意识的管理实现合理增长的特许经营组织之一。

创业型企业的法宝 Wahoo’s Fish Taco：适度增长并非常成功的特许经营组织

网站：www. wahoos. com　脸书：Wahoo’s Fish Taco　推特：@WahoosFish Taco

Wahoo’s Fish Taco 是一个特许经营组织，它提供了混合着巴西和亚洲风味的墨西哥美食。这是一家快速休闲餐厅。中国-巴西混血兄弟爱德华多·李（Eduardo Lee）、明戈·李（Mingo Lee）和温·林（Wing Lam）将他们在墨西哥旅行时吃到的菜肴与传统的中国和巴西风味相融合，于 1988 年在加利福尼亚州科斯塔梅萨创立了这家餐厅。第一家 Wahoo’s Fish Taco 餐厅的创立，结合了三兄弟对冲浪和美食的热爱。

Wahoo’s Fish Taco 如今已有 30 多年历史，在加利福尼亚州、科罗拉多州、得克萨斯州、内华达州、内布拉斯加州、夏威夷州、宾夕法尼亚州和日本设有 51 个网点。该企业因其特制的碳烤鱼、牛排、鸡肉卷和墨西哥卷饼而闻名。虽然它非常成功，但还称不上快速成长型特许经营体系。相反，其创始人为 Wahoo’s Fish Taco 选择了一种相对缓慢的增长体系，它注重的是品牌化和服务质量，而不是增长速度。这一理念从一开始就成为 Wahoo’s Fish Taco 经营方式的一部分。1988 年，它开设了第一家餐厅；后来直到创始人存够了钱，才在没有举债的情况下开设了第二家餐厅。公司的增长一直以这种模式进行。早期，它每年只开设一家新餐厅，然后发展到每年两家、三家，甚至更多。尽管取得了成功，但自成立以来，它每年增加的新餐厅数量平均不到两家。多年来，该公司只向其创始人认识并信任的人出售特许经营权。

近些年来，Wahoo’s Fish Taco 的扩张速度有所加快，但增幅并不大。它的品牌是围绕着对冲浪和其他极限运动的热情而打造的。它 70%的餐厅位于加利福尼亚州，且它在其他州的网点大多数位于大学城或“潮人”社区。该公司只有一个国际网点，位于日本东京。

除了主菜外，Wahoo's Fish Taco 还为吃素和纯素食者提供了许多选择，例如豆腐、蔬菜和糙米。它的餐厅里外都很吸引人，提供了轻松的环境，带有一种“冲浪者”的感觉。购买 Wahoo's Fish Taco 特许经营权需要支付不菲的价格。初始加盟费为 35 000 美元，后续的特许权使用费是总销售额的 5%外加另外 2%的营销费用。根据餐厅位置、餐厅规模、景观和地方法规，建立 Wahoo's Fish Taco 餐厅的成本从 42.5 万美元到 71.5 万美元不等。

思考题

1. Wahoo's Fish Taco 在扩展特许经营时所采用的慢增长理念有什么优缺点？

2. 请花些时间浏览 Wahoo's Fish Taco 网站，特别关注一下它的菜单和商店布局。你认为该企业是否采用了良好的定位，以利用如今流行的餐厅类型趋势和如今人们对饮食的偏好？请解释你的答案。

3. 你在多大程度上认为 Wahoo's Fish Taco 的扩张过于保守？

4. 请花些时间研究想要成为 Wahoo's Fish Taco 加盟商所需的成本，并将其与类似的特许经营组织比较。与最接近的竞争对手相比，购买并拥有 Wahoo's Fish Taco 特许经营权的成本属于高价位、中价位还是低价位？你认为你的答案在多大程度上与 Wahoo's Fish Taco 的增长速度相关？

资料来源：Wahoo's Fish Taco's website，www. wahoos. com (accessed April 3，2017)；Wikipedia，Wahoo's Fish Taco，www. wikipedia. org (accessed April 3，2017).

现在，让我们更深入地看一看，创业者在试图确定特许经营是不是发展企业的适当方法时要考虑的问题。

特许经营的时机

在实体环境下，有两种情况能够使零售企业实现增长：首先，企业产品或服务的吸引力广为人知，无论是新餐厅还是新健身中心；其次，企业具有相应的财务能力来建立所需的网点，以满足其产品或服务需求。

企业至少有两种选择来增加实体网点。其中之一是建立公司自有网点。但是，这种选择将使公司面临筹集资金以实现扩张的挑战。如第 10 章所述，该选择通常涉及债务或股权融资等筹资渠道，这对于初创企业而言是不容易实现的。

特许经营是企业可选择的第二种增长方式。特许经营可能对年轻企业特别有吸引力，因为扩张所需的大部分资金都来自加盟商。当一家企业拥有强大或潜力巨大的商标、精心设计的商业模式和成长的愿望时，就很适合采用特许经营形式。如果加盟商的品牌不能为客户创造价值，并且其商业模式存在缺陷或发展不完善，那么就会最终导致特许经营体系的失败。

某些情况根本不适合特许经营。例如，特许经营只适用于汉堡王，而不适用于沃尔玛。汉堡王拥有大量特许经营网点，每个网点规模都相对较小，菜单项目有限，并且可以制定政策和程序以涵盖几乎任何意外情况。相比之下，尽管沃尔玛与汉堡王一样拥有强大的商标和成千上万的网点，但沃尔玛商店的规模大得多，建造成本较高，并且相比于运营一家汉堡王餐厅，其运营的复杂度也较高。对沃尔玛而言，几乎不可能找到足够数量的人，拥有足够的财力和专业知识，来开设并成功运营沃尔玛商店。

授予特许经营权的步骤

假设你作为创业者，决定采用特许经营的方式来发展你的企业，你应该采取哪些步骤呢？如图 15－2 所示，为成功建立特许经营体系，作为创业者，你应该采取九个步骤。

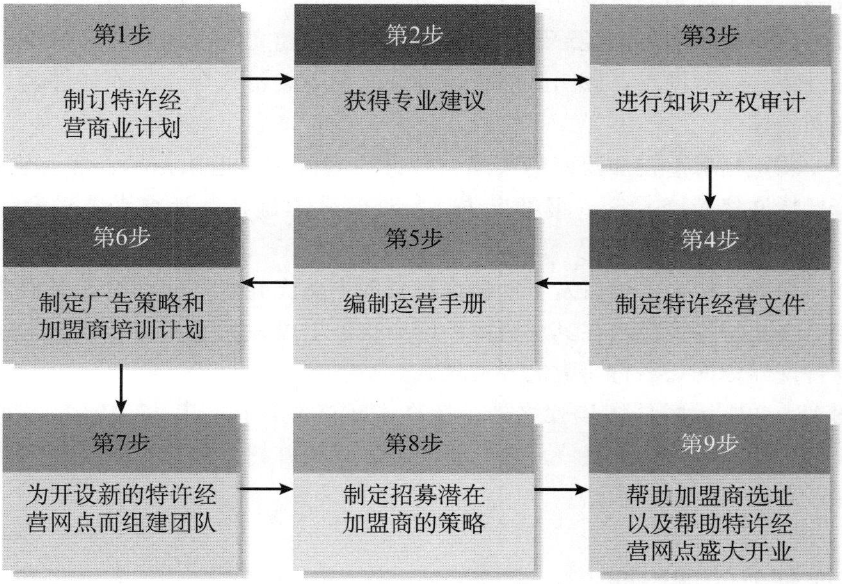

图 15－2 建立特许经营体系的九个步骤

第 1 步 制订特许经营商业计划：特许经营商业计划应遵循第 6 章讨论的常规商业计划格式，并充分描述采用特许经营的原因，将其作为开展特许经营的蓝图。特许经营网点的选址应得到特别关注。例如，一家位于高消费购物中心美食广场的芭斯罗缤（Baskin-Robbins）特许经营店取得了成功，并不意味着它在普通收入地区人流较少的商业街也能取得成功。

第 2 步 获得专业建议：在大量投入之前，潜在特许人应当向有资质的特许经营律师、顾问或注册会计师寻求建议。如果企业无法进行实际的特许经营，那么有资质的专家可以敦促潜在特许人停止该流程，以节省大量时间、金钱，并免于挫败感。如果企业可以进行特许经营，则最好获取专业建议来为整个过程提供帮助和指导。

第 3 步 进行知识产权审计：正如第 12 章讨论的那样，该步骤对于确认公司所拥有的知识产权并确保该知识产权得到妥当的注册和保护是必要的。所有原始的书面、音频和视频材料，包括运营手册、培训视频、广告宣传册和类似内容，都应受到版权保护。如果企业具有独特的商业模式，其中包括了独特的商业方法，那么它应考虑为其商业方法申请专利。这些保护措施至关重要，因为一旦公司开始特许经营，其商标和商业模式，以及任何独特的商业方法，都会扩散开来，并受到客户和竞争对手的更多关注。此外，特许人应确保其商标不侵犯任何其他企业的商标。

第4步　制定特许经营文件：本章稍后部分将讨论企业特许经营所需的文件。我们注意到，在特许经营评估流程开始时，潜在特许人应准备“特许经营披露文件”（正式名称为《统一特许经营发售通告》（Uniform Franchise Offering Circular））和特许经营协议。特许经营律师可以就这些文件的内容和形式提供具体信息。

第5步　编制运营手册：适合特许经营的企业通常具有完善的商务体系，并可以将其商务体系较容易地传授给符合条件的加盟商。特许人应编制一份载有其商业模式各个方面的运营手册。

第6步　制定广告策略和加盟商培训计划：潜在加盟商希望看到完备的广告策略和加盟商培训计划。每个计划的范围应与特许人希望实现的企业增长速度相匹配。

第7步　为开设新的特许经营网点而组建团队：应建立一个团队并做好准备，以帮助新加盟商开设特许经营网点。该团队应受过良好培训且装备齐全，从而能够为加盟商提供广泛的培训和指导。

第8步　制定招募潜在加盟商的策略：特许人有许多渠道来招募并吸引潜在加盟商。这些渠道包括特许经营交易会、报纸广告、特许经营出版物、社交媒体平台和互联网广告等。

第9步　帮助加盟商选址以及帮助特许经营网点盛大开业：选址对大多数零售企业来说非常重要，因此特许人应当在其加盟商的网点选址上投入大量精力。特许人还应当帮助加盟商为其特许经营网点举行盛大的开业仪式。

除了图15-2所示的具体步骤之外，特许人还必须记住，其与加盟商之间的关系质量，通常决定了特许经营体系最终成功与否。遵守承诺并树立典范，对特许人有利。这是特许人对加盟商做出的长期承诺。

选择并发展有效的加盟商

特许人选择和发展有效加盟商的能力，在很大程度上影响了特许经营体系能取得多大的成功。对大多数体系而言，理想的加盟商应当有可靠的创意和务实的建议，但愿意在特许经营体系的规则内开展业务。大胆、进取的创业者通常都不会成为优秀的加盟商。加盟商必须是一个有团队意识的人，才能与成功的特许经营体系相协调。

一旦选择了加盟商，特许人必须努力开发其加盟商的潜力。表15-1列出了特许人希望潜在加盟商拥有的品质，以及特许人可以采取哪些步骤来开发其加盟商的潜力。

表15-1　选择和开发有效加盟商

潜在加盟商应具备的品质

- 良好的职业道德
- 能够遵循指示
- 能够在最少的监督下运营
- 良好的团队精神
- 在特许经营所涉及的竞争性行业中拥有经验
- 足够的财务资源和良好的信用记录
- 能够提出建议，并且在建议未被采纳的情况下不会出现对抗或沮丧情绪
- 能够以积极的方式代表特许人

特许人发展加盟商潜力的方式

- 提供指导以取代常规培训
- 持续更新运营手册
- 持续更新产品、服务和业务系统
- 征求加盟商的意见以增强他们在较大体系内的重要性
- 鼓励加盟商成立特许经营协会
- 保持特许经营体系的完整性

特许经营体系的利弊

特许经营有两个主要优势。首先，组织在成立初期，通常都缺乏资金，且需要通过快速增长来实现品牌知名度和规模经济。特许经营能够帮助企业快速增长，因为加盟商提供了大部分资金。[11]例如，如果 Comfort Keepers 是通过公司自有网点来实现增长的，而不是通过特许经营，那么它可能只有少数几个网点，而不是如今的 700 多个网点。许多特许人甚至承认，他们宁愿通过公司自有商店来实现增长，但发展企业所需的资金却决定了他们必须采用特许经营的形式。

其次，**代理理论**（agency theory）的观点认为，对于有多个网点的组织（例如连锁餐厅）而言，由加盟商而不是公司自有商店的管理者来运营各个网点会更有效。该理论认为，由于管理者通常都领取薪水，所以他们可能不会像加盟商那样对其管理的网点投入大量精力，而加盟商实际上既是网点的管理者，也是网点的所有者。[12]

特许经营的主要缺点是，组织允许他人从其商标和商业模式中赚取利润。例如，Comfort Keepers 每出售一次特许经营权就可以收取 45 000 美元的初始加盟费和后续占总销售额 5%的特许权使用费。但是，如果 Comfort Keepers 自行在同一网点提供服务，它可以取得该网点 100%的总销售额和净利润。这就是有些非常适合特许经营的组织却选择通过公司自有商店而不是特许经营来实现增长的主要原因。其中一个例子是达登餐饮公司（Darden Restaurants Inc.），它是 Olive Garden、Bahama Breeze、LongHorn Steakhouse、The Capital Grille、Seasons 52、Eddie V's 和 Yard House 的母公司。该企业有 1 500 多个网点和超过 15 万名员工，每年供应超过 3.2 亿份餐点，销售收入超 68 亿美元。[13]达登的所有网点均为公司自有。另一家非常适合特许经营的公司就是星巴克，但它只有少数特许经营网点。我们在表 15 - 2 中列出了将特许经营作为业务扩展方式的优缺点。

表 15 - 2 特许经营作为业务扩展方式的优缺点

优点	缺点
快速、低成本市场扩张。由于加盟商承担了大部分扩张成本，特许人可以相当迅速地扩大其企业规模。 **获得加盟费和特许权使用费。**通过收取加盟费，特许人可以就其产品/服务和商业模式的专有性质取得相当快速的回报。特许人还能够从加盟商处持续收取特许权使用费，而不会产生实质性风险。	**利润分享。**通过出售特许经营权而不是经营公司自有商店，特许人将其从专有产品或服务中取得的利润分享给了加盟商。例如，大多数星巴克网点都是公司自有的，这就使星巴克几乎可以保留所有利润。 **失去控制。**通常，相比于公司控制雇员，特许人控制加盟商要难得多。尽管特许经营体系有其制度规定，但加盟商仍经常将自己视为独立的商人。

续表

优点	缺点
加盟商的动力。因为加盟商投入了个人资金，所以他们有足够的动力来促使其加盟网点取得成功。相比之下，公司自有网点的管理者通常没有投入自有资金。因此，这些管理者可能不会像加盟商那样努力工作，也不会太注意节约成本。 **获取创意和建议。**加盟商是智力资本的来源之一，通常能向特许人提出建议。特许人可以通过将这些创意纳入商业模式来利用各加盟商的创意和建议。 **节约成本。**加盟商为特许人分担了许多费用，例如区域性或全国性的广告费用。 **增加购买力。**加盟商通过帮助特许人扩大企业规模来增加其购买力，这使他们能够购买更多的产品和服务。	**与加盟商的摩擦。**特许人有一个共同的困扰，就是需要处理他们和加盟商之间时常发生的摩擦。摩擦可因许多事情而起，例如费用支付、营业时间、特许经营协议中的告诫事项和突击检查等。 **增长管理。**处于成长型行业中并拥有强大商标的特许人通常会出现快速增长。虽然这看起来像一种优势，但快速增长会带来管理上的困难。特许人将为每个加盟商提供许多服务，例如选址和员工培训等。如果特许经营体系增长迅速，特许人必须不断增加人员，才能为其不断增加的加盟商提供合理的支持。 **所需业务技能的差异。**使特许人在原始业务中取得成功的业务技能，通常都不是管理特许经营体系所需的技能。例如，山姆·琼斯（Sam Jones）可能是能力突出的海鲜餐厅所有者/管理者。但是，这不一定意味着，如果他决定采用特许经营的方式来推广其海鲜餐厅理念，也能够实现其特许经营体系的有效管理。 **法律费用。**许多州都制定了与特许经营有关的具体法律。因此，如果特许人向多个州出售特许经营权，那么为了正确解释并遵守每个州的法律可能需要支付一笔不菲的法律费用。不幸的是，从特许人的角度来看，最受欢迎的几个州却拥有最严格的法律规定。

在公司考虑将特许经营作为增长手段并对其进行调查时，应确保其产品或服务符合多个标准。不满足这些条件的企业不太可能建立有效的特许经营体系。在决定采用特许经营之前，企业应考虑以下因素：

- **产品或服务的独特性：**企业产品或服务应具有一定的独特性，能够为客户创造价值。企业如果拥有独特的产品或服务，通常就具有最大的扩张潜力。
- **企业的持续盈利能力：**企业应该能够持续盈利，并且对企业未来盈利能力进行预测相对容易。在发展特许经营体系时，公司应建立并运营多个原型网点，并对商业创意的可行性进行测评和确认。请记住，加盟商所购买的应当是一种至少在一定程度上经"验证"的经营方式（以商业模式的形式）。特许人若采用通过加盟商反复试错的方式来学习经营之道，通常意味着它们过早进行了特许经营（尤其是从加盟商的角度来看）。
- **企业全年的盈利能力：**企业应当全年均可盈利，而不是仅在特定季节才能盈利。例如，如果一家特许经营企业在北达科他州从事草坪和花园护理，那么它应当在非高峰季节向加盟商提供补充产品和服务。否则，其特许经营权可能无法成为一种有吸引力的企业所有权形式。对于美国北方各州的冰激凌和冰沙特许经营企业而言，这个问题特别棘手。在冬季，这种特许经营的销售额会出现大幅下降。
- **企业业务体系的完善程度：**企业运营体系和程序应得到完善，并且其程序应以书面形式记录。这种体系和程序也应当较容易传授给符合条件的加盟商。
- **商业主张的明确程度：**商业主张应清晰明了，潜在加盟商能够完全理解。特许人和加盟商之间的关系应完全开放，并且他们之间的沟通应当坦诚。

在确定企业满足这些标准后，创业者应回过头审查有关其业务扩展的全部其他替代方案。没有任何单一的业务扩展形式在任何情况下都是最佳的。对任何创业型企业而言，最佳扩展形式是能够增加其实现目标可能性的形式。

正如本章“错在何处?”专栏所述，Sbarro 是一个特许经营组织，它起步迅速，但如今却寸步难行。

错在何处? 潦而不倒：Sbarro 怎么了？它会卷土重来吗?

网站：www.sbarro.com 脸书：Sbarro 推特：@Sbarro

Sbarro 是美食广场里的一家比萨店，热射灯下摆放着一块块比萨。你可以购买一块比萨，外加比萨包饼（Stromboli）、意大利面、蒜香面包棍、沙拉和饮料。实际上，在 21 世纪初，对许多人而言，逛购物中心和吃 Sbarro 是联系在一起的。人们可能在杰西潘尼和沃尔顿书店（Waldenbooks）购物，然后在 Sbarro 买一块比萨。

Sbarro 是一个特许经营组织，它于 2004 年臻至顶峰。据报道，当时它拥有 762 家网点，其体系内的销售额达 4.65 亿美元。第一家 Sbarro 于 1956 年在纽约布鲁克林开业。它曾是一家杂货商店，由意大利那不勒斯移民而来的夫妻詹纳罗·斯巴罗（Gennaro Sbarro）和卡梅拉·斯巴罗（Carmela Sbarro）共同创立。时常有轮班工人到他们的商店里找些吃的，于是两人就开始为轮班工人制作比萨。顾客对他们的比萨大为赞赏，因此在 20 世纪 60 年代，斯巴罗一家开设了第二个网点，专门经营比萨。生意就这样发展起来了，他们开设了更多的比萨专营网点。1970 年，Sbarro 在布鲁克林的国王广场购物中心开设了第一家位于购物中心内的网点。国王广场购物中心店非常成功，因此他们开设了更多的购物中心店。Sbarro 随着购物中心的增长而增长。在 1956—2005 年间，美国大约建造了 1 500 个超大型商场，而 Sbarro 在其中许多商场都开设了特许经营网点。

遗憾的是，Sbarro 的命运随着购物中心的命运起落。自 2005 年以来，由于网上购物的兴起和消费者兴趣的变化，美国没有再建大型室内购物中心，而原有的许多购物中心陆续关闭。2011 年、2014 年和 2016 年，Sbarro 三次申请破产。特许经营网点和公司自有餐厅的数量都在逐步下降。人们普遍认为 Sbarro 犯了两个错误。第一，购物中心的人流量在下降。全美范围内购物中心人流量的减少，应归咎于人们不断转向在线消费和移动消费，这是消费体验而非消费产品上的支出转变。另外，在某些地区，人们的可支配收入也有所下降。Sbarro 在购物中心人流量明显减少的情况下，仍没有将其餐厅转移至购物中心美食广场之外。Sbarro 犯的第二个错误是它过时的商业模式。Sbarro 烹制比萨、比萨包饼、蒜香面包等，并将其放置在热射灯下等待出售。因此，它的大部分食物在被购买前都会搁置一会儿。而消费者如今更喜欢新鲜定制的天然食品，而不是自助式的高热量比萨。此外，Sbarro 也没有跟上主要竞争对手（例如，棒!约翰（Papa John's）、必胜客（Pizza Hut）和达美乐比萨（Domino's Pizza））的创新步伐。它从不提供送货或外卖服务，更别提线上订购了。实际上，基于购物中心人流量减少、落后的食物和日益激烈的竞争，2011 年 Slate.com 将 Sbarro 评为“美国最没必要存在的餐厅”。Sbarro 餐厅一直没什么改变。其所得到的教训可以简单描述为：“如果世界在改变，而你没有变，那么你很可能会落后。”

值得称赞的是，Sbarro 并没有因此放弃。它正在将商店搬出购物中心，改造旧商店，并首次推出了名为Cucinova的快速休闲理念。独立经营的新餐厅拥有富有现代感的设计和强调新鲜感的菜单。该公司也在重塑其品牌。例如，它已经改变了徽标。该公司将粗体字写的Sbarro一词，替换成了红色和绿色（意大利国旗三种颜色中的两种）的比萨片轮廓，中间是Sbarro一词，顶部是NYC 1956，即Sbarro创立的年份。

思考题

1. 你认为，为什么Sbarro在购物中心人流量明显减少的情况下，仍然坚持其经营策略？
2. 食品特许人及其加盟商能从Sbarro的经验中得到哪三个教训？
3. Slate. com称Sbarro为“美国最没必要存在的餐厅”是否有道理？
4. 在1～10之间打分（10分最高），Sbarro有多大可能再次成为主要的比萨特许经营商？请解释你的答案。

资料来源：G. Dawson, “Is There Life After the Mall for Sbarro?” Eater. com, available at https://www. eater. com/2016/5/6/11593764/sbarro-food-court-pizza (posted May 6, 2016, accessed April 3, 2017); J. Peters, “The State of Sbarro: America's Least Essential Restaurant,” available at https: //www. slate. com/articles/life/food/2011/05/sborring. html (posted May 4, 2011, accessed April 3, 2017).

购买特许经营权

现在，让我们从加盟商的角度来看一下特许经营。购买特许经营权是一项涉及大量财力的重要商业决策。潜在的特许经营权所有者应当在购买特许经营权之前获取尽可能多的信息，并充分知悉退出特许经营关系通常会造成法律上和财务上的困难。实际上，创业者应该对各个特许经营机会进行细致审查。对潜在特许经营机会的仔细审查包括与特许人会面、仔细阅读“特许经营披露文件”、征求法律和财务建议，以及与已退出相关特许经营体系的前加盟商进行交谈等。在快餐和汽车维修等特许经营盛行的行业中，潜在加盟商也许可以从超过20个特许人当中进行选择。加盟商应该花时间，认真选出最符合其自身需求的特许人。[14]

有些特许经营组织旨在向其加盟商提供兼职而非全职收入，这对有些人来说很有吸引力。其中一个例子就是e2 Engineers，该公司创建了各种不同的课程来向学龄儿童提供科学、技术、工程和数学（STEM）教育。根据具体情况，其初始加盟费在36 400美元至59 183美元之间。对于那些想要每天工作2～3小时而不是8小时并且对STEM教育充满热情的人来说，拥有e2 Engineers特许经营权是一个理想选择。

对于想要创业却没有任何商业经验的人来说，特许经营可能是一个特别好的选择。除了完善的业务体系之外，经营良好的特许经营组织还会向其加盟商提供培训、专业技术和其他形式的后续支持。

特许经营是否适合你？

创业者应在购买特许经营权的可能性和购买现有企业或从头开始创立自己的企业等选择之间进行权衡。对于那些想要创立自己的创业型企业的人来说，回答以下问题将有助于确定特许经营是否适合他们。

● 你愿意听命于人吗？特许人通常非常注重其网点的运营方式。例如，麦当劳和其他成功的快餐连锁店都对餐厅外观和每份食物的制备方式做了非常严格的规定。特许经营通常不适合那些喜欢尝试自己的创意或有着独立思维的人。

● 你是否愿意成为特许经营“体系”的一部分，而不是一个独立的商人？例如，作为加盟商，你可能需要为覆盖整个地区或全国的广告支付一部分费用，而不能只针对你的网点所在的市场。让别人用你的钱去开发有益于整个“体系”的广告，而不是针对你的网点或商店，你是否会介意？你是否愿意在企业促销方式的把控上失去创造性？

● 如果你向特许人提出建议，却被拒绝了，你会有何反应？如果你被告知，你的建议可能对你有用，但只有在对整个体系都有用时才会得到采纳，你有何感想？

● 你想从企业中得到什么？你愿意付出多大的努力？

● 你愿意在投资中承受多大的风险？如果你的企业出现净亏损，但你仍需按照总收入支付特许权使用费，你作何感想？

这些问题都不意味着特许经营对创业者来说不是一种有吸引力的企业所有权方式。但是，潜在加盟商在购买特许经营网点之前，必须充分意识到特许经营所涉及的各种细节。

特许经营的成本

经营模式特许经营的初始成本各有不同，具体取决于加盟费、创立企业所需资金和特许人的实力。例如，麦当劳之类的特许人拥有其加盟商使用的土地和建筑物，并将这些财产出租给加盟商。其他组织则要求加盟商购买特许经营网点运营所需的土地、建筑物和设备等。表 15－3 展示了购买各组织特许经营权的总成本。如你所见，特许经营权总的初始成本从 Liberty Tax Service 的 58 700 美元，到欢朋酒店（Hampton Inn Hotel）的 1 490 万美元不等。

表 15－3　部分特许经营组织的加盟初始成本

特许经营组织	特许经营开始年份	公司自有网点	特许经营网点	加盟费（美元）	后续特许权使用费	初始投资总额（美元）
Anytime Fitness	2002	38	3 386	19 000～37 500	449～549 美元/月	80 020～490 100
Budget Blinds	1994	0	1 087	19 950	因情况而异	99 240～202 070
爱蒂宝（Edible Arrangements）	2001	8	1 245	30 000	5%	196 610～327 810
欢朋酒店	1984	1	2 148	75 000	6%	420 万～1 490 万
Liberty Tax Service	1973	351	3 753	40 000	14%	58 700～71 900
Pinkberry	2006	33	242	35 000	6%	310 842～615 145
Play It Again Sports	1988	0	285	25 000	5%	240 300～397 200
Qdoba 墨西哥烧烤	1997	359	330	30 000	5%	851 600～1 131 000
UPS 商店	1980	0	4 910	29 950	5%	159 224～434 521
百客美（Wetzel's Pretzels）	1996	9	294	35 000	7%	164 950～405 850

资料来源：Based on Entrepreneur. com，www. entrepreneur. com (accessed March 31，2017).

表15-3还展示了不同组织的公司自有网点和特许经营网点的数量。公司自有网点由公司人员进行管理和运营，且不涉及加盟商。有关公司自有网点和特许经营网点，特许经营组织的理念各不相同。正如本章前面所指出的，有些公司（例如Budget Blinds）是严格的特许人，没有公司自有网点；有些公司（例如Qdoba墨西哥烧烤）的特许经营店和公司自有店的数量大致相同。此外，有些源于美国的特许经营体系拥有的国外特许经营网点比国内还多。例如，肯德基在国际市场上有10 567家特许经营店，而在美国只有4 064家。实际上，肯德基在中国的网点（约5 000家）就比美国多。

在评估特许经营成本时，潜在加盟商应将所有成本纳入考虑。特许人需依据法律要求在"特许经营披露文件"中披露所有费用，并将其发送给加盟商。（我们将在本章后续部分更详细地讨论这份文件。）为避免草率决策，加盟商在收到公告后14天内不得购买特许经营权。购买经营模式特许经营权通常涉及如下成本：[15]

- **初始加盟费用：** 如表15-3所示，初始加盟费用因特许人而异。高开销的实体特许经营店收费较低（总销售额的4%～5%），而低开销、家庭式、服务型企业则收费较高（总销售额的8%～10%）。

- **资本要求：** 该成本因特许人而异，可能包括购买房地产的成本、建造建筑物的成本、购买初始存货的成本以及获得营业执照的成本。有些特许人还要求新加盟商支付"盛大开业"费，以协助其开业。

- **后续特许权使用费：** 在大多数情况下，加盟商根据每周或每月的总收入百分比来支付特许经营使用费。请注意，由于该费用通常是根据总收入而不是净收入来评估的，因此加盟商即使在企业亏损的情况下仍必须支付每月的特许权使用费。特许权使用费通常占总收入的5%左右。[16]

- **广告费：** 即使广告不是为了推广特许人的产品或服务，加盟商通常仍需要向一个全国性或地区性的广告基金支付费用。（例如，特许人可以把广告重点放在吸引新的加盟商上。）广告费通常不超过总收入的3%。

- **其他费用：** 许多其他活动也可能需要收费，包括培训额外人员、在需要时提供管理技能、提供计算机协助或提供大量其他项目或支持。

尽管确切地说，这不算是一项费用，但许多特许经营组织都会向加盟商出售企业需要用到的产品，例如，加盟餐厅需要用到的餐具等。这些产品通常加价出售，并且可能比加盟商在开放市场上购买的价格更高。

潜在加盟商应考虑的最重要的问题是，特许人收取的加盟费和特许权使用费是否与其出售的特许经营权的价值相一致。如果是，则定价结构可能是公平公正的；如果不是，则应重新协商条款，否则潜在加盟商应寻找其他机会。

寻找特许经营权

对潜在加盟商而言，有成千上万的特许经营机会。在开始对特许经营机会进行调查时，最关键的步骤是让创业者确定最合适的特许经营类型。例如，对于一个不是机械专业的人来说，购买汽车消声器维修的特许经营权，通常是不现实的。特许人只向加盟商传授商业模式的使用方式，而不是交易内容。在购买特许经营权之前，潜在加盟商应该想象一下如何经营潜在的特许经营权，或者最好是在特许人的网点工作一段时间。例如，在一家印刷厂工作一周后，某个原以为自己喜欢经营印刷厂的人，可能发现自己其实是讨厌它的。这种经验可以避免加盟商或特许人犯下代价高昂的错误。

许多期刊、网站和协会都提供了有关特许经营机会的信息。《华尔街日报》和《今日美国》定期为特许经营机会投放广告。《公司》和《创业邦》等期刊，以及《加盟手册》（*The Franchise Handbook*）和《特许时代》（*Franchise Times*）等一些特许经营专业杂志均刊有特许经营机会。潜在加盟商还可以考虑参加在美国主要城市定期举办的特许经营展会，以及每年在美国不同城市举办的国际特许经营博览会（International Franchise Expo）。美国小企业管理局是特许经营信息的另一个很好的来源。还有一些专注于特许经营的优秀个人和组织时常在推特上发帖。其中包括 Franchise Expert（@FranchiseBiz）、国际特许经营协会（International Franchise Association）（@Franchising411）、Franchise Direct USA（@TopFranchises）和 Franchise Update Media（@franupdatemedia）等。由于特许经营涉及风险，在选择特许人时应当深思熟虑。潜在加盟商可以采取的最明智的举动之一就是与现有加盟商交谈，并询问他们是否赚钱以及是否对特许人感到满意。

表 15－4 列出了潜在加盟商在投资前可以向特许人和其部分现有加盟商询问的问题。潜在创业者可以从这些问题的答案中得到许多信息。

表 15－4　购买特许经营权之前应提出的问题

向特许人提出的问题
- 公司的背景和以往业绩如何？
- 公司目前的财务状况如何？
- 在我的商圈内，现有加盟商的名称、地址和电话号码是什么？
- 你们将如何培训和指导加盟商？
- 如果有一天我决定退出特许经营关系，那么退出流程是怎样的？
- 你们将如何帮助遇到困难的加盟商？

向现有加盟商提出的问题
- 你的特许经营权每年共花费多少钱？有多少纯利？支付特许权使用费的程序是否会对加盟商造成负担？
- 依你看，特许人提供给我的收入、费用和利润的财务预测是否准确？
- 特许人是否为你经营企业给予了足够的帮助？
- 你每周平均工作多少小时？
- 你多久可以度一次假？
- 是否发生过任何意外费用让你感到措手不及？
- 你的特许人是否向你提供了持续的培训和支持？
- 如果重来一次，你是否会购买该体系的特许经营权？为什么？

购买特许经营权的利弊

与其他形式的企业所有权相比，购买特许经营权有两个主要优势。首先，特许经营为创业者提供了拥有一家企业的机会，使其可以利用一种经过测评和完善的商业模式。这一属性减少了企业失败的可能性。此外，特许经营权所附带的商标通常可使企业立刻得到认可。[17]例如，开设一家新的黄金健身房（Gold's Gym）可能比开设一家独立的新健身中心更吸引客户，因为许多处于黄金健身房目标市场中的人都听说过该企业，并且对其有着积极印象。其次，当个人购买特许经营权时，特许人通常会提供培训、专业技术和其他形式的支持。例如，许多特许经营组织都在总部和各个特许经营网点向加盟商提供定期培训。

购买和经营特许经营权的主要缺点就是其中涉及的成本。如前所述，加盟商必须支付初始加盟费。加盟商还必须向特许人支付后续的特许权使用费，并根据不同特许经营组织的情况向多个基金支付费用。因此，加盟商既要付出即时成本（初始加盟费），又要付出长期成本（后续的特许权使用费等）。而如果开办独立企业，在企业取得成功的情况下，创业者可以保留 100%的利润。

表 15-5 列出了购买特许经营权的优缺点。

表 15-5 购买特许经营权的优缺点

优点	缺点
既定市场中经过验证的产品或服务。购买特许经营权最突出的优势是，特许经营权提供了既定市场中经过验证的产品或服务。 **已得到认可的商标或商业体系。**购买一个拥有既定商标的特许经营权，将为加盟商提供相当大的市场支配力。例如，购买麦当劳的特许经营权，就拥有了公认的市场支配力。 **特许人的培训、专门技术和管理经验。**特许经营的另一个重要属性是，特许人向加盟商提供的培训、专业技术和管理经验等。 **已建立的营销网络。**加盟商如果购买了强大的特许经营体系，就成了该体系的一部分，而该体系拥有巨大的购买力以及强大的广告和营销能力。 **特许人的后续支持。**购买特许经营权而不是直接拥有一家商店，最吸引人的优势之一就是，特许人将在培训、产品升级、管理协作和广告方面为加盟商提供后续支持。特许经营领域有一个流行的说法，人们购买特许经营权"是为了自己做生意，而不是做自己的生意"。 **融资渠道。**有些特许人会向其加盟商提供资金，虽然这种情况是例外而不是规则。"特许经营披露文件"包含了此类信息。 **企业增长潜力。**如果加盟商在最初的网点取得了成功，则该加盟商通常有机会从同一特许人处购买其他特许经营权。对许多加盟商而言，这种期许为他们提供了强大的动力，使他们通过努力工作来取得最大的成功。	**特许经营成本。**如表 15-3 所示，购买和运营特许经营权的初始成本很高。 **创造力受限。**许多特许经营体系非常严格，各加盟商几乎没有机会发挥自己的创造力。这是加盟商感到沮丧的常见原因。 **承诺的期限和性质。**由于各种原因，许多特许经营协议难以退出。此外，几乎每个特许经营协议都包含竞业禁止条款。该条款在严格程度上有所不同，但通常会阻止原加盟商在两年或更长时间内与特许人进行竞争。 **存在欺诈、误解或缺乏特许人承诺的风险。**除了一些振奋人心的特许经营成功故事之外，也有许多故事是人们在购买特许经营权之后，因特许人未能遵守承诺而大失所望。 **终止或转让问题。**有些特许经营协议的终止或转让极难且代价高昂。通常，加盟商在终止特许经营协议时，需要向特许人支付一大笔损害赔偿金。 **其他加盟商的表现不佳。**如果特许经营体系中有部分加盟商表现不佳，并给公众留下了不好的印象，那么这种糟糕的表现可能影响到同一体系中运营良好的其他特许经营网点的声誉，并最终影响到销售。 **失败的可能性。**有些特许经营体系根本无法实现其目标。如果发生这种情况，加盟商就可能遭受损失。的确如此，特许经营体系失败，通常会使加盟商遭受致命打击。

购买特许经营权的步骤

如图 15-3 所示，购买特许经营权有七个步骤。购买特许经营权的首要原则是，避免做出仓促的决定。拥有特许经营权通常涉及高昂的成本和高强度的劳动，因此在购买时应做出小心审慎的决定。但是，一旦决定购买特许经营权，就应采取以下步骤。如果在签署特许经营协议之前，潜在加盟商有其他想法，则应中止该流程，直到潜在加盟商的担忧得到妥当处理。

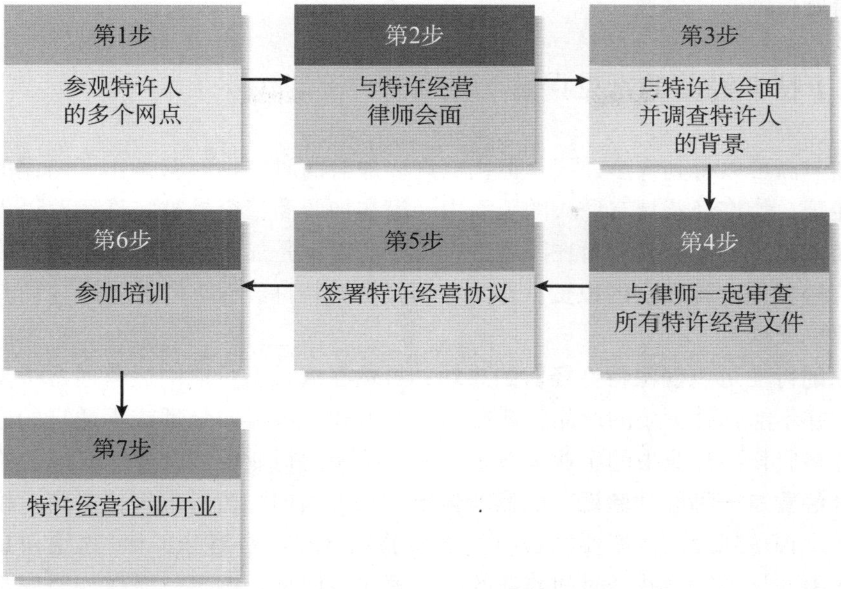

图 15-3　购买特许经营权的七个步骤

第 1 步　参观特许人的多个网点：在与特许人会面之前，潜在加盟商应参观特许人的多个网点，并与其所有者和员工交谈。在参观过程中，潜在加盟商应不断问自己："这是我想要拥有并经营或管理的企业类型吗?"

第 2 步　与特许经营律师会面：潜在加盟商应拥有一位代表自己利益而非特许人利益的律师。律师应该为潜在加盟商与特许人之间的会面做好准备，并应在签署任何特许经营文件之前进行审查。如果特许人试图阻止潜在加盟商咨询律师，这将是一个危险信号。

第 3 步　与特许人会面并调查特许人的背景：潜在加盟商应该与特许人会面，最好是在特许人的总部。在面谈中，潜在加盟商应该将其在特许经营网点观察到的一手资料与特许人所说的话进行比较。此外，还需进行其他背景调查。"特许经营披露文件"是很好的调查资料来源。这份文件列出了过去三年内所有已经退出体系的原加盟商以及他们的联系方式。潜在加盟商应该与其中部分原加盟商取得联系。虽然这看起来有点小题大做，但对潜在加盟商而言，其应当遵循的原则是，对特许人的背景进行调查、再调查和多次调查。

第 4 步　与律师一起审查所有特许经营文件：特许经营律师应审查所有特许经营文件，包括"特许经营披露文件"和特许经营协议。

第 5 步　签署特许经营协议：如果在此之前一切顺利，就可以签署特许经营协议。特许经营协议是一份文件，概述了特许人与加盟商之间的关系。我们将在本章稍后部分对该协议进行详细的讨论。

第 6 步　参加培训：几乎所有的特许经营组织都为其加盟商提供培训。例如，Comfort Keepers 要求其每个新加盟商都必须先接受公司培训中心——Comfort Keeper 学院（Comfort Keeper's Academy）40 小时的培训，然后才能开设 Comfort Keepers 特许经营店。

第 7 步　特许经营企业开业：对许多特许经营企业，尤其是餐厅而言，开业后的前两三周可能是最繁忙的时期，因为潜在顾客会"尝一下鲜"。这就是为什么许多特许经营组织会派有经验的人员来帮助加盟商尽可能顺利地开业。加盟商的目标之一就是从一开始就使企业赢得好口碑。

小心！关于特许经营的常见误解

尽管加盟商可以得到许多建议，但仍有许多加盟商对特许经营做出了错误的假设。其部分原因在于，特许经营具有诱人的吸引力。潜在加盟商很容易被特许经营诱人的前景所迷惑，从而未花费足够时间对潜在陷阱进行检查。以下是加盟商对特许经营的常见误解。

- **特许经营是一种安全的投资**：作为一项投资，特许经营本身并不比任何其他形式的企业所有权更安全。
- **强大的行业可以确保特许经营的成功**：虽然在成长型行业中运营通常很重要，但是行业的实力并不能弥补劣质的产品、糟糕的商业模式、不善的管理或不适当的广告所带来的影响。许多成长型行业中的企业失败了，而一些冷门行业中的企业却取得了成功。
- **特许经营是一种经“验证”的商业体系**：特许人向加盟商出售特定商业模式的使用权。该模式是否得到验证，需要经过时间的检验。显然，赛百味、棒!约翰和布洛克税务等公司所使用的是经完善并经时间验证的商业模式。但是，大多数潜在加盟商都无法负担棒!约翰或赛百味网点的费用，并且会考虑相对不为人知的加盟店。很多时候，公司在其体系得到验证之前就已经开始出售特许经营权——这一事实应使创业者保持警惕。
- **无需聘请特许经营律师或会计师**：在潜在加盟商购买特许经营权的过程中，随时需要专业建议。潜在加盟商不应为了省钱而仅仅依靠特许人的建议。
- **体系越好，增长越快，并且加盟商最好能够成为快速增长体系的一部分**：尽管有些特许经营体系快速增长是因为拥有良好的商标和完善的商业模式，但其他特许经营体系之所以快速增长是因为它们将重点放在了出售特许经营权上。如果一个体系拥有可靠的商标和商业体系，那么对加盟商而言，成为它的一部分是有利的，因为这一商标和体系可以吸引更多的客户，但是有些特许经营体系发展过快，以至于超出了它们为加盟商提供足够支持的能力。
- **我可以以低于特许人预测的成本经营我的特许经营网点**：经营特许经营网点的成本通常与特许人预测的一样。
- **特许人是个好人——他将在我需要的时候帮助我**：尽管人们总是本能地相信他人的善意，但不要指望你的特许人能够向你提供特许经营协议所规定的内容之外的任何事物。

因为人们通常很难发现这些误解，所以有些潜在加盟商会通过参加研讨会或特许经营“训练营”的方式来了解特许经营的各个方面，包括与潜在特许人交谈时应注意的事项等。这些类型的研讨会和训练营的主办方通常是加盟女性（Women in Franchising）、美国西班牙裔商会（United States Hispanic Chamber of Commerce）和国际特许经营组织（International Franchising Organization）等。

特许经营关系的法律问题

根据美国联邦贸易委员会（Federal Trade Commission，FTC）的规定，无论何时，企业只要涉及以下经营项目都是特许经营：（1）出售带有商标的商品或服务；（2）商标持有人在企业的经营过程中保留主要控制权或提供重要帮助；（3）业务购买者为了取得在业务中使用商标的权利而向商标所有者支付使用费。

特许经营的法律和监管环境都建立在以下前提之上：潜在加盟商尽可能充分了解特定特许人的特征，是符合公共利益的。在美国，州和联邦层面都对提供和销售特许经营权进行监管。特许经营关系的法律问题非常独特，以至于有些律师专门从事特许经营法律方面的业务。

联邦法规

除汽车和石油行业，联邦法律没有直接对特许人和加盟商之间的关系作出规定。取而代之的是，特许经营争议是合同法方面的问题，并可以在州一级法院提起诉讼。在 20 世纪 90 年代，美国国会审议了多项通过联邦立法来管理特许经营关系的议案，但它们都没有成为法律。

尽管如此，提供和销售特许经营权仍然在联邦层面得到了监管。根据 FTC 出台的《特许经营规则》（Franchise Rule），特许人必须向潜在加盟商提供书面的披露文件，其中包括与特许人、特许经营业务和特许经营关系有关的信息。该披露文件必须在签署特许经营协议或加盟商向特许人支付任何款项之前至少 14 个工作日，提供给加盟商。[18] 在大多数情况下，这些内容就是通过“特许经营披露文件”进行披露的，该文件在美国所有州和加拿大部分地区得到了认可。**特许经营披露文件**（Franchise Disclosure Document，FDD）包含了 23 类信息，可以为潜在加盟商提供有关特许人背景和财务状况的广泛信息。表 15－6 概述了 FDD 中包含的信息。潜在加盟商在签署特许经营协议之前，应充分理解 FDD 中包含的所有信息。

表 15－6　FDD 中包含的信息及其含义

项目	说明
1. 特许人、前身和分支机构	这些项目提供了有关特许人的经营历史、企业从属关系以及过去的诉讼和破产经历（如有）等信息。对大公司来说，涉及诉讼的情况并不少见。但是，如果过于频繁地向现有或原有加盟商提起诉讼，则是一个危险信号。
2. 特许人的商业经验	
3. 特许人的诉讼经验	
4. 特许人破产	
5. 初始加盟费	这些项目明确了加盟商要支付的费用以及加盟商的初始投资，这可能是笔不小的数目。加盟商应仔细研究“其他费用”部分，以免出现任何意外情况。
6. 其他费用	
7. 初始投资	
8. 产品和服务来源上的限制	这些项目规定了加盟商的义务，并对加盟商从何处购买供给和服务进行了限制。 有些特许经营协议要求加盟商从特许人处购买供给。
9. 加盟商的义务	
10. 可用资金	这些项目阐明了特许人的义务，并说明了特许人向加盟商提供的融资（如有）。特许人的义务通常包括帮助加盟商网点开业、后续的培训以及广告等。
11. 特许人的义务	
12. 地域	此项目说明了加盟商在某个地域范围内的权利（如有），以及特许人授予其他特许经营权和开设公司自有网点的权利。

续表

项目	说明
13. 商标	这些项目明确了特许人所拥有的主要商标、专利、版权和其他专有信息，以及加盟商可以在多大程度上使用这些项目。
14. 专利、版权和专有信息	
15. 参与特许经营实际运作的义务	此项目阐述了加盟商亲自参与特许经营运作的义务。特许人通常不希望加盟商是甩手掌柜。
16. 对加盟商的销售限制	这些项目规定了加盟商销售的产品或服务以及特许人将如何解决与加盟商之间的争议。第 17 项还包含了加盟商将如何续约、终止和转让特许经营权等重要信息。
17. 续约、终止、转让和争议解决	
18. 公众人物	此项目列出了以广告或其他形式与特许经营权产生关联的公众人物。
19. 收益说明	如果特许人做出了与特许经营权有关的收益说明，那么他必须提供某些过去和预计的收益信息。
20. 网点列表	此项目的内容非常详尽，包括：（1）特许人出售的特许经营权数量；（2）公司自有网点的数量；（3）所有加盟商的名称以及所有网点的地址和电话号码（在一定限度内）；（4）预计明年出售的特许经营权数量；（5）所有已退出该体系的加盟商清单（过去三年内），包括他们最新的家庭住址和电话号码。
21. 财务报表	此项目包含了特许人过去两年独立审计的财务报表。
22. 合同	最后两项包含了加盟商需要签署的文件副本。
23. 收条	
附件： 特许经营协议（或合同） 设备租赁 房产租赁 贷款协议	这些是 FDD 的常见附件。

FDD 要求特许人附上一份特许经营协议和任何与此公告相关的其他合同文件。**特许经营协议**（franchise agreement）或合同，是特许经营权的销售文件。特许经营协议各不相同，但每份协议通常都包括两部分：购买协议，以及特许经营或许可协议。购买协议中通常会详细规定价格、特许人向加盟商提供的服务，以及“特许组合”（franchise package），即加盟商已被告知的所有预期项目。特许经营或许可协议通常规定了加盟商的权利（包括使用特许人商标的权利）、特许人的责任和义务、加盟商的责任和义务、交易限制、特许经营协议转让或终止的权利及限制，以及如果发生争议由谁来负担律师费。大多数州已经制定了防欺诈法规，要求特许经营协议必须采用书面形式。

联邦政府不要求特许人在 FTC 注册。出售特许经营权并不意味着 FTC 已经对特许人进行了审查或者特许人的 FDD 中所包含的信息是准确的。特许人有义务自愿遵守法律，潜在加盟商有义务在审查特许经营机会时开展尽职调查。尽管大多数特许人与加盟商之间的关系是完全合乎道德的，但我们不能假定特许人对其加盟商负有诚信义务。这里的**诚信义务**（fiduciary obligation）是指，如果特许人对其加盟商负有此义务，则特许人将始终为加盟商的利益最大化行事或始终站在加盟商“一方”。

一位特许经营律师曾表示，潜在加盟商不应在特许经营协议的谈判过程中完全依赖特许人的善意。潜在加盟商应聘请一位充分了解特许经营法律的律师，并仔细审查与特许经营有关的所有法律文件。

州法规

除了 FTC 的披露要求外，还有 15 个州制定了特许经营投资法，为潜在加盟商提供了额外保护。[19]这些州是加利福尼亚州、夏威夷州、伊利诺伊州、印第安纳州、马里兰州、密歇根州、明尼苏达州、纽约州、北达科他州、俄勒冈州、罗得岛州、南达科他州、弗吉尼亚州、华盛顿州和威斯康星州。特许经营投资法要求特许人向潜在加盟商提供售前披露，也称“发售通告”（offering circular）。有 13 个州的法律将特许经营权的销售视为证券销售。这些州要求特许人向州指定的机构提交 FDD 并向公众公开。

通过要求特许人向相关的州机构提交 FDD，这些州为特许经营权的购买者提供了重要的法律保护，包括在特许人违反州披露要求的情况下（如果特许经营权购买者认为发售通告中未对相关信息进行充分披露），对其提起诉讼的权利。例如，如果某人在前述某个拥有相关规定的州购买了特许经营权，但六个月后却发现特许人并没有按照 FDD 要求披露某个问题（并且他因此遭受了损失），此人可以向州法院起诉特许人，以寻求救济。为加盟商提供额外保护措施的 15 个州，也都对协议终止时涉及的一些方面进行了规定。虽然这些规定因州而异，但通常都限制了特许人在特许经营协议期限届满之前终止特许经营关系，除非特许人有“正当理由”这么做。

现在至少有 24 个国家/地区已经制定了以某种方式对特许经营进行监管的法律。这些国家/地区包括澳大利亚、巴西、罗马尼亚、韩国和西班牙等。[20]

有关特许经营的更多信息

特许人和加盟商之间还存在许多其他问题。对于特许人和加盟商双方而言，还有三个重要的主题：特许经营道德、国际特许经营以及特许经营作为企业所有权和增长方式的未来。

特许经营道德

大多数特许人和加盟商都有很高的道德意识，他们关心的只是从投资中获取公平的回报。实际上，特许人与加盟商之间存在的问题往往是孤立的事件，而不是普遍的行为。[21]但是，特许经营的某些特征可能导致道德弊端。了解这些特征，可以帮助特许人和加盟商避免犯下道德错误。这些特征如下：

- **快速致富的心态：**有些特许人将特许经营视为一个快速致富的计划，并且将重点放在出售特许经营权上，而不是将特许经营作为其产品或服务分销的合法手段。这些特许人可能会过分吹嘘其特许经营权的潜力，或对他们提供给加盟商的支持做出过度承诺。
- **错误假设购买特许经营权是企业成功的保证：**与其他所有商业投资一样，购买特许经营权也涉及风险。任何与此相反的陈述通常都具有误导性或不合道德。特许人不得宣称其具有企业成功的“关键”要素，而加盟商也需要对这类声明保持警惕。

- **特许人与加盟商之间的利益冲突**：特许经营的关系结构可能会造成特许人和加盟商之间的利益冲突。例如，加盟商从网点赚取的利润中受益，而特许人从增加的收入中受益（回想一下，特许人的特许权使用费通常是根据总销售额而不是净利润的百分比来收取的）。特许经营关系中的这种异常现象可能会促使特许人采取措施增加整个体系的收入，但减损了各加盟商的利润。例如，特许人可能会坚持要求加盟商出售一款具有高收入、低利润（或纯收入）的产品。同样，特许人可能在同一个地理区域内出售多个特许经营权，以使该地区的收入潜力最大化，而没有顾及各加盟商的净收入将会受到怎样的影响。这些行为有时会引发道德质疑，并且通常会导致特许经营体系内存在有争议的利益冲突。

尽管有法律的保护和特许经营协会的倡导，各个特许人和加盟商仍必须对其关系展开尽职调查。在特许人选择加盟商或潜在加盟商选择特许人时，“用者留心”都是一句至理名言。对双方来说，建立特许经营关系都是重要的一步，应予以谨慎对待。通常在描述特许人与加盟商之间的关系时，会拿“婚姻”做类比。与婚姻相似，特许人与加盟商之间的关系通常是一种长期、紧密的关系，且在关系终止时会很痛苦。在签署特许经营协议之前，特许经营关系中的任何一方都应该仔细审查对方以往的道德行为。

国际特许经营

随着美国的某些特许产品市场趋于饱和，国际特许经营机会变得越来越受欢迎。[22]的确如此，麦当劳、肯德基和21世纪不动产（Century 21 Real Estate）等以特许经营为主的公司，都在国际市场上实现了大幅增长。许多行业的全球化趋势也加速了国际特许经营的发展，并且许多国家中产阶层的崛起也创造了大量渴望美式商品的消费者群体。实际上，想要知道许多广为人知的特许经营体系在全球的发展程度，只要看看以下事实：新西兰陶波有麦当劳，阿富汗喀布尔有必胜客。

考虑在国外购买特许经营权的美国公民可能会面临两个选择：从美国公司购买，或者从外国公司购买（无论位于世界上任何地方）。对美国公民而言，以下是他在国外购买特许经营权之前应该采取的一些步骤：

- **考虑特许人的名称在国外的价值**：只有极少的特许经营体系，其名称为世界所知。除了屈指可数的几家企业（比如，麦当劳、可口可乐、星巴克和肯德基等），美国人所熟知的大多数商标可能只有一小部分被外国人知道。当你考虑在国外购买一家美国企业的特许经营权时，请仔细评估其商标在该国的价值。
- **与经验丰富的律师合作**：在国外，你无法获得美国法律为潜在加盟商提供的许多保护，这强调了特许经营权的购买者有必要获取出色的法律建议。与购买国内特许经营权相比，在国外购买特许经营权时，你所涉及的潜在危险全部都会被放大。
- **确定产品或服务在国外是否适销**：某产品或服务符合美国人的需求，并不能保证它在外国文化中也能取得成功。在国外购买特许经营权之前，请确定你是否进行了足够的市场研究以确保该产品或服务将在国外拥有足够的市场。
- **了解特许人是否有国际市场经验**：通常，在特许人确定是否要在外国市场开展业务之前，成为特许人的“试验品”并不是一个好主意。对那些有着积极扩张计划但缺乏国际经验的特许人，请保持警惕。

- **了解你将从特许人那里得到多少培训和支持**：如果你的特许经营网点位于国外，并且特许人的总部仍在美国，那么请确保你已经完全了解你将从特许人那里得到多少培训和支持。特许人在你的国家/地区是否有地区代表？如果没有，每次与特许人交谈是否必须打国际电话？你的特许人是否愿意到你所在国家/地区提供培训和支持？特许人培训人员的国际旅费将由谁来承担？谁来负责国外的广告，特许人还是加盟商？
- **评估外汇管制**：评估外国政府对其本国货币兑换成美元是否有所限制。

为避免此处提到的某些潜在问题，美国特许人通常会通过以下方式来实现国外扩张：

- **直接特许经营协议**：根据直接特许经营协议，美国特许人将授权个人或公司（开发者）在某个国家或地区内发展多个特许经营企业。例如，如果 Play It Again Sports 决定首次在西班牙出售特许经营权，那么它将授权给一家西班牙公司，并由西班牙公司在当地发展多个 Play It Again Sports 的特许经营网点。
- **主特许经营协议**：根据主特许经营协议，美国企业授权个人或公司（主加盟商）在某个国家或地区内发展一个或多个特许经营企业，并使其进一步授权他人开发一个或多个特许经营企业。
- **其他协议**：特许人还可以通过其他各种安排来扩展国外市场。例如，合资企业、直接销售或直接授权加盟商等。

特许经营的未来

特许经营的未来似乎一片光明。特许经营代表了美国企业在零售和服务领域的一个庞大且不断增长的群体，并且，在有些情况下取代了更传统的企业所有权形式。越来越多的大学毕业生选择在以特许经营为主的行业中工作。特许经营也越来越受到老年人的欢迎。与此同时，专注于“老年人看护”的特许经营企业数量也在不断增长。与我们在本章前面讨论的 Comfort Keepers 一样，Aging Excellence、FirstLight HomeCare 和 Visiting Angels 也是老年人看护领域的特许经营企业。[23] 许多特许经营组织还通过组织员工参与志愿活动或为慈善机构筹款来“回馈社会”，这一趋势在千禧一代中尤为流行。本章的“合作制胜”专栏重点介绍了这一趋势，并提出了特许经营组织与非营利性组织建立成功合作伙伴关系时应该遵循的三大原则。

合作制胜 特许经营组织与非营利性组织合作以回馈社会

越来越多的特许经营组织开始与非营利性组织合作，以回馈社会。其中一个例子是帕纳拉面包。每天结束营业时，帕纳拉面包店会将没卖完的面包和烘焙食品捐赠给当地的饥饿救助组织和慈善组织。通过这种方式，帕纳拉面包将其向所在社区提供健康食品的目标做了延伸。

以下是特许经营组织在与非营利性组织建立成功的合作伙伴关系时应当遵循的三个原则。

找到合适的合作伙伴

大多数特许经营组织都拥有自己的使命或价值观，并以此明确自己的追求。例如，销售儿童服装或为孩子提供课后辅导的特许经营组织，可能会与圣犹达儿童研究医院（St. Jude Children's Research Hospital）之类的组织展开合作。圣犹达免费为患病儿童提供医疗援助。通过为圣犹达或类似非营利性组织筹集资金，一家专门为儿童服务的特许经营组织可以促使儿童及其家庭有机会为更不幸的其他儿童提供帮助。

让员工和客户参与

与非营利性组织合作的特许经营组织必须让其员工和客户参与其中。这能够使员工和客户对公司产生额外的情感依附和更高的品牌忠诚度。例如，一个从事房屋维修或装修的特许经营组织可能会与仁人家园（Habitat for Humanity）之类的非营利性组织展开合作。仁人家园有一项名为“企业志愿服务”（Corporate Volunteering）的计划，该计划欢迎有组织的团体加入并协助建造房屋。加入该计划的企业通常都允许其员工在工作时间参与至少一部分的志愿服务。仁人家园发现，企业员工可以通过共同开展房屋建造项目而从中受益：(1) 增进个人层面的彼此了解；(2) 与他们居住的社区建立更深层次的联系；(3) 可以将积极的经历带回办公室或商店分享。如果客户也可以参与其中，那就更好了，从特许经营组织的角度来看，让员工和客户参与志愿活动可以提高他们对组织的忠诚度。组织也在通过这种方式告诉员工和客户，它们有着更高的追求，而不仅仅是赚钱。

与自身利益相关

为了使特许经营组织与非营利性组织之间的合作伙伴关系具有真实性，特许经营组织必须将自身利益放入其中。在员工和客户奉献时间和金钱的同时，如果特许经营组织能够做出自我牺牲，员工和客户的反应将更加积极。例如，2014 年，约有 1 400 家丹尼餐厅(Denny's) 以出售优惠券的方式支持“让孩子不再挨饿”（No Kid Hungry）活动，以帮助超过 1 600 万名在饥饿中挣扎的美国儿童。只要捐款 3 美元，顾客就可以收到一张价值 9 美元的优惠券，该优惠券可以在任一丹尼餐厅消费。同样，Sport Clips Haircuts 也为一项名为“拯救生命从未如此美好”（Saving Lives Never Looked So Good）的年度活动提供了赞助。这家运动主题的特许经营理发店与美国红十字会（American Red Cross）建立了合作伙伴关系。在这个每年为期一个月的活动中，Sports Clips Haircuts 向所有献血者免费赠送理发券。

思考题

1. 假设有一家为大学生服务的特许经营健身中心，请找出一个理想的非营利性组织与其合作。解释你做出选择的理由。你可以选择你所在地区的非营利性组织，也可以选择全国性的非营利性组织。

2. 如果你在一家从事房屋装修或维修的特许经营组织工作，并且他们允许你在工作时间花几小时为仁人家园之类的非营利性组织提供帮助，这将在多大程度上提高你对该组织的忠诚度?

3. 做一些互联网研究，找出本专栏中未提到的特许经营组织与非营利性组织之间的合作伙伴关系。描述该合作伙伴关系的目的，以及特许经营组织和非营利性组织将如何从中受益。

4. 通过头脑风暴的方法，为促进特许经营组织/非营利性组织之间的合作伙伴关系取得成功，找出第四个潜在的原则。

资料来源：B. Litalien, “Era of the Social Franchise: Where Franchising and Nonprofits Come Together,” *Franchise World*, June 2006; Franchising Gives Back, “2015 Award Winners,” Franchise Gives Back, https://franchisinggives-back.org (accessed March 31, 2017); Habitat for Humanity Homepage, www.habitforhumanity.com (accessed March 31, 2017).

如今，特许经营领域也出现了一些创新，例如，许多特许经营组织已开始广泛使用社交媒体。[24]另外还有一些创新，包括广泛使用即时优惠券以鼓励人们顺道停留并购买商品。许多餐厅的特许经营者都在调整菜单，以吸引注重健康的消费者。还有一些特许经营组织以教授技能为主，而这些技能在过去几年里才变得相当重要。其中一个例子就是Code Ninjas。它是一个特许经营组织，教7～14岁的孩子在欢乐愉快的氛围中学习编程。Code Ninjas认为：将来，编程就像第二语言一样，对年轻人的职业生涯非常重要。每个Code Ninjas的特许经营网点都为孩子们提供了高质量的连续性课程，孩子们可以在这里学习编程、数学、逻辑和解决问题的方法等。[25]

复习题

1. 什么是特许经营？
2. 特许经营与其他形式的企业所有权有何不同之处？
3. 产品和商标特许经营与经营模式特许经营之间有什么区别？为两类特许经营各举出至少两个例子。
4. 单店特许经营协议、区域特许经营协议和主特许经营协议之间有什么区别？
5. 为什么对特许人而言制订详尽的运营手册很重要？
6. 建立特许经营体系有什么优缺点？
7. 创业者在回答“特许经营对我来说是个好选择吗？”时，应该考虑哪些问题？
8. 什么样的企业不适合特许经营？
9. 购买经营模式特许经营权将涉及哪些费用？这些费用在各个特许经营体系中是相近还是差异很大？哪些是一次性成本，哪些成本会无限期延续？
10. 通常，如果某个特许经营网点出现亏损，它是否仍需要每月向特许人支付特许权使用费？请解释你的答案。
11. 作为潜在加盟商，你可以利用哪些资源来发现特许经营机会？
12. 购买特许经营权的主要优缺点是什么？
13. 为什么潜在加盟商必须拥有自己的特许经营律师？
14. “特许经营是一项安全的投资。”如果你在杂志或博客中看到这样的陈述，你会怎么想？
15. “特许经营披露文件”的目的是什么？是否有关于何时必须向潜在加盟商提供特许经营披露文件的规定？如有，是哪些规定？
16. 特许经营协议的目的是什么？
17. 特许经营在哪些方面存在道德弊端？
18. 对美国公民而言，在国外购买特许经营权之前，应考虑哪些主要问题？
19. 许多美国特许经营体系向全球市场扩张的主要原因是什么？你认为这一扩张趋势会愈演愈烈还是会逐渐淡化？

应用题

1. 你的一个朋友听到她的室友谈论不同类型的特许经营权。她知道你正在上创业学的课，于是问你：“产品和商标特许经营与经营模式特许经营之间有什么不同？”作为初次创业者，她想知道这些特许经营协议之间是否有优劣之分？如果是，哪种特许经营协议对初次创业者来说更有利？为什么？你会怎么答复你的朋友？

2. 找出你住所附近的特许经营网点，并与店主交谈。向店主展示本章末尾的两个“如果你是风险投资者”专栏，并询问他是否认为这些公司能够取得成功。根据店主的答复写一份简短的摘要。

3. 查看表 15-3。如果你有机会购买表 15-3 中列出的任意一家特许经营组织的特许经营权，你会选择哪一家？

4. 假设你对开设摇滚学校（School of Rock）的特许经营网点感兴趣（有关该公司的更多信息，请参见本章案例）。你飞往费城并访问了公司总部。在对其进行更深入的了解后，你告诉摇滚学校的代表，你真的很感兴趣，并希望向前推进。如果摇滚学校将你作为潜在加盟商并遵循相关程序与你进行谈判，那么你应该期待此后进行哪些程序？

如果你是风险投资者 15.1

iLoveKickboxing. com 公司

网站：www. iLoveKickboxing. com　脸书：iLoveKickboxing　推特：@iLoveKickboxing

商业创意：创建一家采用特许经营形式的健身工作室，使顾客可以带上拳击手套，通过运动来寻求更健康、更幸福和更圆满的生活。

推介：自由搏击（kickboxing）是一种基于踢打的多人、站立式格斗运动。练习自由搏击主要是为了自卫、健身或作为一项社交运动。自由搏击是拳击和空手道的结合。在自由搏击比赛中，参与者穿上防护装备，通过对腰以上部位的拳击和踢击以及对脚踝以下扫腿来得分。在自由搏击比赛中，每次拳击、踢击和扫腿都得一分。踢中头部或跳起踢中身体得两分。跳起踢中头部得三分。自由搏击比赛持续三轮。世界各地有许多自由搏击联盟和比赛。冠军级别的自由搏击选手是世界上最结实、最强壮且最有气势的运动员之一。

iLoveKickboxing. com 特许经营企业为想要健身和减肥的人提供了充满乐趣的自由搏击课程。每天，每个网点都提供多节课，每节课的参与者有 15～30 人。在训练有素的辅导员的引领下，每节 60 分钟的课程包括六个部分：(1) 热身。课程从一系列热身练习开始，如深蹲、弓步、蹲跳等。(2) 拉伸。拉伸练习的目的是防止受伤，并帮助人们有效施展自由搏击动作。(3) 沙袋训练。沙袋训练包括带上拳击手套，击打沙袋。(4) 对打训练。每位参与者都与另一人组成小组，进行自由搏击训练。(5) 体能训练。通过运动来燃烧卡路里和锻炼肌肉。(6) 放松。课程在一系列放松练习中结束。iLoveKickboxing. com 课程既紧张又有趣，它强调了社区感和长期坚持的成果。许多参与者与其他 iLoveKickboxing. com 顾客成了朋友。这些课程旨在建立自信和自尊。大部分 iLoveKickboxing. com 会员每周参加 1～3 次课程。人们放弃运动的第一大原因就是感到厌倦。iLoveKickboxing. com 的课程充满活力、竞争力、趣味性，不会让人感到厌倦。

iLoveKickboxing. com 工作室设计简约，是一个开放、宽敞、整洁的场所。对于加盟商而言，这意味着较低的维护和保养费用。配色方案彰显了自信、力量和热情。更衣室很华丽，里面有大理石瓷砖、鲜绿的竹子、明亮的灯光和宽敞的空间。它还向会员提供营养方面的培训，这项额外服务旨在帮助人们控制体重。

根据具体的区位，拥有 iLoveKickboxing. com 特许经营权需投资 12 万～31. 2 万美元。后续特许权使用费是 6%（基本特许权使用费）加 1%（广告使用费）。目前，美国约有

390 个 iLoveKickboxing. com 特许经营网点。

1. 根据本章介绍的内容，在作出投资决策之前，你会向该公司的创始人提出哪些问题？什么样的答案能够让你满意？

2. 如果你只能根据推介内容和公司网站提供的信息作出决策，你是否会投资该公司？为什么？

如果你是风险投资者 15.2

IceBorn 公司

网站：www. ice-born. com　脸书：Iceborn　推特：@MyIceBorn

商业创意：开发一个全天 24 小时服务的、便利的按需售冰机，以具有竞争力的价格提供新鲜、干净的冰块。

推介：想一想你购买冰块的经历。你来到超市或便利店的冷冻区，在部分黏连的冰袋当中拽出一袋冰。然后，你把这袋冰带回家，在台子上猛敲几下，将冰块弄碎。你不必考虑这些冰是如何制成的。它们通常来源于一个制造点，装进袋子后，装上卡车，然后用推车运进商店。袋子上有一些小孔，让它们可以"呼吸"。不幸的是，这些小孔还可能让冰块接触到细菌和其他污染物。这就是你在家人和客人的杯中放入的冰块。

IceBorn 提供了一种改变游戏规则的替代方案。它是一家特许经营组织，生产最先进的全天候按需售冰机和售水机。该机器有多种尺寸，可以贩卖过滤后的水，以及袋装和散装的冰块。最大的一款机器称为冰屋（Ice House），每天可以发售超过 12 000 磅的冰，相当于 600 袋 20 磅的冰块。该机器通常置于停车场中，并占用约两个停车位的空间。这些冰块是使用市政供水进行现场过滤并新鲜制作的。该公司的专有体系受到五项美国专利的保护。加盟商可以通过计算机和智能手机进行远程监控。它可以全天不断制冰，并将其存储在卫生的内部容器中。因此，它的冰块总是新鲜和干净的。除了买家外，没有人能接触到冰块。

IceBorn 于 2012 年 5 月开始特许经营。根据 IceBorn 的不同型号，初始投资从 27 095 美元到 213 500 美元不等。它的初始加盟费为 1 000 美元至 5 000 美元，另外还有 6%的后续特许权使用费和 1%的广告使用费。对于退伍军人，初始加盟费可减少一半，并且减免第一年的特许权使用费。IceBorn 在美国、加勒比海地区和南美洲拥有超过 2 500 个网点。IceBorn 正在寻找更多愿意在人流量大的地方安装其机器的加盟商。

冰块产业每年能创造 40 亿美元的产值。在短短 10 年里，售冰机已经占领了 4%的市场，并且，根据一些行业专家预测，在未来 10 年中，售冰机将以每年 3%～5%的速度增长。IceBorn 认为，它的定位使其完全可以在增长中占据大部分市场份额。

1. 根据本章介绍的内容，在作出投资决策之前，你会向该公司的创始人提出哪些问题？什么样的答案能够让你满意？

2. 如果你只能根据推介内容和公司网站提供的信息作出决策，你是否会投资该公司？为什么？

案例

摇滚学校：填补音乐教育和特许经营增长之间的缺口

网站：www. schoolofrock. com　脸书：School of Rock　推特：SchoolofRockUSA

简介

1996 年，宾夕法尼亚大学（University of Pennsylvania）哲学专业的保罗·格林（Paul Green）开始在自家进行吉他教学。有一次，他邀请一群学生来参加他的乐队演奏，或者说是“即兴演奏”。最初的结果令人失望。但他逐渐发现，在团队中演奏的学生比接受单独授课的学生表现得更好。因此，他改变了教学方法，以小组练习来对单独授课进行补充。他认为这就像投篮和打篮球之间的区别。

格林继而将单独授课与小组即兴演奏相结合。1998 年，他决定将授课范围扩大到自家之外，并在费城开设了保罗格林摇滚音乐学校（Paul Green School of Rock Music）。他选择的建筑物有许多小房间可供单独授课，还有一个大房间可进行即兴演奏和举办音乐会。他还将技能水平相当的学生组织起来，形成乐队。他最优秀的学生将加入所谓的学校全明星乐队。该乐队开始在费城地区演出，并引起了媒体关注。2003 年，电影制作人希娜·乔伊斯（Sheena M. Joyce）和唐·阿格特（Don Argott）出席了一次学生音乐会，并决定制作一部有关保罗格林摇滚音乐学校及其如何将高中生转变为表演音乐人的纪录片。摄制组跟随一个班级的学生进行了一个学年为期 9 个月的拍摄，并制作了一部名为《摇滚学校》（Rock School）的纪录片。纪录片发行后不久，派拉蒙公司（Paramount）也发行了一部名为《摇滚学校》（School of Rock）的虚构电影，其中叙述了一位充满理想的音乐人教孩子们玩摇滚音乐的故事。许多观察家认为，这部电影是根据格林以及他与学生的故事改编的。

早期增长

截至 2002 年，格林已经有超过 100 名学生，并决定在宾夕法尼亚州唐宁敦开设新的网点，该网点位于费城以西 35 英里处。此后，他继续向费城周边的郡县以及新泽西州和特拉华州扩展。在此期间，格林的牙医约瑟夫·罗伯茨（Joseph Roberts）开始对格林的企业感兴趣，并资助他在其他几个州开设了摇滚学校，包括加利福尼亚州、纽约州和得克萨斯州。在此过程中，格林将他的企业名称“保罗格林摇滚音乐学校”缩短成了“摇滚学校”。

2009 年，格林将摇滚学校卖给了私募股权企业 Sterling Partners。它完全保留了摇滚学校的原有愿景，并利用其财务资源进一步扩张。

运作方式

摇滚学校的每个网点都为热爱摇滚乐的孩子们提供了一个学习演奏或提高现有技能的地方。对孩子们来说，这也是一个健康且安全的地方，他们可以学习摇滚乐并成为摇滚乐队的一分子。初学者可以加入“摇滚 101”（Rock 101）计划，在那里学习基础乐理并为成功打下基础。该计划包括每周的单独授课和小组演练。进阶的学生可以参加“表演计划”（Performance Program），其中也包括每周的单独授课和乐队演练，但将涉及更具挑战性的音乐。学生以小组形式实地参加音乐场所的摇滚表演。每所学校最优秀的学生可以成为全明星乐队的成员，并在全国巡回演出。最近一次，摇滚学校全明星乐队完成了 27 个城市的巡演，这次巡演在加利福尼亚州好莱坞的 Knitting Factory 拉开序幕。由于拥有了这些经历，摇滚学校的许多毕业生如今成为了音乐人或以其他方式活跃在音乐界。

摇滚学校的大多数导师都是音乐老师，他们也活跃于乐队中。有时，一些著名的摇滚音乐人也会以嘉宾身份出现在摇滚学校各个网点。导师将帮助学生提高音乐技能，并以自己的成功和失败经历来激发学生的热情。该公司的基本理念是：学习做某事的最好方法就是去做。因此，学生从入学的那一刻就开始拿着乐器演奏摇滚音乐了。学校将根据特定学生的技能水平提供程序化的课程，并以参加乐队和现场表演作为动力。学校的设置非常像一个俱乐部，它鼓励学生来此进行即兴表演，与其他学生一起写歌、组建乐队或进行原创。该学校成为参与者的社区，他们不仅在这里学习音乐，而且建立了长期友谊。许多学生报名参加了多个为期 12 周的课程，以提高并完善自己的技能。这些学校全年无休。

特许经营

摇滚学校是一家特许经营组织。目前，它在美国和其他 8 个国家拥有 16 个公司自有网点和 172 个特许经营网点。根据《创业邦》杂志的数据，购买摇滚学校特许经营权的成本为 113 100～334 600 美元，具体取决于网点的位置和规模，这些成本中包括 49 500 美元的初始加盟费。后续特许权使用费占总收入的 8%，并有 3%的后续广告使用费。

在缴纳加盟费和特许权使用费后，加盟商将接受有关如何经营摇滚学校网点的培训，并获得 IT 支持，包括网站、选址、教学场所设计和后续营销支持等。摇滚学校的所有加盟商当中，有 1/3 拥有多个网点。如果想获得摇滚学校的特许经营权，你必须承诺积极经营和管理你的网点（即不能做甩手掌柜）。

新计划

除了针对 7～19 岁孩子的常规 12 周音乐教学计划之外，摇滚学校还有其他计划。它现在有一个与吉米·亨德里克斯（Jimi Hendrix）的歌曲同名的计划，叫作“小翅膀”(Little Wing)，专门面向学龄前儿童。孩子们将按照年龄组参加 45 分钟的音乐相关活动。它还有一个为一年级和二年级学生准备的名为“新手”（Rookies）的计划。这个长达 1 小时的计划完全以小组为基础，因此孩子们可以从一开始就学习如何进行乐队演奏。如今，它还有一个针对成年业余音乐人的计划，名为“成人表演计划”（Adult Performance Program)。在此计划中，成人学员可以接受吉他、贝斯、鼓、键盘和人声方面的单独教学，并且每周进行乐队演练。摇滚学校还在暑假、寒假和春季休假时举办摇滚音乐训练营，这个训练营面向所有技能水平的吉他、贝斯、鼓、键盘和人声方面的音乐人。训练营旨在通过有趣且富有创造力的环境，提高学员的音乐表演和合奏技能。

摇滚学校的未来

有两个因素预示了摇滚学校的美好未来。首先是公立学校的音乐课程减少。令人遗憾的是，由于预算紧张，美国各地越来越多的学校正在削减音乐课程。摇滚学校将填补这个缺口。它已经成为美国最大的课余时间音乐计划。其次，美国目前有 4 170 万名年龄为 10～19 岁的孩子，他们都在寻找自我定位，并期待能够展现自我。摇滚学校为 7～19 岁的孩子提供了独一无二的体验，使他们愿意为了成为成功的音乐人而接受严峻的考验并体验其中的快乐。

讨论题

1. 你认为摇滚学校希望其加盟商具有怎样的特征？

2. 请参阅表 15－1。表中提到的特许人开发加盟商的方式，哪些是摇滚学校在对其加盟商提供支持时最为强调的？

3. 如果你打算购买摇滚学校的特许经营权，那么对于作为该公司加盟商是否能够取得成功，你最关心的问题有哪些？

4. 在接下来的十年里，你认为摇滚学校的未来如何？对该公司来说，如果继续将出售特许经营权作为增长方式，哪些事情可能是“正确的”，哪些事情可能是“错误的”？

资料来源：School of Rock Homepage (www. schoolofrock. com) (accessed April 3, 2017); Wikipedia, School of Rock, www. wikipedia. com (accessed April 3, 2017); W. Boast, “A School for Brooklyn’s Youngest Hipsters,” *New Yorker*, May 12, 2014; *Entrepreneur*, School of Rock, available at https://www. entrepreneur. com/franchises/schoolofrock/333874 - 0. html (accessed April 2, 2017); D. Homan, “Small Business Snapshot: School of Rock,” *Business News Daily*, October 3, 2016.

注 释

图书在版编目（CIP）数据

创业学：成功创建新企业：第 6 版 /（美）布鲁斯·巴林杰，（美）杜安·爱尔兰著；杜颖译．-- 北京：中国人民大学出版社，2022.10

（工商管理经典译丛）

ISBN 978-7-300-30741-1

Ⅰ.①创… Ⅱ.①布… ②杜… ③杜… Ⅲ.①创业 Ⅳ.①F241.4

中国版本图书馆 CIP 数据核字（2022）第 122841 号

工商管理经典译丛

创业学——成功创建新企业（第 6 版）

[美] 布鲁斯·巴林杰 杜安·爱尔兰 著

杜 颖 译

Chuangyexue——Chenggong Chuangjian Xinqiye

出版发行	中国人民大学出版社		
社　　址	北京中关村大街 31 号	**邮政编码**	100080
电　　话	010－62511242（总编室）		010－62511770（质管部）
	010－82501766（邮购部）		010－62514148（门市部）
	010－62515195（发行公司）		010－62515275（盗版举报）
网　　址	http://www.crup.com.cn		
经　　销	新华书店		
印　　刷	涿州市星河印刷有限公司		
规　　格	185 mm×260 mm 16 开本	**版　　次**	2022 年 10 月第 1 版
印　　张	27.25 插页 1	**印　　次**	2022 年 10 月第 1 次印刷
字　　数	651 000	**定　　价**	85.00 元

Pearson

尊敬的老师：

您好！

为了确保您及时有效地获得培生整体教学资源，请您务必完整填写如下表格，加盖学院的公章后以电子扫描件等形式发给我们，我们将会在2～3个工作日内为您处理。

请填写所需教辅的信息：

采用教材			□ 中文版 □ 英文版 □ 双语版
作　者		出版社	
版　次		ISBN	
课程时间	始于　　年　月　日	学生人数	
	止于　　年　月　日	学生年级	□ 专科 □ 本科 1/2 年级 □ 研究生 □ 本科 3/4 年级

请填写您的个人信息：

学　校			
院系/专业			
姓　名		职　称	□ 助教 □ 讲师 □ 副教授 □ 教授
通信地址/邮编			
手　机		电　话	
传　真			
official email（必填） （eg：×××@ruc. edu. cn）		email （eg：×××@163. com）	
是否愿意接受我们定期的新书讯息通知： □ 是 □ 否			

系/院主任：________________（签字）

（系 / 院办公室章）

___年___月___日

资源介绍：

——教材、常规教辅资源（PPT、教师手册、题库等）：请访问 www. pearson. com/us/higher-education。（免费）

——MyLabs/Mastering 系列在线平台：适合老师和学生共同使用；访问需要 Access Code。（付费）

地址：北京市东城区北三环东路 36 号环球贸易中心 D 座 1208 室（100013）

Please send this form to：copub. hed@pearson. com

Website：www. pearson. com

中国人民大学出版社　管理分社

教师教学服务说明

中国人民大学出版社管理分社以出版经典、高品质的工商管理、统计、市场营销、人力资源管理、运营管理、物流管理、旅游管理等领域的各层次教材为宗旨。

为了更好地为一线教师服务，近年来管理分社着力建设了一批数字化、立体化的网络教学资源。教师可以通过以下方式获得免费下载教学资源的权限：

★ 在中国人民大学出版社网站 www.crup.com.cn 进行注册，注册后进入"会员中心"，在左侧点击"我的教师认证"，填写相关信息，提交后等待审核。我们将在一个工作日内为您开通相关资源的下载权限。

★ 如您急需教学资源或需要其他帮助，请加入教师 QQ 群或在工作时间与我们联络。

中国人民大学出版社　管理分社

教师 QQ 群：64833426（仅限教师加入）

联系电话：010-82501048，62515782，62515735

电子邮箱：glcbfs@crup.com.cn

通讯地址：北京市海淀区中关村大街甲 59 号文化大厦 1501 室（100872）